ISABEL M. HICKEY

ASTROLOGIE – EINE KOSMISCHE WISSENSCHAFT

Gewidmet

Y. K. W., Helen Hickey und allen Engeln,
hier und dort.
Mit einem besonderen Dankeschön an
Bruce Altieri und Johanne Guinoski.
Ohne sie wäre dieses Buch nicht veröffentlicht worden.
ISABEL M. HICKEY

Was die deutschsprachige Ausgabe betrifft,
so gebührt Klaus Bonert aus Hamburg besonderen Dank.
In einem langen Telefongespräch leistete er,
wie hier nun sichtbar wird, erfolgreiche Überzeugungsarbeit für
eine deutsche Übersetzung dieses wunderbaren Buches.
WOLFGANG BARTOLAIN

ISABEL M. HICKEY

ASTROLOGIE – EINE KOSMISCHE WISSENSCHAFT

Die Praxis der spirituellen Horoskopdeutung

Deutsche Erstveröffentlichung
Bad Oldesloe im November 1995

Die Originalausgabe erschien
als revidierte Neuausgabe 1992 bei
CRCS Publications, P.O. Box 1460
Sebastopol, CA 955473, USA
unter dem Titel
»Astrologie, A Cosmic Science«
© 1992 by Isabel M. Hickey Trust

© 1995 der deutschsprachigen Ausgabe
Verlag Hier & Jetzt

Übersetzung und Lektorat: Rolf Schanzenbach
Lektorat und Korrektur: Thomas Bartsch
Herausgeber: Wolfgang Bartolain
Cover: René von Falkenburg
Satz: Verlag Hier & Jetzt
Druck: Fuldaer Verlagsanstalt

ISBN 3-926925-24-8

Inhalt

Vorwort

Sie haben sich also dafür entschieden, Astrologie zu studieren. Willkommen! Sie beginnen nun mit einer Reise zu einem tieferen Verständnis Ihrer selbst und der Art und Weise, wie Ihre Mitmenschen beschaffen sind. In ihrem wahren Wesen handelt es sich hier um eine spirituelle Wissenschaft. Es geht dabei um die Beziehung zwischen dem größeren Universum außerhalb des Menschen und dem persönlichen Universum in ihm selbst. Dieselben Energien, die in Ihrem persönlichen Universum wirken, kommen auch in dem größeren Universum «draußen» zur Wirkung. Die «Blaupause» – auch Horoskop genannt – ist eine Abbildung der Energien, die in Ihrem magnetischen Feld fließen. In dem Augenblick Ihrer Geburt, mit Ihrem ersten Atemzug, nahmen Sie die Schwingungen in sich auf, die an diesem Tag und zu dieser Stunde an diesem Fleck der Erde herrschten. Dieses grundlegende Muster begleitet Sie nun Ihr ganzes Leben lang.

Das Geburtshoroskop zeigt unser Potential und unsere Neigungen. Ein astrologischer Lehrer hat einmal gesagt: »Der Mensch ist nicht so, wie er ist, weil er zu einer bestimmten Zeit geboren wurde. Der Mensch wurde zu seiner Geburtszeit geboren, weil er das Potential von dem war, was er nun ist.« Nicht deshalb reagieren Sie auf eine ganz besondere Art und Weise auf Einflüsse, weil Sie an einem bestimmten Ort zu einer bestimmten Zeit geboren wurden – die Einflüsse, die zu diesem Moment an diesem Ort herrschten, zeigen lediglich das *Potential*, welches in der Zukunft entfaltet werden kann. Alles, was wir aus dem Geburtshoroskop ableiten können, sind *Tendenzen* – die nur dann zu Fakten werden, wenn wir nichts tun, um dagegen anzugehen. Niemand kommt frei und unbelastet in dieses Leben. Wir fangen nicht hier und jetzt an, und unser Dasein wird nicht mit diesem Leben enden. Das Leben ist etwas Ewigwährendes. Es liegt vor, gleichermaßen aber auch hinter uns. In gewisser Weise ist es hier wie bei der Buchhaltung: Es gibt Kapital und Schulden. Manche Menschen kommen in dieses Leben mit viel Kapital in ihrem spirituellen Sparbuch. Hier handelt es sich um Gewinne, die zu früheren Lebzeiten erzielt worden sind. Andere dagegen haben ihr Konto weit überzogen. Dies ist es, was den Unterschied zwischen einem leichten und einem schweren Lebensmuster ausmacht. Wir sind aber nicht festgelegt, was unsere Verhaltensweisen angeht: Wir können unser Kapital vollständig aufzehren und verschwenden, bis hin zum Bankrott, oder wir können daran arbeiten, unsere Schulden zu bezahlen und einen Überschuß zu erzielen, der uns dann neue Möglichkeiten eröffnet.

Das Horoskop ist eine Blaupause unseres Charakters. Charakter ist Schicksal. Es gibt nichts Statisches in unserem Universum. Wir können Veränderungen vornehmen, indem wir uns auf eine andere Weise verhalten oder andere Haltungen verkörpern. Wenn wir das tun, verändern wir unser Schicksal. Es ist in der Tat so, daß diese Blaupause oder auch unser Horoskop unseren Charakter und unser Persönlichkeitsmuster zeigt – kurz gesagt: uns in unserem menschlichen Wesen. Wir sind aber auch Geist. Der Sterne machen geneigt, aber sie zwingen nicht... Wenn Sie die planetarischen Einflüsse erkennen, ist es Ihnen möglich, Ihr Leben in die eigenen Hände zu nehmen. Auf diese Weise können Sie sich unter dem Einsatz Ihres Verstandes der Planeteneinflüsse bedienen, um den Weg der Weiterentwicklung zu gehen – wenn Sie das wirklich wollen.

Die Astrologie hat mit Symbolen zu tun. Die Tierkreiszeichen bedeuten umfassende und mächtige Kräfte. Die Planeten stellen dabei nur die äußerliche Form dar, durch welche sich die seelischen Energien manifestieren. Diese Energien sind es, die uns beeinflussen, nicht die Planeten am Himmel. Wenn Sie jemanden treffen, reagieren Sie nicht auf den physischen Körper Ihres Gegenübers. Sie reagieren auf dessen Charakter und Persönlichkeit, zu Ihrem eigenen Nutzen oder Schaden. Ähnlich verhält es sich mit den planetarischen Energien.

Wir wollen das Horoskop einmal als Straßenkarte auffassen. Es handelt sich hier um die Umstände, mit denen Sie sich im Leben auseinandersetzen müssen. Einige der Straßen, auf denen Ihr Weg verläuft, sind gut befestigt und leicht zu passieren – als Auswirkung der Tatsache, daß sie zu einer früheren Zeit, an die sich Ihre Persönlichkeit nicht mehr erinnert, gut ausgebaut wurden. Andere Straßen dagegen befinden sich in einem schlechten Zustand, sie müssen dringend instandgesetzt werden. Wenn Sie diese Arbeiten ausführen und die Straße in einen guten Zustand bringen, brauchen Sie keine Angst mehr vor Pannen und Verzögerungen zu haben.

In Verbindung mit der Idee der Wiedergeburt kommt es häufig zu der Frage: »Wenn ich schon einmal gelebt habe, warum weiß ich dann nichts davon und erinnere mich nicht?« Das Alte ist Ihre *Seele*, nicht Ihre Persönlichkeit. Die Seele ist die evolutionäre Einheit, und die Persönlichkeit ist die Einheit der Inkarnation. Wenn Sie sich bewußt werden, wer Sie wirklich sind – eine Seele, die sich einer Persönlichkeit bedient, um sich zum Ausdruck zu bringen –, wird die Erinnerung einsetzen.

Auf eine andere Frage soll hier auch noch eingegangen werden: »Wieviel von dem, was ich in diesem Leben erlebt habe, kann ich mir noch bewußt ins Gedächtnis rufen?« Wie Sie später beim Studium der Astrologie lernen werden, liegt dieses Wissen in Ihrem *unbewußten* Selbst. Ihr *bewußtes* Selbst hat es dort im Rahmen Ihrer gesamten Lebenserfahrungen abgelegt. Wenn Sie sich damit näher beschäftigen, werden Sie Ihr Potential entfalten. Sie haben es hier mit machtvollen Energien zu tun, die Ihnen bei Ihrer spirituellen Weiterentwicklung helfen können. Wieviel Sie aus dieser Beschäftigung für sich ziehen können, hängt davon ab, wieviel Anstrengungen Sie darauf verwenden. In gewisser Weise handelt es sich um ein spirituelles Guthaben, das Sie einzahlen und auf welches Sie dann in Krisenzeiten oder bei überraschenden Ereignissen zurückgreifen können.

Wenn Sie sich seit längerem mit keinem neuen Gebiet auseinandergesetzt haben, können Sie nun beim Studium der Astrologie Ihr Gehirn von «Rost» befreien. Jedes Studium führt ganz allgemein zu neuen Herangehensweisen und zu neuen Gedankenverbindungen. Es geht hier darum, daß schlafende Gehirnzellen geweckt werden und sich Ihr Geist gemäß neuer Formen des Verständnisses weitet. Das Studium der Astrologie richtet sich zuerst einmal auf die Förderung des Gedächtnisses. Sie müssen sich die Zeichen und Planeten, die diese beherrschen, einprägen – wobei ich gerne das Wort «visualisieren» dazusetzen würde. Indem wir uns mit den Zeichen beschäftigen, uns ihre Bedeutung vor Augen führen und über die entsprechenden Energien meditieren, stellen wir den Kontakt zu der Macht her, die hinter den Symbolen steht. Machen Sie sich klar: Jedes Wissen, das Sie im Äußerlichen durch ein Studium erworben haben, reicht nur so weit wie Ihr *bewußter* Verstand. Jenseits dessen aber liegt der Bereich des *überbewußten* Verstandes, von dem Sie Wissen beziehen können, das mit dem Ursprung Ihres Wesens in Verbindung steht. Dieser Teil von Ihnen ist es, der Verständnis, Weisheit und Wissen bedeutet, und es gibt ihn schon jetzt. Die Astrologie ist ein Mittel, um dieses Selbst kennenzulernen. Lassen Sie uns auf unserem Weg dorthin weiter fortschreiten.

Viel Glück und eine gute Reise!

1 DIE ZWÖLF TIERKREISZEICHEN

Der Tierkreis umfaßt 360 Grad, jedes Tierkreiszeichen 30 Grad. Die Anzahl der Grade in den Zeichen verändert sich niemals – nur die Häuser sind, wenn man nicht das äquale Häusersystem mit gleichgroßen Häusern anwendet, größer oder kleiner als 30 Grad (in Abhängigkeit zum Zeitpunkt der Geburt). Wenn wir es mit den Aspekten zu tun haben, kann es am Anfang leicht zu Verwirrung kommen. *Aspekte* stehen mit den Zeichen in Verbindung, nicht mit den Häusern. Wenn wir die genaue Tageszeit, zu der die Geburt stattfand, nicht wissen, beziehen wir uns auf den «natürlichen Tierkreis». In diesem Fall erfahren wir Näheres über den Charakter sowie darüber, wie die betreffenden Zyklen zum Ausdruck kommen, allerdings nichts über die Umstände, die mit dem Einsatz der Energien verbunden sind. Um über letztere etwas erkennen zu können, brauchen wir die Geburtszeit und den Geburtsort.

♈	Widder
♉	Stier
♊	Zwillinge
♋	Krebs
♌	Löwe
♍	Jungfrau
♎	Waage
♏	Skorpion
♐	Schütze
♑	Steinbock
♒	Wassermann
♓	Fische

Im sogenannten natürlichen Tierkreis steht der Widder im 1. Haus, der Stier im 2. Haus und die weiteren Zeichen gemäß ihrer Reihenfolge in den anderen Häusern. In dem Horoskop, das für eine bestimmte Zeit berechnet ist, kann jedes der zwölf Zeichen im 1. Haus stehen beziehungsweise an der Spitze davon (am Aszendenten). Nichtsdestotrotz ist hier immer ein bestimmter Widder-Einfluß gegeben, weil der Widder das Schlüsselwort für das 1. Haus ist. Das gilt genauso für den Stier und das 2. Haus und des weiteren für die folgenden Zeichen und Häuser. Das betreffende Zeichen und sein Herrscher stellen jeweils die zugrundeliegende Schwingung dar.

Zeichen	Symbol	Schlüsselwort	Zeitraum (ca)
Widder	♈	*ich bin*	20. 3. – 19. 4.
Stier	♉	*ich besitze*	19. 4. – 20. 5.
Zwillinge	♊	*ich denke*	20. 5. – 21. 6.
Krebs	♋	*ich fühle*	21. 6. – 22. 7.
Löwe	♌	*ich will*	22. 7. – 22. 8.
Jungfrau	♍	*ich analysiere*	22. 8. – 22. 9.
Waage	♎	*ich gleiche aus*	22. 9. – 23.10.
Skorpion	♏	*ich begehre*	23.10. – 22.11.
Schütze	♐	*ich erkenne*	22.11. – 21.12.
Steinbock	♑	*ich benutze*	21.12. – 20. 1.
Wassermann	♒	*ich weiß*	20. 1. – 20. 2.
Fische	♓	*ich glaube*	20. 2. – 20. 3.

Zu den hier angegebenen Tagen können sich Abweichungen ergeben. Um genau zu wissen, wann die Sonne in ein neues Zeichen tritt beziehungsweise getreten ist, müssen Sie in die Ephemeride schauen.

In der Astrologie haben wir es mit vier Faktoren zu tun:

◆ *Planeten*
  ◆ *Zeichen*
    ◆ *Häuser*
      ◆ *Aspekte*

◆ *Planeten* stellen Energien dar, das, was in Erscheinung tritt.

◆ Die *Zeichen* symbolisieren, wie die Energie zum Ausdruck kommt. Die Planeten in den Zeichen stehen für den Charakter beziehungsweise für das individuelle Lebensmuster als Auswirkung der früheren Existenzen. Die Zeichen zeigen, auf welche Weise die planetarischen Energien gefärbt werden und wie sie zum Einsatz kommen. Die Planeten in den Zeichen stehen für Ihre Fähigkeiten, für Ihre Talente und ganz allgemein für die Möglichkeit, das, was von dem jeweiligen Planeten symbolisiert wird, zu erreichen.

◆ Die **Häuser** zeigen, auf welchem Gebiet die Energien zum Ausdruck kommen und welche Umstände damit verbunden sind. Es geht hier um die Umgebung, in der Sie Ihr persönliches Schicksal entfalten. Die Häuser symbolisieren Gelegenheiten, die Sie in Ihrem Leben haben.

◆ Die **Aspekte** (der Fluß der Kräfte zwischen den Planeten) zeigen, wie wir unsere Energien zur Anwendung bringen, im Rahmen unseres magnetischen Feldes – auf nützliche oder auf negative Weise. An ihnen können wir ablesen, welche Neigungen und Anfälligkeiten im Hinblick auf unsere Taten und Erlebnisse bestehen.

Das Geburtshoroskop ist ein Röntgenbild unserer Persönlichkeit. Es zeigt, wie wir uns innerhalb unseres magnetischen Feldes zum Ausdruck bringen. Wir selbst sind Miniaturausgaben des Universums. Jede Energie, die sich in dem größeren Universum um uns herum manifestiert, zeigt sich auch in unserem persönlichen Magnetfeld, weil wir ein Bestandteil des Universums sind. Das Leben ist im Fluß, und es kommt fortwährend zu Veränderungen. Immer wieder kommt es zur Freisetzung von Energie. Die entscheidende Frage dabei ist, auf welche Weise wir Energie freisetzen. Das Geburtshoroskop zeigt Tendenzen und Prägungen. Es zeigt, was passieren *kann*, nicht, was passieren *wird*. Wir haben die Möglichkeit, die Entscheidung zu treffen, dem Leben auf eine positive Weise entgegenzutreten. Das Geburtshoroskop regiert über die Persönlichkeit in der Welt der Erscheinungen. Des weiteren sind wir aber auch geistige Wesen. Wenn das wahre Selbst zum Ausdruck kommt, herrschen wir über unsere Sterne (die Energien), nicht sie über uns.

Jedes Zeichen hat einen planetarischen Herrscher, wobei einige Planeten über zwei Zeichen herrschen. Im Augenblick gibt es zehn Planeten und zwölf Zeichen. Wenn wir auf dem Wege der Evolution weiter fortgeschritten sein werden, wird es zwölf Planeten geben. Der nächste Planet, der entdeckt werden wird, ist Vulkan. Es gibt sieben Planeten, die mit der Erde verbunden sind. In religiösen Offenbarungen werden diese durch die sieben Engel symbolisiert, die vor dem Throne Gottes stehen. Fassen Sie diese als mächtige planetarische Wesen auf, die sich der physischen Körper bedienen, um bestimmte Einflüsse hervorzurufen. Es sind nicht die Planeten am Himmel, die der Astrologe meint, wenn er von planetarischen Einflüssen spricht.

Es gibt eine Unterteilung der Zeichen gemäß einer männlichen (positiven) und weiblichen (negativen) Qualität, die für das Verständnis des Geburtshoroskops wichtig ist.

männliche Zeichen	weibliche Zeichen
Widder	Stier
Zwillinge	Krebs
Löwe	Jungfrau
Waage	Skorpion
Schütze	Steinbock
Wassermann	Fische

Zählen Sie, wieviele Planeten sich in männlichen und wieviele sich in weiblichen Zeichen befinden. Auf diese Weise erkennen Sie die fundamentale Polarität des Horoskops. So stellen Sie fest, ob hinsichtlich der positiven und der negativen beziehungsweise empfänglichen weiblichen Züge ein ausgewogenes Verhältnis besteht. Wenn sich beim Mann zuviele Planeten in weiblichen Zeichen befinden, hat er möglicherweise zwar einen maskulinen Körper, aber eine feminine Seele. Es wird ihm dann an Stärke fehlen, und sein Verhalten dürfte von Passivität und Abhängigkeit geprägt sein. Vielleicht ist der Grund dafür, daß er zu früheren Lebzeiten immer wieder als Frau inkarnierte, wobei es nicht nötig war, männliche Charakterzüge auszubilden. Nun besteht für ihn die Möglichkeit, sich intensiv mit dem Männlichen auseinanderzusetzen. Dieser Sachverhalt kann uns das Verhalten von sehr männlichen Frauen und «weibischen» Männern in einem neuen Licht sehen lassen.

Carl Gustav Jung, der Schweizer Psychoanalytiker, sagte, daß jede Frau etwas Männliches in ihrem Unbewußten hat (den *Animus*), über das sie sich klar werden muß, bevor sie im Äußerlichen eine wahre Beziehung zu einem Mann eingehen kann. Und jeder Mann muß um die Frau in seinem Unbewußten (die *Anima*) wissen, um sich mit einer Frau in der Außenwelt wirklich verbinden zu können.

Wenn man Ihnen sagt, daß Sie ein Widder, ein Zwilling oder was auch immer sind, bedeutet das, daß Sie zu der Zeit des Jahres geboren wurden, in der sich die Sonne in dem betreffenden Zeichen befunden hat. Es ist die Sonne, die für die Essenz unserer Individualität beziehungsweise unseres inneren Selbstes steht, was heißt, daß sie unserem Charakter die zugrundeliegende Prägung verleiht. Gemäß der Einflüsse der anderen Planeten sind unzählige Variationen und Kombinationen möglich – ohne aber diese grundsätzliche Prägung des Sonnenzeichens zu überdecken. In jedem Horoskop kommen die zehn Planeten und die zwölf Tierkreiszeichen zum Ausdruck, die alle ihren Bestandteil daran haben, daß Sie so sind, wie Sie sind. Alle vier Minuten ergibt sich hier eine Veränderung. Wenn wir das Sonnenzeichen eines Menschen kennen, können wir erste allgemeine Bemerkungen über ihn machen. Um den Menschen genauer zu beschreiben, müssen wir aber das Geburtsdatum, die Geburtszeit und den Geburtsort (mit Längen- und Breitengrad) wissen. Wir brauchen dann eine Ephemeride, in der die Planetenstellungen für das Geburtsjahr verzeichnet sind, weiterhin in dem Falle, daß wir nicht mit dem System der gleichgroßen Häuser arbeiten, eine Tabelle für die Häuserspitzen sowie eine Tabelle, um die wahre Ortszeit und deren Differenz zur *Greenwich Mean Time* herauszufinden. Dies ist die Ausrüstung, die für die Erstellung des Geburtshoroskops nötig ist.

Haben Sie sich die zwölf Zeichen und ihre Symbole eingeprägt, müssen Sie sich merken, welche Zeichen einander gegenüberliegen. Die gegenüberliegenden Zeichen haben vieles gemein. Sie kommen sozusagen auf derselben Welle zum Ausdruck, unterscheiden sich aber hinsichtlich der Polarität. Wenn Sie ein Horoskop berechnen und nicht nach der äqualen Methode vorgehen (gleichgroße Häuser), werden Sie die Feststellung machen, daß in der Häusertabelle nur sechs Zeichen angegeben sind. Sie müssen wissen, welches die Zeichen sind, die diesen gegenüberliegen, und sie an den richtigen Stellen in das Horoskop einsetzen. Es gibt vieles, was Sie hier lernen werden. Auf der persönlichen Ebene ist es so, daß sich die Gegensätze anziehen. Die entgegengesetzten oder auch komplementären Zeichen ergänzen einander, gemäß der *Bewußt**seins*stufe, die der Mensch erreicht hat. Auf der höheren, *seelischen* Ebene kommt es aber dazu, daß sich Menschen mit gleicher Wellenlänge voneinander angezogen fühlen. In diesem Fall ist dann kaum noch Reibung, sondern vielmehr Harmonie gegeben. Nichtsdestotrotz ist uns Reibung ein Ansporn, dorthin zu gelangen, wo wahre Harmonie herrscht. Ein fortgeschrittener Lehrer hat einmal gesagt: »Wenn ihr wollt, könnt ihr den Weg nehmen, der auf Widerstand beruht. Es gibt aber einen besseren Weg.« Unser Planet Erde ist die Schule für unser Lernen, und die Erfahrung ist unser Lehrer. Wissen ist Macht. Wir können hinsichtlich der Dinge vor uns hindämmern oder aber die Entscheidung treffen, aufzuwachen und zu erkennen, was der Sinn und Zweck des Lebens ist. Die Astrologie zeigt uns diesen Weg auf.

Gegenüberliegende Zeichen

Widder	↔	Waage
Stier	↔	Skorpion
Zwillinge	↔	Schütze
Krebs	↔	Steinbock
Löwe	↔	Wassermann
Jungfrau	↔	Fische

Die Zeichen, Symbole, Schlüsselworte sowie die Zeit, zu der sich die Sonne (näherungsweise) in den betreffenden Zeichen befindet, sind wichtige Faktoren, die Sie sich einprägen sollten. Es gibt von Jahr zu Jahr geringfügige Verschiebungen, wann die Sonne in die einzelnen Zeichen tritt. Um den Tag und die genaue Zeit herauszufinden, wann dies der Fall ist, müssen Sie in die Ephemeride schauen.

Widder *(ca. 20. März bis 19. April)*

◆ Regiert von Mars.
◆ Kardinales Feuerzeichen.
◆ Positives männliches Zeichen.
◆ Schlüsselwort: ICH BIN.
◆ Im physischen Körper regiert der Widder über den Kopf.

Die aufschießende Fontäne des Lebens. Begeisterung. Das unge-
zügelte Feuer des Impulses.

Der Widder steht für den Anfang. Der Mensch mit einer Widder-Sonne befindet sich in dem Prozeß des Aufbaus einer Persönlichkeit. Alle seine Energien sind auf das Selbst zentriert und gehen vom Selbst aus. Bevor man von seinem Selbst gibt, muß etwas vorhanden sein, von dem gegeben werden kann. Aus diesem Grund ist das «Ich-Bin» (oder auch: Ich will der erste sein) das Schlüssel-wort für den manchmal anmaßenden Widder. Welche Qualitäten sind es, die den Schafbock auszeichnen? Stärke, die Fähigkeit zu führen und die Bereit-schaft, sich Kopf voran gegen jedes Hindernis zu werfen, das im Weg steht. Hierbei handelt es sich um charakterliche Züge, die bei dem nicht entwickelten Widder deutlich in Erscheinung treten. Ungeduldig und unwillig zu warten, bis die Entwicklung reif ist, stürmen sie in Bereiche vor, in die sich kein normaler Sterblicher wagt. Beim Widder handelt es sich um einen Pionier. Er eignet sich dafür, Projekte umzusetzen und in Gang zu bringen, und oftmals ist er es, der den Impuls für etwas gibt. Diese Menschen verfügen über viel Initiative, und an Mut mangelt es ihnen nicht. Als Kinder sind sie laut, stecken voller Energie und müssen immer etwas tun. Sie lieben Spiele und Sport, weil sie über soviel Ener-gie verfügen.

Versuchen Sie nicht, den Widder auf etwas Bestimmtes hinzulenken. Diese Menschen wollen das tun, was sie sich selbst vornehmen, zu der Zeit, die ihnen paßt. Jede Einmischung kann wütenden Zorn hervorrufen. Der Widder ist so-zusagen der Selbstzünder des Tierkreises – es ist aber möglich, daß er sofort das Interesse verliert, wenn das Tempo langsamer wird oder sich Komplikatio-nen ergeben. Dem Anschein nach ist er ein zufriedener Mensch. Allerdings täuscht dies über ein unbewußtes innerliches Gefühl der Unzulänglichkeit hin-weg. Die negativen Eigenschaften dieses Tierkreiszeichen sind Arroganz, Ego-ismus und die Tendenz, andere zu beherrschen. Die Frau, die im Widder gebo-ren ist, könnte Schwierigkeiten in ihrem Leben haben, weil sie vom Kopf und nicht vom Herz aus handelt. Das schränkt aber nicht ihre Eignung für die beruf-liche Karriere ein. Was ihr emotionales Leben betrifft, ist sie möglicherweise zu positiv, zu eigensinnig und zu maskulin. Für sie besteht die Aufgabe, ihre weib-liche Seite zu entwickeln und die Eigenschaften der Geduld und Empfänglich-keit zum Ausdruck zu bringen. Es gibt drei Qualitäten, die jeder Widder-Mensch zeigen sollte: Kooperationsgeist, den klugen Umgang mit Energie und die Bereitschaft, Dinge zur Vollendung zu bringen.

Vom universellen Standpunkt aus ist der Widder der erste Impuls der Lebenskraft im Hinblick auf Aktivität, die Manifestation der Niederkunft des göttlichen Funkens. Die Stellung des Widders in Ihrem Horoskop (beziehungsweise der Sachverhalt, über welches Haus er regiert) zeigt, von wo aus Sie als Geistwesen zu wirken begannen. Das Symbol des Schafbocks bezieht sich in seiner höchsten Form auf das Lamm Gottes – das Symbol des Lamms steht für Demut und die Aufgabe des eigenen Willens. »Das erschlagene Lamm Gottes steht am Anfang der Welt.« Das Lamm symbolisiert den Geist, der gezwungen ist, eine untergeordnete Position einzunehmen und von der Welt (der Persönlichkeit) beherrscht wird. Wenn die Persönlichkeit sich hier zum positiven Pol des Ausdrucks macht, tritt das Wahre Selbst in den Hintergrund. Gottes Geschenk an die Kinder der Menschheit ist die Gabe des freien Willens. Dabei gibt es aber einen Haken. Wenn wir unseren Willen zur Aktion umformen, müssen wir das, was sich dabei ergibt, akzeptieren. Wenn es zur Aktion kommt, kommt es zum Gleichgewicht – weil sich auch die Gegenreaktion ergibt. Dies ist das kosmische Gesetz, welches der östliche Mensch das Gesetz des Karmas nennt.

Der Widder bewegt sich mit einer solchen Geschwindigkeit und ist so fordernd, daß andere schon längst ermüdet sind, wenn er noch voller Aktivität steckt. Diese Menschen geben Energie in jede Richtung ab, und wenn sie nicht lernen, weise damit umzugehen, haben sie unter gesundheitlichen Problemen zu leiden. Der Kopfschmerz, der bei Widder-Menschen so häufig ist, resultiert aus dem Übermaß an Spannung. Dies wiederum hat seinen Grund darin, daß es dem Widder so schwerfällt, sich zurückzulehnen und sich zu entspannen.

Stier *(ca. 19. April bis 20. Mai)*

- Regiert von der Venus.
- Fixes Erdzeichen.
- Weibliches und empfängliches Zeichen.
- Schlüsselwort: ICH BESITZE.
- Im physischen Körper regiert der Stier über den Hals sowie über das Kleinhirn, welches sich im Hinterkopf befindet.

Die im Frühling frisch gepflügte Erde, die bereit ist, die Saat aufzunehmen.

Dieses Zeichen umfaßt weit mehr, als sein Symbol zunächst einmal vermuten läßt. Es gibt im Tierkreis vier *Schlangen-Zeichen*, die mit Willen und mit Macht zu tun haben. Der Stier ist das erste davon. Er steht für die zusammengerollte Schlange, welche ihre Kraft noch nicht entfaltet hat. Bei den anderen Schlangen-Zeichen handelt es sich um den Löwen, den Skorpion und den Wassermann. Stier-Menschen sind langsam, beharrlich und dickköpfig. Ihre Reflexe sind zögerlich, und es ist unmöglich, sie anzutreiben. Vielleicht können Sie einen Bullen zum Wasser führen – Sie können aber nicht seinen Kopf in das Wasser tauchen, ohne in größte Schwierigkeiten zu kommen. Wenn Sie es mit einem Stier-Menschen zu tun haben, ist es am besten, auf indirekte Art vorzugehen, im Gegensatz beispielsweise zum Widder, bei dem Sie sofort auf den Punkt kommen und jede Chance beim Schopfe packen müssen. Beim Stier ist das anders. Dieser Mensch braucht seine Zeit, bis er sich an neue Ideen gewöhnt, und er geht dabei Schritt für Schritt vor. Läßt man ihm die Zeit zur Assimilation des Neuen nicht, wird er nervös und zornig. Der Stier ist langmütig, freundlich und sanft. Es braucht viel, um ihn aus der Fassung zu bringen. Wenn er aber erst einmal wirklich wütend ist, sollten Sie nicht mehr den Versuch unternehmen, mit ihm zu diskutieren. Warten Sie dann ab, bis er sich beruhigt hat.

Besitztümer und das Materielle sind sehr wichtig für Menschen, die im Stier geboren wurden. Der Stier ist das Zeichen des Tierkreises, das für Geld steht. Geld hat mit Werten zu tun, nicht aber mit wahrem Wert. Das Horoskop-Haus, das vom Stier regiert wird, zeigt, auf welchem Gebiet Ihr Sinn für Werte zum Ausdruck kommt. Zugleich läßt es erkennen, wo Sie möglicherweise in der Welt des Materiellen gefangen sind. Wenn sich die Sonne im Stier befindet, ist die grundsätzliche Lektion im Leben, einen wahren Sinn für Werte zu entwickeln. »Gib Cäsar, was des Cäsars ist, und Gott, was Gott gehört.« Der Herr sagt nicht: »Cäsar gehört nichts.« Er weiß, daß der Unterschied zwischen dem, was des Cäsars ist und was Gott gehört, wichtig ist.

Die negativen Charakterzüge, die vom Stier überwunden werden müssen, sind eine übermäßige Ausrichtung auf das Materielle, Eifersucht und Geiz. Diese Eigenschaften haben ihren Ursprung in der Angst vor Verlusten. Der Mensch, der keinen Drang nach Besitz in sich fühlt, braucht keine Angst zu haben, etwas zu verlieren. Haben Sie vielleicht schon einmal die wunderbaren Zeilen von Tagore gehört?

> *Warum ist die Blume verblüht?*
> *Ich preßte sie an mein Herz und zerdrückte sie dabei.*
> *Warum verlöschte die Lampe?*
> *Ich schütze sie mit meinem Mantel und nahm ihr damit die Luft.*

Stier-Mütter sind – ausgenommen das gegenüberliegende Zeichen Skorpion – die besitzergreifendsten des ganzen Tierkreises. Es fällt ihnen sehr schwer, ihre Kinder loszulassen, auch dann, wenn diese erwachsen sind. Das Wichtigste für diese Menschen ist es, innerlich Abstand zu gewinnen.

Der Stier herrscht im menschlichen Körper über den Hals, was wir als Reflex auf das gegenüberliegende Zeichen Skorpion sehen können, das mit dem Fortpflanzungsorganen zu tun hat. Es besteht eine enge Beziehung zwischen dem Hals-Zentrum (Stier) und dem Sexual-Zentrum (Skorpion). Wenn Jungen fähig werden, sich auf der physischen Ebene fortzupflanzen (Skorpion), ändert sich die Stimme (Stier). Was uns vielleicht zunächst nicht deutlich vor Augen steht, ist die Tatsache, daß unsere Fähigkeiten, etwas auf der höheren Ebene zu erschaffen, auf dem Gebrauch von Sprache beruhen. Wir können sehen, was wir aufgrund von physischen Bemühungen in der äußerlichen Welt geschaffen haben. Die Schöpfungen dagegen, die auf dem Gebrauch von Sprache beruhen, sind genauso wirkungsvoll, auch wenn wir sie manchmal nicht erkennen, wenn sie wieder zu uns zurückkommen.

♊ *Zwillinge* *(ca. 20. Mai bis 21. Juni)*

- ◆ Regiert von Merkur.
- ◆ Veränderliches Luftzeichen.
- ◆ Neutral im Ausdruck, aufgrund der Tatsache, daß es sich hier um eine subtile Kombination des Männlichen und des Weiblichen handelt. Es ist ein positives Zeichen, weshalb es auch als maskulin zu bezeichnen ist.
- ◆ Schlüsselwort: ICH DENKE.
- ◆ Im physischen Körper regieren die Zwillinge über das Nervensystem, die Hände, die Schultern, die Arme und die Lungen.

Die leichte, veränderliche frühsommerliche Brise.

Die Zwillinge repräsentieren den bewußten Verstand. Das entgegengesetzte Zeichen Schütze verkörpert im Gegensatz dazu die überbewußten Möglichkeiten der Erleuchtung und der Weisheit. Vom Standpunkt der universellen Gesetze aus sind die Zwillinge für unsere Erde das wichtigste Tierkreiszeichen. Jeder Mensch auf der Erde unterliegt dem Einfluß der Zwillinge. Diese stehen für eine dualistische Kraft: Die Opposition zwischen dem Menschlichen und dem Göttlichen in jedem von uns. In der Mythologie bezieht sich dieses Zeichen auf die Brüder Castor und Pollux. Einer von ihnen steht mit dem Himmel in Beziehung, der andere mit der Erde. Solange es nicht zu einer ausgewogenen Beziehung zwischen den beiden kommt, hat das Gesetz der Gegensätze Bestand.

Der Zwilling gilt als der Schmetterling des Tierkreises, weil er gewissermaßen von einer Situation zur anderen flattert. Er tut dies, um aufgrund der verschiedensten Erfahrungen wachsen zu können. Wir haben es hier mit dem flüchtigsten und dem veränderlichsten Tierkreiszeichen zu tun, und mit demjenigen, welchem kein besonderes Vermögen zur Konzentration oder zur beharrlichen Arbeit nachgesagt wird. Die Chinesen nennen es wegen der extremen Ruhelosigkeit das Zeichen des Affen.

Menschen mit vielen Planeten in den Zwillingen sind nicht von emotionalem Wesen. Man muß sich ihnen gegenüber den Anschein geben, vernünftig und logisch zu sein. Der nicht entwickelte Zwilling macht viel Lärm um nichts und beklagt sich fortwährend über die Inkonsequenz anderer. Dabei ist er sich ganz und gar nicht im klaren darüber, wie schwer es ist, mit ihm auszukommen. Mit seiner zwiefältigen Natur sieht man ihn manchmal als Mensch mit zwei Gesichtern. Es kann sein, daß er wirklich grundverschiedene Persönlichkeiten zum Ausdruck bringt.

Die Zwillinge mit ihrem überaus großen Sinn für Humor und für Witze sind in gewisser Weise die kindlichen Wesen der Erde. Sie sind sehr gute Verkäufer, weil sie alles verkaufen können. »Man darf keinen Menschen beschränken«, ist ihr Schlachtruf, den sie mit dem gegenüberliegenden Zeichen Schütze gemein haben. Der Zwilling lehnt Nähe und feste Verbindungen ab, im Gegensatz zum Stier zum Beispiel, der besitzen oder zu jemandem gehören möchte. Für den Zwilling trifft das ganz und gar nicht zu, seine Psychologie ist eine ganz andere. Er mag alles und jeden, und es fällt ihm schwer, seine Liebe auf eine Person zu beschränken. Je mehr Freiheit er in der Ehe hat, desto glücklicher fühlt er sich. Allerdings ist ihm auch das Gefühl wichtig, für jemand anderen etwas zu bedeuten.

Zwillinge sind gute Lehrer, Schriftsteller, Reporter und Verkäufer, was in Zusammenhang mit ihren kommunikativen Fähigkeiten steht. Sie brauchen eine Beschäftigung, bei der sie herumkommen und viel mit Menschen zu tun haben. Sie könnten es nicht aushalten, acht Stunden am Schreibtisch zu sitzen. Ihre nervliche Gesundheit würde darunter ernsthaft leiden. Der Zwilling neigt dazu, alles, was ihm widerfährt, zu dramatisieren, und es passiert ihm häufig, daß er sich von seiner Phantasie fortreißen läßt. Er träumt in großen Maßstäben, muß aber doch ganz am Anfang anfangen. Das macht ihm Probleme, weil er sich in seiner rastlosen Art schon längst auf dem Weg sieht.

Bei den Zwillingen handelt es sich um das dualistischste Zeichen des Tierkreises. Menschen, die in diesem Zeichen geboren wurden, haben eine gespaltene Persönlichkeit. Dies gilt solange, bis sie erkennen, wie ihr Verstand funktioniert, und bis sie lernen, ihn zu kontrollieren. Es ist für jeden Menschen schwierig, seinen Verstand unter Kontrolle zu bringen – für den Zwilling aber ist dies eine grundsätzliche Notwendigkeit. Sein Nervensystem steht unter hoher Anspannung. Weil er so große Probleme damit hat, sein Denken zu kontrollieren, muß man ihn als den Neurotiker des Tierkreises bezeichnen. Die Nervosität ist eine Wesenseigenschaft, die dem Körper eine harte Zeit beschert. Die Zwillinge neigen mehr als jedes andere Zeichen zu nervösen Zusammenbrüchen. Die übermäßige Beschäftigung mit sich selbst ist dabei die Wurzel der Schwierigkeiten. Die Lösung liegt hier darin, sich durch Dienstbereitschaft anderen gegenüber von der übermäßigen Betonung des Selbstes zu lösen. Aufgrund der Anspannung kann dieser Mensch ein starker Raucher sein, und wenn das zutrifft, werden seine Lungen dafür einen hohen Preis zahlen. Möglicherweise wird er später unter einem Emphysem zu leiden haben.

Das spirituelle Motto des Zwillings ist: »Laß die Dinge geschehen und Gott gewähren.« In dem einfachen Wort Liebe liegt für uns alle ein Zauber.

Krebs *(ca. 21. Juni bis 22. Juli)*

◆ Regiert vom Mond.
◆ Kardinales Wasserzeichen.
◆ Weibliches und empfängliches Zeichen.
◆ Schlüsselwort: ICH FÜHLE.
◆ Im physischen Körper regiert der Krebs über die Brüste, den Magen und den Solarplexus.

Die immerwährenden Gezeiten des Ozeans. Das Aufsteigen und Abebben der Emotionen.

Der Krebs ist das bemutternde, unterstützende und nährende Tierkreiszeichen. Er steht für die Gebärmutter, für Häuser und das Zuhause sowie für das Innere aller Sachen, kurz gesagt, für das Schutzprinzip. Wir haben es hier mit der sich langsam bewegenden Krabbe zu tun, bei der man an ihr Zuhause denkt: Sie trägt ihr Haus auf dem Rücken mit sich herum, in welches sie sich zurückzieht, wenn ihr äußerliche Gefahren drohen. Das gilt für das Zuhause auf dem Land (die physische Ebene) als auch im Wasser (emotionale Ebene). Der Krebs ist kein sehr vitales Zeichen, sein Energiefluß ist von eher schwerfälliger Art, was sich in einer körperlichen Trägheit auswirken könnte. Er hat eine Abneigung gegenüber sportlicher Betätigung. Im späteren Leben kann das unter Umständen zu gesundheitlichen Problemen führen. Krebs-Menschen leben zu einem Großteil in ihren Gefühlen. Sie suchen nach Sympathie und erkennen oftmals nicht, wie selbstbezogen und selbstsüchtig sie sind. Bei denen, die sie lieben, müssen sie an der ersten Stelle stehen, oder sie sind unglücklich. Wie bei der Krabbe halten sie an dem, was sie lieben, hartnäckig fest.

Beim Krebs haben wir es im stärksten Maße mit dem Unterbewußten zu tun. Alles ist hier versteckt und latent, nichts ist klar oder direkt. Wie bei der Krabbe, die sich dem Gegenstand ihres Interesses mit seitwärts gerichteten Schritten nähert, geht der Krebs nicht auf geradlinige Weise vor. Anders als der Zwilling, der mit seinem Verstand auf das Leben reagiert, sind beim Krebs die Gefühle angesprochen. Sie können mit dem Krebs nicht vernünftig reden, wenn emotionale Störungen bestehen. Warten Sie ab, bis er sich wieder beruhigt hat, und versuchen Sie es dann noch einmal. Es ist hier oftmals eine subtile Unbestimmtheit gegeben, die auf die Menschen, die mit dem Krebs zu tun haben, einen unwiderstehlichen Reiz ausüben kann. Weil hier das Psychische eine so große Rolle spielt, kann dieser Mensch keinen Unterschied machen zwischen dem, was er denkt und was er fühlt. Er ist auf Gedeih und Verderb seinen Stimmungen ausgeliefert: An einem Tag fühlt er sich großartig, am nächsten schrecklich. Krebs-Menschen sind in psychischer Hinsicht gewissermaßen Schwämme, die die Atmosphäre um sich herum aufsaugen, ohne sich über die Schwingungen im klaren zu sein. Wenn sie sich in der Gegenwart von glücklichen Menschen befinden, blühen sie auf; beim Kontakt zu depressiven Leuten erschlaffen sie und verlieren den Mut, ohne zu wissen, warum.

Für den Mann ist es nicht einfach, wenn seine Sonne im Krebs steht, weil dies das weiblichste Zeichen des Tierkreises ist. Es besteht eine starke Ausrichtung auf das Zuhause und auf die Mutter. Es fällt diesen Menschen auch schwer, die Nabelschnur zu durchtrennen, die sie mit der Vergangenheit verbindet. Wenn ein Mann die Sonne im Krebs und den Mond – dessen Herrscher – in einem Spannungsaspekt zu Saturn hat, könnten schwerwiegende psychologische Probleme die Folge sein, die aus einem Mangel an Männlichkeit resultieren.

Wieweit der Krebs auch herumstreifen mag – und der Krebs liebt es, herumzustreifen –, er möchte ein Zuhause haben, in das er zurückkehren kann. Vielleicht bringt er dort nicht viel Zeit zu, entscheidend ist aber, daß es das Zuhause gibt. Die emotionale Unsicherheit dieses Menschen ist sehr groß, zumindest solange, bis er sich über den persönlichen Aspekt hinaus gefunden hat. Der Mond herrscht über die *Persönlichkeit*, und dieser Himmelskörper hat kein eigenes Licht, sondern reflektiert in seinem Scheinen nur das, was er von der Sonne erhält. Stellen Sie sich die Persönlichkeit als unbeleuchteten Raum vor: Erst dann, wenn die Sonne durch das Fenster scheint, wird er hell. Das Wichtigste für Krebs-Menschen ist es, ihr inneres Zentrum zu finden, von dem aus sie wirken können. Wenn es dazu gekommen ist, ruhen sie in sich, ohne länger den Gezeiten ihrer Persönlichkeit ausgeliefert zu sein.

Der Krebs herrscht über die Öffentlichkeit beziehungsweise über das Massenbewußtsein. Das Massenbewußtsein gründet immer auf Gefühle, niemals auf den Verstand. Werbefachleute und Public-Relations-Berater wissen das und bedienen sich dieser Erkenntnis bei ihrer Arbeit. Die Vereinigten Staaten mit dem Geburtstag am 4. Juli sind im Krebs geboren. An der Einfahrt zum Hafen von New York steht eine Frauenstatue, die den Krebs-Typus sehr gut verkörpert. Das schützende und sehnsuchtsvolle Element verkörpert den Krebs in Reinkultur. Es ist nur notwendig, diese Eigenschaften mit Vernunft und Unterscheidungsvermögen anzureichern.

 Löwe *(ca. 22. Juli bis 22. August).*

♦ Regiert von der Sonne.
♦ Fixes Feuerzeichen.
♦ Positives männliches Zeichen.
♦ Schlüsselwort: ICH WILL.
♦ Im physischen Körper regiert der Löwe über das Herz und über die Wirbelsäule.

Das Feuer des Herzens, das gelenkte Feuer der Zuneigung.

Der Löwe ist das Zeichen der *Selbst*-Bewußtheit, so wie der Krebs für die Bewußtheit der *Instinkte* steht. Ob der Löwe-Mensch in seiner Herangehensweise an das Leben konstruktiv oder destruktiv ist, hängt davon ab, wer den Wagen zieht: das persönliche Selbst oder das wahre Selbst. Der Löwe hat für gewöhnlich viel Mut. Wenn er aber nicht über einen Sinn für Verantwortung und über Selbstdisziplin verfügt, kann ihn das in Schwierigkeiten bringen. Eines der Schlüsselworte für dieses Zeichen ist Herrschaft. Dies bedeutet aber nicht die Herrschaft über andere (eine Falle, vor der sich der Löwe in acht nehmen muß), sondern die Herrschaft über die eigenen starken Kräfte. Der Löwe ist das vitalste aller Zeichen und verfügt über außerordentlich viel Energie. Er hat großes Selbstvertrauen und viel Selbstsicherheit, das schüchterne Menschen stärkt und diejenigen ängstigt, die um seine Macht wissen. Der Löwe ist das königliche Zeichen. Könige gehören heute mehr oder weniger der Vergangenheit an – der Löwe muß nun erkennen, daß die Königswürde des Wassermann-Zeitalters auf *spirituellen* Aristokraten beruhen wird, die sich durch das Herz und die Seele auf einfache Weise zum Ausdruck bringen werden. Bei aller Einfachheit geht es hier darum, zum inneren Wesen der Dinge zu gelangen und und die Dinge als Ganzes zu sehen. Der Löwe herrscht über das innere Zentrum beziehungsweise über das Herz.

Was die überlieferte Astrologie angeht, gibt es einen Aphorismus: Der Löwe regiert durch das göttliche Recht, der Steinbock durch praktisch ausgeübte Macht. Macht ist für den Löwen ein rotes Tuch. Der Löwe wird niemals seine Macht an andere delegieren. Vielleicht gibt er sie scheinbar mit der einen Hand ab, um sie sogleich mit der anderen zurückzunehmen. Dies ist der Grund dafür, daß so viele Löwe-Menschen frühzeitig an Herzattacken sterben. Sie glauben, daß sie alles selbst machen müssen, und auf diese Weise kommt es dann zu Abnutzungserscheinungen.

Der Löwe fühlt ein großes Vertrauen und viel Loyalität für diejenigen, die er liebt. Weil es sich hier um ein fixes Zeichen handelt, kommt es nicht leicht zum Wechsel der Gefühle. Während das entgegengesetzte Zeichen Wassermann oftmals zu unpersönlich und gleichgültig im Hinblick auf Beziehungen ist, hat der Löwe oftmals zu wenig Abstand zu den Menschen, denen seine Liebe gilt. Er muß es lernen, hier eine objektivere Einstellung zu gewinnen. Scheint die Sonne nur für sich oder für andere? Nur dann, wenn der Löwe-Mensch eine unpersönlichere Einstellung entwickelt, kann er seine Wärme und Zuneigung an all die Menschen geben, die in seinen Einflußbereich kommen. Von allen Tierkreiszeichen würde es dem Löwen am schwersten fallen, allein zu leben. Sein großes Reservoir an Energie und Kraft beruht darauf, daß es die Sonne ist, die über ihn regiert. Licht und Energie können aber wärmen oder verbrennen, sie können erschaffen oder zerstören. Die Sonnenstrahlen haben die Kraft, Leben hervorzubringen – für den Löwen kommt es darauf an, sie weise einzusetzen. Wenn er das nicht tut, muß er einen hohen Preis zahlen. Dies ist der Grund, warum der Wille des Löwen der Wille Gottes sein muß. Wenn dem nicht so ist, wird es zu Problemen kommen.

Beim Löwen auf einer höheren Entwicklungsstufe kommt Würde, Selbstachtung, Mut und Integrität zum Ausdruck. Dieser Mensch ist von einem ehrlichen, direkten und vertrauenswürdigem Wesen. Wenn der Löwe allerdings sein Ego an die Stelle setzt, an der sich das höhere Selbst befinden sollte, sind Arroganz, Egoismus und die Neigung zu Prahlerei die Folge.

Die Tugenden dieser Menschen sind groß – wie ihre Fehler auch. Liebe muß hier zum Ausdruck des göttlichen Mitgefühls werden, bevor ihre Entwicklung vollständig ist. Das Schicksal hält für den Löwen Großes bereit. Niemand kann ein wahrer Führer sein, ohne die Bereitschaft zum Ausdruck zu bringen, allen Mitmenschen dienen zu wollen. Das höchste, was der Löwe der Welt bringen kann, ist ein verständnisvolles Herz.

 ## *Jungfrau* (ca. 22. August bis 22. September)

◆ Regiert von Merkur.
◆ Veränderliches Erdzeichen.
◆ Weibliches und empfängliches Zeichen.
◆ Schlüsselwort: ICH ANALYSIERE.
◆ Im physischen Körper regiert die Jungfrau über den Darmtrakt und die Fähigkeit zur Assimilation.

Die Erntezeit. Die Zeit, in der es zur Reife und zur Assimilation kommt.

Das traditionelle Jungfrau-Symbol stellt ein junges Mädchen dar, das ein Bündel Weizen im Arm hält. Dies weist auf die Bedeutung der materiellen Bedürfnisse hin. Jungfrau-Menschen sind bekannt dafür, daß sie die verschiedenen Fakten gemäß materieller Erwägungen untersuchen und auswerten. Wonach sich die Jungfrau sehnt, ist Perfektion und Reinheit. Sie strebt in dieser Hinsicht die Vollendung an, nicht nur für die eigene Person, sondern für alle Menschen ihrer Umgebung. Sie hat mehr Sinn für Macht in sich, als sie zum Ausdruck bringen kann, was sich dann in einem Minderwertigkeitskomplex äußern könnte (ein Minderwertigkeitskomplex ist gewissermaßen ein «umgeschlagener Überlegenheitskomplex»). Die Jungfrau setzt sich beständig mit der Lektion auseinander, demütig und geduldig Dienst zu leisten. Sie findet ihren bestmöglichen Selbstausdruck, indem sie anderen beisteht, auf verläßliche und ausdauernde Weise, ohne darum viele Worte zu machen. Die Berücksichtigung der vielfältigsten Details und Routinetätigkeiten sind ihre Stärke. Mit der Jungfrau hängt eine sehr vorsichtige und häufig auch selbstbezogene Haltung zusammen, was diesem Menschen selbst nicht immer klar sein wird. Es fällt der Jungfrau schwer, über ihre inneren Gedanken und Gefühle zu sprechen. Ihr Zuhause bedeutet ihr außerordentlich viel, weil sie sich darin sicherer als an jedem anderen Ort fühlt. Aufgrund ihrer Schüchternheit ist sie nicht sehr gesellig. Des weiteren leidet die Jungfrau häufig unter nervlichen Belastungen, welche aus ihrer großen Anspannung resultieren. Ihre Geistesverfassung hat eine unmittelbare Wirkung auf die Gesundheit. Wenn sie zu selbstbezogen ist und sich zuviele Gedanken um ihre Gesundheit macht, kann es hier zu hypochondrischen Tendenzen kommen. Die nervöse Anspannung resultiert daraus, daß die Persönlichkeit dem Körper Probleme beschert.

Der größte Fehler der Jungfrau ist die Neigung, zu kritisch zu sein. Ihr durchdringender Verstand kann sich darin erschöpfen, nur noch nach Fehlern zu suchen, was andere mit den damit verbundenen Vorwürfen verunsichern würde. Wahre Befriedigung kann dieser Mensch aus seiner Arbeit und aus der Eigenschaft der Dienstbereitschaft ziehen. Es handelt sich hier um einen der besten Arbeiter aller Tierkreiszeichen. Diese Menschen sind in ihrer Herangehensweise an das Leben erdverbunden und praktisch ausgerichtet. Am besten eignen sie sich für die Buchhaltung und das Rechnungswesen. Frauen mit der Sonne in der Jungfrau sind gute Krankenschwestern, sie verkörpern in dieser Beziehung ein reines und kompetentes Wesen. Alles, was rauh oder vulgär ist, verabscheuen sie. Sie haben etwas Angenehmes an sich und sind ohne Aggressivität, was ihnen eine große Anziehungskraft verleiht. Die Jungfrau macht sich wenig Feinde. Mit ihrer ruhigen und sanften Wesensart kann sie viele Menschen Freunde nennen.

Mit ihren innerlichen Gefühlen der Unzulänglichkeit stellt die Jungfrau möglicherweise an den Ehepartner sehr große Forderungen. Was sie lernen muß, ist, in dieser Beziehung weniger Kritik zum Ausdruck zu bringen und mehr Liebe zu zeigen. Venus als das Prinzip der Liebe führt sich unwohl auf einem Bereich, auf dem der niedere Geist operiert. Die Liebe verdorrt, wenn es zuviel Kritik gibt. Es ist das Herz, mit dem wir uns mit anderen verbinden, nicht der Kopf. Wir wissen das in unserem Unbewußten, wenn wir sagen: »Zerbrich dir darüber nicht den Kopf!«, oder: »Mache dir deshalb keine Sorgen!«

Im universellen Ablauf der Dinge steht die Jungfrau für den Schoß der Zeit, durch den Gottes Plan in Verbindung mit Schmerz, Mühsal und Auseinandersetzungen realisiert wird. Hierbei handelt es sich um die Eigenschaften, die das Bewußtsein von seiner Erdbindung freimachen. Die Jungfrau symbolisiert das in jedem Menschen verborgene Christliche – den Samen, der in die Erde gepflanzt wurde, der im Dunkeln Wurzeln treiben muß und mühsam ans Licht vordringt. Die Jungfrau ist das letzte der persönlichen Zeichen. Sie markiert die Geburt des innerlichen Menschen. Die *Persönlichkeit* wird von den Zeichen Widder bis zur Jungfrau entwickelt, die Entwicklung der *Seele* verläuft von der Waage bis hin zu den Fischen.

Waage *(ca. 22. September bis 23. Oktober)*

- ◆ Regiert von der Venus.
- ◆ Kardinales Luftzeichen.
- ◆ Positives männliches Zeichen.
- ◆ Schlüsselwort: ICH GLEICHE AUS.
- ◆ Im physischen Körper regiert die Waage die Nieren, die für die Reinigung des Körpers stehen. In ähnlicher Weise sind es die Beziehungen, die die Seele veredeln.

Stürme und Orkane, gefolgt von Windstille.

Die Waage ist das siebte Tierkreiszeichen. Sie steht für die Zeit des Herbstbeginns, zu der die Äquinoktialstürme herrschen. Die Waage symbolisiert den Wendepunkt des evolutionären Prozesses. Der Nadir der Selbstbezogenheit ist erreicht worden. Jetzt, in diesem Zeichen, werden die Verbindungen und die damit zusammenhängende Kooperation zum Thema. Dieses Zeichen steht für Beziehungen, und es symbolisiert die Ehe, in Zusammenhang damit, daß die Seele nicht länger gemäß dem Ich-Bewußtsein zum Ausdruck kommen kann. Notwendig ist nun das Bewußtsein des Wir. Jetzt muß es zu einem Ausgleich zwischen der Welt des Scheins (der Persönlichkeit) und der inneren Welt der Realität kommen (der Seele). Die Venus herrscht über dieses Zeichen, was für die Tatsache steht, daß nur durch Liebe und das Gefühl der Zusammengehörigkeit wahre Verbindungen möglich sind.

Die Entwicklung von Beziehungen ist das Wichtigste für die Waage. Ihre Schwäche ist dabei der Wunsch, jedem Menschen alles sein zu wollen. Aufgrund ihres Bedürfnisses zu gefallen geht sie von ihrem Standpunkt ab, auch wenn sie davon überzeugt ist, im Recht zu sein. «Frieden um jeden Preis» ist ihr Wahlspruch. Der Preis ist aber in manchen Fällen zu hoch. Was die Integrität betrifft, ist es gut, wenn der Mensch bereit ist, einen Preis zu zahlen. Es ist aber recht schwierig für die Waage, sich großzügig zu zeigen – es besteht hier eine Art Widerwilligkeit, die auch damit zu tun hat, daß Saturn in diesem Zeichen erhöht ist. Die Waage ist sehr diskret im Hinblick auf ihre Finanzen und ihre persönlichen Verhältnisse, und sie weist jeden Versuch, in ihre Intimsphäre einzudringen, entschieden zurück. Ihr Verstand ist auf das Umsetzen von Entscheidungen sowie auf die allgemeinen Werte und Normen und auf das Gesetz gerichtet. Aus diesem Grund verwundert es nicht, daß viele Anwälte Planeten in diesem Zeichen haben. Die Waage ist kein häuslicher Mensch wie zum Beispiel der Krebs oder die Jungfrau. Sie liebt es, herumzureisen und fremde Horizonte zu erkunden – in mentaler oder in physischer Hinsicht. Waage-Menschen können bezüglich ihrer Umgebung wahre Stürme entfachen. An der Oberfläche scheinen sie außerordentlich diplomatisch und sanftmütig zu sein, darunter aber verbirgt sich ein eiserner Kern. Es fällt der Waage schwer, sich einzugestehen, daß sie dominierend und eigenwillig ist. Der esoterische Herrscher dieses Zeichens ist Uranus, was vieles erklärt.

Es besteht aus einer starken Identifikation mit der Mutter heraus die Neigung, lange im Elternhaus zu bleiben. Aufgrund eines ausgeprägten Gefühls für Pflicht und Verantwortung fällt es der Waage nicht leicht, sich vom «Schoß der Vergangenheit» loszumachen. Dies kann zu Problemen führen, was um so mehr gilt, wenn die damit zusammenhängenden Gefühle unterdrückt werden.

Die Waage ist ein exzellenter Diplomat, weil sie ein nach außen gerichteter Mensch und von freundlichem Wesen ist und das Leben in vollen Zügen leben möchte. Ihr Wunsch nach Anerkennung ist ungemein stark. In Gruppen macht sie mit ihrem taktvollen und gewissenhaften Wesen, ihrem Gerechtigkeitssinn und dem Willen, Gutes zu tun, auf sich aufmerksam.

Was den Körper betrifft, herrscht die Waage über die Nieren, die den Körper reinigen. Im «psychischen» Körper übernehmen die Beziehungen die Funktion der Läuterung des Bewußtseins. Kein Mensch ist für sich allein.

♏ *Skorpion* (ca. 23. Oktober bis 22. November)

- Regiert von Pluto mit Mars als Mitherrscher.
- Fixes Wasserzeichen.
- Weibliches und empfängliches Zeichen.
- Schlüsselwort: ICH BEGEHRE.
- Im physischen Körper regiert der Skorpion über das Fortpflanzungssystem sowie über den Mastdarm.

Abgestandenes, modriges Wasser, das aufgewirbelt und gereinigt werden muß. Dieses Zeichen hat drei Symbole: Auf der niedrigsten Ebene den Skorpion, auf der höheren Stufe den Adler und auf der höchsten Stufe den Phönix-Vogel, der stirbt und aus der Asche seines gekreuzigten Selbstes neugeboren wieder aufsteigt.

Der Skorpion ist das geheimnisvollste aller Tierkreiszeichen. Er symbolisiert den Tod. Dieses Zeichen steht für den Kampf zwischen der Seele und der Persönlichkeit, und es ist die Persönlichkeit, die sterben muß. Teufel oder Engel – es gibt nichts dazwischen. Das Zeichen Skorpion stellt die Verkörperung der folgenden Gedichtzeilen dar:

Die hochstehende Seele sucht den hohen Weg
und die niedere den niederen.
Dazwischen auf den nebligen Ebenen
treibt der Rest hin und her.

Es gibt für den Skorpion kein Dazwischen. Der Skorpion ist das einzige Zeichen, das drei Symbole hat (Skorpion, Adler und Phönix), was ein Ausdruck der dreifältigen Persönlichkeit auf mentaler, emotionaler und physischer Ebene ist. Der Skorpion verkörpert das niedere Symbol dieses Zeichens: das Wesen, das lieber selbst zu Tode kommt statt auf seine Fähigkeit zu stechen verzichtet. Das zweite Skorpion-Symbol ist der Adler, der der Sonne (Geist) näher als jedes andere Tier kommen kann. Und schließlich haben wir es hier noch mit dem Vogel Phönix zu tun, der aus der Asche seines toten Selbstes zu neuem Leben aufsteigt. An der Stelle im Horoskop, an der sich das Zeichen Skorpion befindet, geht es um Umformung und Wiederauferstehung.

Skorpion-Geborene neigen dazu, Dinge für sich zu behalten. Man lernt sie nicht leicht kennen, weil bei ihnen viel unter der Oberfläche versteckt liegt. Sie verlangen für ihr starkes und kraftvolles Auftreten Respekt von anderen, müssen aber etwas dafür tun, daß sie von den nahestehenden Menschen respektiert werden. Zu oft wird bei ihnen aus Stärke Rach- und Eifersucht, und nur zu häufig resultieren hieraus familiäre Verstimmungen. Dabei liegen in diesem Zeichen viel Kreativität und außerordentlich große regenerative Fähigkeiten verborgen. Hüten Sie sich davor, einem Skorpion gegenüber spitze Bemerkungen zu machen: Wenn er sich dann mit Worten rächt, könnte Ihnen Hören und Sehen vergehen.

Der Skorpion hat oftmals an seinem Arbeitsplatz Probleme mit Mitarbeitern und Untergebenen, weil er überaus kritisch ist und zu schnellen Urteilen über andere neigt. Was er lernen muß ist, Stabilität und Zuverlässigkeit in Zusammenhang mit seinen Partnerschaften zum Ausdruck zu bringen. Dies fällt ihm bei seiner Dickköpfigkeit nicht leicht. Beziehungen verlangen nach Gleichberechtigung und einem Verantwortungsbewußtsein, was dem Skorpion von seinem Wesen her nicht angeboren ist. Er wäre in dieser Hinsicht lieber ein einsamer Wolf. Allerdings ist es vielen Skorpion-Menschen lieb, ein Tier als Spielzeug zu haben. Gegenüber diesem fühlen sie sich als Herr, ohne daß die Gleichwertigkeit ein Thema wäre.

Der Skorpion ist das Tierkreiszeichen, welches Sexualität symbolisiert. Skorpion-Menschen haben starke Leidenschaften, die überwunden beziehungsweise umgeformt werden müssen. Es besteht hier ein außerordentlicher Stolz, der es diesem Menschen untersagt, seine Emotionen an die Oberfläche kommen zu lassen. »Beurteile das Buch nicht nach seinem Umschlag« gilt mehr für den Skorpion als für jedes andere Zeichen. Die Gefühle dieses Menschen sind nicht an der Oberfläche zu erkennen. Wenn er sich ersteinmal über das Persönliche erhoben hat, verfügt er über außerordentlich viel Stärke und Macht. Der Skorpion hat Kraft im Übermaß, wenn er nicht für sich selbst nach Kraft sucht, sondern deshalb, um andere zu heilen und zu unterstützen. Seine Ziele sollten Dienstbereitschaft, Reinheit, Mitgefühl und Bescheidenheit sein. Wenn dieser Mensch anderen dient und sich selbst dabei vergißt, ist er außerordentlich dynamisch und von einem geradezu majestätischem Wesen. Skorpion-Menschen können zumeist erst dann eine glückliche Ehe führen, wenn sie ihr Wesen transformiert haben. Dabei sind Beziehungen und die Ehe von ungeheurer Wichtigkeit für sie. Ihr Vermögen zur Regeneration resultiert aus der Erkenntnis, daß sie anderen gegenüber von kooperativem und entgegenkommendem Wesen sein müssen.

Schütze *(ca. 22. November bis 21. Dezember)*

◆ Regiert von Jupiter.
◆ Veränderliches Feuerzeichen.
◆ Positives männliches Zeichen.
◆ Schlüsselwort: ICH ERKENNE.
◆ Im physischen Körper regiert der Schütze die Hüften und die Oberschenkel. Er hat viel mit dem Blut zu tun, das durch unsere Adern fließt.

Das Feuer des Geistes. Der Pfeil, der himmelwärts fliegt.

Der Schütze regiert über das 9. Haus, welches seinerseits über unser Verständnis und den überbewußten Verstand herrscht. Das Symbol dieses Zeichen ist der Zentaur, halb Mensch und halb Tier, der einen Bogen trägt und einen Pfeil in den Himmel schießt. Dies steht für den Versuch, sich von der niederen Natur zu befreien und das zu werden, was er auf der höheren Ebene bereits ist. Es gibt zwei Schützetypen, die sich sehr voneinander unterscheiden. Nur im Zusammenhang mit den anderen Planeten läßt sich herausfinden, um welchen Typus es sich handelt.

Für gewöhnlich ist der Schütze in seiner Einstellung zum Leben freundlich, entgegenkommend, optimistisch und außengerichtet. Er liebt Sport und Spiel und ergreift jede sich bietende Chance. In der ersten Lebenshälfte neigt er mitunter zu Oberflächlichkeit. »Man darf niemanden beschränken«, ist sein Wahlspruch, welcher von Unabhängigkeitsstreben zeugt. Seine Freiheit ist ihm so wichtig wie die Luft zum Atmen. Der Partner muß sich dieses Charakterzugs bewußt sein, weil sich der Schütze einfach auf nichts festlegen läßt. In dieser Hinsicht besteht eine große Ähnlichkeit zu dem entgegengesetztem Zeichen, den Zwillingen. Die Hälfte aller Probleme, die in der Ehe und in der Familie auftreten, könnte vermieden werden, wenn Klarheit über die Charakterzüge bestünde, die mit den Tierkreiszeichen einhergehen. Jedes Zeichen steht für ein anderes Temperament. Der Steinbock zum Beispiel hängt an der Tradition und an der Vergangenheit. Dem Schützen dagegen könnte nichts gleichgültiger sein. Der Schütze ist auf die Vorwärtsbewegung aus, in Ausrichtung auf die Zukunft. Er liebt es zu reisen, und in gewisser Weise ist er der Nomade oder auch «Zigeuner» des Tierkreises. Im Hinblick auf den Körper herrscht der Schütze über die Hüften – ohne die Hüften wäre es uns nicht möglich, frei und aufrecht zu gehen.

Wenn der Schütze seine Lebensreise zur Hälfte absolviert hat, beginnt sich sein Wunsch nach fernen Horizonten auf das Innerliche und das Höhere zu verlagern. Dann kommen die überbewußten Bereiche sowie die spirituellen Philosophien zum Tragen. Es ist nicht so, daß der Schütze dann zum Dogmatiker wird, der seine Religion mit Inbrunst verbreiten möchte. Vielmehr nimmt dann das spirituelle Moment in seinem Denken und Fühlen einen immer größeren Raum ein. Es besteht bei diesem Tierkreiszeichen ein angeborenes

Verständnis für Menschen, was bedeutet, daß Schützen gute Ratgeber, Minister, Personalchefs und Mitarbeiter an humanitären Projekten sind. Des weiteren handelt es sich bei ihnen um perfekte Verkäufer und Werbefachleute. Was den nicht entwickelten Schütze-Typus angeht, kann er sich das Vertrauen seiner Mitmenschen erschleichen und mit schönen Worten und einem freundlichen Benehmen andere hinters Licht führen.

Das Stichwort für den Schützen ist «Wahrnehmung», was im Grunde gleichbedeutend mit Intuition ist. Wenn wir die Bedeutung der Symbole verstehen, wird uns vieles deutlich von dem, was uns jetzt verborgen ist. In einer biblischen Geschichte litt Jakob unter einer Lähmung der Hüften (welche für Verständnis stehen). Er kämpfte eine ganz Nacht lang mit einem Engel, und er ließ den Engel nicht gehen, bevor ihn dieser nicht gesegnet hatte. Die Dunkelheit oder die Nacht symbolisieren die Dunkelheit unseres Nicht-Wissens, und der Engel stand für das Problem, das Jakob hatte. Wir alle haben unsere Probleme, und wir können sie nicht lösen, bevor wir nicht den Grund für ihr Vorhandensein finden. In dem Moment, in dem wir Verständnis entwickeln, verschwindet das Problem, und wir sind ein für alle Male davon befreit.

Eine der Schwächen des Schützen ist die Neigung, Dinge auf die lange Bank zu schieben, dann, wenn er bei drängenden Angelegenheiten auf den nächsten Tag verweist. In diesem Fall allerdings meldet sich sein Gewissen zu Wort, was eine nervliche Anspannung bedeuten kann. Der Mangel an Organisationstalent und an Disziplin bedeutet immer eine Belastung des Nervensystems. Es wäre schön, wenn mehr Menschen das erkennen würden!

Der Schütze ist so direkt wie ein Pfeil – manchmal auch genauso verletzend. Er hat die unfehlbare Eigenschaft, den wunden Punkt seines Gegenübers zu treffen. Takt ist eine Eigenschaft, die dieser Mensch braucht. Vielleicht kann er ihn mit venusischer Liebenswürdigkeit entwickeln. Frauen, die im Zeichen des Schützen geboren wurden, haben oftmals in Beziehungen Schwierigkeiten, weil es ihnen an Weiblichkeit mangelt. Sie haben den Drang, sich in den Vordergrund zu stellen, und sie müssen es lernen, das weibliche Element in sich zum Ausdruck zu bringen. Der maskuline Typ, den sie so bewundern, wird sofort flüchten, wenn er spürt, wieviel Aggressivität hier vorhanden ist. Die einzige Art von Mann, den diese Frau anzuziehen imstande ist, ist der unterwürfige Duckmäuser – welchen sie verabscheut. Aber auch hier kommt das Gesetz der Elektrizität zum Ausdruck: Der positive Pol zieht die negative Polarität an.

Steinbock (ca. 21. Dezember bis 20. Januar)

◆ Regiert von Saturn.
◆ Kardinales Erdzeichen.
◆ Weibliches und empfängliches Zeichen.
◆ Schlüsselwort: Ich benutze.
◆ Im physischen Körper regiert der Steinbock über die Knie und das Knochengerüst.

Der Steinbock, wie er einsam die höchsten Gipfel erklimmt.

Der Steinbock herrscht über das 10. Haus, durch welches all das, was der Mensch hinsichtlich von Ehre, Ansehen und Erfolg erreicht oder auch nicht erreicht, nach außen hin deutlich wird. Der Steinbock stellt in gewisser Weise einen Test dar, und das 10. Haus ist für die Seele auf ihrer Reise zu den hohen Bereichen des Geistes von großer Bedeutung. Das Symbol dieses Zeichen ist die Bergziege, die einsam und allein mit zäher Beharrlichkeit höher und höher steigt. Sie ist sich darüber im klaren, daß dabei Risiken bestehen, nichts aber kann sie von ihrem Ziel abhalten. Ist es da ein Wunder, daß Steinböcke über die großen Wirtschaftsunternehmen herrschen?

Der Steinbock kann sowohl die höchsten als auch die niedrigsten Qualitäten, derer der Mensch fähig ist, zum Ausdruck bringen. Er kann viel Stärke zeigen und auf außerordentlich zielstrebige Weise aktiv werden. In diesem Zusammenhang ist die entscheidende Frage, wie er seine Stärke nutzt und was seine Ziele sind. Der Steinbock steht für ein zweckmäßiges Vorgehen, unter Umständen aber auch für ein Verhalten, das auf Eigennutz zielt. »Was nützt mir dies?« ist eine andere Frage als »Wie kann dies zum Nutzen der anderen eingesetzt werden?« Dies macht den Unterschied zwischen der entwickelten und der nicht entwickelten Steinbock-Seele aus.

Während der Löwe aufgrund des göttlichen Rechts der Könige regiert, herrscht der Steinbock durch die delegierte Macht. Die Stärke dieses Zeichens liegt in der Eigenschaft zu führen sowie in seinem bescheidenen Verhalten. Allerdings kommt es bei diesen Menschen oftmals auch zu einem falschen Stolz sowie zu der Ansicht, daß nur sie wüßten, was gut für andere ist. Das Materielle spielt hier eine große Rolle. Geld bedeutet Steinbock-Geborenen sehr viel, wobei weniger das Geld als solches das Entscheidende ist, sondern vielmehr die Macht, die damit in der äußeren Welt in Verbindung steht.

Im Zeichen Steinbock wollen Anerkennung und Belohnung verdient sein. Großer Wohlstand oder viel Macht bringt Verantwortung mit sich. Dies ist eine Erfahrung, die einige der skrupellosen Kapitalisten machen mußten, die zu Anfang dieses Jahrhunderts zu Geld kamen. Diese versuchten Wiedergutmachung zu betreiben und gaben viel Geld für humanitäre Zwecke aus, mußten aber doch feststellen, daß ihre Schuld damit nicht abbezahlt war. Zahlen mußten sie dann schließlich mit etwas, das mit Geld nicht aufzuwiegen ist: mit ihrer körperlichen Gesundheit. Der Körper ist das, was dem Steinbock am wichtigsten ist, und auch mit noch so viel Geld kann Gesundheit nicht erkauft werden. Saturn, der Herrscher des Steinbocks, ist ein unbestechlicher Buchhalter: Wir können vielleicht gegen die von uns Menschen gemachten Gesetze verstoßen, nicht aber gegen die Gesetze des Kosmos. Alles im Universum kehrt zu seinem Ursprung zurück. Alles, was wir tun – zum Guten wie zum Schlechten –, findet seinen Weg zu uns zurück. So ist das Gesetz. Früher oder später wird jeder von uns das bekommen, was er verdient, nicht mehr und nicht weniger.

Die positiven Eigenschaften des Steinbocks sind Führungsqualitäten, Hartnäckigkeit, Effizienz und ein Sinn fürs Praktische. Diese Menschen sind ehrgeizig und zu harter Arbeit bereit. Was den höheren Steinbock-Typus betrifft, können wir von viel Stärke und Integrität sowie von einem vertrauenswürdigen und zuverlässigen Wesen ausgehen. Der Steinbock vermag seinerseits anderen Vertrauen einzuflößen.

Die Tradition, das Zuhause, die Mutter, die Vergangenheit (welche sich häufig als Liebe zu Antiquitäten zeigt) – all dies ist dem Steinbock-Menschen sehr wichtig. Der Steinbock-Mann hängt auch nach der Heirat noch sehr an seiner Mutter. Solange seine Mutter lebt, ist sie das Zentrum seines Lebens. Dies kann zu Problemen in der Ehe führen. Sehr oft verhält es sich auch so, daß der Steinbock zu anderen liebenswürdiger als zu seinen Familienangehörigen ist: Daß er sich sozusagen auf der Straße als Engel und zuhause als Teufel zeigt. Wie auch immer: Steinbock-Menschen erwarten Disziplin. »Du tust, was ich sage«, wäre hier ein typischer Ausspruch. Dieses Verhalten resultiert aus der Tatsache, daß sie nicht um die Gefühle ihrer Umgebung wissen.

Der Steinbock gilt als kalt, und man sagt ihm nach, daß er sich nicht um die Menschen kümmert, die ihm nahestehen. Das trifft dann zu, wenn die Sonne oder Saturn im Horoskop verletzt stehen (das heißt, wenn zu ihnen ein Quadrat- oder ein Oppositions-Aspekt gegeben ist). In diesem Fall will der Steinbock-Mensch, daß alles so geschieht, wie er es möchte, unabhängig davon, wie es um die Gefühle der anderen bestellt ist. Er muß lernen, daß jeder das Recht auf seine eigenen Gefühle hat und frei ist. Das Gegenmittel für einen verletzten Saturn ist die Venus. Venus stellt die heilende Kraft dar, die Arroganz und Selbstsucht zur Auflösung bringt.

≈ **Wassermann** (ca. 20. Januar bis 19. Februar)

◆   Regiert von Uranus mit Saturn als Mitherrscher.
◆   Fixes Luftzeichen.
◆   Positives männliches Zeichen.
◆   Schlüsselwort: Ich weiß.
◆   Im physischen Körper regiert der Wassermann über den Kreislauf sowie die Waden.

Die kristallklare, elektrisch geladene Winterluft.

Wassermänner sind in mentaler Hinsicht Pioniere. Sie denken über das Bestehende hinaus, und sie leben in der Zukunft, nicht in der Vergangenheit. Sie gehen aus sich heraus, wobei sie eine Art unpersönliche Freundlichkeit zeigen. Wassermänner vermitteln den Anschein eines großen Selbstvertrauens. Die Fixiertheit dieses Zeichens wird auf den ersten Blick nicht deutlich – nichtsdestotrotz bleibt der Wassermann bei seiner Meinung. Es ist nicht möglich, ihn auf eine Sache festzulegen, die er nicht will. Es kommt hier eine Unpersönlichkeit und eine Abgehobenheit zum Ausdruck, die die Menschen verrückt macht, die sich intensiver mit den Emotionen des Wassermanns beschäftigen. Der Wassermann nähert sich dem Leben auf intellektuelle Art, und er hat seine Probleme damit, jemanden zu verstehen, der von seinem Gefühl ausgeht. Das Gebiet, auf dem der Wassermann dann auch am besten arbeiten kann, ist das der Forschung oder der theoretischen Wissenschaft.

Personen mit der Sonne im Zeichen Wassermann haben eine intensivere gefühlsmäßige Beziehung zu ihrer Arbeit als zu ihren Mitmenschen. Es ist wichtig, daß die Arbeit, die sie verrichten, ihnen Befriedigung verschafft. Das gilt aus dem Grund, weil sie ihr den Großteil ihrer Zeit und ihrer Energie widmen. Das Zuhause des Wassermanns ist nur insofern von Wichtigkeit, als es als Statussymbol dient und die persönliche Wichtigkeit und das Prestige unterstreicht.

Diese Menschen verabscheuen Beschränkung in jeder Form. Sie sind Rebellen und ausgeprägte Individualisten, die ihren eigenen Weg gehen müssen und die vor allem zu lernen haben, was ihr Weg ist. Von einem ausgesprochen unabhängigen Wesen und mit großer Vorstellungskraft, Phantasie und Erfindungsreichtum begabt, haben sie in entwickelter Form etwas Geniales an sich. Wenn bei ihnen aber eher die destruktive Seite in Erscheinung tritt, können sie auf mentale Weise grausam oder gar sadistisch sein, ohne das geringste Mitleid und ohne einen Funken Liebe. Mit ihrem starken Willen, der keine Einmischung duldet, können sich in der Ehe oder in Verbindungen ernsthafte Schwierigkeiten ergeben.

Der Wassermann verfügt im allgemeinen über einen starken Körper, wenngleich er die geistige Arbeit der körperlichen vorzieht. Als Vorgesetzter ist er von einem kritischen und fordernden Wesen, und es kann problematisch sein, mit ihm auszukommen. Mit seiner Kühle und seiner Abgehobenheit wirkt er auf andere eher abschreckend als anziehend, was speziell in dem Fall gilt, daß die Sonne verletzt ist. Wenn sich der Wassermann-Typ über seine Emotionen klargeworden ist und sich entwickelt hat, gibt es kein Zeichen, das sich mit seiner Größe und seinem Edelmut messen könnte. Dann, wenn der Wassermann Liebe «fühlt» statt «denkt», ist er zu einer großen Seele geworden, aus dem Grund, weil Liebe nicht vom Verstand, sondern nur vom Gefühl aus zu erfassen ist.

Wassermann-Menschen haben für gewöhnlich zwei Arten von Freunden, die keine Berührungspunkte miteinander aufweisen. Zum einen gibt es den konservativen, traditionellen Typ, auf der anderen Seite den unkonventionellen Bohemien. Der erste Typ repräsentiert die saturnische Seite des Wassermanns, der zweite die uranische.

Der Mensch, der im Zeichen Wassermann geboren wurde, eignet sich für die Arbeit in Organisationen oder in großen Unternehmungen. Er besitzt die Fähigkeit, andere zu führen und Tätigkeiten zu delegieren. Wir haben es hier mit der Persönlichkeit zu tun, die fähig und willens ist, im Hinblick auf innovative Ideen und Verfahrensweisen neue Wege zu bahnen. Was den entwickelten Wassermann-Typus angeht, kommt es zu einem bleibenden Einfluß auf die Welt. Abraham Lincoln, Thomas A. Edison, Franklin Roosevelt und Evangeline Adams zum Beispiel waren Wassermänner.

In kosmischer Hinsicht hat das Zeichen Wassermann eine besondere Bedeutung für das kommende Zeitalter. Ein Kosmisches Jahr umfaßt ca. 25.000 Jahre, bestehend aus zwölf Zeiträumen von je ca. 2.100 Jahren. Wir haben jetzt das Fische-Zeitalter hinter uns. Die Fische sind das zwölfte Tierkreiszeichen, und sie stehen für Beschränkung und für Begrenzungen. Sie haben mit den Emotionen zu tun und beziehen sich eher auf den Glauben als auf den Verstand. Das Schlüsselwort ist hier: «Ich glaube» (beim Wassermann ist es: «Ich weiß»). Wir befinden uns nun zwischen zwei Zeitaltern, und zum Element des Glaubens müssen jetzt Wissen und Intuition hinzukommen (Intuition ist Wissen auf der innerlichen Ebene).

Der Wassermann hat zwei Herrscher: Saturn und Uranus. Diese beiden Planeten müssen zusammenwirken, weil es sonst zum Chaos kommt. Uranus ist die zerschmetternde Kraft, die alte Formen aufbricht. Saturn hilft dabei, Formen oder Strukturen zu festigen und diese zum Bestandteil des Egos zu machen. Saturn ist der älteste der Götter, er steht für das erste Gesetz der Manifestation, das Gesetz der Beschränkung. Um welches Aktivitätsfeld es auch geht: Ohne die Konzentration von Energie haben wir keine Macht und können nichts ausrichten. Uranus steht für die allumfassende Lebenskraft, und Saturn symbolisiert das beschränkende Moment, das deren Anwendung auf der irdischen Ebene erst ermöglicht.

Wenn wir diese beiden Energien verstehen, wird uns klar, was heute in der Welt passiert. Ohne den Sinn für Verantwortung, wie er in Saturn angelegt ist, führen die uranischen Kräfte zu Destruktion und Chaos. Ohne Disziplin (Saturn) kann es keine wahre Freiheit geben. Freiheit ohne Verantwortung bedeutet nur, daß wir etwas tun dürfen, was wir vielleicht besser nicht tun sollten.

Alte Formen und alte Gewohnheiten – all das, was seinen ehemaligen Zweck im Leben überlebt hat – werden zerstört. Wenn die saturnische Kraft zerstört wird, öffnet das den Geist dafür, sich freier und bewußter zu entfalten, unter der Voraussetzung, daß der Mensch dies will. Was den unentwickelten Menschen betrifft, kann Uranus auf destruktive Weise in Erscheinung treten, indem es zu unverantwortlichen zerstörerischen Aktionen kommt. Es braucht einen starken saturnischen Sinn für das Gemeinwohl, um diese Tendenzen zu zügeln. Die heutigen unentwickelten Menschen befreien sich von den alten Formen der Kontrolle und der Verhaltensweisen, ohne über die innere Selbstdisziplin zu verfügen, welche in dieser Zeit des Übergangs nötig wäre. Das Moment der Selbstkontrolle ist der höchste Saturn-Aspekt und Leid der niedrigste. Niemand kann sich seiner Verantwortung entziehen, ohne später im Leben einen hohen Preis dafür zu zahlen. Niemand verfügt gegenüber dem kosmischen Gesetz über Immunität.

Der Wassermann ist das Zeichen der spirituellen Wiedergeburt. Der Wunsch nach dieser ist heutzutage vorwiegend bei der Jugend weit verbreitet, was insbesondere in der New-Age-Bewegung zum Ausdruck kommt. Die spirituelle Wiedergeburt durch Drogen ist allerdings nicht der richtige Weg – hier wird es unweigerlich zu Schäden kommen. Man kann Drogen in mancher Weise als geistige Atomspaltung bezeichnen, und es ist überaus schwierig, die einzelnen Bestandteile wieder zusammenzubringen, um auf zielgerichtete und konzentrierte Weise aktiv zu werden.

Im neuen Zeitalter gehen Saturn (Verantwortung) und Uranus (Befreiung) Hand in Hand. Das Problem der Freiheit steht nun mit dem Wassermann im Blickpunkt. Eine wahre Befreiung kann nur aus dem Inneren kommen.

Fische *(ca. 19. Februar bis 20. März)*

- Regiert von Neptun mit Jupiter als Mitherrscher.
- Veränderliches Wasserzeichen.
- Weibliches und empfängliches Zeichen.
- Schlüsselwort: Ich glaube.
- Im physischen Körper regieren die Fische über die Füße (welche das Symbol des Verständnisses sind).

Der Fisch, der unter der Wasseroberfläche dahinschwimmt, sich seines Zieles unsicher, aber in ständiger Bewegung. Das Symbol besteht aus zwei Fischen, die, miteinander verbunden, in entgegengesetzte Richtungen schwimmen.

Die Fische sind das letzte der zwölf Tierkreiszeichen. Sie stehen dafür, daß das innere Selbst Vorbereitungen trifft, sich von der Welt zurückzuziehen. Hier kommt es dazu, daß die über die elf vorangegangenen Zeichen noch unverknüpften Enden zusammengefügt werden. Aus diesem Grund nennen es einige Studenten auch den «Staubfänger» des Tierkreises. Es ist interessant, das Fische-Symbol näher zu studieren. Es handelt sich hier um zwei Fische, die miteinander verbunden sind. In den Zwillingen hingen die zwei Kraftlinien zwar ebenfalls zusammen, waren aber nicht direkt miteinander verbunden. Bei den Fischen schwimmt der eine stromabwärts – was ein Sinnbild der Persönlichkeit ist –, und der andere nimmt den Weg gegen den Strom (die Seele). Entweder bemächtigt sich die Seele der Persönlichkeit und macht diese zu ihrer Gefangenen, oder aber die Seele wird unterworfen und zur Gefangenen der Persönlichkeit. Dies bringt für die Fische-Geborenen viel Leid, was der Grund dafür ist, daß hier das spirituelle Motto besteht: dienen oder leiden. Dieser Mensch hat die Wahl, für das eine oder für das andere. Einen dritten Weg gibt es nicht.

Die Fische sind das empfindlichste Zeichen des Tierkreises, mit außerordentlich starken und tiefen Emotionen. Diese Menschen sind launisch und nach innen gerichtet, und es fällt schwer, sie zu verstehen. Die Welt ist nicht ihr Zufluchtsort, und ihr Bedürfnis, von ihr zu fliehen, ist groß. Fische sind gerne für sich allein, und sie müssen sich immer wieder von den Mitmenschen zurückziehen, um ihr innerliches Gleichgewicht zu finden. Was das Element der Erneuerung betrifft, muß der Fische-Mensch wieder und wieder an den Ursprung zurückgehen. Wenn er in Verbindung mit seiner inneren Quelle des Seins steht, kann er vieles erreichen. Trifft das nicht zu, wählt er häufig den Fluchtweg des Alkohols oder der Drogen. Aufgrund seiner psychischen Empfindlichkeit wird er dann zur Beute von Obsessionen von niederen psychischen Ebenen. Der Fische-Mensch hat tief in sich seinen inneren Stolz. Wenn Sie diesen verletzen, müssen Sie sich auf einiges gefaßt machen.

Der Fische-Mensch leidet oftmals unter Minderwertigkeitskomplexen und glaubt, nichts wert zu sein. Er hat niemals das Gefühl, genug getan zu haben, was zu Zuständen der Überarbeitung beziehungsweise dazu führen kann, daß er sich zuviel auflädt. Dem Körper, der der Tempel des lebenden Geistes ist, wird nicht genug Aufmerksamkeit geschenkt. Der Fische-Mensch muß auf der anderen Seite, wie der Skorpion auch, die Neigung überwinden, sich dem Leben vom Sinnlichen her zu nähern. Es besteht hier die Tendenz, sich zu sehr zu verwöhnen und sich sinnlichen Genüssen hinzugeben. In diesem Fall wird aus dem Tempel eine Kneipe, was in der Folge zu großem Leid führen würde.

Die vollständige Aufgabe und die Unterwerfung unter alles, was ihm begegnet – ob sich dies auf Liebe oder Lust, auf die Arbeit oder das Vergnügen bezieht – ist charakteristisch für den Versuch des Fische-Menschen, sein Gefühl der Isoliertheit zu überwinden. Die einzig mögliche Freiheit für ihn besteht in der spirituellen Ausrichtung. Gemäß ihrem wahren inneren Wesen haben diese Menschen eine hohe und heilige Bestimmung. Sie sind die wahren Diener und Erlöser der Menschheit. Was sie auszeichnet, ist ein außerordentlich großes Mitgefühl für andere und die Bereitschaft, sich zur Errettung der Welt hingebungsvoll zu opfern.

Fische-Menschen empfinden eine tiefe Liebe zur Musik, und sie sind gute Musiker, wenn sie sich dafür entscheiden, die Musik zu ihrem Lebensinhalt zu machen. Gleichermaßen eignen sie sich auch für den Arztberuf, in Verbindung mit ihrer außerordentlich großen Begabung für alle medizinischen Bereiche.

Was das Studium der Zeichen und Planeten angeht, sollen diese Schlüsselworte zu einem ersten Verständnis dienen. Es kann nützlich sein, ein Notizbuch anzulegen, in das Sie jede Beobachtung und jede Erkenntnis zu einem Planeten oder einem Zeichen eintragen. Es gibt auch astrologische Zeitschriften zu kaufen, die dem Studenten eine große Hilfe sein können. Die Planeten und Zeichen sind Bestandteil eines jeden Horoskops. Je mehr Sie über sie wissen, desto besser ist es um Ihre Fähigkeit, ein Horoskop zu interpretieren, bestellt.

Drei Qualitäten und vier Elemente

Die Zeichen des Tierkreises lassen sich gemäß der Qualitäten und der Elemente einteilen. Es handelt sich hier um Arten von Kraft oder Energie, die sich in der Materie manifestieren. Es gibt bei den Qualitäten drei und bei den Elementen vier Grundformen der Energie. Die drei Grundformen der Qualitäten können mit dem Wasser verglichen werden, das ebenfalls in drei Erscheinungsweisen vorkommt: In seinem normalen Zustand wird es *flüssig* genannt, in kristallisierter beziehungsweise gefrorener Form sprechen wir von *Eis*, und als Gas haben wir es mit *Dampf* zu tun. Bei allem handelt es sich um das gleiche Material, trotz der drei verschiedenen Formen. Im Hinblick auf die Elemente und Qualitäten ist entscheidend, in welchen Zeichen sich die Planeten befinden.

Die Qualitäten

Jede Kraft oder Energie gehört zu einer der folgenden drei Kategorien:

- **kardinal** → aktiv, dynamisch
- **fix** → unterschwellig, stabil
- **veränderlich** → harmonisierend, flexibel

Es ist notwendig sich zu merken, welche Zuordnung der Zeichen hier gegeben ist. Die Astrologie ruht auf dem Fundament, das in den ersten Kapiteln dieses Buches dargestellt wird. Wenn die Zeichen mit ihren Symbolen Ihnen graphisch vor Augen stehen, fällt Ihnen das Einprägen womöglich leichter.

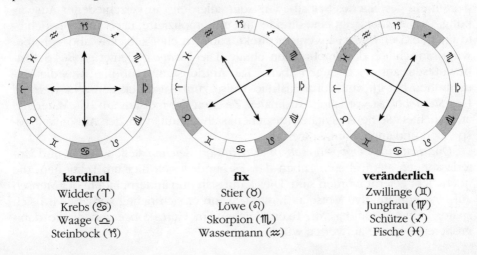

kardinal	**fix**	**veränderlich**
Widder (♈)	Stier (♉)	Zwillinge (♊)
Krebs (♋)	Löwe (♌)	Jungfrau (♍)
Waage (♎)	Skorpion (♏)	Schütze (♐)
Steinbock (♑)	Wassermann (♒)	Fische (♓)

Aus dieser Einteilung ergeben sich die Quadrate (Hindernisse) und Oppositionen des Horoskops. Zum Beispiel befindet sich ein Planet in den Zwillingen nicht in Übereinstimmung zu einem Planeten in der Jungfrau oder in den Fischen. Ein Planet im Widder steht in Opposition zu einem Planeten in der Waage. Wenn wir zählen, wieviel Planeten in kardinalen, in fixen und in veränderlichen Zeichen stehen, bekommen wir heraus, welche Betonung hier gegeben ist. Der Mensch, der viele Planeten in fixen Zeichen hat, reagiert anders auf das Leben als derjenige, bei dem sich vieles in veränderlichen oder in kardinalen Zeichen befindet.

Kardinale Zeichen

Die kardinalen Zeichen sind *Widder, Krebs, Waage* und *Steinbock*. Diese Zeichen markieren jeweils den Beginn der Jahreszeiten. Der Widder steht für den Beginn des astrologischen Jahres am 21. März, der Krebs markiert den Sommeranfang, die Waage die Herbst-Tagundnachtgleiche, und der Steinbock bedeutet den Beginn des Winters. Wenn sich viele Planeten in kardinalen Zeichen befinden, ist das Schlüsselwort «Aktivität». Die Aktivität ist dabei von schneller und direkter Art, sie ist auf etwas gerichtet und «zielt auf den Punkt». Oftmals ist hiermit Impulsivität und Ungeduld im Übermaß verbunden. Planeten in kardinalen Zeichen stehen für einen gesteigerten Tatendrang, für ein höheres Tempo, und sie verleihen Führungseigenschaften. Aus ihnen resultiert viel Energie und großer Ehrgeiz. Wir haben es hier mit den «Draufgängern» des Tierkreises zu tun. Diese Menschen lieben es, auf ein Problem zu stoßen, dieses zu lösen und sich sogleich der nächsten Sache zu widmen. Von ihrem Temperament her sind sie am besten dafür gerüstet, mit überraschenden Situationen umzugehen. Man könnte sagen, daß der kardinale Mensch zuerst schießt und dann argumentiert.

Der zentrale Begriff für die kardinalen Zeichen ist «Kreativität» – es handelt sich hier um die nach außen gerichtete Antriebskraft des Universums, bei der sich die Schaffenskraft selbst zum Ausdruck bringt. Alle kardinalen Zeichen bedeuten ein gesteigertes Selbstbewußtsein, allerdings in verschiedener Auswirkung. Der *Widder* zeigt eine direkte und unkomplizierte, nach außen gerichtete Energie. Der *Krebs* ist weniger direkt, sondern eher subjektiv und selbstbewußt hinsichtlich der emotionalen Ebene. Die *Waage* bedeutet großes Selbstbewußtsein auf der geistigen Ebene. Die Antriebskraft muß hier, was die Mitmenschen betrifft, auf vorurteilsfreie Weise zum Ausdruck gebracht werden. Der *Steinbock* ist von allen kardinalen Zeichen am meisten auf das Materielle ausgerichtet. Seine Aktivitäten beziehen sich darauf, von der Außenwelt respektiert und angesehen zu werden.

Quadrate und Oppositionen in kardinalen Zeichen stellen Fehler und Unterlassungen aus früheren Leben dar. Es handelt sich hier um Lektionen, die noch nicht gelernt worden sind. Dies kann sich nun ändern, indem der Mensch auf eine konstruktive Weise aktiv wird. Wenn er sich richtig verhält, wird sich später keine Betonung von fixen Zeichen im Horoskop ergeben, die dann größere Probleme aufwerfen würde.

Fixe Zeichen

Die fixen Zeichen sind *Stier, Löwe, Skorpion* und *Wassermann.* Diese Zeichen manifestieren sich als «Wille». Sie folgen auf die kardinalen Zeichen. Von allen Zeichen sind sie diejenigen, die sich durch die größte Hartnäckigkeit und Beharrlichkeit auszeichnen. Auf den ersten Blick sind diese Menschen zurückhaltend, sie gehen nicht sofort aus sich heraus. Die Kraft, die mit den fixen Zeichen verbunden ist, läßt sich durch ein ruhiges Wesen beschreiben, das über organisatorische Fähigkeiten verfügt. Fixe Zeichen bedeuten Aktion, die durch Prinzipien motiviert ist. Diese Menschen sind häufig sehr dickköpfig, sie weichen keinen Fußbreit von ihrem Standpunkt ab. Bei ihnen handelt es sich um die Planer, um Entwickler sowie um Erbauer. Fixe Zeichen sind am schwierigsten zu beschreiben, weil die innerlichen Motive dieser Menschen nicht leicht zu verstehen sind und im Verborgenen gehalten werden. Wie dem auch sein mag – die fixen Zeichen stellen ein Reservoir an Energie oder Kraft dar. Mit ihnen ist ein deutlich umrissenes Muster gegeben, das jeder äußerlichen Einwirkung, die eine Veränderung zum Ziel hat, starken Widerstand entgegensetzt.

Die vier fixen Zeichen sind Zeichen der Kraft. Sie werden auch die «Schlangen-Zeichen» des Tierkreises genannt. Im *Stier* liegt eine latente Kraft verborgen – die Kraft entspricht hier der zusammengerollten Schlange. Im *Löwen* kommt aktive Kraft zum Ausdruck. Im *Skorpion* sind die Kräfte in das Verborgene eingeflossen, sie sind von sehr subtiler Art und können – wenn sie mißbraucht werden – tödlich sein. Im *Wassermann* kommt es zur Reflexion der höheren Weisheit gemäß der erdhaften Schlangenkraft.

Spannungsaspekte in fixen Zeichen stehen für die Verletzungen, die aus Eigensinn resultieren. Es ist am schwierigsten, mit dieser Art von Aspekten umzugehen: Sie stehen für die Lektionen, die während vieler Lebzeiten nicht gelernt worden sind. Es handelt sich insofern um tiefverwurzelte Verhaltensmuster. Viel Aufmerksamkeit und Selbstdisziplin sind nötig, um die Energie in konstruktive Richtungen zu lenken. Es gibt einen überlieferten Aphorismus zu den vier fixen Zeichen, der besagt, daß diese die Vertreter des Karmas sind. Karma ist das östliche Wort für das Gesetz von Ursache und Wirkung in seiner konkreten Manifestation. Der Stier bedeutet, etwas zu tun, der Löwe, Wagnisse einzugehen, der Skorpion zu schweigen und der Wassermann, über Wissen zu verfügen. Der Schüler muß in sein Wesen die Tugenden der Aktion, des Mutes, der Stille und des Wissens aufnehmen.

Veränderliche Zeichen

Das Schlüsselwort für die veränderlichen Zeichen *Zwillinge, Jungfrau, Schütze* und *Fische* ist Flexibilität. Menschen, die von ihnen geprägt sind, verfügen über viel Anpassungsbereitschaft und das Vermögen, sich auf jede Situation einzustellen. Dadurch sind sie von umgänglichem, tolerantem und unabhängigem Wesen. Ihr Interesse ist auf den direkten und persönlichen Kontakt mit ihren Mitmenschen gerichtet. Sie machen bei allem gerne mit, und sie nehmen Anteil an jedem Detail des persönlichen Lebens. Menschen mit einer Betonung der veränderlichen Zeichen versuchen, andere bei jeder sich bietenden Gelegenheit an ihrem Leben teilhaben zu lassen. Es kann sich hier um eine Person handeln, die mit ihrer Fähigkeit, Informationen zu beschaffen, einen guten Reporter abgibt. Sie könnte etwas herausfinden, um sich dann im nächsten Moment schon dem nächsten Geheimnis zu widmen. Diese Menschen verfügen über imitatorische Fähigkeiten, und sie verstehen es, die Dinge in einem neuen Blickwinkel erscheinen zu lassen. Ihre Flexibilität kann aber dazu führen, daß zuviel angefangen wird. Insofern muß vor einer Zersplitterung der Kräfte gewarnt werden. Was den unentwickelten Menschen mit einer Betonung der veränderlichen Zeichen angeht, ist vielleicht Haltlosigkeit zu verzeichnen, wie beim «rollenden Stein, der kein Moos ansetzt». Es besteht hier eine Variabilität, ein Mangel an Hartnäckigkeit sowie wenig Willensstärke. Die äußerlichen Umstände beherrschen diesen Menschen – es mangelt ihm an Stabilität, die eigene Individualität zum Ausdruck zu bringen.

Quadrate und Oppositionen in veränderlichen Zeichen sind am leichtesten zu handhaben, weil sie am Anfang der Manifestationsform stehen. Der Mensch kann ihnen auf angemessene Weise begegnen, wenn er die richtige Geisteseinstellung zeigt. Wenn sehr viele Planeten in veränderlichen Zeichen stehen oder sich der Aszendent und das MC darin befinden, ist Umsicht und Diskretion vonnöten. Diese Menschen neigen zu Negativität sowie dazu, sich Sorgen zu machen. Es besteht dabei die Gefahr, daß sie das Augenmaß für das verlieren, was von negativer Natur ist. Wer viel veränderliche Energie im Horoskop hat, ist sehr viel mehr als kardinale oder fixe Typen beeinflußbar.

◆ **Kardinale Zeichen**
   Interesse an krisenhaften Situationen, an Aktivität und an dem, was um sie herum vorgeht.
◆ **Fixe Zeichen**
   Interesse an Werten und Ideen.
◆ **Veränderlich Zeichen**
   Interesse an Menschen und Beziehungen.

Die Einteilung gemäß der Qualität zeigt, wie der Mensch gegenüber der Welt eingestellt ist. Wir sind, was wir sind. Wenn wir uns unserer Energie bedienen, ist diese ein Aktivposten. Wenn wir das nicht tun, ist sie eine Schuld. Wer keinen Planeten in *fixen Zeichen* hat, sollte sich nicht auf Felder vorwagen, auf denen Vorstellungs- oder Spekulationsvermögen gefragt ist. Man würde auch keinen Menschen Tag für Tag acht Stunden lang für Routinetätigkeiten an den Schreibtisch setzen, der eine Betonung der *veränderlichen Zeichen* aufweist. Dieser würde nach kurzer Zeit ein nervliches Wrack sein – für ihn ist Bewegung von grundlegender Bedeutung. Der Mensch mit sehr vielen Planeten in *kardinalen Zeichen* dagegen steht in der Gefahr, sich in Bereiche vorzuwagen, die selbst von Engeln gemieden werden. Die Astrologie hilft Ihnen zu verstehen, warum runde Hölzer in eckigen Löchern nicht halten.

Die Elemente

Die Tierkreiszeichen lassen sich in vier Elemente einteilen, die unter den Bezeichnungen *Feuer*, *Luft*, *Wasser* und *Erde* bekannt sind. Planeten innerhalb eines Elementes stehen in einer Dreiheit von harmonischen Kräften der gleichen Natur. Derartige planetarische Aspekte (Trigone) bedeuten Verdienste, die sich die Seele erworben hat. Sie hat der Mensch in seine jetzige Existenz mitgebracht, um den Problemen entgegenzutreten, wie sie von Quadraten und Oppositionen angezeigt sind. Bei diesen Aspekten haben wir es mit Werkzeugen zu tun, die bei der Arbeit an den Problemen nützen können. Sie warten darauf, eingesetzt zu werden.

Feuer- und *Luftzeichen* sind in ihrem Ausdruck maskulin und positiv und bedeuten die Motivation, tätig zu werden. Sie stehen für Individualität in Abgrenzung zu den *Wasser-* und *Erdzeichen*, die von femininer und empfänglicher Art sind. Letztere repräsentieren die persönliche Seite unseres Wesens.

Feuer

Feuerzeichen stehen für Energie und Enthusiasmus. Das Schlüsselwort für sie ist «Inspiration». Feuerzeichen repräsentieren die spirituelle Seite des Lebens. Mit ihnen ist viel Lebensfreude verbunden, was kennzeichnend für Menschen mit vielen Planeten im Element Feuer ist. Des weiteren ist damit ein kraftvolles Auftreten, Ungestüm und mitunter auch eine extreme Impulsivität verbunden.

♈ Das erste Feuerzeichen ist der *Widder*. Hier handelt es sich um das Feuer im Kopf, das ungezügelte Feuer des Impulses, der Leidenschaft und der Emotionen, um das Feuer der Persönlichkeit. Widder ist ein kardinales Zeichen.

♌ Das zweite Feuerzeichen ist der *Löwe*. Der Löwe steht für das Feuer des Herzens, das beständige Feuer der Zuneigung. Ein fixes Zeichen.

♐ Das dritte Feuerzeichen ist der *Schütze*. Es geht hier um das Feuer der Weisheit und des Verständnisses. Schütze ist ein veränderliches Zeichen.

Menschen mit einer Betonung der Feuerzeichen sind von direkten und nach außen gewandtem Wesen. Sie lenken die Energie des Feuers des Selbstes auf ein aktives Dasein.

Luft

Die Luft-Dreiheit steht für die geistige Ebene. Sie hat viel mit Beziehungen zu tun. Die Luftzeichen stehen für Menschen, die mittels ihres Intellekts und ihrer Intuition Wissen sammeln. Das Schlüsselwort ist «Bestrebung». Die Luftzeichen sind positiv und kreativ.

♊︎   Das erste Luftzeichen sind die *Zwillinge*, die den Intellekt repräsentieren. Erst wenn die Tore des Tempels der Weisheit offen stehen, kann der Mensch zur zwillingshaften Weisheit gelangen. Die Zwillinge symbolisieren auch die leichte, veränderliche Brise, wie sie typisch für den späten Frühling ist – das Zusammentragen und das Verbreiten von Informationen. Die Zwillinge sind ein veränderliches Zeichen.

♎︎   Das zweite Luftzeichen ist die *Waage*. Diese steht für Winde und Stürme, die von Ruhe gefolgt werden. Es geht hier um ein ausgewogenes Wissen, das durch Erfahrung und durch Leiden erworben wurde. Es handelt sich um das Zeichen der aktiven Intelligenz und eingehenden Beurteilung. Die Waage ist ein kardinales Zeichen.

♒︎   Das dritte Luftzeichen ist der *Wassermann*. Dieser steht für die Intuition, die aus der konstanten Nutzung des Willens entspringt. Der Wassermann ist das Zeichen der Inspiration. Er symbolisiert die kalte, elektrisch geladene Luft des Winters. Der Wassermann ist ein fixes Zeichen.

Wasser

Wasserzeichen bedeuten Formbarkeit, Instabilität, Empfänglichkeit und Fruchtbarkeit. Das Schlüsselwort ist «Gefühl» – bei diesem Element geht es um die emotionalen Ausdrucksmittel und um die astrale Ebene, auf der wir uns zum Ausdruck bringen.

♋︎   Das erste Wasserzeichen ist der *Krebs*. Der Krebs ist das Zeichen der kosmischen Mutter, die die Menschheit an ihrer Brust nährt, des wogenden Ozeans der Emotionen, der immer sein wird. Es ist weiterhin das Zeichen der menschlichen Familie. Aktivität, Lebendigkeit, vitale Fruchtbarkeit sind Stichworte. Der Krebs ist ein kardinales Zeichen.

♏︎   Das zweite Wasserzeichen ist der *Skorpion*. Er steht für die Kontrolle und die Beherrschung unserer emotionalen Natur durch den liebenden Willen. Der Skorpion symbolisiert das stehende Wasser der Moore und Sümpfe: Ungesundes und Verborgenes, das ans Licht gebracht und transformiert werden muß. Der Skorpion ist ein fixes Zeichen.

♓︎   Das dritte Wasserzeichen sind die *Fische*. Die Fische zeigen den weisen Nutzen unserer emotionalen Natur sowie ein mitfühlendes Verständnis an. Sie symbolisieren das klare Wasser der Bäche und Flüsse. Ohne Verunreinigung spiegelt dies an seiner Oberfläche das wider, was über ihm ist. Die Fische sind ein veränderliches Zeichen.

Erde

Erdzeichen sind auf das Physische ausgerichtet. Sie haben vorwiegend mit konkreten materiellen Angelegenheiten zu tun. Mit ihnen ist ein Sinn für das Praktische sowie eine eher gleichmütige Einstellung verbunden. Erdzeichen stehen dafür, daß die Persönlichkeit in die Erde eingepflanzt wird. Das Schlüsselwort für sie ist «Machbarkeit».

♉ Das erste Erdzeichen ist der *Stier*. Der Stier steht für außerordentlich viel Geduld, für die Fähigkeit, Routinearbeiten verrichten zu können sowie für die Bereitschaft, etwas aufzubauen – langsam zwar, dafür aber für die Ewigkeit. Der Stier ist ein fixes Zeichen.

♍ Das zweite Erdzeichen ist die *Jungfrau*. Mit ihr ist eine praktische Effektivität hinsichtlich der kleinen Dinge verbunden. Diese Menschen verfügen über eine nicht zu erschöpfende Geduld, was Details betrifft. Die Jungfrau ist ein veränderliches Zeichen.

♑ Das dritte Erdzeichen ist der *Steinbock*. Der Steinbock bedeutet Verantwortung, Zähigkeit und Autorität in Zusammenhang mit praktischen Angelegenheiten. Mit ihm ist ein gesunder Menschenverstand sowie die Fähigkeit verbunden, die Initiative zu ergreifen. Der Steinbock ist ein kardinales Zeichen.

Feuerzeichen

- Widder: *der Schöpfer*
- Löwe: *der Organisator*
- Schütze: *der Ausführende*

Luftzeichen

- Zwillinge: *der Aufgeschlossene*
- Waage: *der Diplomat*
- Wassermann: *der Individualist*

Wasserzeichen

- Krebs: *der Launenhafte*
- Skorpion: *der Leidenschaftliche*
- Fische: *der Mitfühlende*

Erdzeichen

- Stier: *der Beharrliche*
- Jungfrau: *der Unterscheidende*
- Steinbock: *der praktische Idealist*

Bei Planeten im gleichen Element ist ein Zustand der Harmonie gegeben. Zwei Feuerzeichen befinden sich in einem harmonischen Zustand zueinander, zwei Wasserzeichen ebenfalls und so weiter. Wir haben es hier grundsätzlich mit der gleichen Wesensart zu tun, woraus ein fundamentales Verständnis erwächst. Diese Einteilung muß gelernt werden, sie ist von außerordentlicher Wichtigkeit. Wenn im Horoskop die Betonung auf den *Wasserzeichen* liegt, hat der Mensch seine Lektion auf dem Gebiet der Beziehungen zu lernen. Mit vielen Planeten in *Erdzeichen* besteht die Gefahr, zu großen Wert auf das Materielle zu legen. Hier käme es darauf an, den wahren Wert von Dingen zu erkennen. Wenn zuviele Planeten im *Element Feuer* stehen, handelt der Mensch, bevor er überlegt, was es erforderlich machen würde, die Impulse dem Willen und dem gesunden Menschenverstand zu unterwerfen. Mit zuvielen Planeten im *Element Luft* befindet sich der Mensch zu oft auf der Ebene der Ideen. Hier besteht die Aufgabe darin, die Ideen durch Aktivität im Äußeren zu erden oder zu «verwurzeln». Es kommt auf die Erkenntnis an, daß die wirklich wichtigen Geschehnisse nicht mit dem Kopf, sondern mit dem Herz zu tun haben.

Die vier Element stehen in Übereinstimmung mit der Jungianischen Schule:

- Feuer   *Intuition*
- Erde   *Empfinden*
- Luft   *Denken*
- Wasser   *Fühlen*

2 DIE PLANETEN UND IHRE BEDEUTUNG

Die Planeten sind Brennpunkte, durch welche sich die Sonnenstrahlung über die Erde ergießt. Gemäß ihrer Bewegung um die Sonne ändert sich der Winkel dieser Strahlung. Im Frühling kommt es zu einer Strahlung, die eine Erneuerung und ein Aufkeimen des Lebens bewirkt. Dann sehen wir die dynamischste Wachstumsphase – ob es sich dabei um den jahreszeitlichen Frühling oder um den Frühling im Leben des Menschen handelt. Im Sommer verändert sich die Strahlung. Die Sonne steht dann höher am Himmel, und es ist wärmer. Trockenheit und Hitze können die Folge davon sein. Dies liegt, was die Nord hälfte unseres Planeten angeht, nicht daran, daß die Sonne der Erde näher wäre (zur Zeit der Sommersonnenwende ist die Sonne von der Erde weiter entfernt als zur Wintersonnenwende). Die Ursache dafür besteht vielmehr in dem Einfallswinkel der Sonnenstrahlung. Im Herbst hat sich dieser abermals verändert, und in Verbindung damit kommt es zum Rückzug des Lebens. Auf diese Weise ergibt die Veränderung der Einstrahlung die Abfolge der Jahreszeiten.

Wir sprechen von sieben irdischen Planeten: Sonne, Mond, Merkur, Mars, Venus, Jupiter und Saturn. Stellen Sie sich diese als große planetarische Wesen vor, die über die Evolution der Erde wachen. In der biblischen Offenbarung sind die *Sieben Geistwesen vor dem Throne Gottes* erwähnt. Deren Energien ergießen sich unablässig und unmittelbar über die Erde. Als sich die Erde weiterentwickelt hatte, wurden große Wesenheiten aus dem äußeren Raum gerufen, um die Evolution über diesen Punkt hinauszuführen. Diese Wesen sind verkörpert durch die Planeten, die wir Uranus, Neptun und Pluto nennen. Uranus (die Intuition) ist die höhere Oktave von Merkur (welcher für den Intellekt steht).

Neptun (das göttliche Mitgefühl) ist die höhere Oktave der Venus (persönliche Zuneigung) und Pluto (Regeneration) die höhere Entsprechung von Mars (animalische Energie).

Planet	Symbol	Herrschaft	Schlüsselworte
Sonne	☉	Löwe	Wille, Individualität, Geist
Mond	☾	Krebs	Persönlichkeit, Materie
Merkur	☿	Zwilling, Jungfrau	Verstand, Verbindung zwischen Geist und Materie
Venus	♀	Stier, Waage	Persönliche Zuneigung Wertschätzung
Mars	♂	Widder	Energie, Initiative, Mut
Jupiter	♃	Schütze (Fische)	Expansionsprinzip
Saturn	♄	Steinbock (Wassermann)	Kontraktionsprinzip
Uranus	♅/♂	Wassermann	Unabhängigkeit, Originalität
Neptun	♆	Fische	Mitgefühl, Chaos oder Kosmos
Pluto	♀/♇	Skorpion	Regeneration, Beherrschung oder Kooperation

Der tiefere Sinn der Planetensymbole

Die planetarischen Symbole der Planeten bestehen aus

O *Kreis*

    ☾ *Sichel*

        + *Kreuz*

Der **Kreis** symbolisiert das, was grenzenlos ist, das Ewige und Unbestimmte, das, was keinen Anfang und kein Ende hat. Dies wird oftmals auch durch die Schlange dargestellt, die ihren eigenen Schwanz verschluckt.

Die **Sichel** symbolisiert die Persönlichkeit. Als Halbkreis steht sie für den äußerlichen Aspekt des Wesen.

Das **Kreuz** – wo immer wir es finden – symbolisiert das irdische Leben: Den Gegensatz zwischen dem Menschlichen und dem Göttlichen. Es handelt sich hierbei auch um das Symbol der Erde, der auch Planet des Leides genannt wird. Wir sind rebellierende Engel, welche ihren Willen dem Willen Gottes entgegensetzen, um in unserem Bereich selbst das Göttliche zum Ausdruck zu bringen. Wenn der Mensch aufrecht steht und seine Arme ausstreckt, sehen wir das Kreuz. Stellt das äußerliche Selbst eine Reflexion des wahren Selbstes dar, können wir mit Fug und Recht sagen: »Gottvater und ich sind eins.« In diesem Moment erkennen wir die Bedeutung der Worte: »Niemand kann zu Gott kommen, es sei denn, durch mich.« *Mich* bedeutet in diesem Falle die Persönlichkeit, welche dem höheren Selbst zu dienen hat. Im Wassermann-Zeitalter wird es dazu kommen, und zwar durch die Erlösung und die Beherrschung – nicht die Kreuzigung – der Persönlichkeit.

 ## Das Sonnen-Symbol

Der Kreis steht für das ewige Selbst, das seinen Ausgang nicht vom Hier und Jetzt nimmt, und dessen Ende sich nicht hier auf der Erde ergeben wird. Der Punkt in der Mitte steht für den göttlichen Funken, der inmitten jeder Lebenszelle zu finden ist – für das Licht, das jeden Menschen erfüllt, der auf die Erde kommt. Wir haben es hier mit dem Licht zu tun, das im Kern jeder Zelle des Lebens anzutreffen ist.

Im Horoskop symbolisiert die Sonne das grundsätzliche Wesen des Individuums – das Herz und den Kern der Wesenheit. Die Sonne hat unterschiedliche Auswirkungen für Menschen, die zu unterschiedlichen Zeiten des Jahres geboren sind. Gemäß dem Zeichen und dem Haus, in dem die Sonne zu finden ist, können Rückschlüsse auf die Vitalität und die Physis des Menschen, auf seine Führungseigenschaften sowie auf mögliche Erfolge gezogen werden. Die Hausstellung zeigt, wo der Mensch einen wichtigen Beitrag zum Leben leisten kann. Eine starke Sonnenstellung bedeutet viel Kraft zu handeln und zu sein.

Im Horoskop steht die Sonne für:

◆ Den Willen.
◆ Das grundsätzliche Bedürfnis, etwas darzustellen.
◆ Die Beziehung zu Männern, speziell zum Vater (im Horoskop der Frau).
◆ Die vitale Energie, die von ätherischen Ebenen herabströmt (Prana).
◆ Den Brennstoff, der die Persönlichkeit in ihrer Gesamtheit antreibt.
◆ Den Drang nach Macht.
◆ Konstitutionelle Stärke.

Im physischen Körper herrscht die Sonne über das Herz und das Rückgrat. Die Sonne herrscht über das Zeichen Löwe sowie über das 5. Haus.

Das Mond-Symbol

Der Halbkreis ist das Sinnbild der Persönlichkeit. Wie der Mond am realen Himmel hat die Persönlichkeit selbst kein Licht – sie scheint aufgrund des Lichtes, das sie von der Sonne reflektiert. Die Persönlichkeit ist eine Reflexion unseres wahren Selbstes gemäß der Sonne (zumindest sollte das der Fall sein). Die Sonne ist das höhere und der Mond das niedere Licht. Das periodische Phänomen von Ebbe und Flut der Energieströme in und auf der Erde hat seine Ursache in der Kombination von elektrischen und magnetischen Kräfte von Sonne und Erde. Ebbe und Flut der emotionalen Gezeiten im Horoskop sind durch die Mondstellung angezeigt. Das Haus, in dem der Mond im Horoskop steht, verdeutlicht, wo unsere Gefühle frei zum Ausdruck kommen müssen.

Im Horoskop steht der Mond für:

◆ Die Persönlichkeit.
◆ Das unbewußte Selbst.
◆ Gefühle und Empfänglichkeit.
◆ Die Mutter und weibliche Einflüsse (im Horoskop des Mannes).
◆ Die Weiblichkeit.
◆ Das Gedächtnis.
◆ Aus der Vergangenheit stammende Gewohnheitsmuster.
◆ Das Massenbewußtsein, die Öffentlichkeit (von Emotionen beherrscht).
◆ Die funktionalen Kräfte des Körpers.

Im physischen Körper herrscht der Mond über den Magen und die Brust. Der Mond herrscht über das Zeichen Krebs sowie über das 4. Haus.

 ## Das Merkur-Symbol

Hier treten alle drei Symbole in Erscheinung: Das Kreuz als Sinnbild der irdischen Manifestation, der Kreis als Symbol des Geistes und die Sichel, welche für die Läuterung der Persönlichkeit steht.

Merkur ist der Planet, der über den Intellekt und die Intelligenz herrscht – womit der Verstand und nicht die Gehirnmechanismen gemeint sind, die vom Mond beherrscht werden. Merkur ist das Verbindungsglied zwischen dem Himmel und der Erde, die in uns zum Ausdruck kommen. Der Verstand verbindet Seele und Persönlichkeit miteinander. Merkur regiert über das Nervensystem. Jede Form der Kommunikation, ob sie nun äußerlicher oder innerlicher Art ist, wird erst durch Merkur möglich. Wir haben es hier mit dem «Götterboten» zu tun – Merkur ist ständig in Bewegung, und zwar in beide Richtungen. Mit ihm kommt es unweigerlich zur Aktivität. Alles, was sich im Äußerlichen und Inneren ergibt, dient hier als

Grundlage für Wachstum und Fortschritt. Merkur ist nicht männlich oder weiblich, sondern neutral. Er stellt einen Spiegel dar, der das wiedergibt, was sich vor ihm befindet. Bei Störungen im magnetischen Feld leidet die Verbindung zwischen der Seele und dem Körperlichen. Das Haus, in dem Merkur sich im Horoskop befindet, zeigt den Bereich, auf den der Mensch seine Aufmerksamkeit richten sollte. Es gilt, hier in aller Bewußtheit Kenntnisse und Fertigkeiten zu erwerben.

Im Horoskop steht Merkur für:

◆ Den Intellekt und die Intelligenz.
◆ Die Logik und die Macht der Vernunft.
◆ Wahrnehmung und Kommunikation.
◆ Sprechen, Schreiben und die Fähigkeit zu lehren.
◆ Brüder und Schwestern.
◆ Techniken und Fertigkeiten.
◆ Jugend.
◆ Kurze Reisen.

Im physischen Körper herrscht Merkur über die Nerven, die Lungen, die Schultern, Arme und Hände.
Merkur herrscht über zwei Zeichen und Häuser: Zwillinge und Jungfrau sowie 3. und 6. Haus.

♀ Das Venus-Symbol

Der Kreis des Geistes über dem Kreuz bedeutet, daß der Geist das Materielle durch Liebe überwindet. Venus steht für die Kraft der Anziehung und der Kohäsion sowie dafür, die Dinge in einer Synthese zusammenzubringen.

Die Venus repräsentiert die magnetische Anziehungskraft der Liebe. Es handelt sich hier um eine weibliche empfängliche Kraft, die niemals zu etwas nötigt. Die Venus bedient sich der Kraft der Überzeugung auf eine ruhige, sanfte Art. Sie herrscht über die persönliche Zuneigung, während die höhere Oktave dieses Planeten – Neptun – das göttliche Mitgefühl symbolisiert.

Im Horoskop steht die Venus für:

◆ Den Drang nach Gesellschaft.
◆ Zuneigung und Schönheit.
◆ Werte: das, was wir schätzen.
◆ Kunst.
◆ Anziehung und Zusammenhalt.
◆ Melodie und Gesang.
◆ Die Liebe zum Luxus.

Im physischen Körper herrscht die Venus über das Blut in den Venen und, was die höheren Zentren angeht, über den Hals und den Kehlkopf.

Die Venus herrscht über zwei Zeichen und zwei Häuser: Über den Stier und das 2. Haus (die erdhafte und materialistische Venus) und über die Waage und das 7. Haus (die kultivierte und ästhetische Venus).

♂ Das Mars-Symbol

Das Symbol des Geistes, der durch das Materielle am Boden gehalten wird, weist darauf hin, daß Mars über das animalische Selbst herrscht, das sich noch nicht in Übereinstimmung mit dem inneren Selbst befindet. Früher einmal sah das Symbol wie folgt aus:♂. Dies stand für die Unterwerfung des Geistes unter das Materielle. Nun aber kann die Energie – wie der Pfeil, der vom Bogen schnellt – auf wunderbare Weise vom Geist dafür eingesetzt werden, diese animalische Kraft auf das höherliegende Geistniveau zu bringen.

Mars steht für eine positive, außengerichtete, extravertierte Kraft, die in ihrem Ausdruck maskulin ist. Hiermit ist die Tendenz gegeben, sich zu «verzetteln». Mars strebt vom Zentrum nach außen, zum Selbst. Dieser Planet hat viel mit dem physischen Selbst zu tun, weil er über das Animalische im Menschen herrscht. Was das Emotionale betrifft, steht Mars für das Bedürfnis, unsere Gefühle zu zeigen. Wenn in uns Gefühle des Ärgers aufsteigen oder wir uns mutig fühlen, ist Mars dafür verantwortlich. Die Energie, die beidem zugrundeliegt, ist dieselbe. Es ist der Gebrauch der Energie, der darüber entscheidet, ob wir von Mut oder von Wut sprechen. Von seiner Essenz her ist Mars Feuer: Ohne das Feuer des Lebens und ohne Enthusiasmus und Leidenschaft für das Leben gibt es keine Vitalität. Da, wo Mars im Horoskop steht, hat der Mensch viel Energie zur Verfügung. Wenn er damit auf eine unkluge Weise umgeht, können Zwist und Spannungen die Folge sein.

Im Horoskop steht Mars für:

◆ Mut, Initiative.
◆ Dynamische Energie.
◆ Aggressive Triebe.
◆ Kampfeslust, Krieg, Auseinandersetzung.
◆ Aktivität, Sport.
◆ Konkurrenzdenken.
◆ Handwerkliche Fähigkeiten.
◆ Selbstsucht.
◆ Leidenschaft.

Im physischen Körper herrscht Mars über den Kopf.
Mars herrscht über das Zeichen Widder sowie über das 1. Haus.

♃ Das Jupiter-Symbol

Hier hat sich die Persönlichkeit über das Kreuz erhoben und ist ihm damit nicht länger unterworfen.

Jupiter herrscht über das überbewußte Selbst in jedem irdischen Wesen. Nichts kann dieses Selbst beschränken oder eingrenzen. Es geht hier um das Selbst, das in ewiger Verbindung zum Göttlichen stand, es dann allerdings zugelassen hat, daß die Persönlichkeit die Überhand gewann. Damit entsprach es nicht länger dem Willen Gottes im Himmel (welcher der positive Pol beziehungsweise der Geist ist). Der Mensch hat gesagt: »Mein Wille geschehe, nicht der Deinige.« So begannen die Schwierigkeiten auf diesem Planeten des Leides.

Im Horoskop steht Jupiter für:

◆ Das Prinzip der Expansion.
◆ Streben und Inspiration.
◆ Das überbewußte Selbst.
◆ Verständnis und Beurteilungsvermögen.
◆ Wohlstand und Überfluß.
◆ Glauben und Optimismus.
◆ Religion und Philosophie.
◆ Wohlwollen.

Im physischen Körper herrscht Jupiter über das Zellwachstum, das Blut sowie über die Leber. Seine Hausposition zeigt, wo der Mensch Erfüllung erfahren kann. Jupiter herrscht über das Zeichen Schütze sowie über das 9. Haus. Er ist Mitregent über das Zeichen Fische und das 12. Haus.

♄ Das Saturn-Symbol

Bei diesem Symbol sehen wir das Kreuz der Manifestation, das über der Sichel steht. Insofern wird der Mond beziehungsweise die Persönlichkeit durch das Kreuz niedergehalten. Der einzige Teil von uns, der gekreuzigt werden kann, ist das dunkle Selbst beziehungsweise die Persönlichkeit. Saturn kann uns nicht wirklich berühren, nur die Maske, die wir tragen. Alle Beschränkungen und Begrenzungen, die von Saturn auferlegt werden, liegen in dem Menschen selbst begründet. Die Welt der Erscheinungen ist ein Spiegel, in dem wir unser eigenes Wesen reflektiert sehen.

Saturn gilt als der älteste Gott. Diesem Engel wurde die Herrschaft über die Erde (Persönlichkeit) gegeben. Saturn repräsentiert das erste Gesetz der Manifestation: das Gesetz der Beschränkung. Er konzentriert und bündelt Energie. Er wird der Vater der Zeit genannt, und er herrscht über den Prozeß der Reifung. Das beruht darauf, daß die Zeit jede Manifestation zu ihrem Ende bringt. Wir haben es hier weiterhin mit dem Planeten der Notwendigkeit zu tun, weil Saturn die Anerkennung der materiellen Welt als dem Ort fordert, wo sich der Geist gerade bewähren muß.

In dem Haus und in dem Zeichen, in denen sich Saturn befindet, kommt viel Konservatismus zum Ausdruck. Es ist aber nicht Saturn, der unsere Probleme oder unsere Erfolge schafft. Jeder Mensch, der etwas erzeugt, wird durch Saturn fortwährend mit seiner Kreation konfrontiert. Saturn zeigt Schwächen und Charaktermängel, die dann in Stärken umgeformt werden können. Im Geburtshoroskop herrscht er über das Ego, weil sich in diesem die Eindrücke sammeln, die das Bewußtsein durch seine Erfahrungen gewonnen hat. Saturn sammelt die Früchte aller unserer Erfahrungen und wandelt sie in seelische Kraft um. Er bringt Zeit für die Ewigkeit. Wenn wir verstehen, was die Mission dieses Planeten ist, begreifen wir das Mysterium des Lebens. Saturn baut eine Mauer um das Selbst auf, solange, bis dieses stark genug geworden ist, ohne Begrenzung existieren zu können. Es handelt sich hier um einen beschränkenden Einfluß, der die Seele davor bewahrt, an der Selbstsucht und Isoliertheit der Persönlichkeit zugrundezugehen.

Saturn herrscht über die Zeichen Steinbock und Wassermann, die beide nicht viel mit den vitalen animalischen Kräften sowie mit der Fortpflanzung zu tun haben. Der Steinbock regiert über die Knie und der Wassermann über die Waden. Es handelt sich hier also um die beiden Körperteile, die es dem Menschen möglich machen, sich niederzubeugen und sich fortzubewegen. Der Steinbock herrscht weiterhin über die Knochenstruktur beziehungsweise über das Skelett, an dem der Rest des Körpers festgemacht ist. Starrheit wie auch Flexibilität hängen mit Saturn zusammen. Sich hinzuknien oder sich zu verneigen gelten als Zeichen der Bescheidenheit, Gehorsamkeit und Demut. Sie stehen in vollkommenem Gegensatz zum marsischen Geist der Kampfeslust und Aggression. Die Beweglichkeit der Gelenke in unseren Beinen ermöglicht es uns zu gehen. Unsere aufrechte Haltung wird erst möglich durch unser Knochengerüst (Skelett).

In den antiken Mysterien war Saturn (oder auch Satan) symbolisiert als der große Prüfstein. Der Mensch war gefordert, Geduld und Leidensfähigkeit zu entwickeln, um schließlich stark genug zu sein, den Verlockungen der Persönlichkeit zu widerstehen. Die saturnische Aufgabe ist es, das Alte zu zerstören und die überlebten Formen auszumerzen, damit eine bessere Struktur auf einer höheren Ebene entstehen kann. In der Indischen Astrologie steht Saturn in Verbindung mit dem Gott *Shiva*, der zerstört. Die saturnische Mission ist es, all das zu zerstören, was in der Persönlichkeit keine Funktion mehr hat. Bevor Platz für einen Neubau ist, muß abgerissen werden. Wir müssen uns darüber im klaren sein, daß die Fische-Zeit überlebt ist und daß Saturn jetzt die alten Formen zerstört, damit sich durch den Wassermann die neue Energie manifestieren kann. Die Astrologie zeigt uns auf, was nun geschieht. Saturn legt uns aber nicht ein für alle Male fest. Er baut einen Kreis um uns, der uns solange festhält, bis wir stark genug sind, das Rad zu durchbrechen und uns freizumachen. Saturn ist die Brücke zwischen dem animalischen Selbst und dem wahren Selbst, dem Geist.

Saturn wird der Herr des Karmas genannt. Dies hat insofern seine Berechtigung, als dieser Planet durch seine Stellung in Haus und Zeichen und seine Aspekte zeigt, auf welchem Bereich und hinsichtlich welcher Eigenschaften wir uns ändern müssen. Die Hindus sprechen in diesem Zusammenhang von *Dharma*. Dieser Begriff steht für die Verantwortung, die man im Leben trägt, und dies entspricht dem, was Saturn im Geburtshoroskop bedeutet. Die Saturn-Stellung weist darauf hin, wo wir Verantwortung haben und welche Lektionen wir im Leben lernen müssen. Saturn ist die individuelle Herangehensweise an das Leben. Er symbolisiert, daß man bereit sein muß, sich gemäß seiner saturnischen Bedingungen seine eigene Welt zu erschaffen. Saturn zeigt, wo der Mensch zustimmen und sich einer Aufgabe stellen muß, um im Inneren wie im Äußeren Sicherheit zu erfahren. Seine Häuserstellung weist darauf hin, wo man einen Anfang machen muß. Wo Saturn dagegen im *Transit* wirkt, ist der Mensch gezwungen, sich Prüfungen und Urteilen zu unterwerfen. Das *Haus*, in dem Saturn im Horoskop steht, zeigt, wo der Mensch damit beginnen muß, ein Bewußtsein für Sicherheit, Verantwortung und Unabhängigkeit zu entwickeln.

Saturn in *fixen Zeichen* symbolisiert Stabilität des Egos sowie die Fähigkeit, äußerem Druck zu widerstehen. *In kardinalen Zeichen* bedeutet er die Kraft, sich durch das Aufgehen in Aktivität zu verändern. Was die *veränderlichen Zeichen* betrifft, zeigt Saturn die hilfreiche Kraft zur Anpassung, allerdings sehr häufig auch Unentschlossenheit und Schwäche, die überkommenen Formen zu überwinden.

Dieser Planet hat unmittelbar mit der Ausbildung des Charakters zu tun. Er ist einer der mächtigsten Engel des Universums. Ihm wurde auch die schwierigste aller Aufgaben übertragen: die Seele des Menschen zu prüfen und in Versuchung zu führen. Dies hat den Zweck, daß der Mensch sich von seinen selbst auferlegten Grenzen losmachen und sich befreien soll. Wenn wir die saturnischen Kräfte auf eine negative Weise einsetzen, ist Selbstsucht und Angst die Folge. Der Mensch, der selbstsüchtig ist, ist auch ängstlich. Angst und Selbstsucht sind die siamesischen Zwillinge des Bewußtseins – der eine kann nicht ohne den anderen existieren. Liebe, die nach nichts verlangt, sondern nur geben will, ist das Gegengift für einen verletzten Saturn.

Im Horoskop steht Saturn für:

◆ Zeit.
◆ Den Drang nach Sicherheit.
◆ Disziplin, Organisation und Ehrgeiz.
◆ Das Prinzip der Zusammenziehung und der Kristallisation.
◆ Beschränkungen und Verzögerungen.
◆ Das Alter.
◆ Weisheit, die auf Erfahrung beruht.
◆ Selbstschutz.

Im physischen Körper herrscht Saturn über Knochen, Haut und Zähne.
Saturn herrscht über das Zeichen Steinbock sowie über das 10. Haus in seinem weiblichen Aspekt und über den Wassermann und das 11. Haus in seinem positiven Ausdruck.

♅ *Das Uranus-Symbol*

Das Uranus-Symbol ist aus zwei Monden oder Säulen zusammengesetzt, die mit dem Rücken zueinander stehen und einmal das Menschliche und einmal das Göttliche symbolisieren. Beide sind durch das vierarmige Kreuz der Materie miteinander verbunden. Der Kreis des Geistes (die Sonne) treibt sie zu höheren Ebenen.

Dieser Planet ist das Symbol der höchsten Energie, die Sonne hinter der Sonne. Die Indianer sahen die Sonne als Loch im Himmel an. Sie haben intuitiv gewußt, daß es hinter dem Sonnenkörper, den wir kennen, noch eine andere Sonne gibt. In der Mythologie wurde Uranus die Herrschaft über den Himmel verliehen, während Saturn über die Erde herrscht. Uranus ist der Planet des Schicksals. Er steht für die einzige Energie, die der Mensch nicht kontrollieren kann. Das einzige, was seiner Kontrolle unterworfen ist, ist die Art und Weise, wie er auf diese Energie reagiert.

Uranus als höhere Oktave von Merkur repräsentiert die Intuition, die uns wie ein Blitz der Erkenntnis trifft. Er ist der Planet, der über die Astrologie regiert. Diese wiederum verleiht uns Einsicht in die kosmischen Gesetze, die den Menschen mit dem Universum verbinden. Nur wer Uranus in einem Eckhaus (in Haus 1, 4, 7 oder 10) oder eine Verbindung des Uranus mit der Sonne, dem Mond oder dem Merkur hat, ist ein wahrer Uranier. Die meisten Wassermänner sind eher Saturnier als Uranier, was auf den ersten Blick erstaunlich klingen mag. Dies gilt aber nur solange, bis wir erkennen, daß die Egos des Neuen Zeitalters Uranus – und nicht den Wassermann – in herausragender Stellung im Horoskop haben werden. Die saturnische Prüfung (Disziplin und Verantwortung) muß bestanden werden, bevor wir die Freiheit erfahren können, die in Uranus begründet liegt. Ansonsten kommt es zu *Freizügigkeit,* nicht zu Freiheit.

Im Horoskop steht Uranus für:

- ◆ Unabhängigkeit, Rebellion.
- ◆ Originalität und Genie.
- ◆ Individualität, Freiheit.
- ◆ Das Unerwartete, plötzliche und unvorhersehbare Veränderungen.
- ◆ Elektrizität.
- ◆ Das kosmische Bewußtsein.
- ◆ Umwandlung.
- ◆ Den göttlichen Willen.
- ◆ Erfindungen.

Im physischen Körper herrscht Uranus über den Kreislauf sowie über die Knöchel/die Waden.
Uranus herrscht über das Zeichen Wassermann sowie über das 11. Haus. Er ist Mitherrscher über das Zeichen Steinbock und das 10. Haus.

Das Neptun-Symbol

Das Neptun-Symbol zeigt ein Kreuz zusammen mit der Sichel der Persönlichkeit. Dies bedeutet den Sachverhalt, daß es darum geht, die Persönlichkeit dafür freizumachen, sich auf einer Ebene jenseits von Selbstsucht zum Ausdruck zu bringen. Das neptunische Motto ist: Dienen oder Leiden. Sie haben die Wahl – wozu aber zu sagen ist, daß Sie sich für eines von beiden entscheiden müssen. Es war der Neptunische Meister des Fische-Zeitalters, der die folgenden Worte hören ließ: »Derjenige, der sich (seine Persönlichkeit) verliert, wird sich selbst (die Seele) finden.«

Neptuns Schwingung ist nicht von dieser Welt und nicht erdhaft. Sie herrscht über die nächste Dimension, und es geht eine geheimnisvolle und subtile Ausstrahlung von ihr aus. Wir haben es hier mit einer alles durchdringenden Energie zu tun, die auf das Bewußtsein einwirkt. Neptun ist das Mystische, während Uranus das Okkulte symbolisiert. Neptun kommt durch die Gefühle und die Vorstellungskraft zum Ausdruck. Mit ihm sind mediumistische und außersinnliche Talente verbunden. In einigen Horoskopen steht Neptun aber auch für die ausgesprochene Abneigung, sich mit der konkreten Realität auseinanderzusetzen. Dann bedeutet er, daß der Mensch lieber träumt als handelt. Während Uranus hier zu positiv ist und zu sehr darauf besteht, seine Ideen in Aktivität umzusetzen, läßt es Neptun daran vermissen, seine Ideale auch tatsächlich zum Ausdruck zu bringen. Wir haben es hier mit einer weiblichen Schwingung zu tun, während Uranus eine männliche bedeutet.

Im Horoskop steht Neptun für:

- ◆ Verpflichtungen (wo immer auch Neptun im Horoskop stehen mag: Auf diesem Feld ist der Mensch aufgefordert, dem universellen Ganzen zu dienen).
- ◆ Psychische und mystische Talente.
- ◆ Das kosmische Bewußtsein, das aus Hingabe und den Gefühlen resultiert.
- ◆ Chaos oder Kosmos.
- ◆ Träume (während der Nacht und des Tages).
- ◆ Die Knechtschaft durch das Materielle.
- ◆ Enttäuschung. Leid, Illusion und Desillusion.
- ◆ Alkohol, Drogen, Betäubungsmittel.
- ◆ Sensibilität, Göttliches Mitgefühl.

Im physischen Körper herrscht Neptun über die Füße.
Neptun herrscht über das Zeichen Fische sowie über das 12. Haus.

Das Pluto-Symbol

Das Pluto-Symbol besteht aus einem Kreis, einem Kelch beziehungsweise einer Sichel und zuunterst aus einem Kreuz, wobei das Kreuz die Sichel durchbohrt. Bevor der Mensch hier den höheren Aspekt erreichen kann, muß er seine Persönlichkeit zur Auflösung bringen – was daran abzulesen ist, daß das Sonnen-Symbol als Ausdruck des ewigen Geistes über dem Kreuz steht und sich wie in einer Wiege in der Mondsichel befindet.

Der Planet Pluto bedeutet den Tod des isolierten Selbstes. Zugleich steht er für Regeneration und für Wiedergeburt, welche zu der Weisheit führt, die jedem Menschen auf Erden innewohnt.

Pluto herrscht über den Skorpion. Dieses Zeichen verkörpert den Tod der Persönlichkeit sowie die Geburt der Seele. Alle Samen müssen im Dunklen begraben werden, bevor sie keimen und ans Licht kommen können. Jede Form des Wachstums muß ihr Leben in der Dunkelheit beginnen. Alle Samen – und dies gilt auch für den Menschen – benötigen diese Dunkelheit, um sich auf das Durchbrechen zum Licht vorzubereiten. Pluto steht für dieses Leben im Dunkeln, das ein Vorstadium von Wachstum und Entwicklung ist.

Im Horoskop steht Pluto für:

◆ Demut und Hingabe.
◆ Tod und Wiedergeburt.
◆ Transformation, Karma.
◆ Intensität, Wille.
◆ Den freien Fluß.
◆ Weisheit und Erleuchtung.
◆ Besessenheit, Zerstörung.
◆ Hölle und Dunkelheit.
◆ Licht und Himmel.

Im physischen Körper herrscht Pluto über das Fortpflanzungssystem. Ganz allgemein symbolisiert er die erschaffende Kraft aller Formen des physischen Lebens. Pluto herrscht über das Zeichen Skorpion sowie über das 8. Haus.

Der Schlüssel zu den Planeten

⊙ **Sonne:** *Der unsterbliche Geist*

Die Sonne steht für den Geist im Menschen, für das Sein oder für die Existenz des Lebens, für den unsterblichen Teil der vielfältigen menschlichen Manifestationsformen. Die Sonne herrscht über den fundamentalen Drang, etwas zu bedeuten beziehungsweise über den Willen zu sein.

In physischer Hinsicht unterstützt die Sonne das Leben. Sie gibt Licht, Wärme und Energie. Mehr als jeder andere Horoskop-Faktor zeigt sie, wie es um den Willen des Menschen bestellt ist, der den höchsten menschlichen Ausdruck darstellt.

Die Aspekte, die zur Sonne bestehen, lassen tiefverwurzelte Charakterzüge und die wichtigsten Ziele des Menschen erkennen. Wenn die Sonne wirklich zum Ausdruck kommen soll, müssen Aspekte zu anderen Planeten vorhanden sein.

Beim Lauf durch die Tierkreiszeichen kommt es immer wieder zur Rückkehr in das Zeichen, in dem die Sonne erhöht ist: Dem Widder. Der Widder als östlicher Horizont (Aszendent) bedeutet in astrologischer Hinsicht das Neujahr. Mit dem Frühling ergibt sich ein neuer Zyklus des Lebens.

Was den täglichen Lauf der Sonne durch die Häuser betrifft, kommt es mit dem Transit über den Ostpunkt (Sonne am Aszendenten) zum Anbruch des neuen Tages beziehungsweise zum Sonnenaufgang.

Sonnen-Schlüsselworte

Grundsatz	positive Auswirkung	negative Auswirkung
Wille	individuelles Bewußtsein	Selbstsucht
Bestimmtheit	Stärke	Härte
Würde	Autorität	Anmaßung
Vertrauen	Optimismus	Pessimismus
Zuverlässigkeit	Aufrichtigkeit	Falschheit
Vitalität	Kraft	Aggressivität
Loyalität	Führungsqualitäten	Willkür
Gelassenheit	Zuversicht	Egoismus
innere Stärke	Mut	Arroganz

Mond: *Die Ausbildung der Form*

Der Mond bedeutet die Persönlichkeit und deren unterbewußte und instinktive Verhaltensmuster. Er herrscht über den Aspekt der Form im Leben und über die funktionalen körperlichen Aktivitäten. Die Geburt wie auch der Tod gehören zum Bereich des Mondes. Die Gezeiten und die Rhythmen des Körpers werden wie die Gezeiten der Ozeane auch von ihm regiert.

Dieser Himmelskörper herrscht über die emotionale Seite der menschlichen Natur. Des weiteren untersteht ihm die Öffentlichkeit (beziehungsweise das Massenbewußtsein), insoweit, als es nicht um den Verstand, sondern um gefühlsmäßige Reaktionen geht. Demagogen ist dieser Sachverhalt bekannt. Diese Menschen sind dazu imstande, die öffentliche Meinung durch Appelle an die Emotionen und Gefühle zu beeinflussen.

Der Mond hat im physischen Universum kein eigenes Licht. Er scheint nur aufgrund des Lichtes, das er von der Sonne erhält. Gleichermaßen hat auch die Persönlichkeit kein eigenes Licht – sie ist nichts als ein unbeleuchteter Raum. Nur dann, wenn das Licht des Wahren Selbstes (die Sonne) durch sie hindurchscheint, ist sie wahrhaft erleuchtet.

Die maskuline, positive Sonne ist von elektrischer Natur und herrscht über den Geist. Der feminine Mond regiert die Form. Er beherrscht im Leben den Pol des Empfangens und Anziehens.

Mond-Schlüsselworte

Grundsatz	positive Auswirkung	negative Auswirkung
Materie	Wachstum	Materialismus
Mütterlichkeit	Schutz	erdrückende Liebe
Flexibilität	Formbarkeit	emotionale Unbeständigkeit
Sensibilität	psychische Gaben	emotionale Beeinflußbarkeit
Empfänglichkeit	Anziehungskraft	Passivität
Gefühl	Friedfertigkeit	Launenhaftigkeit
Vorstellungskraft	Kreativität	Illusionen
Häuslichkeit	Aufmerksamkeit	sich zuviele Sorgen machen
Mitgefühl	Beeindruckbarkeit	Kälte

Merkur: Das Bindeglied des Verstandes

Die maskuline Sonne herrscht über den Geist, die positive Polarität. Der feminine Mond herrscht über die Form, welche die negative beziehungsweise empfängliche Polarität darstellt. Der androgyne Merkur herrscht über den denkenden Verstand, das Verbindungsglied zwischen Geist und Form. Er ist der «Götterbote».

Aufgrund unseres fragenden Verstandes sind wir uns unserer selbst und der Aktivitäten, die um uns herum geschehen, bewußt. Wir sind dazu imstande, durch Gedanken und Aktivitäten die Umwelt wahrzunehmen, und wir erkennen, daß wir getrennt von den anderen sind und daß wir uns weiterentwickeln. Kraft unserer Vernunft können wir Rückschlüsse darauf ziehen, wie sich etwas auswirkt und welche Reaktionen auf Aktionen folgen.

Merkur ist das Bindeglied der Kommunikation. Im Inneren handelt es sich um die verstandesmäßige Verbindung zwischen Geist und Form, im Äußeren erlauben uns die Sinne die Auseinandersetzung mit anderen.

Durch seine Vernunft hat der Mensch die Freiheit der Wahl. Er ist verantwortlich für das, was er tut. Es ist ihm möglich, auf eine Art Fortschritte zu erzielen und zu wachsen, die von einer Bewußtheit des eigenen Wesens geprägt ist. Der Mensch kann sich seines göttlichen Ursprungs und seines göttlichen Potentials bewußt werden.

Merkur in seiner reflektierenden Eigenschaft braucht Aspekte, um sich zu entwickeln. Der exakteste Aspekt zu ihm ist sehr wichtig.

Merkur-Schlüsselworte

Grundsatz	positive Auswirkung	negative Auswirkung
Vernunft	funkelnder Geist	Skeptizismus
Beweglichkeit	Aufmerksamkeit	Unzuverlässigkeit
Ausdruck	Artikulationsvermögen	Langatmigkeit
Flexibilität	Beweglichkeit	geistige Instabilität
Dualität	Unterscheidungsvermögen	Unbestimmtheit
analytische Gaben	Genauigkeit	Nörgelei
Die Sinne	Bewußtheit	Konfusion
Veränderlichkeit	Effizienz	Unruhe
Aktivität	Geschicklichkeit	Imitation

Venus: *Schönheit und Liebe*

Die weibliche Venus ist die Gottheit der Liebe und der Schönheit. Durch Liebe werden wir uns der anderen bewußt und erkennen das Prinzip der Vereinigung. Durch sie gelangen wir zur Einheit.

Das Leben, die Form und der Verstand sind notwendige Bestandteile der menschlichen Existenz. Die Venus verwandelt bloßes Existieren in Leben, indem sie allen Bereichen der physischen Existenz Liebe, Kunst und Schönheit hinzufügt. Die Venus ist außerdem der Planet der Harmonie, der Zusammenarbeit und der Verfeinerung. Durch sie verschönern wir uns selbst, unsere Erscheinung, unseren Ausdruck und unsere Umgebung. Das gleiche gilt für das Leben der anderen.

Wir können ohne Liebe und Schönheit *existieren*, nicht aber wirklich *leben*. Zu einem wahren Leben braucht es Liebe, Schönheit, Harmonie sowie den Geist zur Kooperation und zur Einheit.

Venus-Schlüsselworte

Grundsatz	positive Auswirkung	negative Auswirkung
Schönheit	Harmonie	Trägheit
Liebe	Hingabe	Sentimentalität
Kunst	Verfeinerung	Prahlerei
Geselligkeit	Zuneigung	Oberflächlichkeit
Weiblichkeit	Attraktivität	Neigung zur Koketterie
Sensibilität	Empfänglichkeit	Überempfindlichkeit
Sanftheit	Höflichkeit	Beliebigkeit
Kooperation	Rücksichtnahme	von ausweichendem Wesen
Originalität	Konstruktivität	Unzuverlässigkeit

♂ Mars: *Begierde, Energie und Aktion*

Mars ist der Planet der Begierde und der dynamischen Energie – der Planet der Aktion. Er zeigt unsere Energie und unseren Drang, etwas zu leisten, aufzubauen und voranzuschreiten.

Eine Möglichkeit, etwas über unsere Begierden herauszufinden, ist die, zu arbeiten und Geld zu verdienen. Auf diese Weise entwickeln wir die Fähigkeit, uns im ökonomischen Wettbewerb zu behaupten, gewinnen Selbstvertrauen und lernen Disziplin für unser Leben.

Mars ist auch der Planet des Krieges. Durch den Krieg lernen wir Haß und Heldentum kennen, das Töten und das Sich-Opfern. Wir stellen dann möglicherweise fest, daß viel Mut und Leidensfähigkeit in uns ist, wovon wir zuvor keine Ahnung hatten.

Neben dem Krieg, den wir womöglich mit anderen führen, gibt es auch den Kampf in uns selbst um die Beherrschung unseres Wesens. Aus den Begierden und Aktionen, die mit Mars verbunden sind, gewinnen wir wertvolle Erkenntnisse, die uns zeigen, wie wir unsere Energie auf eine effektive Weise einsetzen können und wie Begierde in Willen und in heilende Kraft umgeformt werden kann. Der Nutzen oder der Mißbrauch dieser Energie ist es, der aus dem Menschen einen Heiligen oder einen Satan macht.

Mars-Schlüsselworte

Grundsatz	positive Auswirkung	negative Auswirkung
Energie	Enthusiasmus	Herrschsucht
Dynamik	Kraft	Aggressivität
Impulsivität	Spontanität	Gewalttätigkeit
Führerschaft	Selbstsicherheit	Streitsucht
Mut	Heldentum	närrische Tollkühnheit
Selbstausdruck	Direktheit	Sarkasmus
Unabhängigkeit	Selbstvertrauen	Isoliertheit
Zeugungskraft	Regeneration	Wollust
Stärke	Furchtlosigkeit	Grausamkeit
Praktikabilität	Konstruktivität	Destruktion

4 *Jupiter:* Das Prinzip der Expansion

Jupiter ist der große Wohltäter. Er ist der größte Planet unseres Sonnensystems, und alles, was mit ihm zusammenhängt, geht in großem Maßstab vor sich. Jupiter verspricht viel, ist expansiv, von optimistischem und populärem Wesen. Er steht für Erfolg und für Großzügigkeit.

Bei einem verletzten Jupiter sind ein zu großes Selbstvertrauen, Übertreibungen, Extravaganz, die Neigung zu Betrug und zu Prahlsucht sowie Exzesse in vielerlei Hinsicht zu erwarten.

Jupiter ist auch der Beschützer. Wir bewahren unsere Nahrung in Zinn- beziehungsweise in Blechdosen (Konserven) auf, und Zinn ist das Metall, das Jupiter entspricht. Was das Gebiet der Religion und der Philosophie betrifft, ist Jupiter ist aktiv und konservativ zugleich, wobei er dem Orthodoxen und Eingeführten den Vorzug gibt. Rituale und Zeremonien stehen ebenfalls in Verbindung mit dieser Energie.

Es handelt sich hier um den Planeten des Höheren Geistes, der die Ausweitung des menschlichen Horizontes symbolisiert: Er verschafft dem Menschen Abstand zu sich selbst und stimuliert ihn in seinen Hoffnungen, Idealen und Visionen, in seiner Toleranz und seinem Verständnis.

Mit Jupiter ist auch das Bedürfnis verbunden, alles auszukosten und mitzumachen im Leben, was in vielen Fällen zur Verschwendung von Zeit, Chancen, Geld und Energie führt.

Jupiter-Schlüsselworte

Grundsatz	positive Auswirkung	negative Auswirkung
Hoffnung	Idealismus	unbrauchbare Vorstellungen
Großzügigkeit	Menschenliebe	Extravaganz
Wohlwollen	Verständnis	Trägheit
Religion	Demut	Fanatismus
Gläubigkeit	Ehrerbietung	Bigotterie
Vertrauen	Zuversicht	Zynismus
Optimismus	Ausstrahlung	Prahlsucht
Menschlichkeit	Barmherzigkeit	Leichtgläubigkeit
Mitleid	Freundlichkeit	Sentimentalität
Würde	innere Gelassenheit	Formalismus

Saturn: *Die Prüfung*

Das saturnische Ziel ist Perfektion. Aufgrund des läuternden Prozesses mit all seinen Prüfungen, Leiden, Verzögerungen, Enttäuschungen und Begrenzungen lernt der Mensch, daß der Zweck seines Lebens nicht das Vergnügen, sondern der Erwerb von Erfahrungen und das Entwickeln von Geduld, Bescheidenheit, Weisheit und Mitgefühl ist.

Durch Auflösung und Ausmerzung von alten, überlebten, verhärteten und nutzlosen Formen kann Neues, Besseres, Schöneres und Nutzvolleres an deren Stelle treten.

Aufgrund von Erfahrung, von Geduld, Beharrlichkeit und Selbstdisziplin können die negativen Saturn-Eigenschaften wie Skeptizismus, Angst, Verdrängung, Materialismus und Abkapselung in positive Qualitäten wie Selbstvertrauen, Zuverlässigkeit, Ehrerbietung, Weisheit und Mitgefühl umgewandelt werden.

In der saturnischen Stille, in der Innenschau und der Meditation, in der Konzentration und der Bereitschaft zu warten liegen die Chancen, die uns dieser Planet gibt. So können wir die Prüfungen unseres Lebens bewältigen und uns unserem Karma stellen. So werden wir dann schließlich den Zustand der Perfektion erreichen, der in dem Prozeß der Evolution von uns gefordert wird.

Saturn-Schlüsselworte

Grundsatz	positive Auswirkung	negative Auswirkung
Vorsicht	Geduld	Ängstlichkeit
Beschränkung	Selbstdisziplin	Verdrängung
Ernsthaftigkeit	Bescheidenheit	Beeinflußbarkeit
das Materielle	Sparsamkeit	Geiz
Schutzbedürfnis	Diplomatie	Pessimismus
Gerechtigkeit	Umsicht	unnachgiebige Härte
Gesetz	Respekt	Starrsinn
Stabilität	Leidensfähigkeit	Verschlossenheit

♅ **Uranus:** *Das Erwachen*

Mit der Entdeckung von Uranus änderte sich das alte planetarische Muster. In ähnlicher Weise bringt Uranus auch für unser alltägliches Leben Veränderungen. Dieser Planet steht für die unerwarteten, plötzlichen, sprunghaften Geschehnisse, denen wir uns immer wieder gegenüber sehen.

Menschen mit Uranus in einem Eckhaus sind außerordentlich individualisierte Persönlichkeiten, die schon in der Zukunft leben und die sich sehr für gesellschaftliche Entwicklungen interessieren (dies gilt insbesondere für die Stellung in den Häusern 1 und 10). Die Wissenschaft, Astrologie, Metaphysik und das Okkulte sind uranische Bereiche. Uranier sind kreativ. Um ihre kreativen Energien auf eine konstruktive Weise einzusetzen, könnte es sinnvoll sein, ein besonderes Hobby zu wählen.

Uranus ist ein «Langsamläufer». Das Haus, in dem er im Geburtshoroskop steht, ist sehr wichtig – der Lauf von Uranus durch die Zeichen zieht sich über sieben Jahre hin. Die Konjunktion oder die Opposition von Uranus zu einem anderen Planeten im Horoskop ist ebenfalls sehr bedeutungsvoll.

Auch bei harmonischen Aspekten sind die Veränderungen, die mit diesem Planeten einhergehen, oft von sehr plötzlicher Art. Grundsätzlich aber stellen solche Geschehnisse die Weichen für einen Wandel zum Besseren. Auf diese Weise werden die alten Gleise zerstört, in denen wir gefangen waren, was uns freimacht für Neues. »Siehe, ich mache alle Dinge neu« ist das Schlüsselwort für Uranus.

Der Planet Uranus ist mit bloßem Auge nicht zu erkennen. Das hat für uns zur Folge, daß wir uns auf unsere innere Wahrnehmung verlassen müssen, um auf seine höheren Schwingungen zu antworten. Nur so kann es zum inneren Erwachen kommen.

Uranus-Schlüsselworte

Grundsatz	positive Auswirkung	negative Auswirkung
Unabhängigkeit	Fortschritt	Radikalität
Originalität	Nonkonformismus	Rebellentum
Genie	Erfindergeist	Sprunghaftigkeit
unkonventionell	Temperament	Exzentrizität
Idealismus	universelle Liebe	Abgehobenheit
Reformer	Pionier	Fanatiker
Intuition	tiefe Wahrnehmung	Impulsivität
Offenheit	Wendigkeit	Zersplitterung
Freiheit	Individualität	Streitsucht

Neptun: *Der Auflöser*

»Das hellste Licht wirft den dunkelsten Schatten.« Neptun kann die erhaben-sten Höhen oder aber die niedersten Tiefen bedeuten. Er herrscht über die höhere Dimension und die astrale Ebene. Die Bindung an das Irdische macht ihm große Schwierigkeiten. Auf der materiellen Ebene führt er zu keinen Re-sultaten, dort löst er eher materielle Strukturen auf.

Wenn Neptun im Horoskop stark gestellt ist, handelt es sich möglicherweise um einen sensiblen und zum Rückzug neigenden Menschen, der die harte Rea-lität des Lebens verabscheut. Vielleicht nimmt dieser zeitweilig Zuflucht zu ei-ner selbstgeschaffenen Traumwelt, mit eigenen Visionen, Schattenbildern, Phantasien oder mit erotischen oder anderweitigen Vorstellungen. Das Erwa-chen in der Realität kann für ihn sehr schmerzhaft sein. Diesem Menschen ist das Irreale wirklich und das Wirkliche irreal. Die Normalität des Lebens ist ihm zu gewöhnlich, und er sucht etwas, das ihn mehr anregt und stimuliert. Neptun ist in dieser Hinsicht sozusagen ein Schauspieler.

Die positiven Neptun-Aspekte sind Weisheit, die den Verstand übersteigt, Ge-nie und kreative Fähigkeiten auf literarischem, poetischem oder musikalischem Gebiet, des weiteren Intuition und Hellsichtigkeit in den höheren Bereichen, die das Herkömmliche übersteigen. Außerdem bringt Neptun die Erkenntnis, daß al-les Leben miteinander verbunden ist. Es muß gesagt werden, daß nicht jeder Mensch vollständig auf die neptunischen Schwingungen reagieren kann.

Wenn Neptun im Horoskop verletzt ist, sind Unbestimmtheit, Illusionen, Konfusion, Mißverständnisse, Intrigen und betrügerische Züge mögliche Aus-wirkungen. Die schlimmsten Neptun-Eigenschaften sind Angst, Abkapselung, Krankheit, Trägheit, Genußsucht oder Besessenheit.

Aufgrund Neptuns langsamer Bewegung ist seine Stellung im Horoskop-Haus außerordentlich wichtig. Er braucht 14 Jahre, um ein Tierkreiszeichen zu durchwandern. Das *Haus*, in dem Neptun im Horoskop steht, ist wichtiger als sein *Zeichen*.

Neptun-Schlüsselworte

Grundsatz	positive Auswirkung	negative Auswirkung
Empfänglichkeit	Neigung zur Mystik	«Tagträumer»
Inspiration	Beeindruckbarkeit	Angst
Mitgefühl	Rücksichtnahme	Sentimentalität
Gefühl	Mitleid	keine Selbstdisziplin
Phantasie	Kreativität	Täuschung
Hellsichtigkeit	Visionen	Leben in einer Traumwelt
universelle Liebe	Verständnis	Chaos
Ruhe	Frieden	Trägheit
Opfer	Hingabe	Märtyrertum

Pluto: Tod und Wiedergeburt

Die Entdeckung Plutos und seine Eingliederung in die Familie unseres Sonnensystems bedeutet, daß die Menschheit einen weiteren Schritt ihrer evolutionären Entwicklung vollzogen hat.

Pluto hat mit dem Unbewußten zu tun. Die wichtigen Arbeiten von Sigmund Freud und seinem Schüler Carl Gustav Jung hat den Bereich des Unbewußten zum Forschungsgegenstand gemacht. Die Entdeckung Plutos kündete von einem tiefgreifenden Wandel hinsichtlich des menschlichen Denkens und Fühlens. Die Einsicht, daß Ängste Projektionen unseres eigenen Unbewußten sind, führte dazu, daß sich Menschen mit ihrer verborgenen Seite auseinanderzusetzen begannen.

Pluto kann sich als Heiliger oder als Satan präsentieren. In seiner negativsten Auswirkung kommt es unter ihm zu emotionaler Konfusion und unbewußten schädlichen Eigenschaften, die aus den Instinkten resultieren und die zu außerordentlich intensiven und selbstzerstörerischen Auseinandersetzungen führen. Von allen Strahlen, die wir bislang kennen, sind die negativen plutonischen die stärksten.

In positiver Auswirkung ereignet sich hier die Vereinigung von Verstand und Herz. Die höhere plutonische Seite bringt dem Menschen Erleuchtung sowie das kosmische Bewußtsein, sie führt zu einem Zustand der Weisheit. Der niedere Aspekt dieses Planeten ist der Skorpion, der sticht und dabei in Kauf nimmt, umzukommen. Was den Aspekt der Transformation betrifft, ist der Aspekt zum Vogel Phönix gegeben, der aus der Asche seines überlebten toten Selbstes aufsteigt.

Auch bei Pluto ist das *Haus*, in dem er steht, wichtiger als sein *Zeichen*. Aufgrund der Besonderheiten seiner Umlaufbahn dauerte der Transit durch das Zeichen Stier 30 Jahre, der Lauf durch sein eigenes Zeichen Skorpion dagegen nur 12 Jahre.

Pluto-Schlüsselworte

Grundsatz	positive Auswirkung	negative Auswirkung
Transformation	Weihung	Entweihung
Tod	Wiedergeburt	Zerstörung
Evolution	Läuterung	Leiden
Umwandlung	Reinigung	übermächtige Instinkte
Veränderung	Regeneration	Destruktion
Art der Wandlung	freier Fluß von Energie	Über-Intensität
Bescheidenheit	Respekt	Unterwürfigkeit
Wille	Zähigkeit	Willkür
Erkenntnis	Weisheit	Besessenheit
Karma	Gnade	Hölle
Erleuchtung	Licht	Dunkelheit

Herrschaft, Exil, Erhöhung und Fall der Planeten

Eines der wichtigsten Schemata, das wir bei dem Studium der Astrologie im Kopf haben müssen, ist das der Übersicht über die Planeten, was die Herrschaft, das Exil, die Erhöhung und den Fall angeht. Auf diesem Fundament gründet das Verständnis der «Gesetze und Propheten». In bestimmten Zeichen kommt die Kraft der Planeten ohne jede Behinderung zum Ausdruck. Wir sprechen dann davon, daß sich der Planet in einer harmonischen Umgebung gemäß seinem Wesen entfalten kann. In anderen Zeichen wiederum ist die planetarische Energie blockiert. Dies liegt dann daran, daß das Zeichen dem Wesen des Planeten nicht entspricht, was seinen Ausdruck behindert. Sie werden die Feststellung machen, daß es sehr wichtig ist, die planetarischen Kräfte bei der Interpretation des Horoskops beurteilen zu können. Dies gilt um so mehr, wenn Sie Stundenhoroskope analysieren. Die nachfolgende Tabelle gibt einen Überblick.

	Planet	Herrscher	Exil	Erhöhung	Fall
☉	*Sonne*	Löwe	Wassermann	Widder	Waage
☽	*Mond*	Krebs	Steinbock	Stier	Skorpion
☿	*Merkur*	Zwillinge Jungfrau	Schütze, Fische	Wassermann	Löwe
♀	*Venus*	Stier Waage	Skorpion Widder	Fische	Jungfrau
♂	*Mars*	Widder (Skorpion)	Waage (Stier)	Steinbock	Krebs
♃	*Jupiter*	Schütze (Fische)	Zwillinge (Jungfrau)	Krebs	Steinbock
♄	*Saturn*	Steinbock (Wassermann)	Krebs, (Löwe)	Waage	Widder
♅	*Uranus*	Wassermann	Löwe	Skorpion	Stier
♆	*Neptun*	Fische	Jungfrau	Krebs	Steinbock
♇	*Pluto*	Skorpion	Stier	Fische (?)	Jungfrau (?)

Die «alten» Herrscher (vor der Entdeckung von Uranus, Neptun und Pluto) in Klammern. Ein Fragezeichen bei ungeklärter Zuordnung.

Wenn ein Planet in dem Zeichen steht, über das er *herrscht*, sprechen wir davon, daß er sich in seinem eigenen Zeichen befindet oder auch, daß er in Würden steht. In seinem eigenen Zeichen verfügt er über viel Kraft und kann frei zum Ausdruck kommen.

Steht ein Planet in einem Zeichen, das seinem eigenen Zeichen gegenüber liegt, befindet er sich im *Exil*. Seine Kraft ist dann aus dem Grund geschwächt, daß das Wesen des Zeichens nicht mit seiner Wesensart übereinstimmt. Es herrscht zum Beispiel der Saturn über den Steinbock. Das gegenüberliegende Zeichen hiervon ist der Krebs, und Saturn befindet sich im Krebs im Exil. Das fürsorgliche, nährende und gefühlvolle Zeichen Krebs ist kein guter Platz für den kalten, nüchternen und auf Konzentration bedachten himmlischen Schulmeister. Dieser beschränkt den Krebs und schüchtert ihn ein.

Es ist nicht schwierig, sich dieses Schema zu merken, wenn Sie wissen, über welche Zeichen die Planeten herrschen. Das jeweils diesem gegenüberliegende Zeichen ist das Exil. Planeten im Exil werden als ungünstig und schwach angesehen.

Jeder Planet hat neben dem Zeichen, über das er herrscht, noch ein weiteres Zeichen, in dem er seinem Wesen gemäß und vorteilhaft zum Ausdruck kommen kann. Hier haben wir es mit der *Erhöhung* zu tun. In diesem Fall können wir den Ausdruck der Energie in seiner höchsten Form sehen. Zur Erhöhung kann es nur in Zeichen kommen, die in wesensgemäßen Elementen des Planeten stehen. Wir können die Erhöhung als genauso günstig wie mächtige und vorteilhafte Aspekte betrachten.

Wenn ein Planet in einem Zeichen steht, das dem seiner Erhöhung genau gegenüberliegt, handelt es sich um den sogenannten *Fall*. Mit ihm sind Frustrationen verbunden, was die Belange des betreffenden Planeten betrifft. Dies kann sich auch auf die Belange des Hauses beziehen, in dem sich der im Fall stehende Planet befindet.

Ein Planet in der Nähe eines Eckpunktes des Horoskops (dicht vor oder nach der Spitze des 1., 4., 7. oder 10. Hauses) ist von überaus großer Bedeutung. Hier können wir aufgrund seiner *Häuserstellung* – und nicht aufgrund der Stellung in einem Zeichen – von besonderen Würden sprechen.

Wir können den Planeten im eigenen Zeichen mit einem Menschen im eigenen Haus vergleichen. Man kann beurteilen, ob er zu seiner Umgebung paßt oder sich bei jemand anderem so darstellt, wie er es auch bei sich tun würde. Mit der Stellung im eigenen Haus ist in jedem Fall die Autorität gegeben, dies zu tun. Der Planet im Exil dagegen befindet sich in einem fremden Haus; er ist nicht frei und kann nicht tun, was er möchte. Jemand anderes hat hier das Sagen, so daß sich für ihn Beschränkungen ergeben. Ein Planet in Erhöhung ist mit einem Menschen zu vergleichen, der nicht nur dazu imstande ist, Gäste bei sich aufzunehmen, sondern der auch noch dazu über alle erdenklichen Mittel verfügt, so daß es in keiner Hinsicht zu Beschränkungen kommt. Der Planet im Fall dagegen ist wie der Mensch, der weder über Haus noch irgendwelche Mittel hat, um Gäste zu empfangen. Er muß zur Arbeit gehen, um sich Mittel zu verschaffen. In dem Bereich, der durch die Zeichenstellung des betreffenden Planeten angezeigt ist, hat er die Energie, die mit dieser einhergeht, zu nutzen versäumt. Denkbar ist aber auch, daß er sie mißbraucht hat.

Sonne

Wir wollen uns zunächst mit der Sonne, dem Symbol des Geistes und der lebendigen Kraft des Universums, beschäftigen. Sie stellt den größten Antrieb dar, den es gibt. Sie regiert den Löwen, der seinerseits in körperlicher Hinsicht über das Rückgrat und über das Herz herrscht. Der Wille (Rückgrat) und die Liebe (Herz) sind die motivierenden Kräfte des Daseins und des Wollens. Ohne die Antriebskräfte des Wollens gäbe es für uns keine Motivation. Im August – beziehungsweise dem Zeichen Löwe – ist die Sonne von außerordentlicher Kraft, was die Bewußtheit für das eigene Wesen betrifft. Die Sonne am Himmel steht dann in ihrer größten Kraft. Im Februar beziehungsweise im Zeichen des Wassermann steht die Sonne im positiven Saturn-Zeichen (neben Uranus herrscht auch Saturn über das Zeichen Wassermann). Sie sieht sich dann der klaren, kalten, elektrisch geladenen Kraft des Wassermanns gegenüber, die von Erstarrung und Kristallisation gekennzeichnet ist. Die persönliche Wärme und Anteilnahme, wie sie dem Löwen entspricht, macht dann einer kühlen, unpersönlichen und intellektuellen Herangehensweise an das Leben Platz. Das Zeichen Wassermann ist für die Sonne das Exil. Muß sich nicht der Wassermann vor Augen führen, daß ein Küken niemals im Kühlschrank seine Schale durchstoßen könnte? Für die Entstehung von neuem Leben und neuem Daseinswillen ist wärmende Liebe notwendig. Wenn wir Horoskope besprechen, sollten wir uns immer daran erinnern, daß der Wassermann von zwei Planeten beherrscht wird, von Saturn und Uranus. Freiheit (Uranus) ohne Disziplin (Saturn) ist nichts als schrankenlose Freizügigkeit.

Die Sonne ist im Widder erhöht. Der Widder symbolisiert den Anfang von Aktivität. Er ist der grundsätzliche existenzielle Impuls – der göttliche Funken, der in jedem von uns ist und durch den wir zur Materie geworden sind. Wo immer auch der Widder im Horoskop plaziert ist – hier haben wir es mit dem Bereich zu tun, in dem wir aktiv zu werden beginnen, wo wir uns in die Aktivität hineinstürzen. Diese Energie hat die gesamte Kraft des solaren Egos hinter sich. In der Natur liegt das Geheimnis des Lebens verborgen. Die Sonnenenergie, die im Baum die Säfte aufsteigen und die die Pflanzen im Frühjahr emporsprießen läßt, ist die Kraft, die den Fluß von neuer Energie bedeutet. Es gibt in der Natur zwei grundsätzliche Kräfte. Zum einen haben wir es mit der Sonne zu tun, die alles aufstreben läßt, zum anderen gibt es die saturnische Kraft, die die Wurzeln nach unten zieht, was eine erdbezogene Ausrichtung zur Folge hat. Die Widder-Persönlichkeit stürzt sich aufgrund ihres Willens und ihres Bedürfnisses, einen Sinn in der Existenz zu erkennen, in die Aktivität. Kein Widder kann für längere Zeit stillhalten. Wenn er nicht aktiv ist, ist er auch nicht glücklich.

In der Waage steht das Element der Selbst-Motivation im Hintergrund. Das Ego tritt in diesem Zeichen zum Nutzen der anderen zur Seite. In den Bereichen, die voll unter dem Einfluß Saturns stehen (Saturn ist in der Waage erhöht), verfügt die Sonne (der Wille) über keine eigene Kraft. Die Sonne befindet sich in diesem Zeichen im Fall: Weder die Seele noch die Persönlichkeit dominieren hier – beide heben sich gegenseitig auf. Das Individuum befindet sich in der Mitte zwischen diesen beiden. Dies ist der Grund, daß Waage-Menschen so große Schwierigkeiten damit haben, zu einer Entscheidung zu kommen. Mit ihrem Bedürfnis, von allen gemocht zu werden, bleiben sie in ihrem Sessel hocken und lehnen es ab, sich für eine Seite zu entscheiden. Dies kann zu schwierigen Situationen führen.

☾ Mond

Symbol der Gefühle und des Unbewußten. Der Mond herrscht über den Krebs und über die Mutter. Wir haben es hier mit dem nähren-den Prinzip zu tun sowie mit den Gezeiten, mit Ebbe und Flut, was körperliche, emotionale oder geistige Höhen und Tiefen betrifft. Im Steinbock steht der Mond im Exil. Hier kommt es hinsichtlich der Persönlichkeit zur Erstarrung und zur Kristallisation. Was in diesem Fall Not tut, ist das Aufbrechen der selbst-süchtigen Züge des negativen Saturn. Der Mond regiert die Persönlichkeit. Ach-ten Sie auf die Unterschiede, die zwischen dem Menschen mit einem Stier-Mond (der Mond steht dort erhöht) und einem Steinbock-Mond bestehen (wo sich der Mond im Exil befindet) – sie können beträchtlich sein. Der Mensch mit dem Steinbock-Mond hat Schwierigkeiten damit, sich der Öffentlichkeit ge-genüber darzustellen. In seinem Unbewußten bestehen verschiedene Ängste, und zugleich sind bei ihm ein untergründiger Stolz und ein Ego vorhanden, die von anderen wahrgenommen werden, ohne daß hierzu Worte notwendig wären. Beim Stier-Mond dagegen macht sich die Persönlichkeit auf eine ve-nusische Art bemerkbar, was heißt, daß die anziehende Kraft der Liebe eine große Rolle spielt.

Der Mond ist am schlechtesten im Skorpion gestellt, dort befindet er sich im Fall. Bei dieser Stellung steht die aggressive, kampfsüchtige Natur von Pluto be-ziehungsweise von Mars im Widerspruch zur femininen Eigenschaft des Mon-des. Trotzdem aber ist ein femininer Magnetismus gegeben, der seine Wurzel in der Anziehungskraft der Geschlechter hat. In diesem Fall kommt es darauf an, daß die Persönlichkeit nicht im Vordergrund steht (was dieser zu akzeptieren sehr schwerfallen kann) sowie darauf, daß das Sonnenlicht des Selbstes durch-scheint.

☿ Merkur

Der Planet des Bewußtseins, der Botschafter zwischen Himmel und Erde. Warum befindet sich Merkur im Schützen im Fall? Wir haben es hier mit einem verborgenen Geheimnis zu tun, das seinen Ursprung in der Initia-tion hat. Merkur herrscht über ein dualistisches Zeichen, über die Zwillinge. Im Zeichen des universellen Geistes aber gibt es keine Dualität. Alles ist in Wirk-lichkeit eins. Wenn es um die Verbindung zwischen dem universellen Selbst und der Persönlichkeit geht, bewahrheitet sich der Ausspruch: »Ich und der Va-ter sind eins.« In diesem Fall bekommen wir eine andere Vorstellung vom Geist. Dies ist auch der Hinweis darauf, warum Merkur in den Fischen im Exil steht. Der kritische, analysierende Merkur ist von Auflösungstendenzen bedroht, wenn er es mit der Liebe und dem Mitgefühl der Fische zu tun hat. Dieser

Mensch braucht keinen Botschafter – er steht selbst in direktem Kontakt mit dem Strom seiner Quelle. Für die unentwickelte Seele bedeutet der Fische-Merkur eine Sensibilisierung, erstens im Hinblick auf das eigene Leid, zweitens für das Leid der anderen. Zweifel und Depression sind seine größten Feinde.

Die beste Merkur-Stellung für den Erdenbewohner ist die im Wassermann, gefolgt von der in der Jungfrau. Uranus, die höhere Oktave von Merkur, fügt den intellektuellen Gaben dieses Planeten noch die Intuition hinzu. In diesem Fall ergibt sich ein Verstand, der ungetrübt von Emotionen ist. Die Stellung in der Jungfrau gibt der Leichtigkeit Merkurs einen praktischen Sinn für das Allgemeine. Im Löwen steht Merkur im Fall. Der Verstand vergeht hier im Licht des Geistes (die Sonne). Was die persönliche Ebene betrifft, müssen das Ego zur Auflösung gebracht und die Züge des Stolzes überwunden werden.

♀ Venus

Warum ist die Stellung der Venus in den Fischen so günstig? Weil wir nur durch Mitgefühl freudig und fröhlich Opfer zu bringen gewillt sind, ohne nach den Konsequenzen zu fragen. Die höchste Art der Liebe wird von den Menschen oftmals mißverstanden und gewissermaßen gekreuzigt. Viele von denen, die in Liebe gekommen waren, um den Erdenkindern zu helfen, sind gemartert worden: Jesus, Gandhi, die Heilige Jungfrau von Orleans, Dag Hammarskjöld und viele andere mehr. Die Venus in den Fischen hat auf diesem Planeten eine schwierige Zeit. Ihre Ideale von Liebe funktionieren auf der Erde nicht. Sie sind ein wenig anders als die Klageworte, die da lauten:

»Muß ich immer und immer wieder geben?«

»Nein«, sagte der Engel und musterte mich eindringlich. »Du brauchst nur solange zu geben, wie der Herrgott dir gibt.«

Die Venus im Stier ist eine irdische Venus. Die Venus in der Waage ist kultivierter und künstlerischer. Im Fall steht Venus in der Jungfrau. Dies ist ein Hinweis darauf, daß Kritik und analytische Fähigkeiten nichts mit wahrer Liebe zu tun haben.

♂ Mars

Mars herrscht über den Widder und neben Pluto über den Skorpion. Der eine zieht aus zur Schlacht, der andere kommt zurück. Wenn auch grundsätzlich in diesen beiden Zeichen die gleiche Energie steckt, ist doch die skorpionische Art des Kämpfens nicht direkt und nicht unkompliziert. Sie ist subtil und dabei außerordentlich mächtig, weil sie so umfassend und konzentriert ist. Das Schlachtfeld des Widders ist die Welt, das Schlachtfeld des Skorpions ist das eigene Wesen. Der Widder regiert den Beginn und der Skorpion den Tod. Damit die Seele aktiv werden kann, muß im Skorpion die Persönlichkeit sterben.

Mars ist im Steinbock erhöht. Mars erzeugt Konflikte, und im Steinbock geht es um den Triumph des Materiellen. Mars im Steinbock ist der Krieger, der gegen das Erdhafte in sich selbst wie gegen die äußerliche Welt überhaupt kämpft. Mit dieser Stellung besteht außerordentlich viel Kraft sowie die Fähigkeit, diese auch tatsächlich zu benutzen. Mars im Krebs (Fall) dagegen ist nicht mit viel Kraft ausgestattet, was Aggressivität und Auseinandersetzungen angeht. Diese Menschen sind «blutarm» – und zwar nicht nur in körperlicher, sondern auch in psychologischer Hinsicht. Sie ziehen die Flucht dem Kampf vor und müssen es lernen, dem Leben mit Mut entgegenzutreten. Vor Konflikten zu flüchten stellt keine Lösung dar. Wenn wir uns vor einer Auseinandersetzung «drücken», erreichen wir nichts als einen Aufschub.

Mars ist das polare Gegenteil von Venus. Venus bedeutet Magnetismus gemäß der anziehenden Kräfte der Liebe. Mars zieht los und reißt das Geliebte aus dem Umfeld heraus zu sich. Die Venus ist im marsischen Umfeld unglücklich, wie sich auch Mars auf venusischem Gebiet unwohl fühlt. Mars in der Waage oder im Stier ist keine sehr glückliche Stellung. Der Mars steht im Stier in einem femininen Zeichen; seine Schwierigkeiten sind ein übermäßiges Festhalten sowie Eifersucht. Mars in der Waage ist insbesondere im Horoskop der Frau problematisch, weil hiermit eine männliche Aggressivität verbunden ist. Die Mars-Kraft kommt in der Waage auf eine gebremste Art zum Ausdruck, weil die Waage auf dem Weg zwischen den Schafen (Widder) und den Ziegen (Steinbock) liegt. Dies bezieht sich auf die positiven und negativen Eigenschaften, denen wir entweder blind folgen (aus Tradition oder aus dem Instinkt heraus) oder die einer freien und selbstbestimmten Entscheidung entspringen. Letzteres kann auf selbstsüchtigen Wünschen beruhen oder aber auf spirituellen Hoffnungen – wichtig ist, daß der Mensch dabei mit seinem Verstand eine bewußte Entscheidung trifft. Dies ist ein Hinweis darauf, warum Saturn in der Waage erhöht steht. Wenn der Mensch den Punkt erreicht hat, an dem er eine Wahl treffen kann, hat er die Verantwortung für seine Entscheidung zu übernehmen.

♃ Jupiter

Jupiter herrscht über den Schützen und ist Mitregent in den Fischen. Es handelt sich hier um die Energie, die mit dem Überpersönlichen oder mit dem universellen Selbst zu tun hat. In dem mitfühlenden, bemutternden Zeichen Krebs steht Jupiter stark beziehungsweise erhöht. Jupiter bedeutet die Expandierung der Gefühle, und voll entwickelte Gefühle sind das Geheimnis, ein erfülltes Leben zu führen. In den Zwillingen befindet sich Jupiter im Exil. In diesem Zeichen kommt das höhere Selbst auf einer dualistischen Ebene und nicht auf konzentrierte Weise zum Ausdruck. Hiermit ist eine Verschwendung verbunden, weil die Neigung besteht, sich an Nebensächlichkeiten aufzureiben. Jupiter im Steinbock (Fall) wird durch den Materialismus und die Vorsichtigkeit dieses Zeichens zurückgehalten. Im Steinbock haben wir es mit dem niedrigsten und materiellsten Jupiter-Ausdruck zu tun. Selbstsucht und Materialismus müssen aber überwunden werden.

♄ Saturn

Der Herr der Welt in uns allen. Der «Buchhalter» und der Herr des Karmas. Der Hüter der Schwelle, zugleich aber der Engel der Gegenwart. Wir haben es hier mit einem großen Geheimnis zu tun. Wenn wir das Schleierhafte um uns herum mit unserem Blick durchdringen, erweist sich Saturn als der Engel des Lichtes, der uns die Bedeutung all dessen erkennen läßt, was ist. Dieser Planet hat eine Doppelrolle. Das geheimnisvollste Zeichen des ganzen Tierkreises ist der Steinbock. Wenn das Steinbock-Symbol korrekt gezeichnet ist, werden Sie erkennen, daß es sich dabei um eine Kombination aus dem Widder und dem Löwen handelt: Kopf und Herz. Erinnern Sie sich, was in der Bibel geschrieben steht: »Der Löwe wird sich mit dem Lamm niederlegen.« Wenn es zur Verbindung von Kopf und Herz gekommen ist, ist die saturnische Arbeit getan. Der Löwe ist gezähmt, und der Widder ist das Lamm Gottes. Die Ziege wird zum Einhorn (bei der das Horn in der Mitte der Stirn das Dritte Auge markiert). Das alte Kinderlied *Der Löwe und das Einhorn gingen in die Stadt* spiegelt das Mysterium der Initiation wieder, die die Menschheit jetzt durchlaufen könnte. Die Niederlage des Königs der Tiere (die Persönlichkeit) und das Hervortreten der Eingeweihten, die sich der Selbstlosigkeit und dem Dienst an der Welt verschrieben haben, ist hierdurch angezeigt.

Saturn ist in der Waage erhöht. Die Waage ist das Zeichen der Verbindungen, der Ehe, der Kooperation und des Eingehens von Kompromissen. Was könnte mehr Disziplin (Saturn) erfordern? Der Mensch, bei dem Saturn in der Waage steht, hat viel Stärke und Macht zu seiner Verfügung. Es handelt sich bei ihm um keine junge Seele; dieser Mensch beschreitet schon seit langer Zeit den Pfad der Evolution. Sein Leben könnte von fortwährenden Kämpfen gekennzeichnet sein, aber es könnte sich, wenn er seine Kräfte richtig einsetzt, um eine sehr machtvolle Existenz handeln.

Der Planet Saturn steht im Widder im Fall. Saturn ist der Engel, der «den Menschensöhnen zu ihrem niederen Ort folgte». Saturn war auch der Engel, der die am wenigsten verstandene Rolle übernommen hat: Die des Satans oder Teufels. Er zieht die Bremsen an, während der Widder in der Gefahr steht, zu weit zu gehen oder zu schnell zu sein.

Das Exil des Saturn ist das Zeichen Krebs. Wie es beim Mond im Steinbock der Fall war, haben wir es hier mit der Erstarrung und Kristallisierung des nährenden, mütterlichen Prinzips zu tun. Mit dieser Stellung ergeben sich Beeinträchtigungen der Gefühle, was in der Folge zu unterbewußten Ängsten führen kann. Die Person mit dieser Stellung muß lernen, andere zu «bemuttern» und ihre Menschlichkeit zum Ausdruck zu bringen. Auf diese Weise kann sie ihr Karma läutern.

♅ Uranus

Uranus, Neptun und Pluto stellen höhere Oktaven zu Planeten dar, die sich nahe an der Sonne befinden. Ihre Kräfte stehen in Verbindung zu Merkur, Venus und Mars. Merkur ist der Intellekt und Uranus ist Intuition. Uranus wirkt mit blitzartiger Geschwindigkeit, und die intuitiven Prozesse spielen sich in einem ähnlichen Tempo ab. Der Intellekt ist gewissermaßen wie ein Bauer, der mit 10 oder 20 Stundenkilometern über die Straße holpert, während die Intuition mit einem PS-starken Wagen verglichen werden kann, der den Bauern mit 100 Stundenkilometern überholt. Der Intellektuelle hat seine Schwierigkeiten damit, den intuitiven Menschen zu verstehen, und oft genug ist er von ihm frustriert. Der Intuitive erreicht sein Ziel, aber fragen Sie nicht, wie: Er kann es Ihnen nicht sagen. Die Logik und das verstandesmäßige Abwägen des Intellektuellen berühren ihn nicht im geringsten. Er weiß, und es ist ihm klar, daß er weiß. Im Gegensatz dazu weiß Merkur (der Intellekt) sehr wohl, *warum* er weiß.

Uranus herrscht über den Wassermann, was eine Erklärung für die Schnelligkeit der Schwingungen ist, wie wir sie heute erleben. Das Wassermann-Zeitalter bricht an, und alles wird auf eine andere Stufe kommen. Die Schwingungszahl der Erde wird eine andere werden, und dies hat Auswirkungen auf jede irdische Lebensform. Flexibilität ist die Eigenschaft, die jedes Erdenwesen jetzt bewußt zur Entwicklung bringen muß. Im Fall steht Uranus im Stier, in der Welt der kristallisierten Substanz. Die Materie und die materiellen Dinge sind für das Stier-Bewußtsein sehr wichtig, dem uranischen Individuum aber könnte nichts gleichgültiger sein. Der uranische Einfluß auf den Stier ist verheerend – der Stier zieht es vor, in seinen alten Gleisen zu bleiben. Veränderungen behagen ihm nicht. Uranus lief im Jahre 1934 in den Stier, was einen Aufruhr in der Weltwirtschaft sowie die Abkehr von der Goldkernwährung bedeutete. Zwischen 1934 und 1941 kam es zur grundlegenden und unwiderruflichen Veränderung des Status Quo.

Im Exil steht Uranus im Zeichen Löwe. Äußerlich gesehen mag das zutreffen, auf den innerlichen Ebenen nicht unbedingt. Hinsichtlich der Persönlichkeit steht die Sonne für unser Wünschen und Wollen – und in zu vielen Fällen auch für Eigensinn. Wenn der untergeordnete Wille und der Wunsch, von Bedeutung zu sein, in den höheren Willen verwandelt wurde, kann Uranus die beiden Formen des Selbstes, das untergeordnete und das höhere Selbst, in Übereinstimmung bringen. Das Resultat davon wäre die Erleuchtung. Es handelt sich hier potentiell um eine gute Stellung für diese Einstimmung.

Dieser Planet ist im Skorpion erhöht, weil es viele Übereinstimmungen zwischen Mars und Pluto auf der einen und Uranus auf der anderen Seite gibt. Alle drei sind durch ein explosives Wesen, durch Schnelligkeit und Impulsivität gekennzeichnet. Uranus stellt dabei die heilende Geistkraft dar. Mars ist der himmlische Chirurg oder auch «Bader», der all das wegschneidet, was den Fluß der spirituellen Energie hindert.

♆ *Neptun*

Neptun verkörpert die höhere Oktave der Venus. Die Venus steht erhöht in den Fischen, Neptun ist erhöht im Krebs. Venus stellt die persönliche Liebe und Zuneigung dar, Neptun ist göttliche Liebe, Opfer und Mitleid. Venus sagt: »Ich liebe dich, wenn du mich liebst«, bei Neptun heißt es dagegen: »Ich liebe dich, weil es die Natur der Liebe ist zu lieben.«

Neptun ist das, was im Universum zur Auflösung treibt. Mit seiner alles durchdringenden Art löst er Grenzen auf. Wir haben es hier mit einer femininen Schwingung von außerordentlicher Feinheit zu tun. Neptun herrscht über die Fische, die das letzte Tierkreiszeichen sind. Göttliche Liebe – bei der Opfer Freude bedeutet – ist das letzte Ziel. Das Leid verschwindet dann. Das persönliche Leid, das Voraussetzung für Leiden ist, tritt in diesem Augenblick in den Hintergrund.

Dieser Planet fühlt sich unglücklich im kritischen, analytischen, detailorientierten Zeichen Jungfrau (Exil). Die Jungfrau bedeutet Unterscheidungsvermögen, die Beurteilung aller Dinge gemäß erdbezogener Vorstellungen. Neptun geht das Gefühl für den eigenen Wert ab. Es ist denn nur natürlich, daß er sich in der Jungfrau nicht wohlfühlt. Zur Erhöhung kommt es im Krebs. Die emotionale, nährende und mütterliche Seite des Krebses läßt in Neptun das Gefühl aufkommen, in diesem Zeichen zuhause zu sein. Krebs ist in höherer Hinsicht die kosmische Mutter – das Wesen, das in unserem Sonnensystem abgelehnt und zurückgesetzt wurde. Es wurden sehr viele Worte über den Vater und den Sohn verloren. Wie aber sind Vater und Sohn möglich, ohne daß es eine Mutter gibt? Neptun steht im Fall im Steinbock. Saturn, der Herrscher dieses Zeichens, ist der Herr über die Welt der Dinge. Er ist das *Big Business*, die Welt der Politik, all das, was materiell und weltlich ist. Neptun hat keinen Anteil an dieser Welt, er hängt zusammen mit den unfaßbaren Bereichen und der nächsten Dimension.

♇ *Pluto*

Pluto ist der Tod des isolierten Selbstes und zugleich die Regeneration und Wiedergeburt. Das Zeichen Skorpion, das von Pluto beherrscht wird, steht für das Sterben der Persönlichkeit und für die Geburt der Seele. Pluto symbolisiert das Dunkle und Verborgene. Jeder Samen wird zunächst in die Dunkelheit gelegt, bevor er dann sprießt und neues Leben ans Licht kommt.

Pluto ist die höhere Oktave von Mars. Mars ist das, was wir im Rahmen unserer Persönlichkeit begehren und anstreben, er symbolisiert unsere Triebnatur. Pluto als Planet am Rande unseres Sonnensystems fügt dem eine kollektive Note hinzu. In niederer Entsprechung bedeutet er kollektive Emotionen und niedere Massenbedürfnisse, die von außerordentlich destruktiver Wirkung sein können. Es ist kein Zufall, daß dieser Planet 1930 entdeckt worden ist. Die politischen Ereignisse, die diese Zeit und die folgenden Jahre prägten, spiegeln einige der dunkelsten Pluto-Aspekte wider. In gesellschaftspolitischer Hinsicht ereignete sich während dieser Phase die aufsehenerregende Entführung des Babys des Lindbergh-Ehepaares. Das Thema der Macht und Kontrolle ist, was die Entführung oder das *Kidnapping* betrifft, augenfällig. So verwundert es nicht, daß man die Entführungen astrologisch dem Planeten Pluto zuschreibt.

Der Skorpion kann die Hölle oder den Himmel verkörpern. In seiner positiven Auswirkung bedeutet er Weisheit, die der Verbindung von Kopf und Herz entspringt. Die höhere Seite von Pluto kann Erleuchtung und kosmisches Bewußtsein anzeigen. Um es noch einmal anzusprechen: Der höchste Pluto-Aspekt ist der Vogel Phönix, der aus der Asche seines toten Selbstes aufsteigt.

Pluto steht im Exil im Zeichen Stier. Dies hat seinen Grund darin, daß mit dem Stier eine Einstellung gegeben ist, die auf das Materielle, auf das konkret Greifbare zielt. Mehr oder weniger trifft dies auch auf die Jungfrau zu, das Zeichen, in dem Pluto sich im Fall befindet: Die Jungfrau ist von intellektuellem, verstandesbetontem Wesen und auf Schlußfolgerungen ausgerichtet, die auf logischen und jederzeit nachvollziehbaren Einzelheiten beruhen. Der Gegensatz dieser beiden Zeichen zum untergründigen Wesen Plutos dürfte deutlich sein. Pluto kümmert das Konkrete und Greifbare nicht, er will wissen, was im Inneren des Menschen vorgeht, er ist fasziniert von den Abgründen, die sich in der menschlichen Existenz verbergen, und er strebt nach einer umfassenden Transformation. Diese Charakteristik paßt viel eher zum Zeichen Fische. Wenn dieses auch nicht so aktiv auf das Erforschen des Untergründigen ausgerichtet ist, besteht bei ihm doch ebenfalls eine emotionale Grundstimmung, die sich auf das Rätsel Mensch und das Mysterium der Existenz bezieht und für welches Verwandlung und Transformation von alles überragender Bedeutung ist. So erklärt es sich, daß Pluto in den Fischen erhöht steht.

Einiges mehr zur Deutung der Planeten

Die «höheren Oktaven» der Planeten

Es ist mir aufgefallen, daß Astrologie-Studenten dazu neigen, den Ausdruck «höhere Oktave» lediglich als etwas hochtrabende Bezeichnung ohne tiefere Bedeutung aufzufassen. Meine Absicht ist es, dieses Gebiet näher darzustellen, in der Hoffnung, dabei einige nützliche Beobachtungen mitzuteilen.

Die Bedeutung der «höheren Oktave» kann erhellt werden, indem wir den Vergleich mit der Oktave in musikalischen Tonleitern ziehen. Der Oktavton – der achte Ton auf der Tonleiter – entspricht genau dem Ausgangston, allerdings in doppelt hoher Schwingung. Ihn zu hören stellt die Vollendung der harmonischen Struktur der musikalischen Tonleiter dar, die Erfüllung des periodischen Gesetzes. Dabei wird der letzte Ton – derjenige, der die Tonleiter komplettiert – wieder zum ersten einer neuen Reihe, die wie die erste ist, allerdings mit höheren Schwingungen. So ist jeder Oktavton sowohl ein End- als auch ein neuer Anfangspunkt. Die Menschheit vollzog zum Beispiel einen Oktavschritt, als der Telegraph zum Radio weiterentwickelt wurde.

Wenn wir nun davon sprechen, daß ein Planet eine «höhere Oktave» eines anderen Planeten verkörpert, bedeutet das, daß es sich um einen Abschluß und zugleich um eine Erneuerung hinsichtlich der höheren Eigenschaften handelt, die mit dem Planeten zusammenhängen, zu dem hier eine Verbindung besteht. Der Planet, der die höhere Oktave darstellt, symbolisiert die Spiritualisierung von Prozessen. Was das individuelle Horoskop betrifft, bringt der Planet der höheren Oktave das Potential zum Ausdruck, das es zu entwickeln gilt. Damit sind bestimmte Gaben als auch unentwickelte spirituelle Fähigkeiten gemeint, die eine Antwort auf die Erfahrungen sind, die der Mensch im Leben macht. Insofern verkörpern die Planeten der höheren Oktaven das Voranschreiten des Menschen im Hinblick auf körperliche, geistige, emotionale, intuitive und seelische Fähigkeiten.

Wie kommt es dann dazu, daß Uranus die höhere Oktave von Merkur darstellt? Merkur symbolisiert das Bewußtsein, das Abwägen, Analysieren, das Unterscheidungsvermögen und den Geist, der nach Wissen strebt. Es geht bei ihm darum, Fähigkeiten und Fertigkeiten zum Ausdruck zu bringen. Uranus ist der Intellekt, der sich von Vorurteilen, vom Vorhergegangenen und von der Tradition freigemacht hat. Uranus weckt den Verstand auf und macht ihn bereit für ein neues Wissen – oder für das Suchen danach –, das die Ebene weit übersteigt, die mit Merkur erreicht worden ist.

Der Planet Uranus bedeutet okkultes Wissen, er steht für das, was hinter dem allgemeinen Wissen liegt. Er ist die Kraft, die zur Entdeckung des Unentdeckten aufruft. Aus diesem Grund bringen wir ihn mit Wissenschaft und Erfindungen, mit Psychologie sowie der Metaphysik und mit allen Formen der Kommunikation in Verbindung, die über den rein körperlichen Kontakt hinausgehen, wie das Telefon, der Telegraph, das Radio. Weiterhin geht es auch um übersinnliche Wahrnehmungen wie die Telepathie, das Hellsehen oder die Psychometrie.

Uranus ist der hartnäckige Sucher nach Wahrheit und Weisheit. Er gibt sich nicht mit Halbheiten zufrieden, er ist getrieben von dem Wunsch nach umfassenderen Lebenserfahrungen und nach neuen Mitteln des Selbstausdrucks. In dem Fall, daß der Mensch empfänglich für die Entwicklung ist, die die höhese Oktave des Uranus bedeutet, besteht ein innerliche Gefühl dafür, was für ihn richtig ist und was nicht. Die Intuition läßt ihn seine Entscheidungen treffen, ohne daß er die geringste Angst hat, ihnen zu vertrauen.

Die Künste und Wissenschaften, die Uranus zugeschrieben werden, sind die Architektur, der Bereich des Designs, das Ingenieurwesen sowie das wissenschaftliche oder metaphysische Schreiben.

Neptun als die höhere Oktave der Venus steht für die Objektivierung von Liebe – soweit sie wie Schönheit, Harmonie und Ordnung von der Venus repräsentiert ist – auf höheren Ebenen. Die leidenschaftliche Liebe der Venus kann sowohl Eifersucht als auch Zärtlichkeit bedeuten, kann sowohl besitzergreifend sein oder zum Aufgehen in einer anderen Person führen. Unter Neptun bekommt diese selbstlose, mitfühlende und opferbereite Züge. Dabei geht es nicht darum, die Eigenschaft der menschlichen Zuneigung abzulegen und den Mitgliedern der Familie, dem Ehepartner und den Freunden keine liebevollen Gefühle mehr entgegenzubringen. Es handelt sich vielmehr darum, daß das Wesen der Liebe am besten zum Ausdruck kommt, wenn der rein biologische

Bereich sowie jedes Besitzstreben überwunden ist. Es geht um die idealistische Liebe mit der Bereitschaft zu geben und Opfer zu bringen. Nur das Wesen, das die Menschheit in ihrer Gesamtheit zu lieben bereit ist, kann auch den einzelnen Mensch auf eine reife Weise lieben.

Pluto als die höhere Oktave von Mars verlangt die Überwindung der persönlichen Triebe und Begierden. Das, was das Ego anstrebt – Macht, Besitz, Einfluß –, ist nicht das, was seinem Selbst entspricht. Es ist nun hier nicht gefordert, daß der Mensch alles aufgibt, was er hat, und in ein Kloster eintritt (was allerdings in bestimmten Fällen eine gute Lösung sein könnte). Unter Pluto als der höheren Mars-Oktave ist man vielmehr gefordert, mit all seinen Mitteln seinem höheren Zweck gerecht zu werden. Auf die Transformation des Wesens kommt es hier an, auf das Ablegen der alten Persönlichkeit, auf die Läuterung der Existenz, im Rahmen des Einsatzes für Ziele, die nicht nur für ihn selbst von Nutzen sind.

Wird dies beherzigt, kommt es zur Weiterentwicklung seiner Seele.

Die Einteilung des Horoskop-Kreises

Der Aszendent

Der Aszendent ist nur dann bekannt, wenn die genaue Geburtszeit zur Berechnung des Horoskops zweifelsfrei feststeht. Der Aszendent ist der Osthorizont oder auch das aufsteigende Zeichen zum Zeitpunkt der Geburt. Jedes der zwölf Tierkreiszeichen ist im Verlauf unseres 24stündigen Tages für zwei Stunden das aufsteigende Zeichen (beziehungsweise der Aszendent). Dies ist der Grund für die Unterschiede im Wesen und in den Erfahrungen zwischen den Menschen, die am gleichen Tage geboren sind. Menschen mit dem gleichen Geburtstag haben zwar die Sonne und vielleicht auch den Mond im gleichen Zeichen, was bestimmte gleiche Charaktereigenschaften verleiht – die Umstände aber, gemäß denen ihre Sonnen- und ihre Mondenergie zum Ausdruck kommt, sind voneinander verschieden. Dies ist das Ergebnis der Tatsache, daß die Geburten nicht zu der exakt gleichen Zeit vor sich gingen.

Die Verteilung der Planeten im Horoskop

Der Tierkreis ist in 360 Grad eingeteilt. Wenn wir diese Zahl durch 12 teilen, ist das Ergebnis 30 Grad – die Anzahl von Graden, die jedes Zeichen umfaßt. Gemäß dem System der äqualen (gleichgroßen) Häuser, welches ich bevorzuge, sind auch die Häuser 30 Grad groß. Entscheidet man sich für ein anderes Häusersystem, hat man es mit Häusern zu tun, die nicht gleichgroß sind. Um hier von vornherein Verwechslungen zu vermeiden, ist es ratsam, für die Aspekte im Horoskop nach den Zeichen zu schauen, nicht nach den Häusern. Verwendet man ein Häusersystem, das auf ungleichen Häusern beruht, kommt es auf geographischen Breiten fern des Äquators dazu, daß Zeichen in Häusern eingeschlossen sind. Diese Häuser sind dann im Rahmen dieser Systeme wichtiger als andere, weil sie eben ein Zeichen zur Gänze und daneben noch zwei weitere Zeichen zum Teil umfassen. Dies bewirkt hinsichtlich der Umgebung beziehungsweise der Angelegenheiten des betreffenden Hauses eine sehr komplexe Situation.

Das Horoskop wird auf zweierlei Weise eingeteilt:

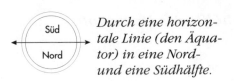 *Durch eine horizontale Linie (den Äquator) in eine Nord- und eine Südhälfte.*

 Durch eine aufrechte Linie (den Meridian) in eine Ost- und eine Westhälfte.

Planeten in der Südhälfte des Horoskops
(über dem Horizont)

Stehen die meisten Planeten des Horoskops in der Süd- beziehungsweise der Taghälfte, ist der Mensch von extrovertiertem Wesen. Seine Energie dürfte auf die Öffentlichkeit sowie darauf gerichtet sein, Erfolg im Beruf zu haben. Bildlich gesprochen, haben wir es hier mit einem wilden Strom zu tun, der sich beeilt, zum Meer zu kommen, und der alles niederreißt, was sich ihm in den Weg stellt.

Alle Planeten oberhalb des Horizontes bringen den Menschen aufwärts, sie erheben ihn über die Sphäre seiner Geburt. Wenn dabei eine Betonung der Osthälfte gegeben ist, geschieht dies in frühen Jahren. Stehen einige Planeten im Zentrum der oberen Halfte, erfolgt der Aufstieg in mittlcrcn Jahren. Eine Betonung der Westhälfte bedeutet hier, daß der Aufstieg sehr durch andere gefördert wird.

Planeten in der Nordhälfte des Horoskops
(unter dem Horizont)

Eine Betonung der Nordhälfte des Horoskops – insbesondere, wenn sich Sonne und Mond dort befinden – bedeutet ein subjektiveres und introvertierteres Wesen. Dieser Mensch strebt nicht nach einer Karriere im Rampenlicht der Öffentlichkeit, er ist mit einer Rolle hinter den Kulissen zufrieden. Sein Leben wird gleich einem ruhigen Fluß verlaufen, der gemächlich seinen Weg durch eine beschauliche Umgebung nimmt. Mit dieser Stellung denkt der Mensch nach, bevor er aktiv wird. Es besteht das Bedürfnis, das Für und Wider sorgfältig gegeneinander abzuwägen.

Planeten in der Osthälfte des Horoskops

Ein Planet, der sich in der Osthälfte des Horoskops befindet – zwischen Mitternachtspunkt und MC beziehungsweise zwischen Mitternacht und Mittag –, wird *aufsteigend* genannt. Mit diesen Planeten ist mehr Kraft als mit Planeten in der Westhälfte des Horoskops verbunden, die untergehen (die sich vom Mittagspunkt zum Mitternachtspunkt bewegen).

Wenn im Horoskop viele Planeten in der Osthälfte stehen, verfügt der Mensch über eine größere Freiheit des Willens. Es handelt sich dann um eine Inkarnation der Aussaat.

Planeten in der Westhälfte des Horoskops

Stehen die meisten Planeten in der Westhälfte, bezieht sich die Inkarnation in erster Linie auf das Ernten. In diesem Fall berührt das Schicksal der Person viele andere Menschen, in Verbindung mit der Tatsache, daß ihr Karma mit dem von anderen eng verknüpft ist. In diesem Fall kann der Wille des Menschen nicht frei entscheiden.

Viele Planeten in der

Taghälfte: positives, extravertiertes Wesen.
Nachthälfte: empfängliches, introvertiertes, sehr subjektives Wesen.
Osthälfte (aufsteigende Planeten): freier Wille, Aussaat.
Westhälfte (absteigende Planeten): Schicksal, Ernten.

Rückläufigkeit, Elevation, Glückspunkt und mehr

Rückläufige Planeten

In bestimmten Intervallen scheinen Planeten auf ihren Umlaufbahnen um die Sonne rückwärts zu laufen. Diese vermeintliche Rückläufigkeit ist eine Folge ihrer relativen Lage und Bewegung in Beziehung zur Erde. In den Ephemeriden sind solche Phasen mit einem ℞ gekennzeichnet. Es gibt auch Phasen, in denen der Planet von der Erde aus gesehen stillzustehen scheint. Dies ist in den Ephemeriden mit einem Sℝ (stationär) angezeigt. Wenn der Planet wieder seine Vorwärtsbewegung durch den Tierkreis aufnimmt, findet sich in der Ephemeride ein SD (direktläufig). Niemals rückläufig sind Sonne und Mond.

Bei einem rückläufigen Planeten ist die Energie nach innen gerichtet, was eine größere Subjektivität bedeutet. Der Mensch verfügt dann nicht über das volle Ausmaß an aktiver Kraft, um diesen Planeten in der Außenwelt zum Einsatz zu bringen. Der Planet kommt in diesem Fall eher auf der innerlichen Seite des Lebens zum Ausdruck. Es ist nicht so, daß er dadurch weniger mächtig wäre – seine Funktionsweise ist dann nur eine andere. Bei der langsameren Bewegung kann es sogar sein, daß die Planetenbotschaft klarer und deutlicher wahrgenommen wird. Viele Genies und Führungspersönlichkeiten haben rückläufige Planeten im Horoskop. Personen mit mehreren rückläufigen Planeten im Horoskop handeln anders als andere Menschen. Die Angelegenheiten, die mit dem rückläufigen Planeten in Verbindung stehen, kommen langsamer zur Manifestation. Dies liegt daran, daß der betreffende Mensch hier von einem subjektiveren Wesen und sich mehr Gedanken zu der betreffenden Energie macht. Insbesondere bei Transiten zum Geburtshoroskop ist es wichtig zu beobachten, was passiert, wenn ein Planet rückläufig wird, wenn er stationär ist oder wenn er wieder seine normale Bewegung aufnimmt. Der Transit wird die Angelegenheiten in den Brennpunkt rücken, die mit dem aspektierten Planeten verbunden sind. Durch die rückläufige Bewegung ergeben sich vielleicht Verzögerungen – sie bedeutet nicht, daß unter ihr Fortschritte unmöglich sind.

Kritische Grade

Bestimmte Gradzahlen werden der Überlieferung nach als wichtiger als andere angesehen, mit guten Auswirkungen oder mit schlechten. Hier sprechen wir von den *kritischen Graden*. In den kardinalen Zeichen ist dies bei den Gradzahlen 1, 13 und 26 der Fall. In den fixen Zeichen handelt es sich um die Grade 9 und 21, und in den veränderlichen Zeichen sind es die Gradzahlen 4 und 17. Seien Sie besonders aufmerksam, wenn in fixen Zeichen Planeten auf 15 Grad stehen. Diese sind sehr wichtig. Die fixen Zeichen werden in esoterischer Hinsicht mit den Göttern des Karmas in Verbindung gebracht, und diese Position im Tierkreis ist – zum guten oder zum schlechten – von außerordentlicher Bedeutung. Die Gradzahl 29 ist ebenfalls wichtig, in allen Zeichen. Sie bezieht sich darauf, daß der Mensch Sühne zu leisten hat. Die größte Bedeutung ist bei dieser Gradzahl in den Fischen gegeben.

Die Elevation

Der Planet, der am dichtesten am MC steht (westlich oder östlich von ihm), wird *eleviert* genannt. Wenn dabei zwei Planeten gleich weit vom MC entfernt sind, gelten beide als eleviert. Es handelt sich hier um den Faktor, der der Bedeutung der Sonne am MC am nächsten kommt. Die Energien, die damit verbunden sind, verschaffen dem Menschen die Aufmerksamkeit seiner Umwelt, was dann in besonderem Maß gilt, wenn der Planet im 10. Haus steht. Edgar Cayce, der Seher aus Virginia Beach, sagte, daß der Planet, der am dichtesten an der Spitze des 10. Hauses steht, unser wahres Zuhause zeigt.

Die Rezeption

Wenn bei zwei Planeten jeweils einer in dem Zeichen steht, das von dem anderen regiert wird, nennen wir das *Rezeption*. Die Rezeption bedeutet einen wohltätigen Einfluß für die beteiligten Planeten. Ein Beispiel: Merkur in den Fischen und Neptun in der Jungfrau bewirken einen unterstützenden, harmonisierenden und stabilisierenden Einfluß hinsichtlich beider Energien.

Der Glückspunkt

Der Glückspunkt gilt als günstiger Horoskopbereich. Ob dem nun tatsächlich so ist oder nicht – zumindest ist mit ihm ein gewisser positiver Einfluß verbunden, in welchem Haus er auch steht. Das Symbol des Glückspunktes ist ⊕, das zugleich das Symbol der Erde darstellt. Es handelt sich hier darum, daß Erfolg in weltlichen Angelegenheiten angezeigt ist.

Die Berechnung für den Glückspunkt erfolgt, indem wir die Gradzahl des Aszendenten zu der des Mondes addieren und davon die Gradzahl der Sonne abziehen (wenn Sie dabei einen negativen Wert herausbekommen, müssen Sie 360 addieren).

Beispiel: Der Aszendent ist 23 Grad 45 Minuten Skorpion, der Mond steht auf 11 Grad 15 Minuten im Krebs und die Sonne auf 25 Grad 32 Minuten im Löwen.

	Aszendent	233° 45'
+	Mond	101° 15'
=		335° 00'
-	Sonne	145° 32'
=	Glückspunkt	189° 28'

Der Glückspunkt befindet sich in diesem Fall auf 189 Grad und 28 Minuten, das bedeutet 9 Grad 28 Minuten im Zeichen Waage.

Medizinische Komponenten der Planetendeutung

Die Medizin ist ein Gebiet, das sehr von der Astrologie profitieren kann. Die Verbindung der Zeichen mit den verschiedenen Körperteilen und die Herrschaft der Planeten über die Organe kann uns viele Erkenntnisse vermitteln. Das körperliche Unwohlsein («Nicht-wohl-Sein») ist das Endresultat von Konflikten auf der emotionalen und der mentalen Ebene. Werden Konflikte nicht gelöst, manifestieren sie sich schließlich auf der körperlichen Ebene. Die psychosomatische Medizin hat erkannt, daß das Verhältnis zwischen der Person die den Körper bewohnt und dem Körper selbst von Übeln und Krankheiten geprägt sein kann.

Forschungen haben ergeben, daß zum Beispiel *Arthritis* eng verbunden mit unterdrückten Gegensätzen ist. Menschen, die sich durch einen starken Willen und ein rigides Denken auszeichnen, die selbstgerecht und fixiert in ihren Urteilen sind, neigen dazu, unter dieser Krankheit zu leiden. Sie haben es nicht gelernt, sich dem Rhythmus des Lebens hinzugeben, und ihre Gelenke verkalken zusehends. Die *Lähmung* in all ihren Formen stellt ebenfalls eine übermäßige Kristallisation des Willens dar, die sich entweder auf das aktuelle oder auf ein früheres Leben bezieht. Dieses Problem ist – wie die Arthritis auch – insbesondere mit den fixen Zeichen und mit einem verletzten Uranus verbunden.

Derselbe Aspekt, der im Horoskop für unterdrückte Gefühle von Angst und Wut und für eine versteckte Selbstsucht steht, zeigt auch eine Disposition und Anfälligkeit für die Krankheit *Krebs*.

Ganz allgemein ist Ernährung von großer Bedeutung. Richtige Ernährung kann sehr bei der Bekämpfung von Krankheiten helfen. Von ebenso großer Wichtigkeit aber sind die geistigen und die emotionalen Eigenschaften. Erkrankt man an Diabetes, ist das vielfach das Resultat von Härten oder von Verbitterung auf der emotionalen Ebene. Zucker ist immer das Symbol der Süße gewesen – ein vom Normalwert abweichender Zuckerspiegelwert im physischen Körper ist das Ergebnis der Tatsache, daß die Gedanken des Betreffenden von Härte oder Bitterkeit geprägt sind. Manchmal spielt sich dies auf den unbewußten Ebenen ab. Es geht darum, dieses kleine Selbst, das innerhalb des bewußten Selbstes lebt, neu auszurichten und lieben zu lernen.

Probleme mit dem *Herzen* sind im Horoskop durch Verletzungen der Sonne oder durch ein verletztes 5. Haus angezeigt. Bei diesbezüglichen Beschwerden hat derjenige seinen Drang, sich als bedeutungsvolles Individuum zu fühlen, nicht befriedigen können. Außerdem herrscht in diesem Fall ein tiefinnerliches Gefühl, nicht geliebt zu werden. Das muß nicht heißen, daß man nicht geliebt wird oder keine wichtige Rolle bekleidet. Es geht hier darum, daß der Mensch nicht über die Fähigkeit verfügt, die Liebe, die ihm entgegengebracht wird, auch tatsächlich wahrzunehmen. Das gleiche gilt für das Gefühl der persönlichen Bedeutung. Man kann zu einem reichhaltigen Bankett geladen sein – wenn man nicht dazu in der Lage ist, sich wie die anderen auch selbst zu bedienen, könnte man unter einem großen Hungergefühl zu leiden haben.

Schwierigkeiten mit dem *Rücken* haben immer mit dem mißbräuchlichen Einsatz des Willens zu tun. Vielfach spiegeln sich in derartigen körperlichen Beschwerden auch Egoismus und Stolz wider. *Zustände der Besessenheit* und *psychische Anfälligkeiten* sind im Horoskop durch Verletzungen von Neptun angezeigt.

Die Zeichen hängen mit den verschiedenen *Körperteilen* zusammen, die Planeten dagegen stehen mit dem *inneren Organ-* und *Drüsensystem* in Verbindung. Die endokrinen Drüsen stehen jeweils für ein bestimmtes psychisches Zentrum und schütten ein entsprechendes Hormon in den Blutstrom aus; dieser transportiert Energie von einem Organ zum anderen. Die Beschaffenheit des Drüsensystems macht uns zu dem, was wir sind – zu einem gedankenvollen oder streitsüchtigen, zu einem mitfühlenden oder launenhaften, zu einem energischen oder passiven Wesen. Der Mensch kann mit seiner Bewußtseinseinstellung die natürlichen Tendenzen unterstreichen oder aber bekämpfen. Der Blutstrom erfaßt – ähnlich wie die Strahlen der Sonne – das ganze System, alle Teile des Körpers werden von ihm vitalisiert. Wie das Licht und die Wärme der Sonne alle Planeten mit Licht und Wärme versorgt, so versorgt der Blutstrom den Körper mit Energie. Vom Widder bis zu den Fischen, vom Kopf bis zu den Füßen zirkuliert er durch den Körper. Eine freie Zirkulation bedeutet Gesundheit. Wenn die Zirkulation behindert ist, kommt es zum Zustand des körperlichen Unwohlseins. Jedes Haus im Horoskop steht für bestimmte Faktoren der Umgebung, die sich positiv oder negativ auf die Gesundheit auswirken können.

Der Aszendent ist ein sehr wichtiger Horoskop-Faktor – er herrscht über den physischen Körper. Das Zeichen am Aszendenten verdeutlicht, wie es um das körperliche «Leitvermögen» beziehungsweise die körperliche Widerstandsfähigkeit bestellt ist. *Feuerzeichen* am Aszendenten zeigen hinsichtlich der Lebensgestaltung das größte Ausmaß an Vitalität und Kraft. Am nächsten kommen ihnen die *Luftzeichen,* die allerdings auch für nervliche Anfälligkeit stehen. Aufgrund ihrer intellektuellen Ausrichtung verlieren diese Menschen vielfach das Gefühl für ihren Körper. *Wasserzeichen* am Aszendenten – insbesondere der Krebs – bedeuten ein überaktives Lymphsystem, mit der Neigung, daß zuviel Flüssigkeit im System verbleibt. Die *Erdzeichen* stehen für Widerstand; mit ihnen ist zumeist kein guter Fluß der Vitalität verbunden. Zum Beispiel verfügen Kinder mit einem Steinbock-Aszendenten in den seltensten Fällen in der Kindheit über eine robuste Konstitution (Saturn verlangsamt die Zirkulation, mit zunehmendem Alter aber werden sie immer kräftiger. Saturn symbolisiert Durchhaltevermögen. Mit dem Steinbock-Aszendenten kann die Nahrungsaufnahme in der Kindheit Probleme machen – im allgemeinen aber bessert sich die Gesundheit nach Erreichen des 7. Lebensjahres. Die Zwillinge am Aszendenten stehen für einen beweglichen Geist; die Betreffenden sind aktiv, rastlos und immer in Bewegung. Mit dem Krebs-Aszendenten ist man in Abhängigkeit von seiner Umgebung gesund oder krank (aus dem Grund, weil die Umstände der

Umgebung auf ihn abfärben). In gewisser Weise handelt es sich hier, emotional gesehen, um einen Schwamm: Alles, was an Gefühlen in der Luft liegt, saugt dieser Mensch in sich auf. Der Stier ist das statischste Zeichen, dasjenige, das den größten Widerstand leistet. Mit ihm ist der Fluß der Vitalität sehr beschränkt.

Zwischen den einander gegenüberliegenden Zeichen besteht eine enge Verbindung, derer wir uns bewußt sein müssen. Um ein Beispiel zu geben: Widder-Menschen neigen zu Kopfschmerzen. Wenn diese von sehr hartnäckiger Art sind, sollten einmal die Nieren gründlich untersucht werden. Gegenüber dem Widder liegt das Zeichen Waage, und es könnte sein, daß die Waage aus dem Reflex auf das Zeichen Widder heraus der Grund für die Kopfschmerzen ist. Der Stier herrscht über die Kehle und den Hals und der Skorpion über die Fortpflanzungsorgane: Die Stimme des Jungen (Stier) verändert sich, wenn er heranwächst und auf der physischen Ebene zeugungsfähig wird (Skorpion). Wenn ein Mädchen immer wieder Probleme mit ihrem Hals hat, sind möglicherweise die Fortpflanzungsorgane Ursprung der Beschwerden. Die Verbindung von Lungenkrebs (regiert von den Zwillingen) zum Raucherbein (Bein beziehungsweise Oberschenkel = Schütze) ist ebenfalls bekannt. Auch Herz (Löwe) und Kreislauf (Wassermann) sind eng miteinander verbunden.

Sonne

Die Sonne steht für die menschliche Konstitution, die mit dem *Prana* oder der Ätherenergie zu tun hat, die das magnetische Feld durchfließt. Der Mensch, dessen Sonne im Horoskop stark gestellt ist, hat die Fähigkeit, Schwierigkeiten zu überwinden, an denen derjenige mit einer schwachen Sonne scheitert.

Die Sonne stellt die vorherrschende Note des Universums dar, weil sie alles Leben vitalisiert und der Ursprung des Lebens ist. Die Planeten führen das aus, was die Sonne *ist* – weil die Sonnenkraft durch die Planeten strömt, so, wie das Licht durch ein Prisma fließt und dabei in verschiedene Farben aufgespalten wird. Gemäß der verschiedenen Planeten werden die verschiedenen Körperfunktionen reguliert und unterstützt.

Mond

Der Mond herrscht über die Formgebung. Er hängt mit der funktionalen Stärke des Körpers zusammen. Ein verletzter Mond bei einer stark gestellten Sonne kann viele körperliche Beschwerden im Leben anzeigen – allerdings könnte die Ätherenergie beziehungsweise das Prana den Körper länger am Leben halten, als man das für möglich halten würde. Der Mond steht in Verbindung mit dem Lymphsystem und der Bauchspeicheldrüse. Zusammen mit der Leber kontrolliert der Mond die Verdauung der Nahrung. Dies ist ein Hinweis darauf, daß Jupiter im Krebs erhöht ist. Eine andere astrologische Aussage ist die, daß der Mond ein Gegengift für einen verletzten Mars ist. Die Bauchspeicheldrüse produziert Insulin, steuert die Einlagerung von Zucker und wirkt dämpfend, wenn die Nebennieren zuviel Adrenalin (Mars) ausschütten. Unsere organischen Funktionen lassen uns all die kosmischen Gesetze erkennen, wenn wir nur tief genug schauen. Der Mond steht in Verbindung mit dem Lymphsystem gewissermaßen für die Gezeiten im menschlichen Körper. Dabei löscht er sozusagen das Feuer. Steht nicht der Mars im Krebs im Fall? Der Mensch kann nicht seine Mond-Energie zum Ausdruck bringen (also sanft, unterstützend und nährend sein) und sich im gleichen Augenblick durch die Eigenschaften der Kampfeslust, der Aggressivität und der Widersätzlichkeit auszeichnen. Der mondische Menschentyp ist launenhaft, passiv, auf sein Inneres gerichtet. Der wassergeprägte emotionale Charakter verändert sich immer wieder, so, wie sich der Mond in seinen Phasen immer wieder anders präsentiert.

Merkur

Merkur herrscht über die wichtigste Drüse in unserem Körper: die Schilddrüse. Er kontrolliert unseren Atem und die Geschwindigkeit unseres Stoffwechsels – so, wie die Lüftungsklappe am Ofen die Hitze und das Tempo des Verbrennungsvorgangs reguliert. Die grundsätzliche Wichtigkeit der Atmung ist offensichtlich. Im Zustand der Angst oder eines Schocks ist sie zum Beispiel beeinträchtigt. Wenn der Mensch aufgeregt ist, kann er wieder zur Ruhe finden und die Kontrolle zurückgewinnen, indem er sich darauf besinnt, ruhig und gleichmäßig zu atmen. Je aktiver die Bauchspeicheldrüse ist, desto hektischer und aufgeregter verhält man sich. Jod – in Form von Meersalz oder *Kelp* (der Asche von Tangpflanzen) – wirkt wie der Sicherungsschieber am Hochofen, der verhindert, daß die Lüftungsklappe aufgedrückt wird und das Feuer auf den Brennstoff im Tank übergreift. Der merkurische Menschentyp ist impulsiv, für gewöhnlich schlank, von rastlosem Wesen und häufig unermüdlich (die Erschöpfung erfaßt all jene, die um ihn herum sind).

Venus

Die Venus hat die Herrschaft über die Nebenschilddrüse. Sie hat viel mit dem Aufbau des Gewebes und sowie mit der Zunahme an Gewicht und Masse zu tun. Die Venus herrscht gleichfalls über die Venen und über deren Fluß – also den Rückfluß des Blutes zum Herzen.

Mars und Saturn

Beiden Planeten stehen in Verbindung mit den Nebennieren. Diese Drüsen haben im wesentlichen zwei Funktionen. Sie produzieren ein Hormon, das Empfindungen wie Angst oder den Wunsch zu fliehen hervorruft. Diese Funktion der Nebennieren wird von Saturn beherrscht. Die Nebennierenrinde sondert ein Hormon ab, das Eigenschaften wie Kampfeslust und Streitsucht hervorruft. Dies bezieht sich auf den Impuls des Selbstschutzes und auf das animalische

Wesen. Das Gegengift für einen verletzten Mars ist der Mond (die Mütterlichkeit), das Gegengift für einen verletzten Saturn die Venus (Liebe). Veränderungen im Bewußtsein verändern auch die Tätigkeit der Drüsen. Jedem körperlichen Effekt liegt eine psychische Ursache zugrunde. Ein Beispiel: Mars und Saturn im Löwen können Blockaden des Herzens zur Folge haben. Der innerliche Grund dafür ist, daß der Mensch in einem früheren Leben Autoritäten bekämpft oder generell abgelehnt hat und seine Kraft (Vitalität) auf eine falsche Weise einsetzte. Es handelt sich hier um eine Stellung, die sehr frustrierend sein kann. Akzeptiert die Person diesen Sachverhalt, könnte sie sich, was ihren Körper betrifft, viel Streß ersparen und es zu einem längeren Leben bringen. Die Hausstellung von Mars beziehungsweise von Saturn weist auf den Bereich hin, in dem man mit Frustrationen zu kämpfen hat. Mars ist Energie, Saturn ist die Bremse. Dieser Mensch muß lernen, ein harmonisches Verhältnis zwischen Energie und Bremse zu entwickeln. Es ist für ihn gefährlich, zuviel des Guten zu tun – in welche Richtung auch immer. Auf der anderen Seite kann er Unentschlossenheit und Angst überwinden, wenn er alle Geschehnisse und Umstände als notwendig für sein persönliches Wachstum anerkennt. Mars ist in unserem Körper der Kämpfer. Er steht zum Beispiel für unser Vermögen, gegen eine Infektion anzukämpfen. Saturn ist von großem Einfluß auf unser Skelett und die Knochenstruktur. In dem Horoskopbereich, in dem er zu finden ist, könnte die Zirkulation und der Fluß von Energie ernsthaft behindert sein.

Jupiter

Jupiter als größter Planet des Sonnensystems herrscht über das größte Körperorgan, die Leber. Des weiteren regiert er den Fluß in den Adern. Mit Jupiter im Löwen könnte, um ein Beispiel zu nennen, ein vergrößertes Herz einhergehen. Steht andererseits Saturn im Löwen, ist womöglich ein gehemmter Kreislauf die Folge oder auch ein geschwächtes Herz. Wenn der Student, der sich mit der Astrologie beschäftigt, wirklich versteht, welche Energien mit den Planeten verbunden sind, kann er das Horoskop auf den drei verschiedenen Ebenen lesen – der körperlichen, der emotionalen und der geistigen. Jede der Energien kommt auf allen drei Ebenen zum Ausdruck.

Der Schütze – das Zeichen, das von Jupiter beherrscht wird – regiert über den Ischias-Nerv, der sich im unteren Rückenbereich aufspaltet und durch beide Beine läuft. Mit einem verletzten Jupiter oder Uranus im Zeichen Schütze kann es, ausgehend vom unteren Rückenbereich, zu gesundheitlichen Problemen kommen. Ein guter Chiropraktiker ist in dieser Beziehung möglicherweise von größerem Nutzen als ein normaler Arzt.

Uranus

Uranus herrscht über die Hirnanhangsdrüse (Hypophyse), wobei er diese Herrschaft mit Saturn teilt. Die Hirnanhangsdrüse weist zwei Lappen auf. Eines der von ihr produzierten Hormone ist eng mit der Fähigkeit des abstrakten Den kens verbunden. Der Mensch mit einer sehr aktiven Hirnanhangsdrüse ist von langer, knochiger Erscheinung und zeichnet sich durch einen starken Körper aus. Die übermäßige Hormonausschüttung dieser Drüse begünstigt ein besonders starkes Wachstum des Körpers, insbesondere der Gliedmaßen. Hier haben wir es dann mit einem sehr saturnischen Menschen zu tun, jemand mit großer Selbstkontrolle und der Fähigkeit, sein Leben in die eigene Hand zu nehmen.

Rodney Collin ist der Ansicht, daß Uranus über die Geschlechts- und die Keimdrüsen herrscht. Er bemerkt dazu: »Die Sexualität ist nicht mit der venusischen Sinnlichkeit zu verwechseln, wie sie von der Nebenschilddrüse ausgeht, nicht mit der marsischen Beeinflussung durch die hintere Hirnanhangsdrüse und der saturnischen Beeinflussung durch die vordere Hirnanhangsdrüse. Sie ist vielmehr in Verbindung zu bringen mit der ultimativen Fähigkeit der beiden Geschlechter, etwas Neues zu erschaffen. Es geht hier um die tiefen Gefühle, die bei dieser Interaktion entstehen. Neben leiblichen Kindern kann es sich dabei auch um Musik, Poetik, andere Künste oder überhaupt um visionäre menschliche Vorstellungen handeln.«

Neptun

Neptun regiert über die Zirbeldrüse, die eine Einzigartigkeit aufweist: Im Gegensatz zu den anderen Drüsen kommt sie nicht paarweise vor. Die Zirbeldrüse steht für Erleuchtung. Neptun ist der Planet der Verpflichtung und der Opfer. Nur dann, wenn die Persönlichkeit zum Opfer gebracht wird und als Diener im Tempel der Weisheit – dort, wo das höhere Selbst residiert – zum Einsatz kommt, beginnt die Zirbeldrüse zu wirken. Dies ist das dritte Auge; »Wenn du mit deinem einzelnen Auge zu sehen beginnst, wird dein Körper von Licht erfüllt sein.«

Pluto

Über Pluto wissen wir noch nicht so viel wie über die anderen Planeten. Es ist meine Vermutung, daß dieser Planet weniger mit einer bestimmten Drüse als vielmehr mit dem zu tun hat, was wir seit C. G. Jung unter den Begriff «kollektives Unbewußtes» fassen. Pluto richtet sich eher auf die Prozesse der Zivilisation als auf die persönlichen Dinge. Die Zeit, zu der er entdeckt wurde, war die Ära der Diktatoren und der Atombombe. Gleichermaßen aber rückte damals für spirituelle Persönlichkeiten das Astrale in den Blickpunkt. Es mußten nun viele Menschen in Verhältnisse inkarnieren, die von Dunkelheit und Schrecken gekennzeichnet waren.

Mit Pluto geht es um die Weiterentwicklung des Individuums, in Maßstäben, die über das Persönliche hinausgehen. Besonders betroffen sind hiervon Menschen, die Pluto im Aspekt zu wichtigen persönlichen Planeten haben. Pluto in Konjunktion zu einem wichtigen persönlichen Planeten bedeutet einen intensiven untergründigen Einfluß, der an der Oberfläche nicht zu erkennen ist. Mit der Entdeckung Plutos ging die Verkündung eines neuen menschlichen Den-

kens und Fühlens einher. Die Arbeit von C. G. Jung hat uns die Einsicht gebracht, daß unsere Ängste nichts als Projektionen unseres eigenen Unbewußten sind. Diese sollten als Anlaß genommen werden, sich mit der verborgenen
Seite seines Wesens auseinanderzusetzen.

Auf dem Feld der medizinischen Astrologie gibt es noch viel zu lernen. Es ist
die Hoffnung der Autorin, daß dieses Kapitel den Studenten dazu anregt, selbst
zu untersuchen, welche Beziehungen zwischen dem physischen Körper und
dem Kosmos bestehen. Dabei ist grundsätzlich zu sagen: Es gibt keine Krankheit, die nicht geheilt werden könnte. Es gibt nur Personen, die nicht dazu imstande sind, sich heilen zu lassen, weil sie sich – vielfach unbewußt – dem Vita-
litätsfluß auf der spirituellen Ebene widersetzen. Ich habe selbst gesehen, wie
jemand bei einer Heil-Meditation vom Krebs geheilt wurde. Ich habe Wunder
gesehen und erlebt. Wenn das Selbst nicht im Wege steht, kann die Kraft zur
Wirkung kommen. Dazu ist aber nötig, daß sich der Mensch den Kanälen öffnet, die nichts mit Selbstsucht zu tun haben. So kann es dann zum freien Fluß
von Energie kommen. Jeder wahre Astrologe ist ein Heiler. Das Horoskop verdeutlicht, wo Blockaden bestehen könnten. Die Ausrichtung des Astrologen
am Höheren ermöglicht den Kontakt zu einer Energie, die die Schwierigkeiten
auf der persönlichen Ebene zu überwinden hilft. Nur der Astrologe, der wirklich zur Hingabe bereit ist, wird in den Tagen, die vor uns liegen, noch Erfolg
haben können. Diese Vollmacht erwächst ihm aus den unsichtbaren Mächten
des Lichtes und der Liebe. So soll es denn sein.

3 HÄUSER UND ASPEKTE

Die Bedeutung der Häuser

Das astrologische Geburtsbild ist in zwölf Abschnitte eingeteilt, die in Zeit und Raum gleich sind. Die Abschnitte umfassen jeweils 30 Grad, was ein Zwölftel des Kreises von 360 Grad darstellt.

Am Anfang des 1. Hauses steht der Tierkreisgrad, der zu der Zeit, für die das Horoskop berechnet ist, am östlichen Horizont aufstieg. Dieser Punkt wird *Aszendent* genannt. Ihm genau gegenüber liegt der *Deszendent*. Zwischen diesen beiden Punkten befindet sich das *MC* (Medium Coeli, die Spitze des 10. Hauses) sowie das diesem entgegengesetzte *IC* (Imum Coeli oder auch Nadir, die Spitze des 4. Hauses). Das IC befindet sich unter der Erde. Mit Aszendent, Deszendent, MC und IC haben wir die vier Eckpunkte des Horoskops. Die Häuser, die mit diesen Eckpunkten beginnen (also das 1., das 4., das 7. und das 10.) werden *Eckhäuser* genannt. Die Häuser, die auf diese folgen (das 2., das 5., das 8. und das 11.), heißen *folgende Häuser*. Die übrigen vier Häuser (das 3., 6., 9. und 12.) heißen *fallende Häuser*.

Am stärksten sind Planeten, die in *Eckhäusern* stehen, weil sie zu Aktivität auf der materiellen Ebene führen und eine herausragende Rolle bei dem persönlichen Selbst und bei allem, was mit diesem zusammenhängt, spielen. Das 1. Haus ist von allen Eckhäusern das wichtigste. Eckhäuser bedeuten, daß etwas manifest und konkret wird, sie bringen etwas ans Licht, sie enthüllen, was in der Persönlichkeit latent verborgen ist.

Planeten in den *folgenden Häusern* haben mit dem emotionalen Wesen zu tun und mit den Wünschen und Trieben, die den Menschen bewegen. Planeten in *fallenden Häusern* zeigen eine eher geistige Energie beziehungsweise die geistige Ausrüstung des Menschen an. Sie machen sich äußerlich nicht sehr bemerkbar, haben aber innerlich einen großen Einfluß auf das Denken.

1. Haus

◆ Das persönliche Selbst. Die wichtigste Charakteristik ist Aktivität – das Schicksal besteht darin, etwas hervorzubringen.

◆ Die Gegenwart. Diese bestimmt die Persönlichkeit, die Erscheinung, die Verfassung, das Auftreten und das Aussehen .

◆ Einstellung dem Leben gegenüber.

◆ Das Fenster, durch das der Mensch die Welt sieht.

2. Haus

◆ Besitztümer und Quellen.

◆ Die finanziellen Umstände, Geld, Vermögensverhältnisse.

◆ Geistige Zufriedenheit.

◆ Die Art und Weise, wie der Mensch seinen Verpflichtungen nachkommt.

◆ Quelle der stärksten Wünsche und Begierden.

◆ Was man in seinem Leben verfolgt – insofern das Haus der Werte.

◆ Wie man Geld verdient und ausgibt.

3. Haus

◆ Die verbindende Kraft des bewußten Verstandes.

◆ Gewandtheit, Mehrdeutigkeit, Rastlosigkeit.

◆ Die Erziehung und die Umgebung in frühen Jahren.

◆ Kurze Reisen. Die Verbindung zur Umgebung.

◆ Bekannte, Nachbarn und Geschwister. Deren Haltung zum Geborenen.

◆ Kommunikation, das Denken und Schreiben, Neuigkeiten, Gerüchte.

◆ Gedächtnis, Wahrnehmung und Sprechen.

◆ Fähigkeiten, die man als gegeben nimmt.

4. Haus

◆ Im äußerlichen Sinn: das Zuhause. Bezüglich des Inneren: die Seele.

◆ Das, was in den Tiefen des Selbstes verborgen ist.

◆ Das Ende der Dinge. Der spätere Lebensabschnitt.

◆ Hinweis auf das Zuhause und alles, was mit dem häuslichen Leben zusammenhängt. Die Ausgestaltung der Wohnung/des Hauses.

◆ Hinweis, ob der Mensch an seinem Ort bleibt. Welche Vorteile sich an den verschiedenen Orten ergeben.

◆ Angelegenheiten, die mit Grundbesitz und Eigentum zu tun haben.

◆ Das Resultat bei Fragen, die sich auf die Stundenastrologie beziehen.

◆ Der weniger wichtige Elternteil. (Manche sagen, das 4. Haus steht für die Mutter, andere schreiben es dem Vater zu. Es kommt hier darauf an, wer für das Kind wichtiger und wer weniger wichtig ist. Der wichtigere Elternteil gehört zum 10. Haus.)

5. Haus

◆ Selbstausdruck.

◆ Die Anstrengungen, die der Mensch unternimmt, um sich von anderen abzuheben: Das Zeugen und Erziehen von Kindern, das Verfassen von Büchern, das Demonstrieren von Zuneigung – alles, was den Stempel der Persönlichkeit trägt.

◆ Alles, was mit Emotionen und Romantik zu tun hat und von Herzen kommt.

◆ Verborgenes Karma: Mißbrauch des Willens und des Prinzips der Liebe.

◆ Regentschaft über die Kinder: Sowohl Kinder des Geistes und der Emotionen als auch Kinder des Leibes.

◆ Spekulation, Vergnügungen, Dramatik, Theater, Schulen.

◆ Liebesaffären. Diesbezügliches Glück oder Pech.

6. Haus

◆ Persönliche Neuorientierung.

◆ Arbeit und Gesundheit (beides hängt miteinander zusammen: Der Mensch, der beschäftigt ist, hat keine Zeit, krank zu sein).

◆ Ernährung, Kleidung, persönlicher Komfort und Haustiere.

◆ Geistige oder körperliche Spannungen, die sich aus dem Ausdruck des Egos ergeben. Insofern läßt dieses Haus erkennen, welche Konflikte zwischen dem Bewohner des Körpers und dem Körper selbst vorhanden sein können. Aus den Spannungen resultieren möglicherweise psychische oder organische Krankheitszustände.

◆ Im allgemeinen bewußt kontrollierte Aktivitäten (im Gegensatz zum 12. Haus, welches für Beschränkungen, Hindernisse und Frustrationen aus Ursachen steht, über die der Mensch keine Kontrolle hat).

◆ Arbeitsbedingungen (für den Menschen, der angestellt ist).

Die Bedeutung des 6. Hauses liegt mehr oder weniger im dunkeln: Die Dienste, die geleistet oder empfangen werden, sind von sehr persönlicher, unaufdringlicher und eher routinehafter Art. Das 6. Haus wird das Haus der Dienstbereitschaft genannt. Dabei zeigt es nicht nur, wie es um die eigene Dienstbereitschaft bestellt ist, sondern auch, wie der Charakter und die Eigenschaften derjenigen beschaffen sind, die diesem Menschen dienen: derjenigen, die von ihm abhängig oder bei ihm angestellt sind.

7. Haus

◆ Das Haus des Nicht-Ich (in Opposition zum persönlichen Selbst).
◆ Der Eckpunkt der Beziehungen.
◆ Der Anfang der Individualität (im Gegensatz zu den persönlichen Belangen).
◆ Das «Wir-Bewußtsein».
◆ Ehe und Partnerschaften.
◆ Kooperation oder mangelnde Kompromißbereitschaft.
◆ Herrscht über niedere Rechtsstreitigkeiten (über die höheren herrscht das 9. Haus).
◆ Offene Feinde.

8. Haus

◆ Haus der Zeugung (durch Sexualität), der Degeneration und Regeneration.
◆ Regeneration durch das Beziehen eines höheren Standpunktes (sowohl in spiritueller als auch in geistiger Hinsicht).
◆ Der Tod und die Todesumstände.
◆ Die psychischen Ebenen (unter Einschluß der astralen). Menschen mit Planeten im 8. Haus haben häufig die Fähigkeit, untergründige Strömungen zu erkennen. Wenn Planeten in diesem Haus verletzt sind, war es in der Vergangenheit zum Mißbrauch der psychischen Gaben gekommen. Dies gilt insbesondere dann, wenn ein Spannungsaspekt zwischen Mars und Neptun besteht oder Mars in Haus 8 steht.
◆ Vermächtnisse und Besitztümer von Verstorbenen.
◆ Die Besitztümer und die finanzielle Situation des Partners (weil das 8. Haus das 2. Haus vom Haus der Ehe aus gesehen ist).

Jede Aktivität in Verbindung mit dem 8. Haus ist insgeheim eine Botschaft des Himmels. Sie fordert dazu auf, den Schleier der Verkleidung zu lüften und damit der Empfänger der Wohltaten zu werden, die sie mit sich bringt. Im Kielwasser des Sturms, der mit dem 8. Haus einhergeht, gibt es immer einen Regenbogen am Himmel – wenn wir nur den Blick heben, ihn zu sehen.

9. Haus

◆ Der überpersönliche Verstand, die tiefverwurzelte religiöse Philosophie des Selbstes. Das Haus des Geistes.
◆ Intuition, Inspiration, spirituelle Visionen.
◆ Die Expansion des Horizontes – in geistiger und spiritueller Hinsicht.

◆ Möglichkeit, daß sich Reisen in die Ferne ergeben oder ferne Ereignisse auf das Leben einwirken.
◆ Weltweite Kontakte. Die mentale Neuorientierung, was die Einstellung den verschiedenen Völkern gegenüber betrifft.
◆ Beim Schriftsteller: Die Arbeit im Hinblick auf die Veröffentlichung.
◆ Angeheiratete Verwandte (vom 7. Haus aus ist dies das 3. Haus).

10. Haus

◆ Prestige, Ehre und Stellenwert in der Gesellschaft.
◆ Verstärker der Persönlichkeit – aufgrund der Tatsache, daß dies der Bereich ist, der im Blickpunkt der Öffentlichkeit steht.
◆ Die berufliche Laufbahn, das berufliche Ansehen.
◆ Der Vater (beziehungsweise der wichtigere Elternteil).
◆ Der Arbeitgeber (falls der Mensch nicht für sich arbeitet).
◆ Wenn der Mensch selbständig arbeitet, kommt seine Arbeit in diesem Haus zum Ausdruck.

11. Haus

◆ Ziele und Visionen.
◆ Freundschaften, soziale Beziehungen.
◆ Bestrebungen, Hoffnungen, Wünsche und Projekte.
◆ Was der Mensch mit der Vorstellung von Glück verbindet. Wie wahrscheinlich es ist, daß er gemäß dieser Vorstellung glücklich werden wird.
◆ Wenn das 11. Haus verletzt ist, ist viel Arbeit erforderlich, um hinsichtlich der äußeren Bereiche Befriedigung zu erfahren.

Das 5. sowie das 11. Haus sind Hinweise auf die persönlichen emotionalen Wünsche. Das 9. und das 11. Haus zeigen einen höheren Zustand von Bewußtheit an, was den Verstand wie auch die Emotionen betrifft.

Wenn der Herrscher des 11. Hauses stärker als der Herrscher des 7. Hauses gestellt ist, sind die Freunde und Helfer des Menschen stärker als seine Feinde.

12. Haus

◆ Das Haus des verborgenen Schatten. Das, was versteckt ist.
◆ Die unterbewußten Einstellungen, die ein Überbleibsel der Vergangenheit sind.
◆ Das Unerledigte, Frustrationen, Begrenzungen und Beschränkungen.
◆ Initiation und allumfassendes Verständnis.
◆ Dienstbereitschaft oder Leiden: Bei Planeten in diesem Haus muß zwischen beidem gewählt werden.
◆ Wohltätigkeit (von dem betreffenden Menschen aus oder für ihn).

◆ Das Haus des Karmas: das Gesetz von Ursache und Wirkung, dem niemand entfliehen kann. Wir müssen uns aber dem öffnen und uns auf das einstimmen, was über und jenseits dieses Gesetzes ist: die Gnade Gottes.

◆ Krankenhäuser und Institutionen.

Das 3. Haus herrscht über den bewußten Verstand, das 9. Haus über den überbewußten Verstand und das 12. Haus über den unterbewußten Verstand.

Die ersten sechs Häuser des Horoskops unterstehen eher der persönlichen Kontrolle des Menschen als die letzten sechs. Letztere haben mehr mit dem «Nicht-Selbst» zu tun, und insofern kann die Umgebung hier mehr Macht ausüben. So resultiert zum Beispiel der gesundheitliche Zustand des Menschen (6. Haus) weitgehend aus den eigenen Aktivitäten, er unterliegt der eigenen Kontrolle. Dagegen entziehen sich die Angelegenheiten, die mit dem 12. Haus zusammenhängen, dem bewußten Willen. Diese bedeuten äußerliche Einwirkungen, Druck seitens anderer, Frustrationen und unter Umständen sogar den Verlust der persönlichen Freiheit, in Abhängigkeit davon, wie die Mitmenschen reagieren. Wenn der Mensch hier nicht selbst aktiv werden kann, bleibt ihm nur, die Dinge als gegeben hinzunehmen. Und dennoch bedeutet das 12. Haus, wenn wir es richtig verstehen, subjektive Unterstützung. Es ist an jedem selbst, die Entscheidung zu treffen: dienen oder leiden.

Man nimmt folgende Einteilung der Häuser vor:

Die Dreiheit des Lebens
◆   *1. Haus:*   Körper
◆   *5. Haus:*   Seele
◆   *9. Haus:*   Geist

Die Dreiheit der Verbindungen
◆   *3. Haus:*   Brüder und Schwestern.
◆   *7. Haus:*   Heirat und Partnerschaften.
◆   *11. Haus:*   Freunde, Verbündete und Ratgeber.

Die Dreiheit des Wohlstandes: Der weltliche Besitz
◆   *2. Haus:*   Besitztümer und Quellen.
◆   *6. Haus:*   Lebensumstände, z. B. Ernährung, Kleidung, Angestellte, Gesundheit.
◆   *10. Haus:*   Prestige, öffentliches Ansehen, beruflich-gesellschaftliche Stellung.

Die Dreiheit der Seele
◆   *4. Haus:*   Die Umgebung in allen Lebensphasen, besonders jedoch m Alter.
◆   *8. Haus:*   Einfluß von anderen auf die persönlichen Lebensumstände. Auch der Effekt, der sich durch den Tod von Mitmen-

schen – durch Erbschaften und geerbte Pflichten – hinsichtlich des eigenen Lebens ergibt.

◆ **12. Haus:** Dienstbereitschaft denen gegenüber, die an ihre Grenzen stoßen oder die zu leiden haben, im Zusammenhang damit, die Vergangenheit ungeschehen zu machen. Einflüsse, die das Wachstum beschleunigen oder hemmen.

Die Bedeutung der Aspekte

Aspekte sind Kraftlinien zwischen Energiezentren (Planeten) innerhalb des magnetischen Feldes des Menschen.

Gemäß der überlieferten Philosophie gibt es zwei Arten von Kräften, durch welche die Natur in einem Zustand des Gleichgewichts gehalten wird. Dieser Zustand des Gleichgewichts ist auch die Voraussetzung für die Entstehung von neuem Leben. Wir müssen uns immer, in jeder Phase unseres Lebens, darüber im klaren sein, daß wir es in einem dualistischen Universum mit diesen zwei Kräften zu tun haben. Positiv und negativ stehen einander gegenüber, das Einatmen dem Ausatmen, Aufbau ist der Zerstörung entgegengesetzt, Expansion hängt mit Kontraktion zusammen. Diese Kräfte sind gleichstark, und sie ergänzen einander in komplementärer Weise.

Alle organischen Strukturen bestehen aus Zellen. In der einfachsten Form haben wir es hier mit Hexagonen oder auch Sechsecken zu tun, ähnlich der Struktur der Bienenwaben. Insofern ist das Sechseck in erster Linie ein vollkommenes Muster der Harmonie. Licht, das unter Winkeln von 60 oder 120 Grad eintritt, bedeutet harmonische und wachstumsfördernde Schwingungen. Diesem konstruktiven Prozeß entgegengesetzt ist der Prozeß der Kristallisation, wie wir ihn von der Elektrizität und vom Magnetismus her kennen, bei welchen Kräfte im Winkel von 90 oder von 180 Grad zueinander wirken. Hierbei handelt es sich um eine geometrische Beziehung, die destruktiv für organische Strukturen ist. Als Schlußfolgerung ergibt sich, daß in der Natur Seite an Seite zwei Kräfte (auf dem Sechseck und auf dem Quadrat beruhende) bestehen, die einander in ihrem Wesen vollkommen entgegengesetzt sind. Und dennoch arbeiten das Quadrat und das mit dem Sechseck verwandte Trigon trotz ihrer Antipathie zusammen am Ausdruck des übergeordneten Ganzen.

Die Astrologie zeigt auf, daß die Quadrat-Beziehung destruktiv auf die verschiedenen Strukturen wirkt, die die Natur erschaffen hat. Der Trigon-Aspekt dagegen betont die konstruktive Seite der Natur – durch ihn entstehen organische Formen und durch ihn werden diese erhalten. Trigone bedeuten auch Unterstützung, wenn sich in der Folge destruktive Einwirkungen ergeben.

Um das Gesetz der Polaritäten, wie es im Universum zum Ausdruck kommt, wirklich zu verstehen, müssen wir zum Geheimnis des Lebens selbst vordringen. Dieses Gesetz garantiert zu jeder Phase der Existenz, daß unser Dasein von Leben erfüllt ist. Aus der Kombination der zwei Gegensätze entsteht schließlich eine dritte Kraft, welche erhabener ist als die beiden anderen. Dieses Geheimnis liegt im Dreieck verborgen.

Die zwei wichtigsten Aspekte des Horoskops sind die Konjunktion und die Opposition. Bei der *Konjunktion* stehen die betreffenden zwei Energien einander so nahe wie nur möglich; bei der *Opposition* befinden sie sich im größtmöglichen Abstand zueinander. Wenn Mond und Sonne zusammenstehen, haben wir Neumond; wenn sie sich in Opposition zueinander befinden, sehen wir am Himmel den Vollmond. Das Zeichen, das Sie in der Ephemeride für die Konjunktion finden (♂), ist also im Grunde nichts anderes als ein Neumond. Genauso verhält es sich bei dem Zeichen für die Opposition (♂), das in gewisser Weise für den Vollmond steht. Wenn es beim Neumond eine Finsternis gibt (Sonnenfinsternis), wird das Symbol ♂, bei der Finsternis beim Vollmond (Mondfinsternis) das Symbol ♪.

Die wichtigsten Aspekte, mit denen es der Astrologe zu tun hat, sind folgende:

Aspekt	Symbol	Gradzahl	Schlüsselwort
Konjunktion	♂	0 - 10 Grad	*Kraft*
Opposition	♂	180 Grad	*Bewußtheit*
Quadrat	□	90 Grad	*Hindernisse*
Trigon	△	120 Grad	*Erschaffung, Harmonie*
Sextil	✳	60 Grad	*Gelegenheit*
Halbsextil	⊻	30 Grad	*verborgene Quellen*
Halbquadrat	∠	45 Grad	*Reibung*
Quintil	☆	72 Grad	*Gaben, Talente*
Quinkunx	⊼	150 Grad	*Korrektur*

Wenn Sie gelernt haben, was es mit den Qualitäten und den Elementen auf sich hat, wird es Ihnen nicht schwerfallen, Trigone, Quadrate und Oppositionen im Horoskop zu erkennen.

Zeichen des gleichen Elements – zum Beispiel zwei Feuerzeichen – bedeuten eine Wesensverwandtschaft. Sie stehen im Trigon zueinander. Dies gilt auch für zwei Wasser-, Luft- oder Erdzeichen. Was die Qualitäten angeht, ist augenfällig, wann Quadrate und Oppositionen gegeben sind. Feuer befindet sich nicht in Harmonie mit dem Element Wasser: Widder-Planeten stehen beispielsweise im Quadrat zum Zeichen Krebs. Auch die Beziehung des Widders zum Skorpion oder zu den Fischen ist nicht besonders günstig. Und Skorpion-Planeten wiederum stehen im Quadrat zum Wassermann (Luft), was ebenfalls eine Disharmonie bedeutet. Außerdem stehen Krebs-Planeten im Quadrat zur Waage (Luft) und so weiter.

Der *Orbis* der Aspekte ist von großer Wichtigkeit. Je genauer der Aspekt, desto stärker sind die Auswirkungen, die mit ihm verbunden sind. Wenn Sie sich in der Mitte eines Zimmers einen Ofen denken, wird es Ihnen leichter fallen zu verstehen, was es mit den Orben auf sich hat. Je näher Sie dem Ofen sind, desto wärmer ist Ihnen. Wenn Sie sich von ihm entfernen, läßt sein Einfluß nach. Die genauesten Aspekte sind die, bei denen zwei Planeten auf dem gleichen Grad stehen, zum Beispiel Jupiter auf 20 Grad im Wassermann und Neptun auf 20 Grad im Löwen. Hier wäre die Auswirkung, als ob Sie direkt auf dem Ofen sitzen würden. Ich habe die Feststellung gemacht, daß exakte Aspekte – ob von harmonischer oder von unharmonischer Art – ungemein starke Auswirkungen bedeuten. Ich möchte dies ein «Schicksal» nennen, das viel Weisheit und viel guten Willen erfordert. Auch Aspekte, denen nur ein oder zwei Grad an der Exaktheit fehlen, sind noch sehr kraftvoll.

Aspekte zur Sonne, zum Mond und zu Merkur sind wirksam bis acht oder sogar bis zwölf Grad, im Gegensatz zu Aspekten anderer Planeten, die nur bis sechs oder auch acht Grad zu spüren sind. Diese Gradzahlen gelten für das Quadrat, das Trigon, das Sextil und die Opposition. Der Student sollte diese Zahlen nicht als das Maß aller Dinge nehmen – es kommt hier wie überhaupt in der Astrologie bei der Interpretation zu einem Gutteil auf Flexibilität an. In allen Horoskopen mit vielen und starken Aspekten sind die Orben kleiner anzusetzen als angegeben, im Gegensatz zum Horoskop mit wenigen und schwachen Aspekten. Beim Horoskop mit wenigen oder schwachen Aspekten hat ein Aspekt beim gleichen Orbis stärkere Auswirkungen als im Geburtsbild mit vielen starken Planetenverbindungen. Je mehr Aspekte ein Horoskop enthält – ob von harmonischer oder von unharmonischer Art –, desto stärker ist die Seele und desto mehr Kraft hat der Mensch, sich in der äußerlichen Welt zu bewähren. Die junge, kindliche Seele hat noch nicht soviele Lektionen gelernt und verfügt nicht über viel Kraft. Dies wird am Horoskop deutlich durch den Mangel an Aspekten sowie durch die schwache Stellung von Planeten bezüglich der Zeichen.

Aspekte zum Aszendenten und zum MC sind sehr bedeutungsvoll, unter der Voraussetzung, daß die Geburtszeit bis auf fünf Minuten genau ist. Die Interpretation von Aspekten zum Aszendenten enthüllt wichtige Informationen hinsichtlich des Temperamentes und des Charakters des Menschen. Aspekte zum MC sind von herausragender Bedeutung, was Erfolg und Ereignisse in Verbindung mit der Außenwelt betrifft.

Bestimmen Sie Aspekte nicht nach Häusern, sondern nach Zeichen. Es könnte sonst – wenn Sie nicht mit dem äqualen Häusersystem (gleichgroße Häuser) arbeiten – dazu kommen, daß Sie aufgrund von eingeschlossenen Zeichen bei der Aspektbestimmung Fehler machen.

Konjunktion

Winkel:	0 Grad (Orbis: bis zu 10 Grad)
Symbol:	☌
Schlüsselwort:	Kraft

Planeten, die nicht mehr als zehn Grad voneinander entfernt stehen, verstärken sich gegenseitig in ihrer Wirkung, ihre Energien treten deutlich zutage. Dieser Aspekt ist Kraft, die in Erscheinung tritt. Die Konjunktion kann von harmonischer oder von unharmonischer Art sein, in Abhängigkeit von den Planeten, die an ihr beteiligt sind. Ein Beispiel: Mars in Konjunktion zu Saturn ist eine außerordentlich schwierige Stellung. Gegensätzlich in ihrer Natur, bekämpfen sich die beiden Planeten in diesem Fall. Mars ist dynamisch, positiv, aktiv und schnell; Saturn ist langsam, begrenzend, er behindert jede impulsive Aktion. Venus und Jupiter sind zusammen von wohltätiger Wirkung – beide sind für sich allein schon wohltätig und harmonisch, und in der Konjunktion verstärken sie einander. Wenn einer der Planeten positiv (maskulin) und der andere empfänglich (weiblich) ist – wir es also zum Beispiel mit der Konjunktion von Venus und Mars zu tun haben –, gibt es einen Komplex im Menschen, der gelöst oder zumindest verstanden werden muß, damit die von der Konjunktion angezeigte Energie auf eine weise Art eingesetzt werden kann.

Achten Sie auch darauf, in welchen Zeichen sich die Planeten befinden. Der Planet, der dem Zeichen besser entspricht, ist der stärkere. Mars in Konjunktion zur Venus im Skorpion wirkt sich vollkommen anders aus als Mars in Konjunktion zur Venus in der Waage. Im ersteren Fall wird Mars die Venus beherrschen, im zweiten Fall steht die Venus im eigenen Zeichen, und dies würde bedeuten, daß die Fähigkeit gegeben ist, Herr der animalischen Tendenzen zu werden. Eine Konjunktion ist eine konzentrierte Anhäufung von Energie.

Opposition

Winkel:	180 Grad
Symbol:	☍
Schlüsselwort:	Bewußtheit

Oppositionen stehen für entgegengesetzte Kräfte, die miteinander ausgesöhnt werden müssen. Es ist leichter, mit der Opposition umzugehen als mit dem Quadrat. Das, was diese verlangt, ist Kooperation. Entgegengesetzte Kräfte können sowohl aus dem Äußerlichen als auch aus dem Innerlichen kommen, und nur zu oft spielen hier andere Menschen eine Rolle. Insofern ist deutlich, daß Kompromißbereitschaft ein wichtiges Thema ist. Mit der Opposition fühlt sich der Mensch häufig zwischen gegensätzlichen Polen hin- und hergezogen – wie es aber bei der Batterie der Fall ist, kann es durch den Funken, der von einem Pol zum anderen fliegt, zur Erleuchtung kommen. Bewußtheit ist eines der Schlüsselworte für diese Aspektart. Mit der Bewußtheit vergrößern wir unser Bewußtsein und entwickeln es weiter. Ohne gegensätzliche Kräfte würde es niemals dazu kommen, daß wir eine Wahl haben. Ohne Wahl würde es keine Entwicklung unseres Unterscheidungsvermögens und unserer Bewußtheit geben. Oppositionen werden Ihnen keine Schwierigkeiten machen, wenn Sie lernen, wie Sie mit Menschen umgehen müssen, die nicht mit Ihnen übereinstimmen. Lernen Sie, strategisch und mit Diplomatie vorzugehen. Lernen Sie, wie Sie Ihrem Widersacher zustimmen können, solange er Ihnen auf Ihrem Weg ein Hindernis ist. Bei der Konjunktion sind Sie es, der etwas tut, bei der Opposition ist der andere aktiv.

Quadrat

Winkel:	90 Grad
Symbol:	□
Schlüsselwort:	Hindernisse

Das Quadrat beziehungsweise Kreuz steht in Beziehung zum Materiellen. Es verleiht mehr Kraft als das Trigon, vorausgesetzt, Sie lernen, damit umzugehen. Trigone sind statisch – mit ihnen ist alles einfach. Quadrate dagegen bedeuten Dynamik – sie zwingen dazu, sich mit den Problemen auseinanderzusetzen. Dies allerdings ist die Voraussetzung für den Prozeß des Wachstums. Quadrate stehen für die Lektionen, die wir in vergangenen Leben zu lernen versäumt haben. Die schnellste Weise, uns über Probleme zu erheben, besteht darin, sie anzuerkennen und zu lösen. Jedes Mal, wenn wir vor einem Problem weglaufen, stoßen wir an der nächsten Ecke erneut darauf, in Form von anderen Umständen oder auf eine anders geartete Weise. Quadrate repräsentieren die ungelernten Lektionen, im Gegensatz zu den Trigonen, die harmonische Umstände sind, die wir uns verdient haben. Letztere sind die Segnungen, die daraus erwachsen, daß wir auf eine weise Art Liebe zum Ausdruck gebracht haben.

Trigon

Winkel:	120 Grad
Symbol:	△
Schlüsselwort:	Harmonie

Wie bei Jupiter ist auch bei Trigonen ein schützender Einfluß gegeben. Wohltätige Auswirkungen, ohne daß der Mensch sich dafür anstrengen müßte. Diese Resultate sind das Ergebnis einer konstruktiven Dienstbereitschaft sowie von harmonischen Aktivitäten aus früheren Lebzeiten. All das, was uns geschieht, haben wir uns verdient, im Guten wie im Schlechten. Was wir aussenden, wird zu uns zurückkehren. Alles kehrt zu seinem Ursprung zurück. Trigon-Aspekte sind das Gute, das wir ausgeschickt haben, was nun zu uns zurückkehrt.

Sextil

Winkel:	60 Grad
Symbol:	✳
Schlüsselwort:	Gelegenheit

Planeten, die in einer Entfernung von zwei Zeichen zueinander stehen, wirken auf eine harmonische Art zusammen. Insofern bedeuten sie Gelegenheiten, Erfolge zu erzielen, gemäß der Energien und der Häuser, die hier angesprochen sind. Ein Horoskop, in dem sich viele Sextile finden, steht für ein Leben mit den vielfältigsten Chancen und Möglichkeiten. Allerdings ist Aktivität erforderlich, damit es tatsächlich zu positiven Auswirkungen kommt.

Halbsextil

Winkel:	30 Grad
Symbol:	⩒
Schlüsselwort:	Verborgene Quellen

Hier stehen Planeten ein Zeichen voneinander getrennt. Das bedeutet, daß wir es dabei mit einem 2.-Haus-Aspekt zu tun haben. Weil sich das 2. Haus auf Werte und Quellen bezieht, gibt dieser Aspekt einen Hinweis auf die finanzielle Situation.

Halbquadrat

Winkel:	45 Grad
Symbol:	∠
Schlüsselwort:	Reibung

Dieser Aspekt bedeutet das Zutagetreten von Mühen und Spannungen. Wenn der Mensch der Auseinandersetzung damit ausweicht, wird er es in seinem nächsten Leben in dieser Hinsicht mit Quadraten zu tun haben.

Quintil

Winkel:	72 Grad
Symbol:	☆
Schlüsselwort:	Talente

Dieser Aspekt, im allgemeinen von Astrologen nicht berücksichtigt, hat für den Studenten der Esoterik eine große Bedeutung. Das Quintil ist ein Aspekt, der einem Fünftel des Kreises (72 Grad) entspricht. Das Schlüsselwort für ihn ist Gabe. Dieser Aspekt repräsentiert besondere Talente und Fähigkeiten, und er bringt zum Ausdruck, wie der Mensch sein inneres und sein äußeres Wesen in Übereinstimmung zueinander bringen kann. Jeder Mensch ist beim Ausdruck seines Wesens – auf seinem Gebiet – ein Künstler. Erst mit diesem Aspekt wird es möglich, bewußt zu erkennen, im Rahmen welcher Aktivitäten sich die Seele zum Ausdruck bringt. Das Quintil, das bei den Chaldäern nur wenigen Eingeweihten bekannt war, enthüllt, welche spirituellen Talente der Mensch hat und welche Hilfe und persönliche Unterstützung er vom Kosmos erwarten darf. Dieser Aspekt ist sehr wichtig für den Sucher, der vor wichtigen Fortschritten steht – dem unbekümmerten Laien dagegen, der zur Ermittlung der Aspekte nur auf gleiche oder ähnliche Grade achtet, entgeht er. Auf diese Weise versäumt Letzterer spirituelle Gelegenheiten: Durch sein instinktives Ausweichen kommt es nicht dazu, daß er sich mit dem Quintil auseinandersetzt.

Quinkunx

Winkel:	150 Grad
Symbol:	⚻
Schlüsselwort:	Korrektur

Der Quinkunx-Aspekt befindet sich auf der einen oder der anderen Seite von der Opposition. Wenn es sich um das Zeichen handelt, das *vor* der Opposition liegt, haben wir es mit einer 6.-Haus-Beziehung zu tun, beim Zeichen *danach* mit einer 8.-Haus-Beziehung. Dies bedeutet einen Unterschied hinsichtlich der Weise, wie der Aspekt zur Wirkung kommt. Bei der 6.-Haus-Beziehung treten Schwierigkeiten auf in Verbindung mit Arbeit oder Gesundheit. Der Quinkunx-Aspekt als 8.-Haus-Beziehung dagegen bedeutet, daß Regeneration und Transformation hinsichtlich des Charakters wichtige Themen sind.

Großes Trigon

Winkel:	Drei Planeten, jeweils im Abstand von 120 Grad zueinander
Schlüsselwort:	Mühelosigkeit

Drei Planeten, die jeweils 120 Grad voneinander entfernt stehen und sich dabei im gleichen Element befinden, bedeuten eine fließende Energie, welche harmonische Umstände und Leichtigkeit hinsichtlich der betreffenden Häuser und Angelegenheiten mit sich bringt. In einigen Büchern steht zu lesen, daß die Auswirkungen nicht günstig sind. Von wohltätiger Art sind sie insofern, als daß die Konzentrierung in dem betreffenden Element glückliche und angenehme Umstände verheißt. Ein Beispiel: Wenn sich das Große Trigon in Erdzeichen befindet, zieht der Mensch sozusagen materielle Gegenstände an. Wenn er dabei aber zu selbstsüchtig sein und zu großen Wert auf Besitz in der Welt der Erscheinungen legen sollte, wird sich das Große Trigon eher als Schwächung denn als Segen erweisen. Ein Großes Trigon in Feuerzeichen steht in Verbindung damit, daß der Mensch seine spirituellen Kräfte nicht nach außen bringt. Das wäre so, als ob man in einem Geheimfach im Schrank eine Million Dollar hat, sich aber beklagt, nichts zu besitzen. Dieser Mensch hat einen Schatz in seinem Besitz, den er nur zum Einsatz bringen muß.

Großes Quadrat

Winkel: Vier Planeten, jeweils im Abstand von 90 Grad zueinander

Schlüsselwort: Herausforderung

Planetenstellung: Ein Muster, das sich aus zwei Oppositionen und vier Quadra-. ten zusammensetzt. Wenn sich in Ihrem Horoskop innerhalb jeden Zeichens einer Qualität ein Planet befindet (innerhalb eines bestimmten Orbis), ist bei Ihnen ein Großes Quadrat gegeben. Es handelt sich hierbei um eine dynamische Konfiguration, die eine ausgleichende Kraft ist, wenn der Mensch die betreffenden Energien konstruktiv einsetzt. Nutzt er das Große Kreuz aber nicht auf eine umsichtige Art, kann es zu großen Schwierigkeiten kommen. Diese Konfiguration ist außerordentlich stark; sie bedeutet Hindernisse, die viel Aufmerksamkeit verlangen, im Gegensatz zum Großen Trigon, welches der Grund für Antriebslosigkeit und Faulheit sein kann, weil alles wie von selbst geschieht. In *kardinalen Zeichen* ist das Ventil für das Große Kreuz die Aktivität. In *fixen Zeichen* ist für die Energie ein Ventil notwendig, das den emotionalen Ausdruck des eigenen Wesens beinhaltet. Große Kreuze in *veränderlichen Zeichen* sind einfacher zu handhaben als die anderen, wozu allerdings noch zu sagen ist, daß sie auch mehr Aufmerksamkeit fordern. Die Gefahr liegt hier in einer zu großen Unbestimmtheit sowie in der Unfähigkeit, Entscheidungen zu treffen. Jede Position zu sehen macht es schwierig, zu Entschlüssen zu kommen. Beim Großen Kreuz in veränderlichen Zeichen sollten Sie Ihre Aufmerksamkeit auch auf die fixen Zeichen richten. Wenn in den fixen Zeichen Planeten stehen, ist dies eine große Hilfe dabei, die Unbestimmtheit und die Wankelmütigkeit des veränderlichen Großen Kreuzes zu korrigieren.

T-Quadrat

Winkel: Drei Planeten in drei Zeichen der gleichen Qualität

Schlüsselwort: Ungleichgewicht

Wenn bei Ihnen im Horoskop drei Planeten jeweils 90 Grad voneinander entfernt stehen (womit also zwei Quadrate und eine Opposition gegeben wären), ist von einem T-Quadrat zu sprechen. Hierbei handelt es sich um ein planetarisches Muster, das schwieriger zu handhaben ist als das Große Kreuz, weil es mit dem nicht besetzten vierten Zeichen zu einem Mangel an Ausgewogenheit kommt. Wir können dies mit einem Tisch vergleichen, der nicht vier, sondern nur drei Beine hat. Der unbesetzte Punkt des T-Quadrates muß sozusagen besetzt werden. Wenn ein wichtiger Planet im Transit auf diesem Punkt zu stehen kommt, wird sich für den betreffenden Menschen eine krisenhafte Zeit ergeben.

Aspekte richtig bewerten

Die Energie des Horoskops mit seinen Aspekten ist weder konstruktiv noch destruktiv. Sie ist rein, und wir können sie benutzen – in positiver oder in negativer Weise. Die Art, wie wir sie einsetzen, hat die Einstufung als gut oder nicht gut zur Folge. Wenn wir Energie aktivieren, kommt das Gesetz von Ursache und Wirkung zum Tragen. Die Konsequenzen, die damit verbunden sind, müssen wir anerkennen.

Es gibt kein Horoskop, das ohne Schwierigkeiten ist. Die Planeten sind in gewisser Weise eine Schule, in der wir, die wir uns als Rebellen zeigen, die Lektionen des Lebens und der Liebe lernen müssen. Die Blaupause, die wir Horoskop nennen, zeigt, wie alt die Seele ist und in welcher Klasse der irdischen Schule sie sich bereits befindet. Des weiteren sind individuelle Stärken und Schwächen an ihm abzulesen. Horoskope von Menschen, die in ihrem Leben eine spirituelle und materielle Statur gewonnen haben, stecken häufig voller Quadrate und Oppositionen. Die Hindernisse gehen einher mit der Stärke, sie zu überwinden. Ein Horoskop, das einfach zu nennen ist, bringt keine Kraft und Stärke, sondern Leichtigkeit und Harmonie, was in der Folge zu Trägheit führen kann, wenn der Mensch nicht aus sich heraus einen Ansporn entwickelt. Haben Sie keine Angst vor schwierigen Horoskopen! Das Horoskop zeigt das persönliche Muster, nicht aber den Geist oder das höhere Selbst, das hinter diesem steht. Die Kraft, die Liebe und die Intelligenz liegen beim höheren Selbst, das uns hilfreich zur Seite stehen wird, wenn wir es dazu auffordern.

Die Aspekte der Sonne, des Mondes und des Merkurs zu den Planeten der höheren Oktave – Uranus, Neptun und Pluto – sind ein Hinweis auf das Alter der Seele. Wenn Uranus, Neptun oder Pluto in einem Eckhaus stehen, hat die Seele bereits ein fortgeschrittenes Stadium erreicht (auch in verletzter Stellung). Die junge Seele hat – ähnlich dem Kind im Kindergarten – nicht die Pflicht, viel zu lernen. Die Seele aber, die schon älter ist, befindet sich sozusagen in der Schule oder in der Ausbildung, und sie muß sich mit den verschiedensten Lektionen auseinandersetzen, um ihre Prüfungen zu bestehen. Bevor wir uns materialisieren, wählen wir aus, mit welcher Umgebung, welchen Eltern und welchem Horoskop wir es zu tun haben. Der *Körper* ist neu, im Gegensatz zu der *Seele* im Körper, die bereits über eine Vergangenheit verfügt. Und auch der Tod ist nicht der Endpunkt aller Dinge, nur des Vehikels, dessen wir uns auf der Erde bedient haben. Fürchten Sie sich nicht! Was auch immer es ist, was wir mit unserer Kraft erschaffen – wir verfügen auch über die Kraft, zur Erlösung zu kommen.

Es gibt zwei Planeten, die wir nicht kontrollieren können: Uranus und Pluto. Bei allen anderen ist die Art und Weise, wie wir uns ihrer bedienen, zu ändern.

Uranus und Pluto sind Planeten des Schicksals, der plötzlichen Aktion, des Unvorhersehbaren (Uranus) und des Todes und der Wiedergeburt (Pluto). Was andere Leute tun, steht außerhalb unserer Kontrolle. Die Entscheidung, die in unserer Hand liegt, ist die, wie wir auf die Aktionen der Mitmenschen *reagieren*.

Bei der Untersuchung von Aspekten kommt es darauf an, ob diese sich in kardinalen, in fixen oder in veränderlichen Zeichen befinden.

♦ *Wenn Spannungsaspekte in kardinalen Zeichen gegeben sind,* deutet dies auf eine Schuld hin, die aus der Vergangenheit in dieses Leben mitgebracht wurde und die nun durch Aktivität zu überwinden ist. Spannungsaspekte in kardinalen Zeichen haben ihre Ursache in falschen Aktivitäten. Sie machen sich körperlich bemerkbar durch Wucherungen, Tumore, Probleme mit den Nieren sowie durch Verdauungsbeschwerden.

♦ *Bei den fixen Zeichen bedeuten Spannungsaspekte eine Schuld,* die sich über viele Leben hinweg tief verwurzelt hat. Hier kommt es darauf an, zu einer Veränderung zu gelangen, indem man den selbstbetonten Willen aufgibt. Beeinträchtigungen der fixen Zeichen haben körperliche Auswirkungen wie Kreislauf- oder Herzstörungen sowie Krankheiten, die eine Erstarrung zur Folge haben (Polio, Lähmung).

♦ *Spannungsaspekte in veränderlichen Zeichen* sind Fehler, die sich aufgrund von falschen Denkmustern im aktuellen Leben zu manifestieren beginnen. Die Probleme, die mit diesen einhergehen, sind am leichtesten zu lösen. Diese Aspekte haben mit der Atmung zu tun. Der Atem und das Denken hängen eng miteinander zusammen. Die Verletzung des Zwillingszeichen bedeuten eine Beeinträchtigung der Lunge. Der Schütze seinerseits herrscht über die Hüften; er steht für die Fähigkeit, vorwärts zu gehen. Die Verletzung der Jungfrau weist auf Assimilationsprobleme des Körpers sowie in psychologischer Hinsicht darauf hin, daß es an der Fähigkeit fehlt, Erfahrungen auszuwerten und zu integrieren. Die Fische herrschen bezüglich des Körpers über die Füße, und dieser Teil des Körpers symbolisiert unser Verständnis. Menschen, denen es an Geist mangelt, lassen dies an ihrer Art zu gehen deutlich werden.

Der Körper ist die Endstation für unsere Schwierigkeiten. Wenn wir uns mit unseren Schwierigkeiten auf den mentalen und emotionalen Ebenen auseinandersetzen, brauchen sie sich nicht auf der physischen Ebene zu manifestieren. Der Mensch, der den Weg des höheren Selbstes beschreitet, erspart sich viele Leiden und Qualen.

Der Unterschied zwischen einem *Sextil* und einem *Trigon* bezieht sich in erster Linie auf die Aktivität. Das *Sextil* symbolisiert Gelegenheiten, mit ihm ist die Tendenz zu harmonischen Umständen gegeben, und der richtige Einsatz von Energie kann hier Harmonie in Vollendung bedeuten. Wenn etwas getan wurde, um den richtigen Einsatz von Energie zu fördern, ist das Sextil von großem Wert. Das *Trigon* dagegen wirkt, ob der Mensch nun etwas tut oder nicht; es stellt einen Wertzuwachs dar, der seine Ursache in guten Taten zu früheren

Lebzeiten hat. Nun kann sich der Mensch darauf einstellen, daß etwas zu ihm zurückfließt.

Wenn wir *Oppositionen* untersuchen, müssen wir entscheiden, welcher der Planeten der stärkere ist. Dies ist auch der Grund dafür, daß wir das Schema von Herrschaft, Exil, Erhöhung und Fall verstanden und im Kopf haben müssen. Der genaueste Aspekt des Horoskop ist von sehr großer Wichtigkeit. Ein exakter Aspekt läßt keine Ausweichmöglichkeit zu. Ob es sich dabei um einen sogenannten günstigen oder schwierigen Aspekt handeln mag – der Schlüssel zum Horoskop ist immer der genaueste Aspekt.

Viele Quadrate und Oppositionen bedeuten ein schwieriges Leben mit vielen Hindernissen, die es zu überwinden gilt. Zugleich aber verleiht es Stärke und Charakter. Es sind die Menschen mit derartigen Horoskopen, die auf den verschiedensten Feldern Wagnisse unternehmen und Erfolge erzielen. Sie sehen sich der Herausforderung gegenüber, ihre spirituellen «Muskeln» spielen zu lassen. Mit dem Bewältigen der vielen Hindernisse kommen sie zu großer Macht und einer herausragenden Stellung. Ein zu einfaches Geburtshoroskop hat ein behagliches und angenehmes Leben zur Folge, aber auch nur wenig Vitalität und Charakter – der Mensch kann sich im Strom der Geschehnisse bewegen, sein Leben wird kaum außergewöhnliche Ereignisse aufweisen. Begrüßen Sie es also, wenn Sie sich Herausforderungen gegenübersehen – sie sind der Ausgangspunkt, ein reiches und erfülltes Leben zu führen.

Zunehmende und abnehmende Aspekte

Wichtig bei den Planetenaspekten ist es, ob diese noch exakt werden oder ob die Exaktheit schon überschritten ist. Wenn der Aspekt erst noch exakt wird (*applikativer* oder auch *zunehmender* Aspekt), ist mehr Energie gegeben als beim *separativen* (oder auch *abnehmender* Aspekt).

Mit zunehmenden Aspekten geht mehr Energie als mit abnehmenden einher – ob nun zum Guten oder zum Schlechten. Ein Beispiel: Wenn die Sonne auf 8 Grad im Zeichen Löwe steht und sich Saturn auf 10 Grad im Skorpion befindet, hat die Sonne das exakte Quadrat noch vor sich. Wenn dagegen die Sonne auf 10 Grad im Skorpion steht und der Saturn auf 8 Grad im Löwen, war der Aspekt bereits exakt gewesen. Dann haben wir es mit der Phase der Separation (Trennung) zu tun. Wenn der schnelle Planet auf den langsameren zuläuft, ist die Auswirkung stärker.

Sepharial, ein bekannter Astrologie aus dem Anfang dieses Jahrhunderts, läßt sich zu diesem Thema wie folgt vernehmen: Wenn sich zwei Planeten im exakten Aspekt zueinander befunden haben, bezeichnet man denjenigen, der sich mit seiner schnelleren Bewegung vom anderen entfernt, als den *separativen* Planeten. Wenn einer der beiden Aspektplaneten rückläufig wird, ist dieser ebenfalls als separativ zu bezeichnen. Wenn beide Himmelskörper rückläufig werden, ist sozusagen eine gemeinsame Separation die Folge. In der Stundenastrologie haben diese Beziehungen eine ganz besondere Bedeutung. Die Partei, die vom separativen Planeten symbolisiert wird, wird Abmachungen hintergehen, den Verpflichtungen nicht nachkommen oder sogar den Vertrag annullieren. Die Partei, die durch den rückläufigen Planeten symbolisiert ist, wird ebenfalls den Abmachungen nicht nachkommen, sie wird sich der Unterlassung oder der Nachlässigkeit schuldig machen. Wenn beide Planeten rückläufig werden, wird es zur Annullierung im gegenseitigen Einverständnis kommen. Derartige Auswirkungen können sich auch in der Ehe ergeben.

ASTROLOGISCHE GRUNDLAGEN AUF EINEN BLICK

Ihr Horoskop zeigt Ihnen:

- ◆ warum Sie hier sind,
- ◆ warum Sie jetzt hier sind und
- ◆ warum Sie an dem Ort sind, wo Sie sind.

Die Astrologie stellt ein dynamisches Potential dar, sie ist nicht statisch. Dadurch, daß Sie sich Ihrer Kräfte (oder Planeten) bedienen, schaffen Sie sich Ihre Welt. Das Horoskop ist gewissermaßen ein Röntgenbild oder eine Blaupause des persönlichen Selbstes. Es zeigt für uns alle, wie wir innerhalb des magnetischen Feldes zum Ausdruck kommen. Das Leben ist im Fluß, und Energie wird immer wieder durch Aktivität freigesetzt. Alles verändert sich fortwährend.

Im Einzelnen:

- ◆ *Planeten:* die Energien, die zum Ausdruck kommen. Das, was wirkt.

- ◆ *Zeichen:* Hinweise darauf, wie der Mensch zu früheren Lebzeiten die Energien eingesetzt hat. Der weise Einsatz dieser Energien ist von Planeten angezeigt, die im eigenen Zeichen oder in dem Zeichen stehen, in dem sie erhöht sind. Planeten im Fall oder im Exil sind ein Hinweis auf den Mißbrauch dieser Energien. Dies deutet auf Charakterschwächen hin, die zu überwinden sind.

- ◆ *Häuser*: stehen für die Lebensumstände, die Umgebung, in der sich die betreffenden Energien manifestieren. Der Bereich, in dem sie zum Ausdruck gebracht werden.
  Ein leeres Haus bedeutet nicht, daß Sie in diesem Lebensbereich nicht aktiv sein können. Es zeigt nur an, daß hier keine ernsthaften Probleme bestehen. In den Häusern, in denen sich keine Planeten befinden, verfügen Sie über einen größeren Freiraum für Aktivitäten. Die Häuser mit Planeten zeigen an, daß hier eher Probleme gegeben sind.

- ◆ Was der Mensch will: *Planeten.*
- ◆ Wo er danach sucht: *Häuser.*
- ◆ Wie er dabei vorgeht: *Zeichen.*

4 ASZENDENT UND DEKANATE

Der Aszendent in den Zeichen

Das Zeichen, das sich im Augenblick der Geburt am Osthorizont befindet, wird das *aufsteigende* oder auch *Aszendent* genannt. Ohne die genaue Geburtszeit wissen wir nicht, welcher Aszendent gegeben ist. Im Laufe eines Tages steigt alle zwei Stunden ein neues Zeichen am Horizont auf. Das aufsteigende Zeichen beziehungsweise der Aszendent bringt die Unterschiede zum Ausdruck, die hinsichtlich des Temperaments, der Einstellung, der körperlichen Erscheinung sowie der Persönlichkeit bei Menschen bestehen, die zwar am gleichen Tag, aber zu verschiedenen Zeiten geboren sind. Ohne die genaue Geburtszeit ist es nicht möglich zu sagen, in welchen Horoskophäusern sich die Planeten befinden oder welche Häuser vom Transit der Planeten zu einer bestimmten Zeit betroffen sind.

Wenn die Geburtszeit nicht bekannt ist, kann das Geburtszeichen (das Zeichen, in dem die Sonne steht) als aufsteigendes Zeichen genommen werden. Man legt dann den Aszendenten auf den Horoskopgrad, der der Sonnenstellung am Tag der Geburt entspricht. Weiterhin werden dann die Zeichen gemäß der natürlichen Folge der Zeichen eingetragen. Dann werden die Planetenstände, wie sie am Geburtstag gegeben waren, in das Horoskop eingetragen. Man nennt dies ein Sonnen-Horoskop (oder auch Seelen-Horoskop). Man kann auch diesem Horoskop viele Informationen entnehmen, allerdings ist es nicht so aussagekräftig wie das Bild, das sich ergibt, wenn die genaue Geburtszeit bekannt ist.

Bei meiner Arbeit als Astrologin habe ich die Methode von Evangeline Adams verwendet. Ich notiere die Zeit, zu der ein Klient zu mir kommt, und erstelle auf diesen Moment ein Horoskop, auf das ich immer wieder Bezug nehme. Ich zeichne die Stände der Geburts-Planeten innen und die der Transit-Planeten außen am Rad ein. Es ist erstaunlich, wie häufig das Zeichen, das dann gerade am Aszendenten steht, eine genaue Widerspiegelung des Problems ist. Nur zu oft läßt es erkennen, warum dieser Mensch zu dieser Zeit zu mir kommt. Wenn es um die Frage einer Heirat geht, steigt wahrscheinlich gerade die Waage auf; geht es um Probleme im Zuhause, ist es mit großer Wahrscheinlichkeit das Zeichen Krebs. Wenn es um den Beruf geht, steht häufig die Jungfrau am östlichen Horizont. Und so geht das weiter – jedes Zeichen markiert einen bestimmten Aspekt des irdischen Lebens.

Stellen Sie sich den Aszendenten als ein Fenster vor, durch das Sie auf die Welt blicken. Jedes Fenster ist von einer bestimmten Farbe und von einer bestimmten Form. Dies hat einen Einfluß darauf, was wir sehen. Es gibt keinen anderen Menschen, der die Dinge genauso wie Sie sieht – was seinen Grund darin hat, daß niemand durch das Fenster schaut, durch das Sie auf die Welt schauen. Anders ausgedrückt: Niemand sieht die Welt mit Ihren Augen.

Die Indianer benutzen ein Sprichwort, das uns allen helfen kann: »Fälle kein Urteil über einen Menschen, bevor du nicht eine Zeit in seinen Schuhen gelaufen bist.«

♈ AC *Widder am Aszendenten*

Ein Übermaß an Energie. Impulsiv, streitlustig, aufbrausend, nach außen gerichtet und willensstark. Schwierig für Frauen, weil dies eine positive, maskuline und aggressive Stellung ist. Wagt sich in Bereiche vor, die selbst von Engeln gemieden werden. Muß Takt und diplomatisches Vorgehen lernen. Eignung für körperliche Betätigungen und technische Belange. Rasche Auffassungsgabe, gute Reflexe. Gut für Verkäufer und *Public-Relations*-Leute. Zu lernen ist hier, tatsächlich durchzuhalten. Schnell gelangweilt. Auf gedankenlose Weise selbstbezogen. Schon früh mit dem Kampf gegen das Leben beschäftigt. Keine absichtliche Bosheit oder betonte Selbstsucht im persönlichen Ausdruck – vorausgesetzt, Mars ist nicht schwer verletzt. Die Aspekte und die Zeichenstellung von Mars sind hier sehr wichtig. Sie zeigen, wie es um die Persönlichkeit und das Temperament bestellt ist.

☿ [AC] *Stier am Aszendenten*

Stark, stabil und dickköpfig. In den Reflexen eher langsam. Ruhig, solange er nicht zu sehr gereizt wird – dann aber gibt es Ärger. Passive Persönlichkeit, im allgemeinen von stillem und anspruchslosem Wesen. Besitzergreifend und fest in seinen Urteilen. Besitztümer und Quellen – hinsichtlich der Finanzen oder der Mitmenschen – sind von sehr großer Bedeutung. Diese Menschen können nicht durch äußerlichen Druck angetrieben werden, höchstens durch Schmeicheleien oder durch sehr gute Argumente. Von praktischem und gütigem Wesen. Gut entwickelter Sinn für das Finanzielle. Guter Arbeiter, aber nicht schnell. Aufgrund der Zähigkeit des Geistes Schwierigkeiten beim Lernen und Studieren. Neigt mit seiner Liebe zur guten Ernährung zu Übergewicht. Kurzer, dicker Nacken mit einer «quadratischen» Körperform. Friedfertiges, geduldiges und leidensfähiges Wesen. Wenn er zu sehr gereizt wird, kann er vorurteilsvoll und unvernünftig sein. In dem Fall, daß Venus oder Mars verletzt sind, muß die Tendenz zur Eifersucht überwunden werden.

♊ [AC] *Zwillinge am Aszendenten*

Stark entwickeltes Gefühl für Dualität. Zwei Persönlichkeiten, die in einem Körper um die Kontrolle kämpfen. Unentschlossen und unsicher, dabei aber von freundlichem, anpassungsbereitem, witzigem und cleverem Wesen. Sehr nervös und angespannt. Lebhaft. Äußerlich selbstsichere Erscheinung, im Inneren aber Mangel an Selbstvertrauen und Selbstsicherheit. Die Mitmenschen haben einen verunsichernden Einfluß, allerdings liebt der Zwilling Unterhaltungen, weil er das Reden liebt. Redet ebensoviel mit den Händen wie mit der Zunge. Besitzt die Fähigkeit zur Konversation, zum Schriftsteller und zum Reporter. Funktioniert vom Verstand aus, mental sehr aktiv. Positive Wesensart, wenn im Inneren Ruhe und Ernsthaftigkeit gewahrt sind. Um zu erkennen, wie die Persönlichkeit auf die Außenwelt projiziert wird, muß untersucht werden, in welchem Zeichen und in welchem Haus Merkur steht und welche Aspekte zu ihm gegeben sind.

♋ [AC] *Krebs am Aszendenten*

Schüchtern und ruhig, insbesondere in frühen Jahren. Empfindsam. Neigt bei Bedrohung zum Rückzug. Freude an Reisen, unter der Voraussetzung, daß eine häusliche Basis besteht, zu der immer wieder zurückgekehrt werden kann. Mitfühlend, empfänglich, passiv und medial veranlagt. Reagiert auf das Leben nicht mit dem Denken, sondern mit Gefühlen. Veränderliche Launen mit ständigen Höhen und Tiefen, wie bei Ebbe und Flut. Gerät schnell aus der Fassung, allerdings dauern diese Launen nie lange an. Wichtig ist hier, in welchem Zeichen der Mond steht und welche Aspekte zu ihm vorhanden sind. Wenn der Mond in einem Eckhaus oder an einem Eckpunkt des Horoskops steht, wird der Mensch auf irgendeine Weise mit der Öffentlichkeit (mit dem Bewußtsein der Masse) zu tun haben. Bei emotionalen Störungen besteht die Neigung zu Magenbeschwerden. Die Reaktionen des Solarplexus bedeuten eine Anregung der Magensäfte.

♌ [AC] *Löwe am Aszendenten*

Selbstbewußt, romantisch und sentimental veranlagt. Von emotionalem, extrovertiertem, mutigen, manchmal aber auch närrischem Wesen. Liebt es, Risiken einzugehen. Sehnsucht, das Leben in all seinen Formen auszukosten. Impulsiv, aber denen, die er liebt, treu verbunden. Kann auf eine liebenswürdige Weise sehr dickköpfig sein. Liebt Sport und Aktivitäten, die im Freien ausgeführt werden. Dieser Mensch verfügt über eine starke Vitalität, sollte allerdings Übungen machen, um die Wirbelsäule geschmeidig zu halten. Breite Schultern, schmale Hüften – wie das Tier Löwe auch. Schnell erregt, allerdings niemals über längere Zeit wütend. Wie das Tier Löwe auch lassen diese Menschen ihre Stimme ertönen und wütende Drohgebärden sehen – allerdings ist damit der Sturm im allgemeinen schon vorüber. Verletzen Sie trotzdem nicht ihren Stolz und achten Sie ihre Würde. Der Löwe vergibt, vergißt aber nicht. Das Bedürfnis nach Liebe ist sehr stark ausgeprägt. Wenn sie frustriert sind, verlieren sie die Lust am Leben. Psychologische Seelenprobleme führen zu Problemen mit dem Herzen.

♍ [AC] *Jungfrau am Aszendenten*

Aufrichtige, aktive und wache Geisteseinstellung. Von ruhigem, bescheidenem und schüchternem Wesen. In Gedanken versunken und dabei manchmal nur auf die eigene Person ausgerichtet. Diese Menschen wirken ungeachtet ihres wahren Alters immer zehn Jahre jünger, als sie wirklich sind. Dieser Sachverhalt ermöglicht oftmals die Korrektur der Geburtszeit für das Horoskop. Von rastlosem und nervösem Wesen, was zur Folge hat, daß diese Menschen selten viel Gewicht angesetzt haben. Praktisch, analytisch und methodisch in allem, was getan wird. Manchmal unentschlossen und unsicher, was insbesondere dann gilt, wenn Merkur in einem veränderlichen Zeichen steht. Muß es lernen, alle Erfahrungen vorurteilslos und vorbehaltlos zu verarbeiten und aufzunehmen. Die innerliche Negativität, die aus einem Gefühl der Unterlegenheit stammt, muß überwunden werden. Kultiviertes Betragen und Auftreten.

♎ AC *Waage am Aszendenten*

Künstlerisch, kreativ und gesellig. Muß es lernen, selbstsüchtige Interessen aufzugeben und Kooperationsvermögen zu beweisen. Dies ist wichtiger, als andere zu übertreffen. Unschlüssigkeit – obwohl auch viel Bestimmtheit vorhanden ist, die aber an der Oberfläche nicht deutlich wird. Gute Redner und Anwälte. Auf eine pfiffige Weise praktisch. Diplomatisch und von einem freundlichen Äußeren. Allerdings ist hinsichtlich der Zuverlässigkeit auf die Aspekte von Venus und Saturn zu achten. Ein gutes Gefühl für Farben. Die Umgebung muß Harmonie widerspiegeln. Trifft das nicht zu, welken diese Menschen dahin. Kann Unordnung nicht ertragen. Wenn die Venus schlecht gestellt ist, ist die Persönlichkeit nicht ausgewogen. Neigt unter Umständen zu Gefallsucht. Verrät möglicherweise aus dem Wunsch heraus, beliebt zu sein, die eigenen Prinzipien.

♏ AC *Skorpion am Aszendenten*

Die problematischste und zugleich stärkste Aszendentenstellung. Schlachtfeld, auf dem die Persönlichkeit und die Seele einen tödlichen Kampf austragen. Es muß hier zu einer Neuorientierung kommen, und die Persönlichkeit muß sterben. Der Kampf bezieht sich auf die drei Aspekte der Persönlichkeit: auf die körperliche, die emotionale und die mentale Ebene. Großer Tiefgang. Teufel oder Engel – etwas dazwischen gibt es nicht. Starker Wille, Selbstvertrauen, Mut, dabei reserviert und schwer zu verstehen. Viel Selbstkontrolle und Gleichmut. Oberflächlich von ruhigem Wesen, im Inneren aber extreme Emotionen. Der sprichwörtlich ruhige Typ. Viel Zielstrebigkeit und sehr große Stärke, genug, um jede Gegnerschaft zu überwinden. Notwendig ist hier, die Gefühle des Grolls und der Eifersucht zu überwinden. Skorpion-Aszendenten weisen immer auf eine Seele hin, die schon ein ganzes Stück des Entwicklungsweges hinter sich gebracht hat. Der mit Messerklingen gesäumte Pfad kann nur dann gegangen werden, wenn der Mensch genug Kraft und Charakterstärke aufbringt. Achten Sie auf die Stellung von Mars (bezieht sich auf das Äußerliche in der Welt) und Pluto (die Unterwelt). Diese beiden Planeten zeigen an, welche Arbeit die Persönlichkeit in diesem Leben vor sich hat.

♐ AC *Schütze am Aszendenten*

Ein stürmisches, nach außen gerichtetes und extravertiertes Zeichen, dem es aber manchmal am Konzentrationsvermögen fehlt. Eine Liebe zu Pferden sowie zu allem, was sich im Freieo abspielt. Viele Bekanntschaften, aber nur we-

nig Freunde. Beiläufige Kontakte anstelle von tiefen Beziehungen. Oberflächlich – wenn nicht Jupiter hinsichtlich seines Zeichens und Hauses gut gestellt
ist. Liebt das Reisen und ist oft unterwegs. Viel Rastlosigkeit. Liebt es, auf dem
Sprung zu sein. Neigung zu Philosophie und Religion. Sehr gesprächig. Von direktem Wesen, kommt auf den Punkt, ist dabei aber nicht unbedingt diplomatisch. Eignung zu ausführenden Tätigkeiten. Positiv und maskulin in seinem
Ausdruck. Im Horoskop der Frau steht dieser Aszendent für den Mangel an
Weiblichkeit und innerem Frieden. In der Regel eine große körperliche Erscheinung mit schmalen Schultern und breiten Hüften, wie der Zentaur, das Schütze-
Symbol. Neigt in mittleren Jahren zur Gewichtszunahme.

♑ [AC] *Steinbock am Aszendenten*

In jungen Jahren gesundheitliche Probleme, die sich aber im Laufe des Lebens
bessern. Empfindsam, schüchtern. Vermag sich in jungen Jahren nicht zu artikulieren, leidet unter dem Gefühl der Unzulänglichkeit. Es ist sehr wichtig, dieses Gefühl zu überwinden, besonders deshalb, weil diese Menschen die Bestimmung fühlen, ihre Ziele im Leben zu verwirklichen und ihrem Daseins-
zweck gerecht zu werden. Viel Ehrgeiz; kein innerer Friede, solange die selbst-
gesteckten hohen Ziele nicht erreicht sind. Geld und Status sind wichtig. Ein
eher reserviertes Wesen, was von den Mitmenschen oftmals als Kälte ausgelegt
wird. Bei ihrer hohen Moral, ihrer Aufrichtigkeit und ihrem Pflichtgefühl haben
diese Menschen selbst nicht das Gefühl, kritisch oder kühl zu wirken – was
aber doch sehr häufig der Fall ist. Als Kinder häufig Stürze mit Knieverletzun-
gen, aus einem mangelhaften Sinn für körperliche Koordination heraus. Später
dann beziehen sich die Stürze und Kratzer auf den Stolz. Die Knie symbolisieren Bescheidenheit – das Vermögen, sich zu beugen. Probleme mit den Knien
sind die äußerliche Manifestation der innerlichen Unfähigkeit, mit Flexibilität
und Bescheidenheit zu reagieren.

♒ [AC] *Wassermann am Aszendenten*

Sehr positiv und maskulin im persönlichen Temperament. Überraschende und
plötzliche Impulse. Sehr intuitiv veranlagt. Reger Verstand. Gut entwickelte organisatorische Veranlagung. Kompetent und praktisch. Intelligent, dabei häufig
aber kühl und berechnend, was die Gefühle betrifft. Wenn Saturn durch seine
Stellung (Haus, Zeichen und Aspekte) sehr stark ist, kommt die saturnische
Vorsicht, Kühle und Selbstbezogenheit deutlich zum Ausdruck. Wenn Uranus
stärker steht, tritt das Bedürfnis nach Freiheit und nach dem offenen Eingehen
auf die Geschehnisse deutlicher hervor. Der Geist ist dann wichtiger als alle
materialistischen, irdischen Angelegenheiten. Der Fluß der körperlichen Ener-

gie ist behindert, wenn Saturn verletzt steht. Eine zu große Starrheit hinsichtlich der psychischen Einstellung und eine zu große Selbstsucht könnten sich körperlich als Athritis und insbesondere auch als Probleme mit der Wirbelsäule manifestieren. Es ist notwendig, daß dieser Mensch die Angst vor seinen Gefühlen der Rebellion verliert.

♓ AC *Fische am Aszendenten*

Unbeschwert und träge. Mitfühlend, überaus empfindsam und erfüllt vom Bedürfnis nach Zuneigung. Eher schwach als stark. Beeinflußbar. Fragt immer nach Rat, nimmt aber niemals Ratschläge an. Sentimental, mediale Fähigkeiten – allerdings auf eine negative Art und Weise. Geheimniskrämerisch und unpraktisch, romantisch und träumerisch. Zu häufig mangelt es an einer bewußten Konzentration auf die Gegenwart. Träumt sich häufiger durch das Leben, als daß dieses tatsächlich gelebt wird. In vielen Fällen musikalische Aktivitäten, unter Umständen exzellenter Musiker. Im Inneren ein Gefühl der Einsamkeit, das durch nichts in der Außenwelt überwunden werden kann. Der Mystiker, der jenseits der persönlichen Ebene nach sich selbst suchen muß. Allein zu sein ist von Zeit zu Zeit eine absolute Notwendigkeit. Diese Menschen haben aufgrund ihres Mitgefühls Probleme damit, Schwingungen von der äußeren Ebene Widerstand entgegenzusetzen. Von liebenswertem Wesen. Muß den Sinn fürs Praktische entwickeln und es lernen, die Energien im Hier und Jetzt zum Einsatz zu bringen. Die Aufgabe besteht darin, anderen im Rahmen der Lebensarbeit zu Diensten zu sein. Dieser Aszendent bedeutet spirituelle Fähigkeiten, unter der Voraussetzung, daß der Mensch seine Emotionen unter Kontrolle hat.

Die Interpretation der Dekanate

Die Zeichen sind in Dekanate eingeteilt. Jedes Zeichen besteht aus drei Abschnitten, die jeweils zehn Grad umfassen. Bei den Dakanaten entsprechen die ersten zehn Grad dem betreffenden Zeichen selbst, der nächste Zehn-Grad-Abschnitt entspricht dem nächsten Zeichen des gleichen Elementes und der dritte Zehn-Grad-Abschnitt dem dritten Zeichen des betreffenden Elementes.

Diese untergeordneten Herrschaftsbeziehungen stellen eine Modifikation der Zeichen dar. Die Menschen, die im gleichen Zeichen geboren sind, sind einander nicht vollständig gleich. Die Zeichen-Dekanate sind von großer Aussagekraft. Untersuchen Sie, wie es sich bei Ihnen verhält, und Sie werden viel darüber herausfinden, wie wichtig die Dekanat-Herrscher sind. Es kommt hier auch auf die Aspekte an, die zum Dekanat-Herrscher bestehen. Von übergeordneter Bedeutung sind Aspekte zwischen dem Dekanat-Herrscher sowie dem Planeten, der über das betreffende Zeichen herrscht.

Zeichen	0 - 9 Grad	10 - 19 Grad	20 - 29 Grad
Widder	Mars	Sonne	Jupiter
Stier	Venus	Merkur	Saturn
Zwillinge	Merkur	Venus	Uranus
Krebs	Mond	Pluto	Neptun
Löwe	Sonne	Jupiter	Mars
Jungfrau	Merkur	Saturn	Venus
Waage	Venus	Uranus	Merkur
Skorpion	Pluto	Neptun	Mond
Schütze	Jupiter	Mars	Sonne
Steinbock	Saturn	Venus	Merkur
Wassermann	Uranus	Merkur	Venus
Fische	Neptun	Mond	Pluto

♈ ♂☉♃ *Widder-Dekanate*

1. Dekanat
0 - 9 Grad
Mars ♂

Eine Betonung der impulsiven und eigenwilligen Tendenzen. Aktiv, aufrichtig und geradeheraus. Liebt es, in Bewegung zu sein. Beachten Sie, in welchem Zeichen Mars hier steht und an welchen Aspekten er beteiligt ist.

2. Dekanat
10 - 19 Grad
Sonne ☉

Eine Abmilderung der Mars-Energie. Weniger Selbstzentriertheit. Ehrgeizige Natur mit mehr Beharrungsvermögen als im 1. Dekanat.

3. Dekanat
20 - 29 Grad
Jupiter ♃

Starkes Bedürfnis, die Welt kennenzulernen und umherzureisen. Interesse an Sport, Spiel und in den meisten Fällen an allem, was sich im Freien abspielt. Im fortgeschrittenen Entwicklungsstadium besteht eine tiefe Neigung zur Philosophie oder zur Religion. Das Dekanat, das die größte Rastlosigkeit verrät.

♉ ♀☿♄ *Stier-Dekanate*

1. Dekanat
0 - 9 Grad
Venus ♀

Künstlerisch und kreativ veranlagt. Sehr dickköpfige Natur. Dieser Stier kann von keiner Kraft überwunden werden – Sie können ihn sich aber gefügig machen, wenn Sie ihm mit bedingungsloser Liebe begegnen. Die sinnliche Seite bedarf hier der Kontrolle. Aspekte zur Venus sind von besonderer Bedeutung.

2. Dekanat
10 - 19 Grad
Merkur ☿

Größere intellektuelle Beweglichkeit und ein stärker entwickeltes Unterscheidungsvermögen. Geselliger und anpassungsfähiger. Bewegt sich im Fluß (wenn Merkur keine Verletzung aufweist und die fixen Zeichen nicht zu stark betont sind).

3. Dekanat
20 - 29 Grad
Saturn ♄

Das materialistischste alle Stier-Dekanate. Zeigt möglicherweise Geiz oder Knickrigkeit an. Ehrgeiz und Bedürfnis nach Geld und Prestige. Zu beachten sind die Aspekte, die zu Saturn bestehen. Ein eher konventioneller Mensch.

♊ ☿♀♅ *Zwillinge-Dekanate*

1. Dekanat
0 - 9 Grad
Merkur ☿

Das Zwillings-Dekanat, das die größte Rastlosigkeit und Unbestimmtheit verrät. Starke familiäre Bande, Hingezogenheit zu familienhistorischen Plätzen aus einer inneren Unsicherheit und Unentschlossenheit heraus. Wenn Saturn nicht stark gestellt ist, eine ausgeprägte Neigung zum Reden. Muß es lernen, auch einmal still zu sein.

2. Dekanat
10 - 19 Grad
Venus ♀

Ausgeprägte kreative und künstlerische Gaben. Sollte einen Beruf ergreifen, der den persönlichen Kontakt zu Menschen einschließt. Sehr liebenswürdiger Typ. Rastlosigkeit sowie eine Abneigung gegenüber Routinetätigkeiten. Neigt unter Umständen zur Faulheit.

3. Dekanat
20 - 29 Grad
Uranus ♅

Möglicherweise erfolgreiche Tätigkeit in geschäftlichen oder wissenschaftlichen Bereichen. Unter Umständen führende Position in einer Organisation oder einer großen Gruppe von Menschen. Sinn für geschäftliche Unternehmungen, wacher Geist.

♋ ☽♀♆ *Krebs-Dekanate*

1. Dekanat
0 - 9 Grad
Mond ☽

Reagiert eher unbewußt als bewußt auf das Leben. In frühen Jahren schüchtern und zurückhaltend. Stark ausgeprägte Empfänglichkeit. Muß es lernen, nicht emotional auf Eindrücke oder Gefühle zu reagieren.

2. Dekanat
10 - 19 Grad
Pluto ♀

Stark entwickelte mystische Neigungen. Es ist hier zu beachten, welche Aspekte zum 8. Haus sowie zwischen Mond und Pluto vorhanden sind. Ausgeprägte Sturheit und Dickköpfigkeit. Muß es lernen, seine Neigung zu Wut und Eifersucht zu überwinden.

3. Dekanat
20 - 29 Grad
Neptun ♆

Mitfühlende Natur. Sehr emotional. Kann sich mit allem identifizieren, was um ihn herum vorgeht. In gewisser Weise ein Schwamm, der die Schwingungen der Atmosphäre in sich aufsaugt. Könnte über mediale Fähigkeiten verfügen. Unter Umständen ein Märtyrer oder jemand, der sich ganz dem Dienst an seiner Gemeinschaft verschreibt.

♌ ☉ ♃ ♂ *Löwe-Dekanate*

1. Dekanat
0 - 9 Grad
Sonne ☉

Ehrgeizig, furchtlos, stolz und vertrauenswürdig, wenn die Sonne nicht verletzt ist. Starke Vitalität. Guter Freund und schwieriger Feind. Man sollte die Würde dieses Menschen nicht verletzen. Ihn lächerlich zu machen, hat für beide Seiten fürchterliche Folgen.

2. Dekanat
10 - 19 Grad
Jupiter ♃

Ruft beim entwickelten Individuum die philosophische Seite wach. Freiheit ist hier wichtiger als alles andere. Falls Jupiter verletzt ist, könnte ein schlecht entwickeltes Urteilsvermögen gegeben sein. Freundliches, geselliges, offenes und aufrichtiges Wesen.

3. Dekanat
20 - 29 Grad
Mars ♂

Bedeutet eine Verstärkung der Willenskraft und verleiht noch mehr Impulsivität. Streben nach Unabhängigkeit. Gibt mehr, als er nimmt. Kann die Vereinigung von Kopf und Herz herstellen, wenn die Sonne nicht verletzt ist.

♍ ☿ ♄ ♀ *Jungfrau-Dekanate*

1. Dekanat
0 - 9 Grad
Merkur ☿

Ruhige, reservierte und schüchterne Natur. Braucht die Hilfe anderer, um seine Ziele zu erreichen. Mangel an Selbstvertrauen, dabei aber selbstzentriert. Muß es lernen, andere in seine Welt aufzunehmen.

2. Dekanat
10 - 19 Grad
Saturn ♄

Eine Betonung des Praktischen sowie der beruflichen Interessen. Zu beachten ist, welche Aspekte zu Saturn bestehen. Selbstsucht kann zutage treten, wenn von Saturn aus ein Spannungsaspekt zu Merkur gegeben ist. Muß achtgeben, sich nicht von Negativität und von depressiven Stimmungen überwältigen zu lassen.

3. Dekanat
20 - 29 Grad
Venus ♀

Künstlerische Neigungen. Weniger selbstbezogen als die anderen Jungfrau-Dekanate. Bringt mehr Liebe und Freundlichkeit zum Ausdruck. Von weniger zwanghaftem Wesen als das 1. Dekanat. Kein Interesse für die alltägliche Routine. Braucht ein kreatives Ventil!

♎ ♀ ♅ ☿ *Waage-Dekanate*

1. Dekanat
0 - 9 Grad
Venus ♀

Positive Einstellung, starke Intuition. Kultiviertes und verfeinertes Benehmen. Zieht Menschen an, ohne sich dafür anstrengen zu müssen. Muß mit anderen zusammenarbeiten. Sehr künstlerisches Wesen.

2. Dekanat
10 - 19 Grad
Uranus ♅

Stark ausgeprägter Willen. Eher vom Verstand als von den Emotionen beherrscht. Tendenz, verinnerlichten Mustern zu folgen. Wacher Verstand, aber nicht flexibel hinsichtlich der Geschehnisse. Organisiert sein Leben von Projekten aus. Günstiger für das männliche als für das weibliche Horoskop. Bei der Frau besteht die Gefahr einer zu maskulinen Herangehensweise.

3. Dekanat
20 - 29 Grad
Merkur ☿

Anpassungsfähig und beweglich im Selbstausdruck, dabei allerdings vielleicht zu «luftig». Hat seine Schwierigkeiten damit, sich wirklich auf etwas einzulassen und die Dinge zu einem Abschluß zu bringen. Eignung für den Journalisten- oder Reporterberuf. Intuitiv. Sehr rastlos im Wesen, insbesondere dann, wenn starke Aspekte zu Uranus gegeben sind.

♏ ♇ ♆ ☾ *Skorpion-Dekanate*

1. Dekanat
0 - 9 Grad
Pluto ♇

Reserviert, geheimnisvoll, äußerlich gesehen ruhig – im Inneren aber erfüllt von wilden Emotionen. Verfügt über die Stärke, sich als Engel oder als Teufel zu erweisen – etwas dazwischen gibt es für diesen Menschen nicht. Um zu erkennen, was für einen Weg er nehmen wird, muß das gesamte Horoskop berücksichtigt werden. Manchmal kommt es hier dazu, daß der Mensch sich in seinem Leben von der einen Extremposition zur anderen bewegt. Der Heilige Franz von Assisi wäre dafür ein Beispiel.

2. Dekanat
10 - 19 Grad
Neptun ♆

Dies ist zu analysieren in Verbindung mit der Stellung von Pluto und Neptun. Es könnte sich um einen entwickelten Menschen handeln, der seine Energie dafür einsetzt, sich seiner Gemeinschaft dienst- und opferbereit zu zeigen. Vielleicht haben wir es aber auch mit jemandem zu tun, der seine Kräfte vergeudet oder der berechnend oder gar lasterhaft ist. Die übergeordnete Tendenz des Horoskops läßt erkennen, worauf es hinausläuft.

3. Dekanat
20 - 29 Grad
Mond ☾

Deutlich mehr Mitgefühl und Freundlichkeit als in den anderen beiden Dekanaten. In psychischer Hinsicht sehr empfänglich. Harmonische Aspekte zwischen Mond und Mars können unter Umständen übersinnliche Fähigkeiten bedeuten. Äußerlich möglicherweise hart, im Inneren aber von eher weicher Wesensart.

♐ ♃ ♂ ☉ *Schütze-Dekanate*

1. Dekanat
0 - 9 Grad
Jupiter ♃

Reden und Reisen. Von sehr rastlosem Wesen. Schnell gelangweilt. Das Bedürfnis, immer auf Achse zu sein. Freundlich, gesprächig und gesellig. Für eine gewisse Gründlichkeit ist allerdings eine starke Saturn-Stellung notwendig. Intuitive Natur. Der Typ des optimistischen Verkäufers.

2. Dekanat
10 - 19 Grad
Mars ♂

Der Pionier, was das Lehren von neuen philosophischen Trends oder neuen religiösen Gedankengängen betrifft. Abenteuerlustig und unabhängig. Kann sich nicht damit abfinden, eingeschränkt zu sein. Mutig bis hin zur Tollkühnheit, riskiert «Kopf und Kragen». Handelt zuerst und denkt dann.

3. Dekanat
20 - 29 Grad
Sonne ☉

Das beste Schütze-Dekanat. Die Kombination des Lichtes des solaren Egos mit der Kraft des überbewußten Geistes. Weichherzig und großzügig, intuitiv und inspiriert. Der entwickelte Typ kann seinen Mitmenschen sehr helfen. Zu beachten ist hier, welche Aspekte zwischen Jupiter und der Sonne vorhanden sind. Wenn hier ein Spannungsaspekt besteht, muß gegen Extravaganz und Eitelkeit vorgegangen werden.

♑ ♄♀☿ Steinbock-Dekanate

1. Dekanat
0 - 9 Grad
Saturn ♄

Der größte Ehrgeiz von allen Dekanaten. Praktisch und hartnäckig im Verfolgen der Ziele. Bei einem verletzten Saturn werden andere Menschen ohne Bedenken für die eigenen Ziele benutzt. Wenn Saturn in der oberen Hälfte des Horoskops steht, ist der Antrieb, Erfolg zu haben, außerordentlich stark. Unterhalb des Horizontes bedeutet Saturn in diesem Fall den Wunsch, sich von der Welt zurückzuziehen.

2. Dekanat
10 - 19 Grad
Venus ♀

Stimuliert die künstlerischen Gaben, insbesondere bezüglich der Musik und des Tanzes. Wenn zwischen Venus und Saturn ein harmonischer Aspekt vorhanden ist: Die Fähigkeit, materielle Erfolge zu erzielen. Verleiht Loyalität und Leidensfähigkeit. Möglicherweise – wenn eine Betonung der fixen Zeichen besteht – eine Neigung zur Dickköpfigkeit. Dieser Mensch kann sich selbst sein bester Förderer sein oder aber sein ärgster Feind.

3. Dekanat
20 - 29 Grad
Merkur ☿

Eine Betonung des Unterscheidungsvermögens sowie der intellektuellen Fähigkeiten. Neigung zur Nörgelei und zu übermäßigen Forderungen. Guter Arbeiter, was Forschungen, geistige Prozesse und wissenschaftliche Unternehmungen betrifft. Die Eignung für Tätigkeiten in der Werbung und im Journalismus.

♒ ♅☿♀ Wassermann-Dekanate

1. Dekanat
0 - 9 Grad
Uranus ♅

Großes Selbstvertrauen und sehr vernunftgeprägtes Vorgehen. Schwierigkeiten in der Jugend, die häufig aus starkem Eigensinn resultieren. Im weiteren Verlauf des Lebens aber kommt dieser

Mensch mit harter Arbeit und Beharrungsvermögen zu Prestige und Macht. Wissenschaftliche Begabung. Vielleicht sogar – wenn Uranus im Horoskop eine herausragende Stellung innehat – ein Genie. Erfinderische Natur.

2. Dekanat
10 - 19 Grad
Merkur ☿

Der Menschentyp, dem sich das Universum am Schreibtisch entfaltet. Scharfe Intuition. Die Ideen sollten auf ein solides Fundament gestellt werden, bevor sie weitergegeben werden. Aktive Neugier. Von freundlicherer Art als das 1. Dekanat.

3. Dekanat
20 - 29 Grad
Venus ♀

Diejenigen, die vielen Menschen dienen, werden durch dieses Dekanat ihre Erfüllung erleben. Das Liebesbewußtsein strebt ein höheres Ziel an als die rein persönliche Befriedigung. Dieser Mensch ist künstlerisch in seiner Natur, er verfügt über ein entwickeltes Bewußtsein, ist manchmal allerdings zu kühl und unpersönlich. Herzenswärme ist nötig, damit in Verbindung mit dem Mentalen ein Zustand der Ausgewogenheit erreicht wird.

♓ ♆ ☽ ♀ *Fische-Dekanate*

1. Dekanat
0 - 9 Grad
Neptun ♆

Die einzige Möglichkeit für die Fische, Freiheit zu gewinnen, besteht im Aufgeben der persönlichen Begierden. Hier haben wir es mit dem heimatlosen Wanderer zu tun, der weiter und weiter sucht, ohne auf der irdischen Ebene fündig zu werden. Nur, wenn das Gefühl der Getrenntheit überwunden wird, kann er sein göttliches Erbe erkennen. Aspekte zwischen Neptun und der Sonne sind von besonderer Wichtigkeit. Es ist die Aufgabe dieses Fische-Dekanats, von der rein emotionalen Antwort auf das Leben abzukommen, ohne dabei die Fähigkeit zum Mitfühlen zu verlieren.

2. Dekanat
10 - 19 Grad
Mond ☽

Das 2. Fische-Dekanat ist problematisch, weil die Person hier in einem stärkeren Maße als bei den anderen beiden den Launen und Gefühlen unterworfen ist, die ihren Ursprung im Unbewußten haben. Schnell verletzt. Zieht sich bei Herausforderungen zurück. Von schüchterner Wesensart. Irrationale Ängste in dem Fall, daß Neptun durch den Mond verletzt ist. Eine sehr stark mitfühlende Natur, die es lernen muß, sich nicht mit allem zu identifizieren, womit sie in Berührung kommt. Unentschiedenheit sowie die Neigung, sich Sorgen zu machen, können unter Umständen zu Magengeschwüren führen. Magengeschwüre entstehen, wenn der Mensch es zuläßt, daß die Umstände seiner Umgebung ihn «aufessen». In diesem Fall ist es der Körper, der dafür bezahlen muß. »Was nagt an mir?« – es könnte sinnvoll sein, sich einmal über diese Frage Gedanken zu machen.

3. Dekanat
20 - 29 Grad
Pluto ♀

Hier kommt Kraft und ein starker Willen zum Ausdruck. Mehr Fixiertheit als bei den ersten beiden Fische-Dekanaten. Kann sehr, sehr gut oder schlecht sein – die Kraft dafür ist gegeben. Wenn

Pluto oder Mars verletzt ist (insbesondere durch Neptun oder Saturn), könnte der Mensch selbstsüchtig oder außerordentlich destruktiv sein. Bei positiven Aspekteo, insbesondere zu den problematischeren Planeten wie Saturn, Uranus, Neptun oder Pluto, verfügt diese Person über ungeheuer viel Kraft, Gutes zu tun. Die Tendenz, die vom Rest des Horoskops angezeigt ist, läßt erkennen, ob der Mensch seine Energie zum Guten oder zum Schlechten nutzt. Sie ist auch ein Indiz dafür, ob er sich selbst sein bester Freund oder sein ärgster Feind ist: Schadet oder unterstützt er sich selbst?

5 ZEICHEN AN DEN HÄUSERSPITZEN

Im folgenden wird erläutert, welche Auswirkungen sich aus der Aszendenten-Stellung bezüglich des Häuserkreises ergeben. Grundsätzlich ist hier anzumerken, daß die Zuordnungen auf dem System der *äqualen* (= gleich großen) Häuser basieren. Steht beispielsweise die Waage am Aszendenten, ist bei gleichgroßen Häusern automatisch der Skorpion an der Spitze des 2. Hauses zu finden, der Schütze an der Spitze von 3 und so weiter. Gleichermaßen verhält es sich mit den anderen Aszendenten-Stellungen. Aber auch gesetzt den Fall, daß Sie mit einem anderen Häusersystem arbeiten, welches nicht von gleichgroßen Häusern ausgeht (also zum Beispiel Häuser nach Placidus, Koch, Dalton oder andere),* ist den folgenden Ausführungen mancherlei interessante Erkenntnis zu entnehmen.

Es ist noch darauf hinzuweisen, daß sich der Ausdruck Krebs-Geborener, Löwe-Geborener und so weiter nicht nur auf die Sonnenstellung bezieht, sondern auch auf die Einteilung des Horoskops, wie sie sich gemäß dem aufsteigenden Zeichen beziehungsweise des Aszendenten ergibt.

---

* Wichtige Impulse zur Klärung der »Häuserfrage« gibt das Buch »Karma und freier Wille im Horoskop« von Wulfing von Rohr, Verlag Hier & Jetzt 1995.

Horoskope mit Widder-Aszendent

Wenn zum Zeitpunkt der Geburt Widder am Aszendenten steht, haben wir es mit einem sogenannten «natürlichen Horoskop» zu tun. In diesem Fall ist eine Übereinstimmung zwischen den Zeichen und den Jahreszeiten gegeben, was ganz allgemein weniger Reibung zur Folge hat. Als Regel können wir anführen, daß der Widder mehr Schnelligkeit als jedes andere Zeichen bedeuten kann. Es gibt sehr viele berühmte Menschen mit diesem Aszendenten. Der Widder bringt uns Menschen, die denken, und Menschen, die handeln. Die Essenz des Feuers beziehungsweise der Fluß des Lebens beginnt mit dem Widder im 1. Haus, konsolidiert sich im 5. Haus des Selbstausdrucks und manifestiert sich dann im 9. Haus, das für Verständnis steht. Widder-Menschen sind im Rahmen ihrer Persönlichkeit sehr lebendig. Es handelt sich bei ihnen um diejenigen, die den ersten Schritt vollziehen. Wie alt er auch sein mag – der Widder-Mensch ist niemals zu alt dafür, ein neues Wagnis einzugehen oder die Initiative zu ergreifen. Alle anderen Zeichen können in Stagnation erstarren, nicht aber der Widder.

♈ 1   Widder an der Spitze des 1. Hauses

Der Widder stürzt sich kopfüber in Aktivitäten. Als ausgesprochen extravertierte Natur lernt der Widder, indem er seine Gedanken in Handlungen umsetzt. In physischer Hinsicht kennt er keine Angst. Erst wenn er erkannt hat, daß es nichts bringt, sich den Kopf an Mauern einzurennen, kommt es zur Modifikation seiner direkten Art. In seinen jungen Jahren ist dieser Mensch von ungestümem Wesen; er ist geradeheraus und darum bemüht, immer direkt auf seine Ziele zuzugehen. Wenn ihm später dann aufgegangen ist, daß der gerade Weg nicht immer zum Erfolg führt, ist er auf sehr erfindungsreiche Weise dazu imstande, auf gefährlichen kurvenreichen Pfaden zum Ziel zu kommen. Mit dem Widder geht keine Anziehung wie zum Beispiel bei den Venus-Zeichen (Stier und Waage) einher. Wir haben es hier mit der Regentschaft von Mars zu tun, dem Planeten, der für das «Los und Drauf» steht. Damit hängt zusammen, daß die Suche hier eher etwas Aggressives hat. Dies ist es, was andere Leute irritiert und unter Umständen auch abstößt. Dieser Mensch setzt zuviel Kraft ein, was im anderen die instinktive Neigung zum Rückzug erweckt. Wie dem auch sein mag – der Widder-Mensch kann kämpfen. Allerdings zieht er es zumeist vor, seine geistigen Fähigkeiten zum Einsatz zu bringen.

♉ 2 Stier an der Spitze des 2. Hauses

Hier haben wir es mit der Liebe zum Besitz zu tun sowie mit dem Wunsch, diesen zu bewahren. Geld (oder Sicherheit) ist von sehr großem Wert. Der Stier an dieser Stelle bedeutet die Liebe zum Geld und zu den Dingen, die für Geld gekauft werden können. Der Widder denkt viel über Geld nach. Auf den Gedanken folgt Energie, so daß er auch auf der materiellen Ebene Substanz anzieht. Der Widder bedeutet auch die Eignung für das Geschäftsleben, was damit zusammenhängt, daß diese Menschen praktisch veranlagt sind und mit ihren Füßen auf dem Boden der Tatsachen stehen (dies ist wiederum damit in Verbindung zu sehen, daß die Erdzeichen über die Zeichen herrschen, die die materiellen Belange regieren). Personen mit Widder-Aszendent machen das Beste aus dem, was auf sie zukommt. Sie verfügen hinsichtlich des Finanziellen über große Aufgeschlossenheit. Allerdings fällt es ihnen zumeist auch nicht schwer, Geld auszugeben. Die Einstellung zum Geld ist wie die allgemeine Auffassung vom Leben praktisch sowie an den Gegebenheiten orientiert. Diese Menschen lieben schöne Dinge, und sie lassen sich diese auch etwas kosten. Sie arbeiten hart, um das zu erreichen, was sie begehren.

♊ 3 Zwillinge an der Spitze des 3. Hauses

Hier haben wir es mit einem rationalen Geist zu tun, mit jemandem, der über Witz und Schlagfertigkeit verfügt und der immer wieder aufs neue blitzartige Eingebungen hat. Mit dem Widder sind in jedem Augenblick die vielfältigsten Ideen verbunden (wenn auch beim *Aszendenten* die Zielgerichtetheit dazu führt, daß sich die Aktionen auf etwas Bestimmtes konzentrieren). Auf diese Weise geht viel von der Flatterhaftigkeit verloren, die gemeinhin mit dem Zeichen Zwillinge verbunden ist. Der Widder kann sich als Diplomat erweisen, indem er im einen Moment der einen und im nächsten Moment der anderen Person zustimmt, mit vollständig entgegengesetzten Meinungen. Man kann leicht an diesen Menschen herankommen, und von seinem grundsätzlichen Wesen her ist er hinsichtlich seiner Kontakte idealistisch geprägt. Mit dem dualistischen Luftzeichen Zwillinge im Haus der Lebensumstände und der täglichen Kontakte steht dieser Mensch in enger Verbindung mit allem, was um ihn herum geschieht. Er ist aufgeschlossen, behend, verantwortungsbewußt und freundlich. Es bereitet ihm Freude, anderen gefällig zu sein. Er kennt jeden Menschen in seiner Umgebung – vom Hausmeister bis hin zum Würdenträger –, und er spricht mit allen von ihnen. Das soll allerdings nicht heißen, daß er keinen Blick für soziale Unterschiede hätte. Was die alltäglichen Kontakte betrifft, ist seine Herangehensweise von seinem Verstand geprägt.

♋ 4 *Krebs an der Spitze des 4. Hauses*

Hier haben wir es mit dem Gefühl zu tun. In der schlußendlichen Analyse erkennen wir, daß der Widder emotional ist, insbesondere, was die Familie und die ererbten Muster sowie die Pflichten dem Leben gegenüber angeht. Dieser Mensch fühlt eine tiefe Verbundenheit gegenüber den familiären Traditionen und den häuslichen Verbindungen. Wenn Spannungsaspekte zum Mond bestehen, fühlt er sich möglicherweise nicht zu seiner Mutter hingezogen. Allerdings gilt auch dann, daß er sentimentale Vorstellungen von der Beziehung zur Mutter hat. Dieser Mensch genießt es, ein Zuhause sein eigen zu nennen, in dem er seine Wurzeln hat und von dem sein Leben ausgeht. Die Tatsache, daß er sein Zuhause vielleicht so schnell wie möglich verließ, ändert nichts an seiner gefühlsmäßigen Verbindung mit dieser Vorstellung. Wenn er älter wird, verspürt er ein großes Bedürfnis nach einem festen Zentrum. Er ist in seinem Zuhause umgänglich, dabei allerdings manchmal von einem launischen Wesen. In frühen Jahren reist er viel herum. Wenn er in seinem Inneren bereit ist, sehnt er sich nach einem Zuhause, in dem ihn seine Lieben geduldig erwarten.

♌ 5 *Löwe an der Spitze des 5. Hauses*

Hier haben wir es mit dem Dramatiker zu tun. Menschen mit dem Löwen an der Spitze von 5 bringen sich selbst zur Aufführung; sie lieben es, sich selbst auf der Bühne des Lebens darzustellen. Sie richten all ihre Aufmerksamkeit auf das, was sie im Augenblick gerade interessiert – ob sich dies nun auf ihre Gefühle bezieht oder ob es dabei um Kreativität geht. Angenommen, daß im nächsten Moment die Aufmerksamkeit etwas anderem gilt: Muß das heißen, daß ihr Interesse nur sehr oberflächlich war? Der Widder brennt schnell aus, wenn die Energie nicht fortwährend aufgeladen wird. Er ist von loyalem und treuem Wesen, wenn er nur immer das Gefühl hat, der Mittelpunkt seiner Welt zu sein. Er braucht Anerkennung, und naiverweise nimmt er sogar Schmeicheleien dankbar auf. Dies sind Löwe-Charakteristiken in Reinkultur – der Löwe ist das natürliche kreative Zeichen, das in Verbindung mit einer tiefen Selbstbezogenheit und einem tiefen Bewußtsein der eigenen Person steht. Dabei bedeutet es aber zugleich das Bedürfnis nach fortgesetzter Bestätigung. Der Löwe an dieser Stelle symbolisiert die Eignung für den Lehrerberuf, und der Widder ist dazu in der Lage, sein Wissen zu dramatisieren und so darzustellen, daß Kinder es verstehen können. Er ist ein geborener Spieler, der mit seinem Geld und seinem Besitz spielt. Selbst sein Herz setzt er aufs Spiel.

Jungfrau an der Spitze des 6. Hauses

Diese Stellung verleiht dem Widder eine Eignung für Detailarbeit. Mechanische Berechnungen interessieren ihn, wie überhaupt alle Arten von Forschungsarbeit. Hier haben wir es mit dem geborenen Historiker zu tun. Mit dieser Stellung sehen wir auch einen Menschen vor uns, der sich der Genauigkeit und Reinlichkeit verschrieben hat. Was die Gesundheit betrifft, bedeutet der Widder am Aszendenten und die Jungfrau in 6, daß möglicherweise Probleme mit der Leber oder den Därmen gegeben sind. Im Falle einer Krankheit ist der Widder von allen Tierkreiszeichen am meisten irritiert. Sein Interesse an der Gesundheit kann dazu führen, daß er Diät hält oder eine gesunde Ernährungsweise wählt. Mit der Jungfrau in dieser Stellung hilft er uneigennützig, wenn er darum gebeten wird. Dieser Mensch verspricht nicht zu handeln, er handelt. Wenn Sie ihn um Hilfe bitten, hilft er Ihnen, trotz seiner vermeintlich ausgeprägten Ungeduld. Er selbst zögert nicht, seine Dienste anzubieten. Wenn er eine Aufgabe hat, bringt er alle Details in perfekter Weise zur Koordination, wobei er den gesunden Menschenverstand nicht außer acht läßt. Das 6. Haus regiert über die Gesundheit. Wenn das feurige Interesse dieses Menschen erst einmal geweckt ist, nimmt er jede harte Arbeit auf sich, bis hin zur körperlichen Erschöpfung.

♎ 7 Waage an der Spitze des 7. Hauses

Mit dieser Stellung ist der Widder nicht glücklich, wenn es keine Menschen gibt, die sein Leben auf die eine oder andere Weise teilen. Der Widder ist sentimental und idealistisch. Wenn man ihn fühlen läßt, daß er Anerkennung verdient, macht er sich dieses Gefühl zu eigen, er teilt dann alles, was er hat, mit anderen, bis hin zum Punkt, an dem er sich selbst zum Opfer bringt. Schwierig ist es für ihn zu erkennen, daß Teilen auf Gegenseitigkeit beruht. Die Basis des Teilens muß die gegenseitige Befriedigung sein und nicht nur das, was der Widder will. Weil das Persönlichkeitsmuster dieses Menschen vom Feuer geprägt ist (Feuerzeichen an der Spitze von 1, 5 und 9), fällt es ihm schwer zu erkennen, worauf sich andere beziehen. Dies ist einer der Stolpersteine auf dem Weg zur Ehe – dieser Mensch sieht den Partner nur in seinem eigenen persönlichen Zusammenhang, was es dem anderen schwer macht, die eigene Individualität zu entfalten. Der Widder kommt am besten mit einem Partner aus, der ihn versteht und der ihn nimmt, wie er ist. Das Gefühl sowie eine geistige Wesensverwandtschaft halten hier die Ehe zusammen. Wenn der Ehepartner klug ist, wird er sich hüten, diesem Menschen direkt zu widersprechen. Geht er mit Diplomatie vor, kann er ihn zu allem bringen, was er will – er kann ihm dann gewissermaßen einen Ring durch die Nase ziehen. In diesem Zusammenhang ist vielleicht darauf hinzuweisen, daß die Nase der Körperteil ist, der von Mars regiert wird, und Mars herrscht bekanntermaßen über den Widder.

♏ 8 *Skorpion an der Spitze des 8. Hauses*

Mit Skorpion an der Spitze von 8, dem Haus des Todes und der Regeneration, ist schnell zu verstehen, warum die physischen Bedürfnisse des Widders so stark sind. Der Widder erneuert sich selbst oder beginnt sein Leben aufs Neue, indem er beim Akt der Eheschließung sein Selbst auslöscht. Seine Reaktion auf die Liebe ist einfach und direkt; sie bedeutet keine emotionale Bande, wie es der durchdringenden skorpionhaften Art entspricht. Die widderhaften gefühlsmäßigen Bindungen stammen aus anderen Facetten des Wesens. Sein Vermögen zur Selbst-Regeneration hat seinen Ursprung in der starken solaren Kraft, die ihm aus den Urgründen des Lebens zufließt. Wenn es der Widder will, erhebt er sich aus den schlimmsten Umständen; er sammelt dann seine Kräfte und beginnt ein neues Leben. Er liebt das Leben, ist aber dazu imstande, den Tod und den Prozeß der Auflösung objektiv und mit Abstand zu betrachten. Daraus erklärt sich die positive Einstellung des Widders zur Aktivität. Niemand weiß besser als er, daß alles, was zum Zwecke der Regeneration oder der Veränderung getan wird, seinen Ursprung im Inneren haben muß. In seinem Inneren ist dabei eine gewisse Unsicherheit gegeben, was der Grund dafür ist, daß er sich an die äußeren Realitäten des Lebens klammert. Der Widder ist von sich aus nicht davon überzeugt, daß er sich vertrauensvoll und zuversichtlich der Außenwelt stellen kann. Er braucht hier jemanden, der ihm einen Anstoß gibt.

♐ 9 *Schütze an der Spitze des 9. Hauses*

Mit dem Widder-Aszendenten liebt es der Mensch zu reisen, und möglicherweise kommt er in seinem Leben viel herum. Er hat einen breiten Horizont, was seinen Blick auf das Leben betrifft, und er ist in seinem Geist sehr interessiert an allen religiösen oder gesetzlichen Reformen. Mit dem Widder sind intuitive Gaben verbunden, was heißt, daß dieser Mensch aus seinen Eindrücken heraus tätig werden sollte. Er ist optimistisch und freundlich und von der Vorstellung getrieben, daß an der nächsten Ecke schon ein neues Abenteuer wartet. Immer wieder entspringt in ihm neue Hoffnung, was positiv zu sehen ist. Es ist Jupiter, der über das 9. Haus herrscht, und das 9. Haus hat mit den höheren Geisteskonzepten zu tun, mit der menschlichen Vorstellungskraft und mit dem, was hinter dem Horizont liegt und in den Bereich der Prophetie fällt. Mit dem Zeichen der Prophetie im 9. Haus nimmt es der Widder als gegeben hin, daß er bei seinem Weg viel Neues und Bahnbrechendes zum Ausdruck bringen kann.

♑ 10   *Steinbock an der Spitze des 10. Hauses*

Mit dem Steinbock an der Spitze von 10 besteht ein Bewußtsein für die weltliche Stellung. Dieser Mensch verhält sich sehr vorsichtig im Hinblick auf alles, was seinem Ruf schaden könnte. Es betrachtet das, was in der Welt geschieht, auf eine sehr kritische Weise. Der Widder weiß, daß nichts von allein kommt. Er ist kein Feigling – solange er aber nicht dazu gezwungen ist, Position zu beziehen, gefällt er sich manchmal in nebensächlichen Scharmützeln. Wenn ihm dann alles zuviel wird, könnte er sich dafür entscheiden, einfach einen Schlußstrich zu ziehen – was allerdings eher auf die unwichtigen Manöver als auf die wichtigen Probleme zutrifft. Berührt ihn das Problem wirklich, wird er sich gegen alle Widerstände durchsetzen und seine Position gegenüber den anderen behaupten. Für die konservative Einstellung, was das Berufsleben des Widders angeht, ist die Steinbock-Eigenschaft verantwortlich, nach höheren Positionen zu streben und das Erreichte zu bewahren. Dieser Mensch versucht unter allen Umständen zu vermeiden, daß seine berufliche Reputation leidet.

♒ 11   *Wassermann an der Spitze des 11. Hauses*

Widder scheinen zwei vollkommen verschiedene Arten von Freunden zu haben: auf der einen Seite Bekannte, die sich aus Kontakten im Berufsleben ergeben, auf der anderen Seite Uranier, die unter besonderen Umständen kennengelernt wurden, mit spontaner Zuneigung. Es muß wohl nicht näher ausgeführt werden, daß der Versuch unterbleiben sollte, diese Gruppen zusammenzubringen. Der Widder hat Freunde verschiedenster Art, und er genießt es, gemeinsam mit anderen Interessen zu verfolgen. Dabei beweist er viel Unterscheidungsvermögen. Er steht mit allem und jedem auf du und du, nichtsdestotrotz ist er wählerisch bezüglich der Freunde. Er nimmt Anteil an humanitären Aktivitäten, und er verfolgt in seinem Leben mehr Ziele, als manche Mitmenschen glauben, die ihn für selbstbezogen halten. Dabei ist er in der Tat selbstbezogen – ausgehend von seinem Selbst aber hilft er anderen.

♓ 12   *Fische an der Spitze des 12. Hauses*

Hier liegt der Ursprung des Mitgefühls und der Leidenschaft des Widdergeborenen. Der Widder möchte nicht, daß andere um seine weiche, mitfühlende Art wissen, was dazu führt, daß er diese Facette seines Wesens unter einer brüsken und schroffen Oberfläche versteckt. Er ist sehr viel sensibler, als er zu erkennen gibt. Die Fische an der Spitze dieses Hauses sind der Grund dafür, daß er sich von Zeit und Zeit dem geschäftigen Treiben der Welt entzieht. Er hat seine Phasen, in denen er für sich sein muß. Um sich seine Stärke zu bewahren und seine Effizienz womöglich noch zu steigern, braucht er Zeit zur Wiederaufladung der Energie – Energie, die er so freizügig abgibt. Es besteht bei ihm ein starkes und scharfes Gewahrsein für persönliche Dienstbereitschaft. Kein Opfer ist ihm zu groß, um anderen zu helfen, ihr Los zu erleichtern.

Horoskope mit Stier-Aszendent

Wenn der Stier an der Spitze des 1. Hauses steht, finden wir den Widder – den Ausgangspunkt des Selbstes – im 12. Haus. Stier-Geborene fangen dort an aktiv zu werden, wo Menschen anderer Zeichen aufhören. Die Aufgabe, die anderen hoffnungslos erscheint, reizt den Stier; wenn er sich in sie verbissen hat, wird er sie auch zu einem erfolgreichen Abschluß bringen. Diese Menschen verfügen über die Energie, scheinbar hoffnungslosen Fällen neues Leben einzuflößen.

♉ 1 *Stier an der Spitze des 1. Hauses*

Diese Stellung bedeutet viel persönlichen Charme, weil wir es mit der Venus-Herrschaft zu tun haben. Häufig bringen diese Menschen in ihrer Persönlichkeit Liebe zum Ausdruck, und sehr oft ist hier ein gutes Aussehen gegeben. Der Stier ist das Zeichen der Werte, und die Menschen, die der Stier kennenlernt, haben manchmal das Gefühl, sofort in Kategorien von Freund oder Feind eingeteilt zu werden. Dies entspricht aber überhaupt nicht der Absicht des Stier-Menschen. Dieser muß Erlebnisse und Erfahrungen in etwas übersetzen, was für ihn persönlich von Bedeutung ist, sonst kann er nichts damit anfangen. Aus direkter Anschauung lernt er mehr als aus allem anderen. Sie können auf ihn einreden, und vielleicht macht er dabei den Eindruck, daß er aufmerksam zuhört – wenn das, was Sie sagen, ihn nicht wirklich interessiert, registriert er Ihre Worte überhaupt nicht. Er neigt dazu, Menschen und Erfahrungen in Kategorien einzuordnen, was ihm ein Gefühl der Sicherheit verschafft. Allerdings erweisen sich die Kategorien manches Mal als zu eng. Stier als aufsteigendes Zeichen bedeutet für gewöhnlich ein beträchtliches Maß an Trägheit, das diesen Menschen zurückhalten könnte (die Reaktionen sind im allgemeinen langsam, dabei aber methodisch). Es ist ihm denn auch unmöglich, sich auf die

Schnelle mit etwas auseinanderzusetzen und rasch Schlußfolgerungen zu ziehen. Für ihn ist bei neuen Ideen von grundsätzlicher Wichtigkeit, daß sie einen
persönlichen Nutzen für ihn haben. Er ist bestrebt, beliebt zu sein, und reagiert
empfindlich auf Zurückweisung, sei sie eingebildet oder real. Dies kann den
Rückzug in sich selbst bedeuten sowie Launenhaftigkeit.

♊ 2   *Zwillinge an der Spitze des 2. Hauses*

Die Zwillinge herrschen über den praktischen Verstand. Mit dieser Stellung ist
der Geist des Stiers auf Geld oder auf Ressourcen ausgerichtet. Geld und Sicherheit sind dem Stier sehr wichtig. Er hat ein lebhaftes Interesse an allen finanziellen Angelegenheiten sowie an der Umformung von Werten im Hinblick
auf größere Verdienste. Der Geist ist auf Geld und Besitztümer eingestellt. Die
Verwandten werden diesen Menschen entweder bei der Anhäufung von Geld
und Besitz unterstützen oder ihn dabei behindern. Im Hinblick auf das Geld-
verdienen hat dieser Mensch viele Ideen; oftmals ist es so, daß er zwei Jobs
ausübt. Was das Finanzielle betrifft, zeigt er sich gesprächig, bei diesem Thema
ist sein Interesse sofort geweckt. Er verfügt über die Fähigkeit, alles und jeden
an Maßstäben zu messen, die auf materiellen Kategorien beruhen.

♋ 3   *Krebs an der Spitze des 3. Hauses*

Wir haben gesehen, daß der praktische Verstand des Stiers auf Geld gerichtet
ist. Was aber den Kontakt zu Verwandten und Bekannten angeht, kommt es
beim Stier zu vollkommen anderen Auswirkungen. In diesem Fall tritt das instinktive Moment zutage – Fühlen ist das Stichwort, nicht Denken. Dieser
Mensch ist rastloser, als es oberflächlich gesehen den Anschein hat, und es
behagt ihm nicht, lange Zeit still zuhause herumzusitzen. Er verfügt über viel
Vorstellungskraft und ein sehr gutes Gedächtnis. Ein Studium behagt ihm
nicht unbedingt. Nichtsdestotrotz kann er viel Wissen aufnehmen, indem er
anderen bei Diskussionen zuhört. In geistiger Hinsicht ist er eher träge; er
muß es lernen, seine geistigen Werkzeuge zu schärfen, indem er sich an Stu-
dienobjekten versucht, die seine Gehirnzellen trainieren. Er ist außerordentlich beeindruckbar; er saugt psychisch gesehen die Atmosphäre seiner Umgebung förmlich in sich auf. Wenn sein Interesse geweckt ist, vermag dieser
Mensch Worte, Informationen, Gesten und sogar den Ton, in dem etwas gesagt wurde, genau wiederzugeben. Er neigt dazu, all das, was um ihn herum
ist, für gegeben zu nehmen. Wenn er feststellt, daß auch andere Menschen
Gefühle haben, kann es ihm große Schwierigkeiten bereiten, seine Vorstellungen zu revidieren.

♌ 4   *Löwe an der Spitze des 4. Hauses*

Für den Stier ist das Zuhause seine Burg und der Bereich, in dem er herrschen möchte. Er möchte, daß sein Zuhause Anerkennung findet, aus dem Grund, weil dieses und seine Besitztümer überhaupt das Zentrum seines Wesens darstellen. Er braucht einen festen Platz als Zentrum, an dem er auf großzügige Weise Gastfreundschaft demonstrieren kann. Dieser Mensch liebt eine gut gefüllte Speisekammer, einen reich gedeckten Tisch sowie schönes Porzellan und Besteck. Seine Wohnung oder das Haus, in dem er lebt, tatsächlich zu besitzen, ist ihm sehr wichtig. Bei sich zu Hause kommt er aus sich heraus; er überschüttet diejenigen, die ihm nahestehen, mit Liebe und fühlt sich zutiefst unglücklich, wenn ihm dies unmöglich ist. Gegebenenfalls aber macht es ihm sein Stolz unmöglich zuzugeben, daß es ihm in seinen engsten Beziehungen an Liebe fehlt. Dieser Mensch ist unter allen Umständen gewillt, den äußerlichen Schein zu wahren. Der Löwe an dieser Stelle verleiht dem Stier ein starkes Gefühl für den innerlichen Glauben.

♍ 5   *Jungfrau an der Spitze des 5. Hauses*

Was Herzangelegenheiten betrifft, hat der Stier einige Schwierigkeiten. Seine Neigung zur Analyse und zur Kritik schaffen bei ihm zuhause immer wieder Probleme. Dieser Mensch möchte sich an den Früchten der Zuneigung erfreuen, ohne seinerseits wirklich Pflichten auf sich zu nehmen. Auf diese Weise ergibt es sich womöglich, daß er sich fragt, warum es seinem Leben an Liebe fehlt. Im Hinblick auf Kinder könnte er sich dadurch auszeichnen, daß er keine Disziplin vermittelt – die Jungfrau an dieser Stelle bedeutet ein eher bequemes Wesen, und «Willenskraft» ist hier auch nicht gerade ein Schlüsselwort in Verbindung mit Kindern und Liebe. Haus 5 steht für den Selbstausdruck. Wonach sich der Stier sehnt, ist Geistesverwandtschaft, da ihm Diskussionen mit dem Abwägen von Für und Wider so wichtig sind. Er fühlt sich durch in freundlichem Ton vorgebrachte Argumente stimuliert. Dabei haßt er die Veränderung. Wenn er oberflächlich gesehen auch flexibel zu sein scheint: Veränderungen können ihm nicht aufgezwungen werden, er muß sich von sich aus für sie entscheiden.

♎ 6   *Waage an der Spitze des 6. Hauses*

Mit der Waage in diesem Haus genießt der Stier die Arbeit. Sie hat für ihn etwas von einem geselligen Vergnügen. Harmonie bei allem, was mit Arbeit zusammenhängt, ist für ihn von grundlegender Bedeutung. Auf waagehaft überraschende Art kann sich dieser Mensch allerdings auch immer wieder einmal widerspenstig zeigen. Wenn er seine Arbeit liebt und sie ihm Abwechslung und

Anregung bietet, sehen wir hier einen Perfektionisten vor uns. Dieser Mensch ist, was die Kontakte in Verbindung mit der Arbeit angeht, offen und zugänglich, und er beherzigt dabei die Regeln des *Fair Play*. Häufig ist ein Interesse an rechtlichen Vorgängen vorhanden oder an venusischen Angelegenheiten: an Innenarchitektur, an Kosmetik, Kleidung und allem, was mit den Haaren zu tun hat. Der Stier verfügt über ein gut entwickeltes Gefühl, was Recht betrifft, und mit seinem Sinn für Fairneß kämpft er für die, die benachteiligt sind.

♏ 7 *Skorpion an der Spitze des 7. Hauses*

Hier bringt der Stier viel Energie für seine sozialen Kontakte auf. Es wird gesagt, daß dieser Mensch mehr als alle anderen mit gesundheitlichen Problemen zu tun hat, wenn sich seine Ehe als unbefriedigend herausstellt. Dies geht auf den Skorpion zurück, der für die Sexualität und für Regeneration steht und in diesem Fall im 7. Haus zum Ausdruck kommt. Wenn der Herrscher dieses Hauses – Pluto oder auch Mars – verletzt steht, wird es bezüglich der Sexualität in der Partnerschaft zu vielen Streitereien kommen. Die Loyalität unterliegt hier vielen Prüfungen. Die Ehe ist für diesen Menschen unter Umständen ein Schlachtfeld, auf dem der Sieg nur möglich ist, wenn es zum Triumph über das eigene Selbst kommt.

♐ 8 *Schütze an der Spitze des 8. Hauses*

Eine solche Stellung verleiht ein großes Interesse an Religion, Philosophie und am Leben nach dem Tode. Es besteht der tiefverwurzelte innere Glauben, daß ein besseres Leben und eine geläuterte Existenz gemäß höherer Prinzipien möglich ist. Häufig kommt es hier in Verbindung mit dem Tod von anderen Leuten zu Erbschaften oder Vermächtnissen. Die Sexualität steht im Blickpunkt der Aufmerksamkeit, allerdings eher vom Motiv der Neugier und dem Wunsch nach Experimenten als vom gefühlsmäßigen Bedürfnis aus. Der Ehepartner könnte sich, was das Sexuelle betrifft, als aktiver entpuppen.

♑ 9 *Steinbock an der Spitze des 9. Hauses*

Was den überpersönlichen Geist betrifft, erweist sich der Stier als skeptisch. Allerdings ist er grundsätzlich dazu bereit, sich eines Besseren belehren zu lassen. Er hört zu, wägt ab und diskutiert spirituelle Ideen. Wenn sich diese aber nicht in praktische oder meßbare Errungenschaften umsetzen lassen, ist er nicht wirklich an ihnen interessiert. Er respektiert kluge Ausführungen – wirklich anerkennen kann er aber nur das, was er persönlich erlebt hat. Dieser Mensch ist schwer zu überzeugen. Nur dann, wenn er erkennt, daß die Konzepte der höheren Lehre auch auf der praktischen Ebene funktionieren, macht er sie sich zu eigen. Seine Herangehensweise an das Spirituelle ist von eher konventioneller Art (bei einem starken Uranus-Einfluß gilt dies nicht).

♒ 10 Wassermann an der Spitze des 10. Hauses

Mit dem Wassermann an der Spitze von 10 ist der Stier auf Tätigkeiten ausgerichtet, die dem Gemeinwohl nützen und die auf irgendeine Weise die Hoffnungen und Träume einer Gruppe widerspiegeln. Die Zielvorstellungen werden im allgemeinen nicht im Verborgenen gehalten. Dieser Mensch verkündet öffentlich, was ihm vorschwebt, und häufig erreicht er seine Ziele durch die Unterstützung von einflußreichen Freunden. Wenn der Stier Macht hat, erweist er sich als genau und pedantisch im Kleinen und als großzügig, was seine Ideale angeht, wobei die Loyalität zu ihnen ein herausragendes Merkmal ist. Mit unerschütterlicher Treue hält er an denjenigen fest, die ihm weitergeholfen haben. Der Stier arbeitet in den meisten Fällen nicht für sich, sondern in großen Organisationen oder Gemeinschaften. Dabei sucht er nach mächtigen Freunden, weil derartige Beziehungen ihn in seinem Gefühl des eigenen Prestiges und der eigenen Wichtigkeit bestärken.

♓ 11 Fische an der Spitze des 11. Hauses

Es besteht viel Loyalität und Mitgefühl, wenn die Fische das 11. Haus beeinflussen. Dieser Mensch läßt sich mit seinem ganzen Herzen auf seine Freundschaften ein. Charakteristisch für ihn ist, daß er, wenn nötig, die größten Opfer für seine Freunde bringt. Dem Stier ist sehr wichtig, was seine Freunde sagen. Auf Kränkungen reagiert er äußerlich nicht – in seinem Inneren aber ist er von diesen zutiefst getroffen und aufgewühlt. Seine Großzügigkeit und seine Hilfsbereitschaft aber bringen diesem Menschen im allgemeinen von allen Seiten Liebe ein. Freunde zu haben ist deshalb von grundsätzlicher Wichtigkeit, weil der Stier durch sie Bestärkung erfährt und innere Gewißheit erlangt.

♈ 12 Widder an der Spitze des 12. Hauses

Mit dem Widder an der Spitze von 12. bedeutet der Stier ein aktives unbewußtes Leben. In seinem Inneren kann ihn nichts besiegen – nur er selbst ist es, der womöglich das Handtuch wirft. Seine destruktiven Neigungen werden dann deutlich, wenn jemand sein Selbstvertrauen zu erschüttern versucht. Es ist schwierig, den Stier wirklich zu verstehen. Das persönliche Ego hat hier seinen Ursprung im 12. Haus, welches für Geheimnisse steht. Die Lebensmotive und die Aktivitäten liegen hier von Anfang an im Verborgenen. Der Stier erweckt den Anschein der Offenheit und Geradlinigkeit, auf den Sie aber nicht hereinfallen sollten. Dieser Mensch ist beileibe nicht so offen, wie er zu sein scheint. Seine Gefühle sind stark, dabei aber unterdrückt. Im Zorn läßt er ein wahrhaft feuriges Temperament erkennen. Er hält an seinem Groll fest und kann Verletzungen, die ihm zugefügt wurden, nicht vergessen. Dabei hat er das Gefühl, mißverstanden zu werden. Der Ärger, den er selbst verursacht, bringt ihm das meiste Leid - allerdings ist er unfähig dazu, diese Tatsache anzuerkennen. In seiner höheren Entwicklungsstufe haben wir es hier möglicherweise mit einem Führer einer humanitären Organisation zu tun, der aber eher hinter den Kulissen denn im Rampenlicht arbeitet.

Horoskope mit Zwillinge-Aszendent

Das Zeichen Zwillinge steht für Verbindungen, den logischen Verstand, Schußfolgerungen und Alltagsbeziehungen. Das Zwillingskonzept ist das »Ich denke«. Durch die zwillingshafte Aktivität lernt es der Mensch, zwischen den Erscheinungen Verbindungen herzustellen, einen Gegenstand in Abhängigkeit zu einem anderen zu sehen und die beiden in ihrer Beziehung zueinander zu betrachten. Es hat den Anschein, als ob nichts vor der Aufmerksamkeit des Zwillings sicher wäre. Manchmal wirkt es so, als ob der Zwilling auf das Leben wie durch ein Kaleidoskop schaut. Es ist seine Aufgabe, die Aufmerksamkeit auf all das zu richten, was an ihm vorüberzieht. Als Resultat ergibt es sich, daß der Zwilling in seinem Leben über einen ungeheuren Fundus an Beobachtungen verfügt.

♊ 1   *Zwillinge an der Spitze des 1. Hauses*

Die Zwillinge symbolisieren die leichte, unbeständige Brise des Frühsommers. Das Symbol selbst (♊) steht für die zwei Pfeiler am Tempel der Weisheit. Der Verstand ist aber nur der Pfad, nicht der Tempel. Der Tempel wiederum ist durch den Schützen symbolisiert, das Zeichen, das den Zwillingen gegenübersteht und den überbewußten Verstand repräsentiert. Die Zwillinge bedeuten das Vermögen, Ideen zu verbreiten; kennzeichnend ist hier ein aktiver, wacher Geist. Dieses Zeichen wird von Merkur beherrscht, der über den Verstand regiert, über die Hände und über die Zunge. Wenn die Zwillinge an der Spitze von 1 stehen und Merkur verletzt ist, kann sich der Mensch dadurch auszeichnen, daß er «Haare auf den Zähnen» hat. Vielleicht hat er aber auch Schwierigkeiten mit der Koordinierung seiner Glieder oder leidet unter Irritationen seines Nervensystems. Der Schmetterling, der von einer Blüte zur nächsten flattert, ist ein Zwillings-Symbol. Künstlerisch begabt und mit einem Sinn für Schönheit ausgestattet, ist für diese Person ein tiefverwurzelter Wunsch nach Kultur und Raffinement kennzeichnend. Der Zwilling ist nur in den seltensten Fällen von rauhem oder gar beleidigendem Wesen (höchstens dann, wenn Mars im Horoskop sehr beeinträchtigt ist). Charakteristisch ist vielmehr eine Beweglichkeit und Anpassungsfähigkeit, die aus diesem Menschen ein Kind der Weisheit macht. Allerdings gilt es zu lernen, sich zu konzentrieren und die Kräfte auf beständige Weise auf Ziele zu richten – statt sie immer wieder in Form von abrupten Aktivitäten und Neustarts zu verschwenden.

♋ 2   *Krebs an der Spitze des 2. Hauses*

Der Zwilling hat eine Art sechsten Sinn, was die Bedürfnisse und Wünsche der Allgemeinheit betrifft. Er verfügt über die Fähigkeit, Handel zu treiben. Er hat eine natürliche Begabung, für Kunst und Schönheit zu werben – zum Beispiel könnte er sich sein Geld durch den Umgang mit der Kunst verdienen. Es besteht allerdings grundsätzlich eine Unsicherheit im Hinblick auf das Finanzielle, und das, obwohl dieser Mensch sich nicht geizig zeigt und es ihm nichts ausmacht, seine Besitztümer mit anderen zu teilen. Auch hinsichtlich der Emotionen könnte Großzügigkeit eine herausragende Eigenschaft sein.

♌ 3   *Löwe an der Spitze des 3. Hauses*

In seiner Umgebung sowie im Kontakt zu Verwandten und Nachbarn muß der Zwilling glänzen können, um sich glücklich zu fühlen. Bei aller Beweglichkeit und Flexibilität ist er doch sehr fest in seinen Ansichten und Ideen. Sein Stolz ist groß, und Bescheidenheit ist nicht gerade eine Tugend von ihm. Wenn Sie sein Ego verletzen oder ihn in seiner guten Meinung von sich selbst erschüttern, wird er darüber zwar hinwegkommen – er wird dies Ihnen aber niemals vergeben oder vergessen, wie umgänglich er scheinbar auch ist. Seinen Verwandten fühlt er sich eng verbunden; sich von familiären Banden zu lösen fällt ihm schwer. Die Kraft des Selbstausdrucks – sei es durch das Schreiben oder das Denken – ist eine hervorragende Eigenschaft. Vielleicht haben wir es hier mit einem fähigen Reporter oder mit jemandem zu tun, der beim Erzählen jede Situation zu dramatisieren versteht. Ein ausgeprägtes Konversationsvermögen und Schlagfertigkeit sind die besonderen Talente des Zwillings.

♍ 4   *Jungfrau an der Spitze des 4. Hauses*

Für den Zwilling ist das Zuhause dadurch gekennzeichnet, daß es für alles Platz bietet und daß alles an seinem Platz ist. Kleinlich und besorgt um jedes Detail, kann sich dieser Mensch als Perfektionist erweisen, als Grundbestandteil seines Wesens. Er ist von seiner Natur her analytisch und praktisch veranlagt, und er neigt dazu, sein eigenes Nervensystem im Bestreben nach dem Perfekten zu überlasten. Er regt sich über Details auf und hat dabei nicht die geringste Ahnung, wie schwierig es ist, mit ihm auszukommen. In Übereinstimmung mit seiner zweiseitigen Natur sehen die Mitmenschen oft zwei Gesichter an ihm. In vielerlei Hinsicht hat er zwei Meinungen über die Dinge, was ihm den Ruf einträgt, unbeständig und sprunghaft zu sein. Um aber sein wahres Gesicht zu zeigen, muß er tiefer vordringen, als es nur dem verstandesmäßigen Vorgehen entspricht. Der Verstand ist nur der Weg. Es geht aber für diesen Menschen darum, sich nach dem Erreichen des Tempels der Weisheit auf eine neue Art und Weise zum Ausdruck zu bringen.

♎ 5   *Waage an der Spitze des 5. Hauses*

Die Fähigkeit des Zwillings, sich selbst zum Ausdruck zu bringen, basiert auf den Verbindungen. Auf sich allein gestellt, ergeht es ihm nicht gut. Mit dieser Stellung ist der Mensch mehr als bei jedem anderen Zeichen auf die Unterstützung und Anteilnahme durch Freunde und Verbündete angewiesen, zumindest dann, wenn nicht im Horoskop Saturn stark gestellt ist. Dieser Mensch liebt Kinder, sobald sie alt genug sind, um interessant zu sein – mit Babys oder kleinen Schreihälsen hat er nichts im Sinn. Als Regel können wir formulieren, daß er keine Verantwortung auf sich nehmen möchte, es sei denn, für die eigene Person. Aus diesem Grund bleibt der Zwilling oft für sich. Zur Heirat kommt es häufig erst spät im Leben, zum Beispiel in Verbindung damit, daß dann keine familiären Bande mehr bestehen und er nicht allein sein möchte.

♏ 6   *Skorpion an der Spitze des 6. Hauses*

Was die Arbeit betrifft, ist dem Zwilling ein Gefühl der Freiheit wichtig. Er verabscheut Routine von ganzem Herzen, und es behagt ihm in keinster Weise, an einem Schreibtisch oder an einen Schalter gebunden zu sein. Wenn er sich für etwas entscheiden kann, was ihn aktiv hält, was ihn interessiert und was ihm Kontakte verschafft, ist er glücklich. Kinderbetreuung ist keine gute Beschäftigung für den Zwilling, weil sie viel Geduld verlangt, die dieser Mensch einfach nicht hat. Forschungsaktivitäten oder Arbeit im Labor faszinieren ihn dagegen.

Seine «Gier auf das Neue» ist sprichwörtlich, was verständlich macht, daß diese Personen häufig auf wissenschaftlichen Feldern zu finden sind. Der Zwilling bedeutet aber auch eine Eignung für das Verkaufen in bezug auf Häuser und Grundstücke. Der Einsatz von physischen kreativen Kräften hat direkte Auswirkungen auf die Gesundheit. Generell kann man sagen, daß diese Menschen nicht über allzuviel körperliche Energie verfügen. Das hängt damit zusammen, daß das Nervensystem unter hoher Spannung steht und viel Energie im Rahmen der geistigen Aktivitäten zum Ausdruck kommt.

Schütze an der Spitze des 7. Hauses

»Ich lasse mich nicht einsperren!«, könnte der Schlachtruf des Zwillings sein. Er widersetzt sich allen Banden und Bindungen und orientiert sich stattdessen an seiner eigenen Entwicklung. Aus diesem Grund bleibt er häufig allein. Es ist in seinem Fall so, daß er alle Menschen mag und sich nicht für «den einen» oder «die eine» entscheiden kann, dem oder der nun ausschließlich die Liebe gelten soll. Je mehr Freiheit er in der Ehe hat, desto glücklicher wird er sein. Allerdings ist hierzu noch zu sagen, daß es ihm trotz allem wichtig ist, zu jemandem zu gehören. Er sehnt sich nach Gefährten und Verbindungen. Sexualität oder der Wunsch, umhegt zu werden, spielt dabei nicht unbedingt eine Rolle. Er liebt es, auf dem Sprung zu sein, und erwartet von seinen Gefährten das gleiche. In mentaler Hinsicht von rastlosem Wesen, hat es für den Zwilling mehr als für jedes andere Zeichen den Anschein, daß die Zeit nur so davonfliegt. Was für ihn notwendig wäre, ist die Beschäftigung mit Tiefenpsychologie. Ohne diese neigt er dazu, seine Energien zu verschwenden. Bei ihm sind mehr als bei allen anderen Zeichen Probleme mit den Nerven gegeben. Es ist hier von einem instabilen Nervensystem auszugehen, zumindest dann, wenn er nicht gewisse psychologische Erkenntnisse über die Natur seines Wesens hat.

♑ 8 Steinbock an der Spitze des 8. Hauses

Dem Zwilling ist das Altern und das Sterben eine schreckliche Vorstellung. Er fühlt sich jung und möchte – wie Peter Pan – immer jung bleiben. Schwierigkeiten könnten sich aus dem Ausleihen von Geld ergeben. Er muß lernen, in bezug auf die Finanzen Unterscheidungsvermögen zu beweisen. Sorglosigkeit oder fehlendes Verantwortungsbewußtsein, was das Geld von anderen betrifft, ist kennzeichnend für ihn. Er muß es dahin bringen, daß er den Ressourcen seiner Partner größte Aufmerksamkeit entgegenbringt. Was die körperliche Seite angeht, ist diesem Menschen die Sexualität nicht besonders wichtig. Er ist vielmehr auf den Bereich der Gedanken ausgerichtet, mehr, als er selbst vielleicht glaubt. Das 8. Haus ist vom 3. Haus – das dem Zwillingen entspricht – aus das

6. Haus. Insofern steht es in diesem Fall also für die Dienstbereitschaft. Was dieser Mensch beherzigen sollte, ist die Überprüfung der Wertvorstellungen. Es ist wichtig für ihn, diesbezüglich seinen Blick zu schärfen. Es sollte keine mentale Verschwommenheit herrschen, was die Angelegenheiten anderer betrifft.

≈ 9 *Wassermann an der Spitze des 9. Hauses*

Hier haben wir es mit dem Haus der Ideen sowie mit deren Verbreitung zu tun. Ideale in die Praxis umsetzen – das ist das Schlagwort der Philosophie des Zwillings (zumindest sollte es das sein). Die konkrete Nutzung dessen, was der Mensch erkannt hat, versetzt ihn in die Lage, kraft des höheren Verstandes seine zwei Seiten miteinander in Übereinstimmung zu bringen. Der Lehrer, der Reisende, der Nachbar, der Reporter, der fähige Barkeeper sind hier anzuführen. Im Hinblick auf die religiösen Anschauungen ist eine sehr konservative Einstellung gegeben. Dieser Mensch ist zwar an unorthodoxen und fortschrittlichen Ideen interessiert, bleibt für sich aber stets beim Überlieferten: Er liebt das Wasser, haßt es aber, naß zu werden. Zwingen Sie ihm keine Philosophie auf, solange er nicht reif für sie ist. Bei aller Neugier: Dieser Mensch nippt eher am Leben, statt es in vollen Zügen zu kosten.

♓ 10 *Fische an der Spitze des 10. Hauses*

Der Zwilling muß bei seiner Arbeit intellektuell als auch emotional angesprochen sein. Häufig begnügt er sich nicht mit einer Tätigkeit, sondern verrichtet zwei Jobs. Er hat seine Schwierigkeit zu erkennen, was er wirklich im Leben tun will. Wenn er sich einmal für einen Job entschieden hat, fragt er sich fortwährend, ob dies die richtige Entscheidung gewesen war. Es besteht auch ein starkes Interesse an der Musik sowie vielleicht der Wunsch, im Theaterbereich Erfolge zu erzielen. Die Tendenz, sich vor der Welt darzustellen, hat mit den Fischen an der Spitze von 10 ihren Ursprung in der Fähigkeit, alles zu dramatisieren. Unter Umständen ergibt sich dabei, daß die Vorstellungskraft mit dem Menschen durchgeht. In seinem Geist spielt er ganze Szenarien durch – was aber die Realität betrifft, hat er große Schwierigkeiten damit, einen Anfang zu finden. Während der Stier immer dazu neigt, zurückzubleiben, muß der Zwilling sich anstrengen, mit sich selbst Schritt zu halten. Seine Gedanken befinden sich schon in den Gefilden der Zukunft, während er noch längst nicht damit begonnen hat, die Träume in die Realität umzusetzen. »Immer mit der Ruhe« sollte das Motto des inneren Selbstes dieses Menschen sein, wenn er an einem gesunden, reichen und weisen Leben interessiert ist.

♈ 11   *Widder an der Spitze des 11. Hauses*

Der Zwilling hat seinen Ursprung im 11. Haus, das für Freundschaften, Ziele und Visionen steht. Für kein anderes Zeichen sind Freunde so wichtig wie für den Zwilling. Kennzeichnend für diesen Menschen ist die Fähigkeit, Freundschaften zu schließen und dabei doch unbeteiligt zu bleiben. Er ist gesellig und macht das Beste aus seinen Kontakten. An Kontakten jeglicher Art interessiert, fühlt er sich zu allen Klassen und Niveaus hingezogen. Er kann sich mit jedem verbünden. Allerdings gilt für die Begegnungen: aus den Augen, aus dem Sinn. Die Zwillinge bedeuten das *Zustandekommen* von Verbindungen, nicht das *Unterhalten* derselben (aus diesem Grund ist er manchmal das zentrale Element auf Partys). Der Zwilling neigt dazu, die Dinge zu leicht zu nehmen und sich sofort abzuwenden, wenn sich Probleme zeigen. Anstatt die Instanz zu sein, die für Klatsch und Gerüchte zuständig ist, sollte er versuchen, zu einer Instanz zu werden, was Wahrheit betrifft. Von extremer Gesprächigkeit, was seine Ideen und Ziele angeht, verschwendet er seine Kräfte, indem er Pläne zerredet, bevor diese Gestalt angenommen haben. Dieser Mensch muß es lernen, auch einmal zu schweigen. Sein Nervensystem ist angespannt, und es geht ihm durch die Zersplitterung seiner Aktivitäten viel Energie verloren.

♉ 12   *Stier an der Spitze des 12. Hauses*

Im 12. Haus haben wir es mit unseren untergründigen Ängsten sowie mit unserer subjektiven Unterstützung zu tun. Der Zwilling ist sich, was das Finanzielle betrifft, insgeheim sehr unsicher. Er macht sich über Geld viel mehr Gedanken, als man es seiner vermeintlich so sorglosen und unbeschwerten Natur anmerkt. Ohne versteckte Reserven fühlt er sich ungeschützt und nackt. Der Stier ist der Erbauer, und der Zwilling muß es lernen, in seinem Inneren die Qualität zu entwickeln, wahre und dauerhafte Werte zu begründen. Wenn er seine Ressourcen – körperlicher, materieller oder emotionaler Art – verschwendet, wird er unter Beschränkungen und Begrenzungen zu leiden haben. Dies kann sich auf die Gesundheit beziehen, auf das Finanzielle oder sogar auf den persönlichen Geistesfrieden. Die Ursache ist in all diesen Fällen der mißbräuchliche Nutzen der Ressourcen. Es besteht hier im Unbewußten ein hartnäckiger Widerstand zu Veränderungen. Bei aller vermeintlichen Flexibilität haben wir es mit sehr viel mehr Fixiertheit zu tun, als es zunächst den Anschein haben mag. Wenn Sie diesen Menschen emotional herausfordern, werden Sie merken, daß er sehr unlogisch sein kann.

Horoskope mit Krebs-Aszendent

Das Zeichen Krebs ist durch die endlose Folge der ozeanischen Gezeiten symbolisiert beziehungsweise durch die Höhen und Tiefen der Emotionen. Der Krebs stellt das mütterliche Wasserzeichen dar. Dies ist ein weibliches kardinales Zeichen, das für das mütterliche oder das nährende Prinzip steht. Es symbolisiert die Gebärmutter, das Haus und das Zuhause, das Innere all dieser Dinge: Das schützende und behütende Moment ist dabei sein Kern. Der Steinbock – das Zeichen, das dem Krebs gegenüber liegt – herrscht über das Skelett beziehungsweise die äußerliche Struktur. Der Krebs dagegen bringt zum Ausdruck, wie es um das Innere bestellt ist. Der Krebs ist durch die sich langsam bewegende Krabbe symbolisiert, die über einen ganz besonderen Aufenthaltsort verfügt: Ihr Häuschen, das sie immer bei sich trägt, zum Zwecke des Rückzugs bei Bedrohung durch äußere Mächte.

♋ 1   *Krebs an der Spitze des 1. Hauses*

Der Krebs ist sehr stark auf sein Zuhause und seine Familie ausgerichtet, was sich insbesondere auf die Mutter bezieht. Wenn der Mond im Horoskop stark gestellt ist und der Krebs aufsteigt, ist so gut wie immer ein ausgesprochener Mutterkomplex gegeben, der ein Hindernis beim Reifungs- und Ablösungsprozeß darstellt. Ob es sich hier um einen Mann oder um eine Frau handelt: Die Seele dieses Menschen ist *feminin*. Es fällt ihm schwer, sich am maskulinen Pol auszurichten, was die Ursache von bestimmten Schwierigkeiten ist. Die Vergangenheit und die Tradition haben hier eine große Bedeutung. Unter diesem Zeichen gibt es mehr Antiquitätenhändler als unter jedem anderen. Seinen Grund hat das in der Vorliebe des Krebses, in der Vergangenheit herumzustöbern. Kinder mit diesem Aszendenten haben eine sehr aktive Vorstellungskraft, die mit großer Schüchternheit gepaart ist. Es ist notwendig, daß ihnen Wege gezeigt werden, wie sie ihre Phantasie zum Ausdruck bringen können. Diese Kinder brauchen viel Liebe und Bestätigung, weil sie im Inneren sehr unsicher sind. Mit dem Krebs-Aszendenten sind im Beruf Kontakte zu vielen Menschen wahrscheinlich.

♌ 2   *Löwe an der Spitze des 2. Hauses*

Für den Krebs sind die Finanzen von vordringlicher Bedeutung. Oftmals endet er unter Umständen, die zwar von finanziellem Reichtum, aber wenig Frieden gekennzeichnet sind. Dies beruht darauf, daß im Bereich des Materiellen keine wahre Sicherheit zu finden ist. Der vermeintlich so anspruchslose Krebs hat eine sehr materialistische Seite, die zunächst niemand an ihm vermuten würde. Der Bereich, in dem der Löwe im Horoskop steht – hier das 2. Haus –, ist der, in dem der Mensch das Bedürfnis nach Anerkennung hat und «strahlen» möchte. Der Krebs verfügt über die Fähigkeit, Geld zu verdienen, die darauf beruht, daß er instinktiv weiß, was die Öffentlichkeit braucht. Er kann seinen Profit daraus ziehen, diese Bedürfnisse zu befriedigen.

♍ 3   *Jungfrau an der Spitze des 3. Hauses*

Der Verstand und das Gefühl – Kopf und Herz – können hier entweder im Widerspruch zueinander stehen oder aber in Übereinstimmung. Der Krebs leidet unter einem Minderwertigkeitskomplex, insbesondere in jungen Jahren. Dies hat seine Ursache darin, daß das 3. Haus das Vermögen zur Kommunikation bedeutet und für den logischen Verstand steht. Bei all seinen Erzählungen – der Krebs liebt es, Geschichten zu erzählen – geht er bis ins letzte Detail. Es besteht bei ihm die Eignung zum Schreiben. Allerdings ist die Gefahr gegeben, daß er zu sehr auf Nebensächlichkeiten eingeht und sich an Kleinigkeiten verschwendet. Zu Krisenzeiten wächst dieser Mensch an seinen Herausforderungen. Er hat unter einem sehr sensiblen Magen zu leiden, wobei die Ursache dafür in einer übermäßigen Anspannung des Solarplexus liegt. Dies ist der Grund dafür, daß er niemals essen sollte, wenn er übermüdet ist. Viele der Probleme mit Verdauungsorganen haben ihre Ursache nicht im Verdauungstrakt selbst, sondern im Nervensystem. Dieser Mensch bringt der Gesundheit ein großes Interesse entgegen.

♎ 4   *Waage an der Spitze des 4. Hauses*

Der Krebs wünscht sich mehr als jedes andere Zeichen (mit Ausnahme des Stiers) ein Zuhause. Er ist nicht glücklich mit dem Gefühl, keine Wurzeln zu haben. Er möchte das, was er hat, wirklich besitzen – ob es sich dabei nun um Menschen, um ein Haus oder um Dinge allgemein handelt. Auf diese Weise erfährt er ein Gefühl der *emotionalen* Sicherheit (dem Stier dagegen ist der Aspekt der *materiellen* Sicherheit wichtig). Worauf es hier ankommt, ist die ausgewogene Beziehung zwischen der Seele und der Persönlichkeit. Bevor diese nicht erreicht ist, kann der Krebs keinen Frieden finden. Wegen seiner rastlosen Natur kann er nicht lange im Passiven verharren; er kann nicht still für sich überlegen, wer er eigentlich ist und wonach seine Seele in diesem Leben strebt. Um Frieden in sich zu finden, muß er sich in Begriffen des Ewigen verankern. Dies trifft trotz der Tatsache zu, daß dieser Mensch äußerlich so ruhig und friedvoll zu sein scheint.

♏ 5   Skorpion an der Spitze des 5. Hauses

Liebe im Verborgenen oder ungewöhnliche Umstände hinsichtlich Liebesaffären sind ein Bestandteil des Krebsmusters. Der Krebs ist hartnäckig und zäh, solange die Affäre Bestand hat; sind die Bande gelöst, wendet er sich schneller ab, als man es für möglich gehalten hätte. Es besteht ein außerordentlich großes Interesse an der Sexualität, allerdings eher aus dem Blickwinkel der Neugier denn aus wahrer Leidenschaft heraus. Was die Kinder des Leibes – oder auch die Kreationen seines Geistes – betrifft, fällt es diesem Menschen sehr schwer loszulassen. Wenn nicht die äußeren Planeten eine herausragende Stellung im Horoskop haben, ist von Selbstsucht auszugehen: Dann meint der Mensch möglicherweise, daß sich alles um ihn dreht oder sich alles um ihn drehen müßte. Er braucht die Gegenwart anderer, weil er sich seines eigenen Zentrums und seines Wertes nicht sicher ist. Dabei zieht er tatsächlich andere an, was auch damit zusammenhängt, daß er viel zu geben hat, wenn er dies will. Wenn es allerdings dazu kommt, daß er Züge der Eifersucht zeigt und die Partner in Beschlag zu nehmen beginnt, ist die Beziehung ernsthaft gefährdet.

♐ 6   Schütze an der Spitze des 6. Hauses

Der Krebs ist kein besonders vitales Zeichen. Höchstens dann, wenn Mars stark gestellt ist – wodurch es zur Energetisierung des gesamten Horoskops kommen würde –, verfügt der Krebs über viel Energie. Aus diesem Grund braucht er mehr Schlaf als jedes andere Zeichen. Mit dem Mangel an Vitalität besteht der Drang nach Süßem. Die Neigung, Süßigkeiten oder Stärkehaltiges im Übermaß zu verzehren, muß unter Kontrolle gehalten werden. Dieser Mensch liebt es, in Bewegung zu sein. Was die Arbeit betrifft, braucht er eine Tätigkeit, die ihn herumkommen läßt. Für viele Menschen mit dieser Stellung ist das Reisen Berufung, wobei sich dies nicht auf große Entfernungen beziehen muß.

♑ 7   Steinbock an der Spitze des 7. Hauses

Trotz der Tendenz, andere zu schützen und zu bemuttern, hat der Krebs seine Probleme damit, Beziehungen über einen langen Zeitraum am Leben zu halten. Eine stabile Beziehung erfordert Kooperation von beiden Seiten. Die Natur des Krebses ist aber nun einmal Launen sowie einer starken Selbstbezogenheit unterworfen. Dieser Mensch erträgt es nicht, eingeschränkt zu werden. Dabei schränkt er durchaus andere mit seiner Bemutterung und seiner übermäßigen Anteilnahme ein. Die Art von Partner, den dieser Mensch anzieht, ist gekennzeichnet von Zügen der Trägheit, von Launenhaftigkeit und Zügellosigkeit. Aufgrund seiner innerlichen Unsicherheit zieht der Krebs wankelmütige und unbeständige Personen an. Er spricht zwar viel von den «bindenden Momenten der Beziehung», hat aber tatsächlich Schwierigkeiten damit, die Verantwortung anzuerkennen, die Voraussetzung für eine wahre Beziehung ist. Eine heitere Seite hat dieser Mensch und einen ausgeprägten Sinn für Humor: Wenn die Sonne für ihn scheint, gibt es kein Zeichen, mit dem sich besser auskommen ließe. Das Zuhause ist ihm in der Tat seine «Burg», und er liebt es, andere darin zu unterhalten. Außerdem ist er ein wunderbarer Koch und ein guter Gastgeber.

≈ 8   *Wassermann an der Spitze des 8. Hauses*

Die konservativen Ideen hinsichtlich des Bereichs der Fortpflanzung mögen die Menschen überraschen, die lediglich vom äußeren Schein aus urteilen. Die Tendenz, emotional zu experimentieren, ist stark ausgeprägt, wobei nicht unbedingt die Leidenschaft, sondern die Liebe zum Gefühl sowie die Neugier, alles über den Sex zu wissen, vorherrschend ist. Es gibt nur wenige Menschen mit dem Wassermann am 8. Haus, die in dieser Hinsicht keine Probleme haben. Wenn es sich hier um einen unreifen Menschen handelt oder um jemanden, der zu nachgiebig gegen sich selbst ist, kann es durch den unklugen Umgang mit den betreffenden Energien zu Zügen der Besessenheit kommen. Dies hat seine Ursache in den extremen emotionalen Prägungen. Es gibt kein anderes Zeichen, das so leicht wie dieses von feindlichen Kräften überwältigt werden kann. Wir haben es hier mehr als in jedem anderen Fall mit einer unbewußten und instinktiven Ausrichtung zu tun. Der falsche Umgang mit den Körperfunktionen kann – in Verbindung mit dem Haus des Todes – schließlich zu Umständen führen, die einen Kreislaufzusammenbruch oder einen Schock bedeuten. Nützlich wäre hier eine körperliche Betätigung, wozu aber zu sagen ist, daß dem Krebs dies nicht unbedingt behagt.

♓ 9   *Fische an der Spitze des 9. Hauses*

Wenn der Krebs den richtigen Weg gewählt hat, besteht in ihm ein starker Sinn für das Mystische. Von klein auf an spielt für ihn die Religion eine Rolle, wobei nicht der Intellekt, sondern das Moment der Hingabe im Vordergrund steht. Für den Krebs ist ein sanftes und mitfühlendes Vorgehen kennzeichnend, was eine wundervolle Eignung für das Erziehen von Kindern bedeutet, daneben aber auch heilerische Fähigkeiten, von denen die Umgebung profitieren könnte. Dieser Mensch ist von seinem Wesen her nicht aggressiv und kein Störenfried; in ihm besteht der starke Wunsch, anderen gefällig zu sein. Das größte Bedürfnis ist, Frieden zu bewahren. Dies gilt für ihn mehr als für jedes andere Zeichen. Das Komische daran ist, daß er auch dann, wenn es ihm selbst am inneren Frieden fehlt, anderen mit seiner Sanftheit Frieden bringen kann. Die Fische als das letzte Zeichen bedeuten in Haus 9, daß der Krebs schließlich zu einem umfassenden Verständnis kommen und zumindest die Pforten des Friedens erreichen kann, dann, wenn er sich selbst aufgibt.

Die größte Stärke des krebshaften Willens zum Leben kommt erst dann zum Ausdruck, wenn es über die häusliche Bühne hinausgeht. Die im Krebs geborene Mary Baker Eddy hat dadurch, daß sie das Leben mit dem Glauben verband, für Millionen von Menschen ein Vorbild gegeben. Henry Ward Beecher, der die Befreiung der Sklaven predigte, muß als Krebs-Geborener von der Überzeugung getrieben worden sein, daß die Sklaverei im Widerspruch zur natürlichen Ordnung steht. John Paul Jones, Amerikas erster Seeheld und ein weiterer Krebs-Geborener, machte den anderen Nationen das Bedürfnis, Leben zu bewahren, deutlich. Vielleicht war es etwas von diesem Drang, der den Herzog von Windsor als Krebs-Geborenen dazu brachte, sich gegen die monarchistische Tradition «nur» aus Liebe für eine Frau zu entscheiden. Dieser Drang bezog sich allerdings lediglich auf die persönlichen Wünsche und die eigene kleine Welt.

Die Vereinigten Staaten von Amerika – genannt das Land der freien Menschen – sind ebenfalls im Zeichen Krebs geboren. Als Nation verfügen wir über alle Stärken und alle Schwächen dieses Zeichens. Wir sind im Übermaß emotional, bemutternd, beschützend und zugleich mißtrauisch. Wir verschwenden wertvolle Zeit mit unwichtigen und inkonsequenten Aktivitäten und fühlen uns stark von den Bedürfnissen angesprochen, die die Menschen der Welt haben. Dabei gehen wir aber nicht so verstandesgemäß vor wie wir es eigentlich sollten. Wir haben die Welt bemuttert, aber nur in unseren eigenen Begriffen, nicht in denen der anderen Menschen. Wir, die Krebs-Geborenen, müssen lernen, was Frieden bedeutet – Frieden, den sich die Welt selbst nicht geben kann, weil er die Opferung des Selbstes verlangt. Frieden ist nicht möglich im Rahmen von persönlicher Befriedigung zu Lasten von anderen.

♈ 10 *Widder an der Spitze des 10. Hauses*

Das Bedürfnis des Krebses, eine wichtige Stellung zu bekleiden, sowie sein Drang nach Aktivität haben ihren Ursprung im 10. Haus, dem Haus, das für das Prestige und das Handeln bezüglich der Öffentlichkeit steht. Einen solchen Menschen kennzeichnet eine rastlose Tätigkeit, er ist solange aktiv, bis er schließlich eine respektable und respektierte Persönlichkeit geworden ist. Mit dieser Stellung ist das Bewußtsein verbunden, für eine Position im Rampenlicht der Öffentlichkeit geboren zu sein. Bei all der innerlichen Schüchternheit und Unsicherheit hat dieser Mensch ein starkes Bedürfnis nach Anerkennung. Er ist unglücklich, wenn ihm sein Wert vielleicht nur von seiner Familie bestätigt wird. In jungen Jahren wissen solche Personen häufig nicht, welchen Weg sie einschlagen sollen. Oftmals stürzen sie sich Hals über Kopf in eine Betätigung, nur um dann festzustellen, daß diese nicht ihren Vorstellungen entspricht. Für sie ist es ein endloser Kampf, zu dem zu kommen, was sie sich vorgestellt haben. Auch die Bewahrung des Erreichten kostet sie Mühe. Wenn es aber zum Ende des einen Zyklus kommt, fällt es ihnen – bei aller Anstrengung, die sie zur Erhaltung des Status Quo aufwenden – nicht schwer, sich an neue Umstände anzupassen.

♉ 11 *Stier an der Spitze des 11. Hauses*

Das Ziel des Krebses ist in zu vielen Fällen das Geld. Mit dem Zeichen des 2. Hauses, das über Geld und Besitztümer herrscht (Stier) an der Spitze von 11 (das Haus der Zielvorstellungen und Visionen) ist einsichtig, warum dies so ist. Dieser Mensch verspürt in sich eine grundsätzliche Unsicherheit, was von anderen kaum wahrgenommen wird. Dies bezieht sich nicht auf Geld um des Geldes willen, wie es beim Stier der Fall ist, sondern auf Geld als Ausdruck von Prestige und Wichtigkeit. Das Befremdliche dabei ist, daß nichts, was dieser Mensch dann tatsächlich erwirbt, ihm dauerhafte Befriedigung verschafft. Was Freunde betrifft: Der Krebs kann sich seine Freundschaften bewahren, muß sich aber davor in acht nehmen, sich zu sehr an sie zu klammern und sich zu stark auf sie zu beziehen. Ihm ist das Gefühl sehr wichtig, in der Gunst seiner Freunde an erster Stelle zu sein. Trifft dies seiner Meinung nach nicht zu, ist sein Verhalten möglicherweise durch Züge der Eifersucht gekennzeichnet, was sowohl ihn selbst als auch seine Freunde unglücklich machen könnte.

♊ 12 *Zwillinge an der Spitze des 12. Hauses*

Oftmals ergeben sich im Leben Probleme durch Verwandte – der einzige Verwandte, dem sich dieser Mensch nahe fühlt, ist die Mutter. Wenn Merkur verletzt ist, sind die Bande, die zu Verwandten bestehen, karmisch bedingt. In diesem Fall wird der Mensch ohne enge Beziehung zu Brüdern und Schwestern glücklicher sein als mit einer solchen. Er lebt eher aus dem Unbewußten und dem Instinktiven als aus der Logik heraus. Auf extreme Weise emotional eingestellt, fällt es dem Krebs sehr schwer, Fühlen und Denken voneinander zu trennen. Er ist seinen Launen und Gefühlen ausgeliefert – heute obenauf, morgen wie am Boden zerstört. Er ist das, was ich ein «emotionales Löschblatt» nenne: ausgesprochen empfänglich für die ihn umgebende Atmosphäre. Er fühlt, was Sie denken, und er weiß genau, was in Ihnen vorgeht. Dieser Mensch kann nicht auf routinehafte Weise lernen. Es ist besser für ihn, wenn er einfach zuhört, was andere sagen. Auf diese Weise saugt er wie ein Schwamm Wissen in sich auf.

Horoskope mit Löwe-Aszendent

Der Löwe im Horoskop bringt das wahre Selbst zum Ausdruck. Wenn sich die Sonne im Zeichen Löwen befindet, steht die Seele im Vordergrund, mit einer größeren Bewußtheit des Selbstes als in allen anderen Fällen. Der Löwe ist das Zeichen der Selbst-Bewußtheit, so, wie der Krebs das Zeichen des instinktiven Bewußtseins ist.

Der wunderbare Mythos von Phaeton erzählt die Geschichte des unreifen Löwe-Geborenen. Als junger Knabe ging Phaeton zu seinem Vater, dem Sonnengott, und verlangte, den Sonnenwagen über den Himmel fahren zu dürfen. Sein Vater wies ihn darauf hin, daß dies sehr viel Kraft und Willen erforderte, wovon Phaeton aber nichts hören wollte. Er hatte nur eins im Sinn: Er wollte diese Pferde lenken. Und er tat dies dann auch. Aber er konnte nicht mit ihnen umgehen, weil er nicht bereit dafür war und nicht über die notwendige Disziplin dafür verfügte. Er verlor die Kontrolle über das Gespann und setzte damit alles in Brand, sogar sich selbst. Brennend fiel er durch die Luft auf die Erde. Phaeton verfügte zwar über Mut, nicht aber über Disziplin und Verantwortungsgefühl. Er ruinierte damit nicht nur sich selbst, sondern auch andere.

Gemäß der löwehaften solaren Kraft muß das Schlüsselwort für diesen Menschen Verantwortungsbewußtsein sein. Wenn diese Eigenschaft zum Bestandteil seines Wesens geworden ist, stellt er ein wahres Kind der Sonne dar.

♌ 1   *Löwe an der Spitze des 1. Hauses*

Kann die Sonne für sich selbst scheinen oder scheint sie für andere? Nur dann, wenn der Löwe über das Persönliche hinauswächst und alle Mitmenschen Wärme und Liebe spüren läßt, wird er seinem Erbe gerecht. Von allen Zeichen ist der Löwe am wenigsten dazu geeignet, für sich allein zu leben. Alle Energie kommt von der Sonne. Wir haben es hier mit dem Willen zu tun, dem Muster der Seele gerecht zu werden und dieses tatsächlich zum Ausdruck zu bringen. Alles Licht und alle Kraft beruht auf der Sonnenenergie, die dem Löwen entspricht. Licht und Energie können aber Wärme oder Verwüstung bedeuten, sie können erschaffen oder aber zerstören. Die solare Strahlung kann Leben hervorbringen – der Löwe ist dabei gefordert, weise mit seinem Leben umzugehen, wenn er nicht einen hohen Preis zahlen will. Sein Wille muß der Wille Gottes werden. Kommt es nicht dazu, gerät dieser Mensch in Schwierigkeiten. Ohne Disziplin, Verantwortungsgefühl und Aufmerksamkeit für die Belange der anderen macht er nicht nur sich selbst, sondern auch anderen viel Kummer – wie bei Phaeton auch ist es dabei gleichgültig, daß es nicht die Absicht war, anderen zu schaden. Mit dem Löwen geht ein Gefühl der Würde, Selbstachtung, Mut und Integrität einher. Die Tugenden dieses Menschen sind legendär – wie seine Fehler auch. Von ehrlichem, direktem und zuverlässigem Wesen, ist er als gereiftes Individuum unbedingt vertrauenswürdig. In diesem Fall kann er ein Ausdrucksmittel der Macht sein, wobei er sich aber unter allen Umständen davor hüten muß, sich selbst für die Macht zu halten. Als aufsteigendes Zeichen könnte der Löwe den Menschen auch zu einem hoffnungslosen Idealisten und Romantiker machen, zu einem Träumer, der allerdings dazu imstande ist, die meisten seiner Träume zur Realität werden zu machen.

♍ 2 *Jungfrau an der Spitze des 2. Hauses*

Mit dem auf das Konkrete ausgerichteten und dienstbereiten Zeichen Jungfrau an dieser Stelle setzt der Löwe seine Gaben und Mittel für andere ein. Was den Umgang mit Geld betrifft, ist der Löwe von einem praktischen Wesen. Das Finanzielle betreffend gibt er sein Geld durchaus auf großzügige Weise aus, verliert dabei aber nicht den Boden unter den Füßen. Mit einem Erdzeichen an der Spitze des 2. Hauses ist ein Zustand der natürlichen Harmonie gegeben, was heißt, daß der Bereich des Materiellen für den Löwen nichts Problematisches hat. Dies könnte sich dahingehend auswirken, daß dieser Mensch nicht viel Geld besitzt, ohne daß ihn das besonders interessiert. Wichtiger dürfte ihm dagegen der Dienst an anderen sein. Seine größten Mittel hat er da, wo es um Hilfe für Mitmenschen geht, die seinen Beistand brauchen.

♎ 3 *Waage an der Spitze des 3. Hauses*

Der Löwe spürt ein starkes Bedürfnis, den Menschen seiner unmittelbaren Umgebung zu gefallen. Dies steht damit in Verbindung, daß er Harmonie liebt und sich von Streit und Unfrieden abgestoßen fühlt. Dieser Mensch begegnet den Geschehnissen auf eine kooperative und flexible Weise. Der Löwe liebt es nicht zu streiten. Nur unter Zwang läßt er sich auf Dispute ein. In seinem Fall ist diesbezüglich eher eine mentale denn eine emotionale Sensibilität gegeben. Der Geist ist hier kultiviert, idealistisch und auf das Künstlerische ausgerichtet.

♏ 4 *Skorpion an der Spitze des 4. Hauses*

Von seinen Wurzeln her ist das Wesen des Löwen durch die intensive und mysteriöse Kraft des Zeichens Skorpion geprägt. Hier liegt der Grund der innerlichen Stärke, die so viele Menschen am Löwen kennengelernt haben. Wenn er sich einmal für etwas entschieden hat, ist der Löwe in seiner höheren Entwicklungsstufe loyal und hartnäckig, bis zum letzten. Dabei können seine Fixiertheit und sein Festhalten die Ursache von mancherlei Krisen sein. Mehr noch als die Fehler seiner Mitmenschen sind seine eigene Neigung zur Gutgläubigkeit und seine persönliche Naivität für diese verantwortlich. Das Endziel der Verkörperung des Geistes ist die Wiederauferstehung – der Löwe ersteht aufs Neue, wie der Skorpion auch, aus der Asche der Vergangenheit, mit neuer Weisheit und neuem Wissen ausgestattet. Sein unerschütterlicher Glaube bewahrt ihn dabei vor Bitterkeit. Die Geduld, die ihn dabei auszeichnet, ist nicht zu übertreffen.

♐ 5 Schütze an der Spitze des 5. Hauses

Die Geselligkeit des Löwen sowie seine Aufgeschlossenheit haben ihre Ursache in der Stellung des Schützen an der Spitze von 5, dem Haus, das etwas über den Selbstausdruck erkennen läßt. Der Löwe ist der Spieler des Tierkreises; er nimmt Risiken auf sich aus reiner Freude am Abenteuer. «Sich selbst aufs Spiel zu setzen» ist das Schlüsselwort mit dem Schützen an der Spitze dieses Hauses. Es besteht dem Leben gegenüber eine begeisterte Offenheit, und nicht selten kommt es dabei zu Übertreibungen, worunter vielleicht auch die Gesundheit leidet. Wenn der Löwe von etwas begeistert ist, sollte er sich am besten hinsetzen und bis 1000 zählen, bevor er etwas unternimmt. Auf diese Weise könnte er sich vor den so häufigen närrischen Aktivitäten bewahren. Der Löwe liebt Kinder, und er zeichnet sich dadurch aus, daß er sie von ihrem tiefsten Wesen her versteht. Für ihn sind Kinder Persönlichkeiten, was er auch in seinem Verhalten deutlich werden läßt. Kinder ihrerseits lieben den Löwen, weil sie merken, daß sie von ihm als Individuen respektiert werden.

♑ 6 Steinbock an der Spitze des 6. Hauses

Das Vermögen des Löwen, hart zu arbeiten, hat seinen Grund in der Stellung dieses Zeichen an der Spitze des 6. Hauses. Es gibt im ganzen Tierkreis keinen härteren Arbeiter als diesen Menschen. Auf der anderen Seite: Wenn er sich zum Nichtstun entschließt, ist auch niemand fauler als er. Dieser Mensch fragt nicht danach, was es ihn kostet, aktiv zu sein – für ihn zählt nur die Tatsache, etwas zu erreichen. Er ist häufig sehr fordernd, und manchmal fordert er von anderen sehr viel Disziplin. Was er von anderen verlangt, fordert er aber erst recht von sich selbst. Von anderen erwartet er Respekt. Wenn man dem Löwen zu oft auf den Schwanz getreten hat, gibt es kein Pardon. Dabei sind Sie solange in Sicherheit, wie der Löwe brüllt – wenn er sich Ihnen zuwendet und sich zur vollen Größe seiner ehrfurchtgebietenden Statur erhebt, ist es vorbei mit seiner Umgänglichkeit. Dann ist das Maß endgültig für ihn voll. Was die Gesundheit angeht, hat der Löwe Probleme mit seinem Rückgrat, mit dem Herz und mit den Knien. Schwierigkeiten auf diesen Gebieten haben mit dem Willen und mit Stolz zu tun. Bescheidenheit ist denn auch keine Stärke des Löwen.

♒ 7 Wassermann an der Spitze des 7. Hauses

In diesem Fall könnte es zu Auseinandersetzungen mit Partnern kommen, was damit in Beziehung zu setzen ist, daß Saturn der Mitregent des Wassermanns ist und der Wassermann ein fixes Zeichen darstellt. Der Löwe ist zu subjektiv, der Wassermann zu objektiv – die schwierigste Lektion für den Löwen ist, sich nicht von Emotionen beeinflussen zu lassen. Häufig kommt es hier zur Heirat eines Partners, der ebenfalls von sehr individualistischem Wesen ist. Es wird Freiheit gewünscht, auf beiden Seiten, und wenn hier Übereinstimmung herrscht, ist alles gut. Versuchen Sie einmal, einen Löwen einzusperren – das Resultat ist sehr viel Ärger. Lassen Sie ihm dagegen alle Freiheit, werden Sie merken, daß er diese gar nicht will. Er braucht lediglich das *Gefühl*, frei zu sein. Geben Sie ihm dieses Gefühl, und Sie haben ihn gezähmt. Mit dem Wassermann an der Spitze von 7 muß dem Partner das Recht eingeräumt werden, seine Individualität vollständig zum Ausdruck zu bringen. Der Löwe braucht dieses Recht auch für sich, und er nimmt es sich. Was er beachten muß, ist, es auch anderen einzuräumen. Mit dem Wassermann in dieser Stellung kann sich die Beziehung nur in gegenseitiger Anerkennung entwickeln. Wenn der Löwe seinem Partner mit Flexibilität, Toleranz und Verständnis entgegentritt, wird alles gut gehen.

♓ 8 Fische an der Spitze des 8. Hauses

Die Liebe des Löwen muß eine Widerspiegelung des göttlichen Mitgefühls sein, damit es zur Transformation kommen kann. Das Schicksal sieht für den Löwen viel vor. Aus diesem Grund muß er Opfer bringen und willens sein, Pflichten auf sich zu nehmen. Nur der, der allen zu dienen bereit ist, kann zum wahren Führer oder König werden. Wird er dem gerecht, kann niemand ihm seinen Besitz streitig machen – er ist dann sein durch göttliches Recht. Wenn wir es wert sind, haben wir uns die Krone verdient und dürfen sie mit Würde tragen. Mit den Fischen an der Spitze dieses Hauses geht es darum, nicht die Mittel der anderen Menschen zum Opfer zu bringen, sondern die eigenen. Die Fische herrschen über die Füße, die ein Symbol des Verständnisses sind. Wenn der Löwe Herr seines Wesens wird, ist die Gabe, die er der Welt bringt, ein verständnisvolles Herz.

♈ 9 *Widder an der Spitze des 9. Hauses*

Der Löwe hat seinen Ursprung im 9. Haus, dem Haus des überbewußten Verstandes. Die Ausgangsbasis all seiner Aktivitäten ist sein tiefverwurzelter Glaube an das Leben. Unabhängig davon, wie schwer sein Leben ist (und man kann davon ausgehen, daß er es sich wirklich nicht leicht macht): Dieser Mensch ist von der Überzeugung beseelt, daß in Zukunft alles besser sein wird. Nun, da Könige der Vergangenheit angehören, muß der Löwe – das königliche Tierkreiszeichen – erkennen, daß sich das Monarchentum des anbrechenden Zeitalters auf *spirituelle* Führungspersönlichkeiten bezieht. Es geht dabei um Menschen, die sich gemäß ihres Herzens und ihrer Seele in wahrer Einfachheit zum Ausdruck bringen. Was ist diese Einfachheit anderes, als zum inneren Kern der Dinge vorzudringen und alles in seiner Ganzheit zu betrachten? Der Löwe hat seinen Ausgang im Hause der Einsicht und des Verständnisses, und er kann für andere ein Segen sein. Wenn der Widder an der Spitze von 9 steht, sind damit ausgeprägt individuelle Gedanken verbunden. Dieser Mensch könnte sich in bezug auf metaphysische Konzepte als ein Pfadfinder erweisen, als jemand, der mit dem widderhaften Wagemut in unbekannte Bereich vorstößt. Er verfügt über eine Selbstsicherheit, die schüchterne Mitmenschen stärkt und diejenigen irritiert, die nach der Macht streben, die eine natürliche Gabe des Löwen ist.

♉ 10 *Stier an der Spitze des 10. Hauses*

Dies sagt etwas aus über die Ressourcen des Löwen. Der Stier bedeutet Substanz, die eine äußerliche Entsprechung des inneren Glaubens ist. Der Löwe hat aus diesem Grund keine Schwierigkeiten damit, zu konkreter Substanz zu kommen. Löwe-Menschen ziehen materielle Dinge an, in Übereinstimmung damit, daß sie großzügiger und gebefreudiger als jedes andere Zeichen sind. Wenn der Löwe arm wie die sprichwörtliche Kirchenmaus wäre, würde man das nicht an seinem Verhalten ablesen können. Löwe-Menschen haben ein Gefühl für den Reichtum des Lebens. Als Resultat daraus ergibt sich eine Energie, die diesen Gedanken entspricht. In diesem Haus ist aber sozusagen auch ein Stolperstein verborgen, der für Probleme sorgen kann. Dieser Mensch hat große Probleme damit, Macht abzugeben. Er gibt diese womöglich mit der einen Hand und nimmt sie sogleich mit der anderen zurück. Dies hängt damit zusammen, daß der Stier zum Festhalten neigt. Weil das 10. Haus betroffen ist, handelt es sich um das Thema Macht. Dort, wo der Stier im Horoskop zu finden ist, haben wir es mit dem Bereich zu tun, in dem der Mensch nur schwer loslassen kann. Der Löwe mit dem Stier an der Spitze des 10. Hauses hat große Schwierigkeiten damit, sich von seiner Orientierung an Prestige, Status und Macht freizumachen.

♊ 11 *Zwillinge an der Spitze des 11. Hauses*

Keinem fällt es leichter, Freundschaften zu schließen als dem Löwen. Insbesondere fühlt sich dieser Mensch von Jüngeren angesprochen. Der Löwe hat etwas vom ewigen Kind in sich, und sein Staunen gegenüber dem Wunder des Lebens währt für immer. Mit dieser Stellung ist auch eine gewisse Naivität verbunden, die sehr deutlich in Erscheinung tritt. Der Löwe mag die verschiedensten Arten von Freunden – je größer das Spektrum, desto besser. Es besteht ein ausgeprägter Sinn für Humor, und eines seiner Charaktermerkmale, deretwegen man ihm alles verzeiht, ist seine Fähigkeit, über sich selbst zu lachen. Er ist ein guter Freund, auch weil er niemandem über längere Zeit böse sein kann. Niemand weiß besser als der Löwe, daß es im Leben auf Lebendigkeit ankommt und daß die «Show» immer weitergeht.

♋ 12 *Krebs an der Spitze des 12. Hauses*

Das 12. Haus steht für das Verborgene, für das, was an der Oberfläche nicht zu erkennen ist. Der Löwe ist empfindlich, und mit seiner Empfindlichkeit sind seine Gefühle nur zu schnell verletzt. Dies erkennen zu lassen, verhindert sein Stolz, was zur Folge hat, daß sich immer wieder Kränkungen ergeben. Oftmals besteht hier eine karmische Beziehung zur Mutter, die nicht das Gefühl von Liebe vermittelte. In der Folge davon kann bei aller äußerlichen Selbstsicherheit und Ausgewogenheit im Inneren viel Ungewißheit bestehen: »Werde ich wirklich geliebt?« Der Löwe ist sich dessen niemals wirklich sicher.

Horoskope mit Jungfrau-Aszendent

Wenn wir wissen, in welchem Horoskop-Haus der Widder zu finden ist, erkennen wir, wo das wahre Ego – das Selbst – seinen Anknüpfungspunkt im Leben hat und von wo aus es seine Lebensmission beginnt. Es ist dies der Startpunkt, von dem aus das Individuum sein göttliches Feuer nach außen bringt und von wo es ausgeht und aktiv wird, was das Leben betrifft. Der Widder bedeutet den Beginn von Aktivität – beim Jungfrau-Aszendenten steht er an der Spitze von 8. Dieses Haus hat mit Regeneration und mit Transformation sowie mit den Gaben und Besitztümern der anderen zu tun.

♍ 1   Jungfrau an der Spitze des 1. Hauses

Mit der Jungfrau an Haus 1 hat der Mensch aufgrund der Merkur-Herrschaft das Geschenk der ewigen Jugend erhalten. Diesem Menschen sieht man sein Alter nicht an. Kennzeichnend ist hier eine ausgeprägte Sensibilität sowie ein Gefühl der Unterlegenheit. Weil seine Kraft (Löwe) im 12. Haus eingeschlossen ist, weiß die Jungfrau zwar Bescheid, was Macht betrifft, ist aber unfähig dazu, tatsächlich Macht auszuüben. Dies ist der Grund für ihren Minderwertigkeitskomplex. Psychologen sagen, daß der Minderwertigkeitskomplex die Umkehrung eines Überlegenheitskomplexes ist. Das 1. Haus symbolisiert die Veräußerlichung des Selbstes, und in diesem Fall ist davon auszugehen, daß die Lektion darin besteht, in aller Bescheidenheit Dienstbereitschaft zu zeigen und Geduld zu beweisen. Bescheidenheit ist die Bereitschaft, sich an die letzte Stelle zu setzen. Dem Meister nach sind diejenigen, die willens sind, die Letzten zu sein, in Wahrheit die Größten. Die Jungfrau findet ihren besten Ausdruck, indem sie anderen dient, auf stille und ruhige, dabei aber beharrliche Weise. Sie ist es, der die endlosen Details und routinehaften Tätigkeiten zufallen. Das, was langen Atem erfordert, kann ihr wahre Befriedigung bringen. Demjenigen, der die Frucht ausgesät hat, gebührt der Lohn, niemand kann ihm diesen streitig machen. Die Jungfrau steht in Verbindung mit dem Zyklus der wahren persönlichen Entwicklung. Sie bedeutet die Überwindung des Selbstes durch die Transformation des eigenen Wesens. Dazu kann es kommen durch die hingebungsvolle Selbstaufgabe, in welcher Weise auch immer, oder durch den Erwerb von Techniken oder Fähigkeiten, die sich sowohl auf das Kreative als auch auf das Manuelle beziehen.

♎ 2   Waage an der Spitze des 2. Hauses

Das 2. Haus steht für die Reserven des Selbstes wie auch für Besitztümer. Die Jungfrau ist immer bestrebt, sowohl ihr Konto als auch ihre Beziehungen in einem Zustand der Ausgewogenheit zu halten. Dabei kann sie aber von einem Extrem ins andere fallen: In einem Moment verstreut sie ihre Mittel in alle Richtungen, im nächsten ist sie selbstsüchtig bis zum Geiz. Wir haben es in dem Haus, das von der Waage beherrscht wird, immer mit einem untergründigen Saturn-Einfluß zu tun, und es ist Saturn, der hier für die übermäßige Vorsicht und die Selbstsucht in ihrer negativsten Ausprägung verantwortlich ist. Mit der Waage an der Spitze von 2 strebt die Jungfrau nach einer Beschäftigung, bei der sie sich nicht die Hände oder die Kleidung schmutzig zu machen braucht. Sie ist von einem reinlichen und anspruchsvollen Wesen, und für gewöhnlich hält sie sehr auf Ordnung. Häufig ist das auffallendste Merkmal der Jungfrau eine innere Kultiviertheit, in Verbindung mit der Abscheu für alles Rauhe und Vulgäre. Dieser Mensch verfügt über einen reinen Geist; alles Schmutzige ist ihm zutiefst zuwider.

♏ 3   *Skorpion an der Spitze des 3. Hauses*

Die Jungfrau ist gekennzeichnet durch feste Meinungen, Theorien und Vorurteile, was all diejenigen überrascht, die der Ansicht sind, daß mit ihr gut auszukommen ist. Man kann mit ihr gut auskommen – allerdings sollte man nicht versuchen, sie zu einer anderen Meinung zu bekehren. Jede Veränderung ist ihr willkommen, ausgenommen diejenige, die sich auf ihren Geist bezieht. Dieser Mensch könnte seine Freude daran haben, immer in Bewegung zu sein, was in Übereinstimmung dazu steht, daß es sich um ein veränderliches Zeichen handelt. Was aber die unmittelbare Umgebung betrifft, hält er am Gegebenen fest, weil ihm dies in seinem Vorgehen am besten entspricht. Dieser Mensch könnte Dinge herausfinden, ohne daß andere merken, womit er sich eigentlich beschäftigt. Es gibt viele herausragende Forscher, Ärzte und Krankenschwestern, die mit der Jungfrau-Sonne oder dem Jungfrau-Aszendenten geboren wurden. Der Skorpion an der Spitze von 3 verleiht der Jungfrau die Fähigkeit, solange durchzuhalten, bis ein Projekt zum Abschluß gebracht worden ist. In der Beziehung zu Geschwistern kann es zu Reibungen kommen. Das hat seine Ursache zum Teil darin, daß sie sich anderen nicht immer erklärt.

♐ 4   *Schütze an der Spitze des 4. Hauses*

Die Jungfrau hat ein ausgeprägtes Bedürfnis nach häuslicher Sicherheit. Sie legt es nicht unbedingt darauf an, viele Besuche zu machen. Als allgemeine Regel können wir sagen, daß sie sich bei sich zuhause am wohlsten fühlt. Kennzeichnend für sie ist ein stark entwickeltes Gefühl für das *Fair Play*. Bei aller Schüchternheit begehrt sie auf, wenn sie Zeugin von Ungerechtigkeit wird. Wenn Jupiter, der Herrscher dieses Zeichens, verletzt ist, könnten wir es mit einem sehr kritischen Menschen zu tun haben, der schnell mit Urteilen über andere zur Hand ist und mit dem man nur schwer auskommen kann. Wenn dieser Mensch seinen höheren Verstand sowie seine intuitive Wahrnehmung zum Einsatz bringt, bekommt seine Anschauung etwas Philosophisches. In diesem Fall können andere von ihm durch ein umfassenderes Verständnis profitieren. Das 4. Haus steht für die Wurzeln der Existenz, für die seelischen Eigenschaften in den Tiefen des Selbstes. Die Jungfrau repräsentiert das Materielle beziehungsweise die Erde. Es ist die Erde, die vom Geist erfüllt werden muß, damit wir Erfahrungen gewinnen können.

♑ 5   *Steinbock an der Spitze des 5. Hauses*

Der Selbstausdruck der Jungfrau ist erdbezogen, von erdhafter Art. Wir haben es hier mit einer praktischen und sachbezogenen Einstellung zu tun. Dieser

Mensch kennt sich mit den Details aus, hat aber seine Schwierigkeiten damit, vom Stadium des Planens zur Verwirklichung zu kommen. Saturn ist der Lehrmeister, und Saturn ist es, der über dieses Haus herrscht. Die Jungfrau verfügt über Lehrfähigkeiten, weshalb man sie häufig auf dem Feld der Erziehung antrifft. Menschen mit dieser Stellung im Horoskop sind zu großer Disziplin fähig, insbesondere dann, wenn Saturn stärker als der Mond oder die Venus gestellt ist. Für die Jungfrau ist anzuraten, mehr Liebe zum Ausdruck zu bringen, was damit zusammenhängt, daß der Steinbock an der Spitze von 5 Erstarrung und Rigidität bedeutet. Diesem Menschen fällt das Geben zunächst schwer, und er hat es häufiger mit Enttäuschungen in der Liebe zu tun, aufgrund der Tatsache, daß er nicht wirklich etwas von sich gibt. Mit den Erfahrungen der Enttäuschung und mit seiner Überempfindlichkeit kommt es dann dazu, daß er um sich herum eine Mauer errichtet, wobei er außer acht läßt, daß diese Mauer ihn dann vom Leben abschneidet. Der Bereich der Kindererziehung liegt ihm. Es fällt ihm dann aber später sehr schwer, von der Elternrolle zu der eines Freundes zu wechseln. Das Spekulieren ist ein Bereich, der vom 5. Haus repräsentiert wird. Mit dem Steinbock an der Spitze dieses Hauses ist die Erkenntnis verbunden, daß man nicht etwas erhalten kann, ohne etwas eingesetzt zu haben. Dieser Mensch muß für das arbeiten, was er bekommt. Er ist kein Typ, für den das Leben fortwährend ein rauschendes Fest darstellt. Er zeichnet sich im Gegenteil durch eine ernsthafte Geisteshaltung aus.

≈ 6 Wassermann an der Spitze des 6. Hauses

Der Grund, warum die Jungfrau unter schwachen oder auch zerrütteten Nerven leiden kann. Mit dem Wassermann an der Spitze des Hauses, das für die Gesundheit steht, ist eine unmittelbare Verbindung zwischen der Geistesverfassung und dem körperlichen Zustand gegeben. Wenn er zuviel über sich selbst nachdenkt und alles nur noch auf sich bezieht, kann es zum Hypochondertum kommen. Probleme mit den Nerven resultieren daraus, daß die Person ihre Schwierigkeiten auf den Körper überträgt. Der physische Mensch muß seine geistige Einstellung ändern, nur auf diese Weise kann die Krankheit überwunden und Heilung erzielt werden. Die Jungfrau ist von Zeit zu Zeit gerne einmal allein, möchte allerdings bei ihrer Arbeit in Gesellschaft sein.

♓ 7 Fische an der Spitze des 7. Hauses

Der Schaden, den sich die Jungfrau mitunter selbst zufügt, kann seine Ursache darin haben, daß sie sich nicht auf angemessene Weise mit anderen verbindet. Niemand ist eine Insel, und kein Mensch ist wirklich unabhängig von anderen, wie sehr der einzelne das auch anstreben mag. Wir leben in einer Welt, in der es darauf ankommt, daß alles sich mit allem verbindet, aus dem Grund, weil jeder ein Teil und nicht das Ganze ist. Die Fische sind das Zeichen der Selbstopferung. Wenn sie sich an der Spitze des Hauses der Beziehungen befinden, ist die Opferung des Selbstes für andere gefordert. Die Jungfrau kann – wenn es sich nicht um einen sehr hoch entwickelten Menschen handelt – in sehr starkem Maße auf sich selbst bezogen sein; mit den Fischen an der Spitze des Hauses, welches das beschreibt, was außerhalb des Selbstes ist, fühlt sie sich ratlos. Mit Neptun als dem Herrscher über die Fische könnte dieser Mensch zu ungewöhnlichen Erfahrungen neigen und Verbindungen eingehen, über die andere nur den Kopf schütteln. Auf dieser Veranlagung aber beruht die Jungfrau-Eigenschaft der Unterscheidungsfähigkeit. Wenn die Jungfrau sich als Nörgler erweist – was nur zu häufig der Fall ist – und viel Kritik zum Ausdruck bringt – was meistens zutrifft –, ist dies eine ernste Gefahr für jede Beziehung. Die wahre Rolle der Jungfrau ist, Unterstützung zu geben. Dieser Mensch wird erst dann zu etwas werden, wenn er willens ist, nichts zu sein. Wenn er also an der Oberfläche ruhig und sachlich zu sein scheint, ist er in seinem Inneren doch Launen und Gefühlen unterworfen, die von Zeit zu Zeit außerordentlich viel Negativität bedeuten können. Bei emotionalen Zwiespälten könnte körperliche Aktivität sowohl ein Bedürfnis als auch die Lösung für ihn sein.

♈ 8 *Widder an der Spitze des 8. Hauses*

Regeneration und Transformation des Selbstes ergeben sich durch den Dienst an anderen. Die Jungfrau ist das Zeichen, das für Dienstbereitschaft steht, und dieser Mensch muß, um frei zu sein, anderen dienen. Sein «Dharma» ist es, Opfer zu bringen, wobei allerdings gefordert ist, daß er Unterscheidungsvermögen beweist. Jemanden von einer Last zu befreien, die für dessen persönliche Weiterentwicklung nötig ist, bedeutet, die Ausbildung von eigener Stärke und Charakter zu verhindern. Die Jungfrau wird – wie der Zwilling auch – durch Merkur beherrscht, wobei Merkur hier eine andere Auswirkung hat. In den Zwillingen ist Merkur nach außen gerichtet, in Verbindung mit dem Wunsch nach Erfahrungen. Je mehr Erfahrungen es gibt, desto besser für den Zwilling. In der Jungfrau dagegen assimiliert Merkur die Erfahrungen, er macht sie zum Bestandteil des Wesens, was die Entwicklung von Unterscheidungsvermögen bedeutet. Es geht um die Fähigkeit zu entscheiden, was wertvolle Erfahrungen sind und welche Erfahrungen besser eliminiert werden sollten.

Wir nehmen physisch Nahrung in uns auf, welche dann den Prozeß der Verdauung durchläuft – Nahrung wird assimiliert, Abfallstoffe dann eliminiert. Wir vergessen oft, daß mentale und emotionale Erfahrungen gleichermaßen Nahrung darstellen. Ein ganz ähnlicher Prozeß spielt sich hinsichtlich unserer Eindrücke ab. Wenn die Erfahrungen – welcher Art sie im Einzelnen auch sein mögen – uns mit Mißtrauen und mit Groll erfüllen, haben wir darunter zu leiden, daß wir das Falsche assimiliert haben. In diesem Fall müssen wir in Form von Krankheit den Preis dafür zahlen. Die Jungfrau herrscht im Horoskop über das Haus der Gesundheit – das 6. Haus, was den «natürlichen Tierkreis» betrifft –, und Gesundheit hat viel mehr mit unserer allgemeinen Einstellung zu tun, als wir für gewöhnlich annehmen. Der Mensch, der sich dem Dienst an anderen verschrieben hat, hat keine Zeit, an sich zu denken, mit der Folge, daß er im allgemeinen gesund ist. Die Jungfrau ist ein veränderliches Zeichen, und Jungfrau-Menschen sind anpassungsfähig und flexibel. Allerdings verspüren sie in sich auch den starken Drang nach Unabhängigkeit, was nach außen hin nicht unbedingt deutlich wird. Diese Menschen fragen andere nicht um Hilfe, sondern gehen ihren eigenen Weg. Ihr Bedürfnis nach Unabhängigkeit hat manchmal zur Folge, daß sie keine Anerkennung und Unterstützung bekommen. Diese Anteilnahme haben sie sich aber nicht nur verdient, sie haben sie auch nötig.

♉ 9 Stier an der Spitze des 9. Hauses

Die Herangehensweise der Jungfrau an die Religion ist praktisch und realistisch. Für sie sind weder visionäre Höhenflüge noch verschrobene Phantasievorstellungen kennzeichnend. Dieser Mensch hat im Gegenteil eine unbewußte Angst, den Boden unter den Füßen zu verlieren, wenn er sich auf das Übernatürliche einläßt. Die Jungfrau hat eine sehr dogmatische Seite – die Vorstellung, wie etwas ihrer Meinung nach sein sollte, hindert sie dann zu erkennen, wie es tatsächlich um die Realitäten bestellt ist. Wenn ihr etwas mißfällt, was sie nicht ändern kann, ignoriert sie es lieber als es als das zu akzeptieren, was es ist. Auf eine ungewöhnliche Weise kann die Jungfrau sehr fixiert in ihren Ansichten sein. Das reformerische Moment in ihr ist stark entwickelt, und ohne ein Kämpfer zu sein, ist sie doch von einer sehr kritischen Charakterhaltung. Diese Menschen neigen zu einer geistigen Abgehobenheit, bringen dabei aber den verschiedenen Philosophien aufrichtiges Interesse entgegen, auch dann, wenn sie ihnen nicht aus vollem Herzen zustimmen. Wichtig ist hier, daß sich die Konzepte durch Praxisnähe und durch eine konkrete Nutzbarkeit auszeichnen. Das 9. Haus steht auch für die angeheirateten Verwandten. Wenn die Venus verletzt ist, ergeben sich in bezug auf diesen Personenkreis möglicherweise unliebsame Geschehnisse.

♊ 10 Zwillinge an der Spitze des 10. Hauses

Mit den Zwillingen an der Spitze von 10 besteht im Äußerlichen eine große Flexibilität, was die Karriere und die allgemeinen öffentlichen Interessen betrifft. Um im Beruf wahre Befriedigung zu finden, muß die Jungfrau über viele Kontakte verfügen. Weiterhin ist wichtig, daß sie ihre Fähigkeiten auch wirklich zum Ausdruck bringen kann. Dieser Mensch fühlt sich sofort gelangweilt, unerfüllt und unglücklich, wenn seine verschiedenen Interessen nicht angesprochen sind. Mit dieser Stellung ist es auch so, daß neben der Arbeit diverse Hobbys bestehen, aus dem Grund, weil sich der Mensch einer Vielzahl von Aktivitäten verschreibt. Weiterhin muß er immer aktiv sein. Wenn alles nur schleppend verläuft, stumpft er ab. Wenn die Selbstbezogenheit, wie sie mit der Jungfrau verbunden sein kann, überwunden ist, können sich diese Menschen durch die Gabe zu reden auszeichnen und andere mit ihren Ideen überraschen. Die Verwandten spielen eine wichtige Rolle im Leben, ob nun zum Guten oder zum Schlechten (abzulesen ist dies daran, welche Aspekte zu Merkur sowie zum Herrscher dieses Hauses gegeben sind). Oftmals übt der Jungfrau-Mensch auch zur gleichen Zeit zweierlei Tätigkeiten aus, ohne dabei eine davon zu vernachlässigen.

♋ 11 Krebs an der Spitze des 11. Hauses

Die materielle Sicherheit ist das Hauptziel der Jungfrau, was damit zusammenhängt, daß insgeheim eine Angst vor dem Mangel besteht. Dieser Mensch hat einen Sinn für materielle Werte und ein ausgeprägtes Gefühl für Geld. Das hindert ihn allerdings nicht daran, zu Zeiten der emotionalen Anspannung viel auszugeben. Die Jungfrau hat eine Scheu vor großen Gruppen, was mit einer angeborenen Schüchternheit zu tun hat. In Gegenwart von vielen Menschen fühlt sie sich unbehaglich. Sie genießt es eher, mit einem oder zwei Vertrauten zusammenzusein. Der Krebs ist das persönlichste Zeichen des Tierkreises, was bei der Stellung an der Spitze des 11. Hauses bedeutet, daß die Jungfrau in ihren Beziehungen dazu neigt, sich zu wichtig zu nehmen. Hier haben wir es mit der Situation zu tun, daß sich der Mensch im Kontakt zu anderen gehenläßt, während doch Haltung und Selbstsicherheit gefragt sind. Äußerlich mag er ruhig erscheinen, in seinem Inneren aber ist er nervlich angespannt. Er ist seinen Freunden ein verläßlicher Partner, wozu aber gesagt werden muß, daß er nur wenigen Zugang zu seinem inneren Heiligtum gestattet. Das, was er über andere denkt und fühlt, trifft für gewöhnlich zu. Auf seine stille Weise kann er andere sehr genau einschätzen.

♌ 12 Löwe an der Spitze des 12. Hauses

Der Löwe als «Kraftwerk des Tierkreises» verborgen in Haus 12 – dem Haus, das für die subjektive Unterstützung und für selbstauferlegte Begrenzungen steht – ist der Grund für die Jungfrau-Eigenschaft, hinter den Kulissen Macht auszuüben. Das heißt möglicherweise, daß dem Menschen die öffentliche Anerkennung seiner Macht verwehrt bleibt. Seine Aufgabe ist es, andere zu unterstützen und zu stärken. Auf diese Weise kann er erreichen, daß es zur Transformation seines Wesens kommt. Dieser Mensch hat große Träume, was die Expansion seines Selbstes angeht. Es ist aber davon auszugehen, daß diese niemals Realität werden, weil sich die Jungfrau-Seele dazu entschieden hat, anderen zu dienen, nicht sich selbst. Mit dieser Stellung besteht eine Selbstgenügsamkeit, die den Menschen vor dem Gefühl der Einsamkeit bewahrt, wenn er allein ist. Er braucht immer wieder Zeit, sich von dem geschäftigen Leben zu erholen und neue Energie zu tanken. Seine Kraft liegt im Verständnis der tiefen eigenen Natur. Damit kann er anderen eine große Hilfe sein, sich selbst besser verstehen zu lernen. Die Jungfrau hat ihre Stärke auf dem Gebiet der Persönlichkeit. Wenn sie einmal erkannt hat, wie sie damit umzugehen hat, kann sie jedes Ziel erreichen, das sie sich setzt.

Horoskope mit Waage-Aszendent

Wenn sich das Zeichen Waage am Aszendenten befindet, finden wir den Widder – der Punkt, wo das Selbst aktiv zu werden beginnt – im 7. Haus beziehungsweise am Sonnenuntergang. Wenn für alle anderen der Tag abgeschlossen ist, nimmt die Waage ihre Aktivität auf. Das Vermögen, sich mit anderen zu verbinden, sollte hier im Blickpunkt der Aufmerksamkeit stehen. Dieser Mensch hat sich für dieses Zeichen entschieden, um Ausgewogenheit und ein Gleichgewicht zu erlangen. Wenn er dies schon zuvor gehabt hätte, wäre er nicht unter diesem Zeichen geboren worden. Das Zeichen Waage steht in der Mitte zwischen dem vollkommen persönlichen und materiell ausgerichteten Widder und den unpersönlichen und spirituellen Fischen.

♎ 1   *Waage an der Spitze des 1. Hauses*

Mit dem Zeichen, das über das 7. Haus herrscht (das Haus der anderen), an der Spitze von Haus 1 (das Haus der Persönlichkeit) ist die Entwicklung der Waage-Beziehungen zu anderen von vordringlicher Wichtigkeit. Aufgrund der Vertauschung der Ecken des Horoskops bestehen große Schwierigkeiten damit, sich als Persönlichkeit zum Ausdruck zu bringen. Dieser Mensch beginnt seine Reise, indem er von dem Haus des Vaters aus zurückgeht. Er entwickelt sich vom Materiellen fort zu einem umfassenderen Verständnis dessen, was Leben bedeutet. Gedanken an Ehe- oder sonstige Partner sind für den Waage-Menschen von seiner Kindheit an charakteristisch. Er denkt fortwährend in Begriffen des

«Wir». Sein Bedürfnis nach Gesellschaft ist sehr groß, es behagt ihm nicht, alleinzusein.

Es ist überaus schwierig, von der Waage eine eindeutige Aussage zu erhalten. Sie sieht beide Seiten, was es ihr schwermacht, Partei zu ergreifen. Sie braucht denn auch ihre Zeit, sich mit den Fakten auseinanderzusetzen und sich eine Meinung zu bilden. Dabei zieht sie es vor, auf Nummer sicher zu gehen, was mit dem Wunsch zusammenhängt, von jedem gemocht zu werden. Diese Tatsache ist auch dafür verantwortlich, daß sie davor zurückschreckt, für etwas einzutreten, selbst dann, wenn es um Prinzipien geht, die ihr lieb und teuer sind. Manche Menschen sehen sie deshalb als unzuverlässig an, speziell in Krisensituationen. Die Waage schlägt nicht mit der Faust auf den Tisch, weil sie Angst hat, daß andere ihr das übelnehmen könnten. Sie versucht vielmehr, in allen Beziehungen das Gleichgewicht zu wahren, mental wie emotional. Allerdings gelingt ihr das nur selten. Bei dem Versuch, beide Seiten zu verstehen und fair zu urteilen, neigt sich einmal die eine, dann wieder die andere Waagschale nach unten. Entscheidend dafür ist nicht nur das Bedürfnis zu gefallen, sondern der Wunsch nach Frieden um jeden Preis. Wenn es die Sache aber wert ist, muß sich dieser Mensch die höchstmöglichen Prinzipien zu eigen machen, mit allen Konsequenzen, die sich daraus ergeben. Die Venus, die über die Waage herrscht, verleiht diesem Zeichen viel Charme und Freundlichkeit. Allerdings kann sie sozusagen auf der persönlichen Ebene verlorengehen, wenn nicht durch Mars – Herrscher von Haus 1 – Mut und Überzeugung dazukommen.

♏ 2   Skorpion an der Spitze des 2. Hauses

Es fällt der Waage schwer, großzügig mit ihren Mitteln umzugehen, was mit der skorpionischen Reserviertheit und Hartnäckigkeit in Verbindung mit dem Haus der Finanzen zu tun hat. Dies wirkt sich nicht günstig auf die Bereitschaft aus, mit anderen zu teilen. Dieser Mensch hat in der Tat große Schwierigkeiten damit, andere an seinen Gaben und Besitztümern teilhaben zu lassen. Er klammert sich zu sehr an das, was er hat, aus einer verborgenen Unsicherheit heraus. Er fürchtet, zu späteren Zeiten einmal Mangel zu leiden, und erkennt dabei nicht, was der Angst, nichts zu haben, eigentlich zugrundeliegt. Die Waage ist sehr geheimniskrämerisch, was ihre Finanzen und ihre persönlichen Umstände betrifft, und sie kann sehr wütend werden, wenn jemand seine Nase in ihre Angelegenheiten steckt. Dort, wo der Skorpion im Horoskop steht, muß der Mensch sich neu orientieren und sich erneuern. Im Hinblick auf das 2. Haus sind neue Werte erforderlich. Der Mensch muß sich hier auf Werte konzentrieren, die spirituell gesehen von Wichtigkeit sind (was auch damit in Verbindung steht, daß sich der Skorpion in der Mitte zwischen dem Widder und den Fischen befindet). Damit die Seele in all ihrem Glanz zum Ausdruck kommen kann, muß die Persönlichkeit sterben. Auf diese Weise kann die Waage wahren Frieden erreichen. Die Welt kann ihr diesen nicht verschaffen – aber auch nicht nehmen.

♐ 3 *Schütze an der Spitze des 3. Hauses*

Optimismus und Fröhlichkeit sind die Kennzeichen des Schützen im 3. Haus. Der Schütze ist das Zeichen, das dem Höheren Verstand entspricht. Ein aktiver Verstand, ein Sinn für Gesetze und ein gutes Beurteilungsvermögen für Menschen haben zur Folge, daß die Waage die Eignung für den Rechtsanwaltsberuf mit sich bringt. Bei den mir bekannten Horoskopen von Waage-Menschen findet sich der Beruf des Rechtsanwalts sehr häufig, häufiger als bei jedem anderen Zeichen. Die Waage, Herrscher über das 7. Haus, regiert über die niederen Gerichte, der Schütze als Herrscher des 9. Hauses hat mit den höheren Gerichten zu tun. Mit dem Schützen an der Spitze des Hauses, das dem bewußten Verstand entspricht, ist nicht schwer zu erkennen, warum so viele Waage-Menschen den Rechtsanwaltsberuf ergreifen. Wie dem auch sein mag – die Waage begnügt sich nicht damit, zuhause herumzusitzen; sie liebt das Reisen und das Erforschen fremder Horizonte, gleichgültig, ob sich dies auf Reisen im Geist oder tatsächlich unternommene Reisen bezieht. Geschwister könnten sich hier durch eine sehr philosophische Geistesverfassung auszeichnen. Vielleicht ist in der Familie auch ein Talent für die Literatur vorhanden.

♑ 4 *Steinbock an der Spitze des 4. Hauses*

Das Zeichen der Verantwortung an der Spitze des 4. Hauses bringt die Einstellung zum Ausdruck, die der Waage-Mensch gegenüber seiner Familie und seinem Zuhause hat. Es bestehen hier sehr enge Bande zur Mutter. Mit der Saturn-Regeotschaft geht in diesem Fall die Tendenz einher, zu lange am Zuhause festzuhalten. In späten Jahren kann die Tatsache, die Verbindung zum Elternhaus nicht früher gelöst zu haben, zu Gefühlen des Ärgers oder der Wut führen. In diesem Menschen kommt die Neigung zur Selbstsucht zum Ausdruck, der entschieden entgegengetreten werden muß. Tut er dies nicht, muß er womöglich irgendwann in seinem Leben die Feststellung machen, daß er allein ist. Die Waage hat ein ausgeprägtes Gefühl für Besitz. Es ist ihr wichtig, Eigentümer ihres Zuhauses zu sein, und in den meisten Fällen ist sie dies tatsächlich. Dieser Mensch liebt es nicht, immer unterwegs zu sein – es geht ihm vielmehr darum, einen Platz auszuwählen und sich dort zu verwurzeln. Er ist im allgemeinen sehr stolz auf seine Vorfahren. Wenn es in Verbindung mit Todesfällen von Verwandten zur Aufteilung des Familienbesitzes kommt, kann ihm das emotional sehr zu schaffen machen, weil er zu diesem eine enge gefühlsmäßige Bindung spürt.

≈ 5 *Wassermann an der Spitze des 5. Hauses*

Hier ist der Bereich, wo die Waage «Dampf abläßt». Der Wassermann verkörpert den Gesetzesbrecher, während Saturn die Gesetze macht. Man kann sich erst dann vom Gesetz freimachen, wenn man es nicht länger braucht. Die uranische Freiheit setzt erst ein, wenn der Mensch im Sinne Saturns Disziplin bewiesen hat. Erst dann ist Freiheit möglich, Freiheit, die mehr als nur Freizügigkeit ist. Mit der Waage kann ein freier Ausdruck der Persönlichkeit einhergehen, unter der Voraussetzung, daß sie die saturnische Disziplin akzeptiert hat. Viele Waage-Menschen machen auf ihre Umgebung einen sehr angepaßten Eindruck – was allerdings mit Wassermann an der Spitze von Haus 5 relativiert werden muß. Unkonventionelle Liebesbeziehungen sind oft mit der Inkarnation als Waage-Mensch verbunden, und zu dieser Art von Verbindungen kommt es insbesondere mit Anfang 30 sehr häufig. Der Mitregent des Wassermanns – Saturn – verlangt, daß die Rechnung sofort bezahlt wird, der Waage aber ist der Preis zu hoch. In späteren Jahren dann kann das Verständnis, das durch die leidvollen Erfahrungen gewonnen wurde, dabei helfen, anderen Einsicht zu verschaffen. Mit dem uranischen Geist zur Rebellion können auch Schwierigkeiten mit Kindern einhergehen. Die Waage sollte ihren Kindern schon früh einen Sinn für Disziplin vermitteln – mit dem Wassermann beziehungsweise Uranus an der Spitze von 5 muß dies vor Erreichen der Teenager-Jahre geschehen. Wenn dieser Mensch seine Kinder verzieht, hat er mit Uranus und Saturn als Mitregent des Wassermann später einen hohen Preis zu zahlen.

♓ 6 *Fische an der Spitze des 6. Hauses*

Dies ist das Haus der Anpassung, und die Fische an dieser Stelle können bedeuten, daß der Mensch sich selbst die beste Stütze ist oder aber sich selbst schadet. Die Fische in Zusammenhang mit dem Haus der Gesundheit und Dienstbarkeit haben zur Folge, daß die Waage ihre persönliche Übersensibilität zugunsten der anderen überwinden muß. Wenn dieser Mensch es zuläßt, daß seine Gedanken mit ihm durchgehen, könnten zum Beispiel Magengeschwüre die Auswirkung sein. Zuviele Sorgen, insbesondere beruflicher Natur, haben möglicherweise schädliche Auswirkungen auf den Körper. Die Waage kann hart arbeiten, und mit den Fischen an der Spitze von 6 ist angezeigt, daß in Verbindung mit dem stark entwickelten Verantwortungsgefühl die Tendenz zur vollständigen Verausgabung besteht. Dieser Mensch muß es lernen, sich am Ende des Tages von seiner Arbeit loszumachen und sich mithilfe eines kreativen Hobbys zu entspannen. Er muß es weiterhin dazu bringen, daß sein Verstand – und nicht die Emotionen – der Faktor ist, der seine Arbeit und seine Dienstbereitschaft bestimmt.

♈ 7 Widder an der Spitze des 7. Hauses

Mit dem vom Mars regierten Widder an der Spitze des 7. Hauses bedeutet die Waage «Stürme und Orkane, gefolgt von Windstille». Die Waage-Tendenz, in ihrer Beziehung zu anderen Stürme zu entfachen, beruht auf dieser Mars-Herrschaft. Für gewöhnlich neigt der Waage-Mensch dazu, die Energie seines Partners anzustacheln, allerdings auf eine so nette Weise, daß der Partner gar nicht merkt, wozu er da getrieben wird. Wenn der Waage-Sinn für Gerechtigkeit geweckt ist, kämpft diese Person bis zum letzten. Viele der Kriegsgeneräle sind im Waage-Zeichen geboren. Die Tatsache, daß Mars hier über ein Eckhaus herrscht, bedeutet diese Stärke. Hitler und Mussolini hatte die Waage als Aszendent, und der amerikanische Präsident Eisenhower war unter diesem Zeichen geboren. In den Beziehungen kommt es darauf an, sich anzupassen – lehnt der Partner dies seinerseits ab, sind erbitterte Auseinandersetzungen die Folge. Der Widder an der Spitze von 7 bringt, was den Bereich der Beziehungen betrifft, Zwist und Streit. Der Mensch, der in jungen Jahren aus einer impulsiven Neigung heraus eine Ehe eingegangen ist, muß sich in dieser mit vielen Lektionen auseinandersetzen (Saturn, der himmlische Lehrmeister, steht in der Waage erhöht), was als Bestandteil von Waage-Erfahrungen zu sehen ist. Der Mensch, der den Widder an der Spitze von 7 hat, ist gut beraten, wenn er sich in bezug auf das, was Saturn symbolisiert, weise und vorsichtig verhält und es unterläßt, impulsiv Partnerschaften einzugehen. Dabei spielt es keine Rolle, ob diese sich auf das Berufliche oder das Private richten. Die Waage ist ein maskulines Zeichen, und dies ist die Ursache dafür, daß es insbesondere für Frauen zu Schwierigkeiten kommen kann. Mit ihm besteht die Neigung, andere zu dominieren und über andere zu bestimmen, was den Umgang mit dem Partner sehr heikel machen kann. Uranus, der Planet der Unabhängigkeit, ist esoterisch gesehen der Regent der Waage. Kann der Mensch wirklich in dem Bereich, der mit Kooperation und Kompromissen zusammenhängt, unabhängig sein? Wohl kaum.

♉ 8 Stier an der Spitze des 8. Hauses

Dies ist das Haus, das für Regeneration sowie für die Mittel der anderen steht. Ist die Venus im Horoskop nicht verletzt, zeigt man die Bereitschaft, mit anderen zu teilen und anderen beim Erreichen ihrer Ziele zu helfen. Ist die Venus dagegen verletzt, fehlt diese Bereitschaft. In diesem Fall besteht die Einstellung, daß der Besitz etwas Persönliches ist und daß sich niemand anderes auch nur im geringsten auf ihn berufen kann. Damit kann eine psychische Blockierung einhergehen. Die Stellung des Stiers im Horoskop macht deutlich, wo wir dazu neigen, uns auf das Materielle zu beschränken, in Verbindung damit, daß wir Täuschungen unterliegen oder uns falsche Vorstellungen machen. Es handelt sich dabei um eine unbewußte Reaktion, die ihren Grund in der Erhöhung des

Mondes im Stier hat. Es kann hier immer wieder zu Störungen kommen, wenn der Mensch mit dem Geld seines Partners auf selbstsüchtige oder unvernünftige Weise umgeht. Das 8. Haus (beziehungsweise der Skorpion) befindet sich gegenüber vom Stier – den Stier mit dem 2. Haus gleichgesetzt. Für den Stier ist dieses Haus also das 7. Von großer Bedeutung ist deshalb, daß es zur Kooperation mit dem anderen beziehungsweise den Mitmenschen kommt. Dies ist die Voraussetzung für den freien Fluß von Liebe und für gemeinsame Erfahrungen.

♊ 9 *Zwillinge an der Spitze des 9. Hauses*

Wir haben es bei der Waage mit einer Neigung zu Reisen zu tun, die aus einer großen Neugier am Leben und an Menschen resultiert. Die Waage nähert sich den religiösen Philosophien durch ihren Verstand an, nicht dadurch, daß sie sich der Mystik verschreibt und sich einfach hingibt. Logik und Verstand beschäftigen sie, wenn sie nach dem Warum fragt, das mit dem kosmischen Gesetz zusammenhängt. Der Weg zur spirituellen Bewußtheit ist für sie auf Wissen gegründet, wobei das Okkulte eine wichtige Rolle spielt. Hinsichtlich des Persönlichen steht das 9. Haus für unsere angeheirateten Verwandten (das 3. Haus vom 7. Haus aus, welches die Ehe symbolisiert). Ist Merkur verletzt, könnte es für den Menschen ratsam sein, einen gewissen Abstand zu den Schwiegereltern zu wahren. Gezänk und Klatsch dürften sonst immer wieder für Irritationen sorgen.

♋ 10 *Krebs an der Spitze des 10. Hauses*

Der Krebs herrscht über die Öffentlichkeit, und dieses Haus an der Spitze von 10 zeigt, mit welcher Kraft sich die Waage zu einer Beschäftigung hingezogen fühlt, die mit der Öffentlichkeit zu tun hat. Auf unbewußte Art weiß die Waage, was die Öffentlichkeit will. Wenn der Mond verletzt ist, könnte es in der Karriere immer wieder zu großen Veränderungen kommen, die eine Widerspiegelung der inneren Unbeständigkeit dieses Menschen wären. Mit dem Krebs an dieser Stelle ist davon auszugehen, daß die Mutter im Leben von sehr großem Einfluß war oder ist. Ob zum Guten oder zum Schlechten, können die Aspekte zeigen, die zum Mond bestehen. Aussagekräftig sind hier insbesondere Aspekte zwischen Mond und Saturn. Wenn zum Beispiel beim Waage-Mensch der Mond im Quadrat zum Saturn steht, ist die Mutter auf eine überaus dominante Weise in Erscheinung getreten. Aufgrund des strengen Pflichtbewußtseins und ihres Verantwortungsgefühls scheut sich die Waage davor, sich zu befreien und die Brücken der Vergangenheit abzureißen. Diese Eigenschaft kann zu Blockaden führen, welche ihrerseits im Menschen Groll und Ärger aufkommen lassen können. In späteren Jahren, wenn der betreffende Elternteil nicht mehr da ist, könnte der Waage-Mensch dann unter dem Gefühl zu leiden haben, daß das Leben an ihm vorbeigegangen ist. Hiermit hängt auch zusammen, daß die Waage häufig mit Hautproblemen zu kämpfen hat. Es sind in diesem Fall Probleme gegeben, die zum Ausdruck kommen müssen. Wenn der Mensch sie nicht zur Sprache bringt, manifestieren sie sich durch die Haut. Worauf es hier ankommt, ist Mitgefühl und Verständnis.

♌ 11 *Löwe an der Spitze des 11. Hauses*

Die Waage ist von sehr freundlichem und nach außen gerichtetem Wesen. Sie ist der Diplomat schlechthin, was darauf beruht, daß sie in ihrer Herangehensweise an das Leben optimistisch und entgegenkommend ist. Die Waage verfügt über viele Freunde, weil es ihr wichtig ist, anderen zu gefallen und in Gesellschaft zu sein. Ihr Bedürfnis nach Anerkennung ist sehr stark. In Gruppen macht dieser Mensch durch seinen Takt und seine Gewissenhaftigkeit auf sich aufmerksam sowie durch sein Gerechtigkeitsgefühl und seinen guten Willen. Das 11. Haus steht für unsere Ziele und Träume – durch seine Freundlichkeit und den angemessenen Einsatz seines Willens ist dieser Mensch imstande, Erfolge zu erringen. Ist die Sonne verletzt, können sich aufgrund von falschem Stolz und Egoismus Probleme und Hindernisse auf dem Weg ergeben.

♍ 12 *Jungfrau an der Spitze des 12. Hauses*

Mit der Jungfrau hier besteht ein ausgeprägtes Interesse an Gesundheit sowie möglicherweise die fortwährende Beschäftigung mit dem körperlichen Zustand. Das 12. Haus bedeutet die verborgene Seite der Persönlichkeit, das unbewußte Selbst, das uns entweder unterstützt oder aber im Widerspruch zu dem steht, was wir tun. Wenn die Waage anderen gegenüber im Inneren sehr kritisch eingestellt ist (was ihr an der Oberfläche nicht anzumerken sein muß), könnten gesundheitliche Probleme, die Aufmerksamkeit verlangen, die Folge sein. Ist dieser Mensch dazu bereit, im Rahmen von Dienstbereitschaft (Jungfrau) Mitgefühl und Verständnis (Fische) zu beweisen, wird er über eine ausgezeichnete Gesundheit verfügen. Die Jungfrau steht im Horoskop für den Bereich, in dem wir dienen müssen, ohne zu kritisieren. Dies gilt doppelt, wenn sie sich an der Spitze des 12. Hauses befindet, weil dessen Motto ist: Dienen oder leiden.

Horoskope mit Skorpion-Aszendent

Im Skorpion haben wir es mit dem Schlachtfeld zwischen der dreifältigen Persönlichkeit und der Seele zu tun. Der Skorpion ist das problematischste aller aller Tierkreiszeichen, weil es hier zum Kampf zwischen dem niederen und dem höheren Selbst kommt. Der Ausgang kann dabei nur Sieg oder Niederlage sein. Mit *Pluto* ist der Tod der Persönlichkeit und die Geburt der Seele angesprochen, im Gegensatz zum Widder mit der *Mars*-Herrschaft, die für die Geburt des persönlichen Selbstes steht. Der Skorpion bezieht sich auf Kreativität, auf das Hervorbringen von etwas, auf Transformation – oder aber auf Degeneration. Er ist das einzige Zeichen, das drei Symbole hat: den Skorpion als Symbol des unentwickelten Selbstes (der lieber stirbt als auf die persönliche Befriedigung verzichtet, die ihm das Stechen verschafft), den Adler (der Vogel, der höher als jeder andere fliegen kann) sowie den Vogel Phönix (das Wesen, das sich aus der Asche seines alten Selbstes erhebt, was ein Symbol der Erlösung ist).

♏ 1 *Skorpion an der Spitze des 1. Hauses*

Personen mit Skorpion-Aszendent sind durch eine starke Reserviertheit gekennzeichnet, was damit in Verbindung steht, daß Haus 1 die Persönlichkeit symbolisiert, die Veräußerlichung des persönlichen Selbstes. Es ist nicht einfach, diese Menschen wirklich kennenzulernen – bei ihnen bleibt viel unter der Oberfläche verborgen. Sie verlangen Anerkennung, und man merkt ihnen ihre Stärke an, auch dann, wenn sie von einem stillen Wesen sind. Hier sehen wir den Stoiker vor uns, der leidet, ohne ein Aufhebens davon zu machen: Niemand kann wirklich ermessen, was ihn bewegt. Eins aber steht außer Frage: An Mut und an Zähigkeit mangelt es ihm nicht. Er durchschaut die Dinge, was nicht immer angenehm ist. Mit dieser Stellung sind kreative Fähigkeiten verbunden sowie viele Ressourcen. Im Notfall ist es dieser Mensch, der ruhig bleibt, seine Sinne beieinander hält und der in aller Stille die Krise bewältigt. Egal, wieviel Druck auf ihm lastet: Er hält durch bis zum erfolgreichen Ende. Wenn Pluto im Horoskop ernsthaft verletzt ist, kann er sich durch eine gnadenlose und unbarmherzige Haltung auszeichnen. Dies beruht dann darauf, daß er mit seiner scharfen Wahrnehmung genau weiß, wo der andere seinen schwachen Punkt hat. Mit dem Skorpion an der Spitze von 1 ist eine ausgeprägte Intuition verbunden, manchmal auch übersinnlich anmutende Fähigkeiten. Dabei spricht diese Person nicht unbedingt über ihre Eindrücke und Wahrnehmungen. Wovor gewarnt werden muß, ist die Neigung zum Sarkasmus. Seine Worte können andere tief verletzen, wenn er es darauf anlegt. Er sollte deshalb seine Kräfte nicht darauf richten, andere zu kränken, sondern zu heilen. Wenn er erst einmal seine niedere Natur besiegt hat, gibt es kein anderes Zeichen im Tierkreis, das über solche Heilkräfte verfügt wie er.

♐ 2 Schütze an der Spitze des 2. Hauses

Die Reserviertheit der Persönlichkeit erstreckt sich mit dem von Jupiter beherrschten Schützen nicht auf das Scheckbuch. Mit dieser Stellung ist eine ausgesprochene Großzügigkeit und die Bereitschaft verbunden, die eigenen Mittel mit anderen zu teilen. Dieser Mensch macht sich nur wenig Gedanken über Geld und materielle Besitztümer. Allerdings behagt es ihm nicht, wenn er sowenig Geld hat, daß es schwerfällt, die eigenen Bedürfnisse zu befriedigen oder anderen etwas abzugeben. Wenn die Person mit einem Skorpion-Aszendenten einmal die Verbindung zwischen dem bewußten Selbst und dem Unbewußten hergestellt hat, genießt sie eine Art finanziellen beziehungsweise materiellen Schutz. Dazu kommt es durch den Glauben des Schütze-Zeichens. Der Schütze an der Spitze von Haus 2 bedeutet nicht nur materielle Sicherheit, sondern auch spirituellen Wohlstand, der eine Voraussetzung für die innerliche Gelassenheit dieses Menschen ist. Wie es vor langer Zeit einmal ein Meister ausdrückte: »Suche zunächst nach dem himmlischen Königreich, mit allen Konsequenzen, die sich daraus ergeben. Alles andere wird dann auf dich herniederkommen.« Dieses «alles andere» bezeichnet Überfluß auf allen Ebenen. Mit dem Schützen an der Spitze von 2 reicht es dem Menschen nicht, nur aus finanziellen Gründen einen Job zu ergreifen. Wenn er seine Mittel nur zu seinem persönlichen Vorteil einsetzen kann, ist er in seinem Inneren unglücklich. Vielleicht gibt er das nicht zu oder weigert sich, es zu glauben – nichtsdestotrotz ist dies das Gesetz. Sie können leicht erkennen, warum das so ist. Das 2. Haus ist das 9. vom 6. Haus (dem Ausgangspunkt des Skorpions) aus gesehen. Letzeres steht für Dienstbereitschaft und für die Anpassung der Persönlichkeit. Der Schütze im Horoskop steht immer für den Bereich, in dem es gilt: Zuerst kommt der Geist, nicht das Materielle.

♑ 3 Steinbock an der Spitze des 3. Hauses

Dieser Mensch ist von einer ernsthaften Geisteshaltung, weil der Steinbock von allen Zeichen am ernsthaftesten und zurückhaltendsten ist. Das Leben hat für ihn etwas Hartes und Bitteres, und sein Ziel ist es, seine Persönlichkeit zu überwinden. Wenn Jupiter oder die Venus in einem Eckhaus stehen oder gut aspektiert sind, hilft das dabei, die Last zu mindern. Die Umgebung ist, was die frühen Jahre betrifft, in diesem Fall selten von glücklichen Umständen geprägt. Dies hängt auch damit zusammen, daß dieser Mensch in vielen Fällen das «schwarze Schaf» der Familie ist. Die anderen verstehen ihn nicht, was ihm das Gefühl gibt, daß es gar keinen Sinn hat, anderen sein Herz auszuschütten. Vielleicht kam es bei ihm auch zum Abbruch der Schule, der Ausbildung oder des Studiums. Allerdings wird er sich lange, nachdem die anderen ihre Lehrbücher weggepackt haben, noch weiterzubilden suchen. Dieser Mensch muß bestrebt sein, den immer wieder in Erscheinung tretenden depressive Launen zu widerstehen. Es ist bei ihm auch die Neigung gegeben, lange über Enttäuschungen nachzugrübeln. Worauf es hier ankommt, ist, das Leben in den Griff zu bekommen. Der Mensch mit dem Steinbock an der Spitze von 3 nimmt sich selbst zu wichtig, er muß lernen, auch einmal über sich zu lachen und das Leben in der richtigen Perspektive zu sehen. Was die jungen Jahre angeht, ist die Gesundheit eher labil. Mit zunehmendem Alter aber wird sie immer robuster. Diese Person zeichnet sich dann durch eine Vitalität aus, die größer ist als die der meisten anderen Menschen.

♒ 4   *Wassermann an der Spitze des 4. Hauses*

Tief verborgen in jemandem mit Wassermann an der Spitze von 4 liegt eine Kraft, die unglaublich stark ist. Dieser Mensch geht seinen Weg, wie hoch der Preis dafür auch sein mag! Ein ungeheures Bedürfnis nach Freiheit steckt in seinen Wurzeln. Saturn aber, der Mitregent des Wassermanns, hält in diesem Falle am Tempel der Freiheit Wacht. Er läßt den Menschen erst dann passieren, wenn dieser gelernt hat, daß die angestrebte Freiheit nur durch Selbstdisziplin und Dienstbereitschaft erreicht werden kann. Was das Zuhause angeht, kommt es mit dieser Stellung zu vielen Auseinandersetzungen. Ein häufiges Umziehen könnte ebenfalls Bestandteil des Planes sein, wobei dies dem Skorpion in keiner Weise behagt. Dieser Mensch könnte in seinem Verhalten immer wieder zu Irritationen neigen, was es anderen schwermachen würde, mit ihm zusammenzuleben. Solange er nicht zur seelischen Ebene vorgedrungen ist – welche wichtiger ist als die persönliche –, hat er keinen Frieden in sich und kann keine Liebe zum Ausdruck bringen. Der Skorpion weiß von allen Zeichen am wenigsten über Liebe. Was er für Liebe hält, ist nichts anderes als Verlangen. Eine ungeheure Selbstliebe, von der Persönlichkeit nicht als solche erkannt, kann hier zu großen Schwierigkeiten führen. Dieser Mensch macht andere für die Probleme verantwortlich, die er selbst verursacht. Mit dem Wassermann an der Spitze von 4 muß man lernen, mit anderen zu kooperieren. Es besteht hier die Tendenz zu Verbindungen mit ungewöhnlichen Partnern, vielleicht mit solchen, die sich durch einen bohemehaften Lebensstil auszeichnen. In diesem Fall ist eine Art Wesensverwandtschaft gegeben – beide Arten von Personen sind im Grunde ihres Herzens Rebellen. Es ist für den Menschen mit dem Aszendenten oder der Sonne im Skorpion wichtig, seine Probleme jemandem gegenüber zur Sprache zu bringen, der ihn versteht. Hat er dies einmal getan, kann er sie dann zusammen mit allem anderen, was vergessen ist, zur ewigen Ruhe betten. Auf diese Weise kann er sich von seiner größten Sünde freimachen: der Wut. Wut bedeutet, Verletzungen und Frustrationen aus der Vergangenheit wieder und wieder zu erleben. Ihr Gift beeinträchtigt den Verstand und die Emotionen und zwangsläufig auch den Körper, welcher gewissermaßen die Endstation unser innerlichen Haltung ist.

♓ 5 Fische an der Spitze des 5. Hauses

Haus 5 ist das Haus des Selbstausdrucks sowie der Kinder – Kinder des Körpers, des Verstandes und der Emotionen. Dort, wo im Horoskop das Zeichen Fische steht, hat der Mensch mit Frustrationen zu kämpfen. Der Skorpion fühlt sich häufig frustriert, was seine Kreativität und seinen Selbstausdruck angeht. Er fühlt in dieser Beziehung viel mehr in sich, als er wirklich zum Ausdruck bringen kann. Trauer und Opfer im Hinblick auf Kinder und Liebesaffären sind mit dieser Stellung ebenfalls angezeigt. Dies ist solange schwer zu verstehen, bis wir uns klar gemacht haben, daß der Mensch in dieser Inkarnation auf der seelischen und nicht auf der persönlichen Ebene operieren soll. Das ist die Botschaft, die mit dem Skorpion einhergeht. Solange die Persönlichkeit im Vordergrund steht, kann die Seele nicht in ihrem Glanz erstrahlen. All das, was der Persönlichkeit lieb und teuer ist, muß aufgegeben werden. Wenn der Mensch losläßt, kann er all das bekommen, was er sich wünscht. Warum ist das so? Aus dem Grund, weil er dann die Dinge um ihres eigenen Wertes willen schätzen kann, nicht mehr um des Wertes willen, den sie für ihn gemäß seiner Persönlichkeit haben. Der Skorpion kann Teufel oder Engel sein – die Wahl liegt bei ihm selbst. Er muß sich aber entscheiden: Dazwischen gibt es nichts.

♈ 6 Widder an der Spitze des 6. Hauses

Der skorpionische Drang nach Aktivität hat seinen Ursprung in dem Haus der Anpassung, der Bescheidenheit und der Dienstbereitschaft. Indem er willens ist, nichts zu sein, gewinnt der Mensch hier seine Bedeutung. Dies stellt für den Skorpion die härteste Lektion dar. Dieser verfügt über unglaublich viel Kraft, die er allerdings nach außen hin nicht zum Einsatz bringen kann, bevor er sein Wesen transformiert hat. Er ist ein exzellenter und unermüdlicher Arbeiter, der aber kaum im Vordergrund stehen dürfte, solange er nicht sein persönliches Selbst überwunden hat. »Derjenige, der sich aufgibt, wird sich selbst finden « – dieser Satz bringt den Kern der Skorpion-Aufgabe zum Ausdruck. Im *Stier* ist die Energie in latenter Form verborgen, im *Löwen* wird sie durch die Bewußtheit für das eigene Wesen erfüllt, was dann im Skorpion zur Folge hat, daß die Persönlichkeit sterben muß. »Der Samen, der auf den Boden fällt und stirbt, wird keine Früchte tragen.« Der Skorpion-Geborene hat seine Probleme mit Mitarbeitern und Untergebenen, weil er sich durch ein überkritisches Wesen auszeichnet. Er ist auch sehr schnell mit Urteilen über andere zur Hand. Er ist ein guter Arbeiter, und ein guter Arbeiter zu sein bedeutet oftmals, sich selbst erbarmungslos anzutreiben. Nur zu oft treibt er auch andere so sehr an wie sich. Wenn das, was er tut, keine Beachtung oder Anerkennung findet, steigt Wut in ihm auf. Dieser Mensch muß erkennen, daß nur derjenige Anerkennung erhält, der für andere anerkennende Worte hat. Mit der Stellung des Zeichens Widder an der Spitze des 6. Hauses ist auch ein ausgeprägtes Interesse für den Körper und die Ernährung vorhanden. Die besten Ärzte und Krankenschwestern sind häufig unter diesem Zeichen geboren.

♉ 7 *Stier an der Spitze des 7. Hauses*

Die Reserven des Skorpions liegen im Haus «der anderen», nicht in ihm selbst. Der Skorpion muß Stetigkeit und Beständigkeit zeigen, was seine Partnerschaften betrifft. Mit diesem Zeichen ist viel Eigensinn verbunden, was hinsichtlich Beziehungen zu Problemen führen kann. In Beziehungen sind Gleichberechtigung sowie ein Sinn für Verantwortung gefragt, womit der Skorpion seine Schwierigkeiten hat. Ihm wäre die Existenz als «einsamer Wolf» lieber – und häufig führen diese Menschen auch tatsächlich ein derartiges Leben. Mit dem Stier an der Spitze von 7 erweckt der Mensch häufig den Eindruck von Unabhängigkeit – welcher aber oftmals darüber hinwegtäuscht, daß er in vielen Fällen sehr von anderen abhängig ist. Der Skorpion muß anderen dienen (was damit zusammenhängt, daß der Skorpion für den Stier das 7. Haus ist). Wenn dieser Mensch erst einmal Zuneigung gefaßt hat, sind seine Gefühle nicht leicht zu erschüttern. Er ist hinsichtlich seiner Ideen wie auch seiner Zuneigung ziemlich fixiert. Kennzeichnend für ihn ist ein tiefes und intensives Wesen. Wenn er verheiratet ist, wird er alles Erdenkliche tun, um die Partnerschaft am Leben zu erhalten, wie schwierig die Umstände im einzelnen auch sein mögen. Sein Stolz verbietet es ihm, aufzugeben. Es dürfte Ihnen kaum gelingen, Menschen mit dem Stier an der Spitze von 7 zu finden, die sich vor Gericht um eine Scheidung bemühen. Die reiferen Menschen unter diesem Zeichen machen durch ein sehr freundliches und entgegenkommendes Verhalten auf sich aufmerksam, was daran liegt, daß die Venus über Haus 7 herrscht. Insofern hat die Venus hier die Gelegenheit, ihre Wärme und Liebenswürdigkeit in die Beziehungen einzubringen.

♊ 8 *Zwillinge an der Spitze des 8. Hauses*

Diese Stellung bedeutet eine allgemeine Neugier auf die Geheimnisse des Lebens, insbesondere auf solche, die sich auf das Untergründige beziehen. Es ist ein unstillbares Bedürfnis vorhanden, das «Warum» des Lebens zu ergründen, und nur zu oft besteht eine ausgesprochene Rastlosigkeit. Letzteres gilt solange, bis sich der Mensch in seinem Inneren zentriert hat. Der Skorpion ist das geheimnisvollste aller Tierkreiszeichen. Er hat mit den Mysterien des Lebens zu tun, sowohl auf äußeren als auch auf inneren Ebenen. Er ist auch das geheimnisumwobene Zeichen des Schöpferischen, das Zeichen der Sexualität, in ihrem tieferen wie ihrem eher oberflächlichen Aspekt. Mit diesem Zeichen besteht ein ausgeprägtes Interesse am Sex – mit den Zwillingen an der Spitze des 8. Hauses ist die Neugier aber eher von intellektueller als emotionaler Art. Derjenige, bei dem in dieser Beziehung im Horoskop ernsthafte Verletzungen gegeben sind, könnte sich durch eine Natur auszeichnen, die etwas von der zwiespältigen Persönlichkeit des *Dr. Jekyll* und *Mr. Hyde* hat. Wenn es hier nicht zur Verbindung mit den höheren Kräften kommt, ist die Aufsplitterung des Wesens zu befürchten oder aber die Entwicklung von destruktiven Wesenszügen. Es gibt – was den unentwickelten Menschen betrifft – kein rachsüchtigeres Zeichen als den Skorpion. Dieser Mensch neigt dazu, in seinen Urteilen über andere und in seinem Verhalten kein Mitleid zu zeigen. Für gewöhnlich gibt er eigene Fehler und Irrtümer nicht zu, häufig bestehen auch Schuldgefühle. Diese projiziert er dann auf andere – er tendiert dazu, andere für Dinge verantwortlich zu machen, die ihm ein schlechtes Gewissen verursachen. Wenn diese Person sich aber über derartige persönliche Reaktionen zu erheben gelernt hat, gibt es kein anderes Zeichen, das ihm an Stärke und Kraft gleichkommt. Viel Macht hat sie, wenn sie nicht nach Macht für sich selbst strebt, sondern ein Kanal zu sein versucht – ein Kanal, durch den sich die Kraft manifestieren kann, die für andere Segen und Heilung bedeutet.

♋ 9   *Krebs an der Spitze des 9. Hauses*

Das Zeichen Krebs an der Spitze des 9. Hauses verleiht Sensibilität, was insbesondere eine seelische Aufmerksamkeit für die Bedürfnisse der Allgemeinheit bedeutet. Ein guter Lehrer, was darauf beruht, daß die Gefühle Verständnis beinhalten, in Verbindung damit, daß das 9. Haus Ausdruck des überbewußten Verstandes ist. Dieser Mensch nimmt die Reaktionen der anderen auf intuitive Weise wahr. Es besteht hier ein großes Bedürfnis zu reisen, was sich nicht nur auf die äußeren Ebenen bezieht, sondern auch auf die Weiten der spirituellen Bewußtheit. Der Skorpion-Mensch vermag mit dem Zeichen Krebs an der Spitze von 9 durch seine Träume in die Mysterien des Lebens einzudringen. Es besteht bei ihm der starke Drang, andere zu unterstützen und zu bemuttern. Des weiteren ist die religiöse Philosophie eng mit dem Dienen an anderen verbunden.

♌ 10   *Löwe an der Spitze des 10. Hauses*

Dies ist der Grund für den «luziferhaften» Stolz des Skorpions, der häufig zu beobachten ist. Das Haus Luzifers (= Saturn) in Verbindung mit dem Drang des Individuums, von Wichtigkeit zu sein, bedeutet den Wunsch nach Macht. Saturn steht für Prüfungen – der Steinbock als sein Zeichen bringt zum Ausdruck, daß der Mensch arbeiten muß und dann zu warten hat, bevor ihm ein Führungsamt übertragen wird. Der Skorpion-Aszendent bedeutet nicht, das es dem Menschen an organisatorischen Fähigkeiten mangeln würde. Es geht vielmehr darum, daß er erst dann das Ansehen genießen wird, das er anstrebt, wenn er in seinem Verhalten Liebe und nicht ständig Forderungen zum Ausdruck bringt. Mit dem Löwen an der Spitze dieses Hauses muß man, um Befehle auf angemessene Weise geben zu können, erst einmal lernen, Anordnungen entgegenzunehmen. Dies ist nicht einfach. In seiner Karriere kommt es für ihn darauf an, seine Mitmenschen zu verstehen und diese dazu zu bringen, das Beste zu geben. Wenn dieser Mensch durch Liebe regiert statt durch Disziplin, wird er den Gipfel erklimmen – gleichgültig, welchen Bereich er sich aussucht. «Dadurch, daß man ist, strahlen»: Diese Worte kennzeichnen das Horoskop-Haus, an dessen Spitze wir den Löwen finden. Wenn der Skorpion diese Lektion gelernt hat, wird er es weit bringen.

♍ 11 *Jungfrau an der Spitze des 11. Hauses*

Haus 11 steht für unsere Vorstellungen und Ziele. Mit der Jungfrau an der Spitze dieses Hauses erreicht der Mensch seine Ziele durch Dienstbereitschaft, Reinheit, Besonnenheit und Bescheidenheit. Wenn der Skorpion anderen dient und sich selbst dabei vergißt, zeichnet er sich durch große Dynamik und ein wahrhaft majestätisches Wesen aus. Dieser Mensch ist willens, Benachteiligten zu helfen. Es fällt ihm sogar leichter, sich mit denjenigen einzulassen, die ihm seiner Meinung nach unterlegen sind, als mit Ebenbürtigen. Haben Sie nicht auch schon einmal bemerkt, daß der Skorpion-Mensch gern in Gegenwart von Tieren ist? Haustiere konfrontieren ihn nicht mit Forderungen, und sie widersprechen den fixen Ideen ihrer Besitzer nicht. Skorpion-Menschen eignen sich ausgesprochen gut für den Beruf des Tierarztes, was eine Tätigkeit wäre, die ihnen ungetrübte Freude verschafft. Sie sind auf geradezu magnetische Weise auf Tiere eingestimmt, was vielleicht eine Auswirkung ihrer Liebe zu ihnen ist. Mit dem Skorpion geht aber auch ein starker Minderwertigkeitskomplex einher, der an der Oberfläche nicht zu erkennen ist. Diese Menschen sind sehr viel schüchterner, als man vermuten würde. Möglicherweise vermeiden sie auf jede nur erdenkliche Weise Menschenansammlungen, weil sie sich in derartigen Situation unbehaglich fühlen.

♎ 12 *Waage an der Spitze des 12. Hauses*

Heirat, Verbindungen und Partnerschaften sind der Kern der Lektion, die mit Skorpion-Aszendent und Waage an der Spitze von 12 einhergehen. Bevor der

Mensch nicht eine gewisse Reife erlangt und sein Wesen transformiert hat, dürfte es mit der Skorpion-Sonne oder dem Skorpion-Aszendenten kaum zu einer glücklichen Ehe kommen. Nichtsdestotrotz spielen die Ehe sowie die Verbindungen überhaupt eine sehr große Rolle für ihn. Dies hat seinen Grund darin, daß er sich in der Verbindung zu anderen, im Eingehen auf ihre Wünsche, regenerieren kann. Dabei wünscht sich diese Person vielleicht manchmal, allein auf einer Insel zu sein, wo niemand sie stören kann. Allerdings erlaubt es ihm sein Leben nicht, davonzulaufen. Ob er es nun will oder nicht – er bekommt einen Stoß, und schon befindet er sich mitten in der Schlacht. Die Waage ist extravertiert und der Skorpion introvertiert. Daraus ergibt sich, daß das Innere und das Äußere im Unbewußten in Übereinstimmung gebracht werden müssen. Bevor man dies nicht getan hat, kann man keinen Frieden in sich erfahren. Wenn die Venus oder der Saturn verletzt sind, hat dieser Mensch aufgrund der Tatsache, daß er in einem früheren Leben zu wenig Liebe und Koorperationsbereitschaft zum Ausdruck gebracht hat, nun eine Schuld zu zahlen. Das Haus, in dem sich diese Planeten befinden, lassen den Lebensbereich erkennen, in dem er nun Liebe und Kooperationsbereitschaft beweisen muß. Das 12. Haus stellt die Ausgangsbasis für das 1. Haus dar. An ihm können wir ablesen, ob der Mensch sich selbst subjektiv unterstützt oder ob er auf eine Weise tätig wird, die seinen eigenen Zielen zuwiderläuft. Haus 12 ist das Haus des Unbewußten oder, anders ausgedrückt, das Haus der Nacht des Selbstes. Es ist hier sehr wichtig, wie es um die Einsichten und die Wahrnehmungen des Menschen bestellt ist. Wir haben es in diesem Fall mit der Tendenz zu tun, andere durch die Augen unseres Selbstes zu sehen statt in ihrem eigenen Licht. Es kommt hier darauf an, die Notwendigkeit von Veränderungen ohne jedes Selbstmitleid oder ohne Selbstvorwürfe anzuerkennen.

Horoskope mit Schütze-Aszendent

Wenn sich das Zeichen Schütze am Aszendenten befindet, steht bei äqualen (gleichgroßen) Häusern das Zeichen Widder – der Ursprung der Aktivität des Selbstes – an der Spitze des 5. Hauses, dem Haus des persönlichen Selbstausdrucks. Wir haben es dabei mit der Dramatisierung des eigenen Wesens zu tun, was eine Erklärung für die Selbstbezogenheit des Schützen ist, welche in einem gewissen Gegensatz zu seiner enthusiastischen und offenen Einstellung zu stehen scheint. Wenn wir aber verstehen, wie die anderen Menschen beschaffen sind, wissen wir auch, warum sie sich auf diese oder jene Art und Weise zum Ausdruck bringen.

⚔ 1   *Schütze an der Spitze des 1. Hauses*

Das Schlüsselwort ist in diesem Falle Freiheit. Jede Art von Beschränkung ist für diesen Menschen schwer zu ertragen. Kennzeichnend sind hier eine unbeschwerte Freundlichkeit und eine optimistische Einstellung dem Leben gegenüber, die ihn allgemein beliebt machen. Es besteht ein ausgeprägter Sinn für Humor sowie ein Gefallen daran, es sich gutgehen zu lassen. Eine der Schwächen ist die Vertrauenswürdigkeit. Dieser Mensch hat das starke Bedürfnis zu gefallen, er möchte unbedingt beliebt sein. Das führt dazu, daß er aus der Stimmung des Augenblicks heraus alles verspricht und später unangenehm berührt ist, wenn er an seine Zusagen erinnert wird. Aus diesem Grund gelten diese Personen häufig als unzuverlässig (wobei ein starker Saturn im Horoskop ein Ausgleich sein kann). So sorglos dieser Mensch an der Oberfläche auch zu sein scheint – seine Nerven im Inneren sind angespannt, was damit zusammenhängt, daß es ihm schwerfällt, sich selbst eine Struktur zu geben (auch dies trifft insbesondere dann nicht zu, wenn Saturn im Horoskop stark gestellt ist). Aufgrund des Mangels an Konzentrationsvermögen splittert dieser Mensch seine Kräfte auf. Er hat ein sehr rastloses Wesen, speziell in jungen Jahren. Später im Leben gewinnt er Interesse an der Spiritualität. Es kommt dann auch zu einer entscheidenden Veränderung, was die Persönlichkeit angeht – dieser Mensch wird dann ruhiger, entwickelt ein Gefühl für Ernsthaftigkeit in sich und gewinnt im Inneren Frieden. Personen, die mit dem Schütze-Aszendenten geboren werden, kommen in dieses Leben, um die für die Seele wichtigen Lektionen anhand verschiedenster Umstände zu lernen. Das Leben wird in diesem Fall niemals langweilig sein. Charakteristisch ist der Wunsch, die vielfältigsten Erfahrungen zu machen und immer wieder etwas Neues zu erleben. In der Tat wird dies auf das Leben des Menschen mit dem Schützen als aufsteigendem Zeichen zutreffen. In körperlicher Hinsicht entsprechen dem Zeichen Schützen die Hüften: die Fähigkeit, sich aufrecht fortzubewegen. Schlüsselworte für dieses Zeichen sind Wahrnehmung und Verständnis. In der Heiligen Schrift steht, daß Jakob lahm in den Hüften war – mit anderen Worten: daß es ihm an Verständnis mangelte; er konnte den Engel nicht gehen lassen (sein Problem), bis er erkannte, worin dessen Bedeutung lag. Als er verstand, worum es ging, verließ ihn der Engel. Da war es Morgen – das Licht war zu ihm gedrungen und hatte seine Ignoranz erhellt. So verhält es sich mit dem Schützen, wenn er wirklich bestrebt ist, die Weisheit des überbewußten Selbstes zu erkennen.

♑ 2   *Steinbock an der Spitze des 2. Hauses*

Mit dieser Zeichenstellung besteht die Tendenz, mit sich selbst großzügig zu sein, was aber nicht unbedingt für die Einstellung den eigenen Besitztümern gegenüber gilt. Das hat seine Ursache in der Herrschaft des Planeten Saturn. Man ist immer wieder überrascht, wie knickrig sich der Schütze zeigt, wenn er geben soll, im Widerspruch zu seiner vermeintlich offenherzigen Haltung. Offenherzigkeit ist ein Charakterzug seines Herzens, der sich aber nicht auf das Scheckbuch erstreckt. Saturn herrscht über die Bedürfnisse, die mit Sicherheit zusammenhängen. Die Furcht vor Verlusten kann hier zu einer ausgesprochenen Selbstsucht führen. Wenn der Steinbock über das 2. Haus herrscht, muß das nicht heißen, daß der Mensch kein Geld hat. Menschen, die Erbschaften gemacht haben, weisen oftmals diese Stellung auf. Diese bedeutet, daß es auf die wahren Werte ankommt. Es geht hier darum, von welchem Wert die Person selbst ist, was letztlich damit in Verbindung steht, daß der Mensch entweder in Zusammenhang mit dem 2. Haus sich durch einen Zustand der Zufriedenheit auszeichnet oder nicht. Dieser Mensch muß lernen, was wahre und was unwichtige Werte sind. Niemand mit dem Steinbock an der Spitze des 2. Hauses kann sich Frieden erkaufen, nur derjenige wird ihn haben, der ihn verdient. Das Problem hier ist Selbstsucht. Geld oder Besitztümer sind ein Schatz, mit dem sorgfältig und weise umgegangen werden muß. Das Steinbock-Motto ist: «Ich gebrauche». Das Haus, das unter der Herrschaft von Saturn steht, zeigt an, wo wir Verantwortung tragen. Saturn verlangt Arbeit und Verantwortung, und es ist uns nicht möglich, ihm auszuweichen, wie sehr wir das auch versuchen mögen. Der Umgang mit den persönlichen Mitteln fordert viel Weisheit. Mit Saturn ist kosmische Gerechtigkeit verbunden, er ist der unbestechliche Buchhalter, dem nichts entgeht. Ein Sinn für das Konkrete und viel Umsicht sind positive Eigenschaften, wenn Saturn über das 2. Haus herrscht. Dieser Mensch könnte sein Geld verdienen, indem er im Bauwesen tätig ist oder etwas tut, das mit Immobilien zu tun hat. Bei harmonischen Aspekten zu Saturn hat der Mensch mit dem Schütze-Aszendenten womöglich Glück bei Spekulationen, die sich auf Land oder Grund und Boden im weitesten Sinne beziehen.

♒ 3 *Wassermann an der Spitze des 3. Hauses*

Mit dieser Stellung ist die Fähigkeit gegeben, die höhere Wahrheit in ihren verschiedenen Erscheinungsformen wahrzunehmen. Dieser Mensch braucht bei seinen Aktivitäten das Gefühl der Freiheit. Er wird es aber solange nicht zu dieser Freiheit bringen, bis er genug Disziplin aufbringt und sie sich damit verdient hat. Er zeichnet sich durch einen starken Willen aus, und die Stellung von Saturn und Wassermann geben einen Hinweis darauf, ob dieser Willen auf konstruktive oder auf destruktive Weise zum Einsatz gebracht wird. Bei Saturn-Verletzungen bezieht sich das Interesse des Menschen zu sehr auf die eigene Person. In diesem Fall können die uranischen Prinzipien der Brüderlichkeit nicht zum Ausdruck kommen, solange nicht, wie sich keine Änderungen der Geisteshaltung ergeben. Das griechische Wort *Metanoia* wird gemeinhin mit »Kehrt um« oder »Tut Buße« übersetzt. Worum es dabei aber in Wirklichkeit geht, ist die Änderung der geistigen Einstellung. Steht Uranus verletzt, ist der Wille der Person zu stark ausgeprägt. In körperlicher Hinsicht kann es, wenn Uranus und

Saturn wie in diesem Fall über das 3. Haus herrschen, zu Atemproblemen kommen. Die Zirkulation im Bereich der Lunge ist dann nicht so, wie sie sein sollte. Diese Probleme können durch Übungen überwunden werden, bei denen man sehr tief einatmet, womit das System mit mehr Sauerstoff versorgt wird. Der Mensch, bei dem das Zeichen Wassermann an der Spitze von 3 steht, fühlt sich in seiner Umgebung häufig als Fremdkörper. Für ihn besteht zu den Verwandten keine innere Bindung, was damit zusammenhängt, daß er in seiner Individualität eher auf die Zukunft baut als auf die alten überlieferten Traditionen. Seine Verwandten sehen ihn möglicherweise als verschroben und schrullenhaft an. Allerdings tritt er, was die Familiengeschichte betrifft, häufig als eine Art Katalysator in Erscheinung. Er spielt seine Rolle dabei bis zum Letzten, auch um den Preis großer Einsamkeit.

♓ 4   *Fische an der Spitze des 4. Hauses*

Mit den Fischen an dieser Stelle ist die emotionale Seite und die Sensibilität stark ausgeprägt. Im Hinblick auf die Familie ist er gefordert, Dienstbereitschaft unter Beweis zu stellen. Wenn Neptun im Spiel ist, sind die allgemeinen Lebensumstände beschränkt, instabil und vor allem karmisch bedingt. Dieser Mensch hat Verpflichtungen, denen er nachkommen muß, allerdings nicht um den Preis, daß seine persönliche Entwicklung behindert wird. Mit dieser Stellung ist ein großes Interesse am Zuhause und an der Familie vorhanden. Es kann sich hier aber ergeben, daß es anderen lästig wird, wenn dieser Mensch sich auf eine aufopferungsvolle Weise um andere kümmert. Möglicherweise treibt er es mit seinem Geben zu weit. Es wäre ratsam, wenn hier Interessen gepflegt würden, die sich nicht auf den Familienkreis beziehen. Auf diese Weise wäre die Gefahr, von der Familie absorbiert zu werden oder sich ausschließlich mit dieser zu identifizieren, zu vermeiden. Jemand mit dieser Stellung fühlt von seinem tiefsten Inneren her eine intensive Traurigkeit und eine spirituelle Isoliertheit. Der Lebenszweck ist hier, es der Seele zu ermöglichen, die Höhen der spirituellen Bewußtheit zu erreichen. Die Empfänglichkeit für das Mystische und der Rückzug in das innere Zentrum können in diesem Falle große Befriedigung verschaffen. Frieden kann der Mensch nämlich nur in sich finden, nicht in der Welt der Erscheinungen.

♈ 5   *Widder an der Spitze des 5. Hauses*

Leidenschaftlichkeit, Enthusiasmus, Lebensfreude, Streben nach Unabhängigkeit und der Wunsch, immer auf Achse zu sein, sind Bestandteile der Ausrüstung, die der Schütze-Mensch mitbringt. Eine Liebe zum Sport, zu Pferden, zum Spiel und die Lust, Risiken auf sich zu nehmen, kommen in seinem Wesen zum Ausdruck. Dieser Mensch liebt es, sich im Freien aufzuhalten. »Sperr mich nicht ein« ist sein Wahlspruch. Er will immer weiter, wenn er auch nicht unbedingt weiß, wohin. Der Weg ist ihm wichtiger als das Ziel. Ferne Horizonte reizen ihn. Im ersten Teil des Lebens sind es dabei die Horizonte der fernen Länder, die ihn anziehen, später erstreckt sich die Faszination auch auf die spirituellen Horizonte des überbewußten Verstandes, der ihn zu den Höhen des spirituellen Verständnisses geleitet. Der Widder an der Spitze von 5 hat eine gewisse Ungeduld Kindern gegenüber zur Folge, die man in den Griff bekommen muß. Die Tendenz, Kinder oder Liebespartner zu dominieren, kann hier zu großen Problemen führen. Dieser Mensch kann Kinder zumeist erst dann genießen, wenn sie alt genug sind, um Freunde sein zu können. Seine eigenen Kinder dürften sich durch einen wachen Verstand und eine rasche Auffassungsgabe auszeichnen. Der Schütze ist sozusagen der «Verkäufer» des Tierkreises. Er verfügt über die Fähigkeit, die Dinge in einem rosigen Licht erscheinen zu lassen, so daß man ihm alles abkauft, ob man es nun braucht oder nicht. Wenn Mars, der Herrscher des Zeichens Widder, verletzt ist, könnte die Neigung zu Jähzorn und Impulsivität deutlich bemerkbar sein. Diese muß der Mensch überwinden. Eine Tendenz zur Extravaganz bedeutet keine ausgeprägte Selbstsucht, es ist nur so, daß dieser Mensch kaum über den Tellerrand seiner eigenen Interessen hinausblicken kann. Des weiteren besteht die Neigung zu problematischen Liebesbeziehungen. Diese Schwierigkeiten könnten vermieden werden, wenn sich der Mensch vorab mehr Gedanken machen würde.

♉ 6 *Stier an der Spitze des 6. Hauses*

Wenn der Mensch mit dem Schütze-Aszendenten über ein Gefühl für wahre Werte verfügt, wird er dies im Rahmen seiner Dienstbereitschaft zum Ausdruck bringen. Mit dem Stier an der Spitze von 6 sollte er, wenn er glücklich werden möchte, die Entscheidung treffen, für das zu arbeiten, was er liebt. Es besteht hier eine deutlich ausgeprägte Abneigung, Befehle entgegenzunehmen, was in der Konsequenz heißt, daß dieser Mensch zu einer widerspenstigen Haltung neigen könnte. Auch was den Umgang mit Mitarbeitern angeht, muß auf die Tendenz zu festen Meinungen und Starrsinn achtgegeben werden. Das Diäthalten erfordert von diesem Mensch sehr viel Disziplin, in Zusammenhang damit, daß wahrscheinlich eine Vorliebe für Süßes gegeben ist und möglicherweise Gewichtsprobleme bestehen. Die körperlichen Schwachstellen sind hier der Hals und die Fortpflanzungsorgane – die beiden stehen in unmittelbarer Beziehung zueinander. Wenn fortwährend Halsschmerzen vorhanden sind, sollten einmal die Geschlechtsorgane untersucht werden. Mit dem Stier an der Spitze dieses Hauses verfügt der Mensch über viel Vitalität und Kraft. Der Schütze kommt mit Schwierigkeiten physischer Art besser zurecht als jedes andere Tierkreiszeichen. Dies hat seinen Grund in der erdhaften Stärke des Stiers.

♊ 7   *Zwillinge an der Spitze des 7. Hauses*

Mit den Zwillingen – dem Zeichen der zwei Gesichter – an der Spitze des Ehehauses könnten sich im Leben zwei eheliche Beziehungen ergeben, insbesondere dann, wenn sich der Merkur als dessen Herrscher in einem Doppelzeichen befindet. Der Zwilling wird eher vom Verstand als von den Emotionen aus aktiv, was in der Regel bedeutet, daß der Partner nicht allzu emotional veranlagt ist. Wenn der Mensch mit dem Schütze-Aszendenten nicht einige Planeten im Element Wasser (das Gefühl) stehen hat, ist hier eine Wesensverwandtschaft im Geiste das Entscheidende – auch er zeichnet sich nicht gerade durch ein reiches emotionales Innenleben aus. Von Zeit zu Zeit kann es aufgrund von nervlicher Anspannung beim Partner zu starken Irritationen kommen, die im allgemeinen aber nicht lange anhalten dürften. Der Partner hat möglicherweise Schwierigkeiten, zum Ausdruck zu bringen, was ihm am Herzen liegt und worüber er sich Sorgen macht. All dies ist aber wieder schnell vergessen, zumindest dann, wenn Saturn im Horoskop nicht stark verletzt ist. Die Tendenz zum Nörgeln beruht auf einem verletzten Saturn, Merkur dagegen verleiht eine scharfe Zunge mit der Tendenz zu sarkastischen Antworten. Die Nerven (Merkur) sind gewissermaßen die Telefondrähte des Gehirns. Es besteht eine direkte Beziehung zwischen unserer Geisteshaltung und dem Nervensystem. Die Nerven sind die Instanz in unserem Körper, die uns schwer zu schaffen machen können. Dem Menschen mit dem Schütze-Aszendenten sind Angehörige sehr wichtig, und häufig fühlt er sich seinen Ahnen eng verbunden. Dies kann zu Schwierigkeiten hinsichtlich der Ehe führen, und tatsächlich ist dem Schützen das Heiraten nicht besonders wichtig. Dies gilt dann nicht, wenn bestärkende Einflüsse durch Planeten in fixen Zeichen gegeben sind. Um Näheres darüber sagen zu können, was in Ehe und Partnerschaften zu erwarten ist, muß die Stellung von Merkur hinsichtlich des Zeichens, Hauses und der Aspekte genauer untersucht werden.

♋ 8   *Krebs an der Spitze des 8. Hauses*

Dies ist das Haus der Transformation der Seele. Mit dem Mond als Herrscher dieses Hauses kann die Tendenz bestehen, sich gehenzulassen und in den Sinnen zu schwelgen. Ist der Mond dabei verletzt, sind auch ganz allgemein Schwierigkeiten auf dem emotionalen Gebiet denkbar. Der Mond herrscht über unsere unbewußten Verhaltensmuster. Solange wir keine emotionelle Kontrolle über unsere Gefühle haben, übernehmen wir nicht die Verantwortung für uns selbst. Mit dem Krebs an der Spitze von 8 besteht die Gefahr, daß man die Gefühle der anderen nicht versteht, sondern in ihnen untergeht. Weiterhin ist eine psychische Sensibilität für die nächste Dimension vorhanden, was heißt, daß solch ein Mensch manchmal fühlt, wie kommende Ereignisse ihre Schatten werfen. Er kann dabei zwar negative Eindrücke empfangen, hat aber die Macht des überbewußten Verstandes hinter sich. Wenn er sich auf diese höhere Kraft beruft, muß es nicht zu negativen Einflüssen kommen. Oftmals ignorieren diese Menschen aber das, worum es hier geht, so daß es dann allein an der höheren Macht ist, gegen die Bedrohung anzukämpfen. Weiterhin kann die Sexualität ein Problem sein, wenn der zu Maßlosigkeit neigende Krebs an der Spitze dieses Hauses steht. Wenn die Sexualität aber wirklich auf Liebe und nicht auf Lust beruht und wenn bei ihr der Wunsch zu geben zum Ausdruck kommt und nicht der Drang zu besitzen, wird es zu wohltätigen Auswirkungen kommen, nicht zu leidvollen.

♌ 9 Löwe an der Spitze des 9. Hauses

Mit dem Löwen an der Spitze von 9 besteht ein optimistischer Glaube an das Leben und viel Zuversicht, was seinen Grund in der Verbindung des löwehaften Vertrauens mit dem Haus des höheren Geistes beziehungsweise dem Überbewußten hat. Mit dieser Stellung ist Idealismus und Wahrheitsliebe verbunden. Aufrichtigkeit und gute Absichten sind hier ein Charakteristikum, unter der Voraussetzung, daß nicht die Sonne – die Herrscherin dieses Zeichens – verletzt ist. Falls letzteres der Fall sein sollte, könnten wir es mit der Tendenz zur Arroganz und zur Täuschung zu tun haben, die überwunden werden muß, wenn der Mensch ein glückliches und erfülltes Leben führen will. Das Haus, an dessen Spitze der Löwe im Horoskop steht, zeigt, wo die Energien eingesetzt werden, um das, was wir lieben, zu stärken. Mit dem Löwen an dieser Stelle kann es nicht überraschen, daß ein Interesse an höherer Bildung gegeben ist, welches sich sowohl auf das Materielle als auch das Spirituelle beziehen kann. Dieser Mensch liebt das Reisen. Ferne Horizonte – im Inneren wie im Äußeren – üben eine große Faszination auf ihn aus. Auf der materiellen Ebene ist dies das Haus der angeheirateten Verwandten (es ist das 3. Haus vom Haus des Ehepartners aus gerechnet). Wenn zum 9. Haus Spannungsaspekte bestehen, könnte es ratsam sein, nicht zusammen mit den Schwiegereltern zu leben. Auf diese Art vermeidet der Mensch womöglich Probleme. Das Bestreben der letzteren, einen dominierenden Einfluß auszuüben, könnte zu Schwierigkeiten Anlaß geben.

♍ 10 Jungfrau an der Spitze des 10. Hauses

Das 10. Haus ist von großer Bedeutung, weil es Hinweise auf den Zweck des Lebens erkennen läßt. Dieses Haus bedeutet das Rampenlicht der Öffentlichkeit, das Prestige, das wir vor unseren Mitmenschen genießen, und die Art und Weise, wie der Mensch im Hinblick auf die Öffentlichkeit seine Ziele angeht. Die Dienste, die er dabei leistet, und die Erledigung von Arbeit, die getan werden muß, ist das Geheimnis des Erfolges mit der Jungfrau an der Spitze dieses Hauses, nicht die Glorifizierung des Egos. Es kommt nicht unbedingt darauf an, daß man hier immer das Richtige tut – entscheidend ist seine Bereitschaft, anderen zu dienen. Im Gegenzug werden ihm Wohltaten zuteil werden, was ein Ausdruck des kosmischen Gesetzes ist. Voraussetzung ist aber, daß der Dienst wichtiger als der Mensch ist, der den Dienst leistet. Mit der Jungfrau an der Spitze von 10 eignet man sich zum Lehrer. Es ist Merkur, der über dieses Zeichen herrscht, was in diesem Fall die Fähigkeit bedeutet, Dinge und Vorfälle zu erläutern und zu interpretieren. Oftmals ist mit dieser Stellung verbunden, daß der Mensch zwei Beschäftigungen nachgeht, was damit zu tun hat, daß Merkur ein dualistisches Zeichen ist. Merkur steht für Analyse, welche die Fähigkeit zur Voraussetzung hat, Dinge von zwei Seiten betrachten zu können. Die Jungfrau ist sehr kritisch, sowohl, was sie selbst als auch die anderen betrifft. Dies hat seinen Grund in einem ausgesprochen starken Drang nach Perfektion. Es ist ihr sehr unangenehm, unrecht zu haben, und sie muß achtgeben, es beim Rationalisieren und Rechtfertigen nicht zu übertreiben. Im Verhältnis zur Öffentlichkeit ist dieser Mensch eher schüchtern, wogegen er ankämpfen muß. Wenn Merkur bezüglich seines Zeichens und seiner Aspekte stark gestellt ist, zeichnet sich diese Person durch eine herausragende Intelligenz aus. Jede Verbindung zwischen Merkur und einem anderen Planeten bedeutet dabei eine gesteigerte Wahrnehmung und einen aktiven und scharfen Verstand. Das heißt letztlich, daß selbst Spannungsaspekte zum Merkur besser sind als gar keine Kontakte.

♎ 11 *Waage an der Spitze des 11. Hauses*

Mit der von der Venus beherrschten Waage an der Spitze dieses Hauses gibt es viele Freunde mit künstlerischem Einschlag. Oftmals heiratet diese Person einen Freund. Für den Fall, daß die Venus schwach gestellt oder verletzt ist, sollte der Mensch bei der Auswahl von Freunden Vorsicht walten lassen. Das Bedürfnis, allen Menschen alles sein zu wollen, kann hier zu Problemen führen. Dort, wo sich im Horoskop das Zeichen Waage findet, kommt es darauf an, einen Zustand der Ausgewogenheit herbeizuführen. Haus 11 steht für unsere Ziele, und mit der Waage an dieser Stelle ist es von großer Wichtigkeit, Klarheit über die persönlichen Ziele und Vorstellungen zu gewinnen. Bei zu großer Unentschlossenheit und zu vielen Schwenks wird die Waage keinen Erfolg haben. Ein eindeutig bestimmtes Ziel zusammen mit der Bereitschaft, Saturn zum Einsatz zu bringen (Arbeit und Geduld), sind hier notwendig. Saturn ist in der Waage erhöht, er trägt dazu bei, daß es zu Resultaten kommt. Die Venus als Herrscherin über die Waage bringt die Tendenz zu Trägheit; sie ist nicht willens, sich selbst zu überwinden, was notwendig wäre, damit der Mensch seine Ziele erreicht. Wenn die Venus über das 11. Haus herrscht, dürfte damit ein großer Freundeskreis und ein sehr geselliges Leben verbunden sein (was damit zusammenhängt, daß die anderen Menschen Kontakte zu denjenigen suchen, die von der Venus beherrscht werden). Zuviel Geselligkeit und zuviele Freunde aber führen den Menschen auf den Pfad des «süßen Lebens»; sie bringen ihn ab von den Zielen, die er ursprünglich erreichen wollte.

♏ 12 *Skorpion an der Spitze des 12. Hauses*

Im 12. Haus müssen wir uns damit auseinandersetzen, daß wir entweder auf eine Weise aktiv werden, die eine subjektive Unterstützung unseres Wesens bedeutet, oder aber gegen unsere Ziele handeln. Die Energien dieses Hauses können benutzt oder aber mißbraucht werden. Wozu es kommt, ist unsere Entscheidung. Skorpion an der Spitze von 12 kann eine Art Stromquelle im Unbewußten sein, die unseren Weg erhellt. Genausogut ist aber denkbar, daß diese destruktive Auswirkungen hat. Von diesem Haus werden die geheimen Feinde symbolisiert. Vielleicht haben wir tatsächlich Feinde in der Außenwelt beziehungsweise in der Welt der Erscheinungen. Wie dem auch sein mag – die stärksten Feinde aber sind in dem Teil unseres Wesen verborgen, der sich unserer Kenntnis entzieht. Der größte Feind, den der Mensch hat, ist die Person, die er zu sein glaubt. Mit dem Skorpion an der Spitze des 12. Hauses besteht die zwingende Notwendigkeit, die verborgenen Gefühle und Emotionen zu transformieren. Der Kampf spielt sich dabei im Untergrund ab, er wird den anderen, die nicht aufmerksam sind, nicht bewußt. Der Skorpion steht für den Kampf der Sinne mit der Seele. In diesem Fall geht es darum, daß das Unbewußte durch das Licht des überbewußten Selbstes erleuchtet wird. Der Mensch mit dem Skorpion an dieser Stelle hat die verborgene Weisheit in der Vergangenheit (in seinen früheren Leben) erkannt. Wenn Mars in seinem Horoskop verletzt ist, hat er die Kraft, die damit einherging, auf mißbräuchliche Weise benutzt. Er muß, was sein jetziges Leben betrifft, zwischen Leid oder Dienen wählen – er verfügt noch immer über die betreffende Kraft, die unbedingt zum Einsatz kommen muß. Mit dem Skorpion in diesem Haus kann es auch zu Problemen mit vielen geheimen Feinden kommen. Eifersucht gegenüber anderen in vergangenen Leben kann den Menschen nun mit der Eifersucht von anderen ihm gegenüber konfrontieren. Er kann diese überwinden, wenn er sich die Frage stellt, was der wahre Grund dafür ist. Die Neigung zu Wut und Jähzorn muß ausgemerzt werden. Sie ist aber sehr tief verwurzelt, so daß es der Mensch hier nicht leicht hat. Die Stärke, die mit diesem Zeichen verbunden ist, macht den Erfolg grundsätzlich möglich. Der Kampf wird hart sein, der Sieg ist letztlich so gut wie sicher, was daran liegt, daß das 12. Haus das Tor zum überbewußten Selbst ist. Das Ausmisten des Stalls (das Unbewußte) war ein Bestandteil des Sieges des Herkules. Die Energien, die von den höheren Ebenen (dem Überbewußten) herabfließen, müssen zum Einsatz gebracht werden, wenn sie rein bleiben sollen. Herkules steht für die Seele. Er hatte viel Macht, verschwendete sie aber solange, bis er es durch die Erfahrungen auf der Erde zu Weisheit gebracht hatte.

Horoskope mit Steinbock-Aszendent

Wenn der Steinbock am Aszendenten steht, hat der Widder – die Projektion des Selbstes auf das Leben – seinen Ausgangspunkt im 4. Haus. Das 4. Haus steht im Horoskop für die Wurzeln des Menschen, für das, was wir von der Familie geerbt haben. Aber auch das, was wir als Seele aus der Vergangenheit geerbt haben – wovon das äußere Selbst nichts mehr weiß –, ist Gegenstand dieses Hauses. Das 4. Haus beginnt am Mitternachtspunkt des Horoskops (IC). «Mitternacht» bedeutet, psychologisch gesehen, den tiefsten Punkt unseres Wesen. Ist dies nicht eine einleuchtende Erklärung für die großen Reserven und für die Unbeirrbarkeit der Person, die mit einem Steinbock-Aszendenten geboren ist? Auf keinen Fall ist dieser Mensch oberflächlich, und es braucht Zeit (Saturn), ihn kennenzulernen. Für ihn bedeutet das Leben nicht, Spaß zu haben. Es fällt ihm sehr schwer, sich dem Leben auf eine unbeschwerte und unbelastete Art und Weise zu nähern.

♑ 1 *Steinbock an der Spitze des 1. Hauses*

In jungen Jahren ist es hier um die Gesundheit nicht allzu gut bestellt. Die Stärke und die Fähigkeit, sich gegen Härten zu behaupten, die mit Saturn verbunden sind, helfen diesem Menschen aber, im Laufe der Jahre die Probleme zu überwinden. Für gewöhnlich kommt es hier auch zu einem hohen Lebensalter. Der Steinbock ist von allen Tierkreiszeichen der härteste Arbeiter. Das liegt zumindest zum Teil an seinem ausgeprägten Ehrgeiz, in der Welt der Materie zum Erfolg zu kommen. Wie die Bergziege fühlt er sich herausgefordert, die Gipfel zu erklimmen, und für gewöhnlich schafft er das auch. Bei seinem Handeln aber entgehen ihm viele der Freuden, die das Leben bringen kann. Mit dieser Stellung ist der alles beherrschende Drang verbunden, es zu etwas zu bringen, wobei der Maßstab immer das konkret Greifbare ist. Dieser Mensch verfügt über eine respekteinflößende, ausdauernde, geduldige starke Persönlichkeit, auf der seine Erfolge beruhen. Der Steinbock sollte darauf achten, sich nicht zu sehr zu begrenzen und zu disziplinieren. Wenn Saturn als Herrscher des 1. Hauses im Horoskop verletzt ist, könnte Arroganz oder ein falscher Stolz die Folge sein, was dann unter Umständen den Fortschritt behindert. Hinsichtlich des Körpers herrscht der Steinbock über die Knie. Die Fähigkeit, sich zu beugen, ist Symbol für Bescheidenheit und Demut. Jedes Problem mit den Knien ist die äußerliche Manifestation von Unbeugsamkeit und Starrsinn. Der Körper ist nichts als die äußerliche Reflexion unserer innerlichen Verfassung. Wenn der Mensch mit dem Steinbock-Aszendenten willens ist, seine Stärke und seine Kraft zum Wohle der anderen einzusetzen, kommt ihm niemand an Hilfsbereitschaft und Effektivität gleich. Kennzeichnend für ihn ist seine Geduld, sein Durchhaltevermögen und seine zielgerichtete Einstellung. Wenn derartige Eigenschaften für andere eingesetzt werden, erweist sich diese Person als wahrhaft große Seele.

♒ 2   *Wassermann an der Spitze des 2. Hauses*

Dieser Mensch kommt häufig durch die Arbeit mit großen Organisationen zu Geld. Was die Fähigkeit betrifft, finanzielle Chancen beim Schopf zu packen, ist er eher intuitiv veranlagt. Auch die Kreativität ist in diesem Zusammenhang von Bedeutung. Für jemanden mit Wassermann an der Spitze des 2. Hauses ist Geld ein Ausdruck von Macht. Wenn hier im Horoskop Uranus stärker als Saturn gestellt ist, sollte sich der Mensch vielleicht einen Plan machen, wie kontinuierliches Wachstum erzielt werden könnte und wie es zu erreichen wäre, daß es auf regelmäßigere Weise zu Geldeingängen kommt. Wir könnten es hier mit jemandem zu tun haben, der selbständig arbeitet, was ein sehr unregelmäßiges Einkommen zur Folge hätte. Der Steinbock arbeitet häufig im Managementbereich, wobei er oft mit dem Ein- oder Verkauf zu tun hat. Im Laufe der Jahre häuft er Geld an, aus dem Grunde, daß er nicht besonders freizügig in seinem Wesen ist – vielleicht sogar ausgesprochen geizig. Die negative Seite Saturns ist Angst. Wenn der Mensch nicht bereit ist zu geben, ist häufig Angst die Ursache dafür. Es ist dieser Person sehr wichtig, Geld für ihre Zukunft auf die hohe Kante zu legen, und manchmal treibt sie es dabei zu weit. Um es überspitzt auszudrücken: Im Sarg nützt das Geld nichts mehr. Oder auch: Was ist Habsucht anderes als Angst? Hinter dem 2. Haus steht das Zeichen Stier, woraus die Fähigkeit des Menschen mit dem Steinbock-Aszendenten abzuleiten ist, sich auf dem Gebiet der Immobilien, des Baugewerbes und der Banken auszuzeichnen.

♓ 3   *Fische an der Spitze des 3. Hauses*

Mit den Fischen an dieser Stelle hat der Mensch kluge und originelle Ideen, die sich in unserer Welt bezahlt machen können. Es besteht eine gut entwickelte Vorstellungskraft und ein umfassendes Verständnis, wenn Neptun über das 3. Haus herrscht. Diese Stellung ist ausgesprochen günstig für den kreativen Schreiber, weil das 3. Haus über den Intellekt sowie die Fähigkeit zur Kommunikation regiert. Es kann aber manchmal schwerfallen, zum Kern der Dinge vorzudringen, insbesondere dann, wenn Neptun verletzt steht (um so mehr, wenn von Neptun aus zu Merkur ein Spannungsaspekt gegeben ist). Was die alltäglichen Kontakte betrifft, kommt es darauf an zu lernen, sich zu konzentrieren und seine Arbeiten zu organisieren. Empfehlenswert ist es, alles genau durchzulesen, was unterschrieben werden muß. Das Kleingedruckte ist sorgfältig zu prüfen, wenn Neptun hinsichtlich des 3. Hauses schwach gestellt ist. Leid und Opfer, was Brüder und Schwestern betrifft, sind ebenfalls ein mögliches Problem für diesen Menschen. Er sollte seine Geschwister so nehmen, wie sie sind, und seine Verpflichtung ihnen gegenüber als Ausdruck einer karmischen Schuld auffassen. Mit einer derartigen Stellung ist das Emotionale von großer Bedeutung, was eine große Hilfe sein kann, wenn man sich hier um Bewußtheit bemüht. Der Verstand und das Gefühl kommen in diesem Fall im 3. Haus in Kontakt miteinander. Wenn der Steinbock in sich Verstand und Gefühl in Einklang bringt, gibt es nichts, was ihm versagt bleiben muß.

♈ 4   *Widder an der Spitze des 4. Hauses*

Der Steinbock wird von den Wurzeln seines Wesens her aktiv. Die Fähigkeit, sich in der Materie zu verwurzeln (die Erde bedeutet das Leben in der Materie), spielt eine große Rolle für ihn. Diese Person hat den Wunsch, ein Zuhause zu besitzen, selbst dann, wenn sie nicht viel Zeit hat, sich in diesem aufzuhalten. Ehrgeiz und ein starkes Bedürfnis nach materieller Sicherheit sind hier kennzeichnend. Diese Faktoren sind verantwortlich dafür, daß dieser Mensch sein Zuhause nicht so genießen kann, wie er es eigentlich möchte. Wenn Mars als Herrscher des Widders über 4 herrscht, könnte es im Zuhause fortwährend zu Streitigkeiten und Auseinandersetzungen kommen. Bei einem oder mehreren Spannungsaspekten zu Mars könnte sich diese Person immer wieder irritiert fühlen und sehr viel Ungeduld zeigen, was das häusliche Leben problematisch machen würde. Möglicherweise bestünde in diesem Fall die Tendenz, die Probleme auf die Spitze zu treiben und zu große Ansprüche an die Familienmitglieder zu stellen. Es ist hier so, daß dieser Mensch der Boß sein möchte. Der Blick auf die Stellung und die Aspekte von Mars läßt erkennen, ob diese Rolle zum Guten oder zum Schlechten ausgeübt wird. Menschen mit einem Steinbock-Aszendenten haben Erfolg im Immobiliengeschäft oder im Baugewerbe. Mit diesem Aszendenten besteht auch eine starke Verbindung zur Mutter, von der ein starker Einfluß ausgeht.

♉ 5   *Stier an der Spitze des 5. Hauses*

Der Steinbock hat sehr feste Vorstellungen, was seine Kinder betrifft. Seine Gefühle für sie zeichnen sich durch Beständigkeit aus. Dabei spielt es keine Rolle, ob es sich hier um leibliche Kinder oder um solche des Geistes oder der Emotionen handelt. Die Kinder sind für diesen Menschen ein Segen, unter der Voraussetzung, daß er sich darüber im klaren ist, daß sie «durch» ihn und nicht «von» ihm gekommen sind und daß diese im Morgen leben, welches er selbst nicht einmal in seinen Träumen besuchen kann. Das 5. Haus steht für den kreativen Ausdruck des Selbstes, wie er sich in der Liebe und in den Vergnügungen manifestiert. Mit dem Steinbock-Aszendenten ist die Fähigkeit verbunden, sich auf eine charmante Weise zu präsentieren. Wenn die Venus im Horoskop gut gestellt ist, haben wir es hier mit einem liebenswürdigen Menschen zu tun, dessen Liebesleben intakt und stabil ist. Mit einer schlecht gestellten oder verletzten Venus aber besteht die Tendenz, daß die Liebe vorwiegend Eigenliebe ist. Saturn als Herrscher des Steinbocks symbolisiert die Kraft der zusammengerollten Schlange am Anfang der Wirbelsäule. Wenn diese Kraft für den Zweck der Befriedigung des Selbstes eingesetzt wird, kommt es zur Lust – und nicht zur Liebe. Probleme mit Herzensangelegenheiten – körperlicher als auch emotionaler Art – werden dann die Folge sein. Energie ist gottgegeben. Wir sind aufgefordert, sie auf eine konstruktive Weise zum Einsatz zu bringen. Wenn wir sie mißbrauchen, müssen wir mit unangenehmen Konsequenzen rechnen. Dies soll uns dazu bringen zu erkennen, wie wir die uns verliehene Energie zum Ausdruck bringen müssen.

♊ 6 Zwillinge an der Spitze des 6. Hauses

Das 6. Haus hat mit der Arbeit, mit Dienstleistung sowie mit der Gesundheit zu tun. Der Zwilling als das Zeichen des bewußten Verstandes an dieser Stelle ist die Erklärung dafür, warum dem Menschen mit einem Steinbock-Aszendenten seine Arbeit so wichtig ist. Arbeit steht bei ihm an erster Stelle, und kennzeichnend ist auch der Wunsch, auf dem betreffenden Feld der Betätigung durch hervorragende Leistungen auf sich aufmerksam zu machen. Weil dieser Mensch hier so aktiv ist, läßt er die unteren Einkommens- und Statusbereiche schnell hinter sich. Was das Motiv, Erfolg zu haben, angeht, kann es zu Übertreibungen kommen, worunter insbesondere das Nervensystem zu leiden hätte. Wenn wir nervlich angeschlagen sind, leidet unsere Verfassung in ihrer Gesamtheit – es ergeben sich dann Irritationen, und die Mitmenschen wissen nicht, wie sie mit uns umgehen haben. Zwischen dem Denken und dem Nervensystem besteht eine direkte Verbindung. Ein angespanntes Nervenkostüm hat zur Folge, daß der Körper eine schwierige Zeit erlebt. Wenn wir die Kontrolle über unsere Gedanken verlieren, übertragen unsere Nerven (die Telefondrähte des Gehirns) falsche Signale, woraus Spannungen resultieren. Mit den Zwillingen an der Spitze von 6 muß der Mensch die Kunst der Entspannung erlernen. Dabei soll man aber nicht an die verdrossene und mürrische Stille des negativen Steinbocks denken, sondern an die ruhigen Vibrationen eines Systems, das in Verbindung mit der höheren Energie steht. Beherzigt dieser Mensch das, wird er sich sowohl durch eine gute Gesundheit als auch durch Weisheit auszeichnen.

♋ 7 Krebs an der Spitze des 7. Hauses

Das 7. Haus steht für die Art von Partner, die man anzieht. Mit dem Krebs an der Spitze dieses Hauses dürfte der Partner ein häuslicher Mensch sein und gut für andere sorgen, unter der Voraussetzung, daß der Mond nicht verletzt ist. Der Geborene selbst verspürt fortwährend das Bedürfnis, daß man ihm bestätigt, wie wichtig er und wie wertvoll seine Persönlichkeit ist, was mit der großen emotionalen Unsicherheit des Krebs-Menschen zusammenhängt. Ein *Mann* mit dem Krebs an dieser Stelle sucht mehr nach einer Mutter denn nach einer Gefährtin. Es gibt Frauen, die diese Mutterrolle zu spielen gewillt sind, andere weigern sich, dies zu tun. Es ist wichtig für den Menschen mit dem Steinbock-Aszendenten, sich einen Partner zu suchen, der seinen Bedürfnissen entspricht. Eine *Frau* mit dem Krebs an der Spitze von 7 könnte sich für einen eher passiven, empfänglichen Mann entscheiden, der sich anlehnen möchte und nicht führen will. Wenn sein Verhalten aber in vielen Fällen durch Trägheit motiviert ist, könnte das in Verbindung zum starken Ehrgeiz der Frau zu Problemen führen. Gleichgültig, ob es sich in unserem Fall um einen Mann oder um eine Frau handelt: Der Krebs ist stark auf das Verbindende ausgerichtet. Dabei gilt es, sich für einen Partner zu entscheiden, der ihn nicht mit zuviel Aufmerksamkeit bedenkt und sein Gefühl der persönlichen Freiheit respektiert. Die Stellung des Mondes und die Aspekte, die zu diesem bestehen, lassen Näheres dazu erkennen, was von der Ehe oder von den Beziehungen erwartet wird.

♌ 8 *Löwe an der Spitze des 8. Hauses*

Dies ist das Haus der Neuorientierung und der Neuerschaffung. Weil sich jemand mit dem Löwen an dieser Hausspitze aller Wahrscheinlichkeit nach durch zuviel Stolz auszeichnet, muß er sich hier einige Gedanken machen. Das Ego muß beschränkt werden. Die Emotionen dieses Menschen sind stark, und der Drang, eine wichtige Rolle zu bekleiden (Sonne), könnte mit einem falschen Stolz zu sehr im Vordergrund stehen. Die Tugend, die dem Stolz zugrundeliegt, ist der Respekt vor dem eigenen Wesen – und dies ist ein gutes Recht, das wir uns mit unserer Geburt verdient haben. Verlieren Sie niemals Ihren Respekt vor sich! Über welchen Bereich des Horoskops die Sonne auch herrschen mag – das Problem hat damit zu tun, daß jede Person dort strahlen und scheinen möchte. Wenn das Bedürfnis, im Rampenlicht zu stehen, zu groß ist, fühlen andere sich beleidigt, was zur Folge hat, daß keine Kooperation mehr möglich ist. Stellen Sie dagegen Ihr Licht unter den Scheffel, werden Sie von den anderen übersehen, wodurch sich das magnetische Feld mit Wut oder Enttäuschung auflädt. So kommt es hier auf die Proportionen sowie auf Ausgewogenheit an. Jeder – auch der Ehepartner – hat einen Anspruch darauf, gemäß der Stellung seiner Sonne respektiert zu werden. Was die körperliche Ebene angeht, muß sich dieser Mensch vor Überanstrengung und zu großer Belastung des Herzens hüten. Insbesondere gilt dies in dem Fall, daß die Sonne im Horoskop im Spannungsaspekt zu Saturn steht. Das 8. Haus ist, was den «natürlichen Tierkreis» betrifft, das Haus des Skorpions, und man sagt, daß es über die Sexualität herrscht. Das 5. Haus steht für den Ausdruck der Sexualität (Liebesaffären), das 8. Haus bringt zum Ausdruck, wie unsere innerliche Einstellung zur Sexualität ist. Dazwischen besteht ein großer Unterschied. Mit dem Löwen an der Spitze dieses Hauses muß es bei der Sexualität zum Teilen kommen, es darf nicht sein, daß nur genommen wird. Berücksichtigt der Mensch dies, kann die Verbindung sehr harmonisch sein.

♍ 9 *Jungfrau an der Spitze des 9. Hauses*

Mit dem praktischen, analytischen und erdhaften Zeichen Jungfrau an der Spitze des Hauses, das für Religion und für den überbewußten Verstand steht, können wir sofort erkennen, warum sich der Steinbock durch eine skeptische religiöse Haltung auszeichnet. Wenn man ihm zeigen kann, daß Religion auch in der Welt der Materie funktioniert, läßt er sich überzeugen. Die Jungfrau als Erdzeichen an der Spitze von 9 verleiht eine praktische und nüchterne Vorgehensweise, die ganz auf das Hier und Jetzt gerichtet ist. Diesem Menschen ist das am nächsten, was sich unmittelbar vor seiner Nase befindet. Er eignet sich für den Lehrberuf, weil er mit den Details umgehen kann und sich seiner Handlungen vollständig bewußt ist. Er verfügt über ein gut ausgeprägtes Unterscheidungsvermögen, welches aber die übermäßige Neigung zum Kritisieren bedeuten kann, wenn Merkur verletzt ist. Der Mensch mit dem Steinbock-Aszendenten reist möglicherweise viel umher, was allerdings mit seiner Arbeit in Verbindung stehen dürfte. Hierin unterscheidet er sich vom Schützen, der aus der Lust am Reisen heraus reist, aus der Freude heraus, unterwegs zu sein und neue Orte und Menschen kennenzulernen. Haus 9 ist das Haus des Verständnisses, und wahres Verständnis erwächst nicht aus dem Verstand, sondern kommt vom Herzen. Es geht hier darum, mit Liebe zu geben – gibt der Mensch, wird auch ihm gegeben. Wichtig sind die Werte der Seele, nicht die der Persönlichkeit. Dies sind die Lektionen, die mit dem Steinbock am Aszendenten zu lernen sind, bevor ein wertvoller Charakter zum Vorschein kommen kann.

♎ 10 *Waage an der Spitze des 10. Hauses*

Das 10. Haus ist, vom materiellen Blickpunkt aus, das wichtigste (das 9. Haus ist das Wichtigste, was die Spiritualität betrifft). Haus 10 steht für die Karriere, für das Ansehen des Menschen und für seine Stellung in der Welt. Wenn die Waage über das 10. Haus herrscht, ist ein deutlich ausgeprägtes Gerechtigkeitsgefühl vorhanden sowie die Bereitschaft, dafür zu arbeiten, daß Gerechtigkeit auf den Gebieten herrscht, denen sich diese Person widmet. Waage-Menschen sind gute Rechtsanwälte und Richter – dieses Zeichen hat viel mit Gesetzen und der Gesetzgebung zu tun. Die Waage verleiht auch Diplomatie und Takt im Verhältnis zur Allgemeinheit. Häufig sind diese Personen im Kontakt mit der Öffentlichkeit sehr viel diplomatischer und taktvoller als in ihrem persönlichen Familienkreis. Nur zu oft hören die Familienangehörigen mit Erstaunen, wie diese Menschen von allen Seiten her gepriesen und gerühmt werden. Das Venus-Zeichen im Haus von Saturn kann dazu führen, daß man Liebe dadurch zu erhalten versucht, indem man sich nützlich macht. Dies gilt aber nicht für den reiferen Menschen mit Steinbock-Aszendent. Wer erst am Anfang der Beschäftigung mit der Astrologie steht, mag sich fragen, wie man den Grad der Reife oder der Entwicklung aus dem Horoskop ersehen kann. Dies ist abzulesen an den Zeichen, in denen sich die Planeten befinden. Planeten in eigenen Zeichen sowie den Zeichen ihrer Erhöhung sind Hinweise auf ein entwickeltes Bewußtsein. Weiterhin deuten die Planeten der höheren Oktaven – Uranus, Neptun, Pluto sowie auch Jupiter – in dem 1., dem 4., dem 7. und dem 10. Haus darauf hin, daß der Mensch bereits viele seelische Erfahrungen in früheren Leben gemacht hat.

♏ 11 *Skorpion an der Spitze des 11. Hauses*

Dies ist das Haus der Freundschaften, der Ziele und Vorstellungen, die man hinsichtlich der Zukunft hat. Der Skorpion fühlt sich nicht unbedingt zuhause in einem Zeichen, das so unpersönlich und so sehr auf Brüderlichkeit aus ist wie der Wassermann. Typisch für den Skorpion ist eine starke Emotionalität sowie der Drang, die Freunde eng an sich zu binden. Diese Personen neigen dazu, sehr fordernd zu sein. Was nun den Menschen mit dem Steinbock-Aszendenten betrifft, dürfen wir im Hinblick auf die Freunde und den Freundeskreis keine ausgeprägte Großzügigkeit und Offenheit erwarten (mit Ausnahme des Falles, daß Jupiter in einem Eckhaus steht): Er kann gewissermaßen als der Einzelgänger des Tierkreises gelten. Die Lektion, die zu lernen ist, besteht im Entwickeln von Toleranz. Es reicht nicht, in aller Passivität Urteile über andere abzugeben oder von anderen perfekte Leistungen zu erwarten – auch diese Menschen sind nur gewöhnliche Sterbliche. Jeder macht das Beste aus dem, was er kann (was seine Handlungen betrifft, nicht seinen Geist). Je mehr er weiß, desto mehr kann er auch tun. Auf den ersten Blick ist nicht ersichtlich, wo zwischen den Zielen und Projekten und den Freunden ein Zusammenhang bestehen könnte – nichtsdestotrotz ist dieser gegeben. Niemand existiert für sich allein. Um Erfolg zu haben, sollte sich dieser Mensch mit Freundlichkeit und einer Haltung der Kooperation den Weg ebnen.

♐ 12 *Schütze an der Spitze des 12. Hauses*

Das Verständnis des Steinbock – beziehungsweise der Mangel an diesem – hat seinen Ursprung im 12. Haus. Dieses steht dafür, ob wir aus dem Unbewußten heraus uns selbst schaden oder unterstützen. Was tatsächlich der Fall ist, hängt von unseren Visionen sowie unserer Einstellung überhaupt ab. Bei der vermeintlichen Kühle und Nüchternheit des Steinbocks gelingt es diesem Menschen nicht ohne harte Arbeit, Zugang zu den Freuden des Lebens zu gewinnen. Prinzipiell ist ihm dies aber möglich. Der Steinbock-Aszendent bedeutet sozusagen eine «Do-it-yourself»-Persönlichkeit, der es schwerfällt zu erkennen, daß die Mitmenschen anders geartet sind als sie. Bei Haus 12, gewissermaßen der Fundgrube der Persönlichkeit, braucht es seine Zeit, bis der Mensch mit dem Steinbock-Aszendenten hinter die Geheimnisse kommt. Die Antwort liegt für ihn darin, einen optimistischen Glauben an das Leben zu entwickeln, die Kraft zu erkennen, die im Gewährenlassen der höheren Mächte liegt, sowie sich einfach dem Fluß des Lebens hinzugeben. Wenn er die Toleranz, die Freundlichkeit, die Lebenseinstellung und umfassende Perspektive des Schütze-Jupiters zum Ausdruck bringt, wird das Leben für ihn viel einfacher. Das Wesen Saturns bedeutet hinsichtlich der Welt der Erscheinungen die Auseinandersetzung mit den materiellen Dingen. Die Herrschaft Jupiters kann in diesem Fall die Last leichter machen und den Steinbock befreien. In den Tiefen seines Wesens hat dieser Mensch die Fähigkeit dazu.

Horoskope mit Wassermann-Aszendent

Wenn der Wassermann am Aszendenten steht, finden wir den Widder – das Zeichen, das für den Anfang der seelischen Aktivität steht – an der Spitze von Haus 3. Die Hausspitze, die vom Widder besetzt ist, markiert den Punkt, wo die Seele hinsichtlich der äußeren Ausdrucksebenen in Erscheinung zu treten beginnt. Das 3. Haus verkörpert sowohl die geistige Ausrüstung, über die der bewußte Verstand verfügt, als auch die Fähigkeit, sich mit den Menschen der Umgebung zu verbinden. Der Wassermann ist bestrebt, den Kontakt zu anderen vorwiegend auf den Verstand und die Logik zu begründen. Nur selten spielen hier das Gefühl und die Emotionen eine größere Rolle. Dies ist ein wichtiger Hinweis auf das Wassermann-Wesen. Man sollte nicht an die Gefühle, sondern immer an den Verstand appellieren, wenn man es mit einem Wassermann zu tun hat. Das größte Geschenk der Astrologie an uns ist das Verständnis. Es ist nun einmal so, daß nicht alle Menschen auf die gleiche Art und Weise auf das Leben reagieren. Die Astrologie zeigt uns auf, warum das so ist.

≈ 1 *Wassermann an der Spitze des 1. Hauses*

Wassermann an der Spitze des Hauses, das für die Veräußerlichung des Selbstes steht, bedeutet eine freundliche Aufgeschlossenheit, die auf andere Personen einnehmend und anziehend wirkt. Dieser Mensch ist in seiner Herangehensweise an das Leben direkt und voller Selbstvertrauen. Dabei besteht eine Beharrlichkeit, die von außen her nicht sofort ins Auge fällt. Die Person mit dem Wassermann-Aszendenten kann nicht dazu bewegt werden, etwas zu tun, was ihr widerstrebt. Die Dickköpfigkeit, die dem Esel nachgesagt wird, ist noch harmlos im Vergleich zum Ausmaß der Unflexibilität, das diesen Menschen kennzeichnet. Seine Freundlichkeit täuscht über diese Charakteristik hinweg. Wenn Uranus stark gestellt ist – indem er in einem Eckhaus oder in Konjunktion zur Sonne, zum Mond oder zum Merkur steht –, erweist sich diese Person wahrscheinlich als Rebell, der keine Form der Beschränkung ertragen kann. »Freiheit« ist sein Schlachtruf. Wenn es hier nicht durch Saturn zur Mäßigung kommt, dürften sich Probleme ergeben, die der Persönlichkeit schwer zu schaffen machen. Der Wassermann steht in Verbindung mit der Zirkulation, nicht nur, was den Geist und die Emotionen betrifft, sondern auch in körperlicher Hinsicht. Mit dieser Aszendenten-Stellung sollte der Mensch mehr als unter jedem anderen Zeichen sich um einen sportlichen Ausgleich bemühen. Aufgrund seines Erfolgsdrangs hat er keine Zeit für seinen Körper, was letztlich bedeuten könnte, daß er seinen Körper in Verbindung mit einer Herzattacke verliert. Was er lernen muß, ist, die Kunst der Entspannung zu pflegen. Wenn er genausoviel Zeit mit Spiel und Entspannung verbringt wie mit harter Arbeit, kann er in seinem Körper verbleiben und sich der Früchte seiner Tätigkeiten erfreuen.

♓ 2 Fische an der Spitze des 2. Hauses

Der Wassermann hat sein Ende in dem Haus, das in Verbindung mit Ressourcen, Werten sowie dem Frieden des Geistes steht. Dies hat etwas zu sagen. Dort, wo sich der Widder im Horoskop findet, machen wir einen Anfang; an der Stelle, wo die Fische stehen, beenden wir die Dinge. So, wie der Stier zum Ausdruck bringt, wo wir auf das Materielle fixiert sind, zeigen die Fische den Bereich, in dem wir uns von den Forderungen der Welt freimachen (beziehungsweise die Art, wie wir dies tun). Wenn es um die Fische und um Neptun geht, sind persönliche Opfer sowie die Aufgabe unseres Selbstes als isolierte Wesenheit gefordert. Das Selbst muß sich beschränken, damit die Seele sich entwickeln kann. Auf der äußerlichen Ebene haben die Fische an der Spitze von 2 eine stark emotionale Einstellung dem Besitz gegenüber zur Folge, unabhängig davon, ob es hier eher um materielle oder um persönliche Dinge geht. Es fällt dem Wassermann schwer, seine Finanzen in Ordnung zu halten, was durch diese Stellung erklärlich wird. Für den Fall, daß Neptun verletzt steht, kann es zu Täuschungen in Verbindung mit Geld kommen – dann muß jeder Vertrag und jedes Dokument vor der Unterschrift sorgfältig studiert werden. Die Lektion, die die Fische an der Spitze von 2 zum Ausdruck bringen, ist folgende: Teilen lernen, loslassen lernen und lernen, wahre Wertvorstellungen zu entwickeln. Das Schlüsselwort in Zusammenhang mit Neptun ist «Verpflichtung«. Neptun kann als eine Art kosmischer Wohltäter gesehen werden. Wenn der Mensch mit den Fischen an der Spitze von 2 Bedürftigen von seinem Geld gibt, wissen wir, warum das so ist.

♈ 3   *Widder an der Spitze des 3. Hauses*

Der Wassermann-Aszendent hat mit dem Widder an der Spitze von 3 – das Haus, das über den bewußten Verstand herrscht – gewissermaßen einen fliegenden Start. Es kann denn auch nicht verwundern, daß er als intellektuell gilt. Der Widder herrscht über den Kopf, und der Wassermann ist ein Luftzeichen. Die Luftzeichen stehen innerhalb des Tierkreises für den Intellekt. Finden wir den Widder an der Spitze von 3, haben wir es mit einem Pionier in mentaler Hinsicht zu tun, mit einer Person, deren Gedanken von einer neuen Zeit künden. Das Denken spiegelt hier große Rastlosigkeit, aber auch viel Mut wider. Dieser Mensch sucht fortwährend nach neuem Wissen, nach neuen Konzepten und nach neuen Ideen. Der Widder bedeutet kardinales Feuer, er verleiht, was den Verstand betrifft, Unabhängigkeit und Impulsivität. Wenn Mars als sein Herrscher im Horoskop verletzt steht, ist gegen die Tendenz zur Arroganz, zum Egoismus und zur Beherrschung anderer anzugehen. Unterbleibt dies, kann sich diese Person nicht auf angemessene Art und Weise mit ihrer Umgebung verbinden. Es könnte bei ihr so sein, daß sie zunächst den Eindruck von großer intellektueller Brillianz erweckt, es sich dann aber erweist, daß sie eher oberflächlich ist und das Denken nicht in die Tiefe geht. Wenn Saturn stark gestellt ist, würde dies aber wahrscheinlich nicht der Fall sein. Mit dem Planeten Mars stürzt sich der Mensch Hals über Kopf in Aktivität und schwenkt sofort zu neuen Konzepten oder Ideen über. Ohne Beharrungsvermögen, wie es mit Saturn einhergeht, könnte es aber an Konzentration mangeln. Es gibt zwei Arten von Wassermännern, was wir immer bedenken sollten, wenn wir das Horoskop von jemandem erstellen, der Wassermann ist. Sowohl Saturn als auch Uranus herrschen über dieses Zeichen. Bevor wir Zugang zu den uranischen Kräften bekommen, müssen wir erst einmal der Herrschaft Saturns gerecht werden. Freiheit ohne Disziplin ist möglicherweise nichts anderes als ungehemmte Freizügigkeit. Wenn Saturn im Horoskop stärker als Uranus gestellt ist (wenn er sich zum Beispiel im 1., im 4., im 7. oder im 10. Haus befindet), haben wir es mit einem saturnischen Menschen zu tun, der eher vom Steinbock als vom Wassermann geprägt ist. Ist dagegen Uranus stärker, sehen wir einen wahren Uranier vor uns. Der von Uranus beherrschte Wassermann ist im Grunde seines Wesens ein Rebell, der über ausgeprägt eigenständige Meinungen und Überzeugungen verfügt; er ist der Individualist des Tierkreises. Insbesondere in jungen Jahren könnte er dieses und jenes ausprobieren. Wenn er seine Vorstellungen in der Umgebung nicht durchsetzen kann, verhält er sich auf eine Art und Weise, die seinen Mitmenschen das Leben schwer macht. Mit dem Widder an der Spitze von 3 ist eine Begabung für das Schreiben und das Reden sowie ganz allgemein die Fähigkeit gegeben, in Schrift und Wort neue Ideen zu verbreiten.

♉ 4   *Stier an der Spitze des 4. Hauses*

Der Wassermann ist nicht konservativ, was das Denken betrifft, sondern im Hinblick auf die häusliche Umgebung. Sein Zuhause bedeutet ihm sehr viel. Er verspürt in sich den Drang, Dinge anzuhäufen – er hat große Schwierigkeiten mit dem Loslassen, gleichgültig, ob es dabei um Sachen oder um Menschen geht. Die Tatsache, daß ein behagliches und geschmackvolles Heim angestrebt wird, ergibt sich in diesem Falle aus der Herrschaft der Venus. Dieser Mensch kann sich als sehr sparsam erweisen und hundertprozentige Gegenleistungen für sein Geld erwarten. Das 4. Haus repräsentiert die Werte, die den Wurzeln des Menschen zugrundeliegen. Dieses Haus steht auch für das, was letztendlich aus unseren Wertvorstellungen hervorgeht. Insofern steht es für den späteren Lebensverlauf sowie für das Ende, das die Dinge nehmen. Was wir im Grunde unseres Wesens sind – wie es um unsere Wurzeln bestellt ist –, wird im Verlaufe unseres Lebens deutlich. Der Stier im Horoskop kann für den Bereich stehen, in dem wir im Materiellen gefangen sind. Wenn Geld und materieller Besitz im Leben eine zu große Rolle spielen, kann der Mensch in seinen späteren Jahren keinen Frieden und keine heitere Gelassenheit erfahren. Wahre Sicherheit ist nur dann möglich, wenn man richtige Wertvorstellungen hat. Wenn sich das Zeichen Stier an dieser Hausspitze befindet, ist häufig eine sehr besitzergreifende Mutter gegeben.

♊ 5   *Zwillinge an der Spitze des 5. Hauses*

Als Elternteil ist jemand mit den Zwillingen an der Spitze des 5. Hauses mit seinen Kindern emotional nicht sehr intensiv verbunden. Dieser Mensch kann seine Kinder erst dann richtig genießen, wenn sie reden können. Es ist ihm wichtig, daß die Kinder eine intellektuelle Lebenseinstellung beweisen, und er möchte, daß sie sich ihrer Intelligenz bewußt sind. Was den Bereich der Liebe betrifft, zeigt sich diese Person nicht besonders leidenschaftlich oder feurig. Sie ist so sehr auf den Verstand ausgerichtet, daß sie kaum Gefühle zum Ausdruck bringen kann. Wo Merkur herrscht, hat es die Venus schwer. In Verbindung mit den Angelegenheiten des 5. Hauses sind hier Verständnisprobleme zu erwarten. Vielleicht ist es auch so, daß der Mensch zur gleichen Zeit in zwei Affären verstrickt ist, was damit in Zusammenhang gesehen werden muß, daß Treue dem Wassermann-Aszendenten nicht unbedingt wichtig ist. Der Zwilling ist sozusagen der Schmetterling des Tierkreises, der von Blüte zu Blüte flattert – von einer Erfahrung zur nächsten. Was den persönlichen Selbstausdruck angeht, verfügt dieser Mensch über Geschicklichkeit sowie das Vermögen, sich gemäß dem Fluß der Geschehnisse zu bewegen.

♋ 6   *Krebs an der Spitze des 6. Hauses*

Der Wassermann ist seiner Arbeit und seiner Karriere emotional sehr verbunden, möglicherweise mehr als seinen Freunden. Weil seine Gefühle so stark auf seine berufliche Tätigkeit gerichtet sind, kann er sehr darunter leiden, wenn die Arbeit ihn nicht befriedigt. Der Krebs herrscht sowohl über den Magen als auch über die Gefühle. Es gibt eine direkte Beziehung zwischen der Verarbeitung von Erfahrungen und der Verdauung der Nahrung. Wenn der Mond im Horoskop verletzt steht, könnten frustrierende Arbeitsumstände zu Magengeschwüren führen. Der Mond als Regent des Krebses herrscht über das Massenbewußtsein und über die Öffentlichkeit. Diese Person ist dann am glücklichsten, wenn ihre Arbeit der Allgemeinheit auf irgendeine Art und Weise nützt. Der Mond herrscht auch über den unbewußten Verstand. Bei seiner Arbeit kann sich dieser Mensch auf intuitive Eingebungen stützen, die sehr hilfreich sein können. Für ihn haben diese aber nichts Ungewöhnliches. Er selbst neigt von seinem Verstand her durchaus dazu, Übernatürliches als Unfug abzuqualifizieren. Nichtsdestotrotz bezieht er sich bei seiner Arbeit immer wieder auf derartige Qualitäten. Was das Materielle betrifft, ist er ehrgeizig, auch dann, wenn ihm dies nicht anzumerken ist. Sein Drang nach materiellen Errungenschaften rührt aus einem emotionalen Gefühl der Unsicherheit her. Er liebt es, gut zu essen. Wenn er bei seiner Arbeit unglücklich ist, könnte er im Übermaß zu essen beginnen. Von Zeit zu Zeit könnte dies zu Beeinträchtigungen seines Wohlbefindens führen.

♌ 7   *Löwe an der Spitze des 7. Hauses*

Der ausgesprochene Drang nach Individualität, der mit diesem Zeichen verbunden ist, macht es dem Menschen mit dem Wassermann-Aszendenten schwer, sich auf Partnerschaften, die Ehe und überhaupt auf die Zusammenarbeit einzulassen. In Zusammenhang mit dem Bestreben, unabhängig zu sein und alles unter Kontrolle zu behalten, ergeben sich Komplikationen, was das Eingehen von Kompromissen betrifft. Es wird hier ein Partner gesucht, der genauso individualistisch ist, der ebenfalls die eigenen Rechte vertritt und der sich auch nicht mit der Rolle des Untergebenen abfindet. Wenn jemand mit dem Zeichen Löwe am Deszendenten glücklich werden möchte, sollte er nicht den Versuch machen, den Ehepartner zu dominieren. Es kommt im Gegenteil darauf an, diesen so zu akzeptieren, wie er ist. Das Zeichen an der Spitze des 7. Hauses zeigt an, was uns fehlt, es macht deutlich, welche Qualitäten wir noch entwickeln müssen. Wenn sich hier das Zeichen Löwe befindet, muß man lernen, von seinem Herzen aus zu lieben. Mit dem Wassermann-Aszendenten beziehungsweise dem damit verbunden kristallklaren Verstand ist der Mensch aufgefordert, andere von seinem Herzen aus zu verstehen. Was das Bewußtsein für Liebe betrifft, muß er sich auf eine aktive Art und Weise zum Ausdruck bringen. Häufig ist es so, daß man einen Ehepartner anzieht, der nicht vom Verstand her, sondern vom Herzen aus aktiv wird. Der Wassermann-Aszendent verlangt hier unter Umständen vollkommene Unterwerfung und Hingabe, ohne daß er dies selbst auf sich anwenden würde.

♍ 8 *Jungfrau an der Spitze des 8. Hauses*

Jedes Zeichen steht sowohl für positive als auch für negative Auswirkungen. Das Zeichen, das sich an der Spitze von Haus 8 befindet, ist immer von besonderer Bedeutung, weil mit ihm für gewöhnlich negative Charakterzüge verbunden sind, welche umgeformt werden müssen. Mit der Jungfrau an dieser Stelle ist die Tendenz gegeben, zu kritisch zu sein und sehr in Einzelheiten zu gehen. Will sie ihre potentiell höchsten Eigenschaften zur Entfaltung bringen, muß sie die negativen Qualitäten überwinden. Dieser Mensch muß lernen, daß es zur universellen Verbrüderung nicht vom Intellekt her kommt. Liebe und Verbundenheit ist die innere Essenz, die aus Kooperation erwächst. Mit diesen Tugenden ist die Synthese möglich, wozu noch zu sagen ist, daß Liebe ihren Ursprung im Herzen hat. Die Jungfrau steht für die Kraft, Dinge sinnbildlich auseinanderzunehmen. Es ist notwendig, daß wir in unserem Leben dazu fähig sind, alles getrennt für sich zu sehen und zu analysieren. Es gibt allerdings Bereiche, in denen diese Kraft Schaden anrichten kann. Hier haben wir zum Beispiel auch die Erklärung dafür, daß die Venus in der Jungfrau so schlecht gestellt ist. Wenn Merkur als Herrscher dieses Zeichens verletzt steht, muß es hinsichtlich des analytischen Verstandes zur Neugestaltung kommen. Es könnten sich in diesem Falle auch Probleme in Verbindung mit der Sexualität zeigen, die aus einer überkritischen Einstellung resultieren. Haus 8 steht für das Geld des Partners, und mit der Jungfrau an dieser Häuserspitze wird der Betreffende Geld auf eine sehr praktische Weise zum Einsatz bringen. Wenn nicht der eine oder andere Planet in einem Wasserzeichen steht oder wenn Neptun sich nicht in einem Eckhaus befindet, muß davon ausgegangen werden, daß diese Person kein Interesse für das Okkulte oder Übernatürliche aufbringt.

♎ 9 *Waage an der Spitze des 9. Hauses*

Der Wassermann verfügt über eine angeborene Kultiviertheit. Der Grund dafür ist, daß die künstlerische und ästhetische Waage an der Spitze des Hauses steht, welches unsere überbewußten Eigenschaften symbolisiert. Rauhheit oder gar Vulgarität stößt diesen Menschen ab. Die Waage ist sich ihrer Verantwortung, Geschmack zu beweisen und den Schein zu wahren, fortwährend bewußt. Nur in dem Fall, daß die Venus ernsthaft verletzt ist, kommen Faulheit und Sorglosigkeit zum Tragen. Dies könnte dann bedeuten, daß das Verhalten dieser Person gewissermaßen eine Beleidigung des guten Geschmacks darstellt. Mit dieser Stellung ist man gefordert, zwischen der inneren seelischen Welt und der äußeren Welt der Erscheinungen einen Ausgleich zu finden. Wenn man dies geschafft hat, ist es nicht mehr Saturn, der über den Wassermann herrscht. Uranus ist der eigentliche Herrscher dieses Zeichens, und die Freiheit des Geistes hier von besonderer Wichtigkeit. Das Recht und die Rechtsprechung üben auf diesen Menschen einen großen Reiz aus – mit der Waage entscheidet man sich häufig für einen Beruf, der mit dem Recht zu tun hat. Haus 9 herrscht auch über die höhere Bildung. Wassermänner können sich auszeichnen, indem sie als Lehrer oder als Professor tätig sind. Insbesondere gilt dies für den Bereich der Wissenschaften.

♏ 10 Skorpion an der Spitze des 10. Hauses

Mit der skorpionischen Intensität und Bestimmtheit in Verbindung mit dem Haus der Karriere und der Stellung in der Öffentlichkeit ist es verständlich, daß der Wassermann unzufrieden ist, solange er es nicht in der Welt zu etwas gebracht hat. Das Zeichen der Kraft in dem Haus der Macht bedeutet genug Energie, Erfolge in der materiellen Welt zu erzielen. Das Rampenlicht ist diesem Menschen enorm wichtig. Bei allem, was er tut, wird seine persönliche Stärke deutlich. Die Stellung von Pluto hinsichtlich des Hauses und Zeichens deutet an, in welchen Bereichen Erfolge erzielt werden können. Weil dem 10. Haus der Einfluß Saturns zugrundeliegt, muß der Mensch bewußte Anstrengungen unternehmen, um zu Resultaten zu kommen. Wenn er passiv bleibt, wird nichts passieren – was immer hinsichtlich des Saturn-Bereichs gilt. Saturn belohnt diejenigen, die für das arbeiten, was sie erstreben. Menschen mit dem Skorpion an der Spitze des 10. Hauses üben häufig Regierungsämter aus oder sind in der Forschung tätig. Auf dem medizinischen Sektor zu forschen könnte hier eine tiefe Befriedigung mit sich bringen. In diesem Fall ist auch die Fähigkeit vorhanden, andere zu heilen. Diese Menschen eignen sich insofern gut für den Beruf des Arztes.

♐ 11 Schütze an der Spitze des 11. Hauses

Die Herrschaft Jupiters über das Haus der Freundschaften, Ziele und Vorstellungen verleiht eine aufgeschlossene und heitere Einstellung, die Personen mit dem Wassermann-Aszendenten bei Freunden beliebt macht. Das beiläufige Geben und Nehmen des Wassermanns bedeutet keine allzugroßen Forderungen, was die Freundschaften betrifft. Wenn das Feuerzeichen Schütze an der Spitze von 11 zu finden ist, hat der Mensch eine direkte und unpersönliche Herangehensweise an das Leben. Er kann diese Eigenschaften seinen Freunden gegenüber besser deutlich werden lassen als in seinem Gefühlsleben. Seine Ziele erreicht er, weil er zu harter Arbeit bereit ist und Anstrengungen auf sich nimmt. Er könnte sich, was humanitäre Projekte angeht, durch eine Führungsrolle auszeichnen. Möglich wäre auch, daß er im Rahmen einer Organisation mit anderen zusammenarbeitet, wobei er allerdings sein Privatleben für sich behält. Dieser Mensch hat Freunde, die loyal und vertrauensvoll zu ihm stehen. Zum Teil verdankt er diesen auch seine Karriere.

♑ 12 *Steinbock an der Spitze des 12. Hauses*

Das Schlüsselwort für Saturn ist: »Was nutzt es dem Menschen, wenn er die Welt gewinnt, aber seine Seele verliert?« Der untergründige Drang nach Macht muß hier in ein Gefühl für Verantwortung umgewandelt werden, das sich auf all diejenigen bezieht, die in Not sind. Dies ist die Botschaft, die mit der Herrschaft von Saturn über das 12. Haus einhergeht. Das 12. Haus bringt zum Ausdruck, daß man aus dem Unbewußten heraus entweder gegen seine eigenen Interessen handelt oder sich selbst der beste Förderer ist. In dem Fall, daß Saturn verletzt ist, muß eine innere Selbstsucht überwunden werden. Die Rechnung dafür hat dieser Mensch in Form von Krankheit und Leid zu zahlen, was solange gilt, wie die Tendenz zur Selbstsucht nicht in Dienstbereitschaft für andere transformiert worden ist. Saturn bedeutet zwangsläufig ein strenges Gericht, er ist der Herr des Karmas. Der Gesundheit muß hier viel Aufmerksamkeit gewidmet werden, weil es im Zusammenhang mit der Tendenz zur Kristallisation von Zeit zu Zeit zu körperlichen Beschwerden kommen kann. Arthritis ist zum Beispiel ein Saturn-Problem, das seine Wurzeln in Vorurteilen, in Starrheit und in geistiger Intoleranz hat. Wenn der Steinbock an der Spitze von 12 steht, ist der Fluß des Lebens gehemmt, was darauf beruht, daß hinsichtlich des Egos, des Prestiges und der persönlichen Bedeutung starre Ansichten bestehen.

Horoskope mit Fische-Aszendent

Das letzte Zeichen des Tierkreises, die Fische, stehen für das Ende der Persönlichkeit, welche ihren Ausgang im Zeichen Widder nahm. Für das Zeichen Fische liegt die Freiheit nicht im Tal der persönlichen Errungenschaften, sondern auf der höheren Ebene des spirituellen Wachstums und der spirituellen Weiterentwicklung. Das Symbol – die zwei miteinander verbundenen Fische – verkörpert die zwei Aspekte des Selbstes: Die Persönlichkeit und die Seele. Wenn die Persönlichkeit zum Diener der Seele wird, ist alles in Ordnung. Dienen oder leiden ist das Motto dieses Zeichens. Der Widder hat mit dem Anfang zu tun, das Zeichen Fische bezieht sich dagegen auf das Ende. Die Fische beginnen da, wo der Wassermann sein Ende hat: im 2. Haus, dem Haus der Werte und der Ressourcen. Die Werte, die auf der Reise durch die Tierkreiszeichen erworben wurden, müssen vom Fische-Menschen vorbehaltlos anerkannt werden.

♓ 1   *Fische an der Spitze des 1. Hauses*

Wenn das letzte Zeichen an der Spitze des 1. Hauses steht, kommt damit zum Ausdruck, daß die Persönlichkeit zu einem Abschluß gebracht und das animalische Selbst aufgelöst werden muß. Dies ist keine einfache Aufgabe. Das Schlüsselwort für Neptun ist Opfer, und in diesem Falle ist es das persönliche Selbst, das geopfert werden muß, wenn die Seele in all ihrem Glanz zum Ausdruck kommen soll. Mit diesem Aszendenten ist in der Regel keine besonders starke Vitalität gegeben. Die Person reagiert hier sehr emotional auf die Geschehnisse des Lebens, was dem Körper Energie entzieht.

Die Fische sind ein dualistisches Zeichen, und es gibt zwei Arten von Menschen mit diesem Zeichen am Aszendenten. Zum einen sind da die Dienenden, diejenigen, welche aktiv sind. Diese zeichnen sich zwar nicht durch körperliche Stärke aus, haben aber jeden Gedanken an persönliche Vorteile verloren und sind nur noch darauf aus, anderen von Nutzen zu sein. Ihnen fließt Energie von höheren Ebenen zu, weil sie auf Dimensionen eingestimmt sind, die über der irdischen stehen. Ruhe, Mitgefühl und auch eine Art Losgelöstheit und Aufmerksamkeit für das Innere sind kennzeichnend für sie. Sie begeben sich an die Arbeit, ohne ein Aufhebens davon zu machen. Diese Menschen sind das «Salz» der Erde. Auf der anderen Seite gibt es den haltlosen Typen, der durchs Leben treibt, den Träumer, der in seinem Geiste große Visionen vor sich sieht, über das Träumen aber nie hinauskommt. Diese Personen könnten zu Rauschgiften Zuflucht nehmen und sich damit im Land der Träume verlieren. Sie könnten es nicht ertragen zu scheitern, was zur Folge hat, daß sie gar nicht erst etwas versuchen. Die Fische am Aszendenten bedeuten eine eher emotionale als praktische Herangehensweise an das Leben. Diese Menschen sind schnell entmutigt und möglicherweise auch sehr launenhaft. Die Musik könnte hier einen hilfreichen Einfluß ausüben; sie könnte die Gefühle nähren, wie Brot den Körper nährt. Zu lernen, ein Instrument zu spielen, könnte dabei helfen, die Emotionen zu harmonisieren und die Kräfte auszugleichen. Mit den Fischen geht auch ein Gefühl der Isoliertheit einher, das durch nichts in der Welt der Materie überdeckt werden kann. Die dunkle Nacht der Seele ist ein integraler Bestandteil der Fische-Inkarnation. Dies muß so sein, damit sich die Seele von den Fesseln der Persönlichkeit freimachen kann. Die Bereitschaft, das Alleinsein anzunehmen, macht diesen Menschen frei. Der Weg für den Fische-Menschen führt nach oben, nicht hinab.

♈ 2 Widder an der Spitze des 2. Hauses

Dort, wo sich das Zeichen Widder im Horoskop befindet, beginnt die Seele mit ihrer Aktivität, dort fängt sie damit an, sich in der Welt der Erscheinungen zum Ausdruck zu bringen. Für den Fisch sind Werte und Ressourcen von äußerster Wichtigkeit. Es kommt hier nicht nur auf den Erfolg in finanziellen Angelegenheiten an, sondern auch auf den konstruktiven Umgang mit den persönlichen Gaben. Dieser Mensch hat den Ehrgeiz, etwas zu erreichen. Während aber beispielsweise der Steinbock weltlichen Erfolg anstrebt, weil damit Macht verbunden ist, verhält es sich bei den Fischen ganz anders. Der Mensch mit dem Fische-Aszendenten möchte etwas erreichen, um sich selbst seinen Wert zu beweisen. Hinter seinem Wunsch, eine wichtige Rolle zu spielen, steckt ein tiefverwurzelter Minderwertigkeitskomplex. Oftmals kennen diese Personen keine Zufriedenheit, wie gut sie auch gearbeitet haben oder wie groß die Erfolge auch sind. Sie sind viel kritischer gegen sich selbst als gegen andere. Mit dem Mars als Herrscher des 2. Hauses kann es für den Fische-Menschen schwierig sein, mit Geld umzugehen. Dort, wo sich Mars beziehungsweise der Widder im Horoskop befindet, besteht der Wunsch, die Verhältnisse unter die persönliche Kontrolle zu bringen. Bei der Herrschaft über das 2. Haus muß die Tendenz zur Extravaganz gezügelt werden. Mit Mars aber ist es dem Menschen unangenehm, innezuhalten und nachdenken zu müssen – Mars bedeutet Aktivität und Handlung. Wenn Mars im Horoskop gut gestellt ist, zeichnet sich der Fische-Mensch häufig durch einen klugen Umgang mit Geld aus. Mars wartet nicht darauf, daß Geld auf das Konto kommt – er geht los, um es sich zu besorgen. Wenn Mars durch Neptun verletzt ist, könnte man dazu tendieren, sich Geld durch Betrügereien zu verschaffen. Daraus würden sich für den Fische-Geborenen in der Folge große Schwierigkeiten ergeben.

♉ 3 Stier an der Spitze des 3. Hauses

Mit dem Erdzeichen Stier an der Spitze des 3. Hauses braucht der Mensch mit dem Fische-Aszendenten das Gefühl, ein wichtiger Bestandteil seiner Umgebung zu sein. Das Fische-Wesen schließt einen Zug zur Dickköpfigkeit ein, was darauf beruht, daß sozusagen der Stier Wache am Tor des Verstandes steht. Diese Person könnte sich durch ein starres und fixiertes Denken auszeichnen, was man nicht glauben würde, wenn man sie nur oberflächlich kennt. Zunächst einmal scheint sie nämlich umgänglich und flexibel zu sein – was aber ganz und gar nicht zutrifft. Die Umgebung weiß ein Lied von ihrem Starrsinn und von ihrer Unflexibilität zu singen. Das flexibelste Zeichen des Tierkreises ist der Zwilling, das dickköpfigste ist der Stier. Achten Sie darauf, in welchem Zeichen sich Merkur befindet. Dies ist ein Hinweis darauf, ob sich der Mensch bezüglich der geistigen Einstellung eher durch Starrsinn oder Flexibilität auszeichnet. Wenn Merkur in einem fixen Zeichen steht, dürfte eine doppelt große Fixiertheit und Dickköpfigkeit vorhanden sein; handelt es sich um ein veränderliches oder ein kardinales Zeichen, ist zu erwarten, daß sich der Mensch in einem gewissen Maße anzupassen vermag. Im allgemeinen bestehen hier auch künstlerische und kreative Begabungen mit einem großen Interesse für Musik und Kunst. Im Umgang mit dieser Person sollte man sich hüten, ihr Meinungen aufzudrängen. Selbst wenn man recht hat, wird das zu nichts führen.

♊ 4   *Zwillinge an der Spitze des 4. Hauses*

Die Fische lieben es nicht, lange am selben Ort zu sein. Sie brauchen zwar eine Operationsbasis – ein Zuhause, zu dem sie immer wieder zurückkommen können –, werden dort aber nicht allzuviel Zeit verbringen. Dafür ist bei ihnen zuviel Rastlosigkeit gegeben. Dieser Mensch liebt es, andere Personen um sich zu haben – allerdings nicht immer die gleichen. Das Fische-Wesen ist durch einen dualistischen Zug gekennzeichnet, der nur schwer zu verstehen ist, wenn man sich nicht in der Astrologie auskennt. Die Fische sind zwei Personen, nicht eine. Hier gibt es zwei Wesen: Das eine ist freundlich, nett, umgänglich und offen für alle Strömungen des Lebens, das andere versteckt sich in den Tiefen, hält sich fern, isoliert sich, ist launisch und will für sich bleiben. Wenn letzteres das Sagen hat, wird nichts, was Sie tun oder von sich geben, es zufriedenstellen. Warten Sie dann einfach ab. Machen Sie gar nicht erst den Versuch, es zur aktiven Teilnahme zu bewegen – es würde sowieso nicht kommen. Wenn die Gezeiten sich ändern, wird es in den Tiefen verschwinden, und das andere wird auftauchen. Wenn diejenigen, die mit einer Fische-Person zusammen sind, um diesen Persönlichkeitsaspekt Bescheid wissen, wird manches leichter. Es ist nicht einfach, mit einem Fische-Menschen zusammenzuleben, es ist aber auf alle Fälle interessant. Zu einem Teil seines Wesens wird man niemals Zugang finden. Wenn man dies akzeptiert, ist alles in Ordnung.

♋ 5   *Krebs an der Spitze des 5. Hauses*

In dem Haus der Kreativität und des Selbstausdrucks ist der Grund dafür zu finden, daß der Fisch ein Nachtmensch ist. Er liebt die Nacht (welche vom Mond beherrscht wird), die Zeit, wenn die Welt still und ruhig ist, und er kann seiner Kreativität am besten Ausdruck verleihen, wenn er in den späten Nachtstunden arbeitet. Dieser Mensch verfügt über eine außerordentlich reiche Vorstellungskraft, und er kann sich in seiner Selbstdarstellung vor anderen auf beliebig intensive Weise präsentieren. Bei ihm ist auch eine ausgeprägte Liebe zum Theater vorhanden. Es steckt in jedem Fisch die Fähigkeit, auf die Bühne zu treten (zumindest als Amateur, also als «Liebhaber»). Einhergehend mit der Mond-

Herrschaft ist der Fische-Mensch von anteilnehmendem Wesen. Er sorgt und bemuttert nicht nur seine Kinder, sondern auch seine Liebespartner. Dies ist ihm ein ausgesprochenes Bedürfnis. Menschen, die er liebt, unterstützt er loyal und hingebungsvoll. Die Fische sind ein außerordentlich kreatives Zeichen, das sich durch die Fähigkeit, das Leben und seine verschiedenen Möglichkeiten zu dramatisieren, öffentliche Aufmerksamkeit verschaffen kann. Es bestehen gleichfalls schriftstellerische Begabungen. Oftmals kann dieser Mensch seine Gedanken besser auf dem Papier als im Gespräch zum Ausdruck bringen.

♌ 6 Löwe an der Spitze des 6. Hauses

Die Arbeit stellt für den Fische-Menschen den wichtigsten Bereich dar, und es ist von grundsätzlicher Bedeutung, daß er sie von Herzen gern verrichtet. Er kann vollständig in Arbeit und Dienstbereitschaft aufgehen. Für diese Tätigkeiten wendet er ungemein viel Energie auf. Wieviel Arbeit er aber auch verrichten mag und wie gut das Resultat seiner Aktivität auch ausfällt – zufrieden ist er nie. Zuviele Fische-Menschen haben wegen Überarbeitung unter Herzattacken zu leiden. Was diese Person lernen muß, ist Ausgewogenheit. Wenn man nur arbeitet und niemals spielt, ruiniert man seinen Körper und sein Nervensystem. Fische-Menschen können aufgrund des löwehaften Vermögens zur Konzentration im Dienstbereich der Jungfrau (6. Haus) viel Anerkennung erhalten. Die wahren Fähigkeiten beziehen sich hier auf die Tätigkeit für andere. Wenn dieser Mensch nur auf sich achtet, ist er im Grunde seines Wesens unglücklich. Er treibt dann nur durchs Leben, ohne es aktiv zu gestalten.

♍ 7 Jungfrau an der Spitze des 7. Hauses

Die Neigung, sich einen unterlegenen Partner auszuwählen, kann ihre Ursache in der Stellung der Jungfrau an dieser Häuserspitze haben. Unterlegene erwecken bei diesem Menschen Mitgefühl sowie den Wunsch, ihnen zu helfen. Fische heiraten häufig solche oder auch unpassende Menschen, was sie dann später bereuen, wenn sich zeigt, daß keine gemeinsamen Interessen gegeben sind, auf die gebaut werden könnte. Der Fische-Mensch sucht das Leid, weil in ihm ein Märtyrerkomplex besteht – was zunächst überraschen mag. Einer meiner Schüler, selbst im Zeichen Fische geboren, sagte einmal: »Um ehrlich zu sein: Wir sind doch nur dann wirklich glücklich, wenn wir etwas haben, was uns unglücklich macht.« Mit den Fischen geht die Neigung zum Kritisieren einher (übertroffen nur noch vom Skorpion). Es könnte auch sein, daß ein Ehepartner gewählt wird, der an allem etwas auszusetzen hat, wobei dann verkannt wird, daß dies die Projektion der eigenen überkritischen Einstellung ist. Im allgemeinen aber unterstützt der Mensch mit dem Fische-Aszendenten seinen Partner mit voller Kraft, wobei die Absicht eine Rolle spielt, ihm zu gefallen. Oftmals kommt es hier zu zwei Ehen, wobei für gewöhnlich die zweite die glücklichere ist. In ihrer Jugend ist diese Person nicht besonders reif oder realistisch in ihren Einschätzungen, was sich aber mit den Jahren ändert. Das 7. Haus steht nicht nur für die Ehe, sondern für Beziehungen überhaupt. Dieser Mensch muß bereit sein, anderen zu dienen, ohne davon auszugehen, daß ihm Gleiches widerfährt. Die Fische sind das Zeichen, das Opfer symbolisiert. Neptun steht für Verpflichtungen und für Verzicht – er ist aber auch der kosmische Wohltäter, der uns die Einsicht bringt, daß wir all das, was wir für andere machen, letztlich für uns selbst tun.

♎ 8 Waage an der Spitze des 8. Hauses

Regeneration und Transformation sind die Themen des 8. Hauses. Aufgrund des Zeichens, das an dessen Spitze steht, können wir hierzu nähere Aussagen machen. Mit der Waage an dieser Stelle ist das Motto für den Fische-Aszendenten Kooperation statt Wettkampf. Hier muß es zum Ausgleich kommen, indem die Ressourcen mit anderen geteilt werden. Wir alle gewinnen dadurch, daß wir uns mit Partnern verbünden. Der Mensch gewinnt durch seine Ehe, auch wenn sich in diesem Zusammenhang vielleicht Schwierigkeiten ergeben mögen. In körperlicher Hinsicht herrscht die Waage über die Nieren. Diesem Körperteil muß besondere Aufmerksamkeit gewidmet werden. Maßlosigkeit im Hinblick auf Alkohol könnte hier zu Problemen führen. Aufgrund dieser körperlichen Empfindlichkeit sind Spirituosen für die Fische gefährlicher als für jedes andere Tierkreiszeichen. Jedes körperliche Organ spiegelt ein bestimmtes psychologisches Prinzip wider. Die von der Waage beherrschten Nieren reinigen den Blutstrom, sie filtern Schadstoffe aus dem Blut heraus. Ein reinigender Prozeß, was das Ego betrifft, ist die Heirat. Verbindungen und Kompromisse einzugehen, bedeutet, Selbstsucht und Selbstzentriertheit zu überwinden. Wenn wir uns seelisch weiterentwickeln wollen, müssen wir uns dem Leben stellen. Wir können uns nicht zurückziehen, sondern müssen teilhaben und lernen, uns dem Fluß der Ereignisse anzupassen.

♏ 9 Skorpion an der Spitze des 9. Hauses

Mit dem Skorpion an der Spitze des Hauses des überbewußten Verstandes ist der Mensch mit dem Aszendenten im Zeichen Fische auf der Suche nach der Bedeutung des Lebens. In seinem Wunsch, hier Erkenntnisse zu gewinnen, ist er sehr tiefgründig. Oberflächlichkeit ist ihm und seinem Leben fremd. Dem Drang nach Wissen und Verständnis, was den Zweck seines Lebens betrifft, liegt eine starke emotionale Intensität zugrunde. Die Fische gehen bei der Frage nach dem Sinn des Lebens nicht auf konventionelle Weise vor. Dieser Mensch möchte wirklich verstehen, wie es um die okkulten Gesetze bestellt ist, und er forscht solange, bis er die feste Überzeugung gewonnen hat, daß eine Bedeutung und ein größerer Plan gegeben ist. Mit dieser Stellung ist die Liebe zum Reisen verbunden, der auch nachgekommen wird. Die Tätigkeit könnte hier auf dem Feld des Verlagswesens oder der höheren Bildung liegen. Dieser Mensch verfügt über heilende Kräfte. Wenn er sich für eine Beschäftigung im medizinischen Bereich entscheidet, könnte aus ihm ein wunderbarer Arzt oder Heiler werden. Seine ruhige Präsenz ist für all diejenigen, die in Kontakt zu ihm kommen, ein Segen.

♐ 10 Schütze an der Spitze des 10. Hauses

Dieser Mensch verfügt über organisatorische Fähigkeiten; er könnte sich im Laufe seiner Karriere zu einer Führungspersönlichkeit entwickeln. Geld, Arbeit und Dienstbereitschaft sind in diesem Fall von Bedeutung, was damit zusammenhängt, daß beim Fische-Aszendenten Feuerzeichen am 2., am 6. und am 10. Haus stehen. Diese Person ist ehrgeizig und erfolgsorientiert. Dabei ist nicht so sehr ein Machtdrang ausschlaggebend als vielmehr der Wunsch, auf dem Feld des Dienstes an anderen etwas zu leisten. Es ist diesem Menschen wichtig, im Rahmen seines Berufes Idealismus zum Ausdruck zu bringen. Er könnte beruflich gesehen an die Spitze gelangen, weil er hart zu arbeiten gewillt ist. Aufgrund des Jupiter-Einflusses ist es ihm möglich, die Allgemeinheit von seinen Ideen zu überzeugen. Diese Persönlichkeit ist bei ihrer Arbeit, was den Kontakt zur Öffentlichkeit angeht, von einem freundlichen und offenen Wesen. Es ist dies das Haus, das für den Eindruck der Umgänglichkeit und Aufgeschlossenheit des Fische-Menschen verantwortlich ist.

♑ 11 Steinbock an der Spitze des 11. Hauses

Die Person mit dem Fische-Aszendenten strebt nicht danach, viele Freunde zu besitzen. Es ist ihr lieber, wenn es einige wenige Menschen gibt, denen sie wirklich trauen kann. Sie ist denn auch in der Auswahl von Freunden wählerisch. Großzügigkeit und die Liebe zu geselligen Ereignissen sind keine hervorstechenden Merkmale von ihr, sie steht eher abseits. Nach der Arbeit sitzt sie womöglich am liebsten mit einem guten Buch vor dem Kamin. Mit dem Saturn-Einfluß ergibt es sich in der Jugend häufig, daß ältere Freunde gesucht werden: Oftmals fühlt man sich in der Gegenwart von Älteren wohler als in der von Gleichaltrigen. Das, was sich diese Person vornimmt und anstrebt, wird für gewöhnlich erreicht, was damit zusammenhängt, daß sie willens ist, hart zu arbeiten.

♒ 12 *Wassermann an der Spitze des 12. Hauses*

Der Mensch mit dem Fische-Aszendenten fühlt sich in seinem Leben häufig begrenzt oder eingeschränkt, was ihm sehr zu schaffen macht. Er hat möglicherweise sein ganzes Leben lang das Gefühl, zu einem mühseligen Dasein im «Gefängnis des Körpers» verurteilt zu sein. Er sehnt sich von seinem Herzen aus nach Freiheit, ein charakteristischer Wesenszug aller Fische-Personen. Dies ist gewissermaßen ein sehnsuchtsvolles Verlangen nach den Hochebenen der Spiritualität. Kennzeichnend ist auch, daß mediale beziehungsweise übersinnlich anmutende Eigenschaften bestehen, zusammen mit großen Problemen, sich in der harten, rauhen Welt der Materie zurechtzufinden. Als reifere Persönlichkeit könnte ihn die Erkenntnis trösten, daß er sich jetzt gewissermaßen im Exil befindet, um fernab der Heimat auf der Erde für andere dazusein. Ohne diese Reife unternimmt dieser Mensch vielleicht den Versuch, vor der materiellen Welt zu flüchten, indem er sich dem Alkohol oder anderen Rauschgiften ergibt. Für ihn ist alles gerechtfertigt, was den Druck des irdischen Daseins mildert. Der dafür zu zahlende Preis ist aber hoch, und die Rechnung wird nicht auf sich warten lassen. Indem wir in die Dunkelheit hinuntersteigen, können wir das Licht finden. Dies ist ein einsamer Weg, der aber zum Licht und zur Liebe führt.

6 PLANETEN IN ZEICHEN UND HÄUSERN

DIE SONNE

Im Gegensatz zu den folgenden Kapiteln gibt es für die Sonne hier nur Deutungshinweise zur Stellung in den Häusern. Die Bedeutung der Sonne in den Zeichen wurde ab Seite 18 ausführlich erläutert. Bitte dort nachschauen.

Sonne in den Häusern

☉ 1   **_Sonne im 1. Haus_**   _Schlüsselwort: SEIN_

Das 1. Haus steht für den äußeren Erfahrungsbereich und die Sonne symbolisiert den Drang, etwas darzustellen. Insofern ist dies eine günstige Stellung. Wir haben es hier mit Personen zu tun, die über organisatorische Qualitäten verfügen und die andere anleiten können. Diese Personen sind am glücklichsten, wenn sie eine übergeordnete Position bekleiden. Sie brauchen die Freiheit, sich so zeigen zu können, wie sie sind. Wenn die Sonne nicht ernsthaft verletzt ist, sind mit dieser Stellung Mut, Enthusiasmus, Würde und ein Gefühl für Ehre verbunden. Bei Verletzungen – insbesondere durch Mars oder Saturn – müssen Arroganz und Egoismus überwunden werden, will der Mensch sein Leben mit Erfolg führen. Wenn das persönliche magnetische Feld mit zuviel Mars-Energie erfüllt ist, werden andere nicht angezogen, sondern abgestoßen. Eine charmante Persönlichkeit zieht andere aufgrund ihrer Venus-Eigenschaften an – eine unangenehme Person stößt andere durch die Mars-Kräfte ab. Hinter jedem Planeten im 1. Haus steht der Mars-Einfluß, weil Mars der Herrscher dieses Hauses ist. Die Sonne ist die mächtigste Kraft des Universums. Sie kann erwärmen, aber auch versengen oder verbrennen. Für die Person mit der Sonne in 1 handelt es sich darum, mit der Sonnenkraft auf eine kluge und weise Art umzugehen.

☉ 2   **_Sonne im 2. Haus_**   _Schlüsselwort: BESITZEN_

Hier hat der Drang, etwas darzustellen, mit den Ressourcen, den Werten und den materiellen Erfolgen zu tun. Mit der Sonne im 2. Haus kann der Mensch immer wieder in den Genuß von Zuwendungen kommen und Geld anziehen. Das Bestreben, materielle Erfolge zu erzielen, ist stark ausgeprägt. Weiterhin ist eine große Hartnäckigkeit gegeben, die Stabilität und Zähigkeit verleiht. Wenn diese Personen etwas wollen, geben sie nicht auf, bis sie ihr Ziel erreicht haben. Weil die Energie, wenn sie denn in Aktion umgesetzt wird, außerordentlich kräftig ist, kann dieser Mensch für gewöhnlich alles erreichen, was er möchte. Während es mit der Sonne in 1 um die Anerkennung auf der persönlichen Ebene geht, interessiert sich jemand mit der Sonne in 2 insbesondere für materielle Werte. Steht die Sonne hier unverletzt, herrscht Sicherheit hinsichtlich der Ressourcen. Bei Verletzungen der Sonne in Haus 2 ist ebenfalls das Vermögen gegeben, zu Geld zu kommen – allerdings wird diese Person damit zumeist nicht glücklich.

☉ 3 **Sonne im 3. Haus**   *Schlüsselwort: WISSEN*

Dies ist das Haus der Kommunikation, das Haus der Fähigkeiten, die wir als gegeben ansehen. Es handelt sich hier weiterhin um die Ausdehnung des Selbstes auf die Beziehungen, insbesondere hinsichtlich der Menschen, die uns nahe stehen wie zum Beispiel unsere Brüder und Schwestern. Die Sonne ist kein fruchtbarer Planet, was heißen könnte, daß zwar nicht viele Brüder und Schwestern gegeben sind, daß aber ein gutes Verhältnis zu ihnen besteht. In den jungen Jahren kommt der Schein der Sonne deutlich zum Ausdruck – wenn hier keine Verletzungen gegeben sind, dürfte die Umgebung der frühen Jahre von Sorglosigkeit und glücklichen Umständen geprägt gewesen sein. Kennzeichnend ist bei dieser Stellung die Ausrichtung auf den bewußten Verstand, und oftmals ist dami eine wissenschaftliche Orientierung verbunden. Diese Personen können gut reden und ihre Gedanken anderen ohne Probleme mitteilen. Aus diesem Grund eignen sie sich für den Beruf des Lehrers, des Schriftstellers oder des Dozenten.

☉ 4 **Sonne im 4. Haus**   *Schlüsselwort: BEGRÜNDEN*

Während der Hintergrund des 3. Hauses eine intellektuelle Prägung bedeutet (aufgrund der Herrschaft der Zwillinge), haben wir es beim 4. Haus mit dem Zeichen Krebs zu tun, mit der Folge, daß die Sonne an dieser Stelle durch emotionale Faktoren beeinflußt wird. In diesem Fall ist der Drang nach Selbstschutz stark ausgeprägt. Das Prinzip der Selbst-Unterstützung steht hier im Vordergrund. Der Mensch mit der Sonne im 4. Haus ähnelt in mancher Beziehung einem Eichhörnchen: Er sammelt und sammelt Besitztümer, was ihm einen Schutz vor der Angst bietet, nichts zu haben. Das 4. Haus ist das einzige Eckhaus, welches keine selbstsichere Einstellung vermittelt. Es steht für die Wurzeln der persönlichen Existenz – der «nächtlichen» Seite des Wesens, dessen, was in der Tiefe versteckt und nicht an der Oberfläche zu erkennen ist. Wenn Sie wirklich wissen wollen, wie der Mensch in den Tiefen seines Wesens beschaffen ist, müssen Sie Ihren Blick auf das 4. Haus seines Horoskops richten. Die Kräfte oder Energien, die es prägen, werden Ihnen Auskunft geben. Jemand mit der Sonne im 4. Haus ist von ruhigem und sanftem Wesen. Für den Fall aber, daß zur Sonne ein Spannungsaspekt gegeben ist, dürfen Sie sich von dieser Sanftheit nicht täuschen lassen. Im Inneren ist nämlich ein starkes Selbst vorhanden, welches sozusagen ruft: »Zuerst komme ich!« Bei der vermeintlichen Sanftmut werden Sie diese Verhaltensweise nicht sofort erkennen. Der spätere Lebensabschnitt ist der beste für Menschen, die die Sonne in diesem Haus haben. In den jungen Jahren besteht eine starke Ausrichtung auf das Zuhause und auf die Mutter, und die Abnabelung fällt hier für gewöhnlich sehr schwer.

☉5 **Sonne im 5. Haus** *Schlüsselwort: AUSDRÜCKEN*

Der Löwe ist der Herrscher dieses Hauses, daher ist die Sonne hier gut gestellt. Dies bedeutet eine starke Anregung der Energien des Selbstausdrucks. Das 5. Haus steht für das Vermögen, etwas auf ganz persönliche Weise zu tun, auf eine Art, die sich von der der Mitmenschen abhebt. Dies kann sich auf die Kinder, auf geschriebene Bücher, auf die gezeigten Gefühle, auf gemalte Bilder beziehen oder auf anderes mehr. Vielleicht kommt es hier zu Prüfungen, wenn Sie Ihr Selbst zu stark betonen oder zuviel Macht anstreben. Wenn es auch selten zu lesen steht, so ist das 5. Haus doch das Haus des untergründigen Karmas. Es fällt nicht schwer zu erkennen, warum das so ist. Der Wille und die Wünsche sind beides Attribute des Selbstausdrucks. Diese beiden Faktoren ketten uns an das Rad der Wiedergeburten. Wir müssen handeln, und wir müssen etwas hervorbringen, aber nicht, um uns damit allgemeine Anerkennung zu verschaffen. Wenn die Sonne hier verletzt steht, sind Schwierigkeiten mit Kindern zu erwarten. Auch sollte sich dieser Mensch im Hinblick auf alles, was mit Liebe zusammenhängt, klug verhalten. Für Personen, die mit dem Theater, Film, mit dem Radio oder Fernsehen zu tun haben, ist dies eine günstige Stellung.

☉6 **Sonne im 6. Haus** *Schlüsselwort:* VERBESSERN

Wer in dieses Leben mit der Sonne im 6. Haus gekommen ist, hat sich dafür entschieden, seine Individualität und seinen Drang nach persönlicher Wichtigkeit zugunsten der Hilfe und der Dienstbereitschaft zurückzustellen. Bei Haus 6 handelt es sich darum, anderen zu Diensten zu sein. Dies ist keine gute Stellung für die Sonne, weil damit nur wenig Vitalität gegeben ist. Der Mensch ist damit gefordert, sehr auf seinen Körper zu achten, um einen Ausgleich für den Mangel an Energie zu schaffen. Mit dieser Stellung geboren zu sein heißt – insbesondere bei Spannungsaspekten zur Sonne –, daß der Körper zu früheren Lebzeiten falsch ernährt oder behandelt wurde. In diesem Leben ist es dann um so wichtiger, daß ihm viel Aufmerksamkeit geschenkt wird, zumindest dann, wenn man in ihm bleiben und sich einer guten Gesundheit erfreuen möchte. Auf der psychologischen Ebene geht es darum, Bescheidenheit zu lernen. Damit ist häufig verbunden, daß der Mensch in einer untergeordneten Position arbeitet. Zu den besten Resultaten kommt es hier in der Zusammenarbeit mit anderen.

☉7 **Sonne im 7. Haus** *Schlüsselwort:* VERBINDEN

In diesem Haus liegt die Betonung auf dem «Wir», nicht auf dem «Ich». Menschen mit der Sonne in Haus 7 müssen lernen, die Forderungen der anderen zu berücksichtigen, wenn sie ihre eigenen Bedürfnisse zum Ausdruck bringen wollen. Es ist ihnen nicht möglich, nur die eigenen Wünsche anzumelden – sie sind gefordert, auf das zu achten, was andere wollen und möchten. In der Ehe hält hier für gewöhnlich der Partner die Macht in Händen, was zu Frustrationen führen kann, wenn man nicht erkennt, was dem zugrundeliegt. Die Seele hat sich dafür entschieden, mit bestimmten Mustern zur Welt zu kommen, weil der Mensch auf diese Weise die Lektionen lernen kann, die in diesem Leben gelernt werden müssen. Wir können den Lektionen, die für uns notwendig sind, nicht entfliehen. Wenn wir das zu tun versuchen, haben wir es an der nächsten Ecke schon wieder mit ihnen zu tun. Vielleicht müssen wir uns dann nicht mit den gleichen Menschen auseinandersetzen, auf jeden Fall aber mit den gleichen Umständen. Hilft jemand mit dieser Stellung anderen dabei, ihren persönlichen Glanz zu entfalten, wird er große Macht haben. Wenn er möchte, daß andere sich an ihm orientieren, muß er sich zunächst einmal an seinen Mitmenschen orientieren. Das steht auch damit in Verbindung, daß im allgemeinen der Ehepartner die dominierende Rolle spielt.

☉ 8 *Sonne im 8. Haus*   *Schlüsselwort:* TRANSFORMIEREN

Mit der Sonne in Haus 8 ist der grundsätzliche Wunsch nach persönlicher Bedeutung mit der Notwendigkeit zur Regeneration und Transformation verbunden. Das erste Lebensdrittel ist für diese Menschen im allgemeinen schwierig, was sich darauf beziehen könnte, daß sie ihren Vater verloren haben oder daß sie einen Vater hatten, der seiner Rolle dem Kind gegenüber nicht gerecht geworden ist. Es muß hier zur Neuorientierung des Egos kommen – in Haus 8 geht es um nichts weniger als darum, daß das Ego (das isolierte Selbst) sterben muß. Beim Teilen ergibt es sich, daß vieles von dem, was zum persönlichen Selbst gehörte, abgelegt werden muß. Die persönlichen Wünsche müssen transformiert werden. Das Wichtigste sind in diesem Fall die Mittel und die Gaben der anderen. Testamente und Vermächtnisse stehen hier im Blickpunkt. Vielfach kommt es bei dieser Stellung dazu, daß von männlichen Familienangehörigen Geld geerbt wird. Diese Sonnenstellung ist günstig für alle Menschen, deren Berufung mit Hinterlassenschaften von Toten oder mit dem Tod in anderer Beziehung zu tun hat. Versicherungsagenten oder Personen, die im Bestattungswesen arbeiten, fallen unter diese Kategorie.

☉ 9 *Sonne im 9. Haus*   *Schlüsselwort:* VERSTEHEN

Mit dieser Sonnenstellung sind Menschen geboren, die sich als religiöse Führer erweisen, des weiteren Philosophen, Menschen, die als Lehrer in den höheren Bereichen der Bildung tätig sind oder die Informationen über die höheren Lehren verbreiten. Viele Personen, die ihr Leben der Religion gewidmet haben, weisen diese Stellung auf. Haus 9 steht für den überbewußten Verstand, was damit zusammenhängt, daß es mit dem von Jupiter beherrschten Schützen verbunden ist, was Energie von überbewußten Bereichen bedeutet. Grundsätzlich fühlt sich eine solche Person nicht von der materiellen Ebene unterstützt, sondern von den abstrakten Ebenen der religiösen Erfahrungen. Haus 9 steht auch für lange Reisen – allerdings kann sich dies, wenn die Sonne in einem fixen Zeichen steht, eher auf spirituelle denn auf geographische Regionen beziehen. Bei der Stellung in einem kardinalen oder einem veränderlichen Zeichen läßt sich der Mensch häufig weit entfernt von seinem Geburtsort nieder. Vielleicht kommt es dann auch dazu, daß jemand aus einem anderen Land geheiratet wird.

☉ 10 *Sonne im 10. Haus*   *Schlüsselwort:* ERREICHEN

Die materielle Ebene ist diesem Menschen das Wichtigste. Politiker und Angehörige des Verwaltungsapparates weisen vielfach diese Sonnenstellung auf. Es ist der materielle Ehrgeiz sowie das grundsätzliche Bedürfnis nach Erfolg, daß diese Personen zu Prestige und Macht kommen läßt. Die Sonne im 10. Haus steht für Personen, die in ihrem Denken stets die eigene Wichtigkeit vor Augen haben. Von ihrem Wesen her mit Autorität und Führungseigenschaften ausgezeichnet, ist ihnen Aktivität hinsichtlich der Belange des Selbstes das Wichtigste. Dadurch, daß sie aktiv sind, vermögen sie sich ein Gefühl von Sicherheit zu verschaffen. Ihr Bedürfnis nach Bedeutung muß aber zum öffentlichen Nutzen eingesetzt werden. Dies steht mit Saturn als Herrscher über das 10. Haus in Verbindung, was eine strikte und unbestechliche Gerechtigkeit bedeutet. Jeder Planet im 10. Haus wird durch Saturn geprüft – keiner aber so stark wie unser grundsätzliches Bedürfnis nach Bedeutung, wie es durch die Sonne angezeigt ist.

☉ 11 *Sonne im 11. Haus*   *Schlüsselwort:* REFORMIEREN

Haus 11 steht für unsere Ziele und Vorstellungen, für unsere Hoffnungen und Wünsche, für das, was wir erreicht oder nicht erreicht haben. Weiterhin symbolisiert es die Freundschaften. Wenn sich die Sonne an dieser Stelle befindet, werden Ziele und Vorstellungen durch Freunde realisiert. Es gibt Menschen, die der Ansicht sind, daß Freundschaften keine Rolle spielen. Wer weiser ist, hat erkannt, daß niemand für sich allein existiert. Vielfach kommt es im Leben dazu, daß wir eine Vorstellung deshalb realisieren konnten, weil wir jemandem ein Freund waren. Oftmals haben uns Freunde dabei helfen können, etwas tatsächlich wahrzumachen. Mit der Sonne in 11 ist das grundsätzliche Bedürfnis, etwas darzustellen, mit dem starken Drang verknüpft, bestimmte Ziele zu erreichen und Anerkennung zu erhalten. Ohne Freunde können wir das nicht schaffen. Wenn die Sonne in 11 verletzt steht, ist die Gefahr gegeben, daß wir aufgrund der Auswahl von falschen Freunden in unserem Leben Schiffbruch erleiden.

☉ 12 **Sonne im 12. Haus** *Schlüsselwort:* ÜBERSCHREITEN

Das 12. Haus verdeutlicht, was wir in den Tiefen unseres Wesens wirklich sind und was wir aus früheren Lebzeiten in dieses Leben mitgebracht haben. Dieses Haus steht für den unbewußten Verstand; es zeigt an, was in dem unbekannten Teil unseres Wesens versteckt ist. Das Motto ist hier: Dienen oder Leiden. Wir haben zwischen den beiden Möglichkeiten die Wahl – es gibt keine dritte Möglichkeit. Menschen mit dieser Sonnenstellung arbeiten für gewöhnlich nicht im Rampenlicht, sondern eher hinter den Kulissen. Viele gute Ärzte, Forscher und Erzieher, die es mit Behinderten zu tun haben, zeichnen sich durch diese Stellung aus. Hinsichtlich der frühen Lebensjahre könnte es in Verbindung mit dem Vater zu Beschränkungen gekommen sein. Wenn die Sonne stark verletzt in 12 steht, ist sich der Mensch selbst sein ärgster Feind. Er kann sich allerdings ändern, wenn er den festen Willen dazu hat. Wenn das 12. Haus durch die Sonne betont ist, resultieren die Beschränkungen des Lebens aus einem Mißbrauch von Energie. Wer die Sonne verletzt in 12 hat, hatte es zu früheren Lebzeiten seinem Ego und seinen destruktiven Trieben gestattet, sich auf eine schädliche Weise zu manifestieren. Nun wird ihm die Rechnung dafür präsentiert. Dadurch, daß er dient, kann er die Rechnung begleichen. Es ist nicht zwangsläufig so, daß er hier leiden muß.

☽ DER MOND

Dort, wo sich der Mond im Horoskop befindet, kommt es immer wieder zu Veränderungen. Ein stark gestellter Mond (Stellung in einem Eckhaus) kann eine Tätigkeit für die Allgemeinheit und ihre Bedürfnisse anzeigen. Jemand mit dieser Stellung weiß, wie er die Öffentlichkeit zufriedenstellen kann.

Im Horoskop zeigt der Mond an, wie Sie der Meinung der Mitmenschen nach zu sein scheinen und ob Sie – nach Meinung der Mitmenschen – wirklich auf andere eingehen. Wenn dieser Himmelskörper verletzt steht, kommt es darauf an, den anderen mehr Aufmerksamkeit und Mitgefühl entgegenzubringen.

Der Mond stellt für uns die Grundlage unserer Erfahrungen dar sowie die Basis unseres «Funktionierens». Er ist die Maske, die unser Selbst trägt und durch die es sich zum Ausdruck bringt. Er hat mit den alltäglichen Lebensmustern zu tun, die immer wieder Änderungen unterworfen sind. Er ist die Psyche, die Essenz der Persönlichkeit, die Bedürfnisse, die in der Welt der Erscheinungen zum Ausdruck kommen (die Bedürfnisse des Selbstes sind das, was das Selbst tut, nicht das, was es sagt). Von ihm werden die unterbewußten Muster repräsentiert, welche früher einmal entwickelt worden sind und die nun das instinktive Verhaltensmuster des Individuums darstellen. In diesem Sinn symbolisiert der Mond das, was wir aus der Vergangenheit mitgebracht haben. Mehr als jeder andere Horoskop-Faktor steht er für etwas, das unter der Oberfläche operiert, in den dunklen Tiefen des Selbstes. Die karmischen Muster der Vergangenheit sind durch das Haus sowie die Aspekte, die zum Mond gegeben sind, angezeigt.

Weiterhin bringt der Mond zum Ausdruck, welche Faktoren auf uns einwirken. Es geht dabei um die Muster der Vergangenheit, um das Unterbewußte. Die *Sonne* steht für die Macht des Geistes – für das Überbewußte. Der *Mond* ist insbesondere in der Kindheit von starker Wirkung. Wenn sich die Individualität zu manifestieren beginnt, fängt auch die Sonnenkraft an, zum Ausdruck zu kommen.

Mond in den Zeichen

☾ ♈ *Mond im Widder*

Aggressiver Geist. Temperamentvoll. Schnelle Reaktionen. Spontan, direkt, zu Impulsivität und Ungeduld neigend. Unmittelbarer Zugang zu den Gefühlen, die von eindeutiger und intensiver Art sind. Mut, aber dabei Neigung zur Tollkühnheit. Versteckt ein Gefühl der Unsicherheit hinter der Maske von Unabhängigkeit und Aggressivität. Schlechtes Urteilsvermögen. Wird von den Gefühlen aus aktiv, nicht über den Verstand. Erwirbt sich schnell Freunde, hat aber Schwierigkeiten damit, Freundschaften aufrechtzuerhalten, weil es an emotionaler Stabilität mangelt. Wenn es sich um einen Mann handelt, wird möglicherweise eine dominierende Frau als Partnerin gewählt.

☾ ♉ *Mond im Stier* (Erhöhung)

Sehr stark auf die materielle Ebene ausgerichtet. Geld ist von großer Wichtigkeit. Verfügt über die Fähigkeit zur Hingabe und über Durchhaltevermögen. Starke Emotionen, großer Charme. Liebt die Schönheit. Stolz und Dickköpfigkeit sind deutlich ausgeprägte Eigenschaften. Empfindsam. Verfügt in Krisenzeiten über Reserven. Hält seinen Ärger unter Kontrolle – wenn er aber einmal explodiert, ist größte Vorsicht geboten. Neigung zur Trägheit. Außerordentlich großes Bedürfnis nach Sicherheit. Starke Triebe. Freundliches und anziehendes Wesen, zumeist ohne Aggressivität. Die Fixiertheit ist an der Oberfläche nicht auszumachen. Reagiert auf alles Emotionale instinktiv. Im Horoskop des Mannes ist mit dieser Stellung die Art von Frau angezeigt, die er anzieht. Es ist davon auszugehen, daß die Partnerin ihm loyal zur Seite steht.

☾ ♊ *Mond in den Zwillingen*

Von beweglichem, klugem und kritischem Wesen. Zwiefältige Ausrichtung im Unterbewußten. Neigung zur Oberflächlichkeit. Weil die Zwillinge vom Krebs (vom Mond beherrscht) aus das 12. Zeichen sind, kann sich dieser Mensch selbst der ärgste Feind sein. Muß anderen gegenüber Aufrichtigkeit zeigen. Rastlos auf der Suche nach Wahrheit. Muß lernen, unter die Oberfläche zu blicken.

Sehnsucht nach Wissen. Neigt dazu, sich zu verzetteln und seine Kräfte zu zersplittern. Wenn nicht Saturn oder Skorpion im Horoskop betont ist, kann diese Person ihre Energien «zerreden». Anfälliges Nervensystem. Von den sich immer wieder verändernden Gefühlen mitgerissen, was zu nervlicher Anspannung führen kann. Starke Verbundenheit zu der Familie. Diese Menschen sind solange unfrei, wie sie den familiären Mustern verhaftet bleiben. Im Horoskop des Mannes: Eine nervöse und mitunter auch reizbare Partnerin wird angezogen.

☽ ♋ *Mond im Krebs* *(Herrscher)*

Überempfindlich. Muß es lernen, nicht immer auf die Gefühle der Umgebung zu reagieren. Ist Launen unterworfen. Umgänglich und gesellig. Das Bedürfnis, andere zu bemuttern, ist stark ausgeprägt. Alle Erlebnisse werden im «Gefühlsspeicher» festgehalten. Auf der subjektiven Ebene introvertiert. Konservatives Wesen. Setzt sich mit Überlegung für allgemeine Belange ein. Wird mitunter von den Gezeiten seiner Stimmungen fortgerissen. Viel zu sensibel hinsichtlich dessen, was in der Umgebung passiert. Manchmal übersinnliche Begabungen. Steht im Horoskop des Mannes für eine Partnerin, die mehr Mutter als Gefährtin ist.

☽ ♌ *Mond im Löwen*

Der Akzent liegt hier auf der Persönlichkeit. Das Bedürfnis, sich darzustellen, ist deutlich ausgeprägt. Führungseigenschaft, Stolz sowie die Tendenz, schnell gekränkt zu sein. Möchte sich als Mittelpunkt der Aufmerksamkeit fühlen. Die Arbeit am eigenen Wesen ist in diesem Fall notwendig. Muß es lernen, die Emotionen zu beherrschen. Ist bestrebt, den eigenen Weg zu gehen. Starke Zuneigung und ein Gefühl für Würde und Ehre. Von ehrgeizigem Wesen. Strebt materielle Sicherheit an. Unterbewußter Wunsch, eine Position der Autorität zu bekleiden. Geld ist wichtiger, als es zunächst den Anschein haben mag. Untergründig besteht auch ein ausgeprägter Drang nach Macht. Aufrichtiges und enthusiastisches Interesse am Leben. Bedeutet beim Mann, daß eine Frau gesucht wird, die von einem direkten Wesen ist und sich darzustellen weiß.

☽ ♍ *Mond in der Jungfrau*

Aufgrund eines tiefverwurzelten Minderwertigkeitskomplexes der ausgeprägte Wunsch, als überaus intelligent angesehen zu werden. Reserviert im Ausdruck.

Sehr kritisch und analytisch. Nicht unbedingt von sehr liebenswürdiger oder herzlicher Wesensart. Kann sich in nebensächliche Details verstricken. Wenn der Mond hier verletzt steht, könnte es sich um einen sehr zänkischen Menschen handeln. Irritationen führen zu einem schlechten Gesundheitszustand sowie möglicherweise zu Verdauungs- oder Nervenproblemen. Die Wurzel dafür liegt in dem Bestreben, alle anderen zur Perfektion anzuhalten. Reinlichkeit und Konservatismus sind kennzeichnend für diese Person. Muß sich neu orientieren, indem sie damit aufhört, an anderen herumzunörgeln. Starkes Bedürfnis, anderen zu dienen, aber nicht genug Einfühlungsvermögen in die Emotionen der Mitmenschen. Im Horoskop des Mannes ist dadurch angezeigt, daß er sich zu einer ruhigen, reservierten und eher schüchternen Frau hingezogen fühlt. Wenn der Mond verletzt steht, ist diese wahrscheinlich überkritisch und vielleicht auch streitsüchtig.

☾ ♎ Mond in der Waage

Umgänglicher Mensch. Eine anziehend wirkende Freundlichkeit täuscht über männliche Stärke hinweg. Ehrgeizig, allerdings auch abhängig. Die Bindungen an das Zuhause sind von großer Bedeutung. Die unbewußten Motivationen sorgen vielleicht nicht direkt für Spannungen – das Ideal, Frieden um jeden Preis zu bewahren, ist aber aufgrund der Maskulinität der Waage schwer zu erreichen. Wenn nicht Mars stark gestellt ist: Unfähigkeit, für die persönlichen Überzeugungen wirklich aktiv zu werden. Dies hat seinen Grund darin, bei allen beliebt und insofern den verschiedenen Menschen jeweils etwas anderes sein zu wollen. Wenn zwischen Mars und Mond ein Spannungsaspekt vorhanden ist, kämpft dieser Mensch blind, ohne seinen Verstand einzusetzen. Muß nach Läuterung seiner Motive streben. Hier ist weiterhin unbedingte Aufrichtigkeit gefordert – sowohl, was die eigene Person als auch die Mitmenschen angeht. Der Mann mit dieser Stellung fühlt sich zu einer direkten Frau hingezogen, die die Richtung vorgibt.

☾ ♏ Mond im Skorpion (Fall)

Von dominierendem und aggressivem Wesen. Ungeduldig und launenhaft. Innerlich brodelnde Gefühle. Impulsiv, schnell verletzt sowie sehr eifersüchtig. Die Triebe sind die treibende Kraft. Starker Stolz und Willen. Sehr leidenschaftlich bei seinen Antworten auf das Leben. Fixiert in seinem Handeln und sehr dickköpfig. Unter Umständen immer wieder Enttäuschungen in der Liebe. Verlangt möglicherweise zuviel und bringt seinerseits wenig Verständnis für andere auf. Vorschnelle Urteile. Das Wichtigste, was hier zu lernen ist: Verzeihen und vergessen können. Physische Stärke. Sinnlich. Extremist, was das

Temperament betrifft. Außerordentlich intensive Gefühle, mit denen auf eine kluge Weise umgegangen werden muß. Mit dieser Stellung ist der Mensch auch gefordert, dem Leben mit einer optimistischen Einstellung entgegenzutreten. Wird für das, was er anstrebt, auch tatsächlich aktiv – bekommt es und stellt dann fest, daß es nicht das ist, was er sich vorgestellt hat. Im Horoskop des Mannes: Eine Frau wird angezogen, die einen magnetischen Charme besitzt und die besitzergreifend und eifersüchtig ist (letzteres dann, wenn der Mond verletzt ist).

Mond im Schützen

Braucht das Gefühl, frei herumstreifen zu können. Unbeständigkeit und Mangel an Kontinuität. Hier sind fixe Zeichen notwendig, damit es zur Verankerung kommen kann. Von philosophischem, freundlichem und optimistischem Wesen. Möchte anderen grundsätzlich helfen, vergißt dann aber doch immer wieder, den Vorsatz zu konkretisieren. Wenn ein Spannungsaspekt zu Jupiter gegeben ist, besteht die Tendenz zur Extravaganz. Fehler resultieren in diesem Fall nicht aus Unterlassungen, sondern daraus, zuviel des Guten zu tun. Falls Aspekte zu Mars bestehen: Liebe zum Sport. Neigt auch dazu, mit dem Leben zu spielen. Nur wenig wirklich enge Freunde, aber viele Bekannte. Verfügt über einen Sinn für das Religiöse oder das Philosophische, aber nicht im Rahmen von dogmatischen religiösen Vorstellungen. Muß es lernen, vor dem Reden nachzudenken. Im Horoskop der Mannes steht der Schütze-Mond für die Anziehung zu einer Frau, der Freiheit über alles geht und die von direktem und gesprächigem Wesen ist.

Mond im Steinbock *(Exil)*

Schlechte Stellung für den Mond, insbesondere für eine Frau. Arbeitet gegen sich selbst. Konservativ mit einem starken Ehrgeiz, wobei aber ein Machtkomplex vorhanden ist. Unbewußt wird Sicherheit auf dem Gebiet der Autorität gesucht. Wettbewerb ist hier das Salz des Lebens. Sehnt sich danach, als wichtige und einflußreiche Person anerkannt zu werden. Muß sich vor der Tendenz hüten, das Ego in einem Panzer von selbstzentriertem Ehrgeiz einzuschließen. Im allgemeinen kein glücklicher Mensch. Rigide und kristallisierte Gefühle. Nicht wirklich mitfühlend oder gefühlvoll. Sehr starker elterlicher Einfluß. Unterbewußte Ängste müssen an die Oberfläche kommen und durch Verständnis überwunden werden. Ein solcher Mann fühlt sich von einer ruhigen und ernsthaften Frau angezogen.

☾ ♒ ## Mond im Wassermann

Fortschrittlich. Kann aufgrund der sprunghaften Wesensart mit unbedachten Aktionen zu Problemen führen. Gute Auffassungsgabe, dabei allerdings sehr unbeständig und instabil. Wenn die Fixiertheit der Gedanken erst einmal überwunden ist, viele originelle Einfälle. Eine eher kalte Gefühlsnatur, was daraus resultiert, daß kein Verständnis für die Bedürfnisse der Mitmenschen gegeben ist. Der Wassermann ist ein mentales Zeichen, nicht auf die Gefühle ausgerichtet. Die Emotionen sind in diesem Fall eher beschränkt oder verkümmert, sie kommen nicht frei zum Ausdruck. Hinter einer freundlichen Fassade ist eine starke Selbstbezogenheit vorhanden. Oftmals in späteren Jahren gesundheitliche Probleme mit Arthritis, die aus einem starren Willen und kristallisierten Emotionen herrühren. Der Wassermann-Mond steht im Horoskop des Mannes dafür, daß eine Hingezogenheit zu Frauen gegeben ist, die über ein beständiges und stabiles Wesen verfügt – zu jemandem, der nicht durch Druck, sondern eher durch Schmeicheleien zu etwas gebracht werden kann.

☾ ♓ ## Mond in den Fischen

Ein Visionär und Träumer. Von romantischem, empfänglichem, gefühlvollem Wesen, mit einer göttlichen Unzufriedenheit, die durch nichts in dieser Welt gestillt werden kann. Ohne Verletzungen zum Mond eine poetische und mystische Veranlagung. Verleiht viel Sanftheit, was aber weltlich gesehen nicht sehr hilfreich ist. Eine gute Stellung für Künstler, weil mit ihr eine erhöhte Sensibilität für das Leben verbunden ist. Viel Mitgefühl für Außenseiter. Möglicherweise Leiden durch die Gefühle, was damit in Verbindung steht, daß es sich hier um eine problematische Mondstellung handelt. Muß lernen, seinen Willen zu stärken, um sich damit gegen negative Beeinflussungen durch andere zu behaupten. In physischer Hinsicht nicht besonders vital. Der Mann mit dieser Stellung fühlt sich zu Frauen hingezogen, die von gefühlvollem und empfänglichem Wesen sind.

Mond in den Häusern

☾ 1 Mond im 1. Haus

Bringt die Gefühle insbesondere im marsischen Bereich des Horoskops zum Ausdruck. Hat Schwierigkeiten damit, Abstand zu seinen Emotionen zu gewinnen. Alles hängt vom Fühlen ab (dieser Mensch neigt dazu, sein Denken und Fühlen miteinander zu verwechseln). Ein starkes Bedürfnis nach persönlicher Anerkennung. Bleibt diese aus, können Gefühle des Ärgers oder der Wut die Folge sein. Gibt unter Umständen zuviel – auch dann, wenn er selbst nur wenig bekommt. Starke Bande zu der Mutter. Steht der Mond dicht am Aszendenten, könnte ein ausgeprägter Mutterkomplex damit verbunden sein. Sehr intensive Vorstellungskraft und große Empfänglichkeit gegenüber der Umgebung. Bedeutet im Horoskop des Mannes eine zu starke Weiblichkeit. Hier muß gelernt werden, auf das Leben nicht emotional zu reagieren. Verschwendet viel Energie damit, sich zu wünschen, daß alles anders wäre – ohne dabei aktiv für Veränderungen einzutreten. Neigt dazu, gemäß den Gefühlen des Augenblicks zu leben statt eine langfristige Perspektive zu entwickeln.

☾ 2 Mond im 2. Haus

Wechselnde Umstände hinsichtlich des Finanziellen. Kommt häufig zu Geld, indem er sich mit materiellen Bedürfnissen der Öffentlichkeit beschäftigt. Erfindungsreich beim Gelderwerb. Dieses und materielle Besitztümer werden aufgrund der emotionalen Sicherheit, die mit ihnen verbunden sind, geschätzt. Abrupte Umschwünge bezüglich der Finanzen. In der Einstellung zum Geld sind gleichfalls Veränderungen möglich: In einem Moment ist dieser Mensch vielleicht geizig und knauserig, im nächsten außerordentlich großzügig. Steht der Mond hier in einem fixen Zeichen, hält die Person an Dingen wie an Menschen hartnäckig fest.

☾ 3 Mond im 3. Haus

Emotionale Prägung des Geistes. Von verträumtem, sensiblem und phantasievollem Wesen. Liebt es, in Bewegung zu sein, was mit der inneren Rastlosigkeit in Verbindung steht. Keine gute Stellung für Konzentration und Studium. Kein Mensch, der sich hinter Büchern vergräbt. Nimmt auf, indem er anderen zuhört. Von seiner Umgebung leicht zu beeinflussen. Wenn der Mond hier verletzt steht, sind Instabilität und Mangel an Durchhaltevermögen zu erwarten. Verabscheut Routine in jeder Form.

☾ 4 Mond im 4. Haus

Die Instinkte sind hier vorwiegend auf die eigene Person gerichtet. «Ich» und «mein» sind die Schlüsselwörter. Muß lernen, die Gefühle auch über den Tellerrand der eigenen Interessen hinaus zu projizieren. Neigt unter Umständen dazu, sich von anderen abzukapseln. Starke Liebe zu seinem Zuhause. Profitiert von der Mutter, muß sich aber davor hüten, sich an sie anzuklammern. Intensiver Einfluß durch die Eltern. Ausgeprägt subjektive Interessen. In den Wurzeln dieses Menschen ist viel Instabilität und Unsicherheit gegeben. Innerliches Bedürfnis nach Frieden. Muß über das Persönliche hinauswachsen, um Frieden zu finden.

☾ 5 Mond im 5. Haus

Fortwährend auf der Suche nach Vergnügungen. Muß seine Willenskraft entwickeln. Sehnt sich nach Aufmerksamkeit, weil das Bedürfnis besteht, eine wichtige Rolle zu spielen. Viel Charme. Poetische Phantasie. Schwankend in seinen Launen, nicht konstant in Liebesdingen (zumindest dann, wenn nicht die fixen Zeichen im Horoskop betont sind). Kann den Kinder eine gute Mutter sein, allerdings mit der Einschränkung, daß die Neigung besteht, die Kinder psychisch von sich abhängig zu halten. Sehr emotional im Ausdruck von Zuneigung.

☾ 6 Mond im 6. Haus

Funktionelle Störungen des körperlichen Zustandes. Wenn der Mond verletzt im Horoskop steht, könnten Magenprobleme falsche emotionale Einstellungen anzeigen. Sehr daran interessiert, andere zu bemuttern und zu pflegen. Kann sehr gut kochen und ohne weiteres in Restaurants arbeiten. Die nährenden und unterstützenden Eigenschaften sind deutlich ausgeprägt, zumindest dann, wenn der Mond nicht verletzt ist. Muß möglicherweise Diät halten. Sollte nicht im Zustand der Übermüdung oder bei emotionalen Störungen essen.

☾ 7 *Mond im 7. Haus*

Sehr sensibel und empfänglich für die Bedürfnisse der anderen. Sehnt sich –
was besonders für das Horoskop des Mannes gilt – mehr nach einer Mutter als
nach einer Gefährtin. Wenn der Mond verletzt steht, wird häufig ein sehr unbe-
ständiger Partner gewählt. Kann nicht für sich allein sein. Bei seinen Gefühlen
bringt dieser Mensch automatisch die Gefühle seiner Mitmenschen mit zum
Ausdruck. Der Partner ist hier ebenfalls empfindlich und dabei sehr launenhaft.
Hinsichtlich der Verbindungen kann es oft zu emotionalen Veränderungen
kommen. So oft, wie der Mond seine Erscheinung wechselt, so oft kommt es
beim Menschen mit dem Mond in 7 zu Veränderungen.

☾ 8 *Mond im 8. Haus*

Sehr sensibel für alles, was sich auf andere bezieht. Die Persönlichkeit muß
hier darauf gerichtet sein, anderen beim Umgang mit ihren Mitteln und Gaben
zu helfen. Sehr aufmerksam für gesellschaftliche Strömungen und Bedürfnisse.
Möglicherweise übersinnliche Fähigkeiten. Hat aufgrund seines Interesses an
Nach-Todes-Erfahrungen bereits die astrale Ebene kennengelernt. Muß seine
Gefühle opfern und lernen, ein unpersönliches Leben zu führen. Für den Menschen, der den Mond in 8 hat, ist Zuneigung wichtiger als Sex.

☾ 9 *Mond im 9. Haus*

Träume und Visionen sind von sehr großer Wichtigkeit für diesen Menschen, in
Verbindung damit, daß seine Träume Wahrheit werden können (wenn nicht
der Mond schwerwiegend verletzt ist). Empfänglichkeit für die überbewußten
Bereiche. Konservativ in religiöser Hinsicht, wenn nicht die Planeten der höheren Oktaven stark gestellt sind. Findet seine eigene Lebensphilosophie, wenn
er sich einem persönlichen Ideal verschreibt. Liebt das Reisen und ist häufig
unterwegs. Macht die verschiedensten Erfahrungen, die dann das Fundament
seiner persönlichen Lebenseinstellung bilden.

☾ 10 *Mond im 10. Haus*

Was die anderen über diesen Menschen denken, ist in diesem Fall von größter
Wichtigkeit. Die Gefühle sind beim Mond in 10 vielfach vom Wunsch be-

herrscht, es zu etwas zu bringen. Achtet sehr darauf, sich zu schützen. Arbeitet auf die eine oder andere Weise für die Allgemeinheit. Erfolg durch Tätigkeiten, die mit dem Mond zusammenhängen. Viele Veränderungen im Laufe der Karriere. Ehrgeizig im Hinblick auf weltlichen Erfolg. Schafft das, was angestrebt wird, wenn die Emotionen unter Kontrolle gehalten werden. Kann nicht allein leben. Muß darauf achten, zum Nutzen der Gesellschaft tätig zu sein.

☾ 11 Mond im 11. Haus

Viele Freunde – insbesondere weiblichen Geschlechts –, die dem Menschen weiterhelfen. Kann schnell Freundschaft schließen, muß aber achtgeben, nicht in Oberflächlichkeit zu verfallen. Wenn der Mond verletzt ist: viele Bekannte, aber nur wenig enge Vertraute. Bei sehr schwerwiegenden Spannungsaspekten zum Mond ist angezeigt, daß der Mensch seine Freunde zu früheren Lebzeiten mißbraucht hat. Daraus folgt, daß er es nun mit Freunden zu tun hat, die ihrerseits unzuverlässig sind und die ihn ausnutzen. Das, was wir aussenden, wird eines Tages zu uns zurückkommen.

☾ 12 Mond im 12. Haus

Ein sehr aktives Unterbewußtes, das empfänglich für die Gefühle und Instinkte der Mitmenschen ist. Subjektiv und möglicherweise übernatürliche Begabungen. Bei Verletzungen könnte es in Verbindung mit Frauen zu Skandalen kommen. Dienen oder Leiden ist das Schlüsselwort, das für diese Stellung zutrifft. Leid, das sich durch die Mutter ergibt, könnte eine Schuld darstellen, die ihre Wurzeln in einem früheren Leben hat. Wenn der Mensch denjenigen zu dienen bereit ist, die ihrerseits unter Beschränkungen und Verletzungen zu leiden haben, wird er selbst nicht leiden müssen. Möglicherweise ist mit dieser Stellung auch Leid durch geheime Liebesaffären angezeigt.

☿ DER MERKUR

Merkur ist einer der wichtigsten Planeten des Horoskops. Seine Stellung bezüglich Zeichen, Haus und Aspekten zeigt an, auf welche Weise wir denken. Merkur steht für die Seelen-Bewußtheit. Er ist der Götterbote, der zwischen dem Himmel (dem Geist) und der Erde (der Persönlichkeit) hin- und herfliegt, um Botschaften zu überbringen. Er repräsentiert den Geist hinter den Mechanismen, die im Hirn vor sich gehen. Wenn die Verbindung gestört ist, laufen die automatischen Körperfunktionen zwar weiter, die Seele hat dann aber die Kontrolle über dieses Instrument verloren. Jeder Aspekt zwischen Merkur und den anderen Energien ist besser als kein Aspekt, weil damit die Kanalisierung von Energie angezeigt ist. Dabei spielt es keine Rolle, ob diese Energie konstruktiv oder destruktiv ist. Die Art und Weise, *wie* Sie diese Energie einsetzen, hängt von Ihnen allein ab.

Wenn Sie Ihr Denken verändern möchten, um Ihr Leben befriedigender zu gestalten, sollten Sie Ihre Aufmerksamkeit darauf richten, wie Merkur in Ihrem Horoskop gestellt ist. Steht er in einem kardinalen, einem fixen oder einem veränderlichen Zeichen? Sind Sie sehr festgelegt und starr in Ihrem Denken? Das würde auf einen verletzten Merkur in einem fixen Zeichen schließen lassen. Oder sind Sie zu impulsiv und reden immer los, bevor Sie nachdenken? Das wäre ein Merkur in einem kardinalen Zeichen, der nicht richtig zum Ausdruck gebracht wird. Merkur ist gut gestellt, wenn er sich in einem veränderlichen Zeichen befindet, dabei aber aufgrund von betonten fixen Zeichen aus ein stabilisierender Einfluß gegeben ist. Auf diese Weise würden der Merkur-Energie Willenskraft und Zielgerichtetheit zugefügt, was gut für deren veränderliche und unbeständige Qualität wäre. Allerdings kann auch aus einer Tugend eine Plage werden, wenn sie im Übermaß strapaziert wird – was für den Merkur in einem veränderlichen Zeichen eine übermäßige Beeinflußbarkeit bedeuten könnte. In dem Fall würde der Mensch immer wieder schwanken und sich von allem und jedem, was seinen Weg kreuzt, beeinflussen lassen.

Wie steht es mit den Aspekten zu Merkur? Bedeuten sie persönlichen Ehrgeiz und einen wachen Geist oder aber eine mürrische, gereizte und unbefriedigte Persönlichkeit? Haben wir es mit einem hingebungsvollen Menschen zu tun oder mit jemandem, der nur von seinem Intellekt aus auf das Leben reagiert? Für Ihr wahres Selbst ist die Merkur-Stellung wichtiger als alle äußerlichen Umstände. Auf welche Weise denken Sie heute? Diese Frage hat sehr viel mit Ihrer Gegenwart als auch mit Ihrer Zukunft zu tun.

Treffen Sie eine bewußte Wahl, welche Gedanken Sie in Ihrem Geist behalten möchten und welche nicht! Wenn Sie einen Gedanken bemerken, der gut und konstruktiv ist: Vertiefen Sie sich in ihn, nähren Sie ihn und senden Sie ihn dann in gestärkter Form weiter. Wenn Sie bemerken, daß ein häßlicher oder böser Gedanke Einlaß begehrt, müssen Sie diesem mit aller Kraft Widerstand leisten. Unterlassen Sie aber dabei, ihn zu jemand anderem zu schicken. Senden Sie diesen Gedanken zurück zu seinem Ursprung und bitten Sie darum, daß er zum Licht kommt und erlöst wird und sich dann in Schönheit und Harmonie manifestieren kann.

Niemals weißt du, was deine Gedanken tun werden,
ob sie dir Haß oder Liebe bringen,
weil ... Gedanken sind Dinge. Ihre luftigen Flügel
fliegen leichter, als es die Brieftaube tut.
So ist das Gesetz des Universums:
Alles bringt etwas hervor.
Die Gedanken eilen sich, um dir das zurückzubringen,
was seinen Ausgang genommen von deinem Geist.

Merkur in den Zeichen

☿ ♈ ### *Merkur im Widder*

Ein positiver, zielstrebiger und impulsiver Verstand, der Ideen mit Enthusiasmus zum Ausdruck bringt. Notwendig ist aber, Konzentrationsvermögen zu entwickeln, um die Ideen auch wirklich bewußt zu verankern. Die Reaktionen auf Eindrücke könnten durch das Ego geprägt sein. Einfallsreiches und findiges Wesen – die Art von Mensch, der erst handelt und dann fragt. Bei Verletzungen womöglich jähzornige Charakterzüge. Ungeduldig gegenüber jeder Verzögerung oder Behinderung. Planeten im Stier oder in den Fischen könnten hier dem Geist helfen, weil von ihnen ein beruhigender Einfluß ausgeht. Sie würden diesen Menschen nachdenklicher und beständiger machen.

☿ ♉ ### *Merkur im Stier*

Hier haben wir es mit einem gemäßigteren und eher konservativen Verstand zu tun, mit einem Menschen, der besser durch Reisen und persönliche Erfahrungen denn durch irgendwelche Handbücher lernt. Aus einer deutlich ausgeprägten Trägheit kann eventuell eine ausgesprochene Sturheit werden. Es nützt nichts, dieser Person Fakten aufzudrängen – sie baut auf das, was sie mit eigenen Augen sieht. Das Greifbare ist für sie wichtiger als das, was sie von anderen hört. Mit dieser Stellung ist ein vorsichtiges Verhalten verbunden, das einer inneren Unsicherheit entspringt. Daraus ergibt sich auch, daß dieser Mensch sich hartnäckig an das klammert, was er als seinen Besitz ansieht – Dinge wie Personen auch. Mit dieser Stellung ist eine Begabung für Kunst verbunden (in Zusammenhang damit, daß die Venus über den Stier herrscht).

☿ ♊ *Merkur in den Zwillingen* (Herrscher)

Ein scharfer und wacher Verstand – vielleicht sogar in einem zu starken Maße. Hier haben wir es mit einer rastlosen Art zu denken zu tun, mit jemandem, der zu großen Wert auf den Intellekt legt, was sich schädlich auf die vitalen Kräfte auswirken kann. Eine aus Unbeständigkeit resultierende Ängstlichkeit kann zu Überarbeitung und damit zu einem körperlichen Zusammenbruch führen. Der Mensch mit dieser Merkur-Stellung muß sich in seinem Tagesablauf eine Zeit der Muße gönnen, in der er Abstand von sich selbst und von der Welt der Erscheinungen gewinnen kann. Der Verstand ist in diesem Fall klar, aber eindeutig intellektuell geprägt, nicht emotional oder intuitiv. Es ist die Fähigkeit vorhanden, zu den richtigen Schlußfolgerungen zu kommen, ohne über viele Fakten zu verfügen. Diese Menschen stellen sich vielleicht ungeschickt an, dumm sind sie aber niemals. Sehr flexibel, aber nicht beständig. Bei Planeten im Zeichen Stier ist im allgemeinen mehr Stabilität gegeben.

☿ ♋ *Merkur im Krebs*

Dies bedeutet einen extrem emotionalen und empfänglichen Verstand. Diese Person kann, wenn sie nicht achtgibt, in den eigenen Emotionen untergehen. Der Krebs herrscht über das instinktive Bewußtsein – der Mensch mit dieser Stellung besitzt viel Mitgefühl, er ist sehr emotional veranlagt. Allerdings ist das Krebszeichen zu empfänglich, es kann zu leicht von den sinnlichen Eindrücken überwältigt werden. Der Versuch, mit diesen Personen «vernünftig» zu reden, führt zu hartnäckigem Widerstand. Erfolgversprechender ist es, an ihr Gefühl zu appellieren. Auf diese Art kann ihr Verständnis gefördert werden. Diese Merkur-Stellung bedeutet unter Umständen einen passiven und dabei auch instabilen Geist. Diese Menschen sind sehr auf die Psyche ausgerichtet. Sie lernen, indem sie beim Zuhören Wissen absorbieren. Ein trockenes Studium dagegen behagt ihnen nicht.

☿ ♌ *Merkur im Löwen* (Fall)

Merkur ist der ewig Jugendliche. Im Löwen wird durch die Einwirkung der Sonne ein Mann aus ihm. Dadurch nimmt das Herz Einfluß auf den Verstand – ein Verstand ohne Herz ist immer die Essenz des Teuflischen. Sehr ehrgeizig. Bei Verletzungen voreingenommen und starrsinnig in seinen Überzeugungen. Kann in mentaler Hinsicht zu Trägheit neigen. Muß seine Aufmerksamkeit darauf richten, den Verstand zu schulen und zu kultivieren. Verleiht Würde und ein Gefühl für innerliche Verfeinerung. Dieser Mensch kann, wenn es zur Läuterung gekommen ist, von großem Wert sein – dann, wenn die Ebenen der Persönlichkeit überwunden worden sind, zugunsten des Dienstes aus wahrer Liebe.

☿ ♍ *Merkur in der Jungfrau* (Herrscher)

Merkur ist hier zuhause. Dies hat bezüglich des Geistes günstige Auswirkungen. Die Gedanken sind hier im allgemeinen praktisch und logisch. «Gesunder Menschenverstand». Ein Mensch, der sofort mit dem Lernen beginnt, der aber wegen mangelnder Konzentration das Gelernte nicht immer behält. Grundsätzlich ehrlich. Ist allergisch gegenüber Dummheit und Stumpfsinn. Vergißt immer wieder, daß die Welt nicht vom Verstand, sondern von Vorurteilen, Emotionen und Eigennutz regiert wird. Wenn es darum geht, eine Polarität zu den Auswirkungen zu schaffen, die mit einem verletzten oder negativen Merkur einhergehen, muß die Stellung der Venus näher untersucht werden. In diesem Fall gilt es, zwischen den beiden planetarischen Kräften beziehungsweise zwischen dem Verstand und dem Gefühl ein Gleichgewicht zu schaffen.

☿ ♎ *Merkur in der Waage*

Dies bedeutet einen positiven maskulinen Verstand, der besser zum Horoskop eines Mannes als zu einer Frau paßt. Bei der Frau würde der Waage-Merkur eine zu männliche Note bedeuten. Im Hinblick auf den Verstand kann dies eine sehr positive Stellung sein, welche allerdings im Innerlichen möglicherweise viel Unentschlossenheit und Wankelmut bedeutet. Diese Personen verfügen im allgemeinen über ein gut entwickeltes Urteilsvermögen sowie – oberflächlich gesehen – über Flexibilität und Sensibilität. Daneben besteht die Neigung, sich über ästhetische Details aufzuregen. Diese Menschen besitzen einen Perfektionsdrang, der das Zusammenleben mit ihnen problematisch machen kann. Mit dieser Stellung ist insofern ein stabilisierender Einfluß gegeben, als daß Saturn in der Waage erhöht steht. Sie brauchen nicht überrascht zu sein, wenn Menschen mit Planeten in der Waage einen starken Saturn-Einfluß verraten. Das hängt eben mit der Erhöhung von Saturn – dem «Schulmeister» oder auch «Hüter der Schwelle» – in diesem Zeichen zusammen.

 ## Merkur im Skorpion

Ein rascher und mächtiger Verstand, der schärfer ist als ein doppelseitig geschliffenes Schwert. Auf eine intensive Art geheimniskrämerisch. Haßt es, sich für etwas rechtfertigen zu müssen, was heißt, daß Sie nicht versuchen sollten, ihn auf etwas festzunageln. Verfügt über einen durchdringenden Blick. Weiß um die Schwächen der anderen, kann deshalb gezielt zuschlagen. Weit- und klarsichtig, allerdings dabei oft auch zu kritisch. Ein Gefühl für den 6. Sinn. Muß auf die Tendenz achten, über andere den Stab zu brechen. Wenn dieser Mensch sich zum Richter oder zum Vollstrecker aufschwingt, dann gnade Ihnen Gott. Gut für Ermittlungstätigkeiten oder für Aktivitäten geeignet, die sich im Verborgenen abspielen. Muß sich von seinem Verstand her in Zusammenhang mit den kreativen Funktionen immer wieder regenerieren. Eine zu starke Ausrichtung auf die Sexualität, wenn nicht das Horoskop die Bestrebung zur Weiterentwicklung erkennen läßt.

 ## Merkur im Schützen *(Exil)*

Scharfer Verstand, aber Mangel an Konzentrationsvermögen. Der Verstand muß hier denn auch nicht weiter geschärft, sondern konzentriert werden. Übersieht möglicherweise Details, weil der Blick auf Fernerliegendes gerichtet ist. Geradlinig – dieser Mensch sagt, was er denkt und fühlt. Ist dabei nicht wie der Skorpion-Merkur bewußt darauf aus, andere zu verletzen – dem Schütze-Merkur ist es gleichgültig, wie das, was er sagt, auf andere wirkt. Die Gedanken sind hier gewissermaßen wie Leuchtkugeln. Diese Personen kennzeichnet eine große Ungeduld; oftmals nehmen sie sich nicht genug Zeit, um korrekte Beurteilungen zu treffen. Sie sind von aufrichtigem und ehrlichem Wesen; wenn sie getäuscht werden, kränkt sie das sehr. Möglicherweise abgehobene Gedanken. Eine Gefahr wäre, alles Mögliche zu versprechen, ohne dann das Versprochene mit Beharrlichkeit zur Realität machen zu wollen. Aktive Sinne. Muß lernen, still und ruhig und nachdenklicher zu werden.

 ## Merkur im Steinbock

Großes Konzentrationsvermögen. Würdevoll und ernsthaft. Gutes Gedächtnis, aufmerksam für Details. Unter Umständen Neigung zur Humorlosigkeit beziehungsweise zu einer «schweren» Erscheinung. Aufgrund des Mangels an Mitgefühl möglicherweise nicht sehr beliebt. Bodenständige Wesensart, wunderbarer Mensch, wenn er nicht vergißt, daß ständige Weiterentwicklung gefordert ist. Ein alter Kopf auf jungen Schultern. Tendenz zur Launenhaftigkeit und zum Schmollen. Hat bei seiner Erdverbundenheit Probleme, sich den Freuden des Lebens hinzugeben. Leidet in Zusammenhang mit dem Materiellen unter Ängsten. Muß Glauben und Optimismus entwickeln. Schulmeisterlicher Typ. Gute Eignung für den Lehrer- und den Diplomatenberuf, wenn der Neigung zur Intoleranz und Strenge widerstanden wird.

Merkur im Wassermann *(Erhöhung)*

Eine sehr gute Stellung für Merkur. Die Verbindung von Saturn und Uranus macht den Verstand beständiger, sie bewirkt besondere Gaben und Mittel, fügt Intuition hinzu sowie einen Blick für das menschliche Wesen. Ausgeprägte geistige Fähigkeiten. Nicht sehr bodenständig. Wenn Merkur im Horoskop verletzt steht, kann eine ausgesprochene Dickköpfigkeit die Folge sein. Fähig, einen Zustand der Ausgewogenheit zu erreichen. Gut entwickelte Sinne. Das Schreiben und das Sprechen fällt Menschen mit dieser Merkur-Stellung leicht. Vielfach Verbindungen zu Gruppen oder Organisationen.

Merkur in den Fischen *(Exil)*

Ein poetischer, empfänglicher und visionärer Geist. Starke Liebe zur Musik. Verfügt über literarische Begabungen und eine extreme Empfänglichkeit. Neigt dazu, eher den Instinkten als dem Verstand zu folgen. Reagiert vom Unbewußten, nicht vom Intellekt aus. Abhängigkeit von den Umständen der Umgebung. Läßt sich in seinen Reaktionen stark von atmosphärischen Schwingungen beeinflussen. Muß gegen die Tendenz zur Launenhaftigkeit und Negativität angehen. Übersensibel und schnell verletzt. Muß sich vor Gefühlen der Wut und des Ärgers in acht nehmen. Im allgemeinen von sanftem und kultiviertem Wesen, dabei nicht in der äußerlichen Welt glücklich. Starke Sehnsucht, einen eigenen Weg zu gehen und Erlösung zu finden.

Merkur in den Häusern

☿ 1 **_Merkur im 1. Haus_**

Diese Stellung verleiht eine große intellektuelle Vitalität, Anpassungsfähigkeit und eine rasche Auffassungsgabe, kann aber andererseits zu einer übermäßigen Selbstzentriertheit führen. Für diese Menschen ist von ausschlaggebender Wichtigkeit, wie _sie_ denken – die Gedanken ihrer Mitmenschen spielen für sie keine besondere Rolle. Eine zu große Ausrichtung auf das eigene Wesen führt aber zu nervlicher Spannung. Merkur in 1 kann Leiden durch zerrüttete Nerven und durch übergroße Sprunghaftigkeit anzeigen, insbesondere dann, wenn Verletzungen zu ihm bestehen. Wie dem auch sein mag – auf jeden Fall besteht die Fähigkeit, Ideen weiterzugeben.

☿ 2 **_Merkur im 2. Haus_**

Merkur in dem Haus, das für Gaben, Mittel und die Finanzen steht, führt zu Gewinnen durch Schreiben, Sprechen, durch Kommunizieren allgemein, durch Personalarbeit, Sekretariatstätigkeiten und durch das Verkaufen. Merkur ist der Redner, er herrscht über die Fähigkeit, anderen Ideen mitzuteilen. Der Verstand ist in diesem Fall darauf gerichtet, Geld zu verdienen. In der Lage, im Beruf mit Verwandten zusammenzuarbeiten.

☿ 3 **_Merkur im 3. Haus_**

Ein sehr gut entwickelter Verstand, vorausgesetzt, daß Merkur nicht stark verletzt ist. Verspürt das Verlangen, immer unterwegs zu sein. Neigung zum Studieren, neugierig auf alles, was passiert. Gut dazu geeignet, zu recherchieren oder zu forschen. Die Erfahrungen werden durch den Verstand ausgewertet, nicht durch die Gefühle. Macht sich Sorgen über seine Verwandten. Starke familiäre Bindungen.

☿ 4   *Merkur im 4. Haus*

Merkur in Haus 4 steht für häufige Umzüge, für Sorgen in Verbindung mit dem Zuhause und den häuslichen Ereignissen. Sehr angespannt und schnell irritiert. Kann bei Verletzungen zu Merkur den Typ der «Nervensäge» anzeigen. Dieser Mensch muß lernen, sich zu entspannen. Er darf sich nicht immer wieder durch Nebensächliches ablenken lassen.

☿ 5   *Merkur im 5. Haus*

Verleiht die Fähigkeit, gut schreiben und reden zu können. Der Verstand ist in frühen Jahren auf alles, was mit der Liebe zusammenhängt, ausgerichtet, später dann auf die Kinder – Kinder des Körpers, des Geistes oder der Gefühle. Neigung zu Sorgen, was die Nachkommenschaft betrifft. Das Zeichen, in dem Merkur steht, ist hier sehr wichtig. Möglicherweise viel Eigensinn und Voreingenommenheit.

☿ 6   *Merkur im 6. Haus*

Jeder Planet im 6. Haus hat einen direkten Einfluß auf die Arbeit, die der Mensch verrichtet, des weiteren auf die Gesundheit beziehungsweise Krankheiten. Jede Krankheit hat bei dieser Merkur-Stellung ihren Ursprung in falschen Denkmustern. Wenn der Mensch sich zuviele Sorgen um seinen Körper macht und sich zuviel mit ihm beschäftigt, muß er sich in einem stärkeren Maße für andere einsetzen. Dies würde seine Sorgen zerstreuen helfen. Wer wirklich etwas zu tun hat, verfügt nicht über die Zeit, zuviel über sich nachzudenken und in der Folge davon Ängste über den körperlichen Zustand zu entwickeln. Der Körper hat seine eigene Intelligenz, und er achtet schon selbst auf sich. Wenn Merkur in einem kardinalen oder einem veränderlichen Zeichen steht, verleiht seine Stellung in 6 Rastlosigkeit und ein fortwährendes Bedürfnis nach Veränderung der Arbeitsumstände. Ein fixes Zeichen ist hier hilfreich. Ganz allgemein kann es in diesem Fall vielleicht notwendig sein, eine Diät zu halten. Braucht zur Unterstützung der Nerven insbesondere die Vitamine der B-Gruppe.

☿ 7   *Merkur im 7. Haus*

Dieser Mensch beschäftigt sich mit der Heirat, nicht mit seinen Gefühlen. Könnte sich für einen Ehepartner entscheiden, der jünger als er ist. Der Partner dürfte einen wachen und wendigen Geist haben. Bei Verletzungen muß die Tendenz zum Streiten und Diskutieren im Zaum gehalten werden. Das 7. Haus herrscht über die untergeordneten Gerichte wie über die Partnerschaften ganz allgemein. Wenn Merkur zum Zeitpunkt der Geburt verletzt war oder sich ein wichtiger Planet im Transit zu ihm befindet, sollte man Auseinandersetzungen ohne Gerichte ausfechten. Weiterhin sollte der betreffende Mensch sehr darauf achten, was er in schriftlicher Form von sich gibt oder unterschreibt.

☿ 8 Merkur im 8. Haus

Hiermit ist angezeigt, daß sich der Mensch um das Geld von anderen kümmert. Alle Dokumente, Testamente oder Verträge sind bei dieser Stellung auf gründlichste zu prüfen. Der Tod von Verwandten könnte finanzielle Änderungen zur Folge haben. Bei Spannungsaspekten zu Merkur ist womöglich die Neigung zu Sorgen und Ängsten gegeben. Die Lungen brauchen viel Sauerstoff, wenn Merkur in 8 steht oder über 8 herrscht. Atmungsprobleme könnten dann unter Umständen die Todesursache sein. Wer Merkur in 3 oder in 8 hat, sollte nicht rauchen, wenn er lange leben will.

☿ 9 Merkur im 9. Haus

Interesse an höherer Bildung und an Philosophie. Allerdings ist Tiefe und Konzentration nötig, um den Verstand wirklich zu schärfen. Dieses Haus steht mehr für die Zukunft als für die Vergangenheit oder die Gegenwart, was bedeutet, daß es die Träume, Visionen, Ahnungen und die weitgesteckten Ziele symbolisiert – sowohl hinsichtlich des Geistes als auch der konkreten materiellen Ebene. Merkur herrscht über die familiären Beziehungen, und mit der Stellung in 9 regiert er über die angeheirateten Verwandten. Bei Spannungsaspekten zu ihm wäre es nicht ratsam, mit den angeheirateten Verwandten zusammenzuleben, weil dies viele Probleme mit sich bringen könnte.

☿ 10 Merkur im 10. Haus

Das 10. Haus verstärkt auf der materiellen Ebene all das, was der Mensch repräsentiert. Es steht für den Ruf, für Ehre sowie die Stellung in der Öffentlichkeit. Planeten gehen auf, erreichen ihre höchste Stellung am Himmel und gehen unter. Wenn sie die höchste Stellung erreicht haben beziehungsweise kulminieren, stehen sie am MC, das bei nicht-äqualen Häusersystemen die Spitze des 10.

Hauses darstellt. Merkur in Haus 10 ist – in Verbindung mit dem Zeichen, in dem er steht, und den Aspekten, an denen er beteiligt ist – von sehr großer Bedeutung. Dieser Planet ist ein Spiegel, ein Reflektor. Was er reflektiert, ist durch die Aspekte zu den anderen Planeten angezeigt. Jeder Kontakt, problematisch oder nicht, ist hier von größter Wichtigkeit. Merkur bedeutet Bewußtheit, er ist der Kanal, durch den die Bewußtheit operieren kann. Mit dieser Stellung könnte es sich um einen Redner oder um einen Schriftsteller handeln, um jemanden, der in der Lage ist, seine Ideen anderen mit Erfolg mitzuteilen. Ein aktiver und wacher Geist ist kennzeichnend. Aufgrund der Tatsache, daß Merkur hier im Steinbock-Haus steht, ist eine größere Praxisbezogenheit und mehr Beständigkeit als in anderen Fällen gegeben.

☿ 11 *Merkur im 11. Haus*

Bedeutet, daß die Freunde eher dem Verstand denn den Gefühlen entsprechen. Für gewöhnlich sind die Freunde jünger als der Geborene selbst. Bei Spannungsaspekten könnten Probleme aus Tratsch erwachsen, vielleicht sogar auch Skandale aus der falschen Auswahl von Freunden. Die Ziele können durch den Einsatz des Verstandes in Verbindung mit hartnäckiger Arbeit erreicht werden, was aber von diesem Menschen eine bewußte Anstrengung erfordert (das gleiche gilt für den Fall, daß Merkur über das 11. Haus herrscht).

☿ 12 *Merkur im 12. Haus*

Ein subtiler Verstand, der seine Geheimnisse hat und oftmals nicht dazu in der Lage ist, sich klar zum Ausdruck zu bringen. Am Okkulten interessiert. Mangelndes Selbstvertrauen, was aber äußerlich nicht zu erkennen ist. Die Verwandten senden auf anderen «Wellenlängen» als dieser Mensch, was bedeutet, daß er von seiner Umgebung nicht verstanden wird. Derjenige, der seinen Kopf dazu benutzt, benachteiligten Menschen zu helfen, setzt seine Merkur-Eigenschaften auf die bestmögliche Weise ein.

♀ DIE VENUS

Venus in den Zeichen

♀ ♈ *Venus im Widder* *(Exil)*

Die Venus steht im Zeichen Widder in ihrem Exil. Hier haben wir es mit der Befriedigung der Bedürfnisse der eigenen Person zu tun. Da, wo die Venus steht, tut der Mensch viel für denjenigen, dem seine Liebe gilt – bei der Stellung im Widder liebt die Venus sich selbst durch den Geliebten beziehungsweise die Geliebte. Überempfindlich und schnell gekränkt, was seinen Grund ebenfalls in der Selbstliebe hat. Achtet häufig nicht auf andere, ohne sich dessen bewußt zu sein. Läßt sich Hals über Kopf auf neue Aktivitäten ein, ohne aber über genug Ausdauer zu verfügen, Standvermögen zu beweisen. Unter Umständen sehr leidenschaftlich oder auch aggressiv – allerdings könnten diese Eigenschaften dann in den Hintergrund treten, wenn das Zeichen, in dem die Venus steht, mehr Sanftheit verrät. Die Lektion, die mit dieser Stellung zu lernen ist, besteht darin, sich in die Lage anderer zu versetzen. Bei aller Impulsivität hat die Widder-Venus etwas Idealistisches, und sie ist danach bestrebt, im Äußeren das zu finden, was sie innerlich vermißt. Im impulsiven und rastlosen Zeichen Widder kann es dem Menschen an Stabilität mangeln, weil die Venus hier schnell ermüdet und ihre Meinung häufig wechselt.

♀ ♉ *Venus im Stier* *(Herrscher)*

Die Venus wird vom Stier beherrscht. Sie ist auf eine erdbetonte Weise sehr kraftvoll in diesem Zeichen. Die physischen und sinnlichen Reaktionen auf die Gefühle stehen bei diesem Menschen im Vordergrund: Er bringt seine Zuneigung und Emotionen deutlich zum Ausdruck. Dabei ist er auch von leidenschaftlichem und mitunter sehr besitzergreifendem Wesen. Materielle Besitztümer sind ihm wichtig, da mit dem Stier die materielle Ebene in den Blickpunkt rückt. Die Emotionen färben des Leben. Dieser Mensch liebt den Komfort und das Vergnügen. Sehr häuslich. Gute Stellung, unter der Voraussetzung, daß keine problematischen Spannungsaspekte zur Venus gegeben sind. Auf eine ruhige und anspruchslose Weise eigensinnig. In seinen Freundschaften und in der Liebe loyal, solange Eifersucht und Gefühle des Ärgers und der Wut keine Rolle spielen.

♀ ♊ *Venus in den Zwillingen*

Hier haben wir es mit einer beschwingten, charmanten und dabei oberflächlichen Venus zu tun, zumindest dann, wenn keine fixen Zeichen betont sind, die einen Ausgleich bringen. Außerordentlich viel Charme, Witz und Ausdrucksvermögen. Weiß, was Leidenschaft bedeutet, ohne diese aber vom Gefühl her zu erfassen. Die Emotionen werden durch den Verstand gefiltert, nicht durch das Gefühl. Ein unterhaltsamer Kamerad, der aber nicht immer beim Wort genommen werden sollte. Muß Konstanz entwickeln. Hat seine Schwierigkeiten damit, sich zu entscheiden, wen er eigentlich lieben soll. Oftmals gibt es bei ihm zwei wichtige Liebespartner im Leben, wenn auch nicht unbedingt zur gleichen Zeit. Von sehr freundlichem Wesen. Ein sehr angenehmer Zeitgenosse, unter der Voraussetzung, daß man nicht den Versuch unternimmt, ihn auf dieses oder jenes festzunageln. Gute Beziehungen zur Verwandtschaft.

♀ ♋ *Venus im Krebs*

Eher eine sentimentale als starke oder leidenschaftliche Zuneigung. Die Venus ist hier freundlich, sanft, empfänglich, veränderlich, weiblich, beeinflußbar und immer auf Sicherheit aus. Das grundsätzliche Bedürfnis ist das nach Sicherheit, ob es sich nun in einer Abhängigkeit von bestimmten Personen oder von materiellen Besitztümern auswirkt. Die Venus im Krebs kommt auf der Ebene des Unbewußten zum Ausdruck, was heißt, daß ihre Abhängigkeit auf das Emotionale und die Instinkte abzielt. Die Loyalität zur Familie ist stark. Wenn das Liebesleben nicht befriedigend verläuft, leidet die Krebs-Venus zunächst einmal unter psychischen und in der Folge möglicherweise auch unter körperlichen Problemen. Aufgrund ihres Mangels an Aggressivität sind Menschen mit einer Krebs-Venus allseits beliebt. Ihre ruhige Art bedeutet einen gewissen Charme, wenn auch in Verbindung mit dem Mond-Einfluß wenig Beständigkeit gegeben ist. Sie neigen dazu, die Partner zu bemuttern, statt ihnen wirklich Gefährten zu sein. Ihre Liebe gilt insbesondere auch den Kindern, dem Zuhause und den Eltern.

♀ ♌ **Venus im Löwen**

Niemand mit einer Löwe-Venus kann zu etwas gebracht werden, was er nicht von sich aus will. Diese Personen können ihr Verlangen nach Belieben – von ihrem Willen ausgehend – steuern. Die Löwe-Venus liebt es, ihre emotionalen Erfahrungen zu dramatisieren. Gefühlsmäßig reagiert sie ehrlich, aufrichtig und ohne ein Blatt vor den Mund zu nehmen. Dabei kann sie unter Umständen berechnend sein. Im Ausdruck von Zuneigung ist dieser Mensch loyal und leidenschaftlich, von ihm geht dabei eine große Anziehungskraft aus. Er liebt das Vergnügen und insbesondere das Theater. Es handelt sich bei ihm um eine farbige Persönlichkeit. Die Löwe-Venus ist weniger ungeduldig als die Widder-Venus und weniger besitzergreifend als die Stier-Venus – was sie auszeichnet, ist Freundlichkeit und extremes Mitgefühl gegenüber den Mitmenschen. Selbst wenn Spannungsaspekte zu ihr gegeben sind, strahlt sie Würde und Warmherzigkeit aus. Aufgrunddessen ist sie bei anderen sehr beliebt.

♀ ♍ **Venus in der Jungfrau** *(Fall)*

Die Venus ist im Zeichen Jungfrau unglücklich. Derjenige, in dessen Horoskop die Venus im Zeichen ihres Falls steht, muß lernen, sich zu einer liebenswerten Persönlichkeit zu entwickeln. Es handelt sich hier um die Signatur eines Menschen, der zu früheren Lebzeiten nicht liebenswürdig, sondern oberflächlich gewesen war, um einen Menschen, der nicht merkte, daß Liebe und Kritik schlecht miteinander zu vereinbaren sind. Gute haushälterische Fähigkeiten – Wärme und Freundlichkeit sind aber auch notwendig, wenn man ein wahres Zuhause begründen will. Von kühlem und sehr kritischem Wesen. Es sind gute Aspekte nötig, damit dieser Mensch Wärme zeigen kann. Anspruchsvoll und auf Ordnung aus. Verbindet sich nicht schnell mit anderen. Die Konventionen stehen für diesen Menschen über den Emotionen. Lehnt es möglicherweise ab zu heiraten, weil zuviele Mängel in der Ehe gesehen werden. Harmonische Arbeitsumstände, wenn die Venus nicht verletzt ist. Kann durch Mitarbeiter profitieren. Starkes Bedürfnis, anderen zu dienen.

♀ ♎ **Venus in der Waage** *(Herrscher)*

In diesem Zeichen ist die Venus zuhause, und hier kommt sie auf die bestmögliche Weise zum Ausdruck. Losgelöst von den Fesseln des Erdhaften, wie sie im Zeichen Stier gegeben waren, kommt sie im Luftzeichen Waage auf eine beschwingte, intellektuelle Art zum Ausdruck, auf eine kultivierte, ästhetische und künstlerische Weise. Hier haben wir es nicht mit physischen, sondern mit geistigen und spirituellen Ebenen zu tun. Direkte und eindeutige Gefühle – wie sie dem Herzen des jungen Menschen entsprechen. Schnell verletzt, aber nicht nachtragend (vorausgesetzt, daß keine ernsthafte Verletzung gegeben ist). Ein ausgeprägter Sinn für Farben. Guter Gastgeber, weil schnell Verbindungen zu anderen geknüpft werden. Aufrichtigkeit, dabei zugleich eine gewisse Unpersönlichkeit. Kann sich nicht in einer Atmosphäre zum Ausdruck bringen, die von Disharmonie geprägt ist. Hat dann unter gesundheitlichen Problemen zu leiden.

♀ ♏ *Venus im Skorpion (Exil)*

Die Venus steht hier in ihrem Exil. Sie kann nicht gut zum Ausdruck kommen in einem Bereich, der von Mars mitbeherrscht wird – Mars bedeutet alles, was aggressiv, kraftvoll und nach außen gerichtet ist, während die Venus Anziehung durch Liebe symbolisiert. Der venusischen Anziehung steht das Mars-Prinzip der Abstoßung gegenüber. Venus zieht alles zum Mittelpunkt. Mars herrscht über die animalische Seele, während Venus als das Prinzip der Liebe die menschliche Seele regiert. Leidenschaft und Aggressivität müssen im Zaum gehalten werden, wenn sich die Venus im Zeichen Skorpion befindet. Mit ihr kann im Gewand einer äußerlichen Freundlichkeit viel Selbstsucht verbunden sein. Selbstsüchtige Tendenzen und Eigensinn sind in diesem Fall zu stark ausgeprägt. Könnte grausam sein oder unter Grausamkeit zu leiden haben infolge der karmischen Auswirkung, daß das Prinzip der Liebe in der Vergangenheit mißbraucht worden war. Macht den Menschen leidenschaftlich, möglicherweise aber auch sehr zurückhaltend. Hinsichtlich des Liebeslebens sind immer wieder Phasen der Regeneration oder der Neuorientierung notwendig. Im allgemeinen große Anziehungskraft auf das andere Geschlecht. Stürmische Liebe. Diese Menschen müssen aber erkennen, daß es ihnen an wahrer Liebenswürdigkeit mangelt und in dieser Beziehung für Abhilfe sorgen.

♀ ♐ *Venus im Schützen*

Sehr offenherzig und freundlich bei seinen Zuneigungsbeweisen. Wahrscheinlich ein bewegtes Liebesleben. Nicht immer zuverlässig, was den Ausdruck von Zuneigung angeht. Gut entwickelte Intuition. Zwei Auswirkungen sind bei Planeten im Zeichen Schütze möglich: Einmal die Spielernatur, die den Spaß liebt und die sich fortwährend nach Abwechslung sehnt, die extravagant und außengerichtet und immer auf dem Sprung ist. Dann gibt es noch den philosophisch oder religiös ausgerichteten Typen, der in seinem Inneren sehr idealistisch veranlagt ist. Sie erkennen, um welchen Menschen es sich handelt, wenn Sie untersuchen, welche Aspekte zur Venus vorhanden sind. Wenn die Venus durch

Jupiter verletzt ist, handelt es sich um den Spielertypen. Gute Aspekte sowie ein starker Saturn weisen auf den zweiten Typen hin. Die Venus im Schützen ist eine gute Stellung, weil es die Kombination von Venus und Jupiter bedeutet, welches beides wohltätige Einflüsse sind. Beim Studium des Horoskops muß deutlich werden, daß es zu einer Synthese aller beteiligten Energien kommt. Dies ist Voraussetzung für jede Horoskop-Interpretation. Die ersten Lektionen hatten die Bedeutung der Planeten in den Zeichen zum Inhalt. Nun müssen Sie die Energien gegeneinander abwägen, um das Muster in seiner Gesamtheit zu erkennen. Denken Sie an den Bereich, der von dem Zeichen dargestellt wird, über das der betreffende Planet herrscht. Hier wirken Planet und Zeichen gut zusammen. In unserem Fall haben wir es mit der Venus in dem Hause von Jupiter zu tun. Beide sind in ihrer Auswirkung wohltätig, was zur Folge hat, daß die Venus im Schützen gut gestellt ist.

♀ ♑ *Venus im Steinbock*

In diesem Fall steht die Venus in dem Bereich von Saturn, was hinsichtlich des Ausdrucks von Liebe und Zuneigung völlig andere Auswirkungen als im Schützen ergibt. Mit Saturn sehen wir hier Ernsthaftigkeit, Vorsicht und Stolz, einen starken Ehrgeiz und den Drang, über Prestige und Ansehen zu verfügen. Hinter der vermeintlichen äußeren Sicherheit herrscht, was Liebe angeht, im Inneren viel Schüchternheit. Diese Person ist sehr reserviert beim Ausdruck von Gefühlen. Dafür verantwortlich ist die Angst, zuviel von sich zu geben beziehungsweise der Wunsch, sich vor Verletzungen zu schützen. Während der Jugendzeit kommt es – insbesondere bei Spannungsaspekten – häufig zu Enttäuschungen im Liebesleben. Wenn der Mensch den festen Willen aufbringt, sich von diesen nicht beeinflussen zu lassen, und den Personen, die ihm die bitteren Erfahrungen brachten, verzeiht, kann er den Weg der Liebe gehen. Angst und Selbstsucht müssen überwunden werden. Mit der Venus im Steinbock besteht genug Stärke, dies zu schaffen.

♀ ♒ *Venus im Wassermann*

Die Venus im Wassermann bedeutet Kühle, Ruhe, eine gefaßte und dabei auf eine bestimmte Art abgehobene Erscheinung. Fühlt sich die Venus in dem unpersönlichen, distanzierten Zeichen Wassermann wohl? Natürlich nicht. Für sie sind Freundschaften und die Verbindungen zu Bekannten und Gruppen wichtig, nicht aber wirklich enge persönliche Kontakte. Bei letzteren kommt es zu Problemen. Die Wassermann-Venus kann nur sehr schwer Menschen verstehen, die emotional ausgerichtet sind – bei ihr kommen die Emotionen durch den Verstand zum Ausdruck. Sie hat einen klaren und scharfen Geist, ihre Gefühle aber sind eher kühl. Oftmals haben hier in der Kindheit Liebesbeweise gefehlt. Wenn die Venus im Zeichen Wassermann durch Saturn, Uranus oder Mars verletzt steht, wird das Liebesleben solange unglücklich verlaufen, bis die Person einen wahren Sinn für Liebe entwickelt hat. Es könnte hier in Verbindung mit der Liebe eine Schuld gegeben sein, die ihren Ursprung in einem früheren Leben hat. Solange diese Schuld nicht durch Opferbereitschaft und durch bedingungslose Liebe bezahlt ist, wird der Mensch in seinem Leben die Liebe vermissen müssen, nach der er sich insgeheim sehnt. Die Person mit der Wassermann-Venus könnte von einem aufrichtigen, korrekten und moralischen Wesen sein, es aber an Liebenswürdigkeit und Verständnis mangeln lassen.

♀ ♓ *Venus in den Fischen* *(Erhöhung)*

Die Venus herrscht über die persönliche Zuneigung und Neptun regiert das göttliche Mitgefühl. Die Venus in dem Bereich von Neptun – den Fischen – steht für Liebe, die zu Opfern bereit ist und die keine Angst vor dem Leiden hat. Ihr Verständnis von Liebe bedeutet dabei häufig sehr schmerzhafte Erfahrungen. Die Venus steht im Zeichen Fische erhöht, was darauf hinweist, daß wir nur durch Liebe in unserem Geist frei werden können. Aphrodite, die den schäumenden Wogen des Meeres entstieg (welches von Neptun beherrscht wird), symbolisiert die Liebe, die aus dem Meer der Emotionen aufsteigt und die sich dann in dem luftigen Bereich (Symbol des Geistes) frei fühlt. Sehr emotional und außerordentlich empfindlich – Liebe bringt hier immer wieder Leid, letztlich aber auch Freiheit. Poetische und musikalische Neigungen, unter Umständen auch übersinnliche Fähigkeiten. Fühlt sich zu den Unterlegenen und weniger glücklichen Menschen hingezogen. Muß lernen, im Hinblick auf die persönliche Liebe Unterscheidungsvermögen zu entwickeln. Kennzeichnend ist eine große Sanftheit, in Verbindung mit der Tendenz, sich selbst zum Opfer zu bringen und sich anderen hinzugeben. Eine ungewöhnlich romantisch veranlagte Person. Bei der jüngeren Seele fehlt charakterliche Stärke. Wenn Illusionen zerstört werden oder überhaupt bei Enttäuschungen zieht sich dieser Mensch zurück, statt sich mit den Schwierigkeiten wirklich auseinanderzusetzen. Mit der Venus im Zeichen Fische liebt der Mensch um der Liebe willen. Er ist gefordert, die persönliche Liebe in göttliches Mitgefühl zu transformieren. Freiheit ist im Zeichen Fische nur durch spirituelles Wachstum und durch Verständnis möglich.

Venus in den Häusern

♀ 1   *Venus im 1. Haus*

Charmante, freundliche, ungewöhnlich attraktive Persönlichkeit, für die allerdings das Ich an erster Stelle steht. Bedeutet, daß der erste Lebensabschnitt von harmonischen und angenehmen Umständen geprägt war. Macht das Leben glücklich. Dieser Mensch kann mit der Öffentlichkeit gut umgehen, auf eine sehr persönliche Weise. Womöglich sehr passiv, was den Einsatz für andere betrifft – zumindest dann, wenn die Venus nicht von ihrem Zeichen und den Aspekten her gut gestellt ist. Genießt es, sich in einer harmonischen und geordneten Umgebung aufzuhalten. Liebe zur Schönheit, künstlerisches Wesen. Vielfach sehr gutes Aussehen.

♀ 2   *Venus im 2. Haus*

Finanzielle Vorteile. Zieht ohne jede Schwierigkeit Profite und Mittel an. Viel Glück, was das Geld betrifft. Oftmals Geldzuwachs aufgrund von Erbschaften. Venusische Menschen können in Bereichen erfolgreich sein, die vorwiegend auf Frauen zielen: Schmuck, Geschenkartikel, Kunst, das Frisieren und so weiter.

♀ 3   *Venus im 3. Haus*

Die frühen Lebensjahre waren im allgemeinen von sehr angenehmer Art. Gute Beziehungen zu der Umgebung. Aufgrund der gefälligen Wesensart ergeben sich durch die Umgebung immer wieder wohltätige Auswirkungen. Kann eventuell geistige Trägheit bedeuten – die Venus ist nicht sehr glücklich, wenn sie ihren Kopf anstrengen muß. Liebt es, umherzustreifen, ohne sich aber zu weit von ihrem Zuhause entfernen zu wollen. Künstlerische und kreative Neigungen. Möchte Streit vermeiden. Die Venus manifestiert sich durch Überzeugungskraft, nicht durch Druck. Liebt die Künste und die Musik. Sehr unterhaltsamer Mensch.

♀ 4   *Venus im 4. Haus*

Starke Liebe zur Mutter und zum Zuhause (wenn die Venus nicht schwerwiegend beeinträchtigt ist). Den Wurzeln dieses Menschen liegt ein großes Liebesbedürfnis zugrunde, und für gewöhnlich sind die späteren Lebensabschnitte von glücklichen Umständen gekennzeichnet. Mit dieser Venus-Stellung ist die Liebe zur Geselligkeit und ein lebhaftes Interesse an Menschen verbunden. Eine optimistische Haltung, die zu allgemeiner Beliebtheit führt, wenn die Venus in einem günstigen Zeichen steht. Im allgemeinen der Wunsch, das eigene Zuhause auch zu besitzen. Sehr künstlerisch veranlagt, was sich darin äußern kann, daß das Zuhause außerordentlich schön gestaltet ist. Wenn der betreffende Mensch mit seiner Venus-Energie auf eine kluge Weise umgeht, wird sein späteres Leben von komfortablen Umständen geprägt und von viel Liebe begleitet sein.

♀ 5   *Venus im 5. Haus*

Kreative Fähigkeiten. Viele schöne Liebeserfahrungen und Gewinne durch Spekulationen (vorausgesetzt, die Venus ist nicht verletzt). Profitiert von seinen Kindern – den leiblichen wie denen des Geistes und der Emotionen. Große Anziehungskraft auf das andere Geschlecht. Kann sich auf künstlerischem Gebiet zum Ausdruck bringen. Ist möglicherweise jungen Menschen eine große Stütze.

♀ 6   *Venus im 6. Haus*

Sehr günstig hinsichtlich der Gesundheit, wenn die Venus nicht verletzt ist. Gut für Anstellungen. Verleiht Diplomatie und Popularität hinsichtlich der Arbeit. Eine günstige Position für Menschen, die als Vermittler, als Schiedsstelle oder viel mit oder für Frauen arbeiten. Die Neigung, sich selbst zu verwöhnen, kann bei Spannungsaspekten zur Venus zu gesundheitlichen Problemen führen. Der Teil des Körpers, um den es dabei geht, ist durch das Zeichen, in dem sich die Venus befindet, symbolisiert. Wer hier Probleme hat, sollte sehr auf seine Zucker- und Stärkezufuhr achten.

♀ 7   *Venus im 7. Haus*

Hiermit sind aufgrund der freundlichen Art der Venus sehr harmonische Beziehungen angezeigt. Die Partnerschaften werden, wenn die Venus durch Zeichen und Aspekte gut gestellt ist, sehr befriedigend verlaufen. Mit seiner liebenswürdigen Art zieht dieser Mensch das Glück an. Ohne Spannungsaspekte ist eine glückliche Ehe zu erwarten. Wenn es bei der Venus in diesem Haus nicht zur Ehe kommt, dann, weil man keine Wahl treffen kann. Dieser Mensch zieht Liebe an, weil er zuvor in anderen Leben Liebe gegeben hat. Was wir anderen gegeben haben, kommt durch die Mitmenschen zu uns zurück. Es ist das 7. Haus, das anzeigt, *was* zu uns zurückkehrt.

♀ 8   *Venus im 8. Haus*

Dies ist das Haus des Geldes, der Erbschaften und der Besitztümer, die sich aus Vermächtnissen ergeben. Wenn sich die Venus im 8. Haus befindet, erbt der Mensch Geld, oftmals durch seinen Ehepartner oder dessen Verwandte. Mit dieser Stellung ist die Tendenz zur Trägheit gegeben. Die Venus ebnet uns den Weg in dem Bereich, der von ihrer Stellung angezeigt wird – wozu gesagt werden muß, daß ein geebneter Weg nicht immer das Beste für uns ist. Bei Spannungsaspekten zur Venus kann es zu Faulheit, zum Mangel an Disziplin und zu einer übermäßigen Sinnlichkeit kommen.

♀ 9   *Venus im 9. Haus*

Lange Reisen bringen diesem Menschen viel Glück. Oftmals läßt er sich als Erwachsener weitab von seinem Geburtsort nieder. Jemandem mit der Venus im 9. Haus scheint die Ferne lockender zu sein als das, was er schon kennt. Unter Umständen Heirat eines Menschen, der aus einem fernen Land kommt. Gutes Verhältnis zu den angeheirateten Verwandten. Das 9. Haus ist vom 7. Haus aus (Ehe) das 3., insofern herrscht es über die Verwandten des Ehepartners. Verleiht ein kultiviertes und künstlerisch orientiertes Bewußtsein sowie eine gesteigerte Wertschätzung für die höheren kulturellen Aspekte des Lebens.

♀ 10   *Venus im 10. Haus*

Verleiht Erfolg und Prestige in Verbindung mit der Öffentlichkeit. Begünstigt Wohlstand. Konstruktive Gesinnung. Der Geborene tritt der Welt mit Wärme und Freundlichkeit gegenüber, mit der Konsequenz, daß sich für ihn daraus wohltätige Folgen ergeben. Die Anziehungskraft der Venus kommt bei der Stellung in einem Eckhaus sehr deutlich zum Ausdruck – insbesondere aber in Haus 7 und Haus 10. In Haus 7 führt sie dazu, daß ein *Liebespartner* angezogen wird. Im 10. Haus wirkt sich die Venus dahingehend aus, daß die Menschen, zu denen *berufliche Kontakte* bestehen, sich zu ihr hingezogen fühlen.

♀ 11   *Venus im 11. Haus*

Führt zu Gewinnen durch Freunde, deren Wünsche in Übereinstimmung mit den Interessen des Geborenen stehen. Haus 11 symbolisiert unsere Ziele und Träume, welche wir – wenn sich die Venus an dieser Stelle befindet – im Rahmen von Freundschaften zu realisieren versuchen. Verletzungen würden auf die Neigung zur Zügellosigkeit hindeuten sowie auf den Mangel an Unterscheidungsvermögen hinsichtlich der Auswahl von Freunden.

♀ 12   *Venus im 12. Haus*

Verleiht dem emotionalen Leben etwas Geheimnisvolles. Tendenz, die Einsamkeit zu suchen. Was dieser Mensch in seinem Inneren wirklich fühlt, ist für gewöhnlich nicht zu erkennen. In manchen Fällen sind mit dieser Stellung geheime Liebesaffären verbunden. Wenn ein Spannungsaspekt zu Neptun gegeben ist, könnte jemand geliebt werden, der schon verheiratet ist. Die Neigung zur Zügellosigkeit in Verbindung mit Drogen oder Alkohol kann bei einer schwierigen Venus-Stellung in 12 ebenfalls zu Problemen führen. Der entwickeltere Mensch aber zeigt viel Mitgefühl sowie die Bereitschaft, Gott zu dienen, indem er denen hilft, die weniger glücklich sind als er. Weltlicher Erfolg ist für ihn nicht das Entscheidende. Für ihn kommt es auf die Hingabe für ein Ideal an. Mit der Venus in Haus 12 ist Schutz angezeigt – dieser Mensch verfügt über einen Schutzengel, der ihn führt und vor Schaden bewahrt, auch wenn er selbst keine Ahnung davon hat.

♂ DER MARS

Mars herrscht über den Widder und – neben Pluto – auch über den Skorpion. Der Widder steht am Anfang jeglicher objektiver Manifestation. Er ist das Zeichen, in dem Mars in *äußerlicher Hinsicht* mit seiner Aktivität beginn. Im Skorpion dagegen regiert Mars über das *innerliche Leben*, über die emotionalen und geistigen Ebenen. Ohne Energie kann keine Wesenheit existieren. Aktivität ist für die Materie notwendig, sie ist die Voraussetzung dafür, daß das Universum überhaupt existieren kann. Mars steht für Energie – diese muß aber grundsätzlich auf etwas gerichtet beziehungsweise kontrolliert werden, sonst verschwenden wir sie oder lassen es zu, daß sie sich auf eine Weise entlädt, die uns schadet. Mars ist die dynamische Kraft unseres Lebens, die uns bei der Bewältigung von Hindernissen hilft. Demjenigen, dem es an Aspekten zu Mars fehlt, wird es nicht gelingen, sein Leben in den Griff zu bekommen.

Mars ist eine direkte, maskuline Kraft. Tritt sie im Horoskop der Frau zu stark in Erscheinung (insbesondere in Verbindung mit einem Spannungsaspekt zum Mond), bedeutet das Probleme aufgrund einer zu maskulinen und dominierenden Haltung, die auf andere abstoßend wirken könnte. Mit einem verletzten Mars sind im allgemeinen Ungeduld, Destruktivität und Aggressivität im Übermaß verbunden. Der weise Umgang mit der Mars-Energie dagegen bedeutet Mut, Initiative und eine außengerichtete Aktivität.

Der Planet Mars hat mit dem Blutstrom zu tun, er herrscht über den Fluß von Energie in den Blutadern. Er vitalisiert, reinigt und stimuliert unseren Körper in jeglicher Hinsicht. Das Muskelsystem steht ebenfalls unter der Herrschaft von Mars. Mars herrscht weiterhin (zusammen mit Saturn) über die Nebennieren. Wenn die marsische Energie aufsteigt, muß der Mensch laufen oder kämpfen. In dem Fall, daß der Horoskop-Mars durch einen Transit oder in der Progression verletzt wird, müssen Sie lernen, diese Energie zu kanalisieren. Das Entscheidende ist dabei, tatsächlich etwas tun zu müssen. Mars ist von allen Planeten der am wenigsten ausgeglichene sowie derjenige, bei dem es am meisten auf Richtung und Zielsetzung ankommt.

Der Planet Mars hängt eng mit unserer Sexualität zusammen, er bildet mit der Venus ein Gegensatzpaar. Er symbolisiert die animalische Natur, während Venus die menschliche Seele repräsentiert. Wenn die Venus allein über die menschlichen Aktivitäten herrschen würde, käme es zu keiner Initiative, zu keiner Unternehmung, zu keinem Kampf mit der niederen Seite der Natur. Wir würden dann nicht über genug Kraft verfügen, die Anforderungen des Lebens zu meistern. Wir nennen Mars einen «Übeltäter» – wie aber verhält es sich mit ihm wirklich?

Ohne Energie würde es weder zu Wachstum noch zu Aktivität überhaupt kommen. Mars herrscht über den rechten Arm, er steht für den Kämpfer, der für den Schwachen eintritt. Mars symbolisiert auch die Angst vor Gott, welche am

Anfang der Weisheit steht. Wir haben viel Respekt für denjenigen, der uns Angst vor Gott einflößen kann – dies ist eine einschneidendere Erfahrung, als die Liebe auf weiche und sentimentale Art zum Ausdruck zu bringen. Disziplin ist das Schlüsselwort, das anzeigt, was nötig ist, um die Mars-Kräfte in konstruktive Bahnen zu lenken.

Der Planet Mars hat mit der Freisetzung von Kraft bezüglich von Aktivität zu tun. Gut und schlecht ist nichts, was für sich allein existiert. Schlecht bedeutet nur: falsch eingesetzte Energie. Falsch eingesetzt hinsichtlich des Raumes heißt: am falschen Ort – das Holz, das nicht im Kamin, sondern auf dem Fußboden im Wohnzimmer brennt, das Badewasser, das sich nicht in der Badewanne befindet, sondern durch die Decke kommt. Falsch eingesetzt hinsichtlich der Zeit könnte sich darauf beziehen, daß wir dann schwach oder sentimental sind, wenn wir stark sein sollten, oder daß wir aus dem Bedürfnis heraus, geliebt zu werden, keine Anforderungen an unsere Kinder stellen. Dynamische Energie, wie sie mit Mars einhergeht, ist genauso wichtig für uns wie Großherzigkeit (Jupiter), Liebe (Venus) oder Geduld (Saturn). Zuviel Großherzigkeit aber wiederum ist närrisch, zuviel Geduld könnte auf einen Feigling hinweisen. Notwendig ist hier, daß zwischen den Energien, die in unserem magnetischen Feld zum Ausdruck kommen, die Proportionen stimmen. Wenn Mars bei Ihnen schlecht gestellt ist – durch das Zeichen oder durch die Verbindung zu anderen Planeten –, sollten Sie sich mit ihm gründlich auseinandersetzen. Grundsätzlich gilt: Sie haben die Möglichkeit, das betreffende Muster zu verändern. Menschen, die zu Unfällen neigen, sind für gewöhnlich außerordentlich ungeduldig. Dies ist im Horoskop angezeigt durch Spannungsaspekte zu Mars. Wenn der Mensch die Kontrolle über sich gewinnt und seine Energie richtig einsetzt, wird er nicht länger unter Unfällen zu leiden haben.

Mars in den Zeichen

♂ ♈ *Mars im Widder* (Herrscher)

Handelt auf eine positive Weise aus seinem Inneren heraus. Gegenüber der Umgebung relativ unabhängig. Körperlich und geistig rege. Verleiht Ehrgeiz und Antriebskraft. Mutig, schnell, impulsiv und enthusiastisch. Aggressivität und Ungeduld im Falle von Spannungsaspekten. Keine günstige Stellung für die Frau: zu direkt und maskulin im Auftreten. Mit dieser Mars-Stellung ist viel

Charakterstärke verbunden, daneben aber auch der Wunsch nach Selbstbestätigung. Wird sofort aktiv. Die Ungeduld kann bei Spannungsaspekten zu ernsthaften Problemen führen. Die Tendenz zu Irritationen und zur Rastlosigkeit muß vom Menschen kontrolliert werden.

♂♉ *Mars im Stier*

Mars ist in diesem Zeichen nicht gut gestellt. Er ist im Stier hartnäckig und geduldig, dabei aber auch sehr eigensinnig, besitzergreifend und eifersüchtig. Geld und Sex sind für diesen Menschen wichtig. Für ihn ist es notwendig, seine Wertvorstellungen, die zunächst von sehr konkreter und irdischer Art sind, zu überprüfen und zu verfeinern. Sicherheit spielt hier eine große Rolle, gleichgültig, ob man dabei in Dinge oder in Personen «investiert». Ausgeprägter Wunsch, Dinge zu erwerben. Großer Stolz. Ist Mars verletzt, kann die Neigung bestehen, in Wut und Ärger zu verfallen. Der Mensch ist hier gefordert, Selbstsucht und das übermäßige Streben nach Besitz zu überwinden. Er muß das Teilen als erstrebenswerte Eigenschaft anerkennen. Geiz könnte eines seiner auffälligsten Merkmale sein.

♂♊ *Mars in den Zwillingen*

Wachsam, energisch, witzig und sarkastisch. Häufig Streit mit den Verwandten und Freunden. Lädt die Zunge mit zuviel Energie auf, macht sie scharf und ätzend. Kann als «Klatschmaul» in Erscheinung treten oder mit «gespaltener Zunge» reden. Steht Mars im Horoskop verletzt, ist diese Person nicht vertrauenswürdig. Kennzeichnend sind generell eine Lebhaftigkeit des Geistes und eine Begabung für das Mechanische. Dieser Mensch verfügt über viele Fähigkeiten. Er muß lernen, seine Energie zu konservieren und auf kluge Art einzusetzen. Tut er das nicht, können ihm seine Nerven gesundheitliche Probleme bereiten. Der größte Fehler ist seine Unbeständigkeit – es fällt ihm sehr schwer, das zu halten, was er versprochen hat. Das ist der Grund für seine Unzuverlässigkeit. Verschwendung von Kraft. Muß lernen, seine Energien zu konzentrieren.

♂♋ *Mars im Krebs* (Fall)

Sehr sensibel und überemotional. Es bestehen Schwierigkeiten mit der Verdauung, was gefühlsmäßige Ursachen hat. Auseinandersetzungen im häuslichen Umfeld. Ehrgeizig und zu harter Arbeit fähig, dabei aber Launen unterworfen. Häusliche Veranlagung. Kann nicht kämpfen, weil er äußerlich nicht aggressiv ist. Läßt niemals Dampf ab – hält alles im Inneren zurück. Stark ausgeprägte Schüchternheit, zumindest dann, wenn keine kompensierenden positiven Faktoren gegeben sind. Sehr empfindlicher Magen. Sollte nicht auf nüchternen Magen Saft trinken, weil das die Magennerven irritiert. Die Probleme mit dem Magen resultieren hier daraus, daß diese Menschen dazu neigen, zuviel Magensäure zu produzieren. Es sollte nicht im Zustand der Übermüdung oder der Anspannung gegessen werden. Die Verdauung wird sehr durch Launen und Stimmungen beeinflußt.

♂ ♌ Mars im Löwen

Diese Stellung bedeutet reine Energie. Der Löwe ist ein Feuerzeichen, und Mars ist ein Feuer-Planet. Dies hat Auswirkungen dramatischer, enthusiastischer, ehrgeiziger und leidenschaftlicher Art. Dieser Mensch läßt sich niemals in den Sessel fallen und «alle fünfe gerade sein» (wenn nicht Neptun im Horoskop stark gestellt ist, was das Ego in den Hintergrund treten lassen würde). Im Falle von Spannungsaspekten zu Mars: streitsüchtig und eifersüchtig bezüglich derjenigen, die er liebt. Haßt es, im Unrecht zu sein. Möglicherweise sehr fixiert hinsichtlich seiner Überzeugungen und Meinungen. Stark entwickelte Vitalität und viel Mut. Wenn sich diese Person übernimmt, können Probleme mit dem Herzen die Folge sein.

♂ ♍ Mars in der Jungfrau

Hier haben wir es mit dem «Kleinlichkeitskrämer» zu tun. Arbeitet auf energische Weise und ist bereit, anderen zu dienen, neigt aber dazu, sich in Nebensächlichkeiten zu verzetteln. Begrenzte Aktivität, weil dieser Mensch nicht erkennt, worauf es wirklich ankommt. Ärger mit Angestellten und Untergebenen, weil immer wieder endlos über Details gestritten wird. Grundsätzlich aber freundliche und gutmütige Wesensart. Der entwickeltere Mensch mit dem Jungfrau-Mars kann anderen mit seiner hilfsbereiten Einstellung sehr von Nutzen sein. Praktische, erfindungsreiche und eifrige Veranlagung. Arbeitet sehr intensiv, zeigt sich aber irritiert, wenn er merkt, daß andere das nicht tun. Seine größte Tugend ist, die Details im Blick zu haben. Dabei kommt es für ihn aber darauf an, keine Zeit an unwesentliche Dinge zu verschwenden.

♂ ♎ Mars in der Waage (Exil)

Von großer Überzeugungskraft und dabei zur gleichen Zeit streitsüchtig. Enthusiastisch und aktiv, was Partnerschaften betrifft. Unter Umständen viel Streit in

Beziehungen, was seinen Grund in dem ausgeprägten Bestreben hat, einen eigenen Weg einzuschlagen. Kann zu Trägheit sowie dazu neigen, sich gehen zu lassen. Möglicherweise mangelt es auch an Selbstvertrauen (was speziell dann gilt, wenn der Rest des Horoskops nicht sehr positiv ist). Tritt abwechselnd so sanft wie ein Reh und andere Male so aggressiv wie eine Hornisse in Erscheinung. Muß Objektivität bei der Beurteilung anderer entwickeln. Mars steht hier im Exil. Wenn dieser Mensch seinen Gefühlen von Wut und Ärger nachgibt, wird er nicht schaffen, was er sich vorgenommen hat. Zur Erreichung seiner Ziele sind im Gegenteil Diplomatie und Ausdauer nötig. Läuterung kann er schließlich durch die Heirat sowie die Arbeit an den Problemen erfahren, die sich beim Zusammenleben auftun. Mit dem Waage-Mars ist ein intuitiver Verstand verbunden. Erforderlich ist hier, zwischen der Selbstaufgabe und der wesenseigenen Aggressivität einen Ausgleich zu finden.

♂ ♏ *Mars im Skorpion* *(Mitherrscher)*

Eine der stärksten Mars-Stellungen, die aber einen klugen Umgang mit der betreffenden Energie erfordert. Fixes Feuer – Skorpion als fixes Zeichen in Verbindung mit dem feurigen Mars – erzeugt Dampf. Große Intensität, viel Stolz, ein ausgeprägter Wille, vielleicht auch Dickköpfigkeit hinsichtlich der Überzeugungen. Hier muß das Animalische zugunsten der Persönlichkeit gezähmt werden. In der bestmöglichen Auswirkung ergießt sich die Energie in Kanäle, die der persönlichen Sicherheit dienen. Diese Person muß lernen, sich andere durch Liebe und nicht durch Angst gefügig zu machen. Die Instinkte sind in diesem Falle so stark ausgeprägt, daß man ihre Gegenwart deutlich spürt, auch dann, wenn sie nichts sagt. Diesen Menschen kennzeichnet eine große Effektivität, ob er redet oder schweigt. Selbstdisziplin ist die Eigenschaft, die entwickelt werden muß. Verfügt über große Heilkräfte, wenn er den spirituellen Weg eingeschlagen hat.

♂ ♐ *Mars im Schützen*

Ein beschwingter, freundlicher und optimistischer Mars, dabei impulsiv und manchmal auch unzuverlässig, weil er seine Energie weithin verstreut. Redet oftmals zuviel. Eignet sich zum Verkaufen. Reist viel. Zumeist sehr an Spiel und Sport interessiert, der höher entwickelte Typ auch an Religion und Philosophie. Strebt nach Unabhängigkeit, erträgt keine Beschränkungen, welcher Form auch immer. »Sperr mich nicht ein« ist sein Schlachtruf. Die Energie muß hier in physische Kanäle gelenkt werden. Neigt, wenn Mars verletzt ist, zu Taktlosigkeiten und dazu, seine Meinung frei und unverblümt zum Ausdruck zu bringen. Möglicherweise sehr selbstgerecht. Muß neben den eigenen Rechten auch die der Mitmenschen anerkennen.

♂ ♑ *Mars im Steinbock* *(Erhöhung)*

Aktiv, ehrgeizig und dazu imstande, mit Ausdauer und Geduld für seine Ziele zu arbeiten. Sehr großer Stolz und viel Selbstvertrauen. Kampf zwischen der animalischen und der menschlichen Seele. Auf seinem Weg zum Höheren könnte es dieser Mensch mit viel Feindseligkeit zu tun haben. Ruhiger Typ, kaum dazu in der Lage, sein Verhalten und Wesen zu erklären. Hat deshalb auch Probleme mit Vorgesetzten und mit Mitarbeitern. Verfügt über viel Stärke. Ist bei der Arbeit sehr ehrgeizig, was für sein persönliches Wesen nicht unbedingt gilt. Das Bedürfnis ist hier darauf gerichtet, zu arbeiten um der Arbeit willen. Imstande, viel Verantwortung zu übernehmen. Beim Lernen eher langsam – aber sehr beständig in der Assimilation des Gelernten. Die beste Stellung für Mars, weil die saturnische Kraft hier die animalische Energie im Zaum hält und bändigt.

♂ ♒ *Mars im Wassermann*

Der Luft-Einfluß des Wassermanns hat hier zur Folge, daß der betreffende Mensch seine marsische Energie auf intellektuelle Gebiete lenkt. Diese Stellung bringt mehr Freiheit, als es beim Steinbock-Mars der Fall war. Allerdings ist damit weniger Umsicht verbunden. Neigung zu Disputen oder Streitereien, zumindest dann, wenn Spannungsaspekte zu Mars vorhanden sind. Ein sehr unabhängiges, aggressives und unternehmungslustiges Wesen. In Verbindung mit seinen Leistungen und Fähigkeiten gewinnt dieser Mensch immer wieder neue Freunde. Wenn Mars im Horoskop verletzt ist, eine rebellische, ungeduldige und womöglich auch abartige Einstellung.

♂ ♓ *Mars in den Fischen*

Mars ist im Zeichen Fische nicht gut gestellt. Die Fische bedeuten Empfänglichkeit, sehr viel Gefühl, eine große Sensibilität und womöglich auch übersinnliche Fähigkeiten, was alles in vollkommenem Gegensatz zum feurigen, dominanten, aggressiven Mars steht. Dem Drang nach Macht ist im Zeichen Fische der Boden entzogen, was es schwierig für Menschen mit dieser Planetenstellung macht, den Erfolg zu erzielen, welchen sie sich so sehnlich wünschen. Äußerlich ruhig, sind sie in ihrem Inneren rastlos und unbeständig. Physisch gesehen mangelt es ihnen an Stärke – unter Umständen vermitteln sie den Eindruck, träge oder gar faul zu sein. Alkohol und Drogen bringen sie in große Gefahr. Für Musiker handelt es sich hier um eine günstige Stellung. Möglicherweise wird zweimal im Leben geheiratet. Tendenziell immer wieder Enttäuschungen im Liebesleben.

Mars in den Häusern

♂ 1   *Mars im 1. Haus*

Diese Mars-Stellung veranlaßt die Persönlichkeit, sich mit voller Kraft für das einzusetzen, was sie tun möchte. Intensive Aktivität ist notwendig, wenn die betreffende Energie konstruktiv genutzt werden soll. Selbstgewißheit, körperliche Stärke und Positivität sind in diesem Fall charakteristische Merkmale, aber auch die Neigung, Risiken einzugehen. Ist Mars hier verletzt, besteht die Gefahr, mit Gewalt konfrontiert zu werden. Dieser Mensch muß sich weiterhin vor der Unfallneigung hüten, die aus übergroßer Impulsivität und aus überhöhter Geschwindigkeit resultieren könnte. In außergewöhnlich starkem Maße um Unabhängigkeit bemüht. Bei Spannungsaspekten muß sowohl die Tendenz zum Jähzorn als auch die Überbetonung des Egos überwunden werden. Organisationsvermögen und großes Selbstvertrauen.

♂ 2   *Mars im 2. Haus*

Kann zu Geld durch Tätigkeiten führen, die mit Technik, mit dem Militär, dem Ingenieurwesen oder mit anderen marsischen Aktivitäten zu tun hat (zum Beispiel auch Arbeit für den Staat). Indem er Wagnisse auf sich nimmt und hart arbeitet, kommt der Mensch mit dieser Stellung zu Geld – allerdings behält er es zumeist nicht. Mit Mars verletzt in einem Feuerzeichen könnte der Mensch Geld und Besitztümer in alle Richtungen verstreuen. Bei Erd- und Wasserzeichen dagegen ist mehr Vorsicht gegeben. Der Test, der mit dem 2. Haus verbunden ist, hat die Frage zum Inhalt, wie wir mit unseren Besitztümern umgehen und wie wir unsere Mittel und Gaben einsetzen. Bei einem Spannungsaspekt zu Uranus können sich plötzlich unerwartete Verluste ergeben.

♂ 3   *Mars im 3. Haus*

Mit dieser Stellung kommt es auf das rechte Denken an. Zu große Impulsivität kann zu Problemen führen. Schwierigkeiten, was das Verhältnis zu Brüdern oder Schwestern betrifft. Viele kurze Reisen. Wenn Mars verletzt ist, muß auf die Unfallneigung achtgegeben werden, insbesondere in der Jugendzeit. Häufig ist bei dieser Stellung ein Bruder oder eine Schwester in der Armee tätig. Bei einer schwerwiegenden Mars-Verletzung könnte sich plötzlich der Verlust von engen Verwandten ergeben. Konflikte und Spannungen im Zuhause sind unter Umständen beständiger Anlaß für Irritationen. Ein großer Reichtum an mentaler Energie kann sich fördernd auf die Ziele und Absichten des Menschen auswirken.

♂ 4   Mars im 4. Haus

Die Aktivität des 4. Hauses ist auf das Begründen von Fundamenten gerichtet, sowohl, was materielle als auch spirituelle Ebenen betrifft. Hier steht das Sicherheitsbedürfnis sowie das Entwickeln von Bewußtheit aufgrund von Erfahrungen im Mittelpunkt. Das 4. Haus zeigt die Wurzeln des Wesens der Persönlichkeit – den Mitternachtspunkt (IC) des Horoskops. Die Energien, die in diesem Haus wirken, sind den Blicken entzogen, nichtsdestotrotz sind sie außerordentlich mächtig. Konflikte und Spannungen in der Seele spiegeln sich durch die häusliche Atmosphäre wider, wenn Mars in 4 steht. Dieser Mensch wird solange keinen Frieden finden, wie er sich nicht mit seinem Karma auseinandergesetzt hat – solange er nicht seine Tendenz zu Konflikten in sich selbst überwindet. Möglicherweise eine sehr aktive und dominierende Mutter, falls Mars verletzt ist. Starke Emotionen, die in den Griff bekommen werden müssen.

♂ 5   Mars im 5. Haus

Viel Energie für kreativem Selbstausdruck. Das 5. Haus steht für die Freisetzung von Macht – es zeigt den Menschen in seinem Drang, sich gemäß seiner Persönlichkeit zum Ausdruck zu bringen. Mit Mars im 5. Haus ist außergewöhnlich viel Kraft sowie sehr viel Impulsivität verbunden, was die persönlichen Wünsche betrifft. Sehr stark entwickelte Willenskraft, unter Umständen aber auch Tollkühnheit. Hier haben wir es mit jemandem zu tun, für den das Leben nur ein Spiel ist. In dem Fall, daß sich der Mensch zu vergangenen Lebzeiten durch eine übermäßige Selbstsucht ausgezeichnet hat, muß er sich nun mit Kindern auseinandersetzen, die ihrerseits sehr selbstsüchtig und nicht sehr liebevoll sind.

♂ 6   Mars im 6. Haus

Das 6. Haus steht für die Anpassung an das Notwendige. Hier müssen Sie für das, was Sie bekommen, arbeiten. Mars in 6 bedeutet eine dynamische Persönlichkeit und eine aktive Haltung, was die Arbeit betrifft, zugleich aber auch Irritationen und Ungeduld, was in Verbindung mit Mitarbeitern und Untergebenen zu Problemen führen kann. Mechanisch begabt. Neigt zu Fieberattacken.

♂ 7 Mars im 7. Haus

Frühe oder schnelle Heirat, ohne viel Überlegung. Bei Verletzung viel Streit in der Ehe. Aufgrund von Problemen mit Partnern Ärger im Geschäftsleben. Schwierigkeiten mit den Gerichten: Haus 7 herrscht über die niedere Gerichtsbarkeit. Aufgrund dessen ist jeder Mensch mit Mars in diesem Haus gut beraten, wenn er Auseinandersetzungen nicht vor Gericht austrägt. Möchte den eigenen Weg gehen – wenn er das tun kann, ist alles in Ordnung. Wenn Mars verletzt ist: ein Ehepartner von streitsüchtigem und jähzornigem Wesen.

♂ 8 Mars im 8. Haus

Streit in Verbindung mit dem Geld des Partners. Probleme mit Erbschaften und Vermächtnissen. Ein plötzlicher Tod – wenn der Mensch seine Mars-Energie nicht transformiert hat und ein Spannungsaspekt zwischen Mars und Uranus gegeben ist, könnte er durch einen Unfall oder auch durch Gewalt verursacht werden. Starke sexuelle Energie. Besteht ein Spannungsaspekt zwischen Neptun und Mars, sollte diese Person sich vor allem hüten, was mit dem Übersinnlichen zusammenhängt. Der Mißbrauch von übersinnlichen Fähigkeiten in einem früheren Leben könnte nun zu Besessenheit sowie zu psychischen Problemen führen.

♂ 9 Mars im 9. Haus

Reisen über große Entfernungen hinweg. Auseinandersetzungen mit angeheirateten Verwandten, was es ratsam erscheinen läßt, einen gewissen Abstand zu wahren. Glaubenseifer kann hier zu Fanatismus werden, wenn Mars verletzt ist. Großes Bedürfnis, unterwegs zu sein. Rastloser Geist.

♂ 10 Mars im 10. Haus

Probleme mit dem Vater. Häufig die Trennung von diesem aufgrund einer bewußten Entscheidung. Muß sich vor Skandalen hüten, was das Verhältnis zur

Öffentlichkeit betrifft. Die kleinste Verfehlung, was die allgemeinen Moralvorstellungen angeht, kann sich gegen diesen Menschen richten. Karmisch ist hier die Tatsache angezeigt, daß in einem früheren Leben die Tendenz zur Herabsetzung und Herabwürdigung anderer bestand. Im Hinblick auf den Beruf wird Energie auf eine direkte Weise eingesetzt, aus dem Wunsch heraus, es zu etwas zu bringen. Stark ausgeprägter Ehrgeiz, großes Selbstvertrauen. Von praktischer Wesensart. Eignet sich für Tätigkeiten, die mit Technik oder dem Militär zu tun haben. Kann auch gut als Ingenieur arbeiten.

♂ 11 *Mars im 11. Haus*

Die Energie ist unmittelbar darauf gerichtet, Ziele und Vorstellungen zu verwirklichen. Kann für diesen Zweck auch die Freunde und Bekannten einspannen. Wichtig ist, daß die richtigen Freunde gesucht werden – die falschen können hier mit Mars eine Menge Schwierigkeiten bringen. Muß lernen, Vorsicht und Integrität zu beweisen. Legt unter Umständen zu viel Gewicht auf das gesellschaftliche Leben. Was dieser Mensch lernen muß, ist, auch einmal nein zu sagen.

♂ 12 *Mars im 12. Haus*

Möglicherweise zunächst einmal ein sanftmütig scheinender Mensch – der sich spätestens aber dann, wenn er mit dem Rücken zur Wand steht, als eindrucksvoller Widersacher erweist. Für ihn ist die beste Verteidigung, keinen Widerstand zu leisten. Verleiht intensive emotionale Reaktionen, die um so stärker sind, weil sie sich im Verborgen abspielen. Muß sich damit abfinden, auf sich selbst gestellt zu sein. Falsche Anschuldigungen durch versteckte Feinde. Muß seine innerliche Tendenz zu Wut und Ärger überwinden. Sollte dabei nicht seine Gefühle unterdrücken, sondern sie so nach außen zu bringen lernen, daß es nicht zum Wettkampf mit anderen kommt.

4 DER JUPITER

Jupiter in den Zeichen

♃ ♈ *Jupiter im Widder*

Von energischem und unternehmungslustigem Wesen. Starkes Selbstwertgefühl. Gute Organisations- und Führungsqualitäten. Liebt Freiheit und Unabhängigkeit. Eine schnelle Auffassungsgabe. Viel Extravaganz, wenn Jupiter durch Mars verletzt ist. In dem Fall, daß Jupiter in einem Eckhaus oder an einem Eckpunkt des Horoskops steht: optimistische Haltung. Schätzt Wissenschaften und Philosophie. Profitiert geistig und körperlich von Reisen. Zieht Überfluß und die schönen Dinge des Lebens an.

♃ ♉ *Jupiter im Stier*

Liebt das Zuhause und den Luxus. Zieht Materielles an, kann von dem Materiellen profitieren. Materialistisch eingestellt, auf das Sinnliche ausgerichtet. Liebt es, gut zu essen, guter Appetit. Kann Geld «machen» – für den Stier-Jupiter ist es denn auch wichtig, tatsächlich Geld zu besitzen. Sehr dickköpfig – kann zu nichts angetrieben werden, was er nicht möchte. Könnte in mittleren Jahren deutlich an Gewicht zunehmen.

♃ ♊ *Jupiter in den Zwillingen* (Exil)

Keine gute Stellung für Jupiter. Die Expansion und das Beurteilungsvermögen Jupiters werden durch die Zerstreutheit und mangelnde Konzentrationsfähigkeit der Zwillinge zersplittert. In diesem Fall kommt es nicht zur Anziehung des jupiterhaften Überflusses, weil die Selbstbezogenheit dies hies verhindert. Schnelles Sprechen kann zu Schwierigkeiten führen, wenn Jupiter verletzt ist. Bestehen keine Spannungsaspekte, verfügt der Mensch womöglich über ein sorgloses Naturell. Kann gut in der Reisebranche arbeiten oder in Berufen, die mit Verkaufen, der Verbreitung von Ideen oder dem Lehren zu tun haben.

♃ ♋ Jupiter im Krebs (Erhöhung)

Jupiter ist hier gut gestellt, weil er eine Expansion des nährenden und fürsorglichen Krebs-Prinzips darstellt. Verleiht eine positive Persönlichkeit, die von ihrer Wesensart immer wieder profitieren kann. Ein freundlicher und geselliger Mensch. Kann gut mit der Öffentlichkeit umgehen. Leidet möglicherweise unter Gewichtsproblemen. Entfaltet sein Potential für gewöhnlich erst in mittleren Jahren. Hat wahrscheinlich materiellen Erfolg. Eine gute Stellung, um Besitz und Kapital anzuhäufen. Bei Verletzungen ist die Person unter Umständen übervorsichtig, was Geld betrifft. Es könnte dann die Tendenz zu Geiz und Knickrigkeit bestehen.

♃ ♌ Jupiter im Löwen

Starke Vitalität. Allerdings wäre es möglich, daß im Falle von Übergewicht Herzprobleme gegeben sind (vergrößertes Herz). Selbstvertrauen, Mut und Loyalität. Extravagant und wahrscheinlich von sich selbst überzeugt. Rasche Auffassungsgabe. Wenn Jupiter verletzt ist, resultieren Fehler daraus, daß der Mensch zuviel des Guten tut. Würde und Stolz sind hier von großer Bedeutung. Es besteht ein großes Bedürfnis, andere zu beeindrucken. Möglicherweise egoistische Neigungen, insbesondere bei Spannungsaspekten von Jupiter zur Sonne. Kann sich als Führungspersönlichkeit und als Organisator auszeichnen.

♃ ♍ Jupiter in der Jungfrau

Hier wird die Expansivität Jupiters von der detailorientierten, zu Gefühlen der Unsicherheit neigenden Jungfrau eingeschränkt. Die Größe Jupiters wird durch die Begrenztheit der Jungfrau beeinträchtigt. Vorsicht, Praxisorientierung, eine wissenschaftliche Herangehensweise an das Leben. Eher intellektuell und kritisch als emotional. Ein stark entwickeltes Unterscheidungsvermögen. Wenn Jupiter verletzt ist, muß mit der Neigung gerechnet werden, daß der Mensch überkritisch und pedantisch ist und immer wieder unter Irritationen zu leiden hat. Mit dieser Stellung wird zuviel Aufmerksamkeit auf Details gerichtet, was zu Lasten der umfassenderen Vision geht. Gut geeignet für alles, was mit Diät und mit der Arbeit für Kranke zu tun hat. Außerdem Begabungen für Forschungstätigkeiten oder für die Arbeit als Detektiv.

♃ ♎ *Jupiter in der Waage*

Viel Sinn für Kultur, Ästhetik und Ideale. Unparteiisch, freundlich und außengerichtet in seinem Wesen. Liebt die Künste und Schönheit. Häufig ein Kunstsammler. Wirkt auf andere anziehend. Ausgezeichnete Stellung für Künstler oder für Anwälte. Wenn kein Spannungsaspekt zu Jupiter gegeben ist, kann mit Gewinnen in Partnerschaften und in der Ehe gerechnet werden. Verleiht Erfolg im Beruf, insbesondere bezüglich großer Gesellschaften. Bestehen zu Jupiter Spannungsaspekte, kann es durch Partner sowie durch rechtliche Verwicklungen zu Problemen kommen. Liebt keine körperliche Arbeit.

♃ ♏ *Jupiter im Skorpion*

Kluge und clevere Urteile. Hintergründiger Typ. Bei Verletzungen zu Jupiter: Jemand, der auf »Abwegen« zum Erfolg zu kommen versucht. Wenn ein Spannungsaspekt zu Mars besteht, könnten Probleme mit den Sinnen und mit der Leidenschaft gegeben sein. Große Stärke und viel Mut. Sehr geheimnisvoll. Bei entwickelteren Individuen heilerische Gaben sowie die Fähigkeit, in der äußeren Welt quasi magnetisch Erfolg anzuziehen. Gut für die Arbeit bei der Polizei, als Ingenieur, im Bereich der Chemie oder der Medizin.

♃ ♐ *Jupiter im Schützen* (Herrscher)

Sorglos, außengerichtet, optimistisch in der Veranlagung. Jemand, der viel im Freien ist, der Sport liebt und der willens ist, jede sich bietende Chance beim Schopfe zu packen. Von seiner Natur aus ein Finanzfachmann. Oftmals Geld durch Erbschaften. Im Horoskop der Frau weist diese Stellung auf Führungseigenschaften hin. Die entwickelteren Individuen sind an der Metaphysik, an Religion, Philosophie sowie an humanitären Fragen interessiert. Eine ausgeprägte Vorliebe für das Reisen. Möchte sich frei fühlen.

4 ♑ *Jupiter im Steinbock* *(Fall)*

Hier haben wir es mit dem «Arbeitstier» zu tun, mit dem Menschen, der sich bewußt dafür entscheidet, die Welt der Fakten zu studieren und in seinem Beruf voranzukommen. Die jupiterhafte Expansion wird häufig durch die saturnische Vorsicht im Zaum gehalten. Notwendig ist hier, frei geben zu lernen (weil mit dieser Stellung die Neigung besteht, mit dem Ausdruck von Gefühlen der Liebe sehr zu knausern). Das gleiche könnte auch hinsichtlich des Geldes wie auch der materiellen Besitztümer überhaupt gelten. Zu vorsichtig, wenn es um die eigenen Belange geht. Wenn zu Jupiter Spannungsaspekte vorhanden sind, ist eine Bewußtseinsveränderung notwendig, bevor es zu einem Reichtum in der Welt der Erscheinungen kommen kann.

4 ♒ *Jupiter im Wassermann*

Gut für den fähigen Wissenschaftler, der an großen Projekten und umfassenden Reformen interessiert ist. Erweitert das Interesse an Gruppenunternehmungen. Dieser Mensch kann gut mit anderen zusammenarbeiten. Ein scharfer Geist und gut entwickelter Intellekt. Verleiht Originalität sowie das Vermögen, anderen neue Ideen zu vermitteln. Kann diplomatische Fähigkeiten anzeigen. Weiterhin haben wir es hier vielleicht mit Fachleuten zu tun, was die Arbeit als solche betrifft, oder mit Personal- oder Organisationsexperten.

4 ♓ *Jupiter in den Fischen* *(Mitherrscher)*

Der «barmherzige Samariter», der anderen zu helfen bestrebt ist, dies aber hinter den Kulissen tut. Ruhige und bescheidene Wesensart. Nicht besonders viel weltlicher Ehrgeiz. Im allgemeinen von sehr umgänglicher Wesensart. Leidet womöglich unter Überempfindlichkeit, ohne das nach außen hin deutlich werden zu lassen. Starkes Interesse an allem, was mit der Psyche und dem Verborgenen zusammenhängt. Kann gut mit Menschen zusammenarbeiten, weil er um die Bedürfnisse der anderen weiß. Muß bei seiner Arbeit Emotionen und Mitgefühl einfließen lassen, weil er sich sonst unglücklich dabei fühlt.

Jupiter in den Häusern

♃ 1   *Jupiter im 1. Haus*

Expansion – die Ausweitung des Horizontes im Hinblick auf das Reisen, die
Zunahme an Gewicht, was den Körper betrifft. Materieller Überfluß. Kennzeichnet einen Menschen, der liebevoll ist und seine Probleme damit hat, Disziplin zu wahren. Bestärkung der vitalen Kräfte. Bei Verletzungen des Jupitesr
Tendenz zum Egoismus und zur Heuchelei. An Sport interessiert, erfolgreich
auf diesbezüglichen Feldern. Organisatorische Fähigkeiten.

♃ 2   *Jupiter im 2. Haus*

Zieht Mittel und Geld an. Bei Spannungsaspekten: Extravaganz – der Mensch, der
sein Geld mit vollen Händen «zum Fenster hinauswirft». Dürfte bei Tätigkeiten, die
mit der Bank, der Börse oder allgemein mit Finanzen zu tun haben, ein gutes Einkommen bedeuten. Dies gilt auch für den Bereich des Reisens oder des Verkaufens.

♃ 3   *Jupiter im 3. Haus*

Liebenswürdiger, optimistischer Mensch. Die Umgebung der frühen Jahre wirkt
sich förderlich aus. Gute Beziehungen zu den Verwandten. Profitiert sehr von
seinen Brüdern und Schwestern. Wacher Geist, stark entwickelte Intuition. Geistig rastlos – braucht eine abwechslungsreiche Beschäftigung.

♃ 4   *Jupiter im 4. Haus*

Offenherziges, großzügiges Wesen. Starke Seelenkräfte. Erfolg in der Umgebung des Geburtsortes. Gewinnt durch seine Eltern. Profitiert auch von Erbschaften. Das Zuhause muß für diesen Menschen weitläufig und komfortabel
sein. Braucht das Gefühl von Weite um sich herum. Glück und Wohltaten sowie Überfluß ergeben sich im späteren Teil des Lebens.

♃ 5   *Jupiter im 5. Haus*

Liebe zum Sport und zu geselligen Vergnügungen. Wenn Jupiter nicht verletzt ist, eine sehr kreative Persönlichkeit, die durch ihre Kinder – des Leibes wie der Phantasie – zu Glück und Erfolg kommt. Gewinne durch Spekulation und Investitionen. Werden die Sinne unter Kontrolle gehalten, wird der Mensch durch sein mitfühlendes Wesen Glück erfahren.

♃ 6   *Jupiter im 6. Haus*

Erfolg in Arbeitsbereichen, die mit dem Dienst an anderen zu tun haben. Gute Beziehungen zu Untergebenen oder zu Mitarbeitern. Arbeitet seinerseits loyal und zuverlässig. Bei Verletzungen zu Jupiter sind Probleme gesundheitlicher Art zu erwarten, die aus Achtlosigkeit oder Zügellosigkeit hinsichtlich der Ernährung stammen. Die Probleme könnten sich auf die Leber oder auf das Blut beziehen.

♃ 7   *Jupiter im 7. Haus*

Geselliger Menschentyp. Mit guten Gaben ausgestattet. Kann immer wieder von seinem optimistischen Wesen profitieren. Gewinnt vielleicht auch durch den Ehepartner. Könnte jemanden heiraten, der schon vorher eine Ehe eingegangen war.

♃ 8   *Jupiter im 8. Haus*

Geld durch Partner sowie durch Erbschaften. Bei Verletzungen könnte es Extravaganz und weiterhin auch einen Mangel an Beurteilungsvermögen geben. Sehr emotionaler Typ. Sollte die Umstände gründlich abwägen, bevor er aktiv wird. Starke sexuelle Triebkraft.

♃ 9   *Jupiter im 9. Haus*

Interesse an Religion und an Philosophie. Reist viel, was zur Erweiterung des Horizontes beiträgt. Kann sehr erfolgreich auf dem Gebiet der höheren Bildung, der Religion, des Schreibens oder des Verlagswesen tätig sein. Besteht zu Jupiter kein Spannungsaspekt, hat der Mensch wahrscheinlich seine Freude an den angeheirateten Verwandten. Ein gut ausgeprägtes Urteilsvermögen und eine scharfe Intuition. Günstig für Aufenthalte in fernen Ländern.

♃ 10 *Jupiter im 10. Haus*

Die beste Jupiter-Stellung, was Erfolg und Wohlstand betrifft. Starker Antrieb, es zu etwas zu bringen. Zieht berufliche Ehren und Erfolg an. Die Karriere hat für gewöhnlich etwas mit Menschen zu tun, die benachteiligt sind oder zu leiden haben. Sehr günstig für Tätigkeiten auf dem medizinischen Bereich oder überhaupt für die Zusammenarbeit mit anderen. Verfügt über ein expansives Wesen, das auf andere anziehend wirkt. Hohe moralische Standards. Wird es sehr wahrscheinlich zu einer herausragenden Stellung im Leben bringen.

♃ 11 *Jupiter im 11. Haus*

Zieht Freunde an, die dabei helfen, die persönlichen Ziele und Vorstellung zu verwirklichen. Der Ehrgeiz wird im Rahmen von Freundschaften befriedigt. Bei Spannungsaspekten zu Jupiter könnten Extravaganz sowie die falsche Wahl von Freunden zum Sturz führen. Liebt das gesellige Leben. Profitiert sehr vom Reisen. Ist Jupiter nicht verletzt, sind die Intuition und das Beurteilungsvermögen gut entwickelt.

♃ 12 *Jupiter im 12. Haus*

Der unsichtbare Schutzengel. Wie ein solcher wirkt auch die nicht wahrnehmbare Hilfe, die diesem Menschen zuteil wird. Sollte in einem Krankenhaus oder in einer gemeinnützigen Einrichtung arbeiten. Ist Jupiter verletzt, kommt es nach Erfolgen immer wieder zu Umschwüngen. Eine gute Stellung für Forschungstätigkeiten oder für Arbeit hinter den Kulissen. Diese Person sollte ihre Ideen erst einmal gründlich durchdenken, bevor sie sie den anderen präsentiert. Bestehen Spannungsaspekte zu Jupiter, könnte sich der Mensch aufgrund voreiliger oder unzutreffender Beurteilungen manche Gelegenheit verderben. Zu große Hast schadet ihm. Kann direkt oder indirekt von Feinden profitieren, die er zu Freunden gemacht hat. Erfolg im mittleren Lebensabschnitt. Von den Freunden ist Hilfe zu erwarten – selbst dann, wenn Jupiter verletzt ist.

♄ DER SATURN

Saturn in den Zeichen

♄ ♈ *Saturn im Widder* (Fall)

Der spontane Fluß des Lebens ist in diesem Fall behindert. Könnte zu Verdächtigungen und zu Mißtrauen neigen. Leidet oftmals unter Menschen, die Macht über ihn haben. Wird zurückgehalten durch unterbewußte Ängste oder durch Konfliktgefühle. In Horoskopen von Frauen unter Umständen Hinweis auf einen Vaterkomplex. Verleiht die Fähigkeit, sich zu konzentrieren und seinen Geist zu stabilisieren. Kann gut reden und scheut vor keiner Diskussion zurück. Möglicherweise von eher reserviertem und vielleicht auch selbstsüchtigem Wesen. Blutandrang zum Kopf kann zu Problemen mit Kopfschmerzen führen. Braucht körperliche Bewegung, um die Lebenskräfte im Fluß zu halten. Als Reflex auf das gegenüberliegende Zeichen Waage kann es auch zu Schwierigkeiten mit den Nieren kommen, was bedeutet, daß Menschen mit einem Widder-Saturn immer viel Wasser aufnehmen sollten. *Der Prüfstein dieser Saturn-Stellung ist Selbstbezogenheit.*

♄ ♉ *Saturn im Stier*

Große Hartnäckigkeit und Zähigkeit. Kann von extremer Dickköpfigkeit sein. Erforderlich sind hier Lektionen, die Aufschluß über das wahre Wesen von Werten geben. Erst, wenn der Mensch dies erkannt hat, wird er Frieden finden. Weiterhin geht es um den richtigen Einsatz der kreativen Kräfte, der Sexualität und der Redegabe. Sehr besitzergreifend denjenigen gegenüber, die er liebt. Muß die Tendenz zur Eifersucht überwinden. Auch zu bekämpfen ist die Neigung, Materielles zu wichtig zu nehmen. Wenn Saturn in diesem Zeichen verletzt ist, heißt das nicht, daß der Mensch nicht zu Geld kommen kann. Vielmehr wäre dadurch angezeigt, daß sich in Verbindung mit Geld Probleme ergeben. *Der Prüfstein ist hier die Haltung zu Besitztümern. Derjenige, der kein Bedürfnis hat zu besitzen, fürchtet keinen Verlust.*

♄ ♊ *Saturn in den Zwillingen*

Eine der besseren Stellungen für Saturn. Mit ihr schwindet die Oberflächlichkeit der Zwillinge, es kommt zur Vertiefung des Geistes. Dieser Mensch kann sich konzentrieren; er ist dazu imstande, mehr über die Bedeutung des Lebens herauszufinden. Ein anpassungsfähiger, scharfer Verstand, der vielleicht eine Person anzeigt, die Lehrer ist. Steht Saturn verletzt, dürfte der Mensch getrennt von seinen Verwandten sein und es sehr schwierig finden, Kontakte zu ihnen herzustellen. Personen mit Saturn in den Zwillingen neigen zu Lungenproblemen, was bedeutet, daß sie nicht rauchen sollten. Sie haben unter Sauerstoffmangel zu leiden, wenn sie nicht genug Luft in die Lungen bekommen. Zu achten ist auch auf nervliche Überlastung und Anspannung. *Der Prüfstein ist hier, Glauben und Optimismus bezüglich der mentalen Einstellung dem Leben gegenüber zu entwickeln. Aller Wahrscheinlichkeit nach besteht, wenn Saturn in diesem Fall verletzt ist, in dieser Beziehung ein negativer Ansatz.*

♄ ♋ *Saturn im Krebs* (Exil)

Neigt emotional zu übergroßer Starrheit. Dies muß seine Ursache nicht in einer innerlichen Selbstsucht haben, sondern kann aus Verletzungen resultieren, die dem Menschen in seinen frühen Jahren zugefügt wurden. Daraus ergibt sich nun für ihn, daß er sich einen Schutzpanzer zulegt, was die Gefühle betrifft. Möglicherweise von sanftem Wesen – hat aber seine Schwierigkeiten damit, sich in die Lage von anderen zu versetzen. Eine ehrgeizige und scharfsinnige Person, der materielle Dinge sehr viel bedeuten. Schreckt unter Umständen vor engen Bindungen zurück. Der Mangel an Beziehungen kann im Alter Einsamkeit bedeuten. Starke Psyche. *Der Prüfstein für Saturn im Krebs ist, den Wert von Verantwortung und von Mitgefühl zu lernen.*

♄ ♌ *Saturn im Löwen*

Das Herzzentrum muß hier entwickelt werden. Beschränkung, was das Herz betrifft – sowohl im Psychischen wie im Physischen. Großer Stolz und zu oft ein ausgeprägter Ego-Drang nach Macht. Sehr starker Wille. Enttäuschungen durch Liebe und Kinder in dem Fall, daß Saturn verletzt ist. Große geistige Vitalität, die andere unter Umständen überfordert. Dieser Mensch dürfte zu früheren Lebzeiten keine besonders liebevolle Persönlichkeit gewesen sein. Daraus ergibt sich, daß ihm jetzt häufig die gewünschte Liebe verwehrt bleibt, solange, bis in spirutueller Hinsicht die Bilanz wieder ausgeglichen ist. Kann sehr reserviert und vorsichtig sein. *Der Prüfstein ist hier, ob der Mensch wirklich Bescheidenheit und Nächstenliebe zum Ausdruck bringt.*

♄ ♍ *Saturn in der Jungfrau*

Verleiht einen ordentlichen, kritischen, analytischen Verstand. Muß einen Sinn für Humor entwickeln. Das Leben ist für diesen Menschen eine ernsthafte Sache. Ein guter Arbeiter, der aber möglicherweise aufgrund seiner übermäßigen Neigung zur Kritik Probleme mit Mitarbeitern hat. Es fällt ihm auch schwer, die Erfahrungen, die das Leben mit sich bringt, zu assimilieren. Insbesondere kann sich dies auf seinen nervlichen Zustand auswirken. Könnte – wenn Saturn verletzt ist – immer wieder unter Irritationen zu leiden haben. An anderen herumzunörgeln ist eine Schwäche, die dieser Mensch abstellen sollte. Außerdem muß er dagegen ankämpfen, sich des öfteren in Nebensächlichkeiten zu verlieren. Diese Saturn-Stellung ist günstig für den Forscher, den Wissenschaftler sowie für denjenigen, der im Rechnungs- oder im Bilanzwesen arbeitet. Eine Tätigkeit, die viel mit Details zu tun hat, hat in diesem Fall nichts Abschreckendes. *Der Prüfstein ist hier unterscheiden zu lernen, was wichtig ist und was nicht.*

♄ ♎ *Saturn in der Waage* *(Erhöhung)*

Der Mensch mit dem Waage-Saturn befindet sich in der Mitte zwischen der Persönlichkeit, die sich mit der Materie auseinanderzusetzen hat, und der Seele, die er werden muß. Saturn ist strenge und unbestechliche Gerechtigkeit, und die Bilanz, die er uns präsentiert, ist hundertprozentig in Ordnung. Saturn ist in der Waage erhöht, weil diese das Zeichen der Beziehungen ist, durch welche wir uns in Dankbarkeit weiterentwickeln können. Die Person, die für sich allein auf einer einsamen Insel lebt, hat in dieser Hinsicht keine Schwierigkeiten. Wir anderen aber können nur durch Geduld, Leidensfähigkeit, Verantwortungsgefühl und Bescheidenheit Beziehungen zu anderen Personen eingehen. Saturn verlangt Kooperation und nicht Wettbewerb. Wenn er in der Waage steht, darf sich der Mensch nicht mehr im Wettbewerb zu anderen sehen, sondern muß ein Verhalten der Kooperation entwickeln. Bei Spannungsaspekten ist davon auszugehen, daß es in der Ehe zu Problemen kommt, die ihre Ursache in mangelnder Kooperationsbereitschaft zu früheren Lebzeiten haben. Die Ehe ist für diese Person eine Aufgabe, und der einzige Weg, sie zu lösen, ist der der Liebe. Ein gutes Beurteilungsvermögen, Diplomatie und Takt sind mit dieser Stellung gegeben; es kommt darauf an, diese Qualitäten auch tatsächlich zum Einsatz zu bringen. Unter Umständen körperliche Beschwerden mit den Nieren, verursacht durch Verunreinigungen im Blut. Vitamin C ist für diesen Menschen wichtig, weil es hilft, das Blut rein zu halten. *Der Prüfstein ist, ob dieser Mensch wirklich in Verbindung mit dem Leben steht.*

♄ ♏ **Saturn im Skorpion**

Verleiht emotionale Intensität und Stärke. Mit der entsprechenden Energie ist ein sehr vorsichtiger Umgang notwendig. Starke Ego-Tendenzen. Möchte seine Geheimnisse für sich behalten. Scharfsinnige und mitunter extrem rach- und eifersüchtige Person (wenn Saturn verletzt ist). Starker Drang nach Macht. Ob dieser befriedigt wird oder nicht, lassen die Aspekte zu Saturn erkennen. Verfügt über große Reserven. Könnte immer wieder dazu neigen, sich zurückzuziehen. Außersinnliche Wahrnehmungen, sehr am Okkulten interessiert. Die Wunschnatur ist stark entwickelt – der Mensch wird aber viel Leid und Schmerz erleben müssen, solange er seine Wünsche und Triebe nicht unter Kontrolle hat. Schmerz ist der große Lehrer. Der, den sich diese Person selbst zufügt, hat eine reinigende Wirkung auf die Gefühlswelt. Entweder umfassende Liebe oder verzehrender Haß. Kein schwacher Charakter – kann aber destruktiv wirken, wenn nicht eine gewisse Entwicklungsstufe erreicht worden ist. Schwierigkeiten mit Ablagerungen im Körper (Gallensteine, Arthritis, Arteriosklerose etc.), die auf Kristallisationsprozessen beruhen. Diese haben ihre Ursache in der geistigen und emotionalen Einstellung. *Der Prüfstein ist, die auf die Außenwelt gerichteten Wünsche und Triebe unter Kontrolle zu bringen.*

♄ ♐ **Saturn im Schützen**

Philosophisch geprägter Mensch. Neigt dazu, furchtlos und offen auf Herausforderungen zu reagieren. Scharfe Intuition. Kann ein guter Lehrer sein. Ist dazu bereit, mit Behinderten und Benachteiligten zu arbeiten. Starkes Gefühl für Stolz – nimmt es nicht einfach hin, wenn er beleidigt wird. Wenn Saturn nicht verletzt ist, haben wir es mit einem offenherzigen und aufrichtigen Charakter zu tun. Aktives religiöses Leben. Günstig für eine wissenschaftliche Geisteseinstellung. Bei Verletzungen könnte diese Person zu Sorglosigkeit neigen, zu Gleichgültigkeit, Entscheidungsschwäche oder dazu, fortwährend zu rebellieren. Wenn Saturn im Zeichen Jupiters auf Abwege gerät, könnten Fehler daraus resultieren, daß sich der Mensch zu intensiv mit dem beschäftigt, was falsch ist, und zuwenig damit, was richtig ist. Braucht körperliche Bewegung, weil die Tendenz zu Durchblutungsstörungen in den Gliedmaßen gegeben sein könnte. Der Nerv, der sich durch die Beine zieht, könnte Anlaß zu Problemen geben. Chiropraktische Anwendungen würden in diesem Fall helfen. *Prüfstein ist, wie es ganz allgemein um die Lebensauffassung bestellt ist.*

♄ ♑ Saturn im Steinbock *(Herrscher)*

Karmisch das Haus der Klärung. Kann sich zum besten oder zum schlimmsten auswirken, was die Steinbock-Prinzipien betrifft. Ehrgeizig, kaltblütig und weitsichtig, was das Materielle angeht. Verleiht eine praktische, erdverbundene Einstellung hinsichtlich der Welt. Prestige und die soziale Stellung sind für den unentwickelten Steinbock sehr wichtig. Von ernsthaftem, einzelgängerischem und mißtrauischem Wesen, wenn Saturn verletzt ist. Könnte auch zu Selbstsucht und zum Egoismus neigen. Liebe zur Macht und der Wunsch, über andere zu herrschen. Möglicherweise aber auch Einsamkeit und ein Gefühl der Beschränkung im Fall, daß Saturn verletzt ist. Der Weg aus den Problemen ist das Geben. Saturn verleiht ein starkes Gefühl für Pflicht – düstere Ernsthaftigkeit, wenn nicht mit Freude der Arbeit nachgekommen wird. In diesem Zeichen fungiert Saturn als Brücke zwischen der Selbstbezogenheit und der Dienstbereitschaft. Im physischen Körper könnte die übermäßige Tendenz zur Kristallisation Gelenke und Knochen beeinträchtigen – unter Umständen mit Arthritis als Folge. Wenn Saturn im Steinbock nicht verletzt steht, verleiht er Stärke, Zähigkeit und ein starkes Gefühl für Verantwortung. Dieser Mensch wird sich als entwickeltes Individuum zeigen, ohne daß bei ihm eine der negativen Qualitäten hervortritt. *Der Prüfstein ist hier der Gebrauch der Macht. Bescheidenheit im wahrem Sinn bedeutet, der Energie ihren Weg zu lassen, ohne selbst Energie oder Macht sein zu wollen.*

♄ ♒ Saturn im Wassermann *(Mitherrscher)*

Saturn in diesem Zeichen ist die Brücke zwischen dem höheren und dem niederen Selbst. Karmisch gesehen eine kritische Stellung, weil die Seele zu akzeptieren hat, daß sie sich neu erschaffen muß und daß sie in Verbindung mit Gott steht. Der positive Pol muß das höhere Selbst sein, nicht die Persönlichkeit. In seinem Wesen von eher fixer, starker, gerechter, unpersönlicher und wissenschaftlich geprägte Art (wenn Saturn nicht verletzt ist). Bei Verletzungen könnte dieser Mensch rachsüchtig, voreingenommen, kalt und abweisend sein. Auf alles, was man ihm sagt, könnte er mit Gefühlen der Wut oder des Ärgers reagieren. Der spirituelle Schüler seinerseits hat mit dieser Stellung die Möglichkeit, andere Charaktere zu beurteilen, sich zu konzentrieren, zu meditieren und das Instrument der höheren Kräfte des Lichtes zu werden. Was den Körper angeht, muß dieser Mensch darauf achten, daß der Fluß der vitalen Energien gewährleistet ist. *Der Prüfstein für Saturn im Zeichen Wassermann ist die Frage, ob wir unserer Verantwortung gerecht werden.*

♄ ♓ ### Saturn in den Fischen

Der Einfluß von Saturn ist in diesem Zeichen geschwächt. Nimmt das Leben zu ernst und reagiert auf negative Umstände emotional. Zu sehr auf das eigene Selbst gerichtet, zu ängstlich. Die Ängste stammen möglicherweise aus dem Unbewußten und erscheinen an der Oberfläche als unbestimmte Befürchtungen und depressive Verstimmungen. Es kommt hier darauf an, die Vergangenheit Vergangenheit sein zu lassen und die Geister zu verscheuchen, die das Leben «sauer» gemacht haben. Fähig zu Mitgefühl und Mitleid. Neigt aber dazu, sich zu sehr mit den Problemen der Mitmenschen zu identifizieren. Muß lernen, auf eine «abgehobene» Weise zu lieben. Die Fische herrschen über die Füße, die das Symbol des Verständnisses sind. *Der Prüfstein ist hier die Loslösung und Trennung, das Loslassen und das Gewährenlassen Gottes.*

Saturn in den Häusern

♄ 1 ### Saturn im 1. Haus

Wenn Saturn dicht am Aszendenten steht, handelte es sich um eine schwierige Geburt – die Seele hat sich gegen die Inkarnation gewehrt. Dieses Wissen kann unter Umständen helfen, die Geburtszeit zu korrigieren. Die Geburt mit Saturn im 1. Haus am Aszendenten ist für die Mutter immer mit Schwierigkeiten verbunden. Diese Saturn-Stellung verleiht frühe Reife – die Person ist sozusagen schon alt geboren, sie wird aber mit zunehmendem Alter jünger, was ihre Ansichten betrifft. Schüchtern und introvertiert. Startet früh in das Leben. Muß ihr Selbstvertrauen kultivieren sowie ein Gefühl für den Wert des eigenen Wesens. Hat Ängste, die überwunden werden müssen. Kann hart arbeiten und es durch Bestimmtheit, Hartnäckigkeit und Selbstkontrolle im Leben zu Erfolgen bringen.

Das frühe Leben ist eher von Kargheit und Disziplin gekennzeichnet als vom Gefühl, geliebt zu werden. Möglicherweise viel Selbstsucht und Selbstbezogenheit (wenn Saturn durch Zeichen oder durch Aspekte schlecht gestellt ist).

♄ 2   Saturn im 2. Haus

Bedeutet die Lektion, einen Sinn für wahre Werte zu entwickeln. Muß nicht heißen, daß man niemals zu Geld kommen wird – so sind zum Beispiel Erbschaften durchaus möglich. Der Mensch wird aber innerlich keine Ruhe finden, bis er nicht gelernt hat, seine Besitztümer mit anderen zu teilen. Grundbesitz und alles, was mit Land zu tun hat, ist hier eine gute Investition. Dieses Haus herrscht über den Geistesfrieden, und dieser hängt maßgeblich davon ab, welche Werte man besitzt. Saturn in diesem Haus deutet ausdrücklich auf die Notwendigkeit hin, die Einstellungen neu auszurichten sowie eine stabilere Basis zu entwickeln, von der aus der Mensch in der Welt der Erscheinungen operieren kann. Zuviel Materialismus und zu großes Besitzstreben – das «Ich» und das «Mein» stehen zu sehr im Vordergrund.

♄ 3   Saturn im 3. Haus

Ernsthafter und tiefschürfender Geistestyp. Fähig zu tiefer Konzentration. Starkes Gefühl für Gerechtigkeit. Die ersten Lebensjahre waren bei diesem Menschen im allgemeinen nicht sehr glücklich. Möglicherweise von den Verwandten getrennt oder ohne jedes Gefühl der Verbindung zu ihnen. Die Tendenz zu Mutlosigkeit und Depression muß in den Griff bekommen werden. Unvollständige Bildung – dieser Mensch ist auch das, was man einen »ewigen Studenten« zu nennen pflegt. Ist sein ganzes Leben lang bestrebt, Wissen zu erwerben. Klammert sich möglicherweise aus Angst vor neuen Situationen an das Alte und Vertraute. Die Einsamkeit der Jahre, in denen diese Person heranwuchs, stellt eine untergründige Prägung dar, die früher oder später bewußt erkannt werden muß. Ohne diese Erkenntnis kommt es nicht zur vollständigen Teilhabe am Leben, wofür dann die Angst vor Täuschungen und Enttäuschungen verantwortlich ist. Die Lungen sind eher schwach – diese Saturn-Stellung besagt: »Nicht rauchen!«

♄ 4   Saturn im 4. Haus

Im 3. Haus kommt die negative Saturn-Seite in den frühen Jahren zum Ausdruck (von 7 bis 18). Im 4. Haus wirkt sich Saturn eher auf die späteren Lebens-

abschnitte aus, was sehr viel schwieriger sein kann. In den Wurzeln ist hier viel
Selbstsucht gegeben, die überwunden werden muß. Geschieht dies nicht, muß
im Leben später dann die Rechnung dafür gezahlt werden. Der Mensch kann
dies vermeiden, indem er Kapital auf sein spirituelles Sparbuch einzahlt, was
eine Vorsorge für Notzeiten wäre. Er muß von sich geben und die tief in ihm
verborgene Selbstsucht entschieden bekämpfen. Diese Stellung könnte Gewinn durch Grundbesitz und Land anzeigen. Unter Umständen aufgrund von
emotionalen Konflikten Probleme mit der Verdauung (Magengeschwüre). In
der Familie ein ausgeprägtes Gefühl des Stolzes, auch hinsichtlich der Vorfahren. Sehr häufig ein starker Mutterkomplex sowie die Tendenz, an der Vergangenheit zu hängen. Muß vom Zuhause weggehen, um sich eine eigene Meinung zu bilden. Macht äußerlich einen unabhängigen Eindruck, hat aber Angst
davor, sein Heim zu verlassen. Wird sich fern seines Geburtsortes glücklicher
fühlen.

♄ 5   Saturn im 5. Haus

Hier könnten der Selbstausdruck sowie die kreativen Fähigkeiten gehemmt
sein. Die Lektion ist in diesem Fall, Liebe zum Ausdruck zu bringen – der Geborene könnte zunächst dazu neigen, ein kühles und gehemmtes Verhalten
zu zeigen. Schwierigkeiten mit Kindern, was seinen Grund in mangelndem
Einfühlungsvermögen in ihre Bedürfnisse hat. Vielfach bekommen diese
Menschen auch keine Kinder. Bei dieser Saturn-Stellung kann nicht dazu geraten werden, Kinder zu adoptieren – dies hätte mehr Leid als Freude zur Folge. Psychologische Blockierungen, was Sex betrifft. Stolz sowie der nicht bewußt wahrgenommene Drang nach Macht kann schädlich auf die besten Absichten wirken. Das Unterrichten von oder das Zusammenarbeiten mit jungen
Leuten wäre ein konstruktiver Nutzen von Saturn in 5. Sehen Sie nach, welche harmonischen Aspekte zu Saturn von welchen Häusern aus bestehen, um
zu erkennen, wie diese Saturn-Stellung positiv eingesetzt werden kann. Dieser Mensch muß auf seinen Kreislauf achten sowie darauf, sein Herz gesund
zu halten. Beschränkende *Emotionen* können zu *körperlichen* Beschränkungen führen. Zu lernen ist hier, das Selbst zu vergessen und sich um andere zu
kümmern.

♄ 6   Saturn im 6. Haus

Muß für das, was er bekommt, hart arbeiten. Schwierigkeiten am Arbeitsplatz,
was seine Ursache in einzelgängerischen Tendenzen sowie in übermäßigen
Forderungen hat. Arbeitet hart, sollte aber nicht davon ausgehen, daß alle anderen die gleiche Einstellung zu ihrer Arbeit haben wie er. Die Nerven sowie

das Herz können Schaden nehmen, wenn der Mensch zu große Forderungen an sich und an andere stellt. Das Vermögen, Erfahrungen zu verarbeiten, muß kultiviert werden, weil die Tendenz, sich Sorgen zu machen, sonst zu gesundheitlichen Beschwerden führen könnte. Möglicherweise ein Nörgler, der sich viel zu schnell aufregt. Vorsichtige und praktische Wesensart. Nicht die Arbeit sollte hier das Entscheidende sein, sondern die Einstellung, die man zu ihr hat.

♄ 7 *Saturn im 7. Haus*

Die Tendenz, sich abseits zu halten, macht es für diesen Menschen schwierig, sich mit anderen zu verbinden. Wahrscheinlich haben wir es hier mit jemandem zu tun, der sich in einem früheren Leben von den Mitmenschen ferngehalten hat. In diesem Leben kommt es für ihn darauf an, sich mit der Außenwelt auseinanderzusetzen und zu lernen, mit anderen zu kooperieren. Eine Heirat in frühen Jahren dürfte aufgrund von mangelnder Reife zu Problemen führen. Heiratet eher aus Sicherheitsgründen denn aus Liebe. Sehr empfindsam, dabei aber bestrebt, dies vor der Welt zu verbergen. Häufig ergibt sich eine Heirat erst mit Verspätung oder mit einer Person, die deutlich älter ist. Dieser Mensch sucht im Grunde eine Mutter, keine Gefährtin. Die Lektion ist, Kooperationsvermögen und Mitgefühl zum Ausdruck zu bringen, um so zu verstehen, welche Bedürfnisse die Mitmenschen haben. Für den Fall, daß Saturn verletzt ist: Keine günstige Stellung für Partnerschaften. Der Typ des einsamen Wolfes, der am besten allein zurechtkommt. Allerdings lernt er dabei nicht soviel.

♄ 8 *Saturn im 8. Haus*

Die Regeneration des Wesens, was das Ego und den Stolz betrifft. Ein starke Ausrichtung auf das Sinnliche, die im Zaum gehalten werden muß. Die Lektionen liegen hier auf dem Gebiet der sexuellen Einstellungen und Gelüste. Der *Ausdruck* der Sexualität ist am 5. Haus abzulesen, die *Einstellung* zu ihr an Haus 8. Eine diesbezügliche Blockierung hat psychologische Ursachen. Es bestehen hier Probleme bezüglich der Ausgewogenheit. Ein langes Leben, was seinen Grund in der saturnischen Zähigkeit hat. Kann übersinnliche Fähigkeiten anzeigen – falls Saturn aber verletzt ist (insbesondere durch Neptun oder Mars), sollte sich der Mensch von diesem Bereich fernhalten. Das Geld des Partners wird mit diesem Haus in Verbindung gebracht, und die Einstellung des Partners zum Geld kann, wenn Saturn hier verletzt ist, zu Spannungen führen. Finanzielle Schwierigkeiten in Partnerschaften, ehelicher oder geschäftlicher Art.

♄ 9   *Saturn im 9. Haus*

Saturns günstigste Stellungen bezüglich der Häuser sind das 3. und das 9. Haus. Das 3. Haus stabilisiert den bewußten Verstand, und das 9. Haus fördert all das, was mit dem Überbewußten zu tun hat. In den frühen Jahren könnte diese Stellung den Menschen dogmatisch und voreingenommen in seiner Lebenseinstellung machen. Später dann dürfte das Moment der saturnischen Weisheit in Erscheinung treten. Diese Stellung verleiht eine praktische Herangehensweise an das Leben, bedeutet möglicherweise aber auch Starrheit, wenn Saturn in einem fixen Zeichen steht. Gesetzt den Fall, daß Saturn verletzt ist: Schwierigkeiten mit den angeheirateten Verwandten, was es ratsam machen würde, nicht mit ihnen zusammenzuleben. Günstige Stellung für Lehrer, Professoren, Wissenschaftler sowie für diejenigen, die im Bereich des Verlagswesens arbeiten. Gut für Tätigkeiten, bei denen Details wichtig sind. Genau und konzentriert. Möglicherweise, wenn Saturn verletzt ist, in religiöser Hinsicht fanatisch und intolerant.

♄ 10   *Saturn im 10. Haus*

Saturns eigenes Haus. Eine günstige Stellung, unter der Voraussetzung, daß der Mensch nicht im Übermaß Ego-Züge zum Ausdruck bringt. Stolz ist hier die große Gefahr. Man belegt diese Stellung mit der Bezeichnung «Napoleon-Komplex». Aufstieg an die Spitze, gefolgt vom tiefen Fall. Dazu kommt es aber nur dann, wenn diese Person keine wahre Bescheidenheit entwickelt hat und ihre Fundamente nicht stabil genug sind. Kann den sozialen Aufsteiger anzeigen, dem Geld und Prestige wichtiger als Dienstbereitschaft sind. Keine leichte Inkarnation – weil sie den Menschen auf die Probe stellt, insbesondere seine Autorität und Macht. Starkes Selbstvertrauen, viel Ehrgeiz. Gute Eignung zum Geschäftsmann. Könnte mit einem dominierenden Elternteil Probleme haben. Häufig nur gering ausgeprägtes Vaterbild.

♄ 11   *Saturn im 11. Haus*

Hat es schwer, seine Ziele und Vorstellungen zu verwirklichen. Grundsätzlich ist dies aber möglich, wenn der Mensch nur die Bereitschaft aufbringt, geduldig zu arbeiten. Mit dieser Saturn-Stellung muß man sich alles durch harte Arbeit verdienen. Es sind dann durchaus große Belohnungen möglich sowie ein Leben, das fortwährend angenehmer wird. Viele Bekannte, aber nur wenige Vertraute. Eine unbewußte Angst vor den Anforderungen, die aus Freundschaften erwachsen. Fühlt sich zu älteren Menschen hingezogen. Es ist in diesem Fall sehr wichtig, welche Freunde gesucht werden – wenn es falsche Freunde sind, wird es für den Menschen mit Saturn in 11 viele Probleme geben. Was die Ziele angeht, bedeutet Saturn zwar vielleicht eine Verzögerung, keinesfalls aber, daß diese nicht erreicht werden könnten.

♄ 12 *Saturn im 12. Haus*

Ein unbewußter, ständig präsenter Wunsch nach Rückzug. Sehnt sich nach Einsamkeit. Ängste auf der unbewußten Ebene, daß man bedroht wird – die im allgemeinen nicht zutreffen, sondern ihren Ursprung in der Person selbst haben. Große Empfindsamkeit. Eine tiefverwurzelte Selbstsucht muß durch Leiden aufgelöst werden. Wir haben es hier mit einer untergründigen Selbstbezogenheit zu tun sowie damit, daß Neptun – der Herrscher des 12. Hauses – Auflösung bedeutet. »Diene oder leide« ist hier das Motto. Der Mensch kann sich entscheiden, welchen Weg er nehmen will. Allerdings kommt er nicht darum herum, eine Wahl zwischen diesen beiden Möglichkeiten zu treffen.

SATURN – ENGEL DER DISZIPLIN

In der tiefen Dunkelheit von Schmerz und Pein
habe ich die engelhafte Lichtgestalt wiedergefunden.
Sie trug kein schönes weißes Gewand
sondern ein Kleid, schwarz wie die Nacht.
In ihren Armen sah ich
keinen Blumenkranz, nur ein Kruzifix.
Sie ging nicht leichten Schrittes
oder bot mir Linderung von meinen Sorgen.
Ich fühlte aber den Frieden in ihr und ihre ruhige Kraft
und wußte in dieser ehrfurchtgebietenden Stunde
daß sie der Engel war, der ewig vom kommenden Licht kündet.
Als sie ihren Schleier lüftete
und ich den Glanz bemerkte, ihre Anmut, die
dem schwachen, blinden irdischen Auge entzogen –
da wußte ich: Nur durch sie können wir jemals frei werden.

ISABEL M. HICKEY

DER URANUS

Gemäß der griechischen Mythen raubte Saturn von seinem Vater Uranus die Herrschaft über die Welt. Uranus erhielt die Herrschaft über die Himmel. Neben der Sonne, die über unser Planetensystem regiert, existiert eine andere Sonne, von der die wahre Macht ausgeht. Es gibt keine Kraft im Horoskop, die stärker als Uranus ist. Dieser Planet ist das Symbol des übergeordneten Willens in seiner konstruktivsten Form. Das Schlüsselwort für Uranus ist: »Denke daran, daß ich alle Dinge neu erschaffen habe.« Die Indianer haben die Vorstellung, daß die Sonne ein Loch im Himmel ist und daß die wahre Sonne – Uranus – sich hinter diesem Loch befindet. Uranus ist ein Planet im Horoskop, über den wir überhaupt keine Kontrolle haben. Er operiert immer durch andere Personen oder durch Umstände, die außerhalb der persönlichen Einflußmöglichkeit sind. Was in unserer Kontrolle steht, ist die Art und Weise, *wie* wir reagieren. Auf die falsche oder die richtige Art und Weise zu handeln – das ist die einzige Wahl, die wir bei Uranus haben.

Niemand kann sagen, wie sich Uranus im Horoskop bezüglich der Progressionen oder der Transite auswirken wird. Hier operiert das Überraschende, das Plötzliche und das Unvorhersehbare. Wenn der Transit-Uranus in Konjunktion oder in Opposition zu einem Planeten steht, der im Horoskop stark gestellt ist, wird es zu einer Richtungsänderung kommen, zu einer unvermuteten Wendung im Leben, die den Menschen vor eine neue Situation stellt. Nach Uranus-Transiten ist man nicht mehr der, der man zuvor war. Uranus nimmt aber nichts, ohne etwas Besseres zu geben. Er reißt den Menschen aus dem alten, bequemen Trott, um Wachstum, Expansion und neue Erfahrungen zu ermöglichen. Uranus hat einen Sieben-Jahres-Zyklus, und insbesondere dann, wenn er in einem Eckhaus steht, wird das Leben in Sieben-Jahres-Abschnitten verlaufen (dies gilt dann um so stärker, wenn er sich in Haus 1 befindet). Das 41. und das 42. Lebensjahr sind in Verbindung mit Uranus von besonderer Bedeutung, weil es dann zur Opposition zu der Geburtsstellung kommt. Der Umlauf von Uranus um die Sonne dauert 84 Jahre. So ergibt sich die Konjunktion oder die Opposition zu anderen Planeten nur ein einziges Mal im Leben.

Wenn Sie sich fragen, ob Uranus oder ob Saturn der wahre Herrscher des Wassermanns ist, müssen Sie untersuchen, wie die beiden Planeten im Horoskop gestellt sind. Wenn Saturn stärker steht – sei es durch die Stellung in einem Eckhaus, an einem Eckpunkt des Horoskops oder durch machtvolle Konfigurationen mit der Sonne oder dem Mond – wird der Mensch nicht dem neuen Zeitalter des Wassermanns entsprechen, sondern eher steinbockhaft sein. Wenn dagegen Uranus in einem Eckhaus steht oder an einem Eckpunkt des Horoskops, verfügt diese Person über ein neues Ego, das nicht von der Tradition oder der Vergangenheit beherrscht ist – das gilt auch für diejenigen, die nicht im Zeichen Wassermann geboren sind. Saturn erlegt uns Gesetze auf.

Uranus dagegen ist der Gesetzesbrecher, in dem Sinne, daß er nicht deshalb zustimmt, weil man das von ihm erwartet. Das Ego des neuen Zeitalters bewegt sich in einem anderen Takt als Menschen, die der Vergangenheit anhängen. Die einzige Autorität, die es anerkennen kann, ist die innerliche – aus der äußerlichen Welt der Erscheinungen respektiert es nichts. Der Geist – nicht die Form – ist hier von entscheidender Bedeutung. Immer dann, wenn Uranus in einem Eckhaus steht – und ganz besonders in Haus 1 oder Haus 10 –, haben wir es mit einem Individualisten zu tun, der seinem eigenen Rhythmus folgt. Wir befinden uns am Anbruch des Wassermann-Zeitalters. Damit lernen wir auf unserem Planeten einen neuen Schlüsselbegriff kennen, der verständlich macht, warum die Menschen sich überall gegen den »Status Quo« auflehnen.

Wenn die alten, erstarrten Formen aufgebrochen werden, kommt es immer wieder zu Extremen. Später dann wird sich alles wieder einspielen. Das Fische-Zeitalter mit seinen Begrenzungen und Beschränkungen stirbt nun, und ein neues Zeitalter bricht an. Die Geburt ist immer ein schmerzhafter Vorgang – aus dem Schmerz und Leid aber wird für unseren Planeten eine Neugeburt hervorgehen.

Uranus ist hinsichtlich des *Zeichens* nicht so bedeutungsvoll wie hinsichtlich seines *Hauses* und seiner *Aspekte*. Das liegt daran, daß dieser Planet sieben Jahre lang im gleichen Zeichen steht. Uranus herrscht über die Veränderungen, die die Erde in ihrer Gesamtheit betreffen; er zeigt die Trends, was die Zivilisation als auch die Menschen als Individuen angeht.

Uranus im Widder geleitete uns 1928 in eine neue Welt. Die Egos, die seit diesem Zeitpunkt geboren wurden, zeichnen sich durch ein anderes Wesen aus als die, die vor diesem Zeitraum zur Welt kamen. Aufgrund verschiedener kosmischer Initiationen ergaben sich Veränderungen, die das Wesen der Dinge tiefgreifend beeinflußten. Wir gewannen nun ein neues Bewußtsein, und eine neue Welt war entstanden. 1968 brachte die Opposition zu dem Widderpunkt eine Krise nach der anderen, wovon das Ende auch heute noch nicht absehbar ist. Alle überlieferten Werte stehen jetzt auf dem Prüfstand. Die Menschheit befindet sich nun auf dem Weg in die Freiheit – ohne aber zu wissen, was Freiheit in Wirklichkeit ist. Daraus erwächst Chaos und Verwirrung. Solange wir nicht den Willen unseres höheren Selbstes verkörpern, kann es keinen Frieden auf Erden geben. Ansonsten endet alles in Konfusion. Ohne wahre Brüderlichkeit werden die Kriege kein Ende nehmen. Die geologischen Störungen, die Tornados und Wirbelstürme und die Erdbeben, die von vielen prophezeit werden, sind das Resultat unseres Mißbrauchs der göttlichen Energie. Die Atomversuche bedeuten eine Störung der Atmosphäre, und der Preis, den wir dafür zahlen müssen, wird groß sein. Nur diejenigen, deren magnetisches Feld frei von Störungen ist, werden sicher durch diese Zeiten der Krisen gelangen. Wenn das magnetische Feld des Menschen keine Störung aufweist, genießt er den besten Schutz, den man sich vorstellen kann. Wir können den Einflüssen, die auf uns einwirken, nicht entfliehen – wir können aber die Wahl treffen, was uns beeinflußt.

Uranus in den Zeichen

♅ ♈ *Uranus im Widder*

Um zu erkennen, wie sich diese Uranus-Stellung auswirkt, müssen Sie darauf achten, wo Mars und Uranus stehen und welcher Aspekt zwischen ihnen gegeben ist. Wenn sich diese beiden Planeten in Harmonie zueinander befinden, zeichnet sich der Mensch möglicherweise durch Genialität aus, durch heilerische Kräfte oder die Fähigkeit, neue Idee zu entwickeln und in die Realität umzusetzen. Dies ist der Pioniergeist, der von Energie und Individualismus gestützt wird. Auf diese Weise kommen neue Ideen und neue Konzepte auf die Erde. Die Aktivität ist hier von schneller und impulsiver Art. Wenn zwischen Mars und Uranus ein Spannungsaspekt vorhanden ist, werden Schwierigkeiten auftreten, die aus Zügen der Rebellion, der Sprunghaftigkeit, der Impulsivität oder der Tollkühnheit resultieren. Diese Person neigt zu Unfällen. Durch ihr aufbrausendes Temperament verliert sie schnell die Kontrolle über sich, wenn sie es nicht lernt, sich im Zaum zu halten und ihre Impulsivität zu zügeln. Stark ausgeprägte Erfindungsgabe. Neigung zu Kopfschmerzen, was seinen Grund darin hat, daß dieser Mensch nervlich nicht abschalten kann. Wenn Uranus sich in einem Eckhaus befindet, steht man hier sozusagen ständig unter Hochspannung. Die entsprechende Person zeichnet sich dann durch ein leicht «entzündliches» Temperament aus.

♅ ♉ *Uranus im Stier (Fall)*

Hier kommt Uranus auf dem venusischen Feld zum Ausdruck. Die Betonung liegt damit eher auf dem Fühlen denn auf der Aktivität. Der Stier hat mit der Welt der Dinge zu tun, und Uranus ist nicht an materiellen Sachen interessiert. Er gehört zum Bereich der Intuition und der höheren Gedanken. Im Zeichen Stier befindet sich Uranus in seinem Fall. Als Uranus in den Stier kam, gab die USA, was die Währung betrifft, die enge Bindung an das Gold auf. Viele Geldinstitute gingen bankrott. Es kam zur Depression, und die Werte, die sich auf das Materielle bezogen, standen so sehr wie nie zuvor in der Geschichte des Landes im Blickpunkt der Aufmerksamkeit. Wenn sich im Horoskop Uranus im Stier befindet, müssen Sie darauf achtgeben, welche Verbindung zur Venus gegeben ist. Stehen die beiden Planeten in einem Spannungsaspekt zueinander, kommt es zu Aufregung und zu abrupten Entwicklungen auf dem Gebiet der Liebe. Unkonventionelle Einstellungen können in Verbindung mit der Ehe zu viel Leid führen. Plötzlich auftretende Spannungen haben möglicherweise Umbrüche zur Folge, vielleicht gerade dann, wenn von Uranus aus ein Transit zur Venus des Geburtshoroskops erfolgt. Wenn die Venus und Uranus im Horoskop harmonisch zueinander stehen, dürften Charme und Anziehungskraft gegeben sein. Der Mensch kann dann auf Verbindungen hoffen, die ihm viel Glück bringen. Stark ausgeprägte Kreativität, unter Umständen auch eine künstlerische Natur.

♅ ♊ *Uranus in den Zwillingen*

Obwohl diese Stellung ein nervöses, rastloses Temperament zur Folge hat, ist sie doch günstig. Die Betonung liegt hier auf dem Verstand – da Uranus die höhere Oktave von Merkur ist, wird hier die geistige Fähigkeit, neue Gedanken und Konzepte aufzunehmen, gefördert. Diese Menschen sind erfolgreich auf den Gebieten, die mit Ideen, mit dem Lehren, dem Schreiben und der Kommunikation, zum Beispiel in Verbindung mit Rundfunk oder Fernsehen, zu tun haben. Schwierigkeiten mit Verwandten in dem Fall, daß zwischen Uranus und Merkur ein Spannungsaspekt besteht. Sehr rastloser Mensch, der es liebt herumzukommen. Bildung ist bei dieser Stellung sehr wichtig – sie sollte auf keinen Fall vernachlässigt werden. Als Uranus in die Zwillinge lief, kam es in den USA zu einer gesteigerten Aufmerksamkeit für Bildung. Durch Gesetze wurde es Tausenden von Menschen möglich, aufs College zu gehen. Früher einmal reichte es aus, eine High-School-Bildung zu besitzen – als Uranus in die Zwillinge kam, ergab es sich, daß ein größerer Wert auf weiterführende Bildung gelegt wurde. Heutzutage ist ein College-Abschluß notwendig, um höhere Positionen zu bekleiden. Achten Sie bei Uranus in den Zwillingen darauf, welche Aspekte zwischen Merkur und Uranus im Horoskop gegeben sind.

♅ ♋ *Uranus im Krebs*

Uranus kommt hier auf dem Gebiet zum Tragen, das vom Mond regiert wird. Diese Menschen sind gefordert, den Emotionen, die ihren Ursprung im Unbewußten haben, Aufmerksamkeit zu schenken. Sprunghafte und irrationale Gefühle, insbesondere dann, wenn Uranus im Horoskop mit dem Mond verbunden ist. Wenn zu Uranus Spannungsaspekte gegeben sind, werden die häuslichen Schwierigkeiten der frühen Jahre das emotionale Wesen der späteren Lebensabschnitte tiefgreifend prägen. Aufgrund von Unsicherheit wird es zu emotionalen Umbrüchen kommen, die logisch nicht zu erklären sind. Während der Zeit, als Uranus im Krebs stand, ergab es sich, daß viele Bücher zum Thema Unterbewußtsein zu erscheinen begannen. Die irrationale Welt der Gefühle wurde nun erforscht. Der Krebs regiert das Zuhause, und diesbezüglich wurden zu dieser Zeit neue Konzepte, Ideen und hauswirtschaftliche Geräte entwickelt. Häuser im Ranchstil und Halbgeschoßhäuser kamen auf. Viele Keller (ein 4.-Haus-Einfluß) wurden zu dieser Zeit ausgebaut beziehungsweise zu integralen Bestandteilen des Wohnens. Die «altmodische» Mutter, die zu Hause blieb und die Kinder erzog, verschwand. Die Frauen proklamierten für sich, eigenständige Individuen mit eigenen Rechten zu sein.

♅ ♌ *Uranus im Löwen (Exil)*

Zu dieser Zeit wurden die Rebellen geboren. Ein starker Wille sowie eine große Bestimmtheit sind das Kennzeichen dieser Seelen. Die Willenskraft duldet keine fremde Einmischung. Entwickelter und kühner Geist, wenn Uranus von den Aspekten her gut gestellt ist. Bei Spannungsaspekten kommt es aufgrund des Mißbrauchs des Willens zu Schwierigkeiten, solange bis der Mensch seinen Willen dem Willen des Höheren Selbstes unterstellt hat. Kann, wenn in der Kindheit keine Disziplin gelernt wurde, von sehr destruktivem Wesen sein. Außerordentlich starke Vitalität und Kraft. Wirkt sich ähnlich wie die Sonne/Uranus-Konjunktion aus. Der Löwe herrscht über das Gold, und der Uranus im Löwen führte zu den Schwierigkeiten mit dem Goldstandard (das Ende dieser Probleme ist immer noch nicht in Sicht). Weiterhin herrscht der Löwe über Regierungen und Diktaturen. Uranus bedeutet immer die Aufhebung des Status Quo. Während dieser sieben Jahre kamen und gingen die Diktatoren. Tyrannische Diktaturen tragen immer schon den Samen des Niedergangs in sich. Es kam nun zur Geburt von neuen Nationen, die sich mit den Schmerzen auseinandersetzen mußten, die nun einmal damit verbunden sind, in die Freiheit entlassen zu werden.

♅ ♍ *Uranus in der Jungfrau*

Während der sieben Jahre, die Uranus im Zeichen Jungfrau stand, sind wir zu Wissenschaftlern des neuen Zeitalters gekommen, zu Erfindern, zu medizinischen Forschern und zu neuen Erziehern. Ausgeprägte Fähigkeit zu analysieren und zu unterscheiden. Interesse an natürlichen Nahrungsmitteln und natürlichen Mitteln, um einen widerstandsfähigen Körper zu entwickeln. «Zurück zu organischen Lebensmitteln», ist die Forderung, die insbesondere von jungen Menschen erhoben wird. Für Menschen, die mit dieser Uranus-Stellung geboren sind, besteht ein starkes Interesse an der Gesundheit. Die Heilkräfte des Verstandes für den Körper zu nutzen ist ihnen ein zentrales Anliegen. Mit dem Uranus-Transit durch die Jungfrau kam es zur Aufhebung des Status Quo von verschiedenen Werten. Die Jungfrau steht für die «gewöhnlichen» Menschen, und überall auf diesem Planeten wurde gefordert, daß die individuellen Rechte für alle gelten müssen. Uranus ist sowohl der Planet der Evolution als auch der Revolution. Er kommt konstruktiv oder destruktiv zum Ausdruck, je nachdem, wie die Energie eingesetzt wird. Ist er aber einmal in Aktion getreten, kann er durch nichts gestoppt werden. Die Bürgerrechtsbewegung ist ein Bestandteil der uranischen Veränderung während des Transits dieses Planeten durch das Zeichen Jungfrau.

♅ ♎ *Uranus in der Waage*

Im letzten Jahrhundert befand sich Uranus von 1885 bis 1891 im Zeichen Waage. Zur Wiedergeburt dieses Planeten in eine neue Ära hinein kam es, als er 1928 in den Widder lief. Die Jahre, als Uranus dann wieder in der Waage stand (1968 - 1975), waren für die Menschheit von außerordentlicher Wichtigkeit. Die symbolische Bedeutung der Waage ist: «Frische Brisen und Stürme, gefolgt von Windstille.» Immer aber müssen die Abbrucharbeiter den Weg für die Erbauer freimachen.

Die Waage herrscht über Gesetz und die Justiz. In der Gesetzgebung kam es nun dazu, daß sich der Status Quo änderte. Die Menschen, die im Fische-Zeitalter eine führende Rolle innehatten, werden in Zukunft nicht mehr viel zu sagen haben. In der Zukunft wird die Jugend die gesetzgebenden Körperschaften der Regierungen beherrschen. Neue Formen der Kunst werden hervortreten, die der Konvention entgegengesetzt sind. Das planetarische Bewußtsein befindet sich nun im Aufruhr, weil jetzt die Spannungen deutlich werden, die für so lange Zeit unterdrückt waren. Chaotische Musik, grelle Farben, psychedelische Formen der Kunst brechen die gewohnten Muster auf, ohne aber ihrerseits eine Zukunft zu haben. Dann, wenn ihr Zweck erfüllt ist, werden sie wieder verschwinden.

Menschen mit dem Waage-Uranus werden uns neue Formen von Harmonie und Schönheit bringen. Sie sind durch einem freieren Fluß von Energie als diejenigen gekennzeichnet, die vor ihnen geboren wurden. Uranus ist esoterisch gesehen der Herrscher der Waage. Wer Uranus in der Waage hat, sehnt sich nach Harmonie und nach Schönheit in seiner Umgebung; er wird viel dafür tun, dies für sich zu verwirklichen. Begehrt häufig in den Beziehungen und gegenüber dem Ehepartner auf, weil es sich hier um Seelen handelt, die sehr individualistisch sind und viel Freiheit brauchen. Wenn ihnen diese Freiheit verwehrt bleibt, wird die Beziehung keinen Bestand haben. Die Einstellung gegenüber der Ehe ist nicht von konventioneller Art – der *Geist*, der aus der Verbindung spricht, spielt hier die entscheidende Rolle, nicht die *Form*. Die Liebe ist für sie wichtig, nicht das gesetzliche Drumherum. Wenn Uranus in der Waage verletzt ist, muß körperlich gesehen auf die Nieren geachtet werden. Die Nieren reinigen den Körper von Giften, die sich sonst in ihm ablagern würden – Beziehungen zu anderen Menschen dagegen helfen, den psychischen Körper reinzuhalten.

Uranus im Skorpion *(Erhöhung)*

Eine sehr starke Uranus-Stellung. Außerordentlich starker Wille und viel Zähig-keit, die ein Ventil findet – ob nun ein konstruktives oder ein destruktives. Kann einen guten Heiler, Psychologen oder Chirurgen anzeigen. Dem liegt zu-grunde, daß die Fähigkeit besteht, tief in die Probleme beziehungsweise die Störungen vorzudringen. Wenn Uranus verletzt ist, muß gegen Eifersucht, Neid und gegen die Tendenz, besitzergreifend zu sein, angegangen werde. Dieser Mensch kann ein Engel oder ein Teufel sein, er kann die höchsten oder aber die niedrigsten Moralbegriffe zum Ausdruck bringen. Der Ego-Wille oder aber der Wille Gottes – dies ist die Wahl, die hier zu treffen ist. Transformation und Regeneration sind zwingende Notwendigkeiten mit dieser Stellung, ohne sie kann es keine Freiheit geben. Leidenschaft muß zu Mitgefühl werden, Gefühle von Wut und Ärger müssen durch Verständnis ersetzt werden.

Uranus im Schützen

Wenn es wie hier zu einer Verbindung von Jupiter und Uranus kommt, gehen Intuition und Beurteilungsvermögen Hand in Hand. Ein innerlicher Optimis-mus geht aus dieser Kombination hervor. Es besteht damit der Wunsch, den Horizont auszuweiten, entweder den inneren durch Erwerb von Wissen der höheren Ebenen, oder den äußeren durch Reisen. Eine überlegte Einstellung zur Religion. Möchte nicht durch orthodoxe oder dogmatische Positionen ein-geschränkt sein. Verfügt über ein starkes Gefühl für das Religiöse. Der Schütze herrscht über die Hüften und die Oberschenkel sowie über den Ischias-Nerv, der zu den Beinen führt. Hier sind dann, wenn Uranus sich verletzt im Schüt-zen befindet, Probleme zu erwarten. Chiropraktische Behandlung ist hier mehr zu empfehlen als andere medizinische Methoden. Der untere Rückenbereich kann für diese Gruppe von Menschen Anlaß zu Beschwerden geben.

Uranus im Steinbock

Uranus im Schützen ist philosophisch, Uranus im Steinbock ist praktisch, sozu-sagen auf eine erdverbundene Weise. Der Mensch mit dem Steinbock-Uranus ist ehrgeizig und zielstrebig in seiner Herangehensweise an die Dinge – Presti-ge in der Welt bedeutet ihm viel. Uranus ist der Planet der Veränderung – der Steinbock aber haßt es, wenn sich die Dinge wandeln. So kommt es hier zum Konflikt. Der Steinbock steht auch für die Delegierung von Macht. Ein Teil des menschlichen Wesens ist wütend darüber, daß man nicht frei ist, der andere Teil dagegen ist konventionell, traditionsorientiert und eher «spießig», er möchte, daß alles so bleibt, wie es ist. Eine Seite dieser Person hängt an der Vergangenheit, während die andere in die Zukunft fortschreiten möchte. Es kommt zu gesundheitlichen Beeinträchtigungen, wenn der Mensch sich nicht entscheiden kann, ob für ihn nun das Saturnische oder das Uranische wichtiger ist. Beides geht nicht für ihn. Der physische Körper ist der Endpunkt von geistigen und emotionalen Störungen – mit Uranus im Steinbock könnte es zu gesundheitlichen Beschwerden in Zusammenhang mit dem Magen und dem Verdauungstrakt kommen. Die Unfähigkeit, die Erfahrungen mit der persönlichen psychologischen Ausrüstung zu verarbeiten, äußert sich vielleicht in Magengeschwüren oder in Verdauungsproblemen.

♅ ♒ *Uranus im Wassermann* *(Herrscher)*

Intellektuell und wissenschaftlich ausgerichtetes Bewußtsein. Wenn nicht der eine oder andere Planet in Wasserzeichen steht, könnte dieser Mensch von einem zu abgehobenen und unpersönlichen Wesen sein. Muß lernen, Mitgefühl und Verständnis für die emotionaleren Personen zu zeigen. Eine sehr einfallsreiche Persönlichkeit, die es für gewöhnlich vorzieht, allein oder hinter den Kulissen zu arbeiten. Streben nach Unabhängigkeit und ein starker Wille. Kann nicht durch Druck zu etwas gebracht werden, sondern nur durch Logik und Argumente. Möglicherweise kommt es in diesem Fall, wenn der Mensch sich nicht mit seinem Körper beschäftigt, zu Kreislaufproblemen.

♅ ♓ *Uranus in den Fischen*

Mit dieser Stellung ergibt sich der Bruch mit alten Gewohnheitsmustern. Es kommt hier auf intuitive Art zu Weisheit und Verständnis. Sehr psychischer Mensch. Daran interessiert, der Menschheit zu helfen und zu dienen. Was das Berufliche betrifft, handelt es sich hier nicht um die Person, für die Geld und Macht das Entscheidende ist. Leiden unter der eigenen Überempfindlichkeit. Möglicherweise aufgrund von Überlastung sehr angespanntes Nervensystem. Muß lernen, sich physisch und emotional zu entspannen, um gesund zu bleiben (oder zu werden). Die Vitamine der B-Gruppe sind sehr wichtig. Eine innere Sehnsucht, frei von den irdischen Beeinträchtigungen zu sein, die nur dann gelindert werden kann, wenn die Persönlichkeit zum Diener der Seele wird. Bestehen zu Uranus ernsthafte Beeinträchtigungen, sucht der Mensch vielleicht nach Fluchtmöglichkeiten in Gestalt von Alkohol, Drogen oder Sex.

Uranus in den Häusern

☒ 1 *Uranus im 1. Haus*

Sehr starke Individualität. Muß der eigenen Intuition folgen, ob zum Guten oder zum Schlechten. Außerordentlich originelle Theorien und Arbeitsmethoden. Sprunghafte und plötzliche Impulse, die nicht immer zu verstehen sind – weder von den Mitmenschen noch von der Person selbst. Muß sich von der übermäßigen Willensbetonung freimachen, die mit dieser Uranus-Stellung verbunden ist. Rastlosigkeit und Isolation werden solange deutlich fühlbar sein, bis aus Willen Bereitwilligkeit geworden ist. Hat einen eigenen Moralkodex, bei dem das Inhaltliche und nicht die Form das Entscheidende ist. Kein Konformist. Kann sehr offen und unverblümt seine Meinung sagen. Ein Pionier und Führer, kein Gefolgsmann.

☒ 2 *Uranus im 2. Haus*

Plötzliche und unvorhersehbare Entwicklungen, was die Finanzen und das Einkommen betrifft. Fortwährende Auf und Abs bezüglich des Geldes. Keine regelmäßigen Eingänge. Großes Bedürfnis nach Unabhängigkeit, was zur Folge hat, daß sich diese Menschen für selbständige Tätigkeiten eignen. Bei Verletzungen ist von Spekulationen abzuraten. Erfindungsreich, was Geschäftsideen angeht. Kann Geld auf originelle Weise verdienen.

☒ 3 *Uranus im 3. Haus*

Muß lernen, die Umgebung der frühen Jahre zu akzeptieren. Der Wille, den eigenen Kopf durchzusetzen, und eine Neigung zum Rebellieren können zu Problemen Anlaß geben. Veränderungen im Elternhaus während des Heranwachsens könnten insbesondere dann zu Schwierigkeiten geführt haben, wenn Uranus in diesem Haus verletzt steht. Eine gute Stellung für Wissenschaftler, Chemiker und für diejenigen, die an Forschung interessiert sind. Große mentale Rastlosigkeit. Plötzlich und unerwartet der Drang, auf Reisen zu gehen, wodurch der Mensch immer in Bewegung bleibt. Umbrüche, was die Geschwister betrifft. Könnte sich im Zuhause wie ein Fremdkörper fühlen. Wacher und scharfer Verstand, welchem es allerdings an Konzentration fehlt. Muß sich «willig» zeigen – der persönliche Wille sollte hier in den Hintergrund treten.

♅ 4   Uranus im 4. Haus

Ein Zuhause, das durch viel Aufregung und vielleicht durch Chaos gekennzeichnet ist – wenn Uranus nicht sehr gut steht. Kein häuslicher Typ, keine Person, die ein geordnetes häusliches Leben führen möchte (Ausnahme: Uranus in einem fixem Zeichen). Rastlosigkeit in den Wurzeln des Seins kann zu wechselhaften Lebensumständen führen. Immer wieder werden erstarrte Formen durch plötzliche und unerwartete Ereignisse aufgebrochen. Häufige Wechsel von Wohnort und Stellung. In späteren Jahren großes Interesse an Astrologie und Metaphysik. Ungewöhnliche Probleme mit der Mutter können diesen Menschen emotional aus dem Gleichgewicht bringen.

♅ 5   Uranus im 5. Haus

Der Mangel an Selbstbeherrschung und Wissen könnte unter Umständen zu Tollkühnheit verleiten. Eine zu große Betonung der Individualität, wenn Uranus verletzt ist. Die Kinder sind hier von originellem, unabhängigem und ungewöhnlichem Wesen. Wenn die kindlichen Energien in frühen Jahren in die richtigen Kanäle gelenkt werden, läuft alles gut. Werden die Kinder aber nicht an Disziplin gewöhnt, kommt es dazu, daß die Eltern unter deren destruktiven Aktivitäten zu leiden haben. Kreativer und einfallsreicher Typ von Mensch. Unkonventionell, was Liebesaffären betrifft. Möchte Freiheit um jeden Preis. Arbeitet lieber für sich als für andere.

♅ 6   Uranus im 6. Haus

Ein guter Arbeiter. Braucht eine Position, bei der er herumkommt, Routine ist nichts für ihn. Erfinderisch und originell in seinem Wesen. Sehr nervös – langes Arbeiten kann unerträglich für ihn sein. Treibt sich allerdings unter Umständen selbst gnadenlos an, über seine Leistungskraft hinaus, oder zeigt sich in seinem Job widerspenstig. Muß in den sauren Apfel beißen und lernen, das zu tun, was man ihm sagt. Chronische Krankheit kann zu Zusammenbrüchen führen, wenn der Mensch nicht seine Ungeduld und seine Neigung zu Irritationen in den Griff bekommt. Womöglich auch mit anderen sehr ungeduldig. Falls

es hier um jemanden geht, der Angestellte beschäftigt: Probleme mit den Untergebenen aufgrund von brüskem Verhalten und Mangel an Mitgefühl.

♅ 7 *Uranus im 7. Haus*

Schwierigkeiten in der Ehe. Zu sehr auf Unabhängigkeit aus. Scheidungen oder
Trennungen – manchmal in Verbindung mit einem plötzlich eintretenden Tod –
können sich ergeben, wenn Uranus verletzt in Haus 7 steht. Könnte einen Partner anziehen, der seinerseits frei sein möchte und das Bedürfnis hat, die Beziehung zu dominieren. Sowohl die ehelichen als auch die geschäftlichen Partnerschaften verlangen in diesem Fall viel Disziplin. Der Partner, den wir mit dieser
Stellung anziehen, zeigt karmische Umstände an – ob uns diese nun zum Vorteil gereichen oder nicht. Wenn von Uranus aus Spannungsaspekte zu Venus
oder Mars vorhanden sind, kommt es zu Problemen in der Ehe und möglicherweise schließlich zur Scheidung. Wenn beide Partner entwickelte Personen
sind, ist aber auch eine Verbindung von außergewöhnlicher Art möglich.

♅ 8 *Uranus im 8. Haus*

Starke Gefühle, scharfe Intuition. Stehen Uranus und Mars in einem Spannungsaspekt zueinander, kommt der Mensch selbst womöglich durch einen Unfall
oder durch die Einwirkung von Gewalt ums Leben. Um dies zu vermeiden, muß
er Störungen aus seinem magnetischen Feld ausmerzen. Muß versuchen, vor-
auszuschauen und viel Vorsicht zu beweisen, was die beruflichen Verbindungen
betrifft. Schwierigkeiten mit Erbfällen – bei einem positiv aspektierten Uranus
sind hier allerdings auch angenehme Überraschungen möglich. Ist Uranus verletzt, muß der Mensch seine sexuellen Impulse in den Griff bekommen. Der Tod
kommt möglicherweise plötzlich und unerwartet. Hiermit ist aber in keiner Weise angezeigt, wann dies sein könnte. Befinden sich wichtige Planeten in einem
Spannungsaspekt zu Uranus in 8, sollte die betreffende Person große Achtsam-
keit in bezug auf Autos und Maschinen beweisen. Schlechte Laune kann hier zu
Unfällen führen. Sich nicht in einem Zustand der Wut ans Steuer zu setzen ist ein
guter Rat für denjenigen, der Uranus verletzt in 8 hat.

♅ 9 *Uranus im 9. Haus*

Erfolg auf dem Gebiet des Verlagswesens, des Lehrens oder bei Tätigkeiten, die
mit fremden Ländern zu tun haben. Ungewöhnliche Reisen – was sich entwe-

der auf die materielle Ebene bezieht oder auf ungewöhnliche Erfahrungen auf
überbewußten Ebenen. Bei der Religion nicht auf orthodoxe Positionen fixiert.
Schwierigkeiten mit den angeheirateten Verwandten in dem Fall, daß Uranus
verletzt ist. Könnte jemanden aus einem anderen Land heiraten.

⛢ 10 *Uranus im 10. Haus*

Kein Konformist. Muß sich selbst sein Chef sein, was seinen Grund in einem
sehr individualistischen Persönlichkeitsmuster hat. Altruistische und humanitäre Interessen. Starkes Vorstellungsvermögen und viel Originalität. Manchmal
auch «schrullige» Konzepte, von denen die Person nicht abzubringen ist. Es ist
besser, sich diesem Menschen auf indirekte Weise zu nähern. Verleiht ein Interesse an Astrologie und dem Okkulten. Wenn eine Konjunktion zur Sonne vorhanden ist, womöglich eine besondere astrologische Begabung.

⛢ 11 *Uranus im 11. Haus*

Unvorhersehbare Veränderungen hinsichtlich der Ziele und Vorstellungen. Dieser Mensch wird seine Meinung einige Male ändern, ehe er wirklich die Arbeit
seines Lebens gefunden hat. Zwei Arten von Freunden: den konventionellen
Saturnier und den künstlerischen Uranier. Niemals werden diese beiden zu-
sammenkommen. Die Gefühle von Sympathie und Antipathie sind stark, dabei
aber von veränderlicher Art. Wenn Uranus in Haus 11 verletzt steht, kann es
aufgrund der Wahl von falschen Freunden zu Schwierigkeiten kommen.

⛢ 12 *Uranus im 12. Haus*

Außerordentlich starkes Bedürfnis nach Freiheit – allerdings fühlen sich diese
Personen nur zu oft begrenzt, eingeengt oder wie in einem Käfig. Die Selbstkontrolle ist für diesen Menschen eine unbedingte Notwendigkeit, weil er sich
selbst sein ärgster Feind ist. Beim Umgang mit anderen muß diese Person Überzeugungskraft einsetzen, keinen Druck. Eine gute Stellung für Forscher oder
für Personen, die hinter den Kulissen arbeiten. Möglicherweise ein Einzelgänger. Wenn Uranus verletzt ist, könnte das Eindringen in die Welt der Psyche
oder des Okkulten sehr heikel sein. Insbesondere sind hier nervliche Probleme
anzusprechen. Mit Uranus in Haus 12 muß der Mensch das Leben akzeptieren,
wie es ist. Er sollte sich davor hüten, von seinem Unterbewußten aus Widerstand zu leisten.

Ψ DER NEPTUN

Das Schlüsselwort für Neptun ist Opfer – die Verpflichtung, vom persönlichen Selbst zu geben. Dort, wo Neptun im Horoskop steht, müssen die persönlichen Interessen geopfert werden. Dieser Bereich zeigt an, wo wir von anderen in der Vergangenheit genommen haben. Nun muß die Bilanz wieder ausgeglichen werden – und zwar, indem wir geben, nicht mehr nehmen. Bereitschaft und Willigkeit sind die höheren Begriffe für Neptun. Eigenwille (durch einen auf Abwege geratenen Uranus) ist das Gegenteil von Willigkeit. Der Eigenwille bezieht seine Energie daraus, persönliche Bedürfnisse zu befriedigen – Bedürfnisse von anderen sind für ihn von geringerer Bedeutung. Neptuns inneres Wesen ist Freiheit und Freude. Der auf das Innere gerichtete Wille nährt sich durch das dienende Selbst. Bereitwilligkeit ist das eifrige Bedürfnis, anderen zu Freude und Freiheit zu verhelfen. Der Meister der Fische sagte: »Ich bin gekommen zu eurer Freude.« Freude erwächst aus Selbstaufgabe, nicht aus Selbstbehauptung.

Neptun fungiert durch Überzeugung, nicht durch Druck. Für manche ist er eine Art kosmischer Weihnachtsmann. Im Opfern liegt ein Geheimnis verborgen. Je mehr Sie von Ihrem Selbst weggeben, desto mehr haben Sie zu geben. »Suche zunächst einmal nach dem himmlischen Königreich – alles andere wird dir dann gegeben werden.« Diese Aussage ist heutzutage genauso wahr wie vor 2000 Jahren. Das kosmische Gesetz ändert sich niemals.

Neptun gehört zu einer anderen Dimension. Er ist Bestandteil der psychischen Welt – in der Welt der Materie fühlt er sich nicht zuhause. Weltlicher Erfolg bedeutet ihm nichts. Er ist psychisch, mystisch, verträumt, gefühlvoll, emotional und empfänglich in seinem Wesen. Er wirkt auf eine subtile, von den Sinnen nicht wahrnehmbare Weise. In negativer Hinsicht arbeitet er unter der Oberfläche, vergleichbar vielleicht mit den Termiten, die das Holz aushöhlen und für Auflösung sorgen, oder wie die Krankheit Krebs, bei der bestimmte Zellen körperliche Bestandteile vernichten. Ohne daß der Mensch es merkt, wird er dabei ernsthaft geschädigt.

Dunst und Nebel werden Neptun zugeschrieben – sie hüllen die Landschaft ein und haben zur Folge, daß man nicht klar sieht. Neptun herrscht über die Meere, und der Mond herrscht über die Gezeiten. Das Neptun-Symbol (Ψ) weist auf die enge Verbindung zum Mond hin. Das durch den Mond verlaufende Kreuz symbolisiert das emotionale Leid, das der Mensch durchmachen muß, um das persönliche Selbst zu befreien – wodurch es dann zum Reflektor des solaren Selbstes wird. Neptun ist die höhere Oktave der Venus. Die Venus ist Zuneigung auf persönlicher Ebene: »Ich liebe dich, weil du mich liebst.« Neptun ist das göttliche Mitgefühl: »Ich liebe, weil es das Wesen der Liebe ist zu lieben.«

Wie die Ozeane das Land verschlingen, das sich an den Küsten ins Meer erstreckt, so fressen unsere negativen Emotionen unseren Körper auf, was schließlich zu dessen Zusammenbruch führt. Die kosmischen Gesetze spiegeln sich in der Natur wider, wenn wir nur über die Einsicht verfügen, sie zu erkennen. Wasser (die Emotionen), Luft (der Verstand), Erde (die materielle Substanz) und Feuer (Energie oder Geist) sind notwendige Bestandteile des Ausdrucks von Leben. Wenn zwischen ihnen keine Ausgewogenheit herrscht, führen sie nicht zu Harmonie, sondern zu Zerstörung. Sowohl das, was wir fühlen, als auch das, was wir denken, beeinflußt unseren Körper – zum Guten oder zum Schlechten.

Im Horoskop des unentwickelten Menschen steht Neptun für Chaos und Konfusion. Die Person kann hier das Gefühl haben, zu lebenslanger Strafarbeit in einem Gefängnis der körperlichen Existenz verurteilt zu sein. Sie verkennt, daß das Leid erst aus der Verweigerung dem Leben gegenüber entsteht. Für den erwachten Menschen stellt Neptun den Befreier von all dem dar, was einengt und beschränkt. Seine wahre Kraft liegt im Nicht-Widerstehen, im Gehen- und Gewährenlassen. Ein effektives Mantra für die Person mit einem verletzten Neptun ist: »Leben ist Fließen, und in diesem Fließen liegt seine Bedeutung und sein Gesetz. Ich kann nicht verlieren, was an mir ist. Ich muß nicht suchen, was mein ist – was zu mir gehört, wird zu mir kommen. Wenn etwas verschwindet, dann deshalb, weil es nicht zu mir gehört hat. Nur das, was ich bin, ist mit wahrer Kraft erfüllt. Wenn ich meinen Ehrgeiz und meine persönlichen Ziele aufgebe, wird all das, was wirklich zu mir gehört, zu mir kommen. Ich lasse los und unterstelle mein Leben voll und ganz Gott.«

Neptuns Umlauf um die Sonne dauert 165 Jahre. Daraus ergibt sich, daß er für 14 Jahre in einem Zeichen steht. Das *Zeichen*, in dem sich Neptun in einem Horoskop befindet, ist nicht so wichtig wie das *Haus*, in dem er steht. Was den Lauf durch ein Zeichen betrifft, wirkt Neptun mehr als eine Art Trend im kollektiven Unbewußten.

Neptun in den Zeichen

 Neptun in den Zwillingen *(1887 - 1901)*

Hier handelte es sich um Menschen, die sich ihren Verwandten eng verbunden fühlten. Viele von ihnen haben während des Ersten Weltkriegs Angehörige verloren. Neue Ideen bezüglich des Handels und der Handelsorganisationen entstanden zu dieser Zeit. Diese Stellung verleiht geistige Empfänglichkeit. Oftmals mußte die Ausbildung dem Wohl der Familie geopfert werden. Viel Rastlosigkeit und der Wunsch nach Veränderung. Neptun wird erst im Jahre 2168 wieder in das Zeichen Zwillinge kommen.

ℙ ♋ *Neptun im Krebs* (*1901 - 1915; Erhöhung*)

Zum letzten Mal vor dem Jahr 2000 erlebte die Menschheit in diesem Zeitraum Frieden. Neptun steht im Krebs erhöht. Die emotionelle Ausrichtung des Krebses ist hier zu wahrem Mitgefühl geworden, zur Bereitschaft, sich für andere zu opfern. Diese Position gibt dem Menschen, der mit einem starken Neptun geboren wurde, eine emotionale und sehr auf das Psychische gerichtete Prägung. Wenn er innerhalb der Eckhäuser mit der Sonne, dem Mond oder Merkur verbunden ist, stellt das einen sehr wichtigen Einflußfaktor dar. Bei Spannungsaspekten muß immer wieder mit Umbrüchen im Zuhause sowie mit karmischen Lektionen gerechnet werden, die sich aus der Verbindung zur Mutter ergeben.

ℙ ♌ *Neptun im Löwen* (*1915 - 1929*)

Führte zu Umbrüchen und Aufruhr in Verbindung mit der Politik. Die Diktatoren, die heute an der Macht sind, haben häufig diese Neptun-Stellung im Horoskop. Egos mit einem ausgeprägten Willen – für die es darum geht, den Willen zugunsten von Mitgefühl aufzugeben und die vielleicht deshalb auch viel leiden müssen. Bei Verletzungen muß dieser Mensch mit Leid in Verbindung mit Liebesaffären rechnen. Dies hat damit zu tun, daß Liebe von diese Personen mehr Opfer verlangt, als sie tatsächlich zu geben bereit sind. Ärger durch Kinder, die eine Widerspiegelung des Selbstes sind, wie es sich in einem früheren Leben präsentiert hatte.

ℙ ♍ *Neptun in der Jungfrau* (*1929 - 1943; Exil*)

In diesen Jahren kam es zur Ausbreitung der Gewerkschaftsbewegung und dazu, daß die Masse Macht auszuüben begann. Neue Konzepte bezüglich der Gesundheit und der Ernährung wurden propagiert. Die psychosomatische Medizin wurde entwickelt; sie zeigte, daß zwischen negativen Gefühlen und Krankheit eine Beziehung besteht. Starke Verbindung zwischen den Emotionen und dem Verstand. Viele der Egos mit dem Jungfrau-Neptun wurden im Laufe des Lebens neurotisch oder endeten im Nebel, was seine Ursache in der Unfähigkeit hatte, der Realität ins Auge zu sehen und der persönlichen Verantwortung gerecht zu werden. Die Psychiatrie nahm einen lebhaften Aufschwung, was an den nervösen Spannungen lag, die die Folge der Einwirkung der Emotionen auf den Verstand waren. Menschen, bei denen der Jungfrau-Neptun gut gestellt ist, haben sich für humanitäre Interessen eingesetzt und Dienstbereitschaft gezeigt; sie haben daran gearbeitet, die Spannungen in den menschlichen Beziehungen zu verringern. Der Jungfrau-Neptun bedeutet, dienen oder aber leiden zu müssen. Man ist gefordert, sich selbst zu vergessen, um den Frieden kennenzulernen, der hinter dem Verstehen liegt. Die Tendenz zur Kritik ist mit dieser Stellung stark ausgeprägt. Sie muß entweder durch liebevolle Anteilnahme oder aber durch Leiden ersetzt werden. Diese Egos waren die ersten, die gegen das Establishment zu rebellieren begannen.

Ψ ♎ *Neptun in der Waage* (1943 - 1957)

Mit dieser Stellung nahm das harmonische und friedliche Verhältnis der Staaten zueinander ein Ende. Es hat etwas Verblüffendes, daß die Waage (Beziehungen) mehr Krieg und Ärger als Frieden bringt. Allianzen, die aus Eigennutz und Diplomatie eingegangen wurden – in nationaler wie internationaler Hinsicht –, führen auch heute noch zu einer Ernte von Zwistigkeiten. Uranus (der Wille) ist der esoterische Herrscher der Waage, und Saturn (Disziplin) steht in diesem Zeichen erhöht. Bis die Menschen nicht kollektiv die Lektionen der Liebe gelernt haben und bis nicht die Rechte aller Menschen anerkannt sind, wird es zu keinem Ende der Kriege und zu keinem Frieden auf Erden kommen. Wenn der Waage-Neptun verletzt im Horoskop steht, sind karmische Lektionen angezeigt, die mit Beziehungen und der Ehe zu tun haben. Von entscheidender Bedeutung sind hier Kompromisse und die Bereitschaft, Opfer zu bringen. Eine Scheidung verändert das Bild nicht – worauf es ankommt, ist die innerliche Veränderung des Bewußtseins. Erst, wenn sich diese ergeben hat, sind Veränderungen im Äußeren möglich. Wenn man seine Haltung ändert, werden sich in der äußeren Welt ebenfalls Wandlungen ergeben. Starke künstlerische Neigungen. Neue Formen der Kunst seitens der Menschen, die sich durch diese Stellung auszeichnen.

Ψ ♏ *Neptun im Skorpion* (1957 - 1970)

Die Ära der Fluchttendenzen. Einige Menschen versuchen mithilfe von Alkohol, Sexualität oder Drogen zu fliehen, andere grenzen sich durch die Verbindung zu ihrem wahren inneren Selbst oder durch Meditation von der äußeren Welt ab. Die Medizin hat zu dieser Zeit einen großen Aufschwung genommen. Viele derjenigen, die mit dieser Stellung geboren sind, zahlen dadurch karmische Schulden ab, daß sie unter alkohol- oder drogensüchtigen Eltern zu leiden haben. Der Skorpion herrscht über die Prozesse des Entstehens, der Fortpflanzung sowie des Niedergangs. Neptun in diesem Zeichen legt nahe, sich des höheren Weges zu bedienen – wird man dem gerecht, ist Transformation die Folge. Ansonsten kommt es zu Degeneration. Viele Todesfälle aufgrund von Gewalteinwirkung. Ein starkes Interesse an den äußeren Räumen spiegelt sich in einem Interesse an innerlichen Welten und an Nach-Todes-Erfahrungen wider. Die Aufmerksamkeit für die Geheimnisse des Altertums nahm zu, was seinen Grund in dem Chaos und der Konfusion hatte, die überall zu beobachten war. Personen mit außerordentlich empfänglicher Psyche oder mit übersinnlichen Fähigkeiten. Steht Neptun hier verletzt, kam es in einem früheren Leben zum Mißbrauch von Magie. Sich psychisch zu öffnen kann für diesen Menschen dann sehr heikel sein, wenn er sich nicht zuerst den Mühen unterzieht, nach Läuterung zu streben. Ein verletzter Skorpion-Neptun hat zur Folge, daß man nicht vertrauenswürdig ist, sondern im Gegenteil unverantwortlich und aus Launen heraus handelt. Spannungsaspekte zu Mars oder Venus: ungewöhnliche sexuelle Erfahrungen.

Neptun im Schützen (1971 - 1985)

Bei dieser Kombination haben wir es mit den Energien von Neptun und von Jupiter zu tun beziehungsweise mit Inkarnationen von Seelen, die sich deutlich von denen mit einem Skorpion-Neptun unterscheiden. Hiermit genießen die höheren Bereiche eine größere Anerkennung als bei der vorherigen Stellung. Diese Menschen verfügen über die psychische Sensibilität, die Schleier des Materiellen zu durchdringen und die Wahrheit zu erkennen. Die Ausbildungskonzepte unterliefen zu jener Zeit großen Veränderungen. Orthodoxe Überzeugungen und Dogmen standen auf dem Prüfstein. Es kam zur Entwicklung von neuen Verkehrssystemen, die Reisen mit neuen Geschwindigkeiten erlaubten. Für die Vereinigten Staaten war dies eine schwere Zeit, was damit in Verbindung steht, daß sich im Horoskop der USA der Schütze-Neptun in Opposition zu einigen Planeten in den Zwillingen befindet. Das Karma der Freisetzung von entfesselter Atomenergie mit allen zerstörerischen Konsequenzen drang in das öffentliche Bewußtsein. Auf der anderen Seite gibt es so etwas wie eine gerade Linie in unserem Universum gar nicht. Der Raum ist gekrümmt. Alles muß gemäß dem kosmischen Gesetz zurück zur Quelle seines Ursprungs. Wenn Neptun im Schützen verletzt ist, bedeutet das einen Mangel an Unterscheidungsvermögen und eine sehr emotionale Natur, auf die kein Verlaß ist. Die Intuition aber ist grundsätzlich gut entwickelt. Erschütterungen – sowohl in geographischer als auch in wirtschaftlicher Hinsicht – können eine heilsame Wirkung haben, weil sie erkennen lassen, wo der Sinn des Lebens liegt. Es sind diese Menschen, die das nächste Jahrhundert einleiten und die die Welt neu erbauen werden.

Ψ ♑ **Neptun im Steinbock** *(1985 - 1999; Fall)*

Diese Jahre sind für uns nicht einfach. Das Thema ist jetzt die Läuterung von Selbstbezogenheit und von Selbstsucht. Nach vielen Bemühungen ist es nun zumindest teilweise zu politischen Zusammenschlüssen gekommen (der gemeinsame Markt in Nordamerika, das Europäische Parlament, Stärkung der UNO). Nur diejenigen, die ihr inneres Zentrum gefunden haben, werden diese Jahre überstehen. Die Kombination von Saturn und Neptun wird das Elend, das in der Welt verbreitet ist, deutlich hervortreten lassen. Der Ozean wird verstärkt nach Mineralien und nach Nahrung ausgebeutet. In vielen Ländern kommt es zu Hungersnöten. Erdbeben mit katastrophalen Folgeerscheinungen bilden immer wieder die Schlagzeilen. Zu dieser Zeit inkarnieren viele entwickelte Seelen, und zwar in Form von Politikern, Erziehern und spirituellen Führern. Es handelt sich bei ihnen um Bahnbrecher, die für die planetarische Wiedergeburt tätig sind. Zu dieser wird es kommen, wenn Neptun zu Beginn des nächsten Jahrhunderts in das Zeichen Wassermann läuft.

Ψ ♒ **Neptun im Wassermann** *(1999 - 2011)*

Bei dieser Kombination haben wir es mit den Energien von Neptun und Uranus zu tun. Kollektive gesellschaftliche Faktoren sind wichtiger als all das, was mit dem Persönlichen zusammenhängt. Diese Personen sind gefordert, sich auf die spirituellen Wahrheiten einzustellen. Das, was gemeinhin als Ideal der «einen Menschheit» bezeichnet wird kann Wirklichkeit werden. Es geht hier darum, sich dem Dienst an diesem Planeten zu verschreiben.

Ψ ♓ **Neptun in den Fischen** *(2011 - 2025; Herrscher)*

Neptun in seinem eigenen Zeichen kann die Menschheit mit den höheren Sphären verbinden, die heute noch für die meisten Menschen verschlossen sind, oder lediglich in kurzen Momenten höchster Inspiration aufleuchten. Es kann einer Zeit höchster Religiosität werden.

Neptun in den Häusern

Neptun steht für soziale Verantwortung. Er enthüllt die Muster der allgemeinen Pflichten, was erkennen läßt, ob die Person in Verbindung mit dem Bewußtsein der Umgebung steht. Neptun unterwirft uns der Gruppe, er zeigt, wo der Mensch gefordert ist, Pflichten, die an ihn herangetragen werden, zuzustimmen. Seine Stellung im Horoskop läßt erkennen, in welchen Lebensbereichen wir uns dienstbereit zeigen sollten und wo wir Opfer zu bringen haben. Uranus ist die Freiheit, die von der Gruppe garantiert wird, Neptun zeigt uns die kosmischen Schulden, die wir zu zahlen haben.

♆ 1 *Neptun im 1. Haus*

Sehr stark entwickelte psychische Empfänglichkeit. Emotionale Störungen führen zu Auswirkungen im physischen Körper, zu körperlichen Beschwerden, die schwer zu diagnostizieren und noch schwerer zu heilen sind. Mehr als auf jede von außen verabreichte Medizin kommt es hier auf die innere Einstellung an. Unklares Verhältnis zur Realität. Konfusion und Chaos werden das Leben solange prägen, bis man sich am Spirituellen ausrichtet und das persönliche Selbst in den Hintergrund tritt. Verleiht Unzufriedenheit mit den Dingen, so wie sie existieren. Dieser Mensch ist solange unzufrieden, bis er gelernt hat, auf das Leben nicht emotional zu reagieren. Könnte wie ein Schwamm all das in sich aufsaugen, was an Schwingungen in der Umgebung vorhanden ist.

♆ 2 *Neptun im 2. Haus*

Bei der Suche nach Unterstützung nicht auf das Materielle ausgerichtet. Neptun löst die Materie auf, und der Mensch, der einen verletzten Neptun im 2. Haus hat, wird die Feststellung machen, daß aus seinem Leben immer wieder materielle Dinge verschwinden. Hat auch mit dem finanziellen Aspekt zu tun. Die Erschöpfung von Aktivposten – zumindest dann, wenn keine absolute Aufrichtigkeit herrscht. Verausgaben Sie sich nicht, indem Sie sich mit einem Ratenkauf übernehmen. Selbsttäuschung oder Täuschung durch andere, falls Neptun verletzt ist. Ein schlechtes Beurteilungsvermögen, was die Finanzen angeht. Wenn Sie sich der Pflicht unterwerfen, Ihr Geld zum Nutzen von anderen einzusetzen, werden Sie merken, daß es zu Ihnen zurückkommt. Neptun ist gewissermaßen der »kosmische Weihnachtsmann«.

Ψ 3 Neptun im 3. Haus

Künstlerischer und einfallsreicher Typ mit Verstand. Allerdings ist das Denken nicht klar, und es fehlt das Vermögen zur Konzentration. Aus diesem Grund keine gute Stellung für ein Studium. Träumt sich durch die Schule hindurch (wenn nicht ein starker Merkur/Uranus-Aspekt gegeben ist). «Versponnener» Mensch. Könnte durch die Verwandten und Geschwister mit seiner karmischen Lektion konfrontiert werden. In Verbindung mit der frühkindlichen Umgebung sind Verletzungen oder Enttäuschungen möglich. Gefühle der Unsicherheit in den ersten Lebensjahren führen unter Umständen später zu nervösen Spannungen, welche mit einer Haltung von Verständnis und Weisheit bekämpft werden müssen.

Ψ 4 Neptun im 4. Haus

Das häusliche Leben bringt die Notwendigkeit mit sich, das persönliche Selbst zu opfern. Ungeklärte häusliche Umstände. «Eine Leiche im Keller haben.» In der Familie gibt es vielleicht einen Alkoholiker, der die Quelle von allgemeinem Unglück ist. In späteren Lebensabschnitten könnte sich dieser Mensch zurückziehen und eine Existenz als Einzelgänger führen.

Ψ 5 Neptun im 5. Haus

Geheime Liebesaffären oder Mangel an emotionaler Ausdrucksfähigkeit. Dies hat seine Ursache in früheren Bindungen. Häufig die Liebe zu Personen, die nicht frei sind. Große Opfer für Kinder, ohne aber viel zurückzubekommen. In Verbindung mit den früheren Existenzen gibt es hier karmische Umstände, die der Mensch ohne Bitterkeit und Groll anerkennen sollte. Das 5. Haus steht für das esoterische Karma. Es ist das Haus, das erkennen läßt, wie Sie zu früheren Lebzeiten Ihren Willen eingesetzt haben – ob zum Guten oder zum Schlechten. Die Begierden sind das, was sich wie ein roter Faden eurch unsere verschiedenen Existenzen zieht. Die Begierde und der Wille sind Zwillinge. Die Verbindung zu den Kindern könnte sich auflösen, wenn diese zu Erwachsenen geworden sind. Neptun in diesem Haus führt in verletzter Stellung dazu, daß man zuviel fordert und nur wenig gibt. Es könnte sich hier um einen begabten Schauspieler handeln, der das Leben dramatisch darbieten und sich in viele Rollen versetzen kann. Reiche Vorstellungskraft – die unter Umständen mit dem Menschen durchgeht.

Ψ 6 Neptun im 6. Haus

Die Tendenz zu Trägheit aufgrund eines Mangels an Vitalität (ganz besonders dann, wenn Mars schwach gestellt ist). Neptun hat keinen direkten Einfluß auf die physische Ebene, er kommt durch die Psyche und durch die Emotionen zum Ausdruck. Es ist sehr schwer, Krankheiten zu diagnostizieren, wenn sich Neptun in diesem Haus befindet. Anfälliger für psychische Infektionen, als der Mensch selbst denkt. Übersensibel gegenüber negativen Gefühlen aus der Umgebung. Überaus beeindruckbar – aus diesem Grund auch Schwierigkeiten in Beziehungen am Arbeitsplatz. Leidet womöglich unter dem Gefühl, daß zuviel von ihm verlangt wird. Drogen jeglicher Art sind bei dieser Planetenstellung gefährlich. Natürliche Heilmethoden und positive Gedanken sind hilfreicher als die gewöhnliche Medizin.

Ψ 7 Neptun im 7. Haus

Durch das Unbewußte oder auf andere Weise die Ausrichtung auf Träume, den richtigen Gefährten zu finden. Eine beständige Sehnsucht nach dem Vollkommenen. Vielfach Liebe zu einer Person, die nicht frei ist. Muß für seinen Ruf oder für seine Ziele große Opfer bringen. Muß viel geben und lernen, im Gegenzug nichts als gegeben anzusehen. Hat zu früheren Lebzeiten nur genommen, anstatt zu geben. Nun muß das spirituelle Konto ausgeglichen werden. Das Stichwort ist hier Opfer.

Ψ 8 Neptun im 8. Haus

Wenig Gewinne durch Partnerschaften, in privater als auch in geschäftlicher Hinsicht. Vielleicht kommt es zu Erbschaften – es wird aber Probleme dabei geben, die Ansprüche auch tatsächlich durchzusetzen. Außerkörperliche und andere astrale Erfahrungen. Wichtige Träume können diesem Menschen im Schlaf zu Wissen verhelfen. Muß sein Selbst im Rahmen des Dienstes für andere geben, um im Gegenzug an deren Gaben und Mitteln teilhaben zu können.

Ψ 9 Neptun im 9. Haus

Der Verstand ist empfänglich und leicht zu beeinflussen. Das 9. Haus steht für das Höhere, für die Motive, die hinter den Taten stehen, für den Gedanken hinter der Äußerung – das, was sich möglicherweise in der Zukunft einmal entfalten wird.

Jeder Planet hat in diesem Haus eine höhere Schwingung als an jeder anderen Stelle des Horoskops. Es ist sehr schwer, die überbewußten Faktoren zu etwas Greifbarem zu machen, wenn sich Neptun in diesem Haus befindet. Dieser nebelhafte Bereich wird dadurch im Gegenteil noch nebelhafter. Kann eine mystische Prägung bedeuten und – bei positiver Aspektierung – spirituelle Visionen. Bestehen zu Neptun an dieser Stelle Spannungsaspekte, verfügt der Mensch über wenig Unterscheidungsvermögen und über einen «benebelten» Verstand.

Ψ 10 *Neptun im 10. Haus*

Muß, was die Karriere betrifft, mehr geben, als er bekommt. Wird nicht die Anerkennung erhalten, seine Arbeit gewürdigt zu sehen. Dies geht auf den karmischen Sachverhalt zurück, daß dieser Mensch zu früheren Lebzeiten Lob erhielt, ohne daß dies gerechtfertigt gewesen wäre. Der Vater ist hier nicht von besonders förderlichem Einfluß – vielleicht trinkt er oder entzieht sich auf eine andere Weise seiner Verantwortung. Eine gute Position für Menschen, die sich dem Dienst an anderen verschrieben haben. Gute Eignung für medizinische Tätigkeiten, für die Arbeit in Institutionen oder für humanitäre Zwecke jeglicher Art.

Ψ 11 *Neptun im 11. Haus*

Ungünstige Verhältnisse in bezug auf Freundschaften. Leichtgläubig. Wenn Neptun hier verletzt ist, muß dieser Mensch bei der Auswahl von Freunden so sorgfältig wie nur möglich vorgehen – Neptun verletzt in 11 bedeutet nämlich, daß die Freunde getäuscht werden oder daß der Mensch von den Freunden getäuscht wird. Braucht bestimmte Vorstellungen und Ziele, um im Leben Erfolg zu haben. Vielleicht eher ein Träumer als ein «Macher».

Ψ 12 *Neptun im 12. Haus*

Starkes Gefühl, eingeschränkt, eingeengt oder sogar eingeschlossen zu sein. Unterbewußte Spannungen aufgrund von extremer Sensibilität. Wenn Neptun verletzt ist, fühlt sich der Mensch, als ob er sich in einer «schleierhaften» Umgebung fern der Heimat im Exil befindet und nicht weiß, wohin ihn sein Weg führt. Tiefverwurzelte Gefühle des Alleinseins, die nur durch die Verbindung mit dem höheren Selbst Linderung finden können. Dienen oder Leiden ist die Wahl, die diese Person hat. Eine gute Stellung für Ärzte, für Krankenschwestern oder ganz allgemein für Menschen, die in Krankenhäusern oder in Heimen arbeiten.

♇ DER PLUTO

Pluto läuft auf einer sehr exzentrischen Bahn um die Sonne. Das heißt, daß wir seinen Umlauf anders als den der anderen Planeten interpretieren müssen. Es ist viel über Pluto gesagt worden, was nicht stimmt. Sein Einfluß wirkt über lange Zeit im Verborgenen, bis er sich schließlich deutlich erkennbar manifestiert. Pluto in den Zeichen hat einen eher kollektiven als persönlichen Einfluß, er bleibt zwischen 12 und 30 Jahren in einem Zeichen. Pluto befand sich 30 Jahre lang in den Zwillingen (1884 - 1914), 25 Jahre lang (von 1914 bis 1939) im Krebs, 18 Jahre lang (1939 - 1957) im Löwen, 15 Jahre lang (1957 - 1972) in der Jungfrau und 12 Jahre lang in der Waage (1972 - 1984). Sein Lauf durch den Skorpion datiert von 1984 bis 1996 (12 Jahre). Der Transit durch den Schützen wird sich über 11 Jahre hinziehen (1996 - 2007). Er hat, was seine Stellung in den Zeichen betrifft, vor allem mit unserer Zivilisation und mit Fortpflanzung und Erneuerung zu tun. Das kollektive Unbewußte ist das, was mit ihm in Verbindung steht. Pluto hängt zusammen mit den neuen Energien, die uns aus dem Bereich des Unsichtbaren im Leben zuströmen.

Pluto in den Zeichen

♇ ♊ *Pluto in den Zwillingen* (1884 - 1914)

Als Pluto in den Zwillingen stand, kam die 8.-Haus-Beziehung, wie sie vom Skorpion dargestellt ist, auf eine außengerichtete und positive Weise zum Ausdruck. Zu dieser Zeit waren die familiären Beziehungen von überaus großer Bedeutung. Aufgrund der Tatsache, daß es an Reisemöglichkeiten fehlte, stellten die Familien eine Art Insel dar. Reisen konnten nur zu Pferde, in der Kutsche oder im Zug unternommen werden. Es kam noch nicht zur Kommunikation zwischen den verschiedenen Kulturen. Zu Menschen, die nicht der Familie angehörten, gab es keine Kontakte. Das Element Luft hat mit dem Verstand zu tun, und Luft ist viel unpersönlicher als die anderen Elemente. Mit Luft ist die

Tendenz verbunden, Abstand zu wahren und sich mit dem Zuschauen zu begnügen. Der Erfindungs- und Einfallsreichtum der Zwillinge führte dazu, daß sich weitreichende Veränderungen (Pluto) in der Welt ergaben. Diese machten sich insbesondere in den Jahren vor 1914 bemerkbar, vor dem Ausbruch des Ersten Weltkriegs. Es ging nun eine Welt unter, die niemals wieder auferstehen wird. Das Flugzeug wurde erfunden – eine Entwicklung, die zu Veränderungen führte, die wohl kein Mensch dieser Zeit voraussehen konnte. Der erstmalige Einsatz von Flugzeugen im Ersten Weltkrieg – am Ende der Zeit also, zu der Pluto in den Zwillingen stand – brachte Tod und Zerstörung. Es ist immer so gewesen, daß die Menschheit vor der konstruktiven Nutzung einer planetarischen Energie diese auf gewalttätige und zerstörerische Weise eingesetzt hat.

Pluto im Krebs (1914 - 1939)

Mit Pluto im Krebs rückten die Emotionen und die Gefühle in den Vordergrund der öffentlichen Aufmerksamkeit. Sentimentalität ist hier das Schlagwort. Die Emotionen und Gefühle wurden von Demagogen sowie von Waffenproduzenten aufgestachelt, die den Krieg wollten, um ihre Produkte zu verkaufen. Es wurde in einem unglaublichen Ausmaß an einen blindwütigen Patriotismus appelliert. »Die Welt sicher machen für die Demokratie« war die Aussage, die die Stimmung in den USA während des ersten Abschnitts oder auch Dekanats dieser Zeit charakterisierte. Orchester spielten und große Menschenmengen versammelten sich an den Bahnhöfen, um die Soldaten zu verabschieden, die nach Europa entsandt wurden. Das hatte etwas von einem Jux an sich, wohl weil die USA seit dem Bürgerkrieg keine kriegerische Auseinandersetzung mehr geführt hatten. Dann aber kam das böse Erwachen. Giftgas wurde eingesetzt, Schützengräben wurden ausgehoben, und der Boden zwischen den Frontlinien wurde zum «Niemandsland». Dies war die Auswirkung von Pluto im Zeichen Krebs. Im zweiten, dem Skorpion-Dekanat dieser Phase, kamen die jungen Männer desillusioniert aus dem Krieg zurück. Es gab keine Arbeit, und die Welt befand sich in der Depression, einer wirtschaftlichen Krise, die beispiellos war. Mit dem tiefen Leiden war aber auch Wachstum möglich. Jeder Mensch teilte das, was er hatte – wie wenig es auch sein mochte. Jeder war dem anderen gleichgestellt. Das dritte Krebs-Dekanat steht unter der Herrschaft der Fische, was eine Erklärung für die allgemeine Hilfsbereitschaft dieser Zeit darstellt.

Pluto im Löwen (1939 - 1957)

Pluto im Löwen steht für die Zeit, die von den Diktatoren geprägt wurde. Der amerikanische Präsident Franklin D. Roosevelt erregte mit seiner Wirtschafts-

und Sozialpolitik (*New Deal*) großes Aufsehen. Im September 1939 begann der Zweite Weltkrieg, der nichts mehr von dem Glanz und Gloria des Ersten hatte. Diesmal spielten in den USA keine Orchester auf, und es wurden keine Girlanden gewunden. Die Verschiffung der Soldaten ging in aller Stille vor sich. Während des ersten Dekanats (welches von der Sonne beherrscht wird) hatten die Diktatoren vollständig die Macht. Pluto in seiner Verbindung zum Skorpion beziehungsweise zum 8. Haus im Zeichen Löwe zeigt an, daß es zwischen den persönlichen Bedürfnissen und denen der Mitmenschen zu einem Ausgleich kommen muß. Das Bedürfnis nach Zuwendung, wie es im Krebs gegeben war, wurde nun abgelöst von dem Bedürfnis nach Macht. Pluto im Löwen (ein positives und außengerichtetes Zeichen) bedeutet den Wunsch, andere zu dominieren und vielleicht auch zu mißbrauchen. Für Personen, die mit dem Löwe-Pluto geboren sind, ist eine innerliche Tendenz kennzeichnend, andere beherrschen und dominieren zu wollen. Diese Neigung könnte auch in der Beziehung zu den Kindern zu Problemen führen.

Das erste Dekanat brachte den Kampf um die Macht, der im Jahre 1945 endete. Das zweite Dekanat (unter der Herrschaft des Schützen beziehungsweise von Jupiter) fiel zusammen mit dem Kriegsende sowie mit den Auswirkungen, die sich damit ergaben: dem Tod der Diktatoren. Die Menschen, die in dem Widder-Dekanat geboren worden sind, haben eine große Last zu tragen. Mars in Verbindung mit Pluto verleiht die Neigung zu Gewalt und zu Aufruhr, die sich auf gnadenlose und sehr grausame Weise manifestieren kann. Viele Menschen, die den deutschen Sturmtruppen angehört hatten, inkarnierten sofort wieder. Viele Geborene dieses Zeitraums weisen jedoch auch eine spirituelle und auf Weisheit ausgerichtete Einstellung auf. Dies sind entwickelte Seelen, die sich für eine Inkarnation zu dieser Zeit entschieden haben, um den Heiligen Schrein in das Neue Zeitalter zu überführen. Sie sind die Hoffnung und der Glanz des kommenden Zeitalters.

♀ ♍ **Pluto in der Jungfrau** *(1957 - 1972; Fall)*

Von 1957 bis 1972 befand sich Pluto in der Jungfrau. Diese 15 Jahre waren von enormen Auswirkungen, was die Rechte des Arbeiters und des sogenannten kleines Mannes betrifft. Das Interesse an der Gesundheit ließ uns auf Vitamine und natürliche Ernährung aufmerksam werden. Insbesondere die junge Generation war es, die sich mit den Aspekten des gesunden Lebens zu beschäftigen begann. Reformläden und makrobiotische Restaurants wurden eröffnet, neue natürliche Heilmethoden entdeckt. Viel medizinische Forschungsarbeit ist geleistet worden. Man erkannte nun, daß zwischen dem Verstand und dem Körper ein enger Zusammenhang besteht. Die *Gestalttherapie* trug dazu bei, die Gefühle der Unsicherheit, der Unterlegenheit und der Repression zu überwinden, für welche die Jungfrau nur zu oft steht. Computer (ein zutiefst jungfrauhaftes Produkt) schossen gewissermaßen wie Pilze aus dem Boden, sie sind nun in allen Bereichen des Geschäftslebens, der Wissenschaft, der Ausbildung und des Gesundheitswesens zu finden. In der Astrologie wurden Computer für die Berechnung von Horoskopen entwickelt. Dies ist der höhere Pluto-Aspekt: Mit der auf diese Art gewonnenen Zeit kann der Mensch besser an seine inneren Gaben und Mittel herankommen, er vermag auf diese Weise sein spirituelles Potential zu entfalten, so daß die Erlösung zu Licht und Weisheit möglich ist.

Die negative Seite von Pluto in der Jungfrau ist das übertriebene Ausmaß von Kritik sowie die Tendenz, sich zum Richter über andere aufzuschwingen. Die Jungfrau neigt dazu, sich in Details und Nebensächlichkeiten zu verlieren. Sie kann für ein Wesen stehen, dem es an Liebesfähigkeit fehlt, das von selbstbezogener Art ist und nicht erkennt, wie wichtig es ist, anderen Opfer zu bringen. Wenn diejenigen, die Pluto in der Jungfrau haben, deren höchstmöglichen Aspekt verwirklichen, haben wir es mit wahren Dienern an diesem Planeten zu tun. Diese Menschen könnten sich als Krankenschwestern, als Ärzte, Naturheilkundler oder Heilpraktiker auszeichnen.

♀ ♎ *Pluto in der Waage* (1972 - 1984)

Im Zeichen Waage beeinflußt die Pluto-Energie die Beziehungen, die Ehen, Verbindungen und Partnerschaften. Hiermit war angezeigt, daß Lektionen zum Thema Kooperation und Kompromißbereitschaft gelernt werden mußten. Die globale Verantwortung war das, was der Mensch nicht länger ignorieren konnte. Es ging darum, diejenigen verstehen zu lernen, die auf eine andere Art denken. Bringen wir für diese Personen kein Verständnis auf, wird es zu Entwicklungen kommen, die von sehr destruktivem Wesen sind. Seine Evolution betreffend hatte der Mensch nun den Wendepunkt erreicht – die Waage ist der Nadir der *Involution*. Die ersten sechs Zeichen stehen für die Lektionen der *persönlichen* Meisterschaft. Wir müssen die Involution durchlaufen, bevor wir gemäß der Evolution fortschreiten können. Das heißt, daß der Mensch nun gefordert ist, sich mit dem auseinanderzusetzen, was tief in ihm verborgen ist. Hinter all den oberflächlichen Erscheinungen liegt der universale Geist. Wie man in Kontakt mit diesem Geist kommt, ist Eingeweihten, Weisen und wahrhaft großen Menschen bekannt.

Pluto richtet sich nicht auf die unmittelbare Lebenssituation oder auf die persönlichen Bedürfnisse. Er bringt zum Ausdruck, wie man in den Tiefen seines Wesens beschaffen ist. Mit der Stellung in der Waage geht es um das, was «da draußen», außerhalb von uns, ist. Zwei Pole kommen hier gemeinsam zur Wirkung, woraus eine neue, dritte Kraft erwächst. Dies bezieht sich auf das Männliche und Weibliche, auf die Eltern und das Kind, auf den Geist und die Materie, auf das positive Proton, das in der Verbindung mit dem negativen Elektron Elektrizität entstehen läßt. Was die Verbindung zwischen Menschen betrifft, muß festgestellt werden, daß die formalen Rituale der Eheschließung jetzt unwichtig geworden sind. Dogmen und religiöse Auffassungen haben ihre Macht verloren. Pluto erschüttert die überlebten Formen, die sich in der Krise befinden, bis ins Mark.

Die Waage ist ein Luftzeichen, und Pluto in der Waage hat zu verschiedenen Aktivitäten geführt, die Luft reinzuhalten. Es wurde erkannt, welche Schäden von verschmutzter Luft ausgehen. Neue Gesetze wurden verabschiedet, um den Schadstoffausstoß zu senken. Auch was die Radioaktivität betrifft ist man wachsam geworden. Verunreinigungen des Geistes könnten schließlich dazu führen, daß man intensiv untersucht, was im Fernsehen gesendet wird. Insbesondere die Menschen, die mit der Saturn/Neptun-Konjunktion in der Waage geboren sind, dürften auf diesen Feldern aktiv werden. Diese entwickelten Seelen haben sich entschieden, gegen den Einfluß der Demagogen und Materialisten vorzugehen. Unter ihnen ist vielleicht auch der Avatar des anbrechenden Wassermann-Zeitalters zu finden.

♇ ♏ *Pluto im Skorpion* (1984 - 1996; Herrscher)

Pluto befand sich von 1984 bis 1996 im Zeichen Skorpion. Was das bedeutet, kann man ahnen, wenn man sich die Bedeutung des Zeichens Skorpion vor Augen führt. Der Skorpion herrscht über die Prozesse des Entstehens, des Fortpflanzens sowie des Niedergangs. Von allen Zeichen sind bei ihm die stärksten Auswirkungen gegeben, zum Schlechten wie zum Guten. Die Schmerzen, die mit Pluto verbunden sein können, haben ihre Ursache in unseren Erstarrungen sowie in der Weigerung, die dunkle Seite in uns anzuerkennen. Die Aufgabe, die uns Pluto stellt, ist dabei, die dunklen Wasser der Tiefen unseres Unbewußten und unseres instinktiven Selbstes zu reinigen.

Zu dieser Zeit wurden verstärkt Kinder geboren, die übersinnliche Fähigkeiten besitzen. Die Astrologie erfreut sich nun einer größeren Beachtung. Immer wieder wurden Korruptionsfälle von Regierungen und Politikern aufgedeckt. Auch wenn es manche nicht glauben mögen: Die Gerechtigkeit, die im Kosmos herrscht, ist streng; niemand kann ihr entgehen. Mit Pluto im Skorpion ist angezeigt, daß der Mensch spirituell auf höhere Ebenen gelangen kann, als er jemals für möglich gehalten hätte. Das kollektive Unbewußte verhilft uns nun dazu, unsere Tiefen zu erforschen; mit ihm werden wir nun so deutlich wie nie zuvor erkennen, daß alles Leben eine Einheit bildet. Die Erde wandelt sich nun, und die Menschheit bestimmt, was geschieht. Wir sollten uns bereit zeigen, in dem Fluß der Ereignisse mitzuschwimmen – das ist besser, als den Geschehnissen Widerstand entgegenzusetzen. Auf diese Weise können wir wachsen und unsere karmischen Schulden bezahlen.

♇ ♐ *Pluto im Schützen* (1996 - 2007)

Pluto im Schützen bedeutet eine Verbindung zu Jupiter beziehungsweise zum 9. Haus, dem Haus des überbewußten Verstandes. Wenn Pluto in den Schützen läuft, wird sich allseits ein unersättliches Bedürfnis zeigen, soviel wie möglich über die verborgenen, letzten Geheimnisse herauszufinden. Mit großer emotionaler Intensität wird die Menschheit zu dieser Zeit nach dem Sinn des Lebens und dem Zweck des Seins suchen. Dabei werden die herkömmlichen Glaubensformen und Religionen ihre Anziehungskraft verlieren. Man wird erkennen, daß die Kirchen in Ritualen erstarrt sind und, daß es ihnen nur noch um Macht geht, nicht um das Seelenheil der Gläubigen. Auf diese Weise wird so gut wie alles in Frage gestellt werden. Dabei ist auch damit zu rechnen, daß von Seiten der Religionen oder einzelner Fanatiker aus Druck gemacht wird. Es könnte immer wieder dazu kommen, daß jemand behauptet, die Wahrheit gefunden zu haben und seine Überzeugung mit Gewalt zu verbreiten versucht.

Der positivere Pluto-Ausdruck ist bei dem Menschen zu sehen, der sich in spiritueller Hinsicht als Pionier erweist, der mystische Visionen erlebt oder «hellsichtig» ist und der das, was er weiß, anbietet, ohne auf andere Druck auszuüben. Das Wissen, um welches es dabei geht, hat seinen Ursprung auf den höheren Ebenen der Bewußtheit. Insofern könnte es sein, daß die Botschaften, die verkündet werden, durch übersinnliche Wahrnehmungen empfangen wurden, über welche die Allgemeinheit nicht verfügt. Yoga und alle Formen der Aktivität, die mit Meditation zusammenhängen, werden einen großen Aufschwung nehmen. Ganz allgemein werden auch die Metaphysik und die Astrologie immer mehr Würdigung erfahren. In der positiveren Auswirkung kann die Menschheit zu dieser Zeit auf wunderbar anmutende Weise den jupiterhaften Optimismus und Überschwang mit der subtilen Umsicht und Gründlichkeit Plutos verbinden. Sie kann damit neue Horizonte erforschen, was ihr evolutionäre Fortschritte ermöglicht, die alle Vorstellungen übersteigen.

Pluto im Steinbock (2007 - 2024)

Es ist natürlich sehr spekulativ, jetzt über die Auswirkungen dieser Konstellation etwas zu sagen, sicher können wir jedoch eine Transformation von gesellschaftlichen, politischen und sozialen Zusammenhängen erwarten.

Pluto in den Häusern

♇ **1**   ***Pluto im 1. Haus***

Muß seine instinktive Natur verstehen lernen. Ähnlich wie bei Neptun im 1. Haus könnten Gefühle der Unsicherheit hinsichtlich der eigenen Identität oder auch Minderwertigkeitsgefühle bestehen. Bei Ärger oder Panik können diese zur Überraschung der Umgebung dann förmlich explosive Auswirkungen haben. Es kommt hier auf die Transformation des Wesens an, auf Bescheidenheit, auf die Bereitschaft, die Energien zum Guten und nicht zum Schlechten einzusetzen. Kann ein Kanal für heilende Kräfte und für das Licht sein, wenn sich die Persönlichkeit in dem auflöst, was wir Verständnis nennen. Als Jesus seinen Jüngern die Füße wusch, hatte das eine zweifache Bedeutung: Er war bereit, ihnen in vollkommener Demut zu dienen, und er stärkte sie in ihrer Fähigkeit zu verstehen. Das ist das, was von dieser Stellung im Idealfall angesprochen ist.

♇ **2**   ***Pluto im 2. Haus***

Pluto in dem Haus der Gaben und Mittel bezieht sich negativerweise darauf, daß der Mensch sein Geld auf unredliche Weise verdient. Diese Pluto-Stellung zeigt vielleicht großen Wohlstand an, der dann für gewöhnlich auf Metallen, auf Mineralien oder auf Öl beruht – auf Dingen, die unter der Erde zu finden sind. Dabei ist es aber möglich, daß der Wohlstand plötzlich verlorengeht. Weltliche Dinge sind diesem Menschen wichtig. Erbschaften sind insbesondere dann möglich, wenn im Horoskop harmonische Beziehungen zur Venus oder zu Jupiter bestehen. Worauf es hier ankommt ist, die persönlichen Mittel und Gaben auf eine konstruktive Weise zum Wohle der Mitmenschen einzusetzen.

♇ **3**   ***Pluto im 3. Haus***

Hier kommt es nicht zu so drastischen äußerlichen Wirkungen wie in den Eckhäusern. Mit dieser Stellung ist Vorsicht, Ernsthaftigkeit sowie Geistestiefe verbunden. Vor Depressionen und negativem Denken muß sich dieser Mensch schützen. Die Aspekte, die zwischen Pluto, Saturn und Merkur bestehen, sind sehr wichtig, weil sie einen Hinweis darauf darstellen, ob die Energie konstruktiv oder destruktiv zum Einsatz kommt. Interesse, die Geheimnisse des Universums zu entschleiern, was die Eignung zur Forschung auf medizinischem oder auf geologischem Gebiet zur Folge haben könnte oder die Beschäftigung mit Metallen.

♀ 4 *Pluto im 4. Haus*

Im 4. Haus ist nicht klar erkennbar, wie die Energien zum Ausdruck kommen – was um so stärker gilt, wenn es sich um Pluto handelt. Dieses Haus steht für das, was wir aus anderen Leben mitgebracht oder von unseren Eltern geerbt haben. Kennzeichnend ist auf jeden Fall der Wunsch, selbst über ein Zuhause zu verfügen, das Liebe und Sicherheit widerspiegelt. Allerdings wird es dazu nicht immer kommen – insbesondere dann nicht, wenn Pluto in diesem Haus verletzt steht (und speziell dann, wenn der Spannungsaspekt vom Mond ausgeht). Pluto zeigt gemäß seiner Hausstellung das, was uns solange verwehrt bleibt, bis wir es von unserem Ego her aufzugeben bereit sind. Das Zuhause und die Mutter spielen in diesem Fall eine sehr große Rolle.

♀ 5 *Pluto im 5. Haus*

Das Ego muß von allen Zügen der Selbsttäuschung und Arroganz befreit werden. Besitzt dieser Mensch ein offenes Herz, wird er sich durch Kreativität und Weisheit auszeichnen. Ist er zu sehr auf Sex aus, kann die plutonische Energie hier zu schweren Schäden führen – emotionalen, mentalen oder körperlichen. Ist Pluto in diesem Haus gut gestellt, könnte dies Wohlstand anzeigen, möglicherweise in Verbindung mit Spekulationen. Steht er verletzt, kommt der Mensch unter Umständen zu Wohlstand, um ihn dann wieder einzubüßen. Ungewöhnliche Kinder, die ihren «eigenen» Kopf haben (es kann sich dabei auch um Kinder des Geistes handeln).

♀ 6 *Pluto im 6. Haus*

Pluto in dem Haus der Anpassung bedeutet, daß der Mensch seine Motive kritisch überprüfen und seinen Verstand läutern muß. Er hat hier die Wahl: Heiler oder Hypochonder. Wenn man sich voll und ganz dem Dienst an anderen hingibt, hat man keine Zeit dafür, krank zu sein. Aufgrund eines tiefverwurzelten Minderwertigkeitskomplexes möglicherweise von überkritischem Wesen. Besondere Begabungen bestehen für Tätigkeiten auf dem pflegerischen Feld, in der Psychologie oder in der Beratung.

7   *Pluto im 7. Haus*

Das 7. Haus zeigt die Beziehung zur äußerlichen Welt an und, wie andere auf die Person reagieren. Pluto hat einen starken läuternden Effekt, wo immer er im Horoskop steht, insbesondere aber in Haus 7. Es ist für diese Menschen schwer, enge emotionale Beziehungen zu führen. Die Bereitschaft, das Persönliche zurückzustellen, sowie die Hingabe an das Prinzip der Liebe ist das, was Pluto in diesem Haus verlangt. Es kommt darauf an, Umsicht bei der Wahl des Partners walten zu lassen. Grundsätzlich ist die Fähigkeit gegeben, beide Seiten der Medaille zu sehen, was Objektivität und Unvoreingenommenheit bedeuten kann. Dieser Mensch hat denn auch die Möglichkeit, als Vermittler zwischen gegensätzlichen Parteien zu fungieren, zum Beispiel in Verbindung mit dem Recht.

 8   *Pluto im 8. Haus*

Dies ist das wahre Haus der Erziehung, weil es in jeder Hinsicht mit Entwicklung zu tun hat – was die Moral, den Verstand und das Spirituelle betrifft. Die Bezeichnung «Haus des Todes» trifft nur insofern zu, als daß der Tod der größte Entwicklungsschritt ist, den wir auf der gegenwärtigen Entwicklungsstufe kennen. Wenn Pluto im 8. Haus verletzt steht, könnte der Mensch den Weg der Degeneration gehen, vielleicht aus dem Grund, weil er auf diese Weise am meisten lernt. Das muß aber nicht so sein. Wesentlich ist, daß das alte Selbst stirbt und es noch im alten Körper zur Neugeburt kommt. Weil das 8. Haus ebenso für die Sinne steht, kann auch eine außersinnliche Wahrnehmung angezeigt sein (besonders, wenn eine Beziehung zu Neptun besteht). Wir stoßen in die Dunkelheit vor und finden das Licht.

♀ **9**   *Pluto im 9. Haus*

Wenn Pluto sich im 9. Haus befindet – dem Haus, das für das Überbewußte steht –, fühlt man das starke emotionale Verlangen zu wissen, was der eigenen Existenz zugrundeliegt. Dabei spielen die überlieferten Religionen und ritualisierten Formen des Glaubens keine ausschlaggebende Rolle. Dieser Mensch leistet im Gegenteil entschiedenen Widerstand, wenn andere ihm Überzeugungen aufzwingen wollen. Er wird erst dann zu einem inneren Frieden im Leben finden, wenn er die Überzeugung gewonnen hat, daß hinter den Manifestationen in ihrer Gesamtheit ein Sinn und ein übergeordneter Plan verborgen ist. Stark entwickelte Spiritualität, eventuell diesbezüglich auch eine Führerrolle. Negativ aspektiert, könnte sich der Mensch seinerseits durch eine dogmatische oder gar fanatische Haltung auszeichnen, was den Glauben betrifft. Auf jeden Fall gilt es hier, im Denken größere Flexibilität zu entwickeln.

♀ 10 *Pluto im 10. Haus*

In diesem Haus steht Pluto mit dem Steinbock in Verbindung, was zur Folge hat, daß Macht und Dominanz ein wichtiges Thema sind. Mit Pluto im 10. Haus kann dem Menschen jedes Gefühl für Verhältnismäßigkeit abgehen. Ist Pluto verletzt, bahnt sich unter Umständen diese Person ohne Rücksicht auf andere ihren Weg nach oben, ohne im geringsten Rücksicht auf andere zu nehmen – um dann allerdings die Erfahrung zu machen, daß er sich dort nicht halten kann und es mit den verschiedensten Problemen zu tun hat. Pluto in 10 fordert dazu auf, die materialistische Selbstbezogenheit aufzugeben, die dem Drang nach Macht zugrundeliegt. Es kommt hier darauf an, Diplomatie und Takt zu Wesenszügen der Persönlichkeit zu machen. Dabei ist dieser Mensch in der Lage, eine große Last zu tragen und anderen die Rettung zu bringen.

♀ 11 *Pluto im 11. Haus*

Pluto in dem Haus der Freundschaften, Ziele und Vorstellungen rät dazu, größtmögliche Vorsicht bei der Auswahl der Gefährten walten zu lassen und sehr darauf zu achten, wofür man aktiv wird. Unterliegt dieser Mensch hier Täuschungen, wird es immer wieder zu abrupten Störungen kommen. Mit dieser Stellung wird man wiederholt alte Freunde gehen lassen müssen, aber auch immer wieder neue gewinnen können. Ist Pluto im 11. Haus gut gestellt, kann man mit seiner Hingabe an Prinzipien und Ideale die Entwicklung der Menschheit außerordentlich stark fördern.

♀ 12 *Pluto im 12. Haus*

Das 12. Haus weist von allen Häusern die größte psychische «Durchlässigkeit» auf. Das liegt daran, daß Neptun zu diesem Haus gehört. Jeder Mensch, der einen oder mehrere Planeten in 12 hat, fühlt sich in seiner irdischen Existenz beschränkt, eingeengt oder wie in einem Käfig. Es fällt hier generell schwer, sich den allgemeinen Regeln und Verhaltensnormen zu unterwerfen – insbesondere aber gilt das für Pluto. Die bestmögliche Nutzung der plutonischen Energien ist dann gegeben, wenn der Mensch willens ist, ein Werkzeug der Hilfe für diejenigen zu sein, die benachteiligt sind. Wenn er dem entspricht, wird er mit Weisheit belohnt werden. Nur durch Dienstbereitschaft und den Verzicht auf den ego-orientierten Willen kann die Person den Kontakt mit den negativen Energien vermeiden, die mit Pluto in 12 verbunden sind.

☊☋☋ DIE MONDKNOTEN

Die Mondknoten sind in ihrer Bedeutung von modernen Astrologen nicht genug gewürdigt worden. Der *absteigende Mondknoten* zeigt immer den Weg des geringsten Widerstandes, die Gewohnheitsmuster aus früheren Leben, die uns nicht mehr gerecht werden und welche wir ablegen sollten. Er zeigt weiterhin, welche Lösungsmöglichkeiten wir hier haben: den Weg der Integration, auf dem wir Erfüllung finden können.

Der *aufsteigende Mondknoten* ist der Punkt der Ekliptik, wo der Mond von südlicher Breite zu nördlicher Breite wechselt. Er wird auch *nördlicher Mondknoten* oder *Drachenkopf* genannt. Das Symbol dafür ist ☊ Der absteigende Mondknoten oder der Drachenschwanz wird durch das Symbol ☋ dargestellt. In den Ephemeriden ist nur der aufsteigende Mondknoten mit Grad und Zeichen vermerkt. Der absteigende Mondknoten liegt diesem immer genau gegenüber.

Der Mond herrscht über das Unbewußte, und die Mondknoten haben einen großen Einfluß auf die unbewußten Verhaltensmuster. Der absteigende Mondknoten hat mit den unbewußten Beweggründen der Vergangenheit zu tun. Der aufsteigende Mondknoten repräsentiert neue Verhaltensmuster, die erst noch zu entwickeln sind. Die Alten sagen, daß der aufsteigende Mondknoten von wohltätiger und der absteigende Mondknoten von ungünstiger Wirkung sei. Dem muß aber nicht unbedingt so sein. Wenn wir uns an die Vergangenheit klammern und uns weigern, in die Zukunft fortzuschreiten und uns mit neuen Erfahrungen auseinanderzusetzen, kommt es für uns nicht zu Wachstum und Entwicklung. Eine derartige Erstarrung ist dabei nicht nur von Übel, sie ist schlichtweg dumm. Lots Frau sah sich um und erstarrte infolgedessen zur Salzsäule. Dies stellt anschaulich dar, was uns geschieht, wenn wir zu sehr an der Vergangenheit festhalten. Der aufsteigende Mondknoten symbolisiert die Arbeit, die vor uns liegt, die neuen Möglichkeiten, die entwickelt werden wollen. Der absteigende Mondknoten stellt den Weg des geringsten Widerstands dar, ihm gemäß können wir uns mit Leichtigkeit zum Ausdruck bringen, weil es sich dabei um ein eingeschliffenes Muster handelt. Der aufsteigende Mondknoten ist der neue Kanal, der noch geformt werden muß – die neue Herausforderung. Er steht für die spirituelle Erfüllung.

Mondknoten in den Zeichen

☊ ♈ *Mondknoten im Widder*

Der aufsteigende Mondknoten im Widder verleiht Selbstbewußtsein und ein fortschrittliches Wesen. Gefordert ist hier die Entwicklung von Unabhängigkeit und einer eigenen Meinung. Die Persönlichkeit sollte zu vollständiger Entwicklung gebracht werden. Bevor Sie sich an andere geben können, müssen Sie über ein Selbst verfügen – erst dann haben Sie etwas zu geben.

Der absteigende Mondknoten in diesem Zeichen zeigt an, daß in der Vergangenheit Züge der Überheblichkeit oder Anmaßung das Problem gewesen sind. Die Persönlichkeit sollte in diesem Leben zum Diener der anderen werden.

☊ ♉ *Mondknoten im Stier*

Der aufsteigende Mondknoten im Stier verleiht viele Reserven sowie die Fähigkeit, sich der materiellen Welt auf eine sehr praktische Weise zu nähern. Zieht Besitz und Menschen an, die besessen werden wollen. Muß anderen bei der Entwicklung einer Position der Unabhängigkeit helfen, was die Fähigkeit notwendig macht, verzichten zu können. Wenn der Mensch sich zu lange auf Hilfsmittel stützt – auf Krücken sozusagen, vielleicht auch in psychologischer Hinsicht –, kann ihn das von der Entwicklung eigener Stärke abhalten.

Der absteigende Mondknoten in diesem Zeichen bringt zum Ausdruck, daß man in der Vergangenheit zu sehr auf das Materielle ausgerichtet war und sich selbst zu wichtig genommen hat. In welchem Haus der Mondknoten hier auch stehen mag – es muß dazu kommen, daß der Mensch sich von seinen Besitztümern und von seiner materialistischen Einstellung losmacht.

☊ ♊ *Mondknoten in den Zwillingen*

Der aufsteigende Mondknoten in den Zwillingen bedeutet Beweglichkeit, Anpassungsfähigkeit und einen wachen Verstand. Dieser Mensch profitiert aufgrund seiner optimistischen Lebenseinstellung immer wieder von Freunden und Verwandten. Diese Haltung sollte im aktuellen Leben noch weiterentwickelt werden.

Der absteigende Mondknoten im Zeichen Zwillinge zeigt eine zu große Oberflächlichkeit an was frühere Lebzeiten betrifft, und zu wenig Bereitschaft zur Begründung von stabilen Lebensverhältnissen. Dieser Mensch «flatterte» von einer Lebenserfahrung zur nächsten. Wenn er dies im aktuellen Leben fortsetzt, wird er nur sehr wenig Erfolg haben und wenig Durchhaltevermögen zeigen können.

☊ ♋ *Mondknoten im Krebs*

Der aufsteigende Mondknoten steht im Krebs für Häuslichkeit und für die Eigenschaft, andere zu bemuttern. Zur Integration kommt es, indem der Mensch diese Qualitäten fördert. Viel Sensibilität für das Leid von anderen. Sich um das Zuhause zu kümmern wäre etwas, was diese Person bei ihrer Integration unterstützen könnte.

Der absteigende Mondknoten könnte die Eigenschaften der Habsucht und der Selbstbezogenheit anzeigen. Es handelt sich dabei um ein Überbleibsel aus der Vergangenheit, das durch die Sorge für andere sowie die Entwicklung von pflegerischen Qualitäten überwunden werden muß.

☊ ♌ *Mondknoten im Löwen*

Der aufsteigende Mondknoten im Löwen gibt Organisations- und Führungsqualitäten. Braucht eine Position der Unabhängigkeit, um gute Arbeit zu leisten. Viel Ehrgefühl und Stolz. Die Tugend, die dem Stolz zugrundeliegt, ist der Selbstrespekt. Dazu hat der Löwe alles Recht. Wenn es dem Menschen an Respekt für das eigene Wesen fehlt, hat er in diesem Leben die Fähigkeit, ihn zu entwickeln.

Der absteigende Mondknoten zeigt an, daß die Person ihre Macht in der Vergangenheit mißbraucht und ihr Ego viel zu sehr in den Mittelpunkt gestellt hat. Dieses Mal muß es dazu kommen, daß die Aufmerksamkeit auf die anderen gerichtet wird statt auf die Erhöhung der eigenen Person.

☊ ♍ *Mondknoten in der Jungfrau*

Der aufsteigende Mondknoten in diesem Zeichen, das für Unterscheidungsvermögen und für Reinheit steht, zeigt, daß diese Eigenschaften dem Menschen nun Wachstum und Fortschritt verheißen. Das Prinzip der christlichen Nächstenliebe muß durch Dienstbereitschaft offen zum Ausdruck gebracht werden.

Der absteigende Mondknoten in der Jungfrau ist ein Anzeichen dafür, daß es darum geht, die Neigung zu überwinden, über andere zu urteilen und den Stab zu brechen. Kritik und Nörgelei waren in der Vergangenheit die Ursache dafür, daß der Mensch ins Unglück gelaufen ist. Diese Eigenschaften sind aber immer noch in seinem Unbewußten präsent. Es gilt, sie nun auszumerzen.

☊ ♎ *Mondknoten in der Waage*

Der aufsteigende Mondknoten in der Waage symbolisiert Integration, die daraus erwächst, daß der Mensch von sich aus auf andere zugeht, daß er von den Ebenen der Persönlichkeit zu denen der Seele fortschreitet. Die Betonung sollte hier darauf liegen, daß den anderen gegenüber Liebe zum Ausdruck gebracht wird. Die Liebe zum eigenen Selbst muß in den Hintergrund treten.

Der absteigende Mondknoten steht dafür, daß der Mensch sich in der Vergangenheit zu sehr auf andere gestützt und es dabei zugelassen hat, daß sie über sein Leben bestimmten. Nun kommt es darauf an, eigene Entscheidungen zu treffen – ob sie nun richtig oder falsch sind. Wachstum resultiert aus persönlichen Erfahrungen sowie aus der persönlichen Art des Selbstausdrucks.

☊ ♏ *Mondknoten im Skorpion*

Der aufsteigende Mondknoten im Skorpion zeigt, daß der Mensch nach Transformation streben muß. Die spirituelle Integration ergibt sich für ihn, wenn er seine selbstsüchtigen Interessen zugunsten der Arbeit für andere aufgibt. Muß lernen, sich dem göttlichen Willen hinzugeben, nicht den persönlichen Interessen. Nur auf dem Weg, der sich am Höheren Selbst orientiert, kann dieser Mensch zu innerem Frieden finden.

Der absteigende Mondknoten läßt erkennen, daß die Person in der Vergangenheit einen Weg beschritten hat, der abwärts führt. Es muß hier zu einer Neuorientierung kommen, bei welcher Wut und Ärger zu überwinden sind und kein Druck auf andere ausgeübt wird. Sinnliche Begierden sowie die Neigung zum Geiz müssen zu Liebe werden. Der Geist des Gebens ist das, worauf es ankommt, nicht Besitz.

☊ ♐ *Mondknoten im Schützen*

Der aufsteigende Mondknoten im Schützen deutet auf den Weg zu den fernen Horizonten, physisch wie spirituell. Dieser Mensch gewinnt durch die Ver-

bindung mit anderen und dadurch, daß er in philosophischer oder erzieheri-
scher Hinsicht Neuland betritt. Er kann eine positive Haltung entwickeln, die
bei der Arbeit an problematischen Horoskop-Faktoren hilfreich sein kann.

Der absteigende Mondknoten in diesem Zeichen hat ein schlecht entwickeltes Beurteilungsvermögen zur Folge sowie viel Rastlosigkeit und Hitzigkeit. Hier
muß das Vermögen zur Konzentration entwickelt werden – es reicht nicht, schnell
etwas hinzuwerfen und sich dann dem nächsten Betätigungsfeld zu widmen.

☊ ♑ *Mondknoten im Steinbock*

Der aufsteigende Mondknoten in diesem Zeichen läßt erkennen, daß die
beruflichen Fähigkeiten und Ziele auf das allgemeine Wohl gerichtet sind oder
zumindest gerichtet werden könnten. Zur Integration kann es hier kommen,
wenn der Mensch beständig bestrebt ist, hohe Ziele zu erreichen und andere
bei ihrer Errettung zu unterstützen.

Der absteigende Mondknoten hier läßt hinsichtlich der Vergangenheit auf
Züge von selbstsüchtigen Vorstellungen sowie auf Machtgelüste und den
Wunsch, andere zu kontrollieren, schließen. Dieser Tatsache muß der Mensch
nun ins Auge sehen; es gilt, diesbezügliche Eigenschaften jetzt abzulegen.

☊ ♒ *Mondknoten im Wassermann*

Der aufsteigende Mondknoten im Wassermann symbolisiert, daß der Weg
des spirituellen Fortschritts der ist, Gruppen zu dienen, in Verbindung mit der
Erkenntnis der Einheit allen Lebens. Das Aktivitätsfeld sollte davon gekennzeichnet sein, daß es einen Einfluß auf die Gesellschaft hat und nicht nur auf
das Individuum bezogen ist. Die Wissenschaft, die Medizin, die Forschung, die
Philosophie oder die Erziehung könnten die Felder der Betätigung sein.

Der absteigende Mondknoten dagegen zeigt, daß die Muster der Vergangenheit von einem Rückzug von der Welt gekennzeichnet waren, welchem
Dünkel oder Ekel zugrunde lag. Starke Züge der Egozentrik, die überwunden
werden müssen.

☊ ♓ *Mondknoten in den Fischen*

Der aufsteigende Mondknoten stellt in diesem Fall Erlösung durch die vollständige Hingabe an andere dar. Leidenschaft sollte in eine Form der Gemüts-
ruhe überführt werden, ohne daß der Mensch dabei sein Mitgefühl verliert.

Der absteigende Mondknoten ist ein Hinweis auf Fluchttendenzen und das Ausweichen vor jeglicher Verantwortung. Der Mensch könnte versucht sein, dieses Verhaltensmuster auch im aktuellen Leben zum Ausdruck zu bringen (wenn nicht der Rest des Horoskops andere Schlüsse nahelegt). Starke Sinnlichkeit in der Vergangenheit – nun muß es dazu kommen, daß die Sinne auf das Höhere gerichtet werden.

Mondknoten in den Häusern

☊ 1
☋ 7

Mondknoten in den Häusern 1 und 7

☊ in 1 – ☋ in 7: Dieser Mensch ist gefordert, Initiative zu ergreifen und persönliche Macht zu entfalten. Er hat in der Vergangenheit zu sehr auf andere vertraut, war abhängig von seinen Mitmenschen oder wurde von ihnen dominiert. Nun muß er sein Schicksal selbst in die Hand nehmen. Durch Aktivität und persönliche Anstrengungen kann er das nötige Vertrauen und die erforderliche Zuversicht gewinnen.

☋ in 1 – ☊ in 7: Muß lernen, Abstand zu sich selbst zu gewinnen. Hat nur für sich selbst gelebt und damit ein zu großes Streben nach Unabhängigkeit zum Ausdruck gebracht. Muß die Belange der anderen berücksichtigen und seine Selbstbezogenheit ablegen. Die Züge der Überheblichkeit müssen abgestellt werden. Integration und Erfüllung ergeben sich, indem der Mensch sich von seinem persönlichen Ego löst und anderen dabei hilft, den eigenen Wert zu erkennen.

☊ 2
☋ 8

Mondknoten in den Häusern 2 und 8

☊ in 2 – ☋ in 8: Die Betonung liegt hier darauf, die persönlichen Gaben und Mittel zur Entwicklung zu bringen. Zieht möglicherweise Geld an – was unter Umständen dafür notwendig ist, um allgemein «Anziehungskraft» auszustrahlen. Die Fähigkeit, Dinge oder Menschen anzuziehen (Venus), muß entwickelt werden. Dies bezieht sich auf das Materielle wie auf das Spirituelle. Der Mensch muß damit aufhören, auf die Mittel und Gaben von anderen zu setzen.

☊ in 2 – ☋ in 8: Unbewußte Gewohnheitsmuster aus der Vergangenheit beziehen sich eher auf das Empfangen als auf das Geben. Dieser Mensch ist gefordert, anderen dabei zu helfen, ein Gefühl für die persönlichen Mittel und Gaben und den eigenen Wert zu entwickeln. Die Ausrichtung auf die Sinne muß transformiert werden, indem Leidenschaft in Mitgefühl umgeformt wird. Bevor die Saat Früchte tragen kann, muß sie in der Dunkelheit vergraben werden, ihre Schale durchbrechen und zum Licht streben. Anderen dabei zu helfen, ein Gefühl für den eigenen Wert und die eigenen Ressourcen zu finden ist die richtige Art und Weise, den aufsteigenden Mondknoten in Haus 8 einzusetzen.

☋ 3 ☊ 9   *Mondknoten in den Häusern 3 und 9*

☋ in 3 – ☊ in 9: Zur Integration kann es hier durch die Entwicklung von geistigen Fähigkeiten kommen. Das Vermögen, logisch zu argumentieren und zu analysieren, muß auf die Umstände, wie sie sich in der Umgebung finden, angewendet werden. Diese Person hat in der Vergangenheit blindes Vertrauen und eine tiefe religiöse Einstellung gehabt, allerdings auf eine dogmatische Weise, ohne selbst nachzudenken. Sie ist jetzt gefordert, den Pflichten des Alltags gerecht zu werden und sich nicht von den vermeintlich angenehmeren Lebensumständen anderer blenden zu lassen. Die Person sollte bei dem bleiben, was sie hat. Sie hat in der eigenen Umgebung alle Chancen und Möglichkeiten, die sie braucht. Dabei lassen sie aber die Mächte der Vergangenheit immer wieder sehnsüchtig auf das schauen, was in der Ferne liegt.

☊ in 3 – ☋ in 9: Eine zu große Ausrichtung auf den Verstand und zu wenig Aufmerksamkeit für die Macht des Überbewußten. Vertrauen und Hingabe an ein Ideal sind das, woran es hier fehlt. Neigt dazu, sich abseits zu halten, was daran liegt, daß der Mensch sich vom Kopf her für einzigartig hält. Das Herz aber fordert Verbindung. Vertrauen hat mit Gefühlen und mit dem Herz zu tun. Bei der inneren Lebenseinstellung muß es zwischen der Hingabe an ein Ideal und den intellektuellen Möglichkeiten zu einem Ausgleich kommen. Dieser Mensch sollte sich auf Reisen begeben – in seinem Inneren wie im Äußeren. Auf diese Weise wäre für ihn Expansion möglich. Die Verwandten könnten die Quelle von Schwierigkeiten sein, was es sinnvoll erscheinen läßt, sich fernab von ihnen niederzulassen.

☋ 4 ☊ 10   *Mondknoten in den Häusern 4 und 10*

☋ in 4 – ☊ in 10: Das 4. Haus repräsentiert den Mitternachtspunkt oder die abgründigen Tiefen der Persönlichkeit. Es geht hier um die Seelenkräfte: Das, was wir in unseren Tiefen sind, entspricht nicht dem Eindruck, den wir an der Oberfläche machen. In den Tiefen unseres Wesens (das Zuhause) kommt es

zur Freisetzung dieser inneren Kräfte. Es ist davon auszugehen, daß diese Person nicht die Aufmerksamkeit und allgemeine Zustimmung ihrer Mitmenschen erhalten wird – sie hat all dies in der Vergangenheit gehabt und daraus das Gefühl von persönlicher Wichtigkeit bezogen. Nun ist sie gefordert, sich als Seele zu entwickeln. In Verbindung mit einer angemessenen häuslichen Umgebung, mit einem Rückzug in die Stille und mit einer weisen Einstellung den Emotionen gegenüber kann dieser Mensch zu Erfüllung kommen.

☋ in 4 – ☊ in 10: Diese Person hat ihre seelischen Kräfte zur Entwicklung gebracht. Sie hat auf eine zurückgezogene und ruhige Weise gelebt. Nun ist sie gefordert, in die Öffentlichkeit zu treten und eine herausragende Rolle zu übernehmen. Sie wird jetzt in einer beruflichen Karriere Erfüllung finden. Wenn sie sich an das Zuhause zu klammern versucht, werden sich auf die eine oder andere Weise Züge der Aufspaltung oder der Zersplitterung zeigen. Unbewußter Wunsch nach Rückzug, der zu überwinden ist. Muß lernen, sich nicht von Menschen fernzuhalten, sondern sich mit ihnen zu verbinden.

☊ 5
☋ 11
Mondknoten in den Häusern 5 und 11

☊ in 5 – ☋ in 11: Erfüllung finden kann dieser Mensch durch den Ausdruck seiner persönlichen Wesensarten – durch den Einsatz von schöpferischen Kräften, ob diese sich nun auf die Schöpfung von Kindern des Körpers, des Verstandes oder der Gefühle beziehen. Er muß darauf achten, seine eigenen Wünsche und Ziele zu verfolgen und nicht die von anderen. In der Vergangenheit ist er in dieser Beziehung immer anderen gefolgt. Nun aber kann er das nicht mehr – er muß jetzt eigene Ziele und Vorstellungen zum Ausdruck bringen. Zu früheren Zeiten hatten ihn die Freunde fortwährend unterstützt, ihn damit aber nicht gestärkt, sondern im Gegenteil geschwächt. Abhängigkeit ist ein Gewohnheitsmuster, das hier tief im Unbewußten verwurzelt ist. Mit der Zeit aber kann dieser Mensch lernen, auf die eigene Stärke zu vertrauen und die eigenen Ziele zu verwirklichen. Das ist notwendig, um ein erfolgreiches Leben zu führen.

☋ in 5 – ☊ in 11: Wenn diese Person nun Kinder hat, werden sie ihr nicht viel Liebe entgegenbringen und keine große Hilfe sein. Die Energie, die im Rahmen von persönlicher Zuneigung zum Ausdruck gebracht worden ist, wird nicht angemessen befriedigt. Vielleicht fühlt sich dieser Mensch versucht, sich dem süßen Leben hinzugeben und jegliche Verantwortung zu meiden – was aber von schlimmen Folgen begleitet sein dürfte. Hierbei würde es sich um ein Muster aus der Vergangenheit handeln, das unbedingt abgelegt werden muß. Die Freunde bringen in diesem Fall mehr Befriedigung und Unterstützung als die familiären Bande. Ziele, die mit Gruppenaktivitäten hinsichtlich eines universalen Ideals zusammenhängen oder mit Dienstbereitschaft, stellen ein gutes Mittel dar, zur spirituellen Integration zu gelangen.

☊ 6
☋ 12
Mondknoten in den Häusern 6 und 12

☊ in 6 – ☋ in 12: Integration kann dieser Mensch nur dann erfahren, wenn er dazu bereit ist, Dienst zu leisten. Muß seinen Panzer ablegen und zu arbeiten beginnen. War aufgrund seiner Passivität in der Vergangenheit isoliert. Die Zurückgezogenheit und Beschränkungen, unter denen er wegen seines Mangels an Mitgefühl in der Vergangenheit gelitten hatte, führen im aktuellen Leben möglicherweise wieder zu einem Zustand der Isolierung. Erfüllung kann erfahren werden durch den Eienst an anderen. So würde auch das Gefühl der Isoliertheit schwinden. Bescheidenheit – die höchste der Tugenden – sollte das Schlüsselwort für diesen Menschen sein. Für uns alle gilt: Um etwas zu werden, müssen wir die Bereitschaft aufbringen, nichts zu sein. Dies ist die Botschaft des 6. Hauses.

☋ in 6 – ☊ in 12: Die Fähigkeit, karmische Rechnungen aus früheren Leben durch selbstgeschaffene Kanäle der Dienstbereitschaft zu begleichen. Arbeit mit Menschen, die benachteiligt oder eingeschränkt sind, könnte zur Integration und zur Erfüllung führen. Tendenzen zum Hypochondertum, die aus der Vergangenheit stammen, müssen überwunden werden. Die unbewußte Neigung, sich am Negativen auszurichten, sollte man durch die Hingabe an emotional positive und erhebende Erlebnisse ablegen. Zu früheren Lebzeiten führte die Negativität zu Disharmonie und zu Spannungen im physischen Körper. In diesem Leben könnte der Mensch zu Erfüllung und zu innerlichem geistigem Frieden finden, wenn er andere dabei unterstützt, eine neue und fröhlichere Einstellung zu gewinnen.

7 DIE BEDEUTUNG DER ASPEKTE

Aspekte sind bestimmte Abstände von Planeten zueinander, wie sie zu einem gegebenen Zeitpunkt – also zum Beispiel bei der Geburt – am Himmel erscheinen oder erschienen sind. Bei ihrem Studium ist von extremer Wichtigkeit, das grundsätzliche Wesen der beteiligten Planeten zu verstehen. Dies ist wichtiger als nachzulesen, was zu den einzelnen Verbindungen in den Büchern steht. Aspekte können auf sehr unterschiedliche Weise wirken, je nachdem, ob sie in kardinalen, fixen oder in veränderlichen Zeichen stehen. *Aspekte in fixen Zeichen* sind sehr stark; sie haben mit dem Willen und unseren Begierden zu tun. *Aspekte in veränderlichen Zeichen* beziehen sich darauf, wie wir unsere geistigen Fähigkeiten einsetzen. *Kardinale Aspekte* wiederum zeigen an, ob wir die Initiative zu ergreifen imstande sind und Dinge auf den Weg bringen können.

ASPEKTE ZUR SONNE

Die Sonne repräsentiert die fundamentale Macht zu handeln und zu sein, den Zweck oder den Willen selbst, wie er sich nach außen hin in dem Wunsch nach Bedeutung manifestiert. Die Sonne lädt jeden Planeten, den sie aspektiert, mit Energie auf.

Unser fundamentaler Antrieb im Horoskop ist von der Sonne angezeigt. Er ist mit dem Ego-Drang auf der persönlichen Ebene verknüpft. Jeder Mensch hat das Bedürfnis, sich als eine wichtige Person anerkannt zu fühlen. Das grundsätzliche Gefühl der Selbstheit und des Wertes der Persönlichkeit in der Welt ist ein individuelles göttliches Recht, das akzeptiert werden muß. In dem Moment aber, in dem dieses Recht zu Lasten von irgend jemandem auf übertriebene Weise geltend gemacht wird, ergeben sich Schwierigkeiten. Das Gleiche gilt für den Fall, daß das Recht mißachtet oder beschränkt wird. Die Sonne steht für Höherstehende und für Menschen, die Autorität verkörpern.

Die Sonne ist die Quelle von Vitalität, die Form annimmt. Sie herrscht über das *Prana* beziehungsweise die Lebenskraft. Der Mensch mit einer stark gestellten Sonne verfügt über viel Vitalität und Energie. Steht die Sonne dagegen schwach oder sind verschiedene Spannungsaspekte zu ihr gegeben, fehlt es dem Menschen an Kraft. Das macht es notwendig zu lernen, wie man Kräfte gewinnen kann. Es gibt keinen astrologischen Faktor, bei dem man von zuwenig Kraft ausgehen müßte. Steht die Sonne verletzt im Horoskop, ist daran lediglich abzulesen, daß die entsprechende Person ihre Lebenskraft verschwendet hat und jetzt mithilfe des rechten Verständnisses der kosmischen Gesetze zu neuer Kraft kommen muß.

Besonders wichtig sind Aspekte zwischen der Sonne und dem Mond. Die Sonne steht für das solare Ego, für die Individualität. Der Mond repräsentiert die Persönlichkeit und das unbewußte Selbst. Die lunaren Kräften herrschen im Leben über die Prozesse der Formgebung. Die solaren Kräfte regieren über die Vitalität, die dem Menschen vom ätherischen Energiefeld zufließt. Die Sonne symbolisiert seine *konstitutionelle* Stärke, der Mond die *funktionale*. Wenn wir uns mit der Frage der Gesundheit und der Dauer des Lebens beschäftigen, kommt es grundsätzlich auf diese beiden Energien an. Ist der Mond verletzt, die Sonne aber nicht, könnte der Körper schwach und anfällig sein, aber immer genug neue Vitalität bekommen, um fortzubestehen. Wenn dagegen die Sonne verletzt ist und der Mond nicht, könnte der Mensch einen gesunden Eindruck machen, aber zuwenig Vitalität besitzen – solange zumindest, bis er seine Vitalkräfte stärkt.

Die Beziehung zwischen Sonne und Mond zeigt an, welche Mondphase zum Zeitpunkt der Geburt aktuell war. Die Sonne/Mond-*Konjunktion* bedeutet, daß die Geburt zum Neumond geschah. Eine *Opposition* zwischen Sonne und Mond tritt auf, wenn Vollmond herrscht. Nur dann, wenn Sonne und Mond in einem Zeichen stehen (bei Neumond), wird man ein »wahrer« Typ des betreffenden Sonnenzeichens sein. Ansonsten wird das Unbewußte des Menschen eher von dem Zeichen geprägt sein, das demjenigen vorausgeht, in dem die Sonne bei der Geburt stand. Man wird dann kein reiner Vertreter seines Geburtszeichens sein. Schauen Sie in die Ephemeride, um festzustellen, ob es zum Zeitpunkt der Geburt bereits zum Neumond gekommen ist oder nicht.

Personen, die in der Phase vom Neumond zum Vollmond geboren sind, zeichnen sich durch ein objektiveres Bewußtsein aus. Personen dagegen, die zwischen Vollmond und Neumond zur Welt kamen, sind subjektiver in ihrem Wesen. Menschen, die in dem letzten Viertel geboren wurden, sind durch einen Mangel an Vitalität gekennzeichnet. Wenn die Sonne allerdings in einem starken Zeichen steht, kann das dabei helfen, den Mangel zu kompensieren. Die Mondphasen stehen in Verbindung mit den natürlichen Rhythmen. Der Mond stellt den mütterlichen Aspekt all dessen dar, was existiert, weil er über die Materie herrscht: das Moment der Formgebung im Leben. Die Sonne auf der anderen Seite herrscht über das Väterliche: Sie stellt die positive, maskuline und spirituelle Kraft dar.

Wenn Sie den Wunsch haben, daß in materieller Hinsicht etwas Bestimmtes gelingen soll, müssen Sie folgendes beachten: Fangen Sie mit Projekten, Unternehmungen und mit neuen Jobs dann an, wenn der Mond zwischen der Neumond- und der Vollmond-Phase steht. Dann sind Sie in Übereinstimmung mit den natürlichen Rhythmen – alles befindet sich zu dieser Zeit im Aufstieg. Dagegen fehlt es dem, was während des letzten Viertels – und insbesondere während der letzten drei Tage – begonnen wird, an Kraft, der Mißerfolg ist hier schon vorgezeichnet. Der Mond ist der grundsätzliche Einfluß all dessen, was physisch ist. Die Menschen, die eher emotional denn von ihrem Verstand her reagieren, sind zutiefst von ihrem Mond beeinflußt. Mondhafte Typen sind launisch, passiv und beeinflußbar und reagieren von ihrem Gefühl her – statt positiv auf das Leben einzuwirken. Der abnehmende Mond ist die beste Zeit für Projekte, die mit spiritueller Arbeit, mit Meditation und mit der Versenkung in das eigene Wesen zu tun haben.

Die *Sonne* repräsentiert die Möglichkeit, zur Integration oder zur Individualisation als spirituelle Wesenheit zu gelangen. Das spirituelle Potential des Menschen ist durch die Sonne angezeigt, durch ihr Zeichen, ihr Haus und ihre Aspekte. Der *Mond* steht für die aus der Vergangenheit stammenden Gewohnheitsmuster, für die unterbewußten Züge und die von den Vorfahren übernommenen Muster und Impulse. Der Mond herrscht über die Persönlichkeit, weil er das unerweckte Selbst darstellt. Dieses hat, wie der Mond am Himmel, kein eigenes Licht – der Mond scheint nur, weil er Licht der Sonne reflektiert. Solange die Persönlichkeit nicht zum Diener des wahren Selbstes geworden ist (der Sonne), solange ist keine Weisheit und kein Verständnis möglich. Jesus sagt: »Ich und mein Vater sind eins« – damit meint er, daß seine Persönlichkeit mit seinem Höheren Selbst verschmolzen ist und daß dieses Selbst durch sein äußerliches Selbst zur Wirkung kommt. Dies ist das Schicksal, das jedem Kind Gottes bevorsteht, zu einer bestimmten Zeit, auf eine bestimmte Weise, an einem bestimmten Ort.

Sonne • Mond-Aspekte

☉ ☌ ☽ **Konjunktion:** Dieser Aspekt verleiht Vitalität und Schwung. Das Zeichen sowie das Haus, in dem diese Konjunktion steht, ist im Leben von extremer Wichtigkeit. Der Mensch stürzt sich mit voller Energie auf das Feld, das hier angezeigt ist. Die Emotionen und Wünsche sind so eng miteinander verflochten, daß es schwerfällt, objektiv auf das eigene Wesen zu schauen. Es besteht hier die Gefahr, daß man sich nur für eine Richtung interessiert und alles andere unberücksichtigt läßt. Diese Konjunktion hat dann die besten Auswirkungen, wenn die Sonne stärker als der Mond ist, abzulesen an dem Zeichen, in dem beide stehen.

☉ ✶ △ ☽ **Sextil und Trigon:** Ausgewogenheit zwischen dem inneren und dem äußeren Selbst, was eine Widerspiegelung des harmonischen Verhältnisses der Eltern zum Zeitpunkt der Empfängnis ist. Eine Seele, die Harmonie zum Ausdruck bringt, kann nicht aus einer unharmonischen Verbindung hervorgehen. Gute Gesundheit, Erfolg und glückliche Umstände sind an dieser Verbindung abzulesen, was ein Erbe aus der Vergangenheit ist. Verleiht Unabhängigkeit, Beständigkeit und Selbstvertrauen.

☉ ☐ ☽ **Quadrat:** Konflikt zwischen dem inneren Selbst und den Kräften des Unbewußten. Spannung zwischen dem Willen und den Emotionen. Hier wird es solange zu psychischen Schwierigkeiten kommen, bis der Mensch die Frustrationen ablegt, die ihn davon abhalten, den gewünschten Weg zu gehen. Neigung, die Eltern für die eigenen Probleme verantwortlich zu machen – die Ursache für letztere liegt aber im eigenen Unbewußten begründet. Die Gesundheit könnte gefährdet sein, wenn der Konflikt im Inneren nicht gelöst wird. Möglicherweise schon in jungen Jahren die Trennung von Mutter und Vater, was eine einschneidende Erfahrung gewesen wäre. Es besteht hier auch ein Konflikt zwischen der Vergangenheit und der Zukunft. Dieser Aspekt verleiht den Impuls, vor den Beschränkungen zu fliehen, indem man sich in neue Erfahrungen stürzt. Dabei fehlt es aber an Beständigkeit und Durchhaltevermögen. Dieser Mensch ist sich selbst der ärgste Feind, glaubt aber, daß die Probleme von den anderen ausgehen.

☉ ☍ ☽ **Opposition:** Der grundsätzliche Unterschied zwischen einem Quadrat und der Opposition liegt darin, daß die Beschränkungen und Frustrationen bei dem Quadrat innerlicher Art sind, während die Opposition für Verlust und Trennungen steht, die sich durch Mitmenschen ergeben. Die Opposition (beziehungsweise der Vollmond-Aspekt) umfaßt 180 Grad des 360-Grad-Kreises. Damit handelt es sich um den größtmöglichen Abstand, und damit ergibt sich, daß es nur eine Richtung gibt: Der Mensch muß zurück zu seinem Selbst. Vollmond-Horoskope sind schwierig, weil in ihnen die Trennung zwischen dem inneren Selbst und der Persönlichkeit angezeigt ist. Disharmonie im seelischen Muster ist die Widerspiegelung von Disharmonie zwischen den Eltern zum Zeitpunkt der Empfängnis. Wenn es nicht zur Verbindung zwischen dem inneren und dem äußeren Selbst kommt, kann es keine harmonischen Beziehungen mit der Außenwelt geben. Die Einheit zwischen dem inneren und dem äußeren Selbst ist die Voraussetzung für eine glückliche Heirat. Der Fluß der körperlichen Energie verläuft ungleichmäßig; er wird solange für Probleme sorgen, bis der Mensch sich seinem eigenen Rhythmus angepaßt hat. Was die Energie betrifft, wird es immer wieder zu Höhen und Tiefen kommen. Diese Person ist gefordert zu lernen, die Zeiten der Höhen dazu zu nutzen, all das zu tun, was getan werden muß. Wenn sie ihre Energie dann ausgeschöpft hat, kann sie sich entspannen und erholen.

Sonne • Merkur-Aspekte

☉ ♂ ☿ **Konjunktion:** Egozentrik (wenn der Abstand zwischen Sonne und Merkur weniger als acht Grad beträgt). Intellektuelle Ausrichtung, unter Umständen sehr nervös. Gute Eignung für den Lehrberuf, was daran liegt, daß dieser Mensch Ideen in Wort und Schrift darstellen kann. Rasche Auffassungsgabe. Möglicherweise selbstsüchtig, ohne das zu merken. Alles wird in Beziehung zum eigenen Wesen gesehen, häufig, ohne dabei einen Gedanken an andere zu verschwenden. Eingeschränkte Perspektive, wenn Merkur zu dicht an der Sonne steht.

Die Konjunktion ist der einzige Aspekt, der zwischen Sonne und Merkur im Horoskop möglich ist (Sonne und Merkur stehen am Himmel niemals mehr als 28 Grad auseinander). Dies hat für den aufmerksamen Studenten eine tiefe Bedeutung: Das solare Selbst und das Bewußtsein (Merkur) können niemals in Disharmonie zueinander stehen. Es handelt sich bei den beiden um eine Einheit.

Sonne • Venus-Aspekte

☉ ♂ ♀ **Konjunktion:** Umgänglich. Kann zu Trägheit und Zügellosigkeit neigen. Für gewöhnlich attraktive Erscheinung. Feminines, zärtliches, zustimmendes Wesen, das nicht auf Konkurrenz ausgerichtet ist. Nicht gut für den Mann (es sei denn, diese Konjunktion steht in einem männlichen Zeichen). Wohltaten und Segnungen. Bringt Liebe zum Ausdruck, wenn das Zeichen stark ist. Ist diese Konjunktion verletzt, muß der Mensch nach sich selbst suchen – treibt es dabei aber unter Umständen mit seinem Charme zu weit. Zufrieden mit Beschäftigungen, bei denen er es mit Frauen zu tun hat, unglücklich bei beruflichen Tätigkeiten, die auf Wettbewerb und Kampf beruhen. Die solare Energie kommt bei dieser Konjunktion auf verfeinerte Art zur Wirkung – entwickelte Seelen bringen in ihrem Leben Schönheit, Harmonie, Liebe sowie künstlerische Fähigkeiten zum Ausdruck.

Auch Sonne und Venus können nicht – wie die Sonne und Merkur – soweit auseinander stehen, daß es zu einem Quadrat oder einer Opposition kommt. Dies hat abermals eine tiefere Bedeutung: Das solare Selbst und die Liebe widersprechen sich nie. Zwischen der Liebe (Venus) und dem Geist (Sonne) kann niemals ein Gegensatz gegeben sein, die beiden sind eins. Was Merkur (das Bewußtsein) betrifft, ist es ähnlich.

Sonne • Mars-Aspekte

Konjunktion: Große körperliche Vitalität (wenn nicht Mars im Fall steht). Ist eine Verletzung oder die Stellung in einem positiven Zeichen gegeben, ist ein kriegerisches und kampfeslustiges Wesen zu erwarten sowie die Neigung zu Jähzorn und Eigensinn. Furchtlos und impulsiv. Tendenz, andere beherrschen zu wollen. Nicht immer diplomatisch. Muß aktiv sein, um sich glücklich zu führen. Schnelle Entscheidungen, lebhaft und kompetent. Technische Begabung. Diese Stellung bedeutet einen starken Körper – der Mensch ist dazu in der Lage, vielen Krankheiten zu widerstehen, weil er in seinem magnetischen Feld über eine außerordentlich starke Energie verfügt. In einem femininen Zeichen kommt die marsische Energie nicht so stark zum Ausdruck. Besteht ein Spannungsaspekt zu dieser Planetenverbindung, ist der Mensch unfallgefährdet (dies gilt insbesondere für Kontakte zu Uranus). Wenn er nicht lernt, sein animalisches Selbst unter Kontrolle zu bringen, könnte er in Verbindung mit einem Unfall oder aufgrund von Gewalteinwirkung seinen Körper verlassen müssen.

Sextil und Trigon: Exzellente Vitalität. Aktion und Willen wirken gut zusammen. Verleiht im Horoskop der Frau Anziehungskraft auf Männer. Was die früheren Existenzen dieses Menschen betrifft: Er hat seine animalische Natur unter die Kontrolle seines Willens gebracht. Darum kann er nun ohne weiteres Zutun auf richtige und konstruktive Weise aktiv werden, was ihm vielerlei Erfolge ermöglicht.

Quadrat: Die Sonnenstrahlen, die von Mars widergespiegelt werden, stellen sich als blindes Verlangen dar, Vergnügungen jeglicher Art zu suchen. Mars herrscht über den animalischen Menschen – wenn ein Spannungsaspekt zwischen Mars und der Sonne gegeben ist, muß man seine animalischen Züge transformieren. Dieser Aspekt kann für Grausamkeit, für Gewalt und Unfälle stehen. Oftmals kommt es hier zu unbedachten und übereilten Handlungen. Gewehre sind gefährlich für diesen Menschen. Das Quadrat gibt soviel Energie wie das Trigon, allerdings muß davon ausgegangen werden, daß diese sich auf destruktive Weise entlädt.

Opposition: Wird schnell aktiv. Tendenz, in anderen Widerstand auszulösen, was seinen Grund in eigenen Gefühlen von Wut und Ärger hat. Wenn man lernt, Zugeständnisse zu machen, kann man sich viel Ärger ersparen. Könnte Probleme mit Vorgesetzen und dem Vater haben. Die Sonne/Mars-Opposition ist insbesondere für Frauen schwierig, weil sie dazu führt, daß der Mensch eigensinnig, dominierend und animusbeherrscht ist. Was Frauen angeht, muß gelernt werden, das Männliche in sich in den Griff zu bekommen. Solange dies nicht erreicht ist, werden sich keine friedvollen Beziehungen mit der Außenwelt ergeben.

Sonne • Jupiter-Aspekte

☉ ♂ ♃   **Konjunktion:** Nicht nur ein Schutz für die Vitalität, sondern auch ein Anzeichen dafür, daß hier ein machtvoller und starker Geist operiert. Dabei nicht aggressiv – die Stärke wird dafür eingesetzt, anderen auf eine ruhige Art zu helfen. Ist eine schwere Verletzung durch Mars oder Saturn gegeben, trifft das allerdings nicht zu. Sehen wir diesen Aspekt im Horoskop einer Frau, können wir davon ausgehen, daß sich für sie Wohltaten durch Männer ergeben. Beim Mann geht es dagegen in erster Linie um den Charakter und um eine optimistische Einstellung zum Leben. Profitiert sehr vom Vater. Ist diese Konjunktion unverletzt, resultieren aus ihr viele glückliche Umstände – Wohltaten, die mit materiellen Faktoren, mit Geld oder auch allgemein mit der Moral zu tun haben.

☉ ✳ △ ♃   **Sextil und Trigon:** Ähnlich wie die Konjunktion – vielleicht aber noch günstiger in den Auswirkungen. Verleiht eine religiöse Einstellung, die aus der Vergangenheit mitgebracht worden ist. Rücklagen im spirituellen Sparbuch wirken sich nun dahingehend aus, daß die Lebensumstände von Glück und Harmonie geprägt sind. Profitiert von Männern. Gut für Gesundheit und Erfolg im Leben. Günstig für alle, die auf dem medizinischen Feld, in der Beratung oder als Psychologen arbeiten, weil diese Aspekte viel Intuition zur Folge haben.

☉ □ ♃   **Quadrat:** Ähnliche Auswirkungen wie bei der Opposition: ein zu großer falscher Stolz und das Bedürfnis, an der Spitze zu stehen, ohne die Bereitschaft, sich diese Stellung wirklich zu erarbeiten. Nicht günstig, was die Gesundheit betrifft, zumindest dann, wenn der Mensch nicht lernt, sich zu bescheiden. Muß sich um Aufrichtigkeit und um Zielstrebigkeit bemühen. Tendenz zur Unzuverlässigkeit und zu Übertreibungen, die abgestellt werden muß. Liebt es, Dinge zur Schau zu stellen. Schlechtes Beurteilungsvermögen. Muß seine Haltungen und Ansichten immer wieder neu bestimmen.

☉ ☍ ♃   **Opposition:** Jupiter hat viel mit Beurteilungen zu tun. Hier steht der Drang, etwas darzustellen, zu sehr im Vordergrund, was eine Aufblähung der Vorstellung der eigenen Wichtigkeit zur Folge hat. Daraus resultieren dann wiederum Täuschungen sowie ein übertriebenes Gefühl für das eigene Wesen. Jupiter-Verletzungen weisen immer auf Übertreibungen hin, während die saturnischen Probleme in Mängeln, Beschränkungen und Ängsten bestehen. Auf der körperlichen Ebene bezieht sich dieser Aspekt auf die Leber. Zuviele Kohlenhydrate und zuviel reichhaltiges Essen wird zu Schwierigkeiten führen. In dem Horoskop-Bereich, in dem dieser Aspekt zum Tragen kommt, könnte das schlechte Beurteilungsvermögen deutlich in Erscheinung treten. Mit der Sonne/Jupiter-Opposition ist ein weiser Umgang mit Finanzen anzuraten. Neigung zur Extravaganz. Möglicherweise ein Mensch, der im Kleinen spart und im Großen das Geld zum Fenster hinauswirft.

Sonne • Saturn-Aspekte

☉ ☌ ♄   **Konjunktion:** Selbstbeschränkung und große Reserven. Saturn beschränkt hier die Vitalität, die Lebenslust und den Enthusiasmus der Sonne. Dieser Mensch muß sich in seinem Leben mit vielen Beschränkungen auseinandersetzen, und er wird immer wieder zur Disziplin gerufen werden – er verfügt aber über eine große Stärke und über viel Hartnäckigkeit. Starke und kontrollierte Person, die ihre Ziele durch Bestimmtheit und harte Arbeit verwirklicht. Keine glückliche Kindheit, was seinen Grund im Verhältnis zum Vater gehabt haben könnte. Im Horoskop der Frau ist damit angezeigt, daß der Vater eine zu große Rolle gespielt hat (dies könnte sich schließlich in einem Vaterkomplex auswirken). Wir haben es hier mit dem Menschen zu tun, der anderen Disziplin aufzwingt, der organisiert und imstande ist, seine Ziele mit harter Arbeit, Geduld und Ausdauer zu erreichen. Eine starke Persönlichkeit, die ihren Weg geht, unabhängig davon, was andere davon halten. Ein ausgeprägter Stolz führt manches Mal zu Nachteilen. Typ des einsamen Wolfes. Bei der Frau sind hiermit eine große Verantwortung und Schwierigkeiten in Verbindung mit der Ehe angesprochen.

☉ ⚹ △ ♄   **Sextil und Trigon:** Praxisbezogenheit und der Wunsch nach Anerkennung gehen Hand in Hand. Der Drang nach Macht ist hier auf positive Ziele gerichtet, so daß man das, was man sich vorgenommen hat, ohne allzuviele Schwierigkeiten erreichen kann. Die Erbanlagen von der männlichen Linie der Familie bedeuten körperliche Stärke. Auch mit dem Trigon oder mit dem Sextil muß der Mensch für das, was er anstrebt, arbeiten – allerdings ist ihm dies ein innerliches Anliegen, für das er von sich aus tätig wird. Integrität und hohe Moralbegriffe.

☉ □ ♄   **Quadrat:** Ein Aspekt, der egozentrische Selbstsucht und die Neigung zu Geiz verrät. Es kommt darauf an, diese Eigenschaften zu überwinden. Eine negative Einstellung gegenüber der Welt muß gleichfalls überwunden werden. Enttäuschungen und Frustrationen, weil der Mensch früher seinerseits aufgrund seiner Selbstbezogenheit, seiner Kaltherzigkeit und seiner Überbetonung der materiellen Faktoren andere frustriert und enttäuscht hat. Er hat nicht genug Wert auf Liebe gelegt. Dieser Aspekt beeinflußt die körperliche Vitalität sowie die Beziehungen zu Männern im Leben. Die positiven Aspekte, die entweder zur Sonne oder zu Saturn gegeben sind, sind der Schlüssel, die ausgeprägte Selbstbezogenheit zu überwinden. Kein guter Astrologe wird seinem Klienten jemals Probleme aufzeigen, ohne dabei zu sagen, wie er seine Schwierigkeiten überwinden kann, und niemand kommt ohne Voraussetzungen in dieses Leben. Das Horoskop zeigt, was wir mitgebracht haben und woran wir nun arbeiten müssen. Der Einfluß durch Saturn steht hier für die Verhärtung und die Kristallisation des Egos. Der Mensch steht nun vor dem Sachverhalt, daß er diese durch Leid überwinden muß. Es gibt keinen anderen Weg dazu als die Aufgabe des persönlichen Selbstes.

☉ ⚌ ♄ **Opposition:** Die Opposition wirkt sich insofern anders aus als das Quadrat, als es hier um Gegenkräfte geht, die aus der Außenwelt kommen. *Quadrate* sind die angeborenen Schwierigkeiten, die der Mensch in sich trägt, *Oppositionen* beeinflussen uns durch andere. Mit der Opposition kommt die Person hier in Kontakt mit Menschen, die ihr die Notwendigkeit zu Kompromissen deutlich machen. Das, was wir erleben, ist eine Widerspiegelung von früheren Erfahrungen – wir aber erkennen uns in den anderen Menschen nicht wieder. Hindernisse und Schwierigkeiten karmischen Ursprungs manifestieren sich häufig durch den Vater, den Ehemann oder den Sohn. Worum es hier zuallererst geht, ist die Überwindung von Selbstsucht. Die Neigung, sich vom Destruktiven und von negativen Menschen beeinflussen zu lassen, muß bewußt erkannt und bekämpft werden.

Sonne • Uranus-Aspekte

☉ ☌ ♅ **Konjunktion:** Unabhängiger und individualistischer Mensch. Eigensinnig. Sehr intuitiv. Originelles Denken und Handeln. Sehr anziehende Persönlichkeit. Überempfindlich und sehr impulsiv. Nicht günstig, was das Horoskop der Frau angeht, weil damit zuviel Maskulinität verbunden ist. Steht Uranus im Horoskop in verletzter Stellung, sind Schwierigkeiten zu erwarten, die ihren Ursprung in einer Erstarrung des Willens haben.

☉ * △ ♅ **Sextil und Trigon:** Originalität und Eigenständigkeit. Starke magnetische Heilkraft. Steht im Horoskop der Frau für eine große intellektuelle und unpersönliche Anziehungskraft. Eher «kumpelhafter» denn wirklich mitfühlender Typ. Erfolgreiche Karriere aufgrund des persönlichen Einfallsreichtums. Sehr intuitiv veranlagt.

☉ □ ♅ **Quadrat:** Eigenwillig und rebellisch. Unerwartete und plötzliche Entwicklungen. Neigt zu einem brüsken und abrupten Verhalten, vielleicht auch zu Grobheit. Muß lernen, die Meinung von anderen als gleichberechtigt zu betrachten. Muß sich vor Impulsivität und vor übereilten Aktionen hüten. Viele Störungen und Brüche im Leben, bis der Mensch seinen Willen überwunden hat.

☉ ☍ ♅ Zerrüttete oder zumindest aufregende Umstände in Zusammenhang mit den Beziehungen. Zuviel Eigensinn, was dazu führen kann, daß in anderen Eigensinn geweckt wird. Hat es in früheren Leben dazu kommen lassen, daß sich der Wille verhärtete, was nun dazu führt, daß er in diesem Leben seinerseits zum Opfer des eigenwilligen Verhaltens von anderen wird. Schwierigkeiten mit Männern, insbesondere mit dem Ehemann und dem Vater.

Sonne • Neptun-Aspekte

☉ ☌ ♆ **Konjunktion:** In psychischer Hinsicht sehr empfänglich und beeinflußbar. Extrem emotionale Veranlagung. Neigt unbewußt zu Täuschungen. Von sentimentalem und romantischem Wesen. Tendiert dazu, in Tagträume zu verfallen, ohne seine Träume jemals in die Realität umzusetzen (wenn nicht Saturn im Horoskop stark gestellt ist). Mystische Neigungen. Mensch, der nicht leicht zu verstehen ist – weil er selbst sich nicht versteht. Was unter der Oberfläche liegt, ist wichtiger als das, was offensichtlich ist. Weist die Person nicht einen bestimmten Entwicklungsgrad auf, kann sich unter der Oberfläche etwas verbergen, was schädlich und desintegrierend ist. Muß im Umgang mit anderen unbedingt Aufrichtigkeit beweisen. Bei diesem Aspekt kommt es auch darauf an, die Tendenz zur «Ausschmückung» der Wahrheit im Griff zu behalten, die ihren Ursprung im Wunsch hat, den Mitmenschen zu gefallen. Kennzeichnend für diese Person ist, daß sie andere zu *überzeugen* versucht und niemals Druck ausübt.

☉ ⚹ △ ♆ **Sextil und Trigon:** Die äußeren Antriebskräfte und der innere Idealismus gehen hier Hand in Hand. Die Person ist außerordentlich sensibel für das, was in ihrem Inneren vorgeht. Von ihrem Wesen her mystisch veranlagt. Verleiht Geschmack und Kultiviertheit sowie die Liebe zur Kunst. Fühlt sich bei künstlerischen Aktivitäten wohl. Gut entwickeltes Vorstellungsvermögen. In Verbindung mit der Medizin Heilkräfte.

☉ □ ♆ **Quadrat:** Dies ist ein schwieriger Aspekt, insbesondere bei Männern. Bei Frauen würde er sich dahingehend auswirken, daß eine Neigung zu Männern besteht, die eine ständige Ursache von Enttäuschungen wären. Dies würde viele Opfer von der Frau verlangen. Kennzeichnend ist jedenfalls, daß Unklarheit bezüglich der Emotionen herrscht. Dieser Mensch muß sich vor Täuschungen hüten. Bei dem hier angesprochenen Aspekt geht es darum, daß karmische Schulden zu zahlen sind. Die betroffenen Zeichen und Häuser weisen darauf hin, wo dies zu geschehen hat. Dort, wo Neptun im Horoskop steht, tritt die Verpflichtung zutage, Opfer zu bringen. Dies ist der Bereich, wo Sie zu früheren Lebzeiten nur genommen haben. Nun müssen Sie die Bilanz ausgleichen.

☉ ☍ Ψ Die Tendenz zu einem Verhalten der Besessenheit. Enttäuschungen und Desillusionierungen durch andere. Ähnliche Auswirkungen wie beim Quadrat. Konfusion und Chaos, was die Emotionen betrifft. Bei diesem Aspekt kann der Mensch nur dann frei werden, wenn er für sich nichts erhofft und auf alle Ansprüche verzichtet.

Sonne • Pluto-Aspekte

☉ ☌ ♇ **Konjunktion:** Bedürfnis, eine Position der Macht oder Autorität zu bekleiden. Bei der Stellung in positiven Zeichen versucht der Mensch unter allen Umständen, seine Ziele zu erreichen, ohne Rücksicht auf die damit verbundenen Kosten. Es geht hier darum, sich von überlebten Mustern, die keine Existenzberechtigung mehr haben, zu lösen. Bei der Stellung in negativen Zeichen zeigen sich nicht so markante Auswirkungen. Aber auch hier ist man bestrebt, die Fäden in der Hand zu behalten – ob in Organisationen oder in der Familie, allerdings auf weniger offensichtliche Weise.

☉ ⚹ △ ♇ **Sextil und Trigon:** Das Bedürfnis nach Fortschritten und Entwicklung geht Hand in Hand mit der Fähigkeit, Negatives hinsichtlich von Verbindungen und Einstellungen auszumerzen. Interesse an philosophischen und religiösen Themen. Verfügt über Kreativität und weiß, was anderen gefällt. Wenn dieser Mensch seine Stärke konstruktiv einsetzt, kann er viele Erfolge im Leben erzielen – gleichgültig, welchem Feld er sich verschreibt.

☉ □ ♇ **Quadrat:** Möglicherweise viel Arroganz und Unbarmherzigkeit in der Beziehung zu den Mitmenschen. Ein zu starkes Selbstvertrauen, das unter Umständen zu Egoismus wird. All dies ist vielleicht aber auch nur die Tarnung eines tiefverwurzelten Minderwertigkeitskomplexes. Pluto in 10 kann der Hinweis darauf sein, daß es dem Menschen an einer Vaterfigur gefehlt hat. Wie dem auch sein mag – worauf es hier ankommt, ist die Transformation der negativen Einstellungen und des vom Eigenwillen geprägten Verhaltens.

☉ ☍ ♇ **Opposition:** Muß bei der Wahl der Freunde große Vorsicht walten lassen, weil sonst Partner gewählt werden, die besitzergreifend und dominierend sind. Bei der Frau ein Hinweis darauf, daß im Unbewußten sehr starke Animus-Kräfte wirken, die – solange sie nicht erkannt worden sind – die Beziehungen zu Männern behindern. Von eifersüchtigem und besitzergreifendem Wesen, in Übereinstimmung damit, daß dieser Mensch zu früheren Lebzeiten ein Tyrann und Despot war. Das Ego, das sich auf eine übertriebene und aufgeblähte Weise dargestellt hat, muß nun wieder auf eine angemessene Größe reduziert werden.

ASPEKTE ZUM MOND

Mond • Merkur-Aspekte

☾ ☌ ☿ **Konjunktion:** Das Bewußtsein und die Gefühle können in Übereinstimmung zueinander zur Wirkung kommen, wenn diese Konjunktion in einem dafür günstigen Zeichen steht. Achten Sie darauf, welcher Planet vom Zeichen her stärker gestellt ist. Ein Beispiel: Wenn die Mond/Merkur-Konjunktion in den Fischen steht, sind die Gefühle stärker als der Verstand, weil der Mond besser zu den Fischen paßt als der Merkur. Die Aspekte, die zu einer Konjunktion im Horoskop gegeben sind, zeigen an, ob die zugrundeliegende Energie konstruktiv genutzt wird oder nicht. Die Konjunktion von Mond und Merkur verleiht Beweglichkeit, Anpassungsfähigkeit und einen wachen Geist. Ein gewandter Mensch, der sich durch Gesprächigkeit auszeichnet, möglicherweise aber ziemlich selbstbezogen ist. Talent zum Schreiben, insbesondere dann, wenn ein Aspekt zu Uranus besteht.

☾ ✶ △ ☿ **Sextil und Trigon:** Sehr gut für die Harmonie zwischen dem Verstand und den Emotionen. Merkur steht für den Denker hinter dem Gehirn, und der Mond herrscht über das Gehirn beziehungsweise dessen Kapazität. Die Fähigkeiten, Ideen und Konzepte in Wort und Schrift zu verbreiten. Eignung zum Lehrer, Schriftsteller und Reporter. Dringt rasch in neue Stoffe ein. Wacher Verstand. Ein guter Gesprächspartner.

☾ □ ☿ **Quadrat:** Konflikt zwischen dem Verstand und den Emotionen. Die Häuser, die hier betroffen sind, weisen auf die Lebensbereiche hin, in denen sich Schwierigkeiten ergeben könnten. Wenn Sie die Kontrolle über die Emotionen gewinnen wollen, müssen Sie sich auf das Haus und das Zeichen konzentrieren, in dem sich Merkur befindet. Das Unterbewußte braucht hier Unterstützung, es fühlt sich nicht von Logik und vom Intellekt angesprochen, sondern von Liebe. Falsche emotionale Einstellungen können durch Verständnis überwunden werden. Ärger mit Verwandten. Muß vorsichtig beim Unterschreiben von Papieren und Verträgen sein. Insbesondere wichtig ist hier das Kleingedruckte.

☾ ☍ ☿ **Opposition:** Das Unterbewußte verselbständigt sich und vergißt die Grundregeln des gesunden Menschenverstandes. Es könnte aufgrund von unbedachten Äußerungen zu Problemen und zu leidvollen Erfahrungen kommen. Scharfer Verstand und scharfe Zunge. Tratsch und Nörgelei sind zu vermeiden. Wenn dieser Mensch seinerseits unter übler Nachrede oder unter Nörgelei zu leiden hat, bedeutet das, daß seine Verfehlungen aus der Vergangenheit auf ihn zurückkommen. Angespanntes Wesen, rastlos und nervös. Die beteiligten Zeichen und die Aspekte von anderen Planeten werden diese Eigenschaften entweder abschwächen oder noch verstärken.

Mond • Venus-Aspekte

☾ ♂ ♀ **Konjunktion:** Wenn sich diese Konstellation in einem Eckhaus befindet, sind ein sehr anziehendes Wesen und körperliche Schönheit die Folge. Künstlerischer Typ. Eine unterbewußte Sinnlichkeit, die nach emotionaler Befriedigung sucht, ohne Rücksicht auf andere (wenn nicht Saturn stark genug gestellt ist, um für hohe Moralbegriffe zu sorgen). Bei Verletzungen durch Mars spielt die Sexualität eine herausragende Rolle, mit der Folge eines Konfliktes zwischen Wollust und Liebe. Im Horoskop des Mannes die Neigung, die Partnerin nach Kriterien der Schönheit und der äußerlichen Erscheinung auszuwählen. Es hängt von den anderen Horoskop-Faktoren ab, ob Schönheit nur im Äußerlichen gesucht wird oder nicht.

☾ ✳ ♀ △ ♀ **Sextil und Trigon:** Attraktive und liebenswürdige Persönlichkeit. Künstlerische Veranlagung. Es sollte eine Beschäftigung gewählt werden, bei der der Ausdruck von Kreativität und künstlerischen Neigungen möglich ist. Symbolisiert Harmonie und die Liebe zur natürlichen Ordnung. In Verbindung mit dem Zuhause und der Öffentlichkeit kommt es zu wohltätigen Auswirkungen. Möglicherweise immer wieder finanziell günstige Ereignisse. Wohltaten durch die Umgebung.

☾ □ ♀ **Quadrat:** Leid in Verbindung mit Zuneigung. Die karmische Schuld, in der Vergangenheit keine Liebe zum Ausdruck gebracht zu haben, wird hier solange Probleme bereiten, bis die Rechnung bezahlt ist. Muß mehr geben, als er bekommt, damit die Bilanz wieder ins Lot kommt. Wenn sich dieser Mensch nicht entmutigen läßt und immer weiter damit fortfährt, Zuneigung und Liebenswürdigkeit zu beweisen, wird schließlich Liebe auf ihn zurückfallen. Die Verbindung zur Mutter könnte eine unglückliche gewesen sein. Die Tendenz zur Sorglosigkeit und zur Unordentlichkeit muß überwunden werden.

☾ ☍ ♀ **Opposition:** Die Opposition wirkt im allgemeinen durch andere Menschen. Ihre Spannung kann dadurch überwunden werden, daß man Kooperationsvermögen entwickelt und lernt, Kompromisse zu schließen. Grundsätzlich gilt: Man hat die Wahl. Dies ist maßgeblich dafür, daß die Opposition leichter zu handhaben ist als das Quadrat. Oftmals die Trennung von der Mutter – entweder im physischen oder im psychischen Sinn. Die finanziellen Umstände sind vielfach mit Schwierigkeiten verbunden, wenn sich der Mensch nicht in dieser Beziehung sehr vorsichtig verhält. Das unterbewußte Gefühl, nicht geliebt zu werden, muß durch die Entwicklung einer liebevollen und liebenswerten Persönlichkeit überwunden werden.

Mond • Mars-Aspekte

☽ ☌ ♂ **Konjunktion:** Handelt impulsiv, ohne die nötige Voraussicht. Im Horoskop der Frau steht dies für Schwierigkeiten, die im Unbewußten mit Männern gegeben sind. Bis der innere Konflikt nicht gelöst ist, wird es zu keinen angemessenen Beziehungen zu Männern in der Außenwelt kommen. Zu viel Aggressivität, Voreingenommenheit und zu marsisch in der allgemeinen Herangehensweise. Bei der Frau könnte hiermit eine Abneigung gegen das eigene Geschlecht verbunden sein, die aus dem Mangel an Weiblichkeit stammen würde. Gut für die berufliche Karriere sowie für Führungspersönlichkeiten. Die Neigung, bei Handlungen in Extreme zu verfallen, muß in den Griff bekommen wurden. Unter Umständen sehr hitziges Temperament.

☽ ⚹ △ ♂ **Sextil und Trigon:** Die unbewußten Gefühle und die Energie kommen in Übereinstimmung zur Wirkung. Mutig und energisch. Starke Vitalität, sehr gutes Regenerationsvermögen. Die animalischen Tendenzen sind schon zu früheren Lebzeiten unter Kontrolle gebracht worden, so daß die Energie nun konstruktiv auf den persönlichen Ebenen eingesetzt werden kann. Ein guter Aspekt für Beziehungen zum weiblichen Geschlecht.

☽ □ ♂ **Quadrat:** Gegensatz zwischen dem animalischen Selbst und den Gefühlen. Die Emotionen können «aus dem Ruder» laufen und zu Schwierigkeiten führen. Sehr selbstsüchtig – das Ich kommt hier zumeist an erster Stelle. Es besteht die Gefahr, daß sich dieser Mensch in seinem unerlösten Selbst ohne jede Disziplin Vergnügungen wie Sex oder Alkohol hingibt (wenn nicht der Rest des Horoskops eine gewisse Entwicklung erkennen läßt). Mag das weibliche Geschlecht nicht, könnte es aber für die eigenen Zwecke benutzen. Hartnäckig und eigenwillig. Im Horoskop des Mannes ein Beleg dafür, daß er sich zu einer aggressiven Frau hingezogen fühlt. Dabei sind in dem Fall Probleme zu erwarten, wenn er sich dann dagegen wehrt, durch diese dominiert zu werden.

☽ ☍ ♂ **Opposition:** Wirkt sich in mancher Weise wie das Quadrat aus. Führt zu Trennungen und Auseinandersetzungen infolge von brüskem und dominierendem Verhalten, insbesondere bei der Stellung in männlichen Zeichen. Wenn von dieser Konfiguration aus ein Spannungsaspekt zu Uranus besteht: Unfallneigung. Viele Schwierigkeiten in Freundschaften, wenn der Mensch es nicht lernt, seine Streitsucht abzulegen. Muß lernen, ruhiger zu werden und Liebe zu zeigen. Diese Planetenverbindung ist durch Selbstkontrolle in den Griff zu bekommen.

Mond • Jupiter-Aspekte

☾ ☌ ♃ **Konjunktion:** Exzellente Kombination. Jupiter ist im Krebs, dem Haus des Mondes, erhöht. Liebenswürdige Persönlichkeit mit einer optimistischen Haltung dem Leben gegenüber und einem sympathischen Wesen. Verleiht eine gute Gesundheit, allerdings auch die Neigung zu Zügellosigkeit in punkto Essen, was zu einer Gewichtszunahme führen könnte. Die Jupiter-Tendenz zur Expansion kann sich in diesem Fall auf den menschlichen Körper beziehen (es ist hier darauf zu achten, in welchem Zeichen sich die Konjunktion befindet). Dieser Aspekt ist ein allgemeiner Schutz für diesen Menschen, was seinen Grund im inneren Mitgefühl hat. Der Schutz bezieht sich auf den Körper wie auf das Finanzielle. Außerordentlich günstige Stellung für Menschen, die bei der Arbeit viel mit der Öffentlichkeit zu tun haben.

☾ ⚹ ♃ △ **Sextil und Trigon:** Bringt viel Segen, was seinen Grund in der Tatsache hat, daß man sich zu früheren Lebzeiten durch leidenschaftliche Dienstbereitschaft viele Verdienste im spirituellen Sparbuch gutschreiben lassen konnte. Allgemein spricht man hier vom «großen Glück» – dieser Mensch aber hat Gutes getan, und Gutes kommt nun zu ihm zurück. Wenn Sie Brot geben, werden Sie selbst irgendwann Brot erhalten – allerdings nicht notwendigerweise von denen, die Sie genährt haben. Hilfe durch die häuslichen Umstände und die Mutter. Im Horoskop des Mannes stehen diese Aspekte für den Kontakt zu Frauen mit einem guten Charakter sowie für hohe Ideale. Fördert Glauben und Hingabe.

☾ □ ♃ **Quadrat:** Ein Konflikt, der sich aus einem falschen Stolz und den Gefühlen ergibt, aus Dünkelhaftigkeit und den Emotionen. Schwierigkeiten, weil dieser Mensch mehr am Behalten als am Geben interessiert ist. Extravaganz und die Neigung zur Zügellosigkeit, die es zu überwinden gilt. Kann eine sehr träge oder zaudernde Persönlichkeit anzeigen – siehe zum Beispiel Scarlett O'Hara: »Darüber werde ich morgen nachdenken!« Ein freundlicher Typ, nicht feindlich eingestellt, aber zu Maßlosigkeit neigend. Es könnte sehr wichtig sein, Diät zu halten, weil es vielleicht Probleme mit der Leber gibt.

☾ ☍ ♃ **Opposition:** Oppositionen beeinflussen uns durch die Umwelt. Kontakt zu Personen, die sich durch eine Wesensart auszeichnen, wie sie der Mensch selbst in der Vergangenheit gezeigt hat. In Verbindung mit Arroganz und mit Extravaganz könnten sich immer wieder Probleme ergeben. Zieht Geld an, hat aber kein Gefühl, wie es bestmöglich eingesetzt werden kann, was zu Verlusten führt. Ärger und Enttäuschungen durch ungerechtfertigtes Vertrauen.

Mond • Saturn-Aspekte

☽ ☌ ♄ **Konjunktion:** Schwieriger Aspekt, zumindest solange, bis die Persönlichkeit transzendiert worden ist. Durch Saturn im Transit und den Mond in der Progression wird dieser Aspekt das ganze Leben lang immer wieder aktiviert. Nur durch die Einstimmung auf das höhere Selbst können die Probleme, die mit ihm gegeben sind, überwunden werden. »Im Zentrum des Lichtes bin ich – nichts kann mich dort berühren.« Diese Affirmationsformel kann, wenn sie immer und immer wieder gesagt wird (das Unbewußte lernt durch Wiederholung), dem Menschen zu dem Abstand verhelfen, der zur Lösung der Probleme notwendig ist. Dieser Aspekt gibt Tiefe, ein Gefühl für Verantwortung sowie viel Durchhaltevermögen. Insbesondere schwierig ist er für Frauen – deshalb, weil nicht nur die Gefühle beeinträchtigt sind, sondern auch die Gesundheit. Ausgeprägte Neigung zur Depression. Negatives Denken und Fühlen ist ein Überbleibsel aus der Vergangenheit, aus der Zeit, als Trübsinn und Schwermut jede Freude am Leben raubten. In diesem Leben ist der Mensch gefordert, Freude, Optimismus und Glauben zu entwickeln. Sehr gefühlvoll, dabei aber Neigung zu Mißtrauen, Schüchternheit und Launenhaftigkeit. Innerliche Selbstzentriertheit und viel Selbstsucht, wogegen die Person ankämpfen muß. Im Horoskop des Mannes ist mit dieser Stellung eine unbewußte Abneigung gegenüber Frauen angezeigt ist. Kann auf homosexuelle Tendenzen hinweisen (wenn im Horoskop viele weibliche Planeteneinflüsse gegeben sind). Entweder eine starke Identifizierung mit der Mutter oder aber starke Gefühle von Wut oder Haß auf sie, was seinen Grund darin hätte, daß diese ihm keine mütterliche Zuwendung zuteilwerden ließ. Das Haus, in dem diese Konjunktion steht, deutet auf den Lebensbereich hin, in dem es zur Transformation und zur Neubestimmung kommen muß.

☽ ⚹ ♄ △ **Sextil und Trigon:** Harmonie zwischen den Gefühlen und dem gesunden Menschenverstand. Verantwortungsbewußter und praktisch ausgerichteter Typ. Kann gut arbeiten. Wie bei allen Mond/Saturn-Aspekten die Tendenz, sich abseits zu halten. Gutes Organisationsvermögen. Stark entwickeltes Pflichtgefühl. Gut für Tätigkeiten, die mit dem Geschäftlichen, mit Immobilien, mit Verträgen und mit Arbeit in Verbindung mit der Öffentlichkeit zu tun haben. Eignet sich sehr für den Lehrberuf. Starke und glückliche Beziehung zur Mutter. Die bemutternden und nährenden Eigenschaften dieses Menschen sind deutlich ausgeprägt, ohne daß dabei «klammernde» Züge in Erscheinung treten. Männer mit diesen Aspekten ziehen eine praktische und vertrauenswürdige Gefährtin an – eine Frau, die vielleicht nicht unbedingt aufregend ist, deren Charakter aber Aufrichtigkeit und Ehrlichkeit widerspiegelt.

☽ □ ♄ **Quadrat:** Wie die Konjunktion verleiht auch dieser Aspekt Kühle, die Neigung zu Depressivität sowie die Tendenz zu irrationalen negativen Ängsten, die ihren Ursprung in verdrängten Vorfällen der Vergangenheit haben. Diese Person könnte sehr selbstsüchtig sein. Schwierigkeiten mit der Mutter. Im Horoskop der Frau steht dieser Aspekt für die Tatsache, daß es ihr an mütterlichen Eigenschaften fehlt – oder aber, daß sie zu besitzergreifend ist, was ihre Kinder betrifft. Beim Mann gibt es hier möglicherweise – wie bei der Konjunktion auch – sexuelle Schwierigkeiten. Der Grund dafür wäre zuviel Weiblichkeit in seinem Wesen und zuwenig Männlichkeit. Den Mangel an Männlichkeit versucht er dann vielleicht durch ein tyrannisches oder pedantisches Verhalten wettzumachen, ohne allerdings zu erkennen, wo die Wurzel der Probleme liegt. Alle Aspekte zum Mond kommen mehr auf der unbewußten denn auf der bewußten Ebene zum Tragen.

☽ ☍ ♄ **Opposition:** Dieser Aspekt verleiht zumindest teilweise die gleichen Ängste und die gleiche Selbstsucht wie das Quadrat. Es ist aber in diesem Fall leichter, die negativen Muster in eine positivere Ausdrucksform umzuwandeln. Vorsichtig und gehemmt beim Ausdruck von Gefühlen. Leidet oftmals unter dem Mangel an Liebe, weil er selbst nicht fähig ist, Liebe zu zeigen. Mit Ausnahme des Falles, daß Jupiter durch Haus und Zeichen stark gestellt ist, keine Person, die leichten Herzens gibt. Starke materialistische Tendenzen, viel Ehrgeiz. Im Horoskop des Mannes steht dieser Aspekt dafür, daß es zur Verbindung mit einer Gefährtin kommt, die zurückhaltend, dabei aber schwierig ist. Wenn das 4. Haus vom Krebs oder vom Steinbock regiert wird, kann das auch darauf hinweisen, daß der Mensch schon früh im Leben seine Eltern verloren hat.

Mond • Uranus-Aspekte

☽ ☌ ♅ **Konjunktion:** Starke entwickelte Intuition, fähiger Intellekt. Sehr unabhängiges Wesen. Sehr unorthodox, was Religionen oder allgemeine Überzeugungen angeht. Viel emotionale Spannung. Von sprunghaftem Wesen, wobei die unvermittelt auftretenden Impulse Anlaß zu Schwierigkeiten geben könnten. Verabscheut Routine, gleich welcher Art. Starker Magnetismus der Persönlichkeit. Wenn nicht der Rest des Horoskops ein gutes Beurteilungsvermögen und hohe Moralbegriffe erkennen läßt, ist dies ein sehr heikler Aspekt. Es handelt sich hier gewissermaßen um «Dynamit», das zum Guten oder zum Schlechten eingesetzt werden kann. Große Hartnäckigkeit und Bestimmtheit. Wenn zu dieser Konjunktion von anderen Planeten aus Aspekte bestehen, kann das eine außerordentlich große Sprunghaftigkeit, Instabilität sowie Unzuverlässigkeit bedeuten. Die Aufgabe liegt hier darin, Kontrolle über das Nervensystem zu gewinnen, das der kritische Punkt ist.

☽ ✶ △ ♅ **Sextil und Trigon:** Originell in seinen Ideen und Konzepten. Scharfe Intuition und wacher Intellekt. An fortschrittlichen Bewegungen interessiert. Sehr begabt. Erfindungsreich, inspiriert und kreativ. In seinem Temperament sehr individualistisch. Könnte ein sehr ungewöhnliches Leben führen und dabei die verschiedensten Erfahrungen machen. Veränderungen ergeben sich plötzlich und unerwartet. Bei entwickelteren Menschen möglicherweise große heilerische Fähigkeiten.

☾ □ ♅ **Quadrat:** Immer wieder plötzliche und unvorhersehbare emotionale Tumulte, die auf das Leben des Menschen verheerende Auswirkungen haben können. Muß sich vor einer übereilten Heirat hüten, weil es sein könnte, daß er sich nach der Hochzeit unwiderstehlich zu jemand anderem hingezogen fühlen könnte. Sehr stark entwickelte Willenskraft. Auf der anderen Seite nicht dazu bereit, sich den gängigen Moralprinzipien zu unterwerfen, was zu großem Leid führen kann. Keine gute Stellung für Mütter, weil damit eine hohe nervliche Anspannung und viel Nervosität verbunden ist, unter welcher die Kinder leiden. Kein mütterlicher Typ. Unvorhersehbares Verhalten – was die Emotionen betrifft, erlebt dieser Mensch fortwährend und in schneller Folge Höhen und Tiefen. Der Mann mit diesem Aspekt im Horoskop fühlt sich zu Frauen hingezogen, die ähnlich geprägt sind wie er.

☾ ☍ ♅ **Opposition:** Sehr energische und angespannte Persönlichkeit. Die richtige Wahl der Verbindungen ist hier von großer Bedeutung. Entscheidet sich diese Person für die falschen Freunde, könnte ein endloses Leiden die Folge sein. Ein starker Eigenwille und ausgeprägt rebellische Tendenzen. In diesem Aspekt liegt außerordentlich viel Energie begründet, die in die richtigen Kanäle gelenkt werden muß. Im Horoskop des Mannes ist hiermit angezeigt, daß eine Frau angezogen wird, die sehr positiv ist und die ihn beherrscht, ob er dies nun will oder nicht. Hinsichtlich von Frauen gilt, daß es zu Schwierigkeiten mit der Mutter oder mit anderen Frauen kommt und daß die Beliebtheit beim eigenen Geschlecht nicht sehr ausgeprägt ist (Ausnahme: Venus in starker Stellung im Horoskop).

Mond • Neptun-Aspekte

☾ ☌ ♆ **Konjunktion:** Mystischer und intuitiver Mensch. Große Sensibilität und Beeindruckbarkeit, was die Gefühle angeht. Es ist hier aufgrund der vielen Enttäuschungen und Illusionen notwendig, die emotionalen Reaktionen auf das Leben zu transformieren. Die Empfindlichkeit dieses Menschen ist an der Oberfläche nicht zu erkennen – nichtsdestotrotz stehen die Gefühle hier im Vordergrund. Verschwiegen (wenn nicht das Zeichen Zwillinge oder Schütze im Horoskop betont ist). Innerliches Bedürfnis nach Liebe und nach Freiheit, das auch nur im Inneren befriedigt werden kann, niemals in der Welt der Persönlichkeit. Außergewöhnliche Erfahrungen im häuslichen Leben. Geheime Feinde könnten die Ursache von Schwierigkeiten sein. Hingabe für ein Ideal oder für diejenigen, die geliebt werden. Eine starke Anziehung zur Kunst (allerdings wird nur selten ein Beruf in diesem Bereich gewählt). Könnte sich für eine Tätigkeit entscheiden, bei der es um das Helfen und Dienen an der Öffentlichkeit geht. Die Körperfunktionen können bei der Mond/Neptun-Konjunktion Anlaß von Problemen sein. Wenn dieser Mensch auch den Anschein erweckt, über eine gute Gesundheit zu verfügen – er ist nicht gerade ein robuster und widerstandsfähiger Typ. Insbesondere in jungen Jahren kann es hier zu

Krankheiten gekommen sein. Der Körper reagiert sehr intensiv auf Drogen jeglicher Art. Auch die medizinische Betäubung kann sehr heikel sein. Ist sie unbedingt notwendig, sollte sie dann durchgeführt werden, wenn es zum Geburts-Neptun keine schwierigen Transite gibt.

☽ ✳ ♆ △ **Sextil und Trigon:** Eine scharfe und genaue psychische Wahrnehmung. Liebe zur Musik, unter Umständen ein exzellenter Musiker. Gut entwickeltes Vorstellungsvermögen. In dem Fall, daß Merkur gut gestellt ist, vielleicht Erfolge auf dem literarischen Feld. Kann das Leben auf dramatische Weise zur Darstellung bringen – muß allerdings auf seine Tendenz zur Übertreibung und zur Verdrehung der Tatsachen achten. Mit seiner Sensibilität besteht eine außerordentliche Beeindruckbarkeit durch die emotionale Atmosphäre. Die Gesundheit leidet, wenn es in der Umgebung zu Reibereien und Spannungen kommt. Der Mann mit diesen Aspekten fühlt sich zu Frauen hingezogen, die von sensibler, kultivierter und kreativer Art sind.

☽ □ ♆ **Quadrat:** Wenn der Mensch vollständig in der Welt der Persönlichkeit lebt, besteht die Tendenz, immer wieder auf Täuschungen und auf Illusionen hereinzufallen. Unbewußte Gefühle der Unsicherheit und der Minderwertigkeit, die zu Schäden führen. Zieht eigenartige und ungewöhnliche Menschen an. Unannehmlichkeiten könnten sich aus dem Mangel an Diskretion ergeben. Muß vorsichtig gegenüber dem anderen Geschlecht sein. Kann Enttäuschungen erleben, weil er dazu neigt, den falschen Personen zu vertrauen. Die Beziehung zur Mutter kann ein Anlaß für Leid und Sorgen sein. Manchmal eine sehr träge Einstellung sowie die Weigerung, auf eine positive und bestimmte Weise nach Erfolg in der Welt zu streben. Ein Träumer, der lernen muß, nicht nur zu träumen, sondern auch zu handeln.

☽ ☍ ♆ **Opposition:** Dieser Aspekt ähnelt in vielem dem Quadrat. Emotionaler Aufruhr in Verbindung mit dem Haus, in das Neptun gestellt ist. Auf diesem Gebiet ist der Mensch gefordert, Opfer zu bringen und Verständnis zu beweisen. Unter Umständen die Trennung von der Mutter – in geistiger oder in körperlicher Hinsicht. Mit dieser Stellung gilt es, den Verstand zu stärken und zu verhindern, daß die Emotionen über die Aktionen herrschen.

Mond • Pluto-Aspekte

☽ ♂ ♀ **Konjunktion:** Große psychische Empfänglichkeit, insbesondere dann, wenn die Konjunktion im Krebs oder im Skorpion steht. Extremer Gefühlsausdruck. In der Umgebung könnte es immer wieder zu Aufregungen und zu Umbrüchen kommen, ausgelöst durch diesen Menschen selbst. Ein tiefes Wissen um das Wesen der anderen. Das Bedürfnis zu erkennen, warum die Realität so ist, wie sie ist. Vielfach der Wunsch, aus der Familie auszubrechen und die eigene Individualität zu entdecken. Häufig eine sehr starke Mutterfigur im Leben. Kann sehr hart arbeiten und insofern zu großem Erfolg im Leben kommen. Neigung, andere zu bemuttern und zu versorgen – was aber auch in übertriebenem Maße zum Ausdruck kommen kann und dann zum Bestreben wird, andere zu dominieren. Beim entwickelten Menschen aber äußert sich dieser Aspekt als Selbstlosigkeit und als Bereitschaft, den Kräften des Lichtes zu dienen.

☽ ✶☿ △♀ **Sextil und Trigon:** Hiermit ist die Fähigkeit angezeigt, auf Veränderungen reagieren zu können und sich immer wieder selbst zu verändern. Kann die Situationen, die das Leben bietet, zum Besten nutzen. In manchen Fällen übersinnlich anmutende Fähigkeiten. Im Gegensatz zur Konjunktion stehen diese Aspekte dafür, daß man die Spreu vom Weizen trennen kann. Kommt es zu Depressionen, erkennt dieser Mensch schnell die Ursache dafür. Weiß um das Wesen und um die Bedürfnisse der anderen. Bewahrt sein Wissen über lange Zeit für sich. Neigt dazu, es an Objektivität fehlen zu lassen. Hat häufig Glück. Kann ein zutiefst glückliches emotionales Leben führen.

☽ □♀ **Quadrat:** Der Typ des Einzelgängers. Verfügt vielleicht über außergewöhnliche Fähigkeiten. Zieht es vor, auf seine ganz persönliche Weise vorzugehen. Erkennt dabei nicht, daß die selbstauferlegte Isolation seine Möglichkeiten beschränkt. Weil dieser Mensch sich immer wieder auf exzessive Weise seiner Emotionen bedient – statt seines Intellekts –, kommt es häufig zu Krisen. Steht Mars verletzt im Horoskop, sind fortwährende Spannungen zu erwarten. Damit wäre auch ein Mangel an Selbstkontrolle angezeigt.

☽ ☍♀ **Opposition:** Starke psychische Verbindung zur Mutter oder zu einer anderen einflußreichen Mutterfigur, die großen Einfluß auf das Leben hat. Tiefe Gefühle. Kraftvoller Ausdruck von Gefühlen der Liebe. Andere gewinnen den Eindruck, daß die Einstellungen emotional bedingt sind. In manchen Fällen viel Exzentrizität sowie ein Wesen, das außerordentlich unkonventionell ist. Auch in diesem Fall im allgemeinen Anerkennung durch andere. In Verbindung mit der Tatsache, daß der Mond über das Massenbewußtsein herrscht, könnten Probleme beim Umgang mit der Öffentlichkeit vorhanden sein.

ASPEKTE ZU MERKUR

Merkur • Venus-Aspekte

☿ ♂♀ **Konjunktion:** Herrscht über einen kultivierten und vielleicht auch künstlerisch geprägten Verstand. Gutes Benehmen. Dieser Mensch hat jegliche Grobheit und Vulgarität abgelegt. Wenn die Venus Merkur in der Progression aktiviert, wird eine Verfeinerung des Bewußtseins stattfinden. Optimistisches Wesen, großer Charme.

☿ ✳ △ ♀ **Sextil:** Harmonie zwischen dem Verstand und den Gefühlen. Künstlerische Talente, die sich vielleicht auf die Musik beziehen. Freundlicher und geselliger Typ. Ausgeglichenes Nervensystem und eine gute Gesundheit. Verleiht dabei aber nicht Tiefe – könnte auf eine oberflächliche Einstellung hinweisen, wenn nicht der Rest des Horoskops für Charakterstärke steht.

Merkur und Venus stehen niemals weiter als 78 Grad voneinander entfernt, was bedeutet, daß es zwischen ihnen im Horoskop nicht zum Quadrat kommen kann. Das ist von einer tiefen Bedeutung. Merkur ist der Planet der Bewußtheit (Seele), und Venus ist Liebe. Liebe und Bewußtheit können auf der seelischen Ebene niemals in Widerspruch zueinander stehen. Nur in Verbindung mit der Persönlichkeit ergeben sich möglicherweise Konflikte.

Merkur • Mars-Aspekte

☿ ♂♂ **Konjunktion:** Weist auf einen Verstand mit technischer Begabung hin. Impulsiv, streitsüchtig und aggressiv, insbesondere in Verbindung mit einem männlichen Horoskop. Viel Energie bei den geistigen Prozessen. Scharfe Zunge, beißender Spott. Die Aspekte von anderen Planeten, die zu dieser Konjunktion bestehen, werden diese Eigenschaften betonen oder abmildern. Von ungünstiger Wirkung im Horoskop von Frauen, weil damit verbunden ist, frei und unverblümt seine Meinung zu sagen, auf kraftvolle und womöglich sarkastische Art. Mut, Bestimmtheit und Energie, woraus sich viele Erfolge ergeben können. Das Zeichen und das Haus, in dem sich dieser Aspekt befindet, ist von großer Bedeutung. Die marsische Kraft muß hier aber durch den Verstand kontrolliert werden.

☿ ⚹ △ ♂ ***Sextil und Trigon:*** Wacher und cleverer Verstand. Eine praktische und positive Herangehensweise an das Leben. Das Denken und Handeln gehen Hand in Hand. Liebt es zu diskutieren und zu argumentieren. Sehr unternehmungslustig, vielleicht auch rastlos. Möchte immer aktiv sein. Manuelle und technische Geschicklichkeit. Literarisches Talent, gute mathematische Fähigkeiten. Kann zu Vulgarität neigen, wenn die Venus schlecht gestellt ist.

☿ □ ♂ ***Quadrat:*** Wenn das Horoskop in seiner Gesamtheit für einen unentwickelten Menschen spricht, kann dies ein sehr heikler Aspekt sein. Sarkasmus und die Tendenz zu Übellaunigkeit müssen überwunden werden. Wenn nichts gegen die negative Einstellung unternommen wird, könnte eine Neigung zu Unfällen bestehen. Setzt sich rücksichtslos über andere hinweg, um die eigenen Ziele zu erreichen. Das animalische Wesen befindet sich im Kampf mit dem Verstand. Wenn der Mensch seine Wut und seinen Ärger nicht unter Kontrolle bringt, immer wieder Probleme mit den Nerven aufgrund von Unbeständigkeit und Irritationen. Muskelkrämpfe könnten das Ganze noch schlimmer machen. Möglicherweise Probleme mit dem Kreislauf, wenn kein Sport getrieben wird. Muß sich vor Unehrlichkeit und vor Übertreibungen hüten.

☿ ☍ ♂ ***Opposition:*** Ausrichtung auf Wettkampf. Viel Spitzfindigkeit und Selbstsucht. Das 1. Haus bedeutet, daß man selbst Eigenschaften zum Ausdruck bringt, bei Haus 7 handelt es sich um Karma, das aus derartigen Eigenschaften zu früheren Lebzeiten resultiert. Von anderen Menschen ausgehend, hat es diese Person mit Projektionen zu tun, die nach einer Neuorientierung verlangen. Muß sich davor hüten, über andere Schlechtes zu sagen oder Verleumdungen von sich zu geben. Wenn das 4., das 7. oder das 10. Haus betroffen sind, kann es zu leidvollen Erfahrungen in Verbindung mit übler Nachrede oder Verleumdungen kommen. Ausgeprägter Ehrgeiz. Starke Willenskraft. Kann seine Vorstellungen durch Hartnäckigkeit und den zielgerichteten Einsatz von Energie erreichen.

Merkur • Jupiter-Aspekte

☿ ☌ ♃ ***Konjunktion:*** Verbindet den Verstand mit dem Überbewußten, woraus Mitgefühl, Barmherzigkeit und Sympathie erwächst. Philosophischer und gutmütiger Mensch. Zieht mit seinem großzügigen Geist viele Wohltaten an. Ist bereit, von seinem Überfluß zu geben, woraufhin Reichtum zu ihm zurückfließt. Nicht ehrgeizig, vielleicht sogar träge. Kann auf eine nicht streitsüchtige Weise sehr eigenwillig und dickköpfig sein. Wenn von dieser Konjunktion ausgehend ein Spannungsaspekt zu Mars besteht, muß man der Tendenz zur Arroganz und zum Egoismus viel Aufmerksamkeit widmen.

☿ ⚹ △ ♃ ***Sextil und Trigon:*** Gutes Beurteilungsvermögen und eine scharfe Beobachtungsgabe. Überdurchschnittlich begabt. Das Reisen hat in diesem Fall sehr wohltätige Auswirkungen. Religiöser Mensch mit einem tiefverwurzelten Glauben an das Leben. Ist davon überzeugt, alle Probleme überwinden zu können – wie schlecht es auch aussehen mag –, und hat damit für gewöhnlich recht. Eine gute Stellung für Ärzte, Lehrer und Professoren. Die merkurische Selbstbezogenheit wird hier durch die Expansivität von Jupiter ausgelöscht.

☿ □ ♃   **Quadrat:** Ein schlecht ausgeprägtes Beurteilungsvermögen. Muß sich vor übereilten Entscheidungen hüten, weil diese den eigenen Interessen zuwiderlaufen könnten. Gutmütig und umgänglich. Neigung zum Zögern und Zaudern. Hat möglicherweise Probleme, weil er niemals »Nein« sagen kann. Kann seine Versprechungen nicht halten, was andere gegen ihn aufbringt. Ein aktiver, aber vergeßlicher Verstand. In finanzieller Hinsicht unter Umständen extravagant. Was die körperliche Gesundheit angeht, gibt vielleicht die Leber Anlaß zu Sorgen.

☿ ☍ ♃   **Opposition:** Wie sich dieser Aspekt auswirkt, hängt davon ab, in welchen Zeichen er steht. Merkur polarisiert Jupiter (in Verbindung damit, daß sich die Zwillinge und der Schütze im Horoskop gegenüberstehen). In *veränderlichen* Zeichen kann sich diese Opposition sehr positiv auswirken. In *kardinalen* Zeichen käme es darauf an, auf die richtige Weise aktiv zu werden, was ein gutes Beurteilungsvermögen voraussetzen würde. In *fixen* Zeichen würden sich aufgrund von Eigensinn und Dickköpfigkeit Schwierigkeiten ergeben. Wir haben es hier mit ausgeprägten Meinungen und Überzeugungen zu tun, die durchaus nicht immer zutreffend sind.

Merkur • Saturn-Aspekte

☿ ☌ ♄   **Konjunktion:** Verleiht geistige Tiefe. Depressive und düstere Einstellung in dem Fall, daß es sich um einen saturnischen Typ handelt. Überaus seriös und ernst (wenn nicht Jupiter oder Venus eine Aufhellung des Bewußtseins anzeigen). In Verbindung mit den depressiven Launen die Neigung zu Neurosen. Heute obenauf und morgen ganz unten (erlebt aber mehr Tiefen als Höhen). Sehr selbstbezogen und dabei – wie alle selbstbezogenen Menschen – einsam. Beschränkte Gefühlswelt. Baut um sich selbst eine Mauer auf. Starker Ehrgeiz, bringt es durch harte Arbeit und Durchhaltevermögen zu Erfolgen. Gut als Organisator und als Lehrer. Sehr methodisch und ordentlich.

☿ ⚹ △ ♄   **Sextil und Trigon:** Praktisch, diszipliniert und verantwortungsbewußt. Ist intelligent, zieht die richtigen Schlußfolgerungen und verfügt über ein gutes Gedächtnis. Profitiert von seiner Erziehung, von dem, was er gelernt hat, und von seinen Brüdern und Schwestern. Im Laufe des Lebens kommt es zu immer größeren Erfolgen. Immobilien und Landerwerb sind gute Investitionen, die Gewinne bringen dürften. Gute Eignung für den Lehrberuf. Starke Selbstkontrolle, gute körperliche Gesundheit. Konstruktive Gefühle, die den Körper positiv beeinflussen. Fähig, systematisch zu planen und zu organisieren.

♀ □ ♄ Quadrat: Ein schlechtes Gedächtnis und Probleme in Verbindung mit Lernen und Studieren. Durch Hartnäckigkeit und Ausdauer können die Schwierigkeiten überwunden werden. Die Person muß sich vor negativem Denken und vor Depressionen hüten. Probleme und viel Verantwortung in Verbindung mit den Verwandten. Bei diesem Aspekt sollte der Mensch nicht rauchen, weil dabei die Lungen geschwächt sind.

♀ ☍ ♄ Opposition: Ein Mangel an Liebenswürdigkeit und Verständnis fordert zu Änderungen auf. Wenn das 3. oder das 4. Haus mit diesem Aspekt zu tun haben: Trennung von oder Probleme mit den Verwandten. Die Ausbildung oder das Studium könnte aufgrund von Umständen beendet worden sein, die außerhalb der Kontrolle des Individuums lagen. Wettgemacht wird dies aber durch das Wissen, das durch Selbststudium sowie durch das Leben überhaupt erwächst. Dieser Mensch ist intelligent; er kann über viele der Beschränkungen und deprimierenden Umstände des Lebens hinauswachsen. Neigung zu Mißtrauen (wenn Jupiter nicht in einem Eckhaus oder an einem Eckpunkt des Horoskops steht oder durch Aspekte gut gestellt ist). Wenn dieser Aspekt das 1. oder das 3. Haus betrifft, sind die ersten Lebensjahre nicht glücklich gewesen. Möglicherweise die Verantwortung, später für einen oder auch für beide Elternteile sorgen zu müssen. Vielleicht auch die Trennung – geistiger oder körperlicher Art – von den Verwandten.

Merkur • Uranus-Aspekte

♀ ☌ ♅ Konjunktion: Alle Aspekte zwischen Merkur und Uranus sind positiv, weil sie den bewußten Verstand für den universalen Geist öffnen. Uranus als die höhere Oktave von Merkur stimmt den Geist auf eine höhere Ebene ein, schärft die Wahrnehmung und stärkt die Intuition. Die Konjunktion kann den Verstand aufsässig und eigensinnig machen, aber auch fortschrittlich bezüglich seiner Ideen und Konzepte. Streben nach Unabhängigkeit sowie das Bedürfnis nach vollständiger Freiheit. Kann seinen Genius zum Guten der Menschheit einsetzen oder ungezügelt verkommen lassen, was für die Seele destruktiv wäre.

♀ ⚹ △ ♅ Sextil und Trigon: Zwei Aspekte, die für Erfindungsreichtum und für Genialität stehen können. Originell im Ausdruck. Beschleunigt die mentalen Prozesse, so daß es möglicherweise zu Ungeduld denen gegenüber kommt, die nicht von so rascher Auffassungsgabe sind. Kann gut reden und schreiben und seine Ideen allgemeinverständlich darlegen. Ein Anzeichen für eine entwickelte Seele. Nicht orthodox oder dogmatisch. Stark ausgeprägter Individualismus. Nicht an die Vergangenheit oder Tradition gebunden.

☿ □ ♅ **Quadrat:** Ebensoviel Intuition und Wachheit des Geistes wie bei der Konjunktion und dem Trigon, dabei aber von sprunghafterem Wesen. Unabhängig, intuitiv und stolz. Neigung zum Sarkasmus und zur Schroffheit. Sagt anderen unverblümt seine Meinung und muß lernen, sanfter und liebenswürdiger zu sein. Aufrichtig und direkt, aber Mangel an Taktgefühl. Fernab der Familie könnte der Mensch den Eindruck erwecken, verschrobenen und vielleicht auch ketzerischen Ideen nachzuhängen. Führungspersönlichkeit, die viel Probleme damit hat, einmal jemand anderem folgen zu müssen. Sehr angespanntes Temperament, was an der Oberfläche nicht immer deutlich wird. Der Eigenwille muß zu Bereitschaft werden, welche sich am inneren Selbst ausrichtet. Ist dies der Fall, wird das innewohnende Genie zum Vorschein kommen.

☿ ☍ ♅ **Opposition:** Kann in Verbindung mit Ungeduld und der Neigung zu Irritationen die Ursache von nervlichen Spannungen sein. Abenteuerlust und sprunghafte Wesensart. Wichtig ist hier vor allem die Wahl der richtigen Freunde. Wenn Mars oder Saturn negativ auf diesen Aspekt einwirken, ist ein rebellisches und sehr selbstbezogenes Verhalten zu erwarten. Plötzliche Gewinne oder Verluste, wenn eine Verbindung zum 2. oder zum 8. Haus besteht. In Verbindung mit dem 7. Haus dagegen können sich in den Beziehungen immer wieder wie aus heiterem Himmel Probleme und Trennungen ergeben. Es ist hier zu Vorsicht beim Unterzeichnen von Verträgen und Dokumenten zu raten, um sich vor Verlusten zu schützen. Wenn das Horoskop einen fortgeschrittenen Entwicklungszustand erkennen läßt, kann auf eine prophetische Gabe geschlossen werden, die zur Verkündung der Wahrheit eingesetzt wird. Allerdings dürfte der Mensch es schwierig finden, seine subjektiven Wahrnehmungen in objektive Begriffe zu kleiden.

Merkur • Neptun-Aspekte

☿ ☌ ♆ **Konjunktion:** Schwierigkeiten in Verbindung mit den Geistesprozessen, was seine Ursache in der Verschwendung von Energie hat. Es fehlt an der Fähigkeit, Logik anzuwenden und Illusionen als solche zu erkennen. Extreme Beeindruckbarkeit. Romantischer und versponnener Mensch. Lebt in einer Traumwelt (wenn nicht Saturn stark gestellt ist). Das sensible Nervensystem ist leicht zu erschüttern. Neptun sensibilisiert jeden Planeten, den er aspektiert. Viel hängt hier davon ab, welche anderen Planetenverbindungen gegeben sind. Sollte sehr vorsichtig sein, wenn er sich den übersinnlichen Kräften öffnet, weil es denkbar wäre, daß es zu Zuständen der Besessenheit kommt. Muß lernen, sich bezüglich der Geisteskräfte zu konzentrieren. Gut für alles, was mit dem Theater oder mit Musik zu tun hat. Es ist mit diesem Aspekt notwendig, sich in allen Angelegenheiten um absolute Aufrichtigkeit zu bemühen.

☿ ⚹ △ ♆ ***Sextil und Trigon:*** Inspirierter, poetischer und kreativer Verstand. Neigung zum Übersinnlichen und Mystischen. Kann von seinen Träumen und Visionen profitieren. Ein praktischer Idealist, der dazu imstande ist, seine Inspiration konstruktiv einzusetzen. Eine außergewöhnliche Empfindsamkeit für die subtileren Aspekte des Lebens. Liebe zum Meer – sollte sich für einen Wohnort in dessen Nähe entscheiden. Hat die Fähigkeit, im Schlaf und in der Meditation Zugang zu den höheren Ebenen des Bewußtseins zu gewinnen, woraus er immer wieder neue Ratschläge beziehen könnte.

☿ □ ♆ ***Quadrat:*** Mangel an Konzentrationsvermögen und an der Fähigkeit des klaren Denkens. Ein unpraktischer Idealist, der in Träumen und Visionen gefangen ist und es daran fehlen läßt, diese auch tatsächlich zu verwirklichen. Schwierigkeiten mit der Psyche und den Emotionen. Viel Scharfsinn, was die Schwächen von anderen betrifft. Unter Umständen hinterlistiges und gerissenes, vielleicht auch «schleimiges» Wesen. Geheimniskrämerisch. Ist gefordert, bei allem, was er tut, Ehrlichkeit und Aufrichtigkeit zu beweisen. Täuschungen jeglicher Art werden unweigerlich zu Beschränkungen und zu Leiden führen.

☿ ☍ ♆ ***Opposition:*** Ärger durch Verwandte oder durch falsch gewählte Freunde. Unter Umständen eine übermäßig angeregte Vorstellungskraft. Mangel an Selbstvertrauen, der durch erfolgreiche Aktivitäten abgestellt werden kann. Leidet möglicherweise unter Täuschungsmanövern von anderen. Wenn dieser Aspekt mit dem 2. oder dem 8. Haus verbunden ist, sollte der Mensch sehr vorsichtig sein, wenn es darum geht, anderen in finanzieller Hinsicht zu vertrauen. Alle Unternehmungen, die zu schnellem Reichtum führen sollen, enden in Desastern. Emotionale Aufregungen können das Nervensystem negativ beeinflussen. Möglicherweise bestehen Probleme mit der Atmung. Dieser Aspekt steht häufig für eine asthmatische Erkrankung, die emotionalen Ursprungs ist.

Merkur • Pluto-Aspekte

☿ ☌ ♇ ***Konjunktion:*** In positiver Auswirkung das Vermögen, auf dem Gebiet der Forschung – welcher Art auch immer – auf sich aufmerksam zu machen. Dieser Mensch ist imstande, sich tief in die Dinge hineinzuarbeiten und scharfsinnige Beobachtungen zu machen. Bedürfnis nach intellektueller Anerkennung. Kann andere tiefgreifend beeinflussen, eventuell so, daß die Mitmenschen sich dessen gar nicht bewußt werden. Im negativen Ausdruck Ungeduld, Überstürztheit sowie die Neigung, sich irritieren zu lassen und sich zu überschätzen. In diesem Fall kann es in Verbindung mit den nervlichen Spannungen zu einem Zustand der geistigen Konfusion kommen.

☿ ⚹ △ ♇ ***Sextil und Trigon:*** Große Originalität. Aufgrund seiner Disziplin und seiner großen intellektuellen Fähigkeiten wird dieser Mensch Anerkennung seitens seiner Umwelt erhalten. Kann gut schreiben und seine Ideen anderen verständlich machen. Die suggestiven Kräfte diesen Menschen sind so groß, daß andere es nicht einmal merken, wenn sie sich unbewußt von seinen Ausführungen überzeugen lassen. Große Anpassungsfähigkeit für die verschiedensten Situationen. Setzt die Mitmenschen zu seinem persönlichen Vorteil ein. Großes Selbstvertrauen, das in Extremfall Anlaß für Täuschungen sein kann.

☿ □ ♀ **Quadrat:** Insbesondere in fallenden Häusern (in den Häusern 3, 6, 9 und 12) führt dieser Aspekt zu einem sehr angespannten Nervensystem. Ein rastloser Arbeiter, der sich eventuell bis hin zu Erschöpfungszuständen verausgabt. Nimmt schnell fremde Ideen auf, ist aber anderen gegenüber zu ungeduldig. Von skeptischem Wesen: muß sich mit eigenen Augen davon überzeugen, ob die Informationen stimmen oder nicht. Kann – wie es bei der Konjunktion auch der Fall gewesen war – von den eigenen Ideen in geradezu fanatischer Weise besessen sein. Der Hunger dieses Menschen nach Erfahrungen führt, wenn dabei eher das Moment der Quantität als der Qualität im Vordergrund steht, zu geistigen oder zu körperlichen Problemen.

☿ ☌ ♀ **Opposition:** Ein heikle Stellung, die sowohl die Möglichkeit von inneren als auch von äußeren Konflikten anzeigt. Dieser Mensch lernt schon früh im Leben, daß er zu seiner eigenen Zufriedenheit nach Wegen suchen muß, sich selbst weiterzuentwickeln und zu verbessern. Die Personen, mit denen er es zu tun hat, sind im allgemeinen eher reserviert, was in ihm Gefühle der Isolation aufkommen läßt. Eine stark empfundene innerliche Rastlosigkeit kann Ansporn sein, Ziele anzustreben und Neues zu versuchen. Nötig ist hier, zunächst einmal gründlich nachzudenken – diese Person neigt zu vorschnellen Urteilen und in Verbindung damit zu unzutreffender Kritik.

ASPEKTE ZU VENUS

Venus • Mars-Aspekte

♀ ♂ Konjunktion: Ein schwieriger Aspekt. Mars steht für die *animalische* Seele und die Venus für die *spirituelle*. Mars regt die Sinne und die Leidenschaft an, während die Venus das Bewußtsein für die Liebe, Harmonie und Schönheit öffnet. Sex ist das Schlagwort für Mars in den jüngeren Jahren, später dann steht er für Stärke, Mut und Energie, das Animalische zu zähmen. Die Venus dagegen verleiht die Fähigkeit, das zu lieben, was außerhalb des Menschen liegt. Mars herrscht über die frühen Stadien der Individualisation. Er kann sehr rauh und kampfeslustig zur Wirkung kommen. Die Venus steht für Liebe, Mars steht für Lust – Lust an der Macht oder Lust in sinnlicher Hinsicht. Es ist wichtig, hier darauf zu achten, welcher Planet vom Zeichen her stärker gestellt ist. Die Venus/Mars-Konjunktion wirkt sich zum Beispiel im Skorpion anders aus als in der Waage. Im ersten Falle ist Mars stärker, was heißt, daß die animalischen Instinkte im Vordergrund stehen und der Mensch gefordert ist, seine Eifersucht sowie die Eigenschaft, besitzergreifend zu sein, zu überwinden. Im zweiten Fall wird emotionaler Streß und Leid gegeben sein, die Liebe aber wird den Triumph davontragen, weil die Venus über die Waage herrscht und Mars sich in diesem Zeichen im Exil befindet. Bei dieser Konjunktion ist immer im Unbewußten ein verborgener Konflikt zwischen der Anima (dem Weiblichen) und dem Animus (dem Männlichen) gegeben. Eine sehr anziehende Erscheinung. Viel «Sex-Appeal». Sinnliche Ausrichtung, vorausgesetzt, die Venus steht stärker als der Mars.

♀ ⚹ △ ♂ Sextil und Trigon: Die Gefühle und die Aktivitäten kommen in Übereinstimmung und auf harmonische Weise zum Ausdruck. Dieser Mensch hat seine animalische Seite schon in einem früheren Leben überwunden. Stark ausgeprägte Liebesnatur. Aller Wahrscheinlichkeit nach ein harmonisches Liebesleben, aufgrund der Tatsache, daß im Inneren viel Freundlichkeit und Liebenswürdigkeit besteht. Geselliger Mensch, bringt viel Zuneigung zum Ausdruck. Das Prinzip der Anziehungskraft bezieht sich sowohl auf die Liebe als auch auf das Finanzielle.

♀ □ ♂ Quadrat: Die Leidenschaft und die Emotionen müssen unter Kontrolle gebracht, das animalische Selbst muß gezügelt werden. Kann, wenn es sich um einen unentwickelten marsischen Menschen handelt, Grausamkeit oder Unbarmherzigkeit anzeigen. Konflikt zwischen Leidenschaft und Liebe. Häufig kommt es hier aufgrund von sexueller Anziehung zu einer frühen Heirat. Im Horoskop der Frau steht dieser Aspekt für emotionales Leid durch den Vater oder den Ehemann. Fühlt sich möglicherweise unterdrückt. Hat unter Eifersucht oder unter Wut zu leiden. Eine unkluge Heirat kann zu großen Problemen führen. Die Grausamkeit, die sich zu früheren Lebzeiten gegen andere richtete, kehrt sich nun gegen den Menschen selbst, was die Einlösung einer Schuld bedeutet. Am schwierigsten ist das Quadrat, wenn es sich in fixen Zeichen befindet. Was den physischen Körper betrifft, sind womöglich Probleme mit dem Fortpflanzungssystem gegeben.

♀ ⚍ ♂ **Opposition:** Ähnlich wie das Quadrat, allerdings nicht so problematisch, weil der Mensch hier mehr Wahlmöglichkeiten hat. Muß lernen, Kompromisse zu schließen und Kooperationsbereitschaft zu beweisen. Unter Umständen Leid aufgrund von Unzuverlässigkeit und mangelnder Loyalität der Mitmenschen. Anderen gegenüber wird abwechselnd Liebenswürdigkeit oder aber Wut und Ärger gezeigt. Die Mars-Transite bedeuten die Stimulierung der marsischen Kräfte; die Venus-Transite dagegen regen all das an, was mit Liebe zu tun hat.

Venus • Jupiter-Aspekte

♀ ♂ ♃ **Konjunktion:** Einer der verheißungsvollsten Aspekte überhaupt. Die Welt spricht hier von «Glück» – es handelt sich aber um Verdienste, die sich der Mensch zu früheren Lebzeiten erworben hat und die in sein spirituelles Sparbuch eingetragen worden sind. Große Wertschätzung von Schönheit. Ein künstlerisches und zugleich ordentliches Wesen. Bei einer Verbindung zum 2. Haus sind materieller Wohlstand und ein Leben im Überfluß zu erwarten. Höflichkeit, Mitgefühl und Kultiviertheit. Diese Stellung verleiht Popularität, sie läßt den Menschen von der Öffentlichkeit profitieren (wenn sich die Konjunktion in einem entsprechenden Zeichen befindet). Rastlosigkeit und das Bedürfnis, immer unterwegs zu sein. In einem «kalten» Zeichen wird sich die Venus zwar durch Großzügigkeit und Kultiviertheit bemerkbar machen, dabei aber kühl und selbstzentriert sein. Übermaß im Essen und ganz allgemein die Tendenz zur Extravaganz müssen unter Kontrolle gehalten werden.

♀ ✳ △ ♃ **Sextil und Trigon:** Ähnliche Auswirkungen wie bei der Konjunktion, allerdings noch mehr Bereitschaft zu geben. Stark entwickelte Religiosität und Hingabe. Die seelischen Kräfte sind aktiv und wach. Jupiter steht für das Überbewußte oder das höhere Selbst. Die Einstimmung darauf ist schon in den früheren Leben erfolgt. Diese Stellung verleiht Optimismus und Fröhlichkeit. Das, was mit Finanzen zu tun hat, floriert. Dieser Mensch zieht Wohlstand und Überfluß an, was in Übereinstimmung damit zu sehen ist, daß er sich durch einen starken Glauben und positive Einstellungen auszeichnet.

♀ □ ♃   **Quadrat:** Ein Mensch, der immer wieder gefährdet ist, es zu übertreiben. Extravaganz und Voreingenommenheit sind die Eigenschaften, die es zu überwinden gilt. Unter Umständen Scheinheiligkeit oder heuchlerisches Wesen (wenn ein Spannungsaspekt zur Sonne gegeben ist). Viel Rastlosigkeit. Sucht nach neuen Erfahrungen, noch bevor die alten verarbeitet worden sind. Neigung zur Zügellosigkeit hinsichtlich von Alkohol oder Nahrung, was zu Problemen mit der Leber oder der Galle führen könnte.

♀ ☍ ♃   **Opposition:** Im großen und ganzen ähnliche Auswirkungen wie beim Quadrat. Eigensinn und Eitelkeit müssen überwunden werden. Es könnte sein, daß dieser Mensch aufgrund seiner Verschwendungssucht in späteren Jahren ohne Mittel dasteht (insbesondere dann, wenn dieser Aspekt im Horoskop sehr stark gestellt ist).

Venus • Saturn-Aspekte

♀ ☌ ♄   **Konjunktion:** Übervorsichtigkeit und Hemmungen. Das saturnische Kontraktionsprinzip ist hier auf die Venus gerichtet, was die Emotionen beschränkt und in Verbindung mit dem Mangel an Liebe zu Leid führt. Es hängt von dem Haus ab, in das diese Konjunktion fällt, ob die Person nun selbstsüchtig ist oder das Karma besteht, jetzt den Preis für vorherige Selbstsucht zu zahlen. Bei letzterem würde sie in Kontakt mit selbstsüchtigen Individuen kommen und unter diesen zu leiden haben. Dieser Aspekt kann den Menschen knauserig und geizig machen. Saturn wirkt hier sowohl auf die Liebesnatur als auch auf die Brieftasche beschränkend. Bereitwillig und guten Mutes erbrachte Opfer sind notwendig, um die Härte und die Isolation des Egos aufzubrechen. Diese Person kann als «Zuchtmeister» in Erscheinung treten, als derjenige, der für die Aufrechterhaltung der Disziplin verantwortlich ist. Muß die Tugenden der Großzügigkeit und des Mitfühlens zur Entwicklung bringen.

♀ ✳ △ ♄   **Sextil und Trigon:** Verleiht Loyalität und ein starkes Verantwortungsgefühl. Zuverlässig und vertrauenswürdig. Wenn Saturn sich in einem der ersten drei Häuser des Horoskops befindet, dürfte der erste Teil des Lebens schwierig sein. Zunehmend aber entwickelt sich dann das Leben zum Besseren. Viel Energie wird auf Beziehungen gerichtet – ob diese nun Bestand haben oder nicht. Die Beziehungen spiegeln das Wesen und die Qualitäten dieses Menschen wider. Spirituelle Schönheit, die ihre Ursache in erlittenen Härten und überwundenen Schwierigkeiten hat. Stärke und die Fähigkeit, Leid als Bestandteil des Wachstumsprozesses zu erkennen. Saturn (die Notwendigkeit) erleuchtet durch Venus (Liebe) bedeutet, daß der Mensch Zugang zu einer sehr hohen Ebene hat.

♀ □ ♄   **Quadrat:** Einer der Aspekte, die in Verbindung mit der spirituellen Bilanz karmischen Ursprungs sind und auf Schulden hinweisen. Enttäuschungen in der Liebe aufgrund von Illusionen in Beziehungen und Ehe –

häufig auch aufgrund von Selbstsucht und der Neigung, sich abseits zu halten (was das Individuum vielfach selbst gar nicht erkennt). Wie dem auch sein mag – dieser Mensch setzt sich selbst an die erste Stelle. Daraus resultieren im Laufe des Lebens Einsamkeit und Beschränkungen (insbesondere dann, wenn Saturn im 4. Haus steht oder über dieses herrscht). Schwierigkeiten mit Geld haben ihre Ursache in der Weigerung zu geben. Dahinter steht ein kosmisches Gesetz, das von uns Kindern der Erde selten verstanden wird. Die Venus herrscht über Liebe und Geld – Liebe und das Teilen sind unmittelbar mit der Fähigkeit verbunden, Überfluß anzuziehen. Der Mensch kann es mit Geiz und mit Manipulationen zu Reichtum bringen, allerdings wird dieser kaum Glück bedeuten. Diese Stellung kann auch Fixierungen auf einen oder auf beide Elternteile anzeigen, mit Schwierigkeiten, sich selbständig zu machen (ausgenommen, daß Uranus im Horoskop stark gestellt ist).

♀ ☍ ♄ **Opposition:** Sehr ähnlich dem Quadrat, allerdings sind hier mehr Wahlmöglichkeiten gegeben. In diesem Fall ist es leichter, den Mangel an Liebe zu überwinden. Man kann dies tun, indem man den nicht sehr liebenswürdigen Personen, mit denen man es zu tun hat, mit Liebe begegnet. Die Menschen, die wir auf unserem Weg durchs Leben treffen, stellen Projektionen unserer eigenen Qualitäten der Vergangenheit dar, aus einer Zeit, an die sich die Persönlichkeit nicht erinnert. Wenn der Transit-Saturn entweder den Saturn oder die Venus aus dem Geburtshoroskop aspektiert, können sich schwere Prüfungen ergeben. Durch die richtige Einstellung aber kann die Person diese bestehen. Derartige Zeiten könnten sowohl durch finanzielle als auch durch emotionale Schwierigkeiten geprägt sein.

Venus • Uranus-Aspekte

♀ ☌ ♅ **Konjunktion:** Sehr starker persönlicher Magnetismus. Ungewöhnlicher Geschmack, originelle kreative Talente. Sehr temperamentvoll. Emotionale Höhen und Tiefen. Ausgeprägter Wille. Furchtlos und unkonventionell im Ausdruck von Liebe und Zuneigung. Stark entwickelte Sinnlichkeit. Bei Verletzungen kann der Mensch keine Routine ertragen und ist schnell von anderen gelangweilt. Rastlose Suche nach Veränderung. Plötzliche und abrupte Trennungen führen zu innerlichem Aufruhr. Starker Drang nach Unabhängigkeit und Individualismus, dem es nicht um Liebe um der Liebe willen geht. Die Einstellung ist hier vielmehr: »Es wird schon jemand anderes kommen!« Dieser Mensch gibt sich in der Liebe nicht vollständig hin (es sei denn, daß sich mehrere Planeten im Element Wasser befinden).

♀ ⚹ △ ♅ **Sextil und Trigon:** Eine ungewöhnliche Anziehungskraft, die sich sowohl hinsichtlich der Liebe als auch bezüglich des Finanziellen bemerkbar machen kann. Künstlerische Talente, originelle Ideen. Neigung zu ungewöhnlichen Liebesbeziehungen. Mit diesen Aspekten kann es im Leben immer wieder zu überraschenden und aufregenden Vorfällen kommen. Vielleicht ergeben sich in dem Zusammenhang wie aus heiterem Himmel Trennungen. Auch sehr vorteilhafte Entwicklungen sind dabei möglich.

♀ □ ♅ **Quadrat:** Dieser Mensch muß in seinen Partnerschaften sowie in der Ehe große Vorsicht walten lassen, weil es mit dem Venus/Uranus-Quadrat unvermutet zu Spannungen oder auch zu Trennungen kommen kann. Das bezieht sich vor allem auf das Emotionale. Der «Scheidungs-Aspekt». Die Emotionen und die Gefühle müssen stabilisiert sein, bevor man langfristige Bindungen eingeht. Soviel Anziehungskraft wie beim Trigon, allerdings weniger Verläßlichkeit. Diese Person könnte sich durch große Launenhaftigkeit und Instabilität auszeichnen.

♀ ☍ ♅ **Opposition:** Der «Scheidungs-Aspekt», der vielleicht in Verbindung mit Geld oder allgemein mit Zuneigung zu sehen ist. Ähnliche Auswirkungen wie beim Quadrat, allerdings sind diese an der Oberfläche nicht so deutlich zu erkennen. Viele überraschende Trennungen. Schwierigkeiten, die von anderen ausgehen. Wir haben es hier mit der gleichen Gesetzmäßigkeit wie beim Bumerang zu tun – was wir von uns geben, kommt einmal zu uns zurück. Von entscheidender Wichtigkeit mit dieser Stellung ist, daß der Mensch anderen soviel Freiheit einräumt, wie er selbst für sich beansprucht.

Venus • Neptun-Aspekte

♀ ♂ ♆ **Konjunktion:** Sehr starke Inspiration. Talente bezüglich der Musik und der anderen Künste. Verleiht ein romantisches, verträumtes Wesen, mit viel Sanftheit und einnehmendem Liebreiz. Wirkt auf das andere Geschlecht sehr anziehend. Psychisch sehr sensibel. Möglicherweise schüchtern und unsicher. Kann im Horoskop des unentwickelten Menschen für Instabilität und Launenhaftigkeit beim Ausdruck von Zuneigung stehen. Bei der entwickelteren Seele sind mit diesem Aspekt mystische und spirituelle Interessen angezeigt. Neptun bedeutet die Weiterentwicklung der persönlichen Zuneigung, er führt uns zur Ebene der universalen Liebe und des göttlichen Mitgefühls.

♀ ⚹ △ ♆ **Sextil und Trigon:** Neptun kommt nicht direkt auf der physischen Ebene zum Ausdruck, was heißt, daß dieser Aspekt hinsichtlich des Materiellen nicht förderlich ist. Es handelt sich hier vielmehr um einen spirituellen Segen – was aber demjenigen, der nur auf das Materielle aus ist, entgeht. Geschmack, Kultiviertheit sowie das innerliche Vermögen, wahre Werte zu erkennen. Davon fühlen sich Menschen angesprochen, die ihrerseits dieser Person helfen und beistehen wollen. Mit dem Sextil oder dem Trigon zwischen Venus und Neptun kann es in diesem Leben zu einer tiefen Liebesverbindung kommen, resultierend aus einer intensiven opfer- und liebevollen Dienstbereitschaft zu früheren Lebzeiten. Eine ruhige, anspruchslose Sanftheit gegenüber denjenigen, die geliebt werden. Große künstlerische Neigungen. Liebe zur Musik – macht vielleicht als Musiker von sich reden. Abneigung gegenüber Routinetätigkeiten und gegen all das, was mit Wettbewerb zu tun hat. Ein stark entwickelter «sechster» Sinn.

♀ □ ψ **Quadrat:** Dieser Aspekt ist häufig bei Personen zu finden, die auf der spirituellen Suche sind. Es handelt sich hier um eine sehr wichtige Inkarnation, bei der es darum geht, das tiefverwurzelte Bedürfnis nach persönlicher Zuneigung in ein universales Empfinden für Liebe und Mitgefühl umzuformen. Vielfach kommt es bei einem solchen Aspekt zu Enttäuschungen und zu Herzschmerz. Diese Person kommt in das Leben mit einem Sparbuch, das keinerlei Guthaben hinsichtlich der Liebe aufweist. Sie wird keine Liebe empfangen können, bevor nicht die Schulden bezahlt sind. Um den Aspekt zu überwinden, muß der Mensch darauf verzichten, Liebe einzufordern – er muß stattdessen zum Ausdruck bringen, daß er selbst Liebe ist. Was das Finanzielle betrifft, ist er gefordert, praktisch und vorsichtig zu sein. Grundsätzlich kann es zu Verlusten kommen, die unter Umständen aus Täuschungen oder aus falschen Gaben resultieren.

♀ ☍ ψ **Opposition:** Ähnelt in großen und ganzen dem Quadrat, ist aber leichter zu bewältigen. Bei der Opposition hat man die Wahl zwischen der persönlichen Befriedigung seiner Begierden oder der liebevollen Dienstbereitschaft unter Opferung der eigenen Interessen. Der Blick durch die «rosarote Brille» könnte diesen Menschen davon abhalten, den angehenden Ehepartner so zu sehen, wie er wirklich ist. Aufgrund der fehlenden Einsicht oder aufgrund von zuviel Emotionalität kann es zur Entscheidung für die falsche Person kommen. Mit dieser Stellung ist die Neigung zu Fehleinschätzungen und zur Selbsttäuschung vielfach stark ausgeprägt (ausgenommen den Fall, daß Jupiter stark gestellt ist). Die Angelegenheiten, die von dem Neptun-Haus angezeigt sind, lassen erkennen, wo Opfer gebracht und Pflichten erfüllt werden müssen. Mit dieser Stellung ist man gefordert, seine Wertvorstellungen immer wieder aufs Neue zu überprüfen. Neptun löst, wenn er im Spannungsaspekt zur Venus steht, die Liebe zum eigenen Selbst durch Leiden auf. Wenn der Mensch nicht um Schadensbegrenzung bemüht ist, könnte auf der persönlichen Ebene eine große Einsamkeit die Folge sein.

Venus • Pluto-Aspekte

♀ ☌ ♇ **Konjunktion:** Diese Konjunktion kann insbesondere auf dem Gebiet der Sexualität große Auswirkungen haben. Starke «erdhafte» Sexualität. Intensität und Tiefe hinsichtlich der Liebesnatur. Sehr besitzergreifend und eifersüchtig. Wenn noch ein Spannungsaspekt von Mars diese Konjunktion beeinflußt, könnte eine Überbetonung des Sinnlichen gegeben sein. Hat unter Irritationen zu leiden. Muß sich davor hüten, seinen Gefühlen von Ärger und

Wut nachzugeben. Liebe zum Vergnügen und Neigung zur Maßlosigkeit können diesen Menschen auf die abschüssige Bahn bringen. Bei unentwickelten Individuen die Tendenz, Sex mit Geld zu verwechseln. In positiver Hinsicht aber besteht mit diesem Aspekt die Möglichkeit, universale Liebe zum Ausdruck zu bringen. Das Prinzip der Liebe kann ethnische, kulturelle und soziale Grenzen überwinden.

♀ ⚹ ♇
△ ♇ **Sextil und Trigon:** Außergewöhnliche Anziehungskraft und viel Einfluß auf andere. Die Möglichkeit zu einer tiefen Liebesverbindung mit jemanden, zu dem karmische Bande bestehen. Künstlerische Fähigkeiten, tiefes Bedürfnis, etwas zu erschaffen, was schön ist. Sucht in allem und jedem nach Schönheit, wie tief verborgen diese auch sein mag. Daraus resultieren große Wohltaten für diese Person. Emotionale Stärke und Zuverlässigkeit. Viel Mitgefühl für andere, eventuell auch Eintreten für die Schwachen und Unterlegenen. Wenn das 2. oder das 8. Haus am Aspekt beteiligt ist: Möglichkeit von Erbschaften. Uns Erdenkindern ist zumeist kaum bewußt, daß zwischen Liebe und Geld eine enge Beziehung besteht: Je mehr der Mensch liebt, desto mehr Reichtum wird er besitzen. Dies erstreckt sich auch auf den Bereich des Finanziellen.

♀ □ ♇ **Quadrat:** Hier muß mit großer Vorsicht zu Werke gegangen werden. Diese Person hat sich in der Vergangenheit durch Geiz oder auch durch Zügellosigkeit ausgezeichnet. Jetzt wird ein lustbetontes oder unmoralisches Verhalten nur noch Anlaß für mehr Probleme sein. Viel Streß und Spannungen in Liebesbeziehungen, so lange, bis der Mensch diesen Konflikt gelöst hat. Vielleicht fühlt er sich auch sehr einsam. Es geht für ihn darum, tatsächlich Liebe zu zeigen und zu erkennen, daß die Ursache der Probleme im Inneren und nicht im Äußeren liegt. Auf diesem Wege muß mit vielen Enttäuschungen gerechnet werden. Der hingebungsvolle und uneigennützige Dienst an anderen ist das Beste, was man zur Überwindung der Schwierigkeiten tun kann, die mit dem Venus/Pluto-Quadrat einhergehen.

♀ ☍ ♇ **Opposition:** Bei dem Quadrat beziehen sich die Probleme auf das Innere der Person, bei der Opposition stellen die Mitmenschen in der Außenwelt die Probleme dar. Insofern sind die Reaktionen auf die äußeren Einflüsse von entscheidender Bedeutung. Der Geborene könnte zur Beute von anderen werden, die ihn zu ihrer persönlichen Befriedigung benutzen. Möglicherweise viele ungewöhnliche Erfahrungen hinsichtlich der Liebe. Keine stabilen Verhältnisse in der Liebe. Ein unmoralisches Verhalten könnte zu tragischen Konsequenzen führen. Es fehlt dem Menschen hier an dem Gefühl, geliebt zu werden. Worum es geht, ist, daß er zu geben lernt und aufhört, Forderungen zu stellen. Auf diese Weise kann er die karmischen Schulden bezahlen, die noch offen sind. Weiterhin handelt es sich hier darum, neue Wertvorstellungen zu entwickeln und die Realität zu erkennen, wie sie wirklich ist.

♂ ⚹ □ ☌ ☍ △ ASPEKTE ZU MARS

Mars • Jupiter-Aspekte

♂ ☌ ♃ Konjunktion: Das Gesetz (Jupiter) in Verbindung mit der unmittelbaren Aktivität und Energie (Mars) könnte die Neigung anzeigen, das Recht in die eigenen Hände nehmen zu wollen (insbesondere dann, wenn zwischen diesen beiden Planeten ein Spannungsaspekt besteht). Wir wollen diese Stellung einmal als ein Beispiel für eine typische astrologische Auslegung nehmen. Angenommen, jemand hat den Mars in Konjunktion zum Jupiter im Zeichen Widder. In diesem Zeichen sind sowohl Mars als auch Jupiter gut gestellt – die Aktivitäten des Menschen sind denn auch für gewöhnlich von rechtmäßiger Art. Stehen die beiden Planeten dagegen in den Zwillingen, befindet sich Mars in einem neutralen und nervösen Zeichen und Jupiter in seinem Exil. Hier hätten wir es mit dem Mangel an Beurteilungsvermögen zu tun und mit der Tendenz zur impulsiven und übereilten Aktion. Das Wesen der Planeten in ihren Zeichen zu verstehen ist von grundsätzlicher Bedeutung bei der Analyse der Aspekte. Wie dem auch sein mag – die Konjunktion von Mars und Jupiter steht immer für offenherzig geäußerte Meinungen und für ein rasches Handeln, das der Mensch im Nachhinein manchmal bereuen könnte. Viel Energie und Stolz.

♂ ⚹ △ ♃ Sextil und Trigon: Ein optimistisches Wesen. Ernsthaftigkeit und Zielstrebigkeit bei den Aktivitäten. Gut entwickeltes Gefühl für Gerechtigkeit und für Verantwortung. Verteidigt seine Prinzipien mit Mut und Entschlossenheit. Hält seine Versprechungen, beachtet die herrschenden Werte und Normen. Profitiert durch Reisen. Im Horoskop des Mannes stehen diese Aspekte für ein ausgeprägtes Interesse am Sport. Aktiver Körper und das Bestreben, immer auf dem Sprung zu sein. Der Mensch, der immer nach Verbesserungen strebt. Vielfach ein Interesse an Religion.

♂ □ ♃ Quadrat: Die Energien (Mars) können dem Beurteilungsvermögen und den sich bietenden Gelegenheiten (Jupiter) «in die Quere» kommen. Eine vermeintlich kraftvolle und aggressive Erscheinung, die nach Erfolg strebt, dabei aber unbewußt auf eine Weise aktiv wird, die ihr selbst schadet. Möglicherweise der Mensch, der immer wieder für Aufsehen sorgt. Von seinem eigenen Schwung förmlich mitgerissen. Weiß nicht, wann er aufhören sollte, was bedeutet, daß er unter Umständen weit über das Ziel hinausschießt. Wirkt draufgängerisch, arrogant und irritierend, so daß sich manchmal Menschen abwenden, die sonst weitergeholfen hätten. Jeder, der diesen Aspekt im Horoskop hat, muß seine Beweggründe hinsichtlich des Materiellen vorbehaltlos untersuchen, um zu erkennen, welche Gründe hinter den Exzessen stehen. Es kommt für diesen Menschen darauf an, sich klar zu werden, daß er selbst – und nicht die anderen – seinem Erfolg im Wege steht. Verschwendung von Zeit, Geld und Energie. Könnte sich bei seinen Überzeugungen und Ansichten durch große Voreingenommenheit auszeichnen. Dies gilt insbesondere dann, wenn sich die Opposition in fixen Zeichen befindet. Möglicherweise eine intolerante und vorurteilsvolle Einstellung. Finanzielle Verluste aufgrund mangelnden Urteilsvermögens. Möglicherweise ohne jedes Augenmaß, was Vergnügungen, Alkohol und die Ernährung betrifft. Insofern könnten im Blutkreislauf (welcher von Mars regiert wird) oder in der Leber (regiert von Jupiter) Gifte für Probleme sorgen.

Mars • Saturn-Aspekte

Der astrologische Student muß genau erkennen, worum es bei der Beziehung zwischen Mars und Saturn geht. Die Wesen dieser beiden Planeten steht nicht in Übereinstimmung zueinander. Es kommt darauf an, daß man lernt, sie zusammen positiv zum Ausdruck zu bringen. Saturn steht für die Anforderungen, die daraus resultieren, daß in einem bestimmten Teil des Lebens Ordnung geschaffen werden muß. Mars dagegen symbolisiert Energie und den spontanen und unverfälschten Impuls, der zur Aktion führt. Der Mensch ist mit einem Mars/Saturn-Aspekt gefordert, die marsische Energie zur Erfüllung der saturnischen Pflichten einzusetzen. Saturn als der Planet der Notwendigkeit stellt die Form dar, die von Mars als der Kraft, mit der wir das Leben angehen, ausgefüllt wird. Wenn Mars schwach und Saturn stark gestellt ist, hat man keinen Ehrgeiz; es mangelt dann an der Energie, die Saturn-Form auszufüllen. Es kommt damit zu Gefühlen der Beschränkung und Begrenzung. Man selbst spürt dies möglicherweise nicht einmal – auf jeden Fall aber geht einem das Gefühl ab, etwas geleistet zu haben oder Erfüllung zu finden. Notwendig wäre, mehr Energie und Einsatz zu zeigen. Wenn dagegen Mars stark und Saturn schwach ist, können die marsischen Kräfte die saturnischen Grenzen des gesunden Menschenverstands beziehungsweise dessen, was angemessen ist, durchbrechen und dadurch zu Unordnung und Chaos führen.

Saturn ist das Gesetz der Begrenzung. Solange wir nicht unsere Kraft begrenzen und konzentrieren, können wir sie nicht sinnvoll einsetzen. Saturn sagt gewissermaßen: »So weit sollst du gehen und nicht weiter.« Bei jedem Aspekt zwischen Mars und Saturn rät uns die Weisheit: »Folge Saturn und ignoriere Mars!« Mars und der Bereich, in dem er steht, üben aber den größeren Reiz aus. Wer strebt schon nach Disziplin und der Beschränkung von Energie! Der Trick bei der Sache ist der, das richtige Maß an marsischer Energie zum Ausdruck zu bringen, indem wir diese auf saturnische Weise beschränken. Dem Menschen ist am besten gedient, wenn er Saturn folgt, insbesondere hinsichtlich seiner weltlichen Ziele. Die alte Fabel vom Hasen und von der Schildkröte steht für die

Beziehung von Mars und Saturn. Der Hase war so zuversichtlich, das Rennen zu gewinnen, er war soviel schneller als die Schildkröte. Er rannte aus voller Kraft los und hatte einen so großen Vorsprung gewonnen, daß er glaubte, sich hinlegen zu können, um ein Nickerchen zu machen. Die ausdauernde Schildkröte aber bewegte sich immer weiter fort und gewann schließlich das Rennen. Mars ist insbesondere der Planet der Jugend, was uns verstehen läßt, warum das Saturn-Prinzip speziell von der Jugend so schwer verstanden wird.

Wenn zwischen Mars und Saturn kein Aspekt vorhanden ist, fällt es dem Menschen leichter, diese beiden Kräfte zu integrieren. Dann aber vollbringt er möglicherweise auch nicht die Leistungen wie die Person mit einem Mars/Saturn-Aspekt. Es fordert Mühen und Anstrengungen, seine psychischen und spirituellen «Muskeln» auszubilden. Um ein Beispiel für einen herausfordernden Aspekt zwischen Mars und Saturn zu geben, wollen wir einmal annehmen, daß Mars im 3. Haus im Quadrat zu Saturn im 12. Haus steht. Eine solche Person dürfte sich wahrscheinlich dadurch ausgezeichnet haben, daß sie es in frühen Jahren ablehnte, in der häuslichen Umgebung Verantwortung zu übernehmen. Im Gegenteil dürfte sie sich auf das Leben gestürzt und später dann die Entdeckung gemacht haben, daß sie sich damit selbst sehr schadete und den eigenen Interessen zuwider handelte. Dieses Sich-selbst-Schaden (12. Haus) resultierte aus der Ablehnung, Einschränkungen in der Umgebung (3. Haus) hinzunehmen. Damit wäre es nicht zur umfassenden Erziehung oder Ausbildung gekommen, was der Mensch dann in Verbindung mit mangelnden Möglichkeiten in seinem späteren Leben wahrscheinlich bereuen würde.

Bei Spannungsaspekten zwischen Mars und Saturn müssen Sie aufmerksam das Haus und das Zeichen von Mars untersuchen, weil dies für den Bereich steht, in dem die Schwierigkeiten Zutagetreten. Saturn seinerseits steht für Disziplin, für Opfer und für harte Arbeit. Warten Sie ab, bis sich irgendwann die Zeit ergibt, freier, umfassender und vollständiger zum Ausdruck zu kommen – Saturn braucht immer seine Zeit. Sie können Gott und den kosmischen Gesetzen nicht Ihre persönlichen Zeitvorstellungen aufdrängen.

♂ ♂ ♄ **Konjunktion:** Wenn diese Konjunktion durch ihr Zeichen schlecht gestellt ist, könnte hiermit Trägheit angezeigt sein oder auch die Neigung, falsche Zeitpunkte zu wählen. Saturn (Angst) hält die marsische Aktivität zurück. Diese Person muß den Problemen ins Auge sehen und bereit sein, diese lösen zu wollen. Das Zeichen und das Haus sind hier von großer Bedeutung. Am schädlichsten wirkt sich die Konjunktion in fixen Zeichen aus. Dieser Mensch verfügt über die «Fähigkeit», sich viele Feinde zu machen. Fragt nicht nach Hilfe und erwartet auch keine. Starker Drang nach Macht, in Verbindung mit einem ungewöhnlichen Ehrgeiz. Allerdings kommt es wegen des Mißbrauchs von Macht in früheren Leben nicht zur Verwirklichung der Träume. Robert Taft, der es fast zur Präsidentschaft gebracht hat, weist eine Mars/Saturn-Konjunktion im Löwen auf. Robert Kennedy hatte Mars, Saturn und die Sonne im Skorpion, im Quadrat zu Neptun im Löwen. Ich hatte es einmal mit einem Fall zu tun, bei dem eine Mars/Saturn-Konjunktion in den Zwillingen im 3. Haus zu verzeichnen war und weiterhin die Löwe-Sonne in Opposition zum Uranus stand. Diese Frau hatte aufgrund einer Erkrankung an Epilepsie ihr Leben in einer Geistesheilanstalt verbracht. Die Erforschung ihrer Geschichte unter Hypnose enthüllte, daß sie in einem früheren Leben eine grausame Herrscherin in Ägypten gewesen war, die sich ihrer Macht brutal bedient hatte. Sie zeichnet sich durch einen unbeugsamen Willen aus – trotz 40 Jahren Aufenthalt in einer Geistesheilanstalt und langer Zeit des Gebrauchs von Drogen sind ihre geistigen Kräfte noch immer so stark, daß sie logisch zu denken vermag.

♂ ⚹ △ ♄ **Sextil und Trigon:** Aktiv und ehrgeizig, insbesondere, was den Beruf betrifft. Aufgrund des gut ausgeprägten Beurteilungsvermögens und der positiven Art der Aktivität ergeben sich im Laufe des Lebens viele Erfolge. Bereitwilligkeit, für das Angestrebte hart zu arbeiten. Von natürlichem Wesen. Respektiert das, was der «gesunde Menschenverstand» nahelegt. Die marsische Energie ist in diesem Fall durch den Saturn-Einfluß stabilisiert und kontrolliert. Viel Mut und Selbstvertrauen.

♂ □ ♄ **Quadrat:** Konflikt zwischen den instinktiven Antriebskräften des unentwickelten Selbst und der menschlichen Seele. Disharmonie zwischen «Motor» und «Bremse». Mars sagt: »Los«, und Saturn: »Warte einen Moment«. Wahrscheinlich dürfte ein bedeutender Teil des Lebens von Härten und Konflikten geprägt sein. Damit sollte das Bewußtsein zur Transformation und zu Wertvorstellungen kommen, die sich von denen der Vergangenheit deutlich unterscheiden. Die Bereitschaft, sich den Anforderungen zu stellen, macht die Seele frei. Ein Aspekt der Selbst-Bemeisterung. Ungeduld und untergründiger Ärger müssen überwunden werden. Könnte sich aufgrund von mangelnder Freundlichkeit Feinde machen. Neigung zur Nörgelei und zu vorschnellen Urteilen müssen durch Liebenswürdigkeit und Mitgefühl überwunden werden. Die Zeichen, in denen sich Saturn und Mars befinden, können auf Probleme mit entsprechenden Körperteilen hinweisen.

♂ ☍ ♄ **Opposition:** Konflikt zwischen Aktion und der Notwendigkeit, auch einmal passiv zu bleiben. Mars fühlt sich in diesem Fall beständig von Saturn eingeschränkt. Das Individuum muß ein innerliches Gefühl für die saturnischen Notwendigkeiten bekommen. Könnte sich schnell für etwas erwärmen, aber dann sogleich wieder die Lust verlieren. Dieser Mensch muß sich auf das Haus konzentrieren, in dem Saturn steht. Wenn er die Angelegenheiten, die damit in Beziehung stehen, zur Blüte bringt, ist er auf die richtige Weise aktiv geworden.

Mars • Uranus-Aspekte

♂ ☌ ♅ **Konjunktion:** Viel Mut und Hartnäckigkeit, allerdings auch viel Ungeduld. Sehr eigenwillig. Starke Vitalität. Verfügt über heilerische Kräfte, vorausgesetzt, es besteht der Wunsch, für andere tätig zu werden. Sollte seiner Intuition Beachtung schenken. Direkt und sehr offenherzig. Verabscheut

Heuchelei und Doppelzüngigkeit. Heißblütig. Das Zeichen, in dem sich diese Konjunktion befindet, ist sehr wichtig. Wenn Mars stärker als Uranus gestellt ist, kann die Neigung zur Gewalt bestehen und der Mensch in Unfälle verwickelt werden. Bei einer Verbindung zum 8. Haus könnte der Tod sehr unvermittelt eintreten und auf eine nicht vorherzusehende Weise. Dies gilt auch für das Mars/Uranus-Quadrat. Die Tendenz zu gewalttätigen Temperamentsausbrüchen muß unbedingt unter Kontrolle gebracht werden.

♂ ⚹ △ ♅ **Sextil und Trigon:** Starke und charismatische Persönlichkeit. Verfügt über Durchhaltevermögen sowie über die Fähigkeit, sich gegenüber Schwierigkeiten zu behaupten. Sehnt sich nach einem aufregenden Leben – welches dieser Mensch im allgemeinen auch tatsächlich führt. Kann alles ertragen, nur keine Langeweile. Der Abenteurer, der Pionier und der Entdecker, der sich der Eroberung neuer Welten verschrieben hat. Individualist, der nur dann den allgemeinen Regeln zustimmt, wenn diese in seinen Augen einen Sinn haben. Jeder Mars/Uranus-Aspekt kann sehr produktiv sein, wenn die Genialität, die damit verbunden ist, richtig genutzt wird.

♂ □ ♅ **Quadrat:** Von allen Mars/Uranus-Aspekten derjenige, der bei unüberlegtem Verhalten am ehesten auf Gewalt hindeutet. Kann Gewalt anziehen. Aufgrund von Spannungen und Disharmonie im magnetischen Feld immer wieder unvorhersehbare Unfälle. Die Aktivitäten haben hier etwas Explosives und Eruptives. Furchtlos im Übermaß. Muß sich beschränken und kontrollieren. Heißblütig. Könnte unter Spannungs-Kopfschmerzen leiden, die ihre Ursache in chaotischen psychologischen Verhaltensweisen haben. Am schwierigsten ist das Quadrat, wenn es in fixen Zeichen steht. Bei John F. Kennedy war dieses Quadrat gegeben, unter Beteiligung des Zeichens Stier und des 8. Hauses. Das 8. Haus ist das Haus des Todes, der Stier regiert die Kehle und den Hals, und der Planet Mars steht für Gewehrfeuer.

♂ ☍ ♅ **Opposition:** Ähnliche, allerdings nicht ganz so drastische Auswirkungen wie beim Quadrat. Plötzliche Trennungen und Mißverständnisse in Beziehungen. Die gleiche Ungeduld und Sprunghaftigkeit bei den Aktivitäten wie beim Quadrat, allerdings nicht die Neigung, mit Gewalt zu reagieren oder Gewalt auf sich zu ziehen. Muß gut fundierte Urteile fällen, bevor er aktiv wird. Hat möglicherweise jemanden in seiner Umgebung, der heißblütig oder jähzornig ist. Für den Geborenen besteht die Aufgabe darin, sich nicht von diesen Temperamentsausbrüchen herausfordern zu lassen.

Mars • Neptun-Aspekte

♂ ☌ ♆ **Konjunktion:** Die Aspekte zwischen diesen beiden Energien sind – abgesehen vom Sextil und vom Trigon – schwierig, aufgrund der Tatsache, daß sie in ihrem Wesen vollständig voneinander abweichen. Vieles hängt hier vom Entwicklungszustand ab, wie er vom Horoskop angezeigt ist. Dieser Aspekt kann sich beim unentwickelten Menschen außerordentlich destruktiv auswirken, indem es zur Vergeudung von Kraft und zu einem Zustand der Besessenheit kommt. Schrullen und «Spleens» des Charakters könnten aus psychischen Einflüssen resultieren. Verwirrung und Rastlosigkeit sind kennzeichnend für diese Person, die in der Außenwelt das sucht, was sie doch nur in sich finden kann. Neptun bedeutet – auf eine Art und Weise, die vom Bewußtsein kaum zu erkennen ist – Züge der Verschmelzung und Auflösung, welchen Planeten er auch aspektiert. Oftmals wird der Schaden so lange nicht erkannt, bis es dann zu spät ist. Neptun löst das animalische Selbst auf, und dieser Tod kann eine sehr schmerzhafte Erfahrung sein. Starke Neigung zur Selbsttäuschung. Der Mensch mit diesem Aspekt muß sich selbst wie auch anderen gegenüber von unbedingter Aufrichtigkeit sein. Er muß die Bereitschaft zeigen, hinsichtlich der verschiedenen Bereiche des Lebens Verantwortung zu übernehmen. Bei dem entwickelteren Menschen steht dieser Aspekt für mystische Neigungen. Vielfach kommt es hier auch zu einer beruflichen Tätigkeit, die mit Religion zu tun hat.

♂ ✳ **Sextil und Trigon:** Der praktische Idealist. Kann Wahres träumen –
△ ♆ weil die Träume durch Aktivität gestützt werden können. Sehr integer. Starkes Mitgefühl. Kann übersinnlich anmutende Fähigkeiten zum Einsatz bringen, ohne in die Gefahr zu geraten, negative Einflüsse auf sich zu ziehen. Bei diesen Aspekten sind keine Täuschungen durch andere zu erwarten. Vielmehr verfügt der Mensch damit über einen verborgenen Schutz, der einen Aktivposten des spirituellen Sparbuchs darstellt, was ein Verdienst aus früheren Existenzen ist. Aufgrund dessen kann er über alle Feinde, die er im Verborgenen haben mag, triumphieren.

♂ □ ♆ **Quadrat:** Solange es dieser Mensch nicht lernt, Aufrichtigkeit und Ernsthaftigkeit zum Ausdruck zu bringen – sowohl hinsichtlich der eigenen Person als auch der Beziehungen zu anderen –, solange wird es mit diesem Aspekt zu Schwierigkeiten kommen. Enttäuschungen und Illusionen sind das, wovor hier gewarnt werden muß. Die Person mit diesem Aspekt sollte sich von Séancen fernhalten und von allem, was mit übersinnlichen Kräften zu tun hat. Ansonsten könnte es zu einem Zustand der Besessenheit kommen. Der Mißbrauch übersinnlicher und spiritueller Energien, wie er in der Vergangenheit gegeben war, muß nun ein Ende haben. Alkohol und Drogen sind sehr schädlich für diesen Menschen. Das Haus, das von Neptun regiert wird, zeigt den Bereich, auf dem es zu Enttäuschungen und Illusionen kommen könnte.

♂ ☍ ♆ **Opposition:** Schwierigkeiten kommen hier eher von den anderen Menschen als von dem Geborenen selbst. Aus den Enttäuschungen zu lernen ist seine Aufgabe. Die Häuser, in denen die Opposition zu stehen kommt, zeigen, wo Unterscheidungsvermögen und emotionale Kontrolle nötig sind. Wenn zum Beispiel Neptun im 2. Haus stünde, könnte es in Verbindung mit Betrügereien zum Verlust von Geld kommen. Steht Neptun im 7. Haus, könnten sich die Schwierigkeiten an dem Ehepartner entzünden. Wo immer

Neptun auch stehen mag – dieser Lebensbereich ist es, wo Opfer gebracht werden müssen. Mars zeigt in diesem Zusammenhang an, welche Bereiche Aktivität erfordern. Oppositionen kommen durch die Mitmenschen zur Auswirkung. Die Projektionen unseres Selbstes kehren zu uns zurück, um eine Transformation zu erfahren. Der Ritt auf dem Regenbogen ist das, was dieser Aspekt verheißt. Er verspricht viel – viel mehr, als er tatsächlich halten kann.

Mars • Pluto-Aspekte

♂☌♀ **Konjunktion:** Eine Kombination von sehr dynamischen Energien, die eine kluge Vorgehensweise erfordert. Unter Umständen Züge von Grausamkeit oder Unbarmherzigkeit. Das animalische Selbst ist stark, es muß gezähmt und unter Kontrolle gebracht werden. Ob nun positiv oder negativ eingesetzt – eine gewisse Gleichgültigkeit für die sozialen Regeln ist charakteristisch für diesen Aspekt. Sowohl der Reformer als auch der Zerstörer zeichnen sich dadurch aus, daß sie mit dem Status Quo unzufrieden sind. Mit dieser Stellung können sich immer wieder Perioden irrationaler Umbrüche ergeben – welche die Ursache für unliebsame Reaktionen seitens der Umgebung sein können. Bei dem entwickelteren Menschen steht dieser Aspekt für die Fähigkeit, das animalische Selbst (Mars) zu zähmen. Mit ihm können großer Mut sowie der feste Wille verbunden sein, überkommene und hinderliche Verhaltensmuster endgültig abzulegen.

♂⚹♀ △ **Sextil und Trigon:** Viel Ehrgeiz und das Vermögen, hart und ausdauernd zu arbeiten. Großes Selbstvertrauen. Mut ist eine herausragende Eigenschaft dieses Individuums. Das Bedürfnis, Außerordentliches zu leisten, könnte zu Betätigungen auf sportlichem oder auf politischem Feld führen. Bei weiteren förderlichen Aspekten wird dieser Mensch durch Spitzenleistungen auf seinem Gebiet von sich reden machen. Insbesondere dann, wenn auch die Venus und Neptun gut gestellt sind, kann er das Animalische in sich zähmen – dann wird das, was zuvor das Persönliche gewesen war, zum Universalen. Interesse an okkulten Studien, oftmals in Verbindung mit besonderen Fähigkeiten hinsichtlich dieser Gebiete.

♂□♀ **Quadrat:** Mit diesem Aspekt können viele Anstrengungen und Mühen verbunden sein. Dabei könnte sich über lange Zeit etwas im Inneren anstauen, bevor es schließlich zu einer gewaltigen Explosion kommt. Ich bin der Ansicht, daß dieser Aspekt mehr als jeder andere eine Einstellung anzeigt, die gegen die herrschenden gesellschaftlichen Werte und Normen gerichtet ist. Viele Beschränkungen und Gefühle von Wut, die für gewöhnlich kontrolliert werden. Kommen diese aber zum Ausdruck, geschieht das im allgemeinen auf eine destruktive und gewalttätige Art und Weise. Hinsichtlich der Sexualität steht weniger die Liebe als vielmehr die Lust im Vordergrund. Wenn Saturn auf diesen Aspekt einwirkt, ist unter Umständen eine sadistische Tendenz zu erwarten. Beim entwickelteren Individuum müssen sich aber diese negativen Züge nicht zeigen. Wenn der Mensch seine Triebnatur unter Kontrolle bringt, kann er in sich Ruhe und Frieden erfahren. Mitgefühl und Mitleid sind das Gegengift für die destruktiven Mars/Pluto-Auswirkungen.

♂ ☍ ♀ **Opposition:** Hier kommt es zu ähnlichen Auswirkungen wie beim Mars/Pluto-Quadrat. Bei der Opposition geht es insbesondere darum, wie der Mensch auf die Gewalt regiert, mit der er in seiner Umgebung konfrontiert ist. Der Geborene muß lernen, sich selbst zu schützen – durch den Einsatz seiner kreativen Fähigkeiten und dadurch, daß er sich vorstellt, in ein Gewand von Licht gekleidet zu sein. »Ich kleide mich in ein Gewand von Licht, das aus der Liebe, der Macht und der Weisheit Gottes besteht. Dieses Gewand ist um mich, es wirkt auf mich ein. So ergibt sich nicht nur, daß ich geschützt bin – alle, die das Gewand (die göttlichen Kräfte) sehen, werden auf Gott aufmerksam und können geheilt werden.« Diese Worte stellen einen machtvollen Schutz gegen Gewalt jeglicher Art dar. Der plutonisch geprägte Mensch tut gut daran, sich ihrer zu bedienen.

♃ ♂ ASPEKTE ZU JUPITER
✳ □ ☍ △

Jupiter • Saturn-Aspekte

♃ ☌ ♄ Konjunktion: Der Geborene kann in diesem Leben noch einmal von vorne anfangen. Er ist frei von der Last der Vergangenheit. Das jetzige Leben dürfte kein besonders schwieriges sein, insbesondere dann nicht, wenn diese Konjunktion frei von Spannungsaspekten anderer Planeten ist. Jupiter ist die Seele, die sich auf der Suche nach Erfahrungen ins Leben stürzt; Saturn ist die Seele, die sich nach innen wendet, um das Erlebte zu verarbeiten. In gewisser Weise heben sich diese beiden Energien gegeneinander auf. Weil das Leben hier keine allzugroßen Herausforderungen beinhaltet, kommt der Mensch mit seinen psychischen Mitteln gut zurecht; er ist dabei nicht einmal dazu gezwungen, sich mit der Masse zu bewegen. Angenehmes Leben, das allerdings mehr oder weniger ineffektiv ist – solange nicht andere Energien des Horoskops besondere Herausforderungen anzeigen.

♃ ✳ △ ♄ Sextil und Trigon: Gutes Beurteilungsvermögen und ein Sinn fürs Praktische. Dies beides geht Hand in Hand. Das innere und das äußere Selbst arbeiten zusammen. Kann Ziele und Vorstellungen entwickeln und zur Vollendung bringen. Mit diesen Aspekten ist ein weltlicher Ehrgeiz gegeben – der allerdings im Rahmen einer philosophischen oder religiösen Einstellung zum Ausdruck gebracht wird. Kommt zu Erfolg, weil die Bereitschaft besteht, für das Angestrebte zu arbeiten. Ehrlich, aufrichtig und praktisch in seiner Herangehensweise an das Leben.

♃ □ ♄ Quadrat: Dieses Quadrat symbolisiert laut Marc Jones ein Leben, das für die «letzte Chance» steht. Der Geborene muß lernen, durchzuhalten, Beständigkeit zu zeigen und sich als Seele weiterzuentwickeln. Grundsätzlich ist er dazu in der Lage – nur zu oft aber bricht er aus und flieht vor der Verantwortung. Wird vom Leben besiegt werden, wenn er seine Talente und Energien nicht zum Einsatz bringt. Die Muskeln unseres Körpers verkümmern, wenn wir sie nicht benutzen – genauso ist es mit den «spirituellen» Muskeln, die wir haben. Kräfte und Talente, von denen es eine Vielzahl gibt, können ebenfalls verkümmern. Später im Leben werden wir dann bedauern, daß wir viele Gelegenheiten ungenutzt verstreichen ließen. Das Beurteilungsvermögen ist nicht gut entwickelt, weil es durch eine innere Selbstsucht behindert wird. In irgendeiner Lebensphase viel Verantwortung für einen oder für mehrere ältere Menschen.

♃ ☍ ♄ **Opposition:** Zwei Leben in einem. Zur Hälfte ist das Leben jupiterhaft, zur anderen Hälfte saturnisch. Deutlicher Bruch zwischen dem frühen Leben und den späteren Jahren, der den Geborenen auch fühlen läßt, daß er in seinem Leben zwei völlig verschiedene Wege beschritten hat. Wo sich dieser Wechsel vollziehen wird, ist an den Häusern abzulesen, in die diese Opposition fällt. Die Zeit, zu der dieser stattfindet, ist für gewöhnlich das Alter mit Anfang 40. Es besteht ein Widerspruch zwischen dem Wunsch, sich nach außen zu wenden, und dem Bedürfnis, sich von jeder Beteiligung an der Welt nach innen zurückzuziehen. Der Planet, der stärker gestellt ist, steht für das größere dieser beiden Bedürfnisse. Diese beiden Energien können sich gegenseitig polarisieren; sie können dem Menschen eine große Hilfe sein, wenn er mit beiden kooperiert. Es geht hier darum, aufgrund des Verständnisses der höheren Gesetze bei den jupiterhaften Angelegenheiten saturnisch Verantwortung zu übernehmen.

Jupiter • Uranus-Aspekte

♃ ☌ ♅ **Konjunktion:** Intuition und Beurteilungsvermögen kommen in Übereinstimmung zur Wirkung (unter der Voraussetzung, daß diese Konjunktion nicht durch Mars oder Merkur verletzt ist). Starke religiöse Tendenzen, allerdings nicht von orthodoxer Art. Hinsichtlich seiner Vorstellungen und Meinungen ein ausgeprägter Individualist. Sehr erfinderisch, was die Kreativität betrifft. Dieser Aspekt kann möglicherweise für Genialität stehen. Dieser Mensch sollte seiner Intuition trauen und sie zur Basis seines Handelns machen (ausgenommen, daß die Konjunktion durch Neptun verletzt ist). Der erste Eindruck ist hier fast immer der richtige. Ausgedehnte und unerwartete Reisen. Veränderungen im Leben ergeben sich vielfach im Sieben-Jahres-Rhythmus; sie kommen plötzlich und unerwartet. Uranus gibt keine Vorankündigung von dem, was passieren wird; er manifestiert sich immer durch andere Menschen oder durch Umstände, auf die der Geborene selbst keinen Einfluß hat.

♃ ⚹ △ ♅ **Sextil und Trigon:** Aus weltlicher Sicht die günstigsten Horoskop-Aspekte überhaupt. Sie stehen für ein ungewöhnliches Dasein, das von unerwarteten und überraschenden Erlebnissen erfüllt ist. Das *Sextil* symbolisiert die Gelegenheit, ein ungewöhnliches Leben zu führen – allerdings muß man bei ihm auch tatsächlich die sich bietenden Gelegenheiten beim Schopfe packen. Beim *Trigon* kommt es zu den Geschehnissen, ohne daß der Mensch selbst etwas dafür tun müßte. Die Finanzen sind bei diesen Aspekten kein Problem – wenngleich es hier auch so sein könnte, daß sich ein Millionär bitterlich über seine Lage beklagt. Sehr religiöse Einstellung. Sehr entwickeltes Bewußtsein – wenn der Rest des Horoskops für Entwicklung spricht. Philosophische Tiefe; fähig zu scharfsinnigen und zutreffenden Urteilen. Große Entwicklungsschritte und viel Erfolg in den mittleren Jahren. Kraftvolle magnetische Persönlichkeit.

4 □ ⛢   **Quadrat:** Konflikt zwischen dem Status Quo und dem Bedürfnis nach Freiheit und Unabhängigkeit. Unter Umständen sehr eigenwillig. Die Urteile sind mit dieser Stellung nicht immer zutreffend. Dieselbe Liberalität und religiöse Toleranz wie beim Trigon und der Konjunktion, allerdings auf eine direktere, kraftvollere und unmittelbarere Art, was sich insbesondere auf den Ausdruck der Ideen bezieht. Muß die Tugenden der Geduld und der Vorausschau zur Entwicklung bringen. Schnelle Reaktionen, scharfer Geist. Läßt sich von Menschen, die langsamer beim Denken sind, irritieren. Zeigt diesen gegenüber viel Ungeduld. Worauf es hier ankommt, ist, bei der Auswahl der Freunde einen guten Blick zu beweisen. Es wären sonst unter anderem finanzielle Verluste möglich.

4 ☍ ⛢   **Opposition:** Unabhängige Person mit viel Willenskraft und Energie. Wenn das Beurteilungsvermögen durch die Intuition unterstützt wird, ist alles gut. Das Zeichen und die Aspekte von Jupiter lassen hier erkennen, ob man seinen Urteilen trauen kann oder nicht. Abneigung gegen das Althergebrachte und gegen Dogmen. Dieser Mensch ist fortwährend auf der Suche nach religiösen Werten, die für ihn persönlich bedeutungsvoll sind. Er könnte bei denjenigen, die in bestimmten Ansichten und Haltungen erstarrt oder gefangen sind, den «Panzer» aufbrechen. Bei Jupiter/Uranus besteht eine große Ähnlichkeit zwischen dem Quadrat und der Opposition.

Jupiter • Neptun-Aspekte

4 ☌ ♆   **Konjunktion:** Trübt die Urteilskraft, was seinen Grund darin hat, daß die Emotionen der Logik in die Quere kommen. Die Phantasie könnte dem Menschen hier bei seiner Auseinandersetzung mit den Fakten Streiche spielen. Großzügiges und mitfühlendes Wesen. Haßt Ungerechtigkeit. Ist dazu bereit, sein Selbst zu opfern, um zur Erleuchtung zu kommen (vorausgesetzt, daß der Rest des Horoskops Stärke erkennen läßt). Wenn das Horoskop schwach ist, wird diese Person sich zwar durch Mitgefühl auszeichnen, allerdings zuwenig Mut haben, um tatsächlich aktiv zu werden. Alle Jupiter/Neptun-Aspekte können Probleme mit der Leber bedeuten. Dieser Mensch sollte deshalb seiner Ernährung besondere Beachtung schenken und sehr vorsichtig sein, was Drogen und Alkohol betrifft.

4 ⚹ △ ♆   **Sextil und Trigon:** Innere Annahmen und äußere Urteile sind im Einklang. Empfänglichkeit und Offenheit führen im Äußeren wie im Inneren zu Wohltaten. Dieser Mensch verfügt über eine ausgeprägte Intuition und vielleicht auch über übersinnliche Fähigkeiten; er sollte dem, was ihm seine innere Stimme sagt, nachkommen. Von höflichem, freundlichem und ernsthaftem Wesen. Starke Neigung zur Religion, unter Umständen mit stark mystischer Ausrichtung. Schließt sich vielleicht religiösen oder philosophischen Gruppen an.

♃ □ ♆ **Quadrat:** Die Tendenz zur Übertreibung sowie zu konfusen Emotionen kann zu Schwierigkeiten in den Bereichen führen, die von der Jupiter- und von der Neptun-Stellung angezeigt sind. Kann Anlaß dafür sein, daß der Mensch andere täuscht oder von anderen getäuscht wird. Auch dies muß wieder in Zusammenhang mit der Häuserstellung betrachtet werden. Eine solche Person kann nicht klar «sehen». Der Plänemacher und Träumer, der sowenig fest ist wie Wasser, der immer wieder von seinem Kurs abweicht und neue Richtungen einschlägt. Möglicherweise von sehr unzuverlässigem Wesen, ohne jede emotionale Kontrolle. Diese Stellung könnte der Beleg für einen schwachen Charakter sein – allerdings nicht für einen niederträchtigen oder grausamen. Vielleicht ein Mensch, der unter der suggestiven Herrschaft eines fremden Geistes steht.

♃ ☍ ♆ **Opposition:** Ähnliche Auswirkungen wie beim Quadrat, allerdings weniger Energieverschwendung als bei diesem. Aufgrund des Karmas der Vergangenheit ergeben sich möglicherweise durch die Mitmenschen viele Enttäuschungen. Wenn einer der Planeten durch einen starken Transiteinfluß beeinträchtigt ist, könnte es durch unlautere Vorgänge zu finanziellen Verlusten kommen. Jeder, der diesen Aspekt im Horoskop hat, sollte größte Vorsicht walten lassen, wenn er Verträge oder Abmachungen unterschreibt. Der Ernährung ist ebenfalls viel Aufmerksamkeit zu schenken, weil Probleme mit der Leber zu erwarten sind sowie mit dem Kreuz. Fortschrittliche Heilmethoden sind besser für diesen Menschen als Drogen und besser auch als die herkömmliche Medizin. Die Chiropraktik, Massage, Behandlungen mit Licht, Wärme sowie der Griff zu natürlichen Nahrungsmitteln können ihm bei körperlichen Beschwerden eine große Hilfe sein.

Jupiter • Pluto-Aspekte

♃ ☌ ♇ **Konjunktion:** Bei diesem Aspekt sind die Prinzipien des 8. und des 9. Hauses miteinander gekoppelt. In Verbindung mit Transformation und Selbst-Bemeisterung (das 8. Haus) sucht der Geborene nach einem Glauben (9. Haus), der seinem aktuellen Entwicklungsstadium entspricht. Hiermit könnte das ausgeprägte Interesse verbunden sein, den «roten Faden» der Wahrheit zu verfolgen, der sich durch alle Religionen auf der Welt zieht. Dieser Mensch fühlt das unstillbare Verlangen, soviel wie nur möglich über die Mysterien des Lebens und das Jenseitige herauszufinden. Der Aspekt der Führerschaft, der hiermit angezeigt ist, kann in Zusammenhang mit dem Wunsch, an der Spitze zu stehen, zu spirituellen Ambitionen führen. Harmonische Aspekte von der Venus aus begünstigen finanzielle Erfolge bei gemeinschaftlichen Unternehmungen. Diese Person verfügt über viel Sensibilität, und sie ist dazu imstande zu erkennen, welche Motive den Ereignissen des Lebens zugrundeliegen. Die Planeten kommen in diesem Fall zumeist gut miteinander zur Wirkung, und vielfach steht diese Verbindung für große Popularität und viel Anerkennung. Wie dem auch sein mag – dieser Mensch ist ein Führer, kein Gefolgsmann.

♃ ✱ ♇   **Sextil und Trigon:** Beim Sextil und beim Trigon haben wir es mit der
△ ♇   segensreichen Mischung der Extrovertiertheit und des Optimismus
des Jupiters mit der Vorsicht und Subtilität Plutos zu tun. In diesem Fall gibt es
viel Charme in Verbindung mit großer Einsicht. Dieser Mensch ist dazu imstande, Hindernisse zu überwinden, die dem Erfolg im Wege stehen – sowohl, was
die eigene Person als auch die Mitmenschen angeht. Aufgrund dessen könnte
es sich um einen Führer von Gruppen oder Organisationen handeln. Kennzeichnend sind Großzügigkeit, Mitgefühl und Verständnis für die Probleme anderer. Das Gebiet der Metaphysik und alles, was damit zusammenhängt, ist hier
von großem Interesse – das Verborgene hinter den Geschehnissen weckt die
Aufmerksamkeit des Geborenen und regt ihn an. Yoga und Disziplinen, die mit
Meditation zu tun haben, üben einen großen Reiz auf ihn aus, weil sie kreative
Instrumente beim Prozeß der Selbst-Bemeisterung sind. Es handelt sich hier um
Aspekte, die häufig bei spirituellen Führungspersönlichkeiten anzutreffen sind.
Möglicherweise auch Überfluß durch Erbschaften.

♃ □ ♇   **Quadrat:** Dieser Aspekt spricht für einen ausgeprägten Willen sowie
  für die Überzeugung: Was gut für mich ist, ist gut für alle. Wenngleich
mit der Verbindung dieser zwei Energien grundsätzlich ein gutes Beurteilungsvermögen gegeben ist, besteht doch die Tendenz zur Unaufrichtigkeit. Die
Macht, nach der hier gestrebt wird, dient häufig zu nichts anderem, als ein tiefverwurzeltes Gefühl der Minderwertigkeit zu bemänteln. Die Einstellung dieser
Person dem Leben gegenüber ist eher vom Instinkt als vom Intellekt geprägt.
Destruktivität – die sich auch auf das eigene Selbst beziehen kann – oder Konstruktivität ist das Dilemma, vor dem sich dieser Mensch sieht. Er fühlt in sich
den Wunsch, seine persönliche Welt und alles, was in ihr ist, zu erneuern oder
aber gänzlich zu zerstören. In seiner Sicht der Welt ist er sich selbst das Wichtigste. Ob nun als Zerstörer oder als Erbauer – er hat den Wunsch, daß er an erster
Stelle genannt wird.

♃ ☍ ♇   **Opposition:** Ängstlichkeit und Rastlosigkeit sind das Endresultat,
  wenn Jupiter und Pluto einander im Horoskop feindlich gegenüberstehen. Umfassende Ideen und Planungen im großen Maßstab. Allerdings hapert es daran, die Gedanken auch tatsächlich zu konkretisieren. Die Meinung
zur eigenen Person schwankt von maßloser Überschätzung bis hin zu Phasen
tiefster Selbstzweifel. In seinen guten Zeiten kann dieser Mensch hart und ausdauernd für die erhabensten menschlichen Ideale arbeiten – ein anderes Mal ist
er genauso intensiv mit den primitiven Instinkten seines animalischen Wesens
beschäftigt. Seine Haltung kann sehr dogmatisch sein. Es kann zu Konflikten
kommen, wenn er versucht, seine Ansichten der Umgebung gegen deren Willen aufzuzwingen. Der Geborene verfügt über eine gute Intuition sowie über
viel Vorstellungskraft. Wenn diese aber einmal mit ihm «durchgehen», muß mit
Problemen gerechnet werden. Dann ist der Blick auf die Realität verstellt und
fehlende Anerkennung seitens der Zeitgenossen die Folge.

ASPEKTE ZU SATURN

Saturn • Uranus-Aspekte

♄ ♂ ♅ Alle Aspekte zwischen Saturn und Uranus stehen für einen rebellischen Geist, der insbesondere vom Drang beseelt ist, frei zu sein. Dieser Mensch kann keine Autorität akzeptieren – es sei denn, die eigene. Hier geht es um die Kluft zwischen der Welt, wie sie ist und wie sie sein sollte, wenn jeder diszipliniert für Verbesserungen eintreten würde. Uranus bricht die saturnischen Kristallisationen auf, was für Personen mit diesem Aspekt häufig große Schmerzen bringt. Wenn *Saturn* im Transit diese Konjunktion aktiviert, werden die konventionellen und konservativen Energien des Charakters deutlich zum Ausdruck kommen. Wenn dagegen *Uranus* im Transit einwirkt, manifestieren sich vollständig andere Charakterzüge. Dann würden wir den Rebellen sehen, den Menschen, der sich gegen alle Grenzen und Beschränkungen auflehnt, der sich auf eine unvorhersehbare und sprunghafte Art und Weise verhält und seine Umgebung immer wieder zum Staunen bringt. Bei diesem Aspekt schlummert die Energie lange Zeit unter der Oberfläche, um dann plötzlich und auf sprunghafte Weise zum Ausdruck zu kommen. Dabei ergibt es sich nur zu häufig, daß all das, was unter großen Anstrengungen erreicht worden ist, in Scherben geht.

♄ ✳ ♅ **Sextil und Trigon:** Menschen, die diesen Aspekt im Horoskop haben, sind deshalb zur Welt gekommen, um als Verbindungsglied zwischen der Zeit, die nun untergeht, und der Ära, die nun aufkommt, zu dienen. Sie sind dazu imstande, in sich einen Ausgleich zwischen diesen beiden Energien zu schaffen. In Verbindung damit können die anderen verstehen lernen, was eigentlich passiert. Diese Personen zerstören nicht die Leiter, auf der ihr Bruder emporsteigen möchte. Wenn sie einen anderen Weg aufzeigen, dann, ohne dabei Druck oder Zwang auszuüben. Die Rechte der anderen zu akzeptieren sowie den Wert von Traditionen anzuerkennen ist für sie selbstverständlich. Dabei sind sie in ihrem Inneren frei. Sie können effektiv auf allen Gebieten arbeiten, die mit der Gesellschaft zu tun haben, ob sich dies nun auf humanitäre Zwecke oder auf Medien bezieht. Immer wieder aber wird Uranus die entstandenen Muster aufbrechen, was bedeuten könnte, daß diese Menschen dann auf anderen Feldern Arbeit finden. Dabei wird es sich beständig um eine Verbesserung handeln und die Person ihre Energie freier einsetzen können.

♄ □ ♅   **Quadrat:** Ärger mit Autoritätspersonen und mit denjenigen, die aus Sicherheitsgründen beim Status Quo bleiben wollen. Innere wie äußere Konflikte. Die Person sträubt sich gegen jede Veränderung, was damit zusammenhängt, daß sie außerordentlich eigenwillig ist und nichts auf das gibt, was andere ihr sagen. Was die äußere Welt der Erscheinungen (die Persönlichkeit) angeht, ist Saturn der Stärkere. Uranus herrscht über den Geist, und der Geist ist immer frei. Nichts kann ihn beeinträchtigen – allerdings braucht er, um in der Außenwelt zur Geltung zu kommen, eine Form. Niemand kann das kosmische Gesetz brechen – der Mensch mit einem Saturn/Uranus-Aspekt aber hat das «Privileg», sich bei dem Versuch, dies zu tun, das Genick zu brechen. Das ist die Lektion, die Spannungsaspekte zwischen diesen beiden Planeten beinhalten: Zu lernen, daß Freiheit jenseits von Saturn liegt, des Planeten der Notwendigkeit und der Verantwortung.

♄ ☍ ♅   **Opposition:** Eine gewisse Selbstsucht und zum Teil auch der Mangel an gesundem Menschenverstand und praktischer Orientierung kann zu Problemen führen. Fühlt sich hin- und hergerissen zwischen dem Bedürfnis nach Konformität (aus dem Wunsch nach Sicherheit heraus) und dem Drang, die fernen Horizonte zu erkunden und frei zu sein. Sollte sich vor impulsiven Handlungen bei seinen geschäftlichen oder privaten Partnerschaften hüten – ansonsten wären beträchtliche Verluste denkbar. Weiterhin wäre anzuraten, vor Entscheidungen weisere Menschen um Rat zu bitten.

Saturn • Neptun-Aspekte

♄ ☌ ♆   **Konjunktion:** Ein schwieriger Aspekt, weil Neptun die Fähigkeit beeinträchtigt, die äußere Welt so zu sehen, wie sie wirklich ist. Der Idealist mit den zwei linken Händen, der sich eher von der Welt zurückzieht als wirklich an ihr teilhat. Eine mystische und sehr passive Haltung. Könnte in seiner Einstellung sehr negativ sein und unter depressiven Launen leiden und alles nutzlos finden. Hat Angst, ist sich aber über die Gründe dafür nicht im klaren, weil diese sehr tief im Unbewußten verborgen sind. Muß lernen, Situationen intellektuell statt emotional zu analysieren. Angesichts von emotional fordernden Situationen läßt dieser Mensch jede Vernunft fahren. Möglicherweise wenig entwickeltes Urteilsvermögen im Beruf, was Ausdruck der Tatsache ist, daß die materielle Welt dieser Person wenig bedeutet (Ausnahme: die Konjunktion befindet sich in einem Erdzeichen). Bei Spannungsaspekten von anderen Planeten aus dürften beruflich Geheimniskrämerei, Verschrobenheit oder Umständlichkeit vorhanden sein, vielleicht sogar eine untergründige Unaufrichtigkeit.

♄ ⚹ △ ♆   **Sextil und Trigon:** Verleiht spirituelle Fähigkeiten und ein philosophisches Verständnis. Die Annahmen, von denen der Mensch in seinem Inneren ausgeht, und die äußeren Fakten stehen nicht im Widerspruch zueinander. Der praktisch veranlagte Träumer, der seine Ideen konkret zum Ausdruck bringen kann. Diese Aspekte sind häufig in Horoskopen von Menschen zu finden, die es in diesem Leben zu einer Initiation bringen könnten. Fähigkeit, die inneren Ebenen der Bewußtheit zu erkunden, ohne daß damit störende Nebenwirkungen verbunden sind.

♄ □ ♆   **Quadrat:** Emotionale Ängste, die nur schwer bekämpft werden können, weil sie so tief auf unbewußten Ebenen verwurzelt sind. Möglicherweise sehr ausgeprägte Gefühle von Einsamkeit und Isolation, die zumindest zum Teil darauf zurückgehen, daß man in seiner Fähigkeit, sich mit anderen zu verbinden, eingeschränkt ist. Nicht genug Verständnis oder Mitgefühl anderen gegenüber. Das Gefühl von Ungewißheit und Unsicherheit kommt im Bewußten nur vage zur Geltung, schadet aber der Persönlichkeit. Diese Personen sollten sich von Séancen und allem, was mit dem Übersinnlichen zu tun hat, fernhalten, weil es sonst eventuell zu einem Zustand der Besessenheit kommen könnte. Sehen Sie nach, was beim Saturn/Neptun-Trigon geschrieben steht, um zu erkennen, wie die Energien konstruktiv zum Ausdruck kommen können. Jeder Spannungsaspekt kann überwunden werden, wenn der Mensch erkennt, daß die Welt, wie er sie im Äußerlichen erlebt, eine Reflexion seiner innerlichen Welt ist. Achten Sie auf die Häuser, von denen es aus Trigone zu Saturn und Neptun gibt, weil dies auf den Weg hinweist, auf dem Sie aus dem Schatten ins Licht treten können.

♄ ☍ ♆   **Opposition:** Die Wahl, entweder bei seiner Ego-Struktur und beim Materialismus zu bleiben oder stattdessen loszulassen und das Vertrauen aufzubringen, sich in seinem Leben vom inneren Geist führen und leiten zu lassen. Verantwortung übernehmen oder flüchten, Materialismus oder Spiritualität, Selbstsucht oder Opferbereitschaft. Man hat die Wahl, ist allerdings gezwungen, tatsächlich eine Wahl zu treffen. Niemand auf der Welt ist frei von äußeren Einflüssen – jeder aber kann die Entscheidung treffen, von welchen Menschen er sich beeinflussen läßt. Bei diesem Aspekt ist es von sehr großer Bedeutung, welche Entscheidungen hier getroffen werden. Es steht dabei auf dem Spiel, ob man ein integriertes Leben führt oder nicht.

Saturn • Pluto-Aspekte

♄ ☌ ♀   **Konjunktion:** Dieser Mensch stellt die Art von Seele dar, die tiefgründige Fragen stellt und die mit ihrer ernsthaften Haltung dem Leben gegenüber eine Art Einsamkeit ausstrahlen könnte. Eine ausgeprägte Abneigung gegen alles Oberflächliche. Der Geborene richtet seine Energie darauf, die Wunder hinter der physischen Existenz zu ergründen. Viele der unter der Saturn/Pluto-Konjunktion im Löwen Geborenen haben die Städte verlassen, um das ländliche Leben kennenzulernen, sie haben die Feststellung gemacht, daß es einen tieferen Sinn hat, die Natur zu studieren. Der Verzicht auf alle modernen Errungenschaften ist allerdings wiederum eine Übertreibung – nur dann, wenn diese Seelen eine Verbindung zwischen dem Alten und dem Neuen herstellen, kann sich ein neuer bedeutungsvoller Lebensstil entwickeln. Einige Lebensabschnitte könnten von extremer Selbstverleugnung oder von großer Selbstdisziplin gekennzeichnet sein. Was dieser Mensch nicht ertragen könnte, ist, sich vor seinen Zeitgenossen unbeliebt oder gar lächerlich zu machen. Seine eigenen tiefen Gefühle könnten von Zeit zu Zeit Anlaß von Phasen der Verzagtheit sein. Zeitabschnitte, in denen sich der Geborene vollständig in einer Aktivität verliert, sind hilfreich, weil damit der Prozeß der Selbsterneuerung verbunden ist.

♄ ✳ ♀
△
Sextil und Trigon: Ein guter Aspekt für diejenigen, die mit dem Geld von anderen Menschen zu tun haben, für Personen, die bei Banken, Versicherungen oder als Wirtschaftsprüfer arbeiten. Kennzeichnend ist hier ein gutes Beurteilungsvermögen in Verbindung mit großer Hartnäckigkeit, wenn es darum geht, für ein bestimmtes Ziel zu arbeiten. Diese Personen zeichnen sich durch viel gesunden Menschenverstand sowie durch Vertrauenswürdigkeit aus. Sie gehen auf redliche Weise vor und sind von ihrer inneren Einstellung her vor Exzessen gefeit. Weiterhin sind sie dadurch charakterisiert, daß sie, wenn notwendig, sehr hart arbeiten und sich einer extremen Disziplin unterwerfen können. Dort, wo der Mensch diese Qualitäten zum Einsatz bringt, wird er eine Führungsrolle einnehmen können. Es handelt sich hier aber nicht um den Erfolg, der über Nacht kommt, sondern um den Aufstieg, der auf viel harter und disziplinierter Arbeit beruht. Diese Person beachtet den allgemeinen Moralkodex seiner Zeit, was unter Umständen bedeutet, daß er auf freizügigere Gemüter mit dem Finger zeigt. Es ist ratsam für Saturn/Pluto-Menschen, sich von Zeit zu Zeit immer wieder einmal klarzumachen, daß es nicht an ihnen ist, über all ihre Zeitgenossen Urteile zu sprechen.

♄ □ ♀
Quadrat: Charakteristisch für Horoskope von Menschen, die sich durch ein starkes Ego auszeichnen. Eine große emotionale Intensität, die sich manchmal als Rachsucht äußern könnte. Die Neigung zu Eifersucht, zu Wollust sowie eine überentwickelte Sinnlichkeit könnten unter Umständen sehr schädigend auf das persönliche Leben wirken. Ein ausgeprägtes Bedürfnis nach Macht und Autorität. Beim unentwickelten Menschen könnte damit die Tendenz verbunden sein, zur Erreichung von Zielen unredliche Mittel zu benutzen. Phasen des Rückzugs wechseln sich mit Zeitabschnitten ab, in denen man im engen Kontakt zu anderen steht. Der Geborene könnte daraus seinen Nutzen ziehen, dann nämlich, wenn er in Verbindung damit die niedere Seite seines Wesens erkennt. Auf diese Weise würde die Beherrschung des eigenen Wesens zu einem lohnenden Ziel werden. Mit dem Quadrat zwischen Saturn und Pluto sind möglicherweise auch übersinnliche Fähigkeiten, auf jeden Fall aber okkulte Interessen verbunden. Der persönliche Ehrgeiz könnte aber auf diesen Gebieten zum Stolperstein werden. Eine der am schwierigsten zu bestimmenden Charaktereigenschaften – die Demut – ist das Gegengift für diesen intensiven Aspekt.

♄ ☍ ♀   ***Opposition:*** Hiermit ist angezeigt, daß das Prinzip der Notwendigkeit sich im Widerspruch zum Prinzip der Transformation befindet. Dies ist ein schwieriger Aspekt, der aber, wenn man sich seiner auf konstruktive Weise bedient, der Anlaß sein kann, Charakterstärke zu beweisen. Wir haben es hier mit karmischen Bedingungen zu tun, die sich auf Partnerschaften beziehen. Wenn der Mensch mit diesen nicht auf angemessene Weise umgeht, könnte sein Glück auf dem Spiel stehen. Nur durch absolute Treue und Loyalität und dadurch, daß er anderen Liebe und Verständnis entgegenbringt, kann man Frieden finden. Zu versuchen, vor den karmischen Umständen davonzulaufen, würde nur bedeuten, daß sich die Probleme bei der nächsten Beziehung aufs Neue ergeben. Es muß daran erinnert werden, daß alle Schwierigkeiten, denen sich der Mensch gegenübersieht, einst von ihm selbst geschaffen wurden. Wie bei den anderen Spannungsaspekten zu Saturn auch ist anzuraten, in erster Linie dem zu folgen, was dieser Planet anzeigt. Der Drang zur Auflösung und dazu, sogleich einen Schlußstrich ziehen zu wollen, muß ersetzt werden durch Geduld, durch Verständnis und den Willen zu harter Arbeit. Wie bei den anderen Oppositionen auch besteht grundsätzlich hierfür ein Bewußtsein – in diesem Falle sogar von sehr ausgeprägter Art. Diese Person kann, wenn sie die dunkle Seite in sich (Pluto) bezwungen hat, andere lehren (Saturn), zum Licht zu finden.

⛢ ♆ ♇ ASPEKTE ZU URANUS, NEPTUN UND PLUTO

Aspekte zwischen Uranus, Neptun und Pluto haben über längere Zeit Bestand. *Insofern haben alle Menschen, die zur selben Zeit geboren wurden, die betreffende Planetenverbindung in ihrem Horoskop. Diese drei planetarischen Energien stammen aus dem äußeren Raum, der hinter dem uns bekannten Tierkreis liegt, sie stehen für die höheren Ebenen der Evolution. Die Menschheit neigt dazu, auf neue Energien zunächst einmal negativ zu reagieren, erst später zeigt sie für diese eine mehr oder weniger große Aufgeschlossenheit. Das hat zur Folge, daß für viele Menschen Aspekte zwischen den äußeren Planeten entweder ohne jede Bedeutung sind oder sich aber destruktiv auswirken. Von großer Wichtigkeit sind diese Aspekte, wenn sie das 1., das 4., das 7. oder das 10. Haus betreffen oder wenn sie in Verbindung zur Sonne, zum Mond oder zu Merkur stehen. Was die Eckhäuser betrifft, kann insbesondere die Konjunktion oder die Opposition für Probleme sorgen. Es kann mit diesen Aspekten eine Spannung verbunden sein, die für den durchschnittlichen Menschen zu groß ist. Damit könnte es dann zur Rebellion kommen, zu einem zu stark auf das Ich gerichteten Willen und zu chaotischen Umständen, was die Emotionen betrifft.*

Uranus • Neptun-Aspekte

⛢ ☌ ♆   **Konjunktion:** Könnte ein Hinweis darauf sein, daß diese Seele auf die Welt gekommen ist, um zur Weiterentwicklung des Planeten beizutragen – in Verbindung mit philosophischen, humanitären oder religiösen Aktivitäten. Es geht für sie darum, Ideale durch Überzeugungskraft zu verbreiten, nicht durch Druck. Zeichnet sich durch eine ungewöhnliche Herangehensweise an das Leben aus. Neue Konzepte und Ideen, die in diesem Leben zur Aussaat gebracht werden. Möglicherweise eher die Arbeit im Verborgenen denn im Rampenlicht.

⛢ ⚹ △ ♆   **Sextil und Trigon:** Steht für die Inkarnation von Menschen, die dazu fähig sind, aus erster Hand spirituelles Wissen zu erlangen. Diese Aspekte könnten unter Umständen anzeigen, daß wir es mit einem spirituellen Lehrer zu tun haben, mit jemandem, der seine Botschaften anbietet und es jedem überläßt, etwas davon auszuwählen oder nicht. Kennzeichnend ist hier, daß zwischen dem innerlichen Bedürfnis nach Freiheit auf der einen und dem Mitgefühl und der Opferbereitschaft auf der anderen Seite kein Widerspruch besteht. Uranus im harmonischen Aspekt zu Neptun kann übersinnliche spirituelle Fähigkeiten anzeigen, ein tiefes Wissen darum, wie die Weiterentwicklung der Menschheit gefördert werden kann.

♅ □ ♆ **Quadrat:** Beim Quadrat – wie bei der Opposition auch – von Uranus und Neptun sind ebenfalls starke psychische Kräfte vorhanden. Allerdings kann es hier dazu kommen, daß man diese zu seinem persönlichen Vorteil zu nutzen bestrebt ist. Das würde bedeuten, daß wir es mit Schwarzer Magie zu tun hätten – im Gegensatz zu der *Weißen Magie*, bei welcher das Ziel ist, die Energie zum Nutzen von anderen einzusetzen. Bei der *Schwarzen Magie* geht es dem Menschen nur um die eigene Person, was für ihn in der Folgezeit zu großen Problemen führen würde. In der Vergangenheit hat sich dieser womöglich spirituelle Verdienste erworben, allerdings in Verbindung mit einer fanatischen Vorgehensweise, ohne jedes Augenmaß und ohne jede Einbeziehung des Geistes. Nun geht es darum, die Tatsache anzuerkennen, daß Spiritualität sich nicht nur auf die eigene Person bezieht, sondern mehr noch auf die Haltung und Einstellung unseren Mitmenschen gegenüber.

♅ ☍ ♆ **Opposition:** Auch hier haben wir es – wie zuvor schon beim Quadrat – mit dem Sachverhalt zu tun, daß der Mensch zwar über besondere spirituelle Möglichkeiten verfügte, diese aber nur zu seinem persönlichen Vorteil einsetzte. Die starke Selbstbezogenheit, die hier kennzeichnend ist, bedeutet auf der anderen Seite, daß die Neigung besteht, sich mit den falschen Personen zu verbünden. Darunter könnten die Partner zu leiden haben, womöglich aber auch der Mensch selbst. Es geht hier um die Anerkennung der Tatsache, daß das allgemeine Wohl wichtiger ist als das persönliche und daß die Evolution der Menschheit das Ziel ist, dem alle Kräfte gewidmet werden sollten.

Uranus • Pluto-Aspekte

♅ ☌ ♇ **Konjunktion:** Bei Kontakten zwischen diesen beiden Planeten spricht man von Generationsaspekten. Weil sie sich so langsam bewegen, sind alle Menschen der gleichen Jahrgänge mit derartigen Aspekten geboren. Nur dann, wenn man diese Konstellationen an einem Eckpunkt des Horoskops findet oder in Verbindung zur Sonne, zum Mond oder zu Merkur, sind sie von herausragender persönlicher Bedeutung. *Veränderung* ist das Schlüsselwort für die Uranus/Pluto-Konjunktion. Sie ereignet sich in jedem Jahrhundert nur ein einziges Mal. Das letzte Treffen fand in der Jungfrau statt, im Jahre 1965. Wenn es um die Jungfrau – dem Zuhause Merkurs – geht, können wir von den mit diesem Aspekt Geborenen erwarten, daß sie mit viel kreativer Energie neue Heilmethoden entwickeln, daß sie Durchbrüche auf dem Feld der Wissenschaft und der Religion erzielen und daß neue Erkenntnisse über Ernährung und ihren Zusammenhang zum physischen Körper gewonnen werden. Wenn dieser Aspekt richtig eingesetzt wird, kann er dabei helfen, die Menschheit bei ihrer Evolution voranzubringen. Ein unstillbares Bedürfnis, die überlebten sozialen Strukturen der Zeit auszumerzen, ist der Grund für die scheinbare Rastlosigkeit und Unbeständigkeit dieses Menschen. Weil Veränderungen zumeist radikaler Natur sind, werden diese Personen als revolutionär eingestuft. In vielen Fällen stimmt das auch.

⛢ ✳ **Sextil und Trigon:** Diese Menschen verfügen über tiefe Einsichten,
△ ♀ was die Verbindung der Vergangenheit mit der Gegenwart zum Zwecke einer besseren Zukunft betrifft. Ihre Intuition ist hoch entwickelt, sie wird im allgemeinen dafür benutzt, ein besseres Verständnis zwischen den Mitmenschen zu fördern. Das Prinzip der Brüderlichkeit wird sowohl verstanden als auch praktiziert. Die Liebe wird zum universalen Band, das alle in ihren gemeinsamen Interessen eint. Was zuvor ein hoffnungslos scheinendes Problem war, kann von diesen Personen mit Erfolg gelöst werden, wenn sie zur Zusammenarbeit bereit sind. sind. Diese Aspekte begünstigen wissenschaftliche und metaphysische Aktivitäten. Wenn die Sonne auf den Aspekt einwirkt, könnte diese Person vielleicht als Hellseher von sich reden machen.

⛢ □ ♀ **Quadrat:** Diesen Aspekt gab es von 1930 bis 1935: Uranus stand damals im Widder und Pluto im Krebs. Menschen, die zu dieser Zeit geboren wurden, haben die Welt in einer Phase großer Schwierigkeiten erlebt. Kriege, Revolutionen und wirtschaftliche Krisen beeinflußten ihren Lebensstil tiefgreifend. Frauen mit diesem Aspekt im Horoskop haben gegen die dienende Rolle aufbegehrt, die die früher Geborenen von ihnen erwarteten, sie sind dafür eingetreten, ihre eigene Individualität zur Entwicklung zu bringen. Auch die «normale Frau» wollte nun als eine Person angesehen werden, die über eigene Rechte verfügt. Dabei wurde entdeckt, daß die Entwicklung von finanzieller Selbständigkeit sehr hilfreich ist. Bei diesen Menschen handelt es sich auf der anderen Seite aber um die Eltern, die mit dem Freiheitsdrang ihrer Kinder (welche vielfach unter dem Uranus/Pluto-Sextil geboren sind) nicht zurechtkamen. Der Versuch, eine harmonische Verbindung zwischen der familiären Tradition, zwischen Verantwortung und persönlicher Freiheit hat diese Personen aber vielfach überfordert, mit der Folge von nervösen Spannungen. Von ihrem Wesen her waren sie Rebellen – Unabhängigkeit war das, was sie anstrebten.

⛢ ☍ ♀ **Opposition:** Dieser Aspekt ist um die Jahrhundertwende zur Geltung gekommen. Uranus stand zu jener Zeit im Schützen, gegenüber von Pluto in den Zwillingen. Diese beiden Geist-Zeichen (die Zwillinge stehen für den *bewußten* Verstand, der Schütze für den *überbewußten*) rückten damit in die allgemeine Aufmerksamkeit. Bei diesem Aspekt steht die intellektuelle Herangehensweise im Mittelpunkt, sie ist mit dem Wunsch verbunden, daß der Mensch erkennen möchte, was hinter den Grenzen des Verstandes liegt. Mit der Opposition zwischen Uranus und Pluto ist man nicht von vornherein darauf aus, sich einer Gruppe oder Organisation anzuschließen. Man könnte zuvor die Erfahrung gemacht haben, daß die Mitgliedschaft in einer Gruppe eher einschränkend wirkt und den Menschen ein für alle Male auf das Bild festlegte, das er anfänglich von sich vermittelte. Die Opposition ist ein Aspekt des 7. Hauses. Arbeit gemäß dieses Hauses haben Ehepartner zu leisten, die sich in ihren Überzeugungen und in ihren grundsätzlichen Herangehensweisen vollständig voneinander unterscheiden. Die spirituell orientierte Persönlichkeit erhält aber mit diesem Aspekt die Gelegenheit, den Standpunkt ihres Gegenübers zu sehen und anzuerkennen. Beim jüngeren Menschen könnte allerdings auch ein innerlicher Aufruhr angezeigt sein, mit einer allumfassenden Unzufriedenheit als Endresultat.

Neptun • Pluto-Aspekte

Was Neptun und Pluto betrifft, ist es im 20. Jahrhundert nur zu einem Hauptaspekt gekommen, einem Sextil. Dieser Generationsaspekt hat sich mehrere Male ergeben, zunächst in den positiven Zeichen Löwe und Waage, später dann in der Waage und dem Schützen, zwischendurch in den empfänglichen Zeichen Jungfrau und Skorpion. Wenn die kollektiv machtvollen Planeten Neptun und Pluto im Aspekt zueinander stehen, hat das eine tiefere gesellschaftliche Bedeutung. Menschen mit diesem Aspekt im Horoskop tragen die Fähigkeit in sich, diese Bedeutung in die Realität umzusetzen.

♆ ⚹ ♇   **Sextil:** Gerechtigkeit ist das Schlüsselwort, das diesem Aspekt zugrundeliegt. Entwickelte Individuen mit dem Neptun/Pluto-Aspekt im Horoskop arbeiten daran, Gerechtigkeit vor dem Gesetz zu erzielen, gerechte Entlohnung und faire Preise zu erreichen, Stellen zu schaffen, soziale Absicherung im Falle von Arbeitslosigkeit zu gewährleisten, Sozialpläne mit Frühverrentungen zu erstellen, Weiterbildung zu ermöglichen und karitative Leistungen zu fördern. Dies sind die Freigeister, die gegen alles kämpfen, was unmenschlich, herabwürdigend, unterdrückend und einschränkend ist – sowohl im häuslichen Bereich als auch in der Welt überhaupt. Das Ziel, das sie haben, ist immer das gleiche, ob es sich nun um das Feld der Künste, der Wissenschaften, der Bildung oder der Arbeit handelt. Diese Menschen sind die Egos, die mit der Bezeichnung «Blumenkinder» oder auch «Flower Power» belegt wurden. Tief verwurzelt in ihrem spirituellen Bewußtsein ist das Motto, daß alle Menschen einander lieben sollten, so wie sie es persönlich getan haben.

8 TRANSITE UND PROGRESSIONEN

Grundlegendes zu Transiten

Transite basieren auf dem Sachverhalt, daß die Planeten zu jeder Zeit auf ihrer Umlaufbahn auf das Geburtshoroskop einwirken. Das Geburtshoroskop als solches ändert sich niemals – allerdings kommt es fortwährend dazu, daß Energien (Transite) das Magnetfeld der Erde und damit uns Menschen beeinflussen – zum Guten oder zum Schlechten, in Abhängigkeit zu unserer Reaktion darauf. Es ist nicht zwangsläufig, daß wir auf diese negativ reagieren. Der durchschnittliche Mensch weiß allerdings nicht, daß er «seine» Sterne kontrollieren kann und daß es nicht so sein muß, daß diese ihn kontrollieren. Die Planeten, die sich schneller durch den Tierkreis bewegen (Mond, Venus, Mars, Sonne und Merkur) beeinflussen den Menschen hinsichtlich der alltäglichen Vorfälle des Lebens. Die langsameren und – bis auf Pluto – schwereren Planeten stehen für die großen Veränderungen im Dasein. *Transite* sind in gewisser Weise die Außenwelt, die uns zu Veränderungen bringt, während *Progressionen* für die Veränderungen des Bewußtseins im Inneren stehen, die dann entsprechende Veränderungen der Umgebung zur Folge haben.

Warum fühlen wir uns plötzlich entspannt und gut gelaunt? Vielleicht, weil wir einen Transit der Venus zu unserer Sonne oder zu unserem Mond erleben. Wir antworten darauf auf eine unbewußte Weise. Wenn wir uns «genervt» fühlen, läuft vielleicht der Transit-Merkur über unseren Mars. Merkur im Transit über Saturn könnte für einen oder für zwei Tage mit einer depressiven Stimmung stehen (wenn wir diesen Planeten negativ zum Ausdruck bringen). Wenn wir gelernt haben, konstruktiv mit Saturn umzugehen, könnte dies aber eine Zeit vermehrter Verantwortung für uns sein. Der Transit von Saturn über Merkur wird länger dauern und mehr Geduld erfordern, was damit in Übereinstimmung steht, daß Saturn langsamer durch den Tierkreis läuft als Merkur. Bei Saturn kommt es auch zu längeren Phasen des Stillstands (der Planet ist dann *stationär*) und der *Rückläufigkeit*.

Die Transite sind am stärksten, wenn sie in *Konjunktion* oder in *Opposition* zu den Horoskop-Faktoren stehen. In der Intensität folgen darauf die *Quadrate* und die *Trigone*. Wenn wir die grundsätzliche Bedeutung der Planeten verstanden haben, wird es uns nicht schwerfallen zu erkennen, was sie im Transit oder in der Progression bedeuten.

Je länger ein Transit dauert, desto tiefer und umfassender ist sein Einfluß. Die langsameren Planeten beeinflussen unser Leben und unsere Persönlichkeit auf eine tiefere und dauerhaftere Weise als die Schnelläufer. Pluto, Neptun und Uranus sind die langsamsten Planeten, dann kommen Saturn und Jupiter. Mond, Sonne, Mars, Merkur und Venus bewegen sich vergleichsweise schnell durch den Tierkreis.

Der Einfluß der Transit-Planeten ist bei der Annäherung an die Stellungen der Geburts-Planeten deutlich zu fühlen. Zu der Zeit, wenn vom Transit-Planeten aus der Aspekt exakt wird, ist sozusagen alles vorbei. Wenn ein Planet auf einem Planeten des Geburtshoroskops stationär wird, ist das von sehr großer Bedeutung. Im Sommer 1968 kam Saturn auf 25 Grad Widder zu stehen. Jeder Mensch mit einem oder mehreren Planeten auf 25 Grad Widder konnte diesen Einfluß deutlich spüren. Bei der *Konjunktion* würde sich der Einfluß wahrscheinlich als Blockade bemerkbar gemacht haben, als Behinderung, Verzögerung oder als Versuchung der Seele. Handelte es sich um einen *Oppositions*-Transit, würden die Schwierigkeiten von anderen ausgehen. Bei dem *Trigon* wäre womöglich die Arbeit des Individuums anerkannt worden. In diesem Falle hätten auch aus der übernommenen Verantwortung positive Folgen resultieren können. Man kann im allgemeinen davon ausgehen, daß sich schon zwei Grad vor der Horoskop-Stellung die Einflüsse des Transit-Planeten zu entfalten beginnen.

Sie müssen immer, wenn Sie einen Transit untersuchen, auf die Aspekte der betreffenden Planeten im Geburtshoroskop schauen. Standen diese zum Zeitpunkt der Geburt in Harmonie zueinander und kommt es im Transit nun zu einem Spannungsaspekt, werden sich Schwierigkeiten ergeben, die aber leichter zu handhaben sind als in dem Fall, daß zwischen den betreffenden Planeten im Geburtshoroskop ein harter Aspekt gegeben ist. Wir können den Einflüssen, die auf uns einwirken, nicht entfliehen – wir können aber die Entscheidung treffen, welche Einflüsse wir annehmen wollen und welche nicht. Die Transite zeigen uns, wie es um die kosmischen Gezeiten bestellt ist und welche Phase des Zyklus gerade aktuell ist. Auf diese Weise können wir Nutzen aus den Energien ziehen – oder aber Gelegenheiten ungenutzt verstreichen lassen.

Die Transite der äußeren Planeten sind von besonderer Wichtigkeit hinsichtlich der Häuser. Die Zeichnung auf der folgenden Seite gibt einige Richtlinien zur Deutung der Transite auf ihrer Reise durch die Häuser des Geburtshoroskops.

IV   10. bis 12. Haus
Konsolidierung

III   7. bis 9. Haus
Expansion

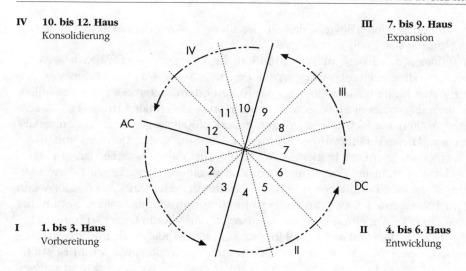

I   1. bis 3. Haus
Vorbereitung

II   4. bis 6. Haus
Entwicklung

Im *1. bis 3. Haus* befinden sich die Dinge im Vorbereitungsstadium. Es geht nur langsam voran. Dies ist nicht die Position für schnelle Entscheidungen und rasche Handlungen. Was es auch ist, das der Mensch anstrebt – er braucht einen langen Atem und sollte dabei eine langfristige Perspektive verfolgen.

Beim *4. bis 6. Haus* kommt es zu einer Neuausrichtung der Energien als Voraussetzung, aus dem Expansionsstadium soviel Profit wie nur möglich zu ziehen.

Beim *7. bis 9. Haus* geht es um Gelegenheiten, die angefangenen Dinge zum vollständigen Ausdruck zu bringen.

Das *10. bis 12. Haus* zeigt bezüglich des Laufs der äußeren Planeten an, daß es die Zeit ist, das Erreichte zu festigen und zu sichern. Diese Konsolidierung bezieht sich auf die inneren Ebenen; es gilt zu lernen, gemäß der persönlichen Begriffe Aufmerksamkeit und Sensibilität zu beweisen. Vom 7. bis zum 9. Haus kommt es vor allem auf *äußere* Aktivität an. Von Haus 10 bis zu Haus 12 geht es dagegen hauptsächlich um das, was sich auf der *inneren* Ebene abspielt.

Wenn die äußeren Planeten durch den Bereich vom 1. bis zum 3. Haus laufen, handelt es sich um eine Periode des Rückzugs von der äußerlichen Aktivität. Dies kündet von einer Phase der Neuorientierung und Neubestimmung. Besonders bei Saturn gilt: Keine Zeit, um große Projekte in Angriff zu nehmen. Ein Beispiel: Saturn läuft durch das 2. Haus. In diesem Fall geht es darum, daß der Mensch seine Mittel und Gaben konsolidiert – ob es sich dabei nun um Fertigkeiten oder um Geld handelt. Man ist bei diesem Transit gefordert, alle Angelegenheiten, die damit in Verbindung stehen, in Ordnung zu bringen. Saturn steht für das Prinzip der Notwendigkeit. Festigen Sie Ihre finanzielle Situation und stellen Sie unter Beweis, daß Sie bei allem, was mit dem Materiellen zu hat, mit Umsicht vorgehen können.

Jupiter symbolisiert im Transit äußerliche Gelegenheiten. *Neptun* – wo er sich im Transit auch auswirken mag – erschüttert das, was wir für fest und unverrückbar hielten: Nicht das, was wir fühlen oder denken oder uns vorstellen, sondern das, was wir zu wissen glauben. Dort, wo sich der *Uranus*-Transit auswirkt, sollten Sie sich auf unerwartete und plötzliche Veränderungen gefaßt machen. Diese Veränderungen werden sich aufgrund der Aktionen von anderen ergeben. Von entscheidender Wichtigkeit ist dabei, wie Sie darauf reagieren. Uranus steht im Transit für lange Zeit in einem Haus. Er wird dann aktiviert, wenn er einen Planeten in dem betreffenden Haus aspektiert oder wenn er im Transit einen Aspekt zu der betreffenden Häuserspitze bildet. Neptun hat bei seinem Transit einen Einfluß, der anzeigt, daß wir ein Opfer zu bringen haben. Uranus dagegen steht für Plötzlichkeit, Direktheit, Kraft und für das Bestreben, den Schleier von den Dingen zu reißen. Neptun wiederum ist subtil, durchlässig und untergründig. Er wirkt unter der Oberfläche und führt mit seiner Aktivität dazu, daß das Ego seine herausragende Wichtigkeit verliert. Gleichermaßen löst er Grenzen auf. Negativ gesehen könnte man den Vergleich zu den Termiten ziehen, die lange Zeit im Holz leben und wirken, bevor schließlich das Ausmaß des Schadens, den sie verursacht haben, deutlich wird. Ebenso ist es bei der Krankheit Krebs.

Von *Pluto* wissen wir noch nicht so viel wie von den anderen Planeten. Pluto stellt in der äußeren Welt eine Energie dar, die noch nicht ausgewogen ist. Auf das Innere bezogen heißt das: Wenn Pluto im Transit in Konjunktion zu einem Horoskop-Planeten steht, erlebt man, daß das, was mit diesem Planeten zusammenhängt, unter den Einfluß einer unkontrollierbaren Energie beziehungsweise Macht gerät. Wenn jemand seine Position gut befestigt hat, werden durch diese Energie Schwachstellen deutlich, die zu beseitigen sind. Bei einer schwachen Position dagegen können die Folgen, die von einem Pluto-Transit ausgehen, von katastrophalen Ausmaßen sein. Die plutonische Energie ist – für sich betrachtet – immer rein. Es ist die Art und Weise, wir wir diese einsetzen, die «gut» oder «schlecht» bedeutet. In positiver Auswirkung können wir bei Neptun von einer vollständigen Hingabe und umfassender Transformation sprechen. Pluto als Herrscher des Skorpions steht auch für den Tod. Was aber ist der Tod? Von einer höheren Ebene aus ist Tod die Veränderung von Energie hinsichtlich einer Form. Wenn der Same nicht in die Erde gelangt und dort seine Schale sprengt, kann das neue Leben nicht hervortreten. Wir müssen uns dem Dunklen in uns stellen, um das Licht zu finden. Man kämpft nicht gegen die Dunkelheit – man versucht, Licht zu machen. Ist aber die Dunkelheit nicht mehr existent, wenn das Licht an ist?

Der *Neumond* regt die Aktivitäten des Lebensbereiches an, der von dem Horoskop-Haus angezeigt ist, in dem sich der Transit abspielt. Bei der Konjunktion wie bei der Opposition zu einem Horoskop-Planeten kommt es zu einer Stimulierung all dessen, was von dem betreffenden Planeten symbolisiert ist. Diese Aktivierungsphase dauert vom Neumond bis zum Vollmond. Wenn wir etwas Neues anfangen wollen, sollten wir das nach dem Neumond tun. Das, was wir im letzten Viertel des Mondlaufs anfangen – insbesondere in den letzten drei Tagen vor Neumond – wird früher oder später scheitern. Wenn Sie einen neuen Job kurz vor Neumond (während der letzten drei Tage vor dem Mondwechsel) annehmen, werden Sie aller Wahrscheinlichkeit kein Glück damit haben. Dies ist die Zeit, etwas zu *planen* – nicht, etwas zu *begründen*. In der Natur kommt es – wie bei den Meeren auch – zur immerwährenden Abfolge von Ebbe und Flut. Sie können diese Gezeiten ignorieren oder sich ihrer bedienen. Alles in der Natur befindet sich in der Phase zwischen Neumond und Vollmond im Aufschwung. Wenn die Energie dann umschlägt und es zur Ebbe kommt, ist es die Zeit der Passivität, die dem Neumond vorausgeht. Achten Sie darauf, wie es um die Verfassung der Menschen kurz vor dem Neumond bestellt ist – wie es ihnen an Schwung und Vitalität mangelt. Alles geht nur sehr schleppend vor sich, und nur diejenigen, die an den kosmischen Gesetzen interessiert sind, wissen, warum das so ist.

Venus-Transite machen das Leben leichter und bringen Kontakte und Zeiten des Glücks. Wenn Sie eine Party planen, sollten Sie dafür die Zeit auswählen, zu der es zwischen der Venus und dem Mond am Himmel zu einer Konjunktion oder einem Trigon kommt. Tun Sie das, wird die Party ein Erfolg sein. Venus-Transite wirken nur für ein paar Tage. Von dauerhafterer und stärkerer Wirkung ist es, wenn einer der äußeren Planeten im Transit über die Venus läuft. Wenn es von Uranus aus im Transit zum Aspekt zur Venus kommt, könnte dies auf das Liebesleben des Menschen einen außerordentlich großen Einfluß haben. Wenn sich die Person vielleicht inständig nach einer Affäre sehnt – dies könnte die Zeit sein, in der ihr Wunsch wahr wird. Handelt es sich um das Trigon, könnte sich unter Umständen eine plötzliche Verbindung oder gar eine Heirat ergeben. Bei Quadraten oder Oppositionen wird es dagegen zu Verbindungen kommen, die nur solange Bestand haben, wie der Transit dauert. Uranus läßt niemanden unverändert. Das heißt, daß nach diesen Transiten der Mensch über all das, was mit Liebe zusammenhängt, auf eine andere Weise denken wird. Geht es hier um eine Person, die bereits gebunden und verheiratet ist, könnte der Uranus-Transit für den Wunsch stehen, aus der Verbindung auszubrechen. Allerdings wäre dies eine schlechte Zeit, dem Wunsch tatsächlich nachzugeben. Wenn der Transit vorüber ist, könnte man die Trennung nämlich zutiefst bereuen. Oftmals scheint uns unter diesen Transiten das Neue viel verheißungsvoller als das Alte zu sein. Wir müssen aber in Rechnung stellen, daß mit dem Uranus-Transit zur Venus viel Sprunghaftigkeit und Instabilität verbunden ist.

Uranus-Transite zu Merkur sind sehr wichtig für die Veränderung des Bewußtseins. Zu dieser Zeit wird man neue Erkenntnisse gewinnen und Erleuchtung finden, wodurch sich die Werte für immer verändern werden.

Wenn der Transit-*Merkur* den Geburts-Uranus verletzt, müssen Sie sehr darauf achten, was gesagt wird. Sie könnten auch Schwierigkeiten mit dem haben, was aufgeschrieben worden ist. Sprechen Sie im Gegenzug nicht alles aus, was Sie denken, auch wenn Sie davon überzeugt sind, im Recht zu sein. Wenn ein Mensch Ihnen unhöflich begegnet: Widerstehen Sie der Versuchung, es ihm mit gleicher Münze heimzuzahlen. Merkur-Transite dauern nicht lange. Wenn sie aber im Quadrat oder in Opposition zu Saturn, Neptun, Uranus oder Pluto stehen, sollten Sie all das, was Sie unterschreiben möchten, aufs Gründlichste untersuchen. Seien Sie sehr vorsichtig bei dem, was Sie sagen oder schreiben. Harmonische Aspekte zu Uranus bringen unerwartete Freiheit und günstige Neuigkeiten. Eine gute Stellung, um etwas schriftlich zu fixieren oder um Briefe zu beantworten. Post zu bekommen oder zu verschicken könnte zu dieser Zeit von großer Bedeutung sein. Eine günstige Zeit für den Kontakt zu Verwandten. Das Quadrat vom Transit-Merkur zum Geburts-Neptun könnte für eine kurze Reise stehen, die aber mit verwirrenden oder chaotischen Umständen verbunden ist. Hier gilt: Nicht auf Klatsch achten und selbst nicht zur Ursache von Klatsch werden.

Neptun wirkt im Transit auf Merkur für eine viel längere Zeit und führt zu viel größeren Schwierigkeiten, zu geistiger und emotionaler Konfusion, zu unangemessenen Gedanken und zu falschen Beurteilungen aufgrund von irrationalen Erwägungen. Es sind nun persönliche Opfer zugunsten von Verwandten gefordert – möglicherweise bestehen diesbezüglich jetzt große Probleme. Übermäßiger Alkohol- oder Drogenkonsum kann die Nerven ruinieren und die Gehirnzellen zerstören. Die Tendenz zur Heuchelei und zum Tagträumen dürfte unter diesem Transit stark ausgeprägt sein, stärker als die Neigung, tatsächlich aktiv zu werden.

Merkur im Transit zu Saturn (Quadrat oder Opposition) ist eine Sache von einigen wenigen Tagen. Zu dieser Zeit könnten die Gedanken depressiv gestimmt sein beziehungsweise sich der Mensch in seinem Kopf müde und überfordert fühlen. Darauf kann man reagieren, indem man sich Ruhe gönnt und sich klarmacht, daß dies eine stille Zeit ist, keine Zeit der Hektik oder Aktivität.

Steht *Saturn* im Transit in Konjunktion zum Geburts-Merkur, könnten Sie dies dazu nutzen, Ihren Verstand zu erweitern, indem Sie etwas studieren und daran arbeiten, Ihr Konzentrationsvermögen zu entwickeln. Arbeit und verantwortungsbewußte Aktivität werden das Gefühl der Nutzlosigkeit und Vergeblichkeit auf ein Minimum reduzieren. Wenn wir die Transite konstruktiv nutzen, werden sie nicht uns benutzen. Saturn (der Planet der Notwendigkeit) in Verbindung zu Merkur (der Planet des Bewußtseins) richtet sich darauf, ob unsere Motive und Absichten positiv und vertrauenswürdig sind. Dies bezieht sich insbesondere auf unser Verhältnis zu jungen Menschen und zu Verwandten. Bevor der Saturn-Transit seine Wirkung zu entfalten beginnt, sollte man überprüfen, ob sich das Nervensystem in einem guten Zustand befindet. Wenn die Person sich um ein positives Denken bemüht hat, könnte sie dann zu dieser Zeit die Früchte ihrer Anstrengungen ernten. Wenn man es zugelassen hat, von negativen oder depressiven Gedanken beherrscht zu werden, könnte dafür der hohe Preis eines geistigen Zusammenbruchs zu zahlen sein.

Das Wissen um die Gezeiten und Strömungen kann dazu dienen, sich geistig, emotional und körperlich auf das vorzubereiten, was da kommen wird, lange, bevor der Transit exakt ist. Wenn dann die Zeit der Prüfung da ist, wird der Mensch erfolgreich sein, weil er das Nötige zur rechten Zeit unternommen hat. In diesem Fall ist er imstande, die in Erscheinung tretenden Energien zu benutzen. Es kommt dann nicht dazu, daß sich diese seiner bedienen. Das wäre der angemessene Umgang mit der Astrologie. Die Trigone und Sextile des Geburtshoroskops bringen Gutes, ohne daß wir dazu etwas tun müßten. Die anderen Aspekte dagegen stellen Hindernisse und Herausforderungen dar, die für unsere Schwächen eine Prüfung sind. Sie machen uns deutlich, wo uns an unseren geistigen und emotionalen Einstellungen zu arbeiten haben. Wenn an unserer Haltung nichts auszusetzen ist, werden wir, körperlich gesehen, uns einer guten Gesundheit erfreuen, was damit zusammenhängt, daß der Körper gewissermaßen die Endstation unserer Gedanken und Gefühle ist. Jede Form des Unwohlseins («Nicht-wohl-Sein») spielt sich, bevor sie sich körperlich manifestiert, im Inneren ab.

Wenn *Saturn* im Transit den Mond im Geburtshoroskop aspektiert, erleben wir in körperlicher und in emotionaler Hinsicht eine Ebbe. Man ist zu diesen Zeiten leicht gekränkt und sehr empfindlich seinen Mitmenschen gegenüber. Vielleicht geht damit auch die Neigung einher, die Aufrichtigkeit der Motive der Umgebung in Frage zu stellen. Saturn hilft aber letztlich bei der Klärung der Emotionen; er zeigt körperliche als auch innerliche Schwächen, die abgestellt werden müssen. Der Mensch neigt unter diesem Transit zu einer allgemeinen Unzufriedenheit; alles, was um ihn herum ist, stellt für ihn Anlaß für Frustrationen dar. Aufzuhören und davonzulaufen ist hier aber nicht der richtige Weg. Die Schwierigkeit besteht im Inneren, unabhängig davon, wie problematisch die äußeren Umstände auch beschaffen sein mögen. Bei der Frau könnte dieser Transit gesundheitliche Probleme anzeigen. Beim Mann dagegen ist damit zu rechnen, daß es aufgrund des Einflusses von einer oder mehreren Frauen zu Schwierigkeiten kommt. »Auch das werden wir in den Griff bekommen«, ist ein gutes Motto für den Transit-Saturn, der den Mond des Geburtshoroskops verletzt.

Wenn *Saturn* im Spannungsaspekt zu Jupiter steht, sind Enthusiasmus und Lebensfreude des Menschen eingeschränkt. Dieser Transit kann schwierige Lektionen mit sich bringen, wenn der Mensch mangels eines gesunden Urteilsvermögens zu sehr expandierte. Dies ist keine gute Zeit, um sich in neue berufliche Aktivitäten zu stürzen, eine lange Reise zu machen oder viel Geld zu investieren. Saturn in Konjunktion zu Jupiter sagt gewissermaßen: »Nun mal langsam. Warte. Bist du wirklich für das vorbereitet, was du da machen möchtest?«

Der Transit-*Jupiter* in Konjunktion zu Saturn hat einen gegenteiligen Effekt. Dabei kommt es zur Freisetzung von Energie, zur Befreiung von Begrenzungen und Einschränkungen. Oppositionen im Horoskop haben andere Auswirkungen als Quadrate oder Konjunktionen. Die Oppositionen hängen eng mit äußerlichen Umständen und mit den Mitmenschen zusammen. Walt Whitman hat einmal gesagt: »Können wir nicht viel von denen lernen, die ihre Stärke gegen uns einsetzen und die gegen uns gekämpft haben?«

Wenn *Saturn* im Transit die Venus verletzt, bringt das emotionale Probleme, die ihre Ursache in einer vorherigen Selbstgerechtigkeit haben. Diese Zeit kann für das Zerbrechen einer Verbindung oder die Auflösung einer Ehe stehen. Die Furcht, beim Ausdruck von Zuneigung verletzt zu werden, ist sehr stark. Enttäuschungen und Trennungen haben bei einem stark gestellten Saturn im Horoskop einen karmischen Ursprung. Die Selbstsucht der Vergangenheit – ob es sich dabei nun um das aktuelle Leben oder um ein früheres handelt – kommt nun auf uns zurück. In finanzieller Hinsicht wird dieser Transit zu Beschränkungen führen.

377

Der *Saturn*-Transit im Spannungsaspekt oder in Konjunktion zum Geburts-Mars kann dann Probleme zur Folge haben, wenn man nicht darauf geachtet hat, seine Energie auf eine an der Praxis orientierten Weise und in Übereinstimmung zu den allgemeinen Verhaltensnormen zum Ausdruck zu bringen. Ein zu individualistisches oder aggressives Verhalten führt hier zu Schwierigkeiten. Im allgemeinen stehen diese Transite für die Notwendigkeit, mehr Verantwortung auf sich zu nehmen und hart zu arbeiten, wofür weniger Energie zur Verfügung steht als sonst. Der Mensch ist nun gezwungen, das Leben so zu akzeptieren, wie es ist. Er kann es nun nicht mehr so sehen, wie er es gerne hätte. Wenn der Betreffende eher marsisch als saturnisch geprägt ist, wird diese Zeit sehr schwer für ihn sein. Sie wird dann für viele Irritationen stehen und dazu führen, daß man kämpfen muß. Und nur zu oft ist der Körper zu solchen Zeiten in schlechter Verfassung. Es kann sehr hart sein zu erleben, daß den marsischen Tendenzen Einhalt geboten wird. In diesem Falle steht die Notwendigkeit gegen den Impuls – und die Notwendigkeit muß den Sieg davontragen, wenn die Person keinen Ärger bekommen will. Mars repräsentiert den Motor und Saturn die Bremsen. Dies ist die Zeit, in der die Bremsen wichtiger sind als der Motor. Das gilt in geistiger, emotionaler und körperlicher Hinsicht.

Spannungsaspekte von *Mars* aus können, körperlich gesehen, zu Infektionen führen, da dieser Planet über den Blutstrom herrscht. Fieber ist auch eine Entsprechung dazu: es stellt die natürliche Methode dar, Gifte im Blutstrom zu verbrennen. Emotional gesehen steht Mars für die Anstachelung von Leidenschaft. Mit ihm ist auch die Tendenz zu einem überstürzten Verhalten verbunden, die vielleicht Unfälle zur Folge hat. Der Mensch mit einem verletzten Mars im Horoskop sollte sich vor Wut und Impulsivität hüten, wenn Mars oder Saturn im Transit auf ihn einwirken. Wenn das Magnetfeld aber frei von Disharmonie und Negativität ist, werden keine Unfälle auftreten. Das liegt daran, daß dann nichts vorhanden ist, was diese negativen Umstände anzieht.

Für denjenigen, der viel Wut in sich hat, könnte der Mars-Transit über die Sonne oder den Mond von Streit, Auseinandersetzungen und Unfällen begleitet sein. Derjenige, für den das nicht gilt, wird durch den Lauf dieses Planeten mit neue Energie erfüllt und in Verbindung damit erleben, wie die Projekte, an denen er beteiligt ist, einen Aufschwung nehmen. Wenn wir erkennen, wie wir ärgerliche Erfahrungen vermeiden können, schaffen wir es möglicherweise, dem Ärger aus dem Weg zu gehen. Mars ist das Prinzip der Aktivität. Welcher Horoskop-Bereich es auch ist, den er im Transit durchläuft – dort zeigt sich der Mensch von seiner aktivsten Seite. Es gilt aber, die Energie auf konstruktive Weise einzusetzen, weil sonst Streit und Auseinandersetzungen die Folge sind.

Steht Mars im Transit im Quadrat oder in Opposition zum Mond, bedeutet das möglicherweise Probleme mit dem weiblichen Geschlecht oder mit der Öffentlichkeit, insbesondere dann, wenn jemand sich durch ein unbesonnenes oder streitsüchtiges Verhalten auszeichnet oder auch dann redet, wenn er besser schweigen sollte. Es ist nicht notwendig, unser animalisches Wesen zur Gänze zu überwinden. Wir alle sind gewissermaßen Wärter in einem Zoo, und die Tiere des Königreichs der Lebewesen sind in uns als unsere persönlichen Charakterzüge. In der Schöpfungsgeschichte wurde dem Menschen die Herrschaft über die Tiere gegeben. Solange, wie wir die Tiere in uns unter Kontrolle behalten, sind wir in Sicherheit. Es gibt sie aber, und wir müssen uns darüber im klaren sein, daß sie zu zähmen sind.

Mars im Transit zum Geburts-Merkur sorgt für scharfe Worte – beim Reden wie beim Schreiben. Darauf muß man achten. Wenn Merkur und Mars im Horoskop in einem Spannungsaspekt zueinander stehen, könnte dieser Transit zu verbalen Explosionen führen. Dadurch aber kann man nicht gewinnen, nur verlieren.

Der Transit-Mars im Spannungsaspekt zur Venus bedeutet, daß Wollust gegen Liebe steht. Befinden sich diese beiden Planeten bei der Geburt in Harmonie zueinander, kann es durch den Transit zwischen ihnen zu einem entsprechenden Zustand kommen. Bei einer Verletzung im Horoskop aber wird der Transit zur Fixierung auf Lustgewinn führen. Von Liebenswürdigkeit kann dann solange keine Rede sein, bis man nicht seine Haltung verändert hat und Anteilnahme an die Stelle von Wollust getreten ist. Das Geben ist wichtiger als das Nehmen.

Wenn von *Mars* aus die Sonne verletzt ist, sind ein zu starker Eigenwille und zuviel Aggressivität die Folge. Dies ist eine Kombination, die für die Neigung zum Kämpfen spricht, die im Zaum gehalten werden muß. Damit könnten immer wieder neue Streitigkeiten verbunden sein. Auf jeden Fall besteht viel körperliche Energie. Es gilt, diese konstruktiv einzusetzen und nicht zu mißbrauchen.

Spannungsaspekte von Jupiter aus können mangelndes Beurteilungsvermögen, Extravaganz sowie die Neigung zur Verschwendung anzeigen. Jupiter herrscht über die Leber. Ist hier ein Quadrat oder eine Opposition vorhanden – im Geburtshoroskop oder im Transit –, können diesbezüglich gesundheitliche Beschwerden zu verzeichnen sein.

Im Vergleich zu den anderen Aspekten steht insbesondere die feindliche Verbindung von Mars und Uranus für Gewalt, für Störungen und für gewalttätige Ausbrüche. Dies gilt sowohl für die Beziehung dieser beiden Planeten im Geburtshoroskop als auch für die Transite. John F. Kennedy wies eine Mars/Uranus-Beziehung im Geburtshoroskop auf. Als die Verbindung noch durch den Transit von äußeren Planeten verletzt wurde, kam es zu seiner Ermordung. Sein Bruder hatte Mars, Saturn und die Sonne im Skorpion, im Quadrat zu Neptun im Löwen. Bei ihm kam es ebenfalls dazu, daß er aufgrund von Gewalt aus seinem Körper vertrieben wurde, zu der Zeit, als Neptun im Transit einige Planeten des Geburtshoroskops verletzte. War es aber zwangsläufig, daß es hier zu Gewalt kam? Nach 30 Jahren Studium der kosmischen Gesetze möchte ich darauf die Antwort geben: Nein, dazu mußte es nicht kommen. Um die Probleme zu überwinden, wie sie von Spannungsaspekten im Geburtshoroskop angezeigt sind, muß man sich mit den negativen Auswirkungen auseinandersetzen. Es gilt, die Disharmonie im Inneren zu beseitigen, dann wird automatisch auch die Disharmonie im Äußeren schwinden. Wenn wir unser Leben auf die Persönlichkeit abstellen – dem unerleuchteten Selbst –, können wir den Spannungen oder den Problemen nicht entgehen. Wir leben dann den Mond, nicht die Sonne. Wenn wir es aber dahin bringen, daß das wahre Selbst die Kontrolle über unser Leben gewinnt und daß der persönliche Wille im spirituellen Selbst aufgeht (dem Göttlichen in uns), dann wird sich das Geburtshoroskop nicht mehr negativ auswirken. Die Astrologie des anbrechenden Neuen Zeitalters wird diese Wahrheiten überall bekanntmachen. Die Vorhersagen werden dann so verstanden werden, wie sie gemeint sind. Die Zukunft ist das unmittelbare Ergebnis unserer heutigen Aktivitäten, und unsere Situation heute resultiert direkt aus unseren Aktionen und Reaktionen der Vergangenheit. Wenn wir uns wirklich auf die kosmischen Gesetze einstimmen, kommen die Energien auf eine positive Weise zum Ausdruck. Dann ist es so, daß von allen Aspekten nur Positives ausgeht, gleichgültig, ob es sich um ein Quadrat oder um ein Trigon handelt, um die Konjunktion oder die Opposition.

Ist Mars durch Neptun verletzt – im Horoskop selbst oder im Transit –, besteht die Neigung zur Selbsttäuschung und dazu, daß die Gedanken und Gefühle konfus sind. Greift die Person zu Drogen oder zu Alkohol, könnte es zu Zuständen der Besessenheit kommen. Es wäre dann möglich, daß das ätherische Feld des Menschen geschwächt wird und die Vitalität leidet, aufgrund von schädlichen psychischen Einflußfaktoren. Der Schutzschild, der den Menschen normalerweise vor Schäden bewahrt, könnte dann seine Wirkung verlieren.

Neptun-Transite sind – neben denen von Pluto – die langwierigsten. Sie sind von sehr subtiler Art, weil sie über lange Zeit hinweg wirken, ohne daß sich der Mensch dessen bewußt wird. Es kommt hier zunächst einmal darauf an, daß Sie erkennen, wofür Neptun im Geburtshoroskop steht. Wissen Sie das, werden Sie es leichter haben, seinen Einfluß im Transit wahrzunehmen. Dann werden Sie auch verstehen, was der verborgene Schlüssel zu der Persönlichkeit ist und worin der Sinn des Lebens des betreffenden Menschen liegt. Das Wesen der Planeten, die Neptun im Transit aspektiert, sowie die Information dazu, in welchem Lebensabschnitt sich dies ereignet, lassen wichtige Erkenntnisse hinsichtlich der inneren wie der äußeren Entwicklung des Charakters zu. Jeder fühlt Neptun auf eine andere Weise, und mancher wird überhaupt nichts in der Außenwelt erleben, was mit diesem Planeten in Verbindung steht. Neptuns Schwingungen sind nichtsdestotrotz ständig präsent. Sie operieren im Verborgenen, im Unbewußten des Menschen; sie lösen sein Ego auf und machen es damit frei.

Unsere Träume und Ideale ändern sich im Laufe der Jahre, ein Resultat der untergründigen Wirkung Neptuns. Neptun herrscht über das 12. Haus, das erkennen läßt, ob wir uns selbst wirklich unterstützen oder ob wir uns mit dem, was wir tun, selbst schaden. Es ist dies das Haus des Karmas. Je mehr wir versuchen, unser Selbst zu zementieren, desto weniger Selbst wird da sein. Je mehr wir von unserem Selbst weggeben, desto mehr Selbst ist da, von dem wir geben können. Solange nicht die Persönlichkeit bereit ist zu akzeptieren, nichts zu sein, wird sie ein Nichts sein. Neptun ist der Planet der Verpflichtung und des Opferns. Während Uranus über den Willen herrscht, regiert Neptun über die Bereitschaft, loszulassen. Neptun ist sozusagen der kosmische Weihnachtsmann. Alles, was wir wegzugeben bereit sind, wird hundertfach zu uns zurückkommen. Die Menschen, die geben, haben dieses Geheimnis entdeckt. Je mehr man gibt, desto mehr wird man erhalten. Dies ist das Gesetz des Kosmos: Alles, was wir aussenden – ob Gedanke, Gefühl oder Tat –, kommt zu uns zurück. Zu unserem Schaden oder zu unserem Segen.

Neptun ist kein erdhafter Planet. Was die materielle Ebene betrifft, sorgt er immer wieder aufs Neue für Probleme. Steht er in Verbindung zur Venus, befinden wir uns hinsichtlich der Emotionen wie in einem Nebel. Befindet sich Neptun in Verbindung zu Merkur, ist der Verstand «benebelt». Bei der Verbindung zum Mond muß die Persönlichkeit für andere zum Opfer gebracht werden. Geht es um die Verbindung zur Sonne, müssen Wille und Ego aufgegeben werden. Bei den Transiten muß sich der Mensch mit Umständen auseinandersetzen, die sich auf diese Sachverhalte beziehen. Wie wir mit diesen umgehen, hängt davon ab, wie es um unser allgemeines Verständnis bestellt ist.

Der Transit-*Uranus* in einer harmonischen Verbindung zu Jupiter bringt unerwartete oder auch ungewöhnliche Wohltaten durch andere. Läuft Uranus im Transit über Uranus, könnte sich überraschend eine Erbschaft ergeben. Bei dem Quadrat oder der Opposition wiederum kommt es möglicherweise zu Verlusten, die entweder aus der Einwirkung von anderen oder aus einer falschen Einschätzung von Situationen resultieren. Wenn Uranus im Transit über Saturn läuft, resultiert daraus häufig, daß man aus einer Situation der Beschränkung oder Begrenzung befreit wird. Man kann sich dann in einer größeren Welt zum Ausdruck bringen. Der *Saturn*-Transit über Uranus dagegen führt vielfach dazu, daß diese Person sich in ihrer persönlichen Freiheit beschränkt sieht. Dies könnte vielleicht daran liegen, daß Ältere ihr vermehrt Verantwortung aufbürden.

Wer Jupiter gut gestellt im Horoskop hat, erweckt den Eindruck, ein angenehmes Leben zu führen und eine Art Schutz zu genießen. Dies ist tatsächlich so, und zwar deshalb, weil dieser Mensch sich das verdient hat. Er hat in einer früheren Inkarnation das Richtige zur Saat gebracht (Mitgefühl, Großzügigkeit, Liebe) und kann nun in diesem Leben die Früchte seiner Handlungen genießen.

Die *Venus* in Konjunktion zu Jupiter ist eine sehr verheißungsvolle Stellung. Das gilt insbesondere dann, wenn die beiden in einem Zeichen stehen, in dem sie auf eine harmonische Weise zur Geltung kommen. Das, was man für gewöhnlich als «Glück» bezeichnet, geht häufig mit einem harmonischen Aspekt zwischen diesen beiden Planeten einher. Wenn wir die kosmischen Gesetze verstehen, werden wir erkennen, daß das, was wir erhalten, genau dem entspricht, was wir gegeben haben. Nicht mehr und nicht weniger.

Bei einem verletzten Uranus im Horoskop ist uns Freiheit wichtiger als alles andere, ohne daß wir aber tatsächlich frei wären. Der Grund für letzteres ist, daß wir in der Vergangenheit andere behindert und eingeschränkt haben. Verletzungen zu Mars können sich als Drang äußern, eine materielle Kontrolle auszuüben – bei Uranus aber handelt es sich möglicherweise um den Wunsch, andere Personen zu beherrschen. Steht Uranus verletzt im Horoskop, zeichnet sich der Mensch durch einen starken Eigensinn aus. Diese Tendenz muß er überwinden und in Verbindung damit andesen Freiheit einräumen. Die Art und Weise, wie wir mit Macht umgehen, stellt einen heiklen Test dar. Nur dann, wenn wir uns darauf beschränken, ein Kanal für Macht zu sein, befinden wir uns in Sicherheit. Es darf nicht dazu kommen, daß wir Macht um der Macht willen anstreben.

Wenn wir uns mit den Planetentransiten beschäftigen, müssen wir auch darauf achten, wie sich mit dem Eintritt in ein neues Haus die Auswirkungen ändern. (Im Hinblick auf die Häuser ist allerdings anzumerken, daß die Geburtszeit des Horoskops stimmen muß.) Mit dem Eintritt in ein neues Haus ist eine neue Richtung oder ein neuer Trend verbunden, in Abhängigkeit von dem Planeten und dem betreffenden Haus. Wenn Uranus über den Aszendenten läuft und damit ins 1. Haus kommt, gehen damit immer viele persönliche Veränderungen einher. Mit diesem Transit wird der Status Quo erschüttert. Neue Konzepte, Richtungen und Trends kommen damit in das Leben. Manchmal kann die Geburtszeit anhand des Uranus-Transits über den Aszendenten korrigiert werden: Ist dieser Transit von keinen markanten äußerlichen Ereignissen begleitet, muß davon ausgegangen werden, daß die gegebene Geburtszeit nicht stimmt.

Eine der schwierigsten Zeiten für den Menschen ist der Transit von *Saturn* über den Aszendenten. Hat man seinem Körper nicht genügend Aufmerksamkeit geschenkt, wird es damit zu gesundheitlichen Problemen kommen. Man macht nun schwierige Erfahrungen, die dazu dienen, die Seele zu prüfen. Vielleicht ist man nun gezwungen, sich von äußeren Aktivitäten zurückzuziehen, oder man sieht sich durch Umstände herausgefordert, die viel Stärke und Mut verlangen. Saturn auf dem Aszendenten kann in körperlicher Hinsicht bedeuten, daß man Gewicht verliert.

Wenn *Jupiter* über den Aszendenten läuft, nimmt man dagegen möglicherweise zu. Jupiter im Transit durch das 1. Haus kann Reisen anzeigen, Expansion und glückliche Lebensumstände. Vereinbarungen und Verbindungen, die zu dieser Zeit eingegangen werden, dürften sich als günstig herausstellen und positive Auswirkungen haben. Dies gilt auch für die Ehe. Wird dagegen bei Saturn im 1. Haus geheiratet, können Beschränkungen, schmerzhafte Lektionen und viele Verpflichtungen die Folge sein.

Was den Lauf von *Saturn* durch die Häuser betrifft, muß der Mensch sich über folgendes im klaren sein: Diese Zeiten bedeuten eine Prüfung seiner Motive. Man kann den Pflichten, für die Saturn in dem betreffenden Haus steht, nicht davonlaufen. Wenn Saturn durch das 6. Haus läuft, sind Anpassungen notwendig, was den Bereich der Arbeit betrifft. Ergeben sich gesundheitliche Probleme, sind dafür negatives Denken sowie eine falsche emotionale Einstellung der Grund. Es ist nicht anzuraten, beim Lauf von Saturn durch dieses Haus die Stellung zu wechseln – auch wenn man das noch so gerne tun möchte. Wenn Saturn durch das 7. Haus läuft, ist es grundsätzlich möglich zu heiraten – allerdings dürften in diesem Fall materielle Gründe und Sicherheitsdenken im Vordergrund stehen. Wenn der Mensch die Pflichten, die mit einer derartigen Verbindung einhergehen, akzeptiert, kann es klappen. Oftmals aber scheitern diese Verbindungen, dann nämlich, wenn man feststellt, daß doch nur die Liebe die Basis für eine Beziehung sein kann.

Läuft *Jupiter* durch das 7. Haus, könnte sich eine sehr harmonische Ehe ergeben, vielleicht zu jemandem, der bereits einmal verheiratet war. Mit dem Transit durch das 8. Haus ist die Möglichkeit einer Erbschaft verbunden. Dies bedeutet ganz allgemein, daß sich eine geleistete Arbeit nun auszahlt. Es ist auch eine günstige Zeit, einen Kredit zu erhalten oder Teilhaber für Projekte zu finden.

In diesem Buch werden nur einige Beispiele für die Umstände angeführt, die mit Transiten verbunden sein können. Wenn der Student über ein Grundwissen der Prinzipien hinsichtlich der betreffenden Planeten und Zeichen verfügt, wird es ihm nicht schwerfallen, bei den Transiten eigene Schlußfolgerungen zu ziehen. Wenn der Mensch schon im voraus um die Strömung der Gezeiten Bescheid weiß, kann er sich im Fluß der Dinge bewegen. Dann muß es nicht dazu kommen, daß er diesen Widerstand leistet, dann kann er zur rechten Zeit ein Boot klarmachen und die Flut nutzen. Ist gerade Ebbe, weiß er, daß er warten muß – weil er sonst im Schlick steckenbleiben würde. Bewegen Sie sich im Einklang mit den Gezeiten, nicht gegen sie. Dies ist der richtige Gebrauch der Astrologie.

Einer der besten Wege Erfahrung bei der Interpretation von Horoskopen zu gewinnen, ist das Studium von Horoskopen von Familienmitgliedern und Freunden. Studieren Sie diese sorgfältig und machen Sie sich Ihre Gedanken dazu, warum diese Menschen auf ihre persönliche Weise auf das Leben reagieren. Stellen Sie Fragen nach den Zeiten, zu denen sich für diese besonders wichtige Ereignisse in ihrem Leben ergaben, und überprüfen Sie, welche Transite damit einhergingen. Auf diese Weise können Sie verstehen, welche planetarischen Energien zur Wirkung gekommen sind. Dabei wünsche ich Ihnen ein gutes Vorankommen.

Grundlegendes zu Progressionen

Das Progressionshoroskop läßt die Lebensmuster und Trends für einen bestimmten Zeitraum – ein bestimmtes Jahr – erkennen, so, wie sie das Bewußtsein vom Inneren aus beeinflussen. Die spiralförmig im Menschen eingeschlossene Energie entfaltet sich allmählich – im Maßstab von einem Tag für ein Jahr. Im vorangegangenen Kapitel über die Transite haben wir gesehen, wie die tägliche Bewegung der Planeten den Menschen über die Außenwelt beeinflußt. *Transite* wirken über die Umgebung und die Beziehungen in der Welt der Erscheinungen, *Progressionen* dagegen vom Inneren aus. Letztere zeigen die Veränderungen des Bewußtseins an, die sich im Menschen innerlich abspielen und in der Folge dann zu Veränderungen in der Außenwelt führen. Das Progressionshoroskop zeigt symbolisch, wie es in einem bestimmten Zeitabschnitt um die Gedanken, Gefühle und Haltungen des Menschen dem Leben gegenüber bestellt ist. Die Einstellung, die wir zum Leben haben, ist von größter Bedeutung. Die äußere Welt ist nicht kreativ, sie ist die Welt der Manifestationen. Die kreative Welt liegt im Inneren – man selbst ist es, der das eigene Schicksal formt. Jeder ist aufs engste mit dem verbunden, was ihm zustößt. Nur indem wir unsere Bewußtseinshaltung und unsere Einstellungen verändern, können wir die Welt um uns herum zu einer anderen machen. Die Progressionen helfen uns zu erkennen, was im Inneren vorgeht. Gesetzt den Fall, daß es sich hierbei um negative Faktoren handelt: Wir haben die Macht sowie das Privileg, diese Umstände zu ändern, noch bevor sie sich in der äußeren Welt manifestieren.

Die Transite und Progressionen sind immer in engem Zusammenhang zum Geburtshoroskop zu sehen (es hat keinen Sinn, zwischen progressiven Planeten allein eine Beziehung herstellen zu wollen). Bei positiven Aspekten im Geburtshoroskop müssen von schwierigen Aspekten oder Progressionen keine Probleme ausgehen – im Gegenteil können selbst diese dazu dienen, die im Geburtshoroskop angelegte Harmonie freizusetzen. Wenn dagegen im Geburtshoroskop ein starker Spannungsaspekt gegeben ist, wird der Mensch – wenn er die betreffende Energie nicht in einen Zustand der Harmonie transformiert hat – zu der Zeit des Transits oder der Progression ernsthafte Probleme erleben. In der Progression kann ein Quadrat oder sogar ein vermeintlich günstiges Trigon den Geburtsaspekt aktivieren und damit eine Energie freisetzen, die sich negativ manifestiert (wenn man nicht die Lektion gelernt hat, die mit diesem Geburtsaspekt einhergeht). Die Energie folgt immer dem Weg des geringsten Widerstands. Es ist von grundsätzlicher Wichtigkeit, ein profundes Wissen um das Geburtshoroskop zu besitzen. Erst dann ist es möglich zu erkennen, wie sich die Progressionen auswirken könnten.

Es gibt, was Progressionen betrifft, zwei Methoden, die von modernen Astrologen benutzt werden. Es handelt sich hier um die *Primärdirektion* (1 Grad entspricht einem Jahr, das heißt, alle Horoskop-Planeten werden je Lebensjahr um 1° vorgeschoben) und um die *Sekundärprogression* (ein Tag = ein Jahr, abzulesen an den Gestirnsständen, wie sie in der Ephemeride für die Tage und Monate nach dem Geburtstag abzulesen sind). Beide können als symbolisches Muster des betreffendes Jahres angesehen werden. Die *Sekundärprogression* wirkt vom Inneren her; sie zeigt, wie es um das Wachstum und die Entwicklung des Bewußtseins bestellt ist. Die *Primärdirektion* scheint sich dagegen mehr auf die Außenwelt zu beziehen und auf die Veränderungen, die sich durch sie für den Menschen ergeben. Einige Astrologen bedienen sich der Primärdirektion zur Geburtszeitkorrektur. Dies geht von dem Gedanken aus, daß sich jedes wichtige Lebensereignis im Horoskop der Primärdirektion widerspiegelt.

Eine der größten Schwierigkeiten der Astrologie ist, die richtige Geburtszeit zu bekommen. Außerordentlich oft stimmt die Zeit, die für die Geburt angegeben wird, nicht. Im Wassermann-Zeitalter werden mehr und mehr Menschen verlangen, daß der Zeitpunkt des ersten Atemzuges im Kreißsaal registriert und sofort aufgeschrieben wird. Die Zeiten, die von den Krankenhäusern mitgeteilt werden, können bis zu 30 oder 40 Minuten vom wahren Zeitpunkt der Geburt abweichen.

Für die Sekundärprogression gilt: Ein Tag für ein Jahr. Um also ein bestimmtes Jahr zu untersuchen, müssen wir die Gestirnstände aus der Ephemeride heraussuchen, wobei wir vom Geburtsmoment ausgehend für jedes Lebensjahr einen Tag dazurechnen. Ist zum Beispiel jemand am 1. Juli 1970 geboren, müssen hinsichtlich der Sekundärprogressionen für sein 11. Lebensjahr (das 11 Lebensjahr beginnt am 10. Geburtstag) die Gestirnstände für den 11. Juli 1970 abgelesen werden. Das Geburtshoroskop ist also gleichzeitig die Sekundärprogression für das 1. Lebensjahr, dies sei hier erwähnt, damit richtig gezählt wird.

Man kann entweder die Gestirnsstände, wie sie auf diese Art ermittelt wurden, in Beziehung zum Geburtshoroskop setzen, man kann aber auch ein eigenständiges Progressionshoroskop errechnen. Zur Ermittlung von Aszendent und Medium Coeli (Häuser werden in diesem Fall nicht ermittelt) nimmt man dann die Uhrzeit, zu der die Geburt erfolgt war. Näheres dazu finden Sie im Anhang.

Bei der Progression sollten Sie keine Orben verwenden, die über einem Grad liegen – ein Grad vor dem exakten Aspekt und ein Grad danach. Aspekte mit der *progressiven Sonne* haben für ein Jahr oder auch für zwei Geltung. Die progressive Sonne legt in einem Jahr ein Grad zurück. Die Auswirkungen haben hier hauptsächlich mit dem Willen und dem Bewußtsein zu tun.

Die Progressionen müssen immer in Verbindung mit dem Geburtshoroskop gesehen werden, man kann sie nicht auf die Transite beziehen oder sie nur aus sich selbst heraus deuten. Konjunktionen und Oppositionen sind hier die bedeutsamsten Faktoren, Trigone, Sextile und Quadrate spielen eine Nebenrolle. Die schnelleren Planeten sind bei der Progression die wichtigsten: Sonne, Mond, Merkur, Mars und Venus. Die äußeren Planeten verändern ihre Stellung, was die aufeinander folgenden Progressionshoroskope angeht, kaum.

Wenn die Planeten – und insbesondere hier die Sonne – in der Progression in ein neues Zeichen kommen, heißt das, daß sich in Verbindung damit eine Bewußtseinsveränderung ergeben könnte (welche allerdings nicht sofort nach außen hin deutlich werden müßte). Speziell dann, wenn die Sonne in der Progression in ein neues Zeichen kommt, wird man auf eine neue Art und Weise über sich und das Leben zu denken beginnen. Nehmen wir als Beispiel einmal an, die Sonne steht im Geburtshoroskop auf 25 Grad Löwe. Wenn dieser Mensch fünf Jahre alt geworden ist, tritt die Sonne in der Progression in die Jungfrau. Mit 35 käme es in der Progression bei ihm dazu, daß die Sonne in die Waage läuft. Die Jahre, die die progressive Sonne in der Jungfrau steht, könnten von gesundheitlichen Problemen gekennzeichnet sein, möglicherweise auch von Gefühlen der Minderwertigkeit und der Schüchternheit. Des weiteren könnte es in Verbindung mit der Arbeit zu Schwierigkeiten kommen. Die progressive Sonne in der Waage dürfte dann bedeuten, daß sich vermehrt Kontakte zu Mitmenschen und Gruppen ergeben.

Was den *Mond* im Progressionshoroskop betrifft, muß eine Besonderheit erwähnt werden, die auf dessen schneller Bewegung durch den Tierkreis beruht. Während bei den anderen Planeten der betreffende Einfluß für das ganze Jahr gilt, das untersucht wird, ist dies beim Mond nicht der Fall. Dieser Himmelskörper bewegt sich mit einer Geschwindigkeit von elf bis fünfzehn Grad pro Tag durch den Tierkreis. Teilen wir das durch zwölf Monate, erkennen wir, daß er sich jeden Monat um etwa ein Grad fortbewegt. Gehen wir von einem Orbis von einem Grad vor und einem Grad nach einem bestimmten Horoskop-Ort aus, ergibt sich also eine zeitliche Wirksamkeit von einem bis zwei Monaten für Aspekte vom progressiven Mond aus.

Der progressive Mond kommt auf der Ebene der Persönlichkeit zur Wirkung. Er hat viel mit unserem Alltag zu tun und mit unserer Umgebung. Die Aspekte von ihm aus beziehen sich insbesondere auf die äußeren Umstände, die Emotionen und die Persönlichkeit. Das Haus des progressiven Mondes ist insofern von großer Bedeutung, als daß es eine besondere Betonung eines bestimmten Lebensbereichs bedeutet. Am stärksten ist hier der Einfluß im 4. Haus (weil der Mond über das 4. Haus herrscht). Steht der progressive Mond auf der Spitze dieses Hauses, könnte es zu einem Umzug kommen. Wenn vom progressiven Mond aus ein harmonischer Aspekt zur Geburts-Sonne gegeben ist, bedeutet das günstige Einflüsse hinsichtlich des Körpers und unter Umständen auch Aktivitäten des Vaters, die sich positiv auf den Geborenen auswirken.

Es ist unmöglich, in einem Handbuch alle möglichen Auswirkungen der Verbindungen zwischen Progressions- und Geburtshoroskops zu beschreiben. Bezieht man die Häuser und Zeichen ein, sind hier unzählige Kombinationen möglich. Man kann *Grundzüge* aufzeigen – letztlich aber muß der Student selbst lernen, wie er hier zu einer Synthese kommen kann. Er muß für sich entdecken, wie die verschiedenen Muster miteinander verknüpft werden können. Wenn man begreift, wofür die Grundprinzipien stehen, ist man gut dafür gerüstet, sich mit den Progressionen zu beschäftigen.

Einige Beispiele

Wir wollen im folgenden beispielhaft einige Verbindungen zwischen Sekundärprogression und Geburtshoroskop erläutern.

Wenn sich die Progressions-Sonne in Konjunktion oder in Opposition zum Geburts-Saturn befindet, ist es zunächst einmal notwendig zu studieren, in welchem Verhältnis diese beiden Planeten im Geburtshoroskop zueinander stehen beziehungsweise auf welche Weise die betreffende Energie freigesetzt wird. Es könnten sich dann zu dieser Zeit besondere Prüfungen oder Versuchungen ergeben, womöglich auch die Verzögerung von Projekten. Möglicherweise bringen diese Zeiten auch Zustände der Erschöpfung. Wenn der Mensch erkennt, daß für ihn sozusagen Ebbe ist und er sich von neuen Wagnissen fernhalten sollte, wird er sicher durch diese Zeiten kommen. Saturn sagt gewissermaßen: »Warte ab. Die Strömung ist jetzt gegen dich. Es ist nun nicht an der Zeit, dich auf die hohe See hinauszuwagen. Habe Geduld, und alles wird perfekt laufen.« Die Geduld wohnt dem Jetzt inne, das verständig ist und die Vision eines Plans umfaßt.

Steht die progressive Sonne in Konjunktion zu Jupiter, können Sie das Boot klarmachen und sich auf die hohe See hinauswagen. Zu dieser Zeit wird die Flut für Sie arbeiten. Alles befindet sich nun im Aufschwung. Wenn sich die Sonne zum Zeitpunkt der Geburt in einem Spannungsaspekt zum Jupiter befand, ist nun allerdings auf die Tendenz zu achten, daß das Ego mit Ihnen durchgehen könnte. Arroganz und Egoismus können nun möglicherweise den Erfolg zunichtemachen. Wenn diese Progression aber die konstruktive Seite Jupiters freisetzt, kann man es nun zu Wohlstand bringen und vorankommen. Gewinn resultiert unter Umständen aus früher getätigten Investitionen oder auch aus Spekulationen. Dies ist eine gute Zeit dafür, den Horizont auszuweiten, entweder durch Reisen im Äußeren oder durch Reisen bezüglich der inneren Ebenen des höheren Bewußtseins. Steht die progressive Sonne in Opposition zu Jupiter, könnten sich finanzielle Einbußen ergeben. Es wären Verluste in Verbindung mit der Tatsache denkbar, daß es der Mensch bei der Expansion seines Wesens übertrieben hat. Möglich wäre auch, daß er zu diesen Zeiten über kein gutes Urteilsvermögen verfügt. In diesem Fall wäre es empfehlenswert, sich vor beabsichtigten Veränderungen von jemandem beraten zu lassen.

Bei der Konjunktion oder Opposition von der progressiven Sonne zu Neptun ist es zunächst einmal notwendig, das Geburtshoroskop in seiner Gesamtheit zu verstehen. Wir müssen in diesem Falle wissen, ob es sich bei dem betreffenden Menschen um eine entwickelte Persönlichkeit handelt oder nicht. Neptun ist nicht von irdischer Art, und hinsichtlich des Materiellen bringt er im Transit oder in der Progression Verwirrung, Illusion und Täuschung. Die betreffende Person hat das Gefühl, sich im Nebel verlaufen zu haben; sie ist nicht mehr dazu imstande, ihren Weg klar zu sehen. Für den Wiedergeborenen und für den Menschen mit mystischen Neigungen könnte dies für eine sehr entwickelte Spiritualität stehen. Es würde die Chance bedeuten, die Persönlichkeit freudvoll und glücklich einem umfassenderen Ziel zum Opfer zu bringen. Die Fähigkeit, auf die höheren Ebenen vorzudringen, wäre hiervon angezeigt. Für den unentwickelten Menschen aber würden sich Gefahren ergeben, die aus dem Genuß von Drogen oder Alkohol oder aus leidenschaftlichen oder obsessiven Verstrickungen resultieren. Es kommt hier darauf an, den Mitmenschen mit absoluter Aufrichtigkeit zu begegnen.

Wenn die progressive Sonne in Konjunktion oder in Opposition zum Uranus des Geburtshoroskops steht, liegen plötzliche Veränderungen in der Luft. Ungewöhnliche und unvermittelte Ereignisse werden zu diesen Zeiten den Lauf des Lebens grundsätzlich verändern. Man kann nichts Genaues bei diesem Aspekt vorhersagen. Er kann dafür stehen, daß der Mensch voll und ganz mit seiner Vergangenheit bricht und ein ganz neues Kapitel in der Geschichte seines Lebens beginnt. Der Aspekt, der zwischen diesen beiden Planeten im Geburtshoroskop gegeben ist, muß hier unbedingt berücksichtigt werden. Standen die Sonne und Uranus zum Zeitpunkt der Geburt in einem harmonischen Aspekt zueinander, kann es nun zur konstruktiven Freisetzung des Willens kommen, in Verbindung mit der Fähigkeit, konstruktiv mit der hohen Spannung umzugehen. Bei einem Spannungsaspekt aber ist diese Energie womöglich von außerordentlich destruktiver Wirkung, dann zumindest, wenn man über keine Selbstkontrolle verfügt. Der Wunsch nach Freiheit sowie die Tendenz, vor jeder Pflicht und Beschränkung zu fliehen, dürften sehr stark ausgeprägt sein. Kommt diese Progression in Verbindung mit dem 7. Haus zum Tragen, sollte man nicht den Fehler begehen, aus der Ehe ausbrechen zu wollen – auch wenn der Drang nach Freiheit noch so stark ist. Natürlich ist es auch hier so, daß die Kirschen in Nachbars Garten lockender erscheinen als die eigenen.

Ist der Transit aber vorüber, findet man für gewöhnlich heraus, daß das, was er woanders gefunden hat, auch nicht besser ist als das, was er selbst besaß. Nur ist ihm dann der Weg zurück womöglich versperrt.

Aspekte der progressiven Sonne zum Geburts-Merkur stimulieren die geistigen Fähigkeiten des Menschen. Sie können für den Drang stehen, ein Studium aufzunehmen. Gleichfalls angeregt wird zu dieser Zeit das Kontaktbedürfnis zu Verwandten und zu jungen Mitmenschen. Im Geburtshoroskop kann Merkur niemals im Spannungsaspekt zur Sonne stehen. Wie könnten auch die Seele (die menschliche Bewußtheit) und der Geist einander in die Quere kommen? Wenn Merkur in der Progression in Konjunktion zur Geburts-Venus steht, spielt sich ein Prozeß der Verfeinerung ab. Die betreffende Person ist zu dieser Zeit mehr an Kultur und Kunst interessiert als zu allen anderen Zeiten.

Wenn die progressive Sonne in Konjunktion oder in Opposition zum Geburts-Mars steht, könnte eine Steigerung von Vitalität angezeigt sein und mehr Energie als zu allen anderen Zeiten zur Verfügung stehen. Dies wäre die Zeit, in der der Mensch über mehr Unabhängigkeit und mehr Mut als sonst verfügt. Es ist hier notwendig, auf die Aspekte zu schauen, die zwischen der Sonne und Mars im Geburtshoroskop gegeben sind. Bei Spannungsaspekten muß man sich vor der Tendenz zu Impulsivität, zu Streitsucht, vor Gewalt und vor Unfällen hüten. Hier könnte es insbesondere dann zu schädlichen Auswirkungen kommen, wenn es der betreffende Mensch nicht gelernt hat, seine Emotionen und seine Leidenschaft unter Kontrolle zu bringen. Für denjenigen aber, der in seinem Geburtshoroskop ein Sonne/Mars-Sextil oder ein Sonne/Mars-Trigon hat, wäre die neuerliche Verbindung der beiden Planeten im Progressionshoroskop von günstiger Wirkung.

Steht der progressive Merkur in Konjunktion oder in Opposition zum Geburts-Mars, könnte eine Tendenz zur Streitsucht in Erscheinung treten, insbesondere dann, wenn zwischen diesen beiden Planeten zum Zeitpunkt der Geburt ein Spannungsaspekt gegeben war. Weitere mögliche Auswirkungen wären Taktlosigkeit und Aggressivität beim Reden, zumindest dann, wenn die Person es nicht gelernt hat, ihr animalisches Wesen unter Kontrolle zu halten. Stehen Mars und Merkur im Geburtshoroskop in einem Trigon oder in einem Sextil zueinander, wird die Zeit, zu der es in der Progression zu einer neuerlichen Verbindung kommt, viel Energie, Vitalität und Scharfsinn mit sich bringen.

Befindet sich die progressive Venus in Konjunktion zum Geburts-MC, könnte es zu günstigen Veränderungen im Leben können. Diese beruhen möglicherweise auf Verbesserungen, die mit dem Vater zusammenhängen. Es könnte auch zum Umzug in eine Gegend kommen, die größere Entfaltungsmöglichkeiten bietet.

Die progressive Venus auf der Geburts-Sonne ist im Hinblick auf die Liebe am verheißungsvollsten. Wenn sich die betreffende Person im heiratsfähigen Alter befindet – selbst dann, wenn sie glaubt, über derartige Regungen hinaus zu sein –, könnte nun Liebe eine außerordentlich wichtige Rolle spielen. Dieser Aspekt bedeutet die innerliche Öffnung für die Liebe; die betreffende Anziehungskraft sorgt dafür, daß sich im Äußeren Ereignisse ergeben, die den Menschen mit Liebe konfrontieren. Wenn wir schon von uns aus wissen, wie wir mit dem Potential der Liebe umgehen sollten, brauchen wir aber nicht zu warten, bis sich diese Progression ergibt. Es ist allerdings nur zu wahr, daß den meisten der Kinder Gottes die Anziehungskraft des Liebes-Bewußtseins in ihrem Inneren unbekannt ist, das nur darauf wartet, freigesetzt zu werden.

Das Jahr, in dem in der Progression ein Planet seine Bewegung umkehrt und dann entweder rückläufig oder wieder direktläufig wird, ist von sehr großer Wichtigkeit. Damit kommt es zu einer Richtungsänderung in Bezug auf die betreffende Energie oder das betreffende Prinzip. Wenn es sich hier um Merkur handelt, wird sich die Veränderung auf das Bewußtsein beziehen. Die Auswirkungen, die mit der Rückläufigkeit verbunden sind, sind andere als die von Spannungsaspekten. Rückläufige Planeten bedeuten nur, daß die Energie auf eine subjektivere Art und Weise zum Ausdruck kommt, eher auf der inneren als auf der äußeren Ebene. Wenn der Planet direktläufig wird, erhält die Person einen neuen Zugang zu der betreffenden Energie, in Verbindung damit, daß sie sich in der Außenwelt besser artikulieren kann kann.

Der Mensch, der vollständig auf den Ausdruck der Persönlichkeit gerichtet ist, kann nicht so auf das Progressionshoroskop reagieren wie Personen, die sich auf einer höheren Bewußtseins- und Entwicklungsebene befinden. Für die spirituell ausgerichtete Persönlichkeit ist das Progressionshoroskop von sehr großer Bedeutung. Es zeigt, welche Gelegenheiten und Herausforderungen vom Inneren aus gegeben sind. Wenn der Mensch in diesem Zusammenhang auf die richtige Weise handelt, wird es hinsichtlich der äußeren Welt zu harmonischen Umständen kommen, unabhängig davon, ob im Geburtshoroskop Spannungsaspekte vorhanden sind oder nicht.

Wir alle sind aufgefordert, das astrologische Wissen dahingehend einzusetzen, uns über unsere Aufgaben klarzuwerden. Wir können mit ihm erkennen, anhand welcher Gegebenheiten wir tätig werden können, welche Zeiten sich zum Einsatz der jeweiligen Energie besonders eignen und zu welchen Zeiten wir uns damit zufriedengeben sollten, lediglich ein Kanal der betreffenden Energie zu sein. So lange, wie wir gemäß bestimmter Konstellationen auf eine negative Art und Weise reagieren, so lange führen wir kein Leben, das dem wahren Selbst entspricht. Der Mensch sollte Herrscher über seine Sterne sein und sich nicht von ihnen beherrschen lassen. Ob er tatsächlich über die Welt der Erscheinungen zu herrschen vermag, kann daran abgelesen werden, wie er auf die Energien reagiert, die durch Raum und Zeit fließen.

9 DIE KUNST DER INTERPRETATION

Die Kunst der Interpretation – die astrologische Interpretation stellt in der Tat nichts anderes als eine Kunst dar – hängt von der Fähigkeit des die Astrologie Betreibenden ab, geistig einen Überblick der betreffenden Energien zu bekommen. Gleichfalls gilt es aber, auch ein intuitives Gefühl für ihr Wesen zu haben. Auch die Meditation über die Planetensymbole kann helfen, die Bedeutung und Charakteristik der betreffenden Energie zu erkennen. Was aber den Kontakt zum Gegenüber betrifft, gilt: Der Astrologe muß einige Ideen dazu haben, auf welcher Entwicklungsebene sich der Klient befindet. Gemäß dieser Evolutionsebene muß er das Geburtshoroskop auslegen und seine Empfehlungen formulieren. Wenn der Mensch erst damit beginnt, sich mit der Materie auseinanderzusetzen und eine Persönlichkeit zu entwickeln, ist das etwas ganz anderes, als wenn er am Ende seines Evolutionsprozesses sich aus der Persönlichkeit heraus weiterzuentwickeln und die Seele voranzubringen hat.

Stehen im Horoskop die meisten Planeten in den ersten sechs Zeichen und befinden sich die Planeten der höheren Oktaven nicht in Eckhäusern (beziehungsweise an Eckpunkten des Horoskops) und weiterhin nicht in Verbindung mit der Sonne, dem Mond oder dem Merkur, hat der betreffende Mensch gerade erst damit begonnen, sich auf die Welt der Erscheinungen und der Persönlichkeit einzulassen. Befinden sich viele Planeten in den letzten sechs Zeichen und nehmen die Planeten der höheren Oktaven eine herausragende Stellung ein, haben wir es mit einer Seele zu tun, die schon weit entwickelt ist. Dieser Mensch wird sich dadurch auszeichnen, daß für ihn das Persönliche nicht mehr so wichtig ist. Sein Leben wird – trotz der Tatsache, daß es ein schwieriges ist – effektiver sein. Der Planet Erde stellt eine Schule dar, und die verschiedenen Abschlüsse, die wir hier erlangen können, entsprechen unterschiedlichen Stadien in Wachstum und Entwicklung. Das Leben des kleinen Menschen, der in den Kindergarten oder in die ersten Klassen der Schule geht, ist vergleichsweise unkompliziert. Was die höheren Jahrgänge betrifft, wird es schon schwieriger. Hier ist mehr Arbeit zu leisten, und hier sind mehr Prüfungen zu bestehen.

Je stärker die Seele ist, desto mehr Quadrate und Oppositionen sind im Horoskop vorhanden. Es ist viel Stärke notwendig, um die großen Herausforderungen des Lebens zu bestehen. Es gibt aber kein Horoskop-Problem, das nicht gelöst oder transformiert werden kann. Am Anfang der Transformation steht die Veränderung der Einstellung oder des Bewußtseins. Das Äußerliche ist die Welt der Erscheinungen – nicht die Welt, wie sie erschaffen worden ist. Alles wird im Inneren erschaffen und dann auf die Welt der Erscheinungen projiziert. Wenn dieses kosmische Gesetz in all seinen Konsequenzen beachtet würde, könnte das Geheimnis unseres Universums in der äußeren Welt sichtbar werden. Wir alle sind gefordert, unsere Einstellung zu verändern, die Spannung aufzuheben und das wahre Wesen der Planeten (Energien) zum Ausdruck zu bringen. Wir sollten bestrebt sein, einen Kanal darzustellen, durch welchen sich die Energien ergießen können. Tun wir das, bewegen wir uns im Rhythmus des Lebens und erfassen die wahre Bedeutung von Freude.

Das astrologische Muster läßt erkennen, wie es zu einer bestimmten Zeit um die Energieströme bestellt ist. Der weise Mensch *benutzt* diese Energieströme (er versucht nicht, sie zu *beherrschen*). Er kann ihrem Einfluß nicht entgehen – er kann sich aber ihrer bedienen und es verhindern, daß sie ihn auf eine negative Weise beeinflussen. Jedes Geburtshoroskop markiert einen Schritt der Evolution der Seele; es repräsentiert den Charakter des Selbstes im Körper. Zugleich läßt es erkennen, welche Umstände notwendig sind, damit es zum nächsten Vorwärtsschritt des Bewußtseins kommt. Der Mensch kann, wenn er will, herumtrödeln und die Gelegenheiten ungenutzt verstreichen lassen. Ist dies der Fall, wird er das Klassenziel nicht erreichen und alles noch einmal machen müssen – solange, bis er dann endlich aufrücken kann. Die Entscheidung liegt bei ihm, und Gott ist geduldig. Gott ist aber gleichermaßen Druck, und Druck ist die unerbittliche Kraft, der man sich nicht entziehen kann. Höchstens einmal für kurze Zeit.

Die Planeten stellen Symbole einer ewigen Wahrheit für die Menschen dar, die bereit sind, sie zu empfangen. Sie haben in sich das kosmische Gesetz bewahrt, seit es die Zeit gibt. Soweit die Geschichte der Planeten zurückreicht, so lange gibt es Symbole der Planeten.

Für Jahrhunderte hat die Astrologie unter einem schlechten Ruf gelitten, was daran lag, daß sie – wie so vieles andere auch – in schlechte Hände geraten war und zur Vorhersage von Glücksfällen benutzt wurde. Sie wurde von Menschen betrieben, denen es darauf ankam, durch sie zu *gewinnen* – statt danach zu trachten, durch sie zu *geben*. Es kam dazu, daß das Licht in der Astrologie erlosch und daß die inneren Wahrheiten in ihr nicht mehr allgemein erkannt wurden. Mit dem Anbruch des Wassermann-Zeitalters aber sind nun Menschen auf die Erde gekommen, die die Astrologie wieder als eine heilige Wissenschaft sehen und sie mit neuem Leben erfüllen. Viele sind bereits jetzt damit beschäftigt, diese Arbeit zu leisten, und es werden noch viele andere dazukommen. Es gibt aber auch Menschen, die sich nur zu ihrem persönlichen Vorteil mit Astrologie beschäftigen und die nur Hohn und Spott für Personen haben, die dem Bewußtsein des Suchenden weiterzuhelfen bestrebt sind. So war das schon immer und so wird es immer sein, weil wir in einer Welt des Zwiespaltes leben. »Entscheide dich, wann du dienen willst.« Dieser Ausspruch ist heute so gültig wie vor 2000 Jahren.

Für die astrologische Beratung ist es von besonderer Wichtigkeit, das Horoskop erst einmal gründlich zu studieren, bevor man darüber spricht. Wenn zum Beispiel veränderliche Zeichen an den Ecken stehen, wird sich der Mensch alle negativen Bemerkungen einprägen und alle positiven Aussagen vergessen. In diesem Fall haben wir es mit jemandem zu tun, der dazu neigt, sich Sorgen zu machen und der unter vielen Ängsten leidet. Wenn Sie die Probleme aufzeigen, wie sie vom Horoskop dargestellt sind, müssen Sie immer ein «Gegengift» verabreichen, das bei der Lösung des Problems hilft. Kein Arzt diagnostiziert eine Krankheit, ohne zugleich eine Behandlung zu deren Überwindung vorzuschlagen. Wenn der Mensch sehr *emotional* ausgerichtet ist, kann ihm durch die Gefühle geholfen werden. Ist er *intellektuell* geprägt, erreicht man ihn durch den Intellekt. Bei einer *materiellen* Prägung wird die Person sagen: »Mich interessiert nur das, was mit Geld und Sachen zu tun hat« und »Was habe ich davon, wenn ich das mache?« Dann ist es an dem Astrologen, die passenden Worte zu finden. Beim letzteren Fall sollten sich diese auf das Finanzielle richten. Danach sollte der Astrologe dem Klienten auf eine anteilnehmende Weise klarzumachen versuchen, daß alles, was dem Menschen in der Außenwelt passiert, in Verbindung mit der inneren Person gesehen werden muß. Der Körper ist nicht von der Person, die in ihm lebt, zu trennen; er ist es nicht allein, dem Lebenskraft oder Energie innewohnt.

Der wahrhaft inspirierte Astrologe ist spirituell ausgerichtet und um jeden Menschen, der zu ihm kommt, besorgt – ob nun Neugier oder reale Not den Klienten zu ihm treibt. Nur dann, wenn der Astrologe auf seine Seele ausgerichtet ist, kann er einer anderen Seele helfen. Nur dann, wenn der Astrologe Schmerz, Leid und Einsamkeit kennengelernt hat, kann er einem anderen leidenden Menschen helfen. Schmerz dient dazu, den Panzer der Selbstsucht aufzubrechen; nur durch Schmerz (nicht das Ausweichen vor ihm) können wir ein Gefühl dafür bekommen, was andere empfinden. Erst, wenn wir den Schmerz kennengelernt haben, können wir in großer Liebe sagen: »Ich weiß.« Der wahre Astrologe ist ein Heiler. Er ist sich im klaren darüber, daß er nur der Kanal ist, durch den die Energie strömt. Neben dem Wissen, das er sich durch das Studium der Astrologie erwarb, ist dies ein Zusatzfaktor einer anderen Dimension: Liebe, welche unser Universum auf ewigwährende Weise unterstützt. Seien Sie sich bei Ihrem Studium der Astrologie dem Wunder des Lebens bewußt. Lassen Sie sich von dem Bestreben leiten, sich selbst zu verstehen zu lernen und das zu verändern, was sich negativ in Ihnen manifestiert. Wenn Sie das getan haben, können Sie anderen helfen. Dann wird das, was Sie für andere tun, auf liebevoller Anteilnahme beruhen und Anerkennung finden. Wenn Sie Liebe und Freude erfahren haben, können andere durch Sie dann ihrerseits diese Empfindungen kennenlernen.

Eine Allegorie

Ich befand mich auf der niedrig hängenden Mondsichel, an der westwärts gewandten, nach unten zeigenden Spitze. Auf der anderen Spitze war, bewegungslos, der Leuchtende zu sehen. Ich verspürte keine Angst. Unter mir waren die Berge und Täler von Menschenmengen erfüllt. Der Mond stand so tief, daß ich erkennen konnte, was sie taten.

»Wer sind sie?« fragte ich den Leuchtenden. Weil ich eben keine Angst hatte. Er gab folgende Antwort: *»Sie sind die Söhne Gottes und die Töchter Gottes.«*

Ich sah wieder nach unten und erkannte, wie sich die Menschen gegenseitig stießen und niedertrampelten. Manchmal schienen sie nicht zu merken, daß der Gefährte, den sie von sich gestoßen hatten, auf ihren Weg fiel, wo sie über ihn fortliefen. Andere Male wiederum beobachteten sie genau, wie jemand stürzte, um ihm dann noch mit Absicht einen brutalen Tritt zu verabreichen.

Und so sagte ich zu dem Leuchtenden: »Sie sind alle Söhne und Töchter Gottes?«

Und der Leuchtende sagte: *»Alle!«*

Als ich mich niederbeugte und weiter die Menschen beobachtete, erkannte ich, daß sie sich deshalb so unmenschlich verhielten, weil sie alle wie rasend nach etwas suchten und von ihrer Suche vollständig in Beschlag genommen und wie besessen waren. Dies war der Grund dafür, daß sie sich gegenseitig behinderten.

Ich fragte den Leuchtenden: »Wonach suchen sie?«

Und der Leuchtende gab zur Antwort: *»Nach dem Glück.«*

»Sie alle suchen nach dem Glück?«

»Alle!«

»Hat irgend jemand es schon gefunden?«

»Niemand von ihnen hat es gefunden.«

»Haben sie selbst schon einmal das Gefühl gehabt, daß sie das Glück gefunden hätten?«

»Manchmal haben sie geglaubt, daß sie es gefunden hätten.«

Meine Augen fielen auf eine Frau, die ein Baby an ihrer Brust hatte. Ich sah, wie ihr das Baby entrissen wurde. Die Frau wurde in eine tiefe Grube geworfen, von einem Mann, der seinen Blick auf einen glänzenden Fetzen gerichtet hielt, der für ihn Glück zu sein schien (in dem vielleicht zufällig das Glück verborgen war – ich weiß es nicht).

Und ich wandte mich, die Augen blind vor Tränen, wieder an den Leuchtenden: »Werden sie jemals das Glück finden?«

Und Er sagte: *»Sie werden es finden.«*

»Sie alle?«

»Sie alle.«

»Die, die getreten werden?«

»Die, die getreten werden.«

»Und die, die treten?«

»Und die, die treten.«

Ich sah wieder nach unten, für eine lange Zeit, auf das, was die Menschen auf den Bergen und in den Tälern taten. Und abermals verschwamm mein Blick vor Tränen, und ich fragte unter Seufzern den Leuchtenden: »Ist es der Wille Gottes oder das Werk des Teufels, daß die Menschen nach Glück suchen?«

»Es ist der Wille Gottes.«

»Es wirkt aber wie das Werk des Teufels.«

Der Leuchtende ließ ein unergründliches Lächeln sehen. *»Es sieht aus wie das Werk des Teufels.«*

Als ich für eine weitere Weile geschaut hatte, rief ich anklagend aus: »Warum hat Er sie auf der Suche nach Glück dorthin gesetzt und es zugelassen, daß sie sich so unbeschreiblich großes Elend zufügen?«

Abermals zeigte der Leuchtende sein unergründliches Lächeln. *»Sie lernen.«*

»Was lernen sie?«

»Sie lernen das Leben. Und sie lernen zu lieben.«

Ich sagte nichts. Ein Mann in der Menge hielt meinen Blick gefangen. Ich sah ihm fasziniert zu. Er schritt stolz durch die Gegend, während die anderen um ihn herumrannten und widerstrebende und gefesselte Menschenleiber vor ihn hin legten, damit sein Fuß nicht in Kontakt mit der nackten Erde kam. Plötzlich aber erfaßte ihn ein Wirbelwind, der seinen Umhang fortriß. Der Mann wurde dann selbst vom Sturm mitgerissen, nackt fand er sich später auf der Erde wieder, inmitten von Fremden. Diese fielen über ihn her und mißhandelten ihn aufs Schlimmste.

Ich klatschte in meine Hände. »Gut, gut,« rief ich, außer mir. »Er hat bekommen, was er verdiente.«

Ich sah auf. Mein Blick fiel auf das unergründliche Lächeln des Leuchtenden.

Und dieser sprach: *»Sie bekommen alle das, was sie verdienen.«*

»Nur das und nichts Schlimmeres?«

»Nichts Schlimmeres.«

»Und nichts Besseres?«

»Wie könnte es etwas Besseres für sie geben? Sie alle verdienen das, was sie lehrt, den richtigen Weg zum Glück zu erkennen.«

Ich schwieg.

Und immer noch liefen die Menschen unter mir suchend umher, sich gegenseitig bei ihrer verzweifelten Suche niedertrampelnd. Und ich merkte, was mir zuvor nicht deutlich geworden war: Der Wirbelwind ergriff sie alle von Zeit zu Zeit und setzte sie an einer anderen Stelle ab, wo sie dann fortfuhren zu suchen.

Und ich sagte zu dem Leuchtenden: »Setzt der Wirbelwind diese Menschen immer auf diesen Bergen und in diesen Tälern ab?«

Und der Leuchtende gab zur Antwort: *»Nicht immer auf diesen Bergen und in diesen Tälern.«*

»Wo dann?«

»Schau hoch!«

Und ich sah auf. Über mir erstreckte sich die Milchstraße mit ihren funkelnden Sternen. Und mir entfuhr ein »Oh!«. Dann verfiel ich in Schweigen, weil ich zu verstehen begann.

Unter mir fuhren die Menschen damit fort, sich gegenseitig niederzutrampeln.

Und ich fragte den Leuchtenden: »Aber unabhängig davon, wo der Wirbelwind sie absetzt: Sie suchen weiter nach dem Glück?«

»Sie suchen weiter nach dem Glück.«

»Und der Wirbelwind täuscht sich nie?«

»Der Wirbelwind täuscht sich nie.«

»Früher oder später erfaßt er sie, und sie bekommen dann das, was sie verdienen?«

»Er erfaßt sie früher oder später, und sie bekommen dann das, was sie verdienen.«

Da fiel mir eine schwere Last vom Herzen, und ich konnte wieder auf die Grausamkeiten blicken, die fortgesetzt unter mir stattfanden. Ich fühlte dabei Mitleid. Und je länger ich schaute, desto stärker wurde es.

Und ich sagte zum Leuchtenden: »Sie verhalten sich so, als ob sie durch irgend etwas angetrieben würden.«

»Sie werden durch etwas angetrieben.«

»Was treibt sie an?«

»Das, was sie antreibt, heißt Begierde.«

Als ich wieder für einige Zeit geschaut hatte, rief ich mit Leidenschaft aus: »Aber Begierde ist etwas Böses!«

Da wurde das Gesicht des Leuchtenden streng, seine Stimme wurde laut, und ich erschrak. *»Begierde ist nichts Böses!«*

Ich zitterte und dachte an Rückzug in mein Innerstes. Zuletzt aber sagte ich: »Ist es die Begierde, die den Menschen dazu treibt, die von Gott gestellten Lektionen zu lernen?«

»Es ist die Begierde, die sie dazu treibt.«

»Die Lektionen des Lebens und der Liebe?«

»Die Lektionen des Lebens und der Liebe.«

Da kam es mir nicht mehr so vor, als ob die Menschen unter mir brutal und grausam waren. Ich konnte nur noch sehen, daß sie dabei waren zu lernen. Ich sah ihnen mit Liebe und Mitgefühl zu, wie einer nach dem anderen vom Wirbelwind ergriffen und fortgetragen wurde.

ANONYM

DIE BERECHNUNG DES GEBURTSHOROSKOPS

Breitengrad und Längengrad

Um das Horoskop für den Zeitpunkt der Geburt zu berechnen, muß der Breitengrad und Längengrad für den Geburtsort bekannt sein. Der Breitengrad bringt zum Ausdruck, wie weit der Geburtsort in nördlicher oder in südlicher Entfernung vom Äquator entfernt ist. Der Längengrad gibt an, wie weit östlich oder westlich entfernt der Geburtsort vom Observatorium in London/Greenwich in England ist.

Auf der Landkarte werden die Breitengrade durch Linien angegeben, die in Ost-West-Richtung parallel zum Äquator verlaufen. Die Längengrade – ebenfalls durch Linien markiert – verlaufen in Nord-Süd-Richtung, im rechten Winkel zum Äquator. Die Breitengrade werden durch Ziffern bezeichnet, die links und/oder rechts neben der Landkarte angegeben sind, dort, wo die Linien auf den Rand treffen. Die Längengrade sind gleichermaßen oben und/oder unten auf der Karte verzeichnet.

Methoden zur Bestimmung der wahren Ortszeit (Sonnenzeit)

Vor der Einführung der Weltzeitzonen hatte jede Stadt und jedes Dorf seine eigene Zeit, die an der Sonnenstellung ausgerichtet war. Dabei handelt es sich um die sogenannte Sonnenzeit oder auch die wahre Ortszeit. Nach dem Bau der Eisenbahnlinien, der Einführung von Telefon und Telegraphie und anderem mehr erwies sich diese Art der Zeitmessung als nicht mehr angemessen und darüber hinaus als sehr verwirrend.

Aus diesem Grund hat man Ende des 19. Jahrhunderts die Erde in Zeitzonen von je 15 Grad aufgeteilt (Längengrade). Innerhalb dieser Zeitzonen herrscht – abgesehen von besonderen lokalen Regelungen – die gleiche offizielle Zeit. Im Zentrum einer jeden Zeitzone liegt der Meridian der Standardzeit. Auf ihm stimmen die offizielle beziehungsweise die Standardzeit – wie sie zum Beispiel vom Rundfunk angegeben wird – und die wahre Sonnenzeit überein.

Die Himmelskörper aber auf ihrem Weg durch das All halten sich nicht an diese menschliche Zeiteinteilung. Das hat zur Konsequenz, daß der Astrologe die Standardzeit umrechnen muß auf die wahre Ortszeit. Ausgenommen davon ist der Fall, daß der Geburtsort unmittelbar auf dem Meridian der Standardzeit liegt.*

Die Methode, die im folgenden vorgestellt wird, bedeutet eine vereinfachte Rechnung. Wer es ausführlicher machen möchte, sei auf die Logarithmentafel verwiesen. Unsere vereinfachte Methode liefert aber die gleichen Ergebnisse.

Wie man ein Horoskop berechnet

Die nötige Ausrüstung

DIE EPHEMERIDE. (Verzeichnis der Planetenstände) für das betreffende Jahr. In Europa am gebräuchlichsten ist wohl die Rosenkreuzer-Ephemeride (The Rosicrucian Ephemeris). Es gibt sie zu kaufen für den Zeitraum von 1900 bis 2000 und 2001 bis 2050. Neben den Planetenständen sind in ihr auch die Deklinationen angeben (Entfernung der Planeten von der Ekliptik), die Aspekte mit genauer Zeitangabe, die Mondphasen sowie die Zeiten, zu denen es vor dem Eintritt des Mondes in ein neues Zeichen zu keinem Hauptaspekt vom Mond aus mehr kommt (void of course).

DIE HÄUSERTABELLE. In den Vereinigten Staaten wird viel mit dem Häusersystem nach Placidus gearbeitet, mit dem nach Dalton oder auch mit dem System der gleichgroßen Häuser (äquale Häuser).** In Europa – insbesondere in Deutschland – findet das Koch-Häusersystem viel Beachtung. Um deutlich zu machen, wie die Berechnungen der Häuser erfolgen müssen, stützen wir uns in diesem Anhang auf die Häusereinteilung nach Placidus.*** Ich persönlich be-

---

* Wenn es um das Horoskop für einen Menschen geht, der zum Ende des 19. Jahrhunderts geboren geboren wurde, muß diese Umrechnung nicht erfolgen. Standardzeit und wahre Ortszeit waren identisch. Die Standardzeit wurde nicht zeitgleich in ganz Deutschland eingeführt. Bitte erfragen Sie das Umstellungsdatum bei einem Astroservice.
** Für nähere Informationen über die verschiedenen Häusersysteme und das, was sie bedeuten, siehe: Wulfing von Rohr: »Karma und freier Wille im Horoskop«, Hamburg 1995 (Verlag Hier & Jetzt).
*** »Die globalen Häusertabellen nach Placidus«, Otto Wilhelm Barth Verlag, Bern und München.

vorzuge die äqualen Häuser. Hier ist jedes Haus 30° groß. Die Zählung beginnt am Aszendenten gegen den Uhrzeigersinn mit dem 1. Haus.

In den Placidus-Häusertabellen kann man, wenn die siderische Geburtszeit ermittelt worden ist, gemäß dem Breitengrad, auf dem sich der Geburtsort befindet, zunächst einmal in der Spalte 10 ablesen, wo sich das MC (Medium Coeli) befindet (die Spitze des 10. Hauses). Diesem gegenüber liegt automatisch die Spitze des 4. Hauses beziehungsweise das IC (Imum Coeli). Ist z.B. die Angabe für das 10. Haus beziehungsweise für das MC 24 Grad Schütze, liegt die Spitze von 4 beziehungsweise das IC automatisch bei 24 Grad Zwillinge. Es folgen dann die Angaben für das 11. Haus, das 12. Haus, den Aszendenten (1. Haus), das 2. Haus und das 3. Haus. Die dann noch fehlenden Häuser liegen diesen wiederum gegenüber (Haus 5 gegenüber von 11, Haus 6 gegenüber von 12 und so weiter). Die Placidus-Häusertabelle, auf die wir hier zurückgreifen, hat noch den Vorteil, daß daß sie eine Übersicht über die Zeitzonen sowie die Sommerzeiten der europäischen Länder bietet.

Ein nicht notwendiges aber nützliches Buch: *Die Geographischen Positionen Europas** (von A. M. Grimm und Georg Hoffmann; erschienen im Ebertin Verlag). Hat man es zur Hand, muß man nicht im Atlas die Längen- und Breitengrade von Städten und Orten in Deutschland und Europa selbst ermitteln. Man kann sie dann einfach ablesen. Weitaus umfangreicher und mit den jeweiligen Zeitzonen zu Greenwich von Städten aus allen Ländern der Erde (einschl. Sommerzeiten) ist das zweibändige Werk des amerikanischen Verlages ACS: *International Atlas** und *American Atlas (nur USA)*. Darüber hinaus gibt es Computerprogramme, die diese Informatioen auf Abruf bereithalten. Bitte beachten Sie am Ende des Anhangs die Aufstellung der entsprechenden Programme.

Ein Beispielhoroskop

Wir wollen nun zur Berechnung des Horoskops von folgendem Beispiel ausgehen:

Geburt am 24. Oktober 1989 in Hamburg
um 16 Uhr und 11 Minuten
Die Koordinaten für Hamburg sind: 9° 59' östlicher Länge
53 Grad und 33 Minuten nördlicher Breite

Zunächst einmal muß die Geburtszeit in Greenwich-Zeit umgerechnet werden. Was Deutschland betrifft, muß also von der Geburtszeit eine Stunde abgezogen werden (handelt es sich um eine Geburt, die stattfand, als Sommerzeit galt, sind zwei Stunden zu subtrahieren). Damit ergibt sich in unserem Fall: 15 Uhr 11. Von dieser Zeit aus ist weiterzurechnen.

---

* Alle Bücher und EDV-Programme sind über die Buchhandlung Hier & Jetzt, Erzbergerstr. 10, 22765 Hamburg zu beziehen.

Generell muß bei den Berechnungen zur Horoskop-Erstellung beachtet werden, daß wir es mit Grad-, Minuten und Sekunden zu tun haben. Die Einheit ist also 60 – und nicht, wie im dezimalen System üblich 10 oder 100. Wir müssen also darauf achten, bei der Addition bei den Minuten und Sekunden keine Werte stehenzulassen, die über 60 liegen. Ergibt sich hier ein Wert, der darüber liegt, ist 60 abzuziehen und dafür der nächsthöheren Einheit – also den Minuten oder Stunden – eine 1 zuzuzählen.

Std.	Min.	Sek.	*(Geburt am 24. 10. 1970 um 16:11 Uhr in Hamburg)*
15	11		Dies ist die **Zeit der Geburt**, auf **Greenwich-Zeit** (GMT) umgerechnet. (In Deutschland muß für die Umrechnung auf GMT von der Ortszeit der Geburt eine Stunde abgezogen werden. *Achtung:* Gilt Sommerzeit, muß <u>eine weitere</u> Stunde abgezogen werden).
+ 02	09	30	Dies ist die **Sternzeit.** Sie wird der Ephemeride entnommen, und zwar für den Tag, auf den die Geburt fällt. In der Rosenkreuzer-Ephemeride ist sie in der ersten Spalte abgedruckt (S. T.).
+	02	32	Hierbei handelt es sich um die **Sternzeit-Korrektur**. Die Sternzeit verschiebt sich von Mitternacht zu Mitternacht um knapp 4 Minuten. Diese Verschiebung, die sich im Laufe der 24 Stunden des Tages ergibt, muß bei der Geburtszeit berücksichtigt werden. Für jede Stunde addieren wir also 10 Sekunden (24 mal 10 = 4 Minuten). Dabei gehen wir wieder von der Greenwich-Zeit aus. In unserem Fall ergibt das bei der Geburtszeit von 15:11 Uhr GMT: 15 x 10 Sekunden = 150 Sekunden, plus 2 Sekunden für die 11 Minuten. 152 Sekunden = 2 Minuten und 32 Sekunden.
+	39	56	Dies ist die **östliche Entfernung zu Greenwich, in Zeit ausgedrückt**. Zu der Umrechnung multiplizieren wir die östliche Länge mit 4 (1 Grad = 4 Minuten). Wird die Berechnung für einen Ort ausgeführt, der westlich von Greenwich liegt, muß der entsprechende Wert abgezogen werden.
= 18	02	58	Die **lokale Sternzeit der Geburt** *(Local Sideral Time)*. (Ergibt sich bei den Stunden ein Wert, der größer als 24 ist, wird einfach 24 abgezogen – weil der Tag nicht mehr als 24 Stunden hat.)

18 Stunden, 01 Minute und 58 Sekunden ist nun also die Zeit, für die Sie in der Häusertabelle die Häuser des Horoskops einschließlich Aszendent und MC ermitteln können.

Eine Bemerkung für diejenigen, die es bei der Berechnung ganz genau nehmen wollen: Es ergibt sich im Laufe der Zeit eine Verschiebung zwischen der Zeit gemäß unserer Messung mit atomphysikalischen Methoden und der Sonnenzeit. Zu Anfang des Jahrhunderts entsprachen diese Zeiten einander, gegen Ende des 20 Jahrhunderts liegt der Unterschied zwischen beiden bei gut einer Minute. Wollen wir ihn berücksichtigen, müßten wir etwa folgende Werte dazuzählen:

> Geburten um 1920 : etwa 20 Sekunden.
> Geburten um 1940: etwa 25 Sekunden.
> Geburten um 1960: etwa 33 Sekunden.
> Geburten um 1980: etwa 50 Sekunden.
> Geburten um 2000: etwa 65 Sekunden.

Für die dazwischenliegenden Jahrgänge sind Zwischenwerte zu ermitteln.

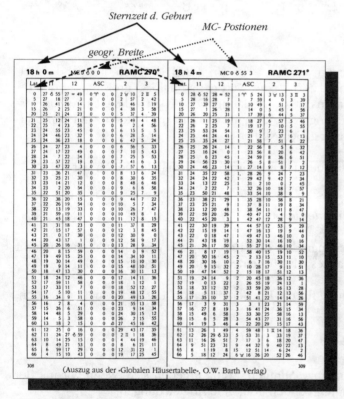

(Auszug aus der ·Globalen Häusertabelle·, O.W. Barth Verlag)

Wir nehmen nun die Placidus-Häusertabelle zur Hand und suchen die Zeitangaben (auf jeder Seite links oben fettgedruckt), die der unseren am nächsten liegen. Wir gehen dabei von der rechnerisch ermittelten Zeit aus und vernachlässigen in diesem Fall die Abweichungen von ca. 50 Sekunden, wie sie oben erwähnt wird. Weiterhin geht es darum, in der linken Spalte (Lat.) den passenden Breitengrad herauszusuchen. In den seltensten Fällen wird die Zeit oder der Ort genau mit der betreffenden Spalte übereinstimmen, was bedeutet, daß wir für genaue Ergebnisse – wenn wir nicht über ein Computerprogramm verfügen oder einen Berechnungsservice beauftragen – interpolieren müssen (im Normalfall reicht es aus, mit gerundeten Werten aus den Tabellen zu rechnen – unter der Voraussetzung, daß dabei keine Fehler gemacht werden). In unserem Fall geht es also um die Sternzeiten 18 Uhr 00 und 18 Uhr 04 und um den 53. und den 54. Breitengrad.

Die Ermittlung der Häuserspitzen

Zwischen den Angaben für 18 Uhr 00 und 18 Uhr 04 und für 53 Grad und für 54 Grad liegen die Häuserspitzen für das Horoskop, das wir beispielhaft errechnen wollen. Hamburg liegt auf 53 Grad und 33 Minuten nördlicher Breite.

Wir müssen nun zuerst ermitteln, welche Häuserspitzen – nach Placidus – für Hamburg für eine Geburt um 18 Uhr 00 (Sternzeit) gelten. Die Angaben laut globaler Häusertabelle für diese Zeit, jeweils für den 53. und den 54. Breitengrad:

Sternzeit 18 Uhr 00

Lat.	11	12	Asc	2	3	MC
53°	17° 33' ♑	11° 07' ♒	0° ♈	18° 52' ♉	12° 27' ♊	0° ♑
54°	17° 05' ♑	10° 11' ♒	0° ♈	19° 48' ♉	12° 55' ♊	0° ♑
Differenz	28' (-)	56' (-)	0'	56' (+)	28' (+)	0'

Wie Sie später selbst sehen werden, ist es ein Zufall, daß sich dreimal die gleichen Werte ergeben und daß der eine Wert genau halb so groß ist wie der andere (28' x 2 = 56'). Nur eins ist zwangsläufig: Das MC ist – die gleiche Zeit vorausgesetzt – für alle Breitengrade gleich, insofern ist die Differenz bei den Breitengraden beim MC immer gleich Null.

Um nun die minutengenauen Häuserspitzen zu ermitteln, gehen wir nach folgender Formel vor:

Die 33' entsprechen dann *der Formel = Differenz x 33 ÷ 60''.*

(33 ist der Teil des Breitengrades, den Hamburg vom 53. Breitengrad entfernt liegt. 60 steht für ein Ganzes, also für einen ganzen Breitengrad.)

Wenn wir die Abweichung für die Häuserspitze von 12 laut Formel berechnen, ergibt das:

8' x 33 ÷ 60'' = 15,4'

Wir runden jeweils auf ganze Minuten. Somit ergeben sich, wenn wir mit der Formel alle Angaben durchrechnen, folgende Abweichungen:

Haus 11:   15 Minuten
Haus 12:   31 Minuten
(Asz.:   0 Minuten)
Haus 2:   31 Minuten
Haus 3:   15 Minuten
(MC: 0 Minuten)

Dann zählen wir den erhaltenen Wert zu dem niedrigeren Ausgangswert dazu. (Für den, der sich dafür interessiert, warum wir nicht zum Wert von 53 Grad addieren: In einigen Spalten steigen die Werte mit zunehmender Breite, in anderen fallen sie. Wir sind bei der Bestimmung der Differenz nicht immer von 53 Grad beziehungsweise 54 Grad ausgegangen, sondern haben den kleineren Wert von größeren abgezogen. Damit haben wir es vermieden, mit Minus-Zahlen zu arbeiten, was wir sonst hätten tun müssen.)

Haus 11:	17° 05' ♑	+ 15'	=	17° 20' ♑
Haus 12:	10° 11' ♒	+ 31'	=	10° 42' ♒
(Asz.:			=	0° ♈)
Haus 2:	18° 52' ♉	+ 31'	=	19° 23' ♉
Haus 3:	12° 27' ♊	+ 15'	=	12° 42' ♊
(MC:			=	0° ♑)

Damit hätten wir die Häuserspitzen für eine Geburt in Hamburg ermittelt, die zur lokalen Sternzeit von 18 Uhr 00 erfolgte. Die Geburt, für die wir ein Horoskop berechnen wollen, erfolgte 1 Minute und 58 Sekunden später

Nun gilt es, gemäß der Sternzeit, welche in der Tabelle der von uns ermittelten folgt, die Häuserspitzen zu berechnen. Wir gehen dabei auf die gleiche Weise vor. Also:

Sternzeit 18 Uhr 04

Lat.	11	12	Asc	2	3	MC
53°	18° 33' ♑	12° 32' ♒	2° 34' ♈	20° 16' ♉	13° 28' ♊	0° 55' ♑
54°	18° 05' ♑	11° 37' ♒	2° 42' ♈	21° 12' ♉	13° 56' ♊	0° 55' ♑
Differenz	28' (-)	55' (-)	8' (+)	56' (+)	28' (+)	0'

Gemäß der oben verwendeten Formel *(Abweichung = Differenz mal 33 durch 60)* ergeben sich folgende Abweichungswerte (wobei wir bei dem Aszendenten zunächst von dem gerundeten Wert 8 Minuten ausgehen. Dies ist für die normale Berechnung genau genug. Die Resultate (auf Minuten gerundet):

Haus 11:	15 Minuten
Haus 12:	30 Minuten
Asz.:	4 Minuten
Haus 2:	31 Minuten
Haus 3:	15 Minuten
(MC:	0 Minuten)

Wir zählen wiederum den erhaltenen Wert zu dem niedrigeren Ausgangswert dazu (Aszendent: auf Minuten gerundeter Wert).

Haus 11:	18° 05' ♑	+	15'	=	18° 20' ♑
Haus 12:	11° 37' ♒	+	30'	=	12° 07' ♒
Asz.:	2° 34' ♈	+	4'	=	2° 38' ♈
Haus 2:	20° 16' ♉	+	31'	=	20° 47' ♉
Haus 3:	13° 28' ♊	+	15'	=	13° 43' ♊
(MC:				=	1° ♑)

Diese Placidus-Häuserspitzen würden für ein Kind gelten, das am 24. 10. 89 um 16 Uhr 13 in Hamburg zur Welt gekommen ist (also zwei Minuten später als das, für welches wir das Horoskop berechnen wollen).

Wir müssen nun die erhaltenen Werte auflisten und berechnen, wie sich gemäß der Zeitdifferenz die Häuserspitzen proportional verschieben.

Zunächst einmal die Gegenüberstellung der Häuserspitzen für die Sternzeiten von 18 Uhr 00 und von 18 Uhr 04.

Zeit	11	12	Asc	2	3	MC
18h 00m	17° 20' ♑	10° 32' ♒	0° ♈	19° 23' ♉	12° 42' ♊	0° ♑
18h 04m	18° 20' ♑	12° 07' ♒	2° 38' ♈	20° 47' ♉	13° 43' ♊	1° ♑
Differenz	1° 00'	1° 35'	2° 38' 28"	1° 24'	1° 01'	1° 00'

Wir formen diese Werte gleich in Minuten um. Dann erhalten wir:

Diff. in Min.	60'	95'	158'	84'	61'	60'

Gemäß der Formel, die wir schon verwendet haben, rechnen wir nun:

Abweichung Häuserspitze = Differenz x 118 ÷ 240

Letzterer Bruch stellt – in Sekundenangaben – das Verhältnis zwischen den 4 Minuten und der 1 Minute 58 Sekunden (= 118 Sekunden) zueinander dar, das wir zur Ermittlung der Häuserspitzen noch wissen müssen.

Wir führen als Beispiel die Rechnung für Haus 11 durch:

Abweichung = 60 x118 ÷ 240 = 29,5 (gerundet: 30).

Für die Häuserspitzen insgesamt ergibt sich:

Haus 11:	30 Minuten
Haus 12:	47 Minuten
Asz.:	78 Minuten (= 1° 18')
Haus 2:	41 Minuten
Haus 3:	30 Minuten
MC:	30 Minuten

Wir addieren nun die erhaltenen Werte zu den Häuserspitzen, wie wir sie für die Hamburger Breite für eine Sternzeit von 18 Uhr 00 ermittelt haben.

Haus 11:	17° 20' ♑	+	30'	=	17° 50' ♑
Haus 12:	10° 32' ♒	+	47'	=	11° 19' ♒
Asz.:	0° ♈	+ 1° 18'		=	1° 18' ♈
Haus 2:	19° 23' ♉	+	41'	=	20° 04' ♉
Haus 3:	12° 42' ♊	+	30'	=	13° 12' ♊
MC:	0° ♑	+	30'	=	0° 30' ♑

Dies sind die Häuserspitzen nach Placidus, berechnet für eine Geburt um 16:11 Uhr am 24. 10. 1989 in Hamburg, die wir in das Horoskop eintragen können.

Die Berechnung der Planetenpositionen

Als nächstes ist von Interesse, wo sich die Planeten in dem Horoskop befinden. Die Planetenstellungen sind in den Ephemeriden abgedruckt. Sie sind für jeden Tag angegeben, und zwar zumeist für die Position um 24 Uhr (Mitternacht, auf Greenwich-Zeit bezogen). Auch bei der Rosenkreuzer-Ephemeride, die wir benutzen, ist das so. Weil sich die Planeten – zumindest die inneren bis einschließlich Jupiter – relativ schnell fortbewegen, müssen wir hier noch einmal die genauen Positionen ermitteln. Dies können wir wiederum mit einem Computer-Programm machen, wir können die Arbeit einem Berechnungsservice überlassen, wir können in entsprechenden Tabellen nachschlagen oder wir können – was genauer als die Bestimmung über Tabelle ist – die Stellungen selbst berechnen. Wir wollen wir auch hier einmal grundsätzlich zeigen, wie man die Berechnungen selbst durchführen kann.

Maßgeblich bei der Ermittlung der Planetenstellungen ist die auf Greenwich umgerechnete Geburtszeit. In unserem Beispiel muß also von 15 Uhr 11 (Ortszeit 16 Uhr 11 abzüglich 1 Stunde Zeitunterschied zu Greenwich; bei Sommerzeit: zwei Stunden abziehen) ausgegangen werden. Diese 15 Stunden und 11 Minuten markieren im Verhältnis zu einem Tag von 24 Stunden die Entfernung, die die Planeten vom Zeitpunkt der Mitternacht an weitergelaufen sind.

Ob wir nun aber die Positionen gemäß der Tabelle oder durch eigene Rechnung bestimmen wollen – generell müssen wir zunächst einmal ermitteln, welche Entfernung die Planeten zwischen der Mitternacht vor der betreffenden Geburtszeit und der Mitternacht nach dieser im Tierkreis zurückgelegt haben (alle Zeitangaben in Greenwich-Zeit).

Planet	Mitternachtspos. 24. 10. 89	Mitternachtspos. 25. 10. 89	Differenz
Sonne	00° 33' 22"	01° 33' 10"	59'48"
Mond	28° 50' 53"	10° 58' 36"	12°07'43"
Merkur	18° 58'	20° 38'	01°40'
Venus	16° 55'	17° 59'	01°04'
Mars	22° 31'	23° 11'	40'
Jupiter	10° 50'	10° 51'	01'
Saturn	08° 45'	08° 49'	04'
Uranus	02° 09'	02° 11'	02'
Neptun	09° 54'	09° 55'	01'
Pluto	14° 32'	14° 34'	02'
wahr. Mk.	23° 35'	23° 33'	02'

Der Übersichtlichkeit halber lassen wir zunächst einmal die Stellung der Planeten in den Zeichen außer acht.

1. Bestimmung der Planetenpositionen per Tabelle

In der von uns herangezogenen Rosenkreuzer-Ephemeride finden sich diese Tabellen nach den Gestirnsständen für Dezember 2000; sie heißen *Motion of the Sun, Motion of the Moon* und *Motion of the Planets*.

DIE SONNE

Die Entfernung, die die Sonne von Mitternacht des 24. 10. 89 bis Mitternacht des folgenden Tages zurücklegt, beträgt 59 Minuten und 48 Sekunden. Wir suchen in der Tabelle *Motion of the Sun* in der linken Spalte den Wert, der unserem am nächsten kommt. Dies ist 59 Minuten und 49 Sekunden. Nun gehen wir von dieser Angabe aus nach rechts bis zu der Spalte 15 h. Dort finden wir den Wert 37 Minuten und 23 Sekunden. Dies steht für die Entfernung, die die Sonne am fraglichen Tag in 15 Stunden zurückgelegt hat. In unserem Fall kommen dazu noch weitere 11 Minuten. Weiter rechts in der Tabelle finden sich Angaben für Minuten. Unseren 11 Minuten kommt die Angabe 10 am nächsten. In der Spalte (24h) lesen wir bei 59 49 Minuten für 10 Minuten ab: 0 Minuten 25 Sekunden. Dies addieren wir zu dem Wert, den wir vorher schon abgelesen hatten:

37' 23" + 0' 25" = 37' 48"

Den erhaltenen Wert zählen wir zu der Mitternachtsposition der Sonne am 24. 10. 89 dazu und haben damit die – ungefähre – Sonnenposition für den gleichen Tag um 15:11 Uhr Greenwich-Zeit (16:11 Uhr Hamburger Zeit) ermittelt.

00° 33' 22" + 37' 48" = 1° 11' 10" ♏

Dies ist die Sonnenstellung für unser Beispielhoroskop.

Grundsätzlich gilt: Für ein genaueres Ergebnis könnte man hier wieder interpolieren, und zwar einmal zwischen den Angaben für die Sonnenbewegung in 24 Stunden (also zwischen dem Wert für 59 Minuten und 46 Sekunden und dem für 59 Minuten und 49 Sekunden) und bei den Angaben für die Minuten (zwischen dem Wert für 15 Minuten und dem für 10 Minuten). Für allgemeine Zwecke reicht es aber aus, die Werte gemäß der Tabelle zu bestimmen, wie wir es getan hat. Wer es genauer haben möchte, sollte sich ohnehin an der Bestimmung der Planetenpositionen orientieren, wie wir sie weiter unten unter 2 (Bestimmung der Planetenpositionen per Rechnung) vorstellen.

DER MOND

Auf die gleiche Weise wie eben gehen wir beim Mond vor. Nur haben wir es hier – aufgrund der schnelleren Bewegung dieses Himmelskörper durch den Tierkreis – mit größeren Werten zu tun. Das ist auch der Grund dafür, daß eine andere Tabelle zu benutzen ist: *Motion of the Moon*.

Der Mond hat sich in dem 24-Stunden-Zeitraum, der für uns von Belang ist, um 12 Grad, 07 Minuten und 43 Sekunden am Himmel fortbewegt. Wir suchen zunächst in der Spalte für die 24 Stunden die Zeitangabe, die dieser Größe am nächsten kommt (12 Grad 08 Minuten). Dann lesen wir die dazugehörigen Werte für 15 Stunden (7 Grad 35 Minuten) und für 10 Minuten (0 Grad 05 Minuten) ab. Wir addieren diese beiden Werte zu der Mondposition vom 24. 10. 89 um 0 Uhr (Greenwich-Zeit) und erhalten:

28° 50' 53" ♌ + 07° 35' + 0° 05' = 36° 30' 53"

Wenn ein Wert größer als 30 wird, ist 30 zu subtrahieren. Das heißt dann, daß der betreffende Planet in das nächste Zeichen fällt – in diesem Fall in die Jungfrau. Die Stellung im Horoskop ist damit:

06° 30' 53" ♍

Eine Anmerkung: Es ist wichtig, daß es zu keinen Verwechslungen zwischen den verschiedenen Einheiten Graden, Minuten und Sekunden kommt. Dies gilt für alle Planeten, besonders aber für den Mond, weil aufgrund seiner schnellen Bewegung alle angeführten Einheiten bei der Berechnung berücksichtigt werden müssen.

Noch ein Wort zur Rückläufigkeit: Rückläufig ist ein Planet dann, wenn er sich rückwärts durch den Tierkreis zu bewegen scheint. Alle Planeten können rückläufig werden, die Sonne und der Mond aber nicht. Der Zustand der Rückläufigkeit ist in der Ephemeride mit einem «R» gekennzeichnet. Wir können sie auch daran erkennen, daß die angegebenen Werte in der Ephemeride für den betreffenden Planeten von Tag zu Tag kleiner – statt wie im Normalfall größer –

werden. Der wahre Mondknoten ist die meiste Zeit rückläufig, der mittlere Mondknoten immer. In unserem Beispiel setzen wir beim wahren Mondknoten, der zur fraglichen Zeit rückwärts durch den Tierkreis lief, ein Minuszeichen, um zu verdeutlichen, daß der betreffende Wert von der Mitternachtsstellung abzuziehen ist (alle anderen Planeten sind direktläufig).

Auf die gleiche Weise, wie wir es bei der Sonne und dem Mond getan haben, können wir nun die Stellungen der anderen Planeten ermitteln (was die Rosenkreuzer-Ephemeride betrifft: Unter Benutzung der Tabelle *Motion of the Planets*).

Planet	Mitternachts- pos. (GMT) am 24.10.89	Tabellenwert		Stellung im Horoskop
Sonne	00° 33' 22" +	0° 37' 23" +	0' 25"	01° 11 '10" (♏)
Mond	28° 50' 53" +	7° 35'	+ 0° 05'	06° 30' 53" (♍)
Merkur	18° 58' +	1° 03'	+ 0° 01'	20° 02' (♎)
Venus	16° 55' +	0° 40'	+ 0° 0'	17° 35' (♐)
Mars	22° 31' +	0° 25'	+ 0° 0'	22° 56' (♎)
Jupiter	10° 50' +	0° 01'	+ 0° 0' *	10° 51' (♋)
Saturn	08° 45' +	0° 03'	+ 0° 0'	08° 48' (♑)
Uranus	02° 09' +	0° 01'	+ 0° 0'	02° 10' (♑)
Neptun	09° 54' +	0° 01'	+ 0° 0' *	09° 55' (♑)
Pluto	14° 32' +	0° 01'	+ 0° 0'	14° 33' (♏)
wahr. Mk.	23° 35' -	0° 01'	- 0° 0'	23° 34' (♒)

*Vom Wert für 2 Minuten aus berechnet und gerundet

Das sind gemäß Tabelle die Planetenstellungen für unser Beispielhoroskop.

2. Bestimmung der Planetenpositionen per Rechnung

Wenn wir die Planetenstellungen genauer ermitteln wollen, können wir – mit etwas anderen Benennungen – wieder die bereits eingeführte Formel benutzen:

Abweichung = Differenz x Zeit bis zur Geburt : 1 Tag (=24 Std. = 1440 min.)

In der Formel ist dabei die Abweichung die Entfernung, die der betreffende Planet am 24. 10. 89 von 0 Uhr 00 (Mitternacht) bis zur Geburt um 15 Uhr 11 (bei Angaben nach Greenwich-Zeit) zurückgelegt hat. Und die Differenz stellt die Strecke dar, die der entsprechende Planet von Mitternacht 24. 10. 89 bis Mitternacht 25. 10. 1989 zurückgelegt hat. Es geht nun um den Proporuionalwert der Planetenbewegung bis zum Zeitpunkt der Geburt.

Wenn wir so genau wie möglich rechnen wollen, sollten wir die bis zur Geburt verstrichene Zeit in Minuten erfassen. Damit kommen wir auf 911 Minuten (15 Stunden = 900 Minuten; plus 11 Minuten).

Hier noch einmal zur Übersicht die Differenzbeträge (zwischen dem 24. 10. und 25. 10.) der einzelnen Planeten:

Planet	Differenz
Sonne	59'48"
Mond	12°07'43"
Merkur	01°40'
Venus	01°04'
Mars	40'
Jupiter	01'
Saturn	04'
Uranus	02'
Neptun	01'
Pluto	02'
wahr. Mk.	02'

DIE RECHNUNG FÜR DIE SONNE:

Wir müssen bei Sonne bis Venus den Differenz-Wert jeweils in die kleinste angegebene Einheit umrechnen. Bei der Sonne hat die Umrechnung also in Sekunden zu erfolgen:

59' 48" = 59' x 60 + 48" . Das sind also: 3540" + 48" = 3588"

Wenn wir in die Tabelle einsetzen, erhalten wir also:

Abweichung = 3588" x 911' ÷ 1440' = 2270" (auf ganze Sekunden gerundet)

Zurückgerechnet bedeutet das: 37' 50". Dieser Wert ist der Sonnen-Stellung von 0 Uhr 00 zuzuzählen: Damit haben wir die Sonnenstellung ermittelt, die Sonne also auf 1°11'12" ♏.

DIE RECHNUNG FÜR DEN MOND:

Die Umrechnung in Sekunden führt hier natürlich zu einem recht großen Wert. Es gilt:

12° 07' 43" = 12° x 60 x 60 + 7' x 60 + 43"
Das sind: 43200" + 420" + 43" = 43663"

Abweichung = 43663" x 911' ÷ 1440' = 27623" (auf ganze Sekunden gerundet)
Um dies in Grad, Minuten und Sekunden umzurechnen, gehen wir wie folgt vor:

27623 ÷ 3600 = 7,67° (auf 2 Stellen hinter dem Komma gerundet).

Der erhaltene Wert liegt damit zwischen 7 und 8 Grad.

Wir multiplizieren 3600 nun mit 7° und ziehen das Ergebnis von 27623" ab (= 2423"). Wenn wir diesen Rest durch 60 teilen, erhalten wir die Minuten-Angabe für unsere Mondstellung:

2423" ÷ 60 = 40,38'.

Die Minuten-Angabe für unsere Mondstellung liegt also zwischen 40 und 41.

Man könnte sich hier mit der Rundung auf einen vollen Minutenwert zufrieden-geben (bei der Rundung an dieser Stelle beachten, daß es sich um einen Dezi-malwert handelt, auch wenn sich die Rechnung auf Minuten bezieht. Das heißt: ab 0,50 wird aufgerundet, unterhalb davon abgerundet).

Wollen wir uns nicht mit einem gerundeten Minutenwert begnügen, sondern auch noch die Sekunden ermitteln, unternehmen wir den gleichen Rechen-schritt wie zuvor. Wir multiplizieren dabei 40 mit 60 und ziehen dieses Ergebnis von der Minutenzahl ab. Dabei erhalten wir den Wert 23. Das heißt, daß der Se-kundenwert in unserem Fall 23 ist.

Damit ergibt sich folgender Wert, der der Mitternachtsstellung vom 24. 10. 89 zuzuzählen ist: 7° 40'23". Der Mond in unserem Horoskop befindet sich dem-nach auf 6°31'16" ♍.

DIE RECHNUNG FÜR DIE PLANETEN:

Auf die gleiche Weise verfahren wir jetzt mit den anderen Planeten. Wir setzen die erhaltenen Werte gleich in die Tabelle ein und berechnen dann die Stellung der Planeten im Beispielhoroskop. Hier das Ergebnis:

Planet	Mitternachts-pos. (GMT) am 24.10.89		errechneter Wert	Stellung im Horoskop
Sonne	00° 33' 22"	+	0° 37' 50"	01° 11 '12" (♏)
Mond	28° 50' 53"	+	7° 40' 23"	06° 31' 16" (♍)
Merkur	18° 58'	+	1° 03'	20° 01' (♎)
Venus	16° 55'	+	0° 40'	17° 35' (♐)
Mars	22° 31'	+	0° 25'	22° 56' (♎)
Jupiter	10° 50'	+	0° 01'	10° 51' (♋)
Saturn	08° 45'	+	0° 03'	08° 48' (♑)
Uranus	02° 09'	+	0° 01"	02° 10' (♑)
Neptun	09° 54'	+	0° 01'	09° 55' (♑)
Pluto	˙14° 32'	+	0° 01'	14° 33' (♏)
wahr. Mk.	23° 35'	–	0° 01'	23° 34' (♒)

Dies sind die Planetenstände für unser Beispielhoroskop, nach Formel berechnet. Diese Formel ist – an astronomischer Genauigkeit gemessen – nicht hundertprozentig exakt, weil sie unterstellt, daß sich die Planeten und vor allem der Mond ständig mit der gleichen Geschwindigkeit bewegen, was nicht zutrifft. Diese Abweichung ist aber minimal, so daß wir sie mit Fug und Recht unberücksichtigt lassen können.

Beim Vergleich der Planetenpositionen nach Tabelle oder nach Berechnung erkennt man geringe Unterschiede nur bei Sonne, Mond und Merkur – ab Venus sind sie gleich.

Es ist sicher wichtig zu wissen, wie die Berechnung durchzuführen ist, in der Praxis jedoch greifen viele Astrologen auf einen Berechnungsservice zurück. Die Buchhandlung Hier & Jetzt bietet einen solchen Service. Sie erhalten vierfarbige Horoskope zu einem günstigen Preis. Bitte beachten Sie die Angebote auf den folgenden Seiten. Natürlich erhalten Sie dort auch die in diesem Berechnungsteil verwendeten Bücher (Rosenkreuzer Ephemeride und Häusertabelle), sowie farbige Horoskopblocks.

Sollten sie in Erwägung ziehen, ein eigenes Berechnungsprogramm zu erwerben, richten Sie ihre Anfrage ebenfalls an die Buchhandlung. Wir führen die besten Astrologieprogramme im deutschsprachigen Raum.

Der Verlag **Hier & Jetzt** beschäftigt sich ausschließlich mit «der Königin der esoterischen Wissenschaften» – der Astrologie.

Unser Interesse gilt den Autorinnen und Autoren, die den psychologischen Ansatz in der Astrologie abrunden beziehungsweise über ihn hinausgehen und auch spirituelle Elemente mit in ihre Arbeit einbeziehen. Dazu gehören:

Stephen Arroyo, Tracy Marks, Karen M. Hamaker-Zondag, Donna Cunningham, Babs Kirby & Janey Stubbs, Doris Hebel, Dane Rudhyar, José Luis de Pablos, Alexander Ruperti, Alan Leo, Wulfing von Rohr, Isabel M. Hickey, Errol Weiner, Steven Forest.

Unsere Bücher gibt es in jeder Buchhandlung – oder direkt beim Verlag.

Fordern Sie unseren ausführlichen Gesamtprospekt an.

Buchhandlung Hier & Jetzt, Erzbergerstr. 10, 22765 Hamburg, Tel 040/395784, Fax 040/3900733

HOROSKOP~

Wir fertigen für Sie astrologische Berechnungen und Zeichnungen in excellenter, differenzierter, 5-farbiger Ausführung. Auf weißem Papier im Format DIN A4.

Geburtshoroskop *(einschl. Chiron)*
farbige Zeichnung und farbiges Aspektarium.

Solar *(Jahreshoroskop)*
Genaue Wiederkehr der Sonne zur Geburtsposition.

Lunar *(Monatshoroskop)*
Genaue Wiederkehr des Mondes zur Geburtsposition.

Transite *(ein Jahr; mit Jupiter, Saturn, Uranus, Neptun, Pluto)*
Farbiger Listenausdruck. Viele Informationen, z.B. Eintritt der Transit-Planeten in Radix-Häuser, Rückläufigkeit usw.

Partnerschaftshoroskop *(Vergleich zweier Horoskope)*
<u>Direkter Partnervergleich:</u> Zwei Horoskope werden «übereinandergelegt» (farbige Zeichnung).
<u>Composit:</u> Aus zwei Horoskopen wird ein Halbsummenhoroskop errechnet (farbige Zeichnung).

Sekundärprogressionen *(ein Tag nach der Geburt entspricht einem Lebensjahr, incl. Häuserverschiebung)*
Progressionen im inneren Kreis, Geburtshoroskop im äußeren Kreis (farbige Zeichnung).

Sollten wir von Ihnen keine Anweisung bezüglich eines Häusersystems erhalten, berechnen wir die »Koch-Häuser« (GOH-Häusersystem) und *gleichzeitig* das Placidus-Häusersystem. Jedes andere Häusersystem (Campanus, gleiche Häuser etc.) möglich. Bei fehlenden Zusatzangaben bezüglich Monat oder Jahr, gehen wir immer vom laufenden Monat und Jahr aus.

Je Horoskop oder Transit-Jahr stellen wir Ihnen DM 15,-- in Rechnung. Für Partnerschafts- und Progressionshoroskope berechnen wir je DM 20,--. Versandpauschale 5,-- DM.

Folgende Angaben benötigen wir von Ihnen:

1. <u>Ihre Adresse</u>, **2.** <u>Genaue Geburtszeit</u>, **3.** <u>Geburtsort und -land</u> (bei kleineren Ortschaften nächstgrößere Stadt), und **4.** <u>Zusatzangaben</u>. Bei Solaren: welches Kalenderjahr; hauptsächlicher Aufenthaltsort; <u>bei Lunaren:</u> welcher Monat; hauptsächlicher Aufenthaltsort; <u>bei Transiten:</u> das gewünschte Jahr, <u>bei Progressionen</u>: für welches Jahr, wenn *nicht* ab aktuellem Datum. **5.** welches Häusersystem wenn *nicht* »Koch«, **6.** Lieferung erfolgt nur bei <u>Vorauszahlung</u> der Rechnungssumme <u>zuzüglich 5,-- DM</u> <u>Versandpauschale</u> je Auftrag per V-Scheck oder Überweisung an die Buchhandlung:
Hier & Jetzt GmbH: Hamburger Sparkasse, Konto 1042-214 195, BLZ 200 505 50.

Sollten Sie die Anschaffung eines Astrologie-Computerprogrammes erwägen, wenden Sie sich an uns. Wir verkaufen u.a. das hervorragende Programm VISION von der Firma *Astrosoft*, mit dem wir alle hier angebotenen Zeichnungen und Listen anfertigen.

Bestellungen adressieren Sie bitte an:
Hier & Jetzt, Erzbergerstr. 10, 22765 Hamburg, Tel 040/395784, Fax 040/3900733
Bitte Scheck oder Einzahlungsbeleg der Vorauszahlung nicht vergessen!

HOROSKOP~

Astro∗Intelligence Horoskopanalysen sind – nach unseren Erfahrungen – die besten. Darum bieten wir ausschließlich diese Auswertungen an – und keine anderen.

Richten sie ihre Bestellungen bitte an die Buchhandlung Hier & Jetzt. Adresse und Bezugsbedingungen finden Sie auf der vorigen Seite unter der Rubrik *Horoskop-Service*.

Nicht vergessen: Geburtsdaten: Name, Datum, Ort, Zeit, Geschlecht.

Psychologische Horoskopanalyse

Preise:
Analyse ohne Zeichnung DM 79,-
Analyse mit Zeichnung DM 91,-

In der **psychologischen Horoskopanalyse** werden folgende Themen Ihres Geburtshoroskops behandelt:
— Ihr psychologischer Grundtyp - Stärken und Schwächen.
— Haupt- und Schattenfiguren in Ihrer Psyche - bewußte und unbewußte Aspekte der Persönlichkeit.
— Das psychologische Klima in Ihrer Kindheit und in Ihrer Familie.
— Ihr Weg zu Integration und Zweierbeziehung.

Jahresthemen

Preise:
Ohne Zeichnung   *DM 67,-*
Mit Zeichnung   *DM 79,-*

Die **Jahresthemen** beruhen auf den Transiten der laufenden Planeten über die Punkte Ihres Geburtshoroskops. Sie zeigen auf, welche Themen bei Ihnen im Laufe eines Jahres aktuell werden.
Sie können die Jahresthemen für jeden beliebigen Zeitraum bestellen, immer für zwölf Monate ab dem Monatsersten.

Beziehungshoroskop

Preise:
Ohne Zeichnung   *DM 84,-*
Mit Zeichnungsset (Radix
und Composit)   *DM 99,-*

Das **Beziehungshoroskop** ist eine Analyse der Liebesbeziehung zwischen zwei Erwachsenen. Der 20 bis 25 Seiten umfassende Text gliedert sich in folgende Abschnitte:
— Was Sie mit Ihrem Partner zusammenführt.
— Was zwischen Ihnen entsteht.
— Wie sich die Beziehung auf Sie und Ihren Partner auswirkt.
— Welche Persönlichkeitsaspekte werden aktiviert.

Kinderhoroskop

Preise:
Ohne Zeichnung   *DM 79,-*
Mit Zeichnung   *DM 91,-*

Im **Kinderhoroskop** lassen sich auch bestimmte Neigungen und Talente feststellen. Es ist nach folgenden Themen gegliedert:
- Hauptaspekte der Persönlichkeit.
- Emotionale Bedürfnisse.
- Beziehung zu den Eltern.
- Perspektiven der Entwicklung.

➪ **Achtung!** *Je Auftrag rechnen Sie bitte 5,- DM Versandpauschale hinzu. Wir liefern nur gegen Vorauskasse! Schicken oder faxen Sie uns Ihren Einzahlungsbeleg oder legen Sie Ihrer Bestellung einfach einen Scheck bei.*

Buchhandlung Hier & Jetzt, Erzbergerstr. 10, 22765 Hamburg, Tel 040/395784, Fax 040/3900733